U0709733
9787101050349

殷周金文集成

修訂增補本

第五册

中國社會科學院考古研究所編

中華書局

本册目録

器號	器名	字數	拓片頁碼	說明頁碼
〇五四七二	戈尊	一	三五二〇	四三八五
〇五四七三	戈尊	一	三五二〇	四三八五
〇五四七四	戈尊	一	三五二〇	四三八五
〇五四七五	戈尊	一	三五二〇	四三八五
〇五四七六	戈尊	一	三五二一	四三八五
〇五四七七	䴥鳥形尊	一	三五二一	四三八五
〇五四七八	獸形銘鳥尊	一	三五二一	四三八五
〇五四七九	弔尊	一	三五二一	四三八五
〇五四八〇	[illegible]尊	一	三五二二	四三八五
〇五四八一	[illegible]尊	一	三五二二	四三八五
〇五四八二	[illegible]尊	一	三五二二	四三八五
〇五四八三	[illegible]尊	一	三五二二	四三八五
〇五四八四	[illegible]尊	一	三五二三	四三八六
〇五四八五	[illegible]尊	一	三五二三	四三八六
〇五四八六	[illegible]尊	一	三五二三	四三八六
〇五四八七	[illegible]尊	二	三五二三	四三八六
〇五四八八	[illegible]尊	一	三五二四	四三八六
〇五四八九	[illegible]尊	一	三五二四	四三八六
〇五四九〇	[illegible]尊	一	三五二四	四三八六
〇五四九一	[illegible]尊	一	三五二四	四三八六
〇五四九二	[illegible]尊	一	三五二五	四三八六
〇五四九三	[illegible]尊	一	三五二五	四三八六

器號	器名	字數	拓片頁碼	說明頁碼
〇五四九四	[illegible]尊	一	三五二五	四三八六
〇五四九五	[illegible]尊	一	三五二五	四三八六
〇五四九六	鼎尊	一	三五二六	四三八六
〇五四九七	凡尊	一	三五二六	四三八六
〇五四九八	[illegible]尊	一	三五二六	四三八六
〇五四九九	[illegible]尊	一	三五二六	四三八七
〇五五〇〇	[illegible]尊	一	三五二七	四三八七
〇五五〇一	宀尊	一	三五二七	四三八七
〇五五〇二	[illegible]尊	一	三五二七	四三八七
〇五五〇三	串尊	一	三五二七	四三八七
〇五五〇四	串尊	一	三五二八	四三八七
〇五五〇五	[illegible]尊	一	三五二八	四三八七
〇五五〇六	[illegible]尊	一	三五二八	四三八七
〇五五〇七	[illegible]尊	一	三五二八	四三八七
〇五五〇八	[illegible]尊	一	三五二九	四三八七
〇五五〇九	[illegible]尊	一	三五二九	四三八七
〇五五一〇	且戊尊	二	三五二九	四三八七
〇五五一一	且辛尊	二	三五二九	四三八七
〇五五一二	且壬尊	二	三五三〇	四三八七
〇五五一三	且癸尊	二	三五三〇	四三八七
〇五五一四	鳥且犧尊	二	三五三〇	四三八七
〇五五一五	父甲尊	二	三五三〇	四三八七

器號	器名	字數	拓片頁碼	說明頁碼
〇五五一六	父乙尊	二	三五三一	四三八八
〇五五一七	父乙尊	二	三五三一	四三八八
〇五五一八	乙父尊	二	三五三一	四三八八
〇五五一九	父乙尊	二	三五三一	四三八八
〇五五二〇	父乙尊	二	三五三二	四三八八
〇五五二一	父乙尊	二	三五三二	四三八八
〇五五二二	父丙尊	二	三五三二	四三八八
〇五五二三	父丁尊	二	三五三二	四三八八
〇五五二四	父丁尊	二	三五三三	四三八八
〇五五二五	父戊尊	二	三五三三	四三八八
〇五五二六	父己尊	二	三五三三	四三八八
〇五五二七	父己尊	二	三五三三	四三八八
〇五五二八	父己尊	存二	三五三四	四三八八
〇五五二九	父辛尊	二	三五三四	四三八八
〇五五三〇	父辛尊	二	三五三四	四三八八
〇五五三一	父辛尊	二	三五三四	四三八九
〇五五三二	父辛尊	二	三五三五	四三八九
〇五五三三	父癸尊	二	三五三五	四三八九
〇五五三四	父癸尊	二	三五三五	四三八九
〇五五三五	婦好方尊	二	三五三五	四三八九
〇五五三六	婦好鴞尊	二	三五三六	四三八九
〇五五三七	婦好鴞尊	二	三五三六	四三八九

器號	器名	字數	拓片頁碼	說明頁碼
〇五五三八	司娉尊	二	三五三七	四三八九
〇五五三九	司娉尊	二	三五三七	四三八九
〇五五四〇	子曩尊	二	三五三八	四三八九
〇五五四一	子曩尊	二	三五三八	四三八九
〇五五四二	子漁尊	二	三五三九	四三八九
〇五五四三	子龏尊	二	三五三九	四三八九
〇五五四四	子廟尊	二	三五四〇	四三九〇
〇五五四五	匿乙尊	二	三五四〇	四三九〇
〇五五四六	乙冈尊	二	三五四〇	四三九〇
〇五五四七	丁冈尊	二	三五四〇	四三九〇
〇五五四八	丁冈尊	二	三五四一	四三九〇
〇五五四九	冈丁尊	二	三五四一	四三九〇
〇五五五〇	夲丁尊	二	三五四一	四三九〇
〇五五五一	冈己尊	二	三五四二	四三九〇
〇五五五二	冈己尊	二	三五四二	四三九〇
〇五五五三	己冈尊	二	三五四二	四三九〇
〇五五五四	天己尊	二	三五四二	四三九〇
〇五五五五	辛聿尊	二	三五四三	四三九〇
〇五五五六	䖒冀尊	二	三五四三	四三九〇
〇五五五七	[illegible]紨尊	二	三五四三	四三九〇
〇五五五八	㔾耳尊	二	三五四四	四三九〇
〇五五五九	亞醜尊	二	三五四四	四三九一

器號	器名	字數	拓片頁碼	說明頁碼
〇五五六〇	亞䣝尊	二	三五四四	四三九一
〇五五六一	亞䣝尊	二	三五四五	四三九一
〇五五六二	亞䣝方尊	二	三五四五	四三九一
〇五五六三	亞䣝方尊	二	三五四五	四三九一
〇五五六四	亞[illegible]尊	二	三五四五	四三九一
〇五五六五	亞㐹鴞尊	二	三五四六	四三九一
〇五五六六	亞[illegible]尊	二	三五四七	四三九一
〇五五六七	亞[illegible]尊	二	三五四七	四三九一
〇五五六八	亞[illegible]尊	二	三五四八	四三九一
〇五五六九	亞此犧尊	二	三五四八	四三九一
〇五五七〇	亞吴尊	二	三五四九	四三九二
〇五五七一	亞[illegible]尊	二	三五四九	四三九二
〇五五七二	亞奚尊	二	三五四九	四三九二
〇五五七三	㬪册尊	二	三五四九	四三九二
〇五五七四	[illegible]射尊	二	三五五〇	四三九二
〇五五七五	牧正尊	二	三五五〇	四三九二
〇五五七六	丏甫尊	二	三五五〇	四三九二
〇五五七七	鄉宁尊	二	三五五〇	四三九二
〇五五七八	㚔旅尊	二	三五五一	四三九二
〇五五七九	㚔旅尊	二	三五五一	四三九二
〇五五八〇	[illegible]辰尊	二	三五五一	四三九二
〇五五八一	[illegible]叔尊	二	三五五一	四三九二

器號	器名	字數	拓片頁碼	說明頁碼
〇五五八二	[illegible]戈尊	二	三五五二	四三九二
〇五五八三	[illegible]尊	二	三五五二	四三九二
〇五五八四	[illegible]刀尊	二	三五五二	四三九二
〇五五八五	羊[illegible]尊	二	三五五二	四三九二
〇五五八六	巫鳥尊	二	三五五三	四三九二
〇五五八七	[illegible]䲨尊	二	三五五三	四三九三
〇五五八八	魚從尊	二	三五五三	四三九三
〇五五八九	魚尊	二	三五五三	四三九三
〇五五九〇	買車尊	二	三五五四	四三九三
〇五五九一	用征尊	二	三五五四	四三九三
〇五五九二	作旅尊	二	三五五四	四三九三
〇五五九三	作[illegible]尊	二	三五五五	四三九三
〇五五九四	作彝尊	二	三五五五	四三九三
〇五五九五	𨻰息尊	二	三五五五	四三九三
〇五五九六	己且乙尊	三	三五五六	四三九三
〇五五九七	己且乙尊	三	三五五六	四三九三
〇五五九八	奄且乙尊	三	三五五六	四三九三
〇五五九九	爵且丙尊	三	三五五七	四三九三
〇五六〇〇	[illegible]且丁尊	三	三五五七	四三九三
〇五六〇一	𡚬且丁尊	三	三五五七	四三九三
〇五六〇二	[illegible]且丁尊	三	三五五七	四三九四
〇五六〇三	戈且己尊	三	三五五八	四三九四

器號	器名	字數	拓片頁碼	說明頁碼
〇五六〇四	[illegible]且己尊	三	三五五八	四三九四
〇五六〇五	作且庚尊	三	三五五八	四三九四
〇五六〇六	作且庚尊	三	三五五八	四三九四
〇五六〇七	[illegible]且辛尊	三	三五五九	四三九四
〇五六〇八	且辛[illegible]尊	三	三五五九	四三九四
〇五六〇九	象且辛尊	三	三五五九	四三九四
〇五六一〇	冀且癸尊	三	三五五九	四三九四
〇五六一一	[illegible]且癸尊	三	三五六〇	四三九四
〇五六一二	亞匕辛尊	三	三五六〇	四三九四
〇五六一三	咸匕癸尊	三	三五六〇	四三九四
〇五六一四	山父乙尊	三	三五六一	四三九四
〇五六一五	[illegible]乙父尊	三	三五六一	四三九四
〇五六一六	舌父乙尊	三	三五六二	四三九四
〇五六一七	[illegible]父乙尊	三	三五六二	四三九五
〇五六一八	父乙冀尊	三	三五六二	四三九五
〇五六一九	甫父乙尊	三	三五六二	四三九五
〇五六二〇	[illegible]父乙尊	三	三五六三	四三九五
〇五六二一	父乙[illegible]尊	三	三五六三	四三九五
〇五六二二	[illegible]父乙尊	三	三五六三	四三九五
〇五六二三	黿父乙尊	三	三五六三	四三九五
〇五六二四	戈父乙尊	三	三五六四	四三九五
〇五六二五	幸乙父尊	三	三五六四	四三九五

器號	器名	字數	拓片頁碼	說明頁碼
〇五六二六	休父乙尊	三	三五六四	四三九五
〇五六二七	母父丁尊	三	三五六四	四三九五
〇五六二八	母父丁尊	三	三五六五	四三九五
〇五六二九	父丁冀尊	三	三五六五	四三九六
〇五六三〇	尹父丁尊	三	三五六五	四三九六
〇五六三一	[illegible]父丁尊	三	三五六五	四三九六
〇五六三二	[illegible]父丁尊	三	三五六六	四三九六
〇五六三三	[illegible]父丁尊	三	三五六六	四三九六
〇五六三四	父丁[illegible]尊	三	三五六六	四三九六
〇五六三五	父丁魚尊	三	三五六六	四三九六
〇五六三六	黿父丁尊	三	三五六七	四三九六
〇五六三七	豖父丁尊	三	三五六七	四三九六
〇五六三八	豖父丁尊	三	三五六七	四三九六
〇五六三九	[illegible]父丁尊	三	三五六七	四三九六
〇五六四〇	天父戊尊	三	三五六八	四三九六
〇五六四一	[illegible]父戊尊	三	三五六八	四三九六
〇五六四二	山父戊尊	三	三五六八	四三九六
〇五六四三	[illegible]父己尊	三	三五六八	四三九七
〇五六四四	[illegible]父己尊	三	三五六九	四三九七
〇五六四五	遽父己象尊	三	三五六九	四三九七
〇五六四六	[illegible]父己尊	存三	三五六九	四三九七
〇五六四七	未父己尊	三	三五七〇	四三九七

器號	器名	字數	拓片頁碼	說明頁碼
〇五六四八	鼎父己尊	三	三五七〇	四三九七
〇五六四九	鼎父己尊	三	三五七〇	四三九七
〇五六五〇	□父己尊	三	三五七〇	四三九七
〇五六五一	己父尊	三	三五七一	四三九七
〇五六五二	作父己尊	三	三五七一	四三九七
〇五六五三	父庚戠尊	三	三五七一	四三九七
〇五六五四	□父辛尊	三	三五七一	四三九七
〇五六五五	黽父辛尊	三	三五七二	四三九七
〇五六五六	及父辛尊	三	三五七二	四三九八
〇五六五七	毌父辛尊	三	三五七二	四三九八
〇五六五八	□父辛尊	三	三五七二	四三九八
〇五六五九	□父辛尊	三	三五七三	四三九八
〇五六六〇	□父辛尊	三	三五七三	四三九八
〇五六六一	□父辛尊	三	三五七三	四三九八
〇五六六二	史父壬尊	三	三五七三	四三九八
〇五六六三	舟父壬尊	三	三五七四	四三九八
〇五六六四	□父壬尊	三	三五七四	四三九八
〇五六六五	乘父癸尊	三	三五七四	四三九八
〇五六六六	史父癸尊	三	三五七四	四三九八
〇五六六七	史父癸尊	三	三五七五	四三九八
〇五六六八	□父癸尊	三	三五七五	四三九八
〇五六六九	戈父癸尊	三	三五七六	四三九八

器號	器名	字數	拓片頁碼	說明頁碼
〇五六七〇	耿父癸尊	三	三五七六	四三九八
〇五六七一	□父癸尊	三	三五七六	四三九九
〇五六七二	□父癸尊	三	三五七六	四三九九
〇五六七三	□父癸尊	三	三五七七	四三九九
〇五六七四	□父癸尊	三	三五七七	四三九九
〇五六七五	爵父癸尊	三	三五七七	四三九九
〇五六七六	□父癸尊	三	三五七七	四三九九
〇五六七七	鳥父癸尊	三	三五七八	四三九九
〇五六七八	黽父癸尊	三	三五七八	四三九九
〇五六七九	冀母己尊	三	三五七八	四三九九
〇五六八〇	司娉癸方尊	三	三五七八	四三九九
〇五六八一	司娉癸方尊	三	三五七九	四三九九
〇五六八二	子□圖尊	三	三五七九	四三九九
〇五六八三	□兄丁尊	三	三五七九	四三九九
〇五六八四	亞□□尊	三	三五七九	四三九九
〇五六八五	亞豈衎尊	三	三五八〇	四三九九
〇五六八六	□旅婛尊	三	三五八〇	四四〇〇
〇五六八七	大御尊	三	三五八〇	四四〇〇
〇五六八八	天作从尊	三	三五八〇	四四〇〇
〇五六八九	□册啚尊	三	三五八一	四四〇〇
〇五六九〇	伯作彝尊	三	三五八一	四四〇〇
〇五六九一	仲作彝尊	三	三五八一	四四〇〇

器號	器名	字數	拓片頁碼	說明頁碼
〇五六九二	員作旅尊	三	三五八一	四四〇〇
〇五六九三	明作旅尊	三	三五八二	四四〇〇
〇五六九四	[illegible]見册尊	三	三五八二	四四〇〇
〇五六九五	長隹壺尊	三	三五八二	四四〇〇
〇五六九六	双卫[illegible]尊	三	三五八三	四四〇〇
〇五六九七	右⿸广貝肴象尊	三	三五八三	四四〇〇
〇五六九八	作旅彝尊	三	三五八三	四四〇〇
〇五六九九	作旅彝尊	三	三五八三	四四〇〇
〇五七〇〇	作旅彝尊	三	三五八四	四四〇〇
〇五七〇一	作從單尊	三	三五八四	四四〇一
〇五七〇二	作從彝尊	三	三五八四	四四〇一
〇五七〇三	作從彝尊	三	三五八四	四四〇一
〇五七〇四	作寶彝尊	三	三五八五	四四〇一
〇五七〇五	作寶彝尊	三	三五八五	四四〇一
〇五七〇六	作寶彝尊	三	三五八五	四四〇一
〇五七〇七	作寶彝尊	三	三五八六	四四〇一
〇五七〇八	作寶彝尊	三	三五八六	四四〇一
〇五七〇九	作寶彝尊	三	三五八六	四四〇一
〇五七一〇	作寶彝尊	三	三五八六	四四〇一
〇五七一一	作寶彝尊	三	三五八七	四四〇一
〇五七一二	作障彝尊	三	三五八七	四四〇一
〇五七一三	作障彝尊	三	三五八七	四四〇一

器號	器名	字數	拓片頁碼	說明頁碼
〇五七一四	齒受且丁尊	四	三五八八	四四〇一
〇五七一五	作且丁尊	四	三五八八	四四〇一
〇五七一六	子且辛步尊	四	三五八八	四四〇一
〇五七一七	且辛父丁尊	四	三五八九	四四〇二
〇五七一八	且辛册尊	四	三五八九	四四〇二
〇五七一九	伯且癸尊	四	三五八九	四四〇二
〇五七二〇	㚔旅父甲尊	四	三五九〇	四四〇二
〇五七二一	[illegible]⿰爿付父乙尊	四	三五九〇	四四〇二
〇五七二二	[illegible]⿰爿付父乙尊	四	三五九〇	四四〇二
〇五七二三	作父乙[illegible]尊	四	三五九〇	四四〇二
〇五七二四	[illegible]册父乙尊	四	三五九一	四四〇二
〇五七二五	[illegible]父乙尊	四	三五九一	四四〇二
〇五七二六	子父乙步尊	四	三五九一	四四〇二
〇五七二七	亞離父乙尊	四	三五九一	四四〇二
〇五七二八	亞醜父乙尊	四	三五九二	四四〇二
〇五七二九	⿱大豕馬父乙尊	四	三五九二	四四〇二
〇五七三〇	亞⿸户攵父乙尊	四	三五九二	四四〇二
〇五七三一	妕鼎父乙尊	四	三五九三	四四〇二
〇五七三二	作父乙旅尊	四	三五九三	四四〇三
〇五七三三	文父丁[illegible]尊	四	三五九三	四四〇三
〇五七三四	文父丁[illegible]尊	四	三五九三	四四〇三
〇五七三五	亞醜父丁尊	四	三五九四	四四〇三

器號	器名	字數	拓片頁碼	說明頁碼
○五七三六	亞獏父丁尊	四	三五九四	四四○三
○五七三七	豖馬父丁尊	四	三五九四	四四○三
○五七三八	父丁亯[illegible]尊	四	三五九四	四四○三
○五七三九	[illegible]父戊尊	四	三五九五	四四○三
○五七四○	又敉父己尊	四	三五九五	四四○三
○五七四一	尹舟父己尊	四	三五九五	四四○三
○五七四二	亞㠱父己尊	四	三五九五	四四○三
○五七四三	[illegible]父己尊	四	三五九六	四四○三
○五七四四	毌父庚尊	四	三五九六	四四○四
○五七四五	亞父辛尊	四	三五九六	四四○四
○五七四六	亞[illegible]父辛尊	四	三五九六	四四○四
○五七四七	亞龏父辛尊	四	三五九七	四四○四
○五七四八	[illegible]匍父辛尊	四	三五九七	四四○四
○五七四九	[illegible]父辛尊	四	三五九七	四四○四
○五七五○	車父辛尊	四	三五九七	四四○四
○五七五一	亞天父癸尊	四	三五九八	四四○四
○五七五二	尹舟父癸尊	四	三五九八	四四○四
○五七五三	劦冊父癸尊	四	三五九八	四四○四
○五七五四	劦冊父癸尊	四	三五九八	四四○四
○五七五五	父癸告正尊	四	三五九九	四四○四
○五七五六	何父癸尊	四	三五九九	四四○五
○五七五七	何父癸尊	四	三五九九	四四○五

器號	器名	字數	拓片頁碼	說明頁碼
○五七五八	弓𠦂父癸尊	四	三五九九	四四○五
○五七五九	作母旅彝尊	四	三六○○	四四○五
○五七六○	聑[illegible]婦[illegible]尊	四	三六○○	四四○五
○五七六一	子之弄鳥尊	四	三六○○	四四○五
○五七六二	北子作彝尊	四	三六○○	四四○五
○五七六三	伯作旅彝尊	四	三六○一	四四○五
○五七六四	伯作旅彝尊	四	三六○一	四四○五
○五七六五	伯作寶彝尊	四	三六○一	四四○五
○五七六六	黿作從彝尊	四	三六○一	四四○五
○五七六七	刅尊	四	三六○二	四四○五
○五七六八	登尊	四	三六○二	四四○五
○五七六九	[illegible]由方尊	四	三六○二	四四○六
○五七七○	[illegible]尊	四	三六○二	四四○六
○五七七一	作從彝戈尊	四	三六○三	四四○六
○五七七二	戈作隮彝尊	四	三六○三	四四○六
○五七七三	戈作旅彝尊	四	三六○三	四四○六
○五七七四	辛作寶彝尊	四	三六○三	四四○六
○五七七五	戕尊	四	三六○四	四四○六
○五七七六	莫尊	四	三六○四	四四○六
○五七七七	[illegible]尊	四	三六○四	四四○六
○五七七八	[illegible]尊	四	三六○四	四四○六
○五七七九	米宫尊	四	三六○五	四四○六

器號	器名	字數	拓片頁碼	説明頁碼
○五七八○	作旅彝尊	四	三六○五	四四○六
○五七八一	作寶障彝尊	四	三六○五	四四○六
○五七八二	作寶障彝尊	四	三六○五	四四○七
○五七八三	作寶障彝尊	四	三六○六	四四○七
○五七八四	作寶障彝尊	四	三六○六	四四○七
○五七八五	作寶障彝尊	四	三六○六	四四○七
○五七八六	作寶障彝尊	四	三六○六	四四○七
○五七八七	作寶障彝尊	四	三六○七	四四○七
○五七八八	作寶障彝尊	四	三六○七	四四○七
○五七八九	作寶障彝尊	四	三六○七	四四○七
○五七九○	作寶尊彝尊	四	三六○七	四四○七
○五七九一	作從障彝尊	四	三六○八	四四○七
○五七九二	作從彝[illegible]尊	四	三六○八	四四○七
○五七九三	作且丁尊	五	三六○八	四四○七
○五七九四	作且戊尊	五	三六○九	四四○七
○五七九五	臣辰父乙尊	五	三六○九	四四○七
○五七九六	競作父乙尊	五	三六○九	四四○七
○五七九七	季甫父乙尊	五	三六○九	四四○八
○五七九八	戈作父丙尊	五	三六一○	四四○八
○五七九九	作旅父丁尊	五	三六一○	四四○八
○五八○○	干子父戊尊	五	三六一○	四四○八
○五八○一	魚父庚尊	五	三六一○	四四○八

器號	器名	字數	拓片頁碼	説明頁碼
○五八○二	[illegible]父辛尊	五	三六一一	四四○八
○五八○三	豙馬作父辛尊	五	三六一一	四四○八
○五八○四	牢作父辛尊	五	三六一一	四四○八
○五八○五	册宁父辛尊	五	三六一二	四四○八
○五八○六	[illegible]父壬尊	五	三六一二	四四○八
○五八○七	王作母癸尊	五	三六一二	四四○八
○五八○八	亢父癸尊	五	三六一二	四四○八
○五八○九	作龍母尊	五	三六一三	四四○九
○五八一○	作彭史从尊	五	三六一三	四四○九
○五八一一	兼史尊	五	三六一三	四四○九
○五八一二	見尊	五	三六一四	四四○九
○五八一三	事伯尊	五	三六一四	四四○九
○五八一四	[illegible]尊	五	三六一四	四四○九
○五八一五	史[illegible]尊	五	三六一五	四四○九
○五八一六	[illegible]赤尊	五	三六一五	四四○九
○五八一七	事作小旅尊	五	三六一六	四四○九
○五八一八	矩尊	五	三六一六	四四○九
○五八一九	[illegible]尊	五	三六一六	四四○九
○五八二○	[illegible]尊	五	三六一六	四四○九
○五八二一	[illegible]尊	五	三六一七	四四○九
○五八二二	作且乙尊	六	三六一七	四四一○
○五八二三	陵作父乙尊	六	三六一七	四四一○

器號	器名	字數	拓片頁碼	說明頁碼
〇五八二四	作父乙㚤尊	六	三六一八	四四一〇
〇五八二五	衍耳父乙尊	六	三六一八	四四一〇
〇五八二六	作父丁㚤尊	六	三六一八	四四一〇
〇五八二七	柚作父丁尊	六	三六一八	四四一〇
〇五八二八	商作父丁犧尊蓋	六	三六一九	四四一〇
〇五八二九	作父丁尊	六	三六一九	四四一〇
〇五八三〇	作父戊尊	六	三六一九	四四一〇
〇五八三一	作父己[illegible]尊	六	三六二〇	四四一〇
〇五八三二	作父庚尊	六	三六二〇	四四一〇
〇五八三三	魚作父庚尊	六	三六二〇	四四一〇
〇五八三四	[illegible]作父辛尊	六	三六二〇	四四一一
〇五八三五	小臣辰父辛尊	六	三六二一	四四一一
〇五八三六	亞子父辛尊	六	三六二一	四四一一
〇五八三七	作父辛尊	六	三六二一	四四一一
〇五八三八	臣辰父癸尊	六	三六二二	四四一一
〇五八三九	狽日辛尊	六	三六二二	四四一一
〇五八四〇	亞䣄作季尊	六	三六二二	四四一一
〇五八四一	雁公尊	六	三六二三	四四一一
〇五八四二	作公尊	六	三六二三	四四一一
〇五八四三	燮子方尊	六	三六二三	四四一一
〇五八四四	伯各尊	六	三六二四	四四一一
〇五八四五	伯貉尊	六	三六二四	四四一一

器號	器名	字數	拓片頁碼	說明頁碼
〇五八四六	伯矩尊	六	三六二四	四四一一
〇五八四七	隥伯尊	六	三六二五	四四一一
〇五八四八	濦伯尊	六	三六二五	四四一二
〇五八四九	觪伯尊	六	三六二五	四四一二
〇五八五〇	虘伯尊	六	三六二六	四四一二
〇五八五一	仲[illegible]尊	六	三六二六	四四一二
〇五八五二	异仲犧尊	六	三六二六	四四一二
〇五八五三	异仲犧尊蓋	六	三六二七	四四一二
〇五八五四	仲[illegible]尊	六	三六二七	四四一二
〇五八五五	鼉叔尊	六	三六二七	四四一二
〇五八五六	戒叔尊	六	三六二七	四四一二
〇五八五七	叔䰧尊	六	三六二八	四四一二
〇五八五八	彇季尊	六	三六二八	四四一二
〇五八五九	井季[illegible]尊	六	三六二八	四四一二
〇五八六〇	嬴季尊	六	三六二九	四四一二
〇五八六一	員父尊	六	三六二九	四四一二
〇五八六二	竟尊	六	三六二九	四四一三
〇五八六三	段金歸尊	六	三六三〇	四四一三
〇五八六四	傳尊	六	三六三〇	四四一三
〇五八六五	亞耳且丁尊	七	三六三〇	四四一三
〇五八六六	作且己[illegible]尊	七	三六三一	四四一三
〇五八六七	竟作且癸尊	七	三六三一	四四一三

器號	器名	字數	拓片頁碼	說明頁碼
〇五八六八	史見父甲尊	七	三六三一	四四一三
〇五八六九	辟東作父乙尊	七	三六三二	四四一三
〇五八七〇	小臣作父乙尊	七	三六三二	四四一三
〇五八七一	禾伯作父乙尊	七	三六三二	四四一三
〇五八七二	子殷作父丁尊	七	三六三三	四四一三
〇五八七三	作父丁尊	七	三六三三	四四一三
〇五八七四	逆作父丁尊	七	三六三三	四四一三
〇五八七五	作父丁[illegible]尊	七	三六三四	四四一四
〇五八七六	集作父丁尊	七	三六三四	四四一四
〇五八七七	[illegible]父丁尊	七	三六三四	四四一四
〇五八七八	孖作父己尊	七	三六三五	四四一四
〇五八七九	[illegible]作父己尊	七	三六三五	四四一四
〇五八八〇	魚作父己尊	七	三六三五	四四一四
〇五八八一	冶仲父己尊	七	三六三六	四四一四
〇五八八二	[illegible]作父辛畬	七	三六三六	四四一四
〇五八八三	[illegible]作父辛尊	七	三六三六	四四一四
〇五八八四	良矢作父辛尊	七	三六三七	四四一四
〇五八八五	耇史作父辛尊	七	三六三七	四四一四
〇五八八六	此作父辛尊	七	三六三七	四四一四
〇五八八七	咏作日戊尊	七	三六三七	四四一四
〇五八八八	[illegible]作母癸尊	七	三六三八	四四一五
〇五八八九	卿尊	七	三六三八	四四一五

器號	器名	字數	拓片頁碼	說明頁碼
〇五八九〇	北伯殁尊	七	三六三八	四四一五
〇五八九一	[illegible]作且乙尊	八	三六三九	四四一五
〇五八九二	猷作且辛尊	八	三六三九	四四一五
〇五八九三	華作匕癸尊	八	三六三九	四四一五
〇五八九四	亞醜父乙尊	八	三六四〇	四四一五
〇五八九五	[illegible]作父乙尊	八	三六四〇	四四一五
〇五八九六	令[illegible]作父乙尊	八	三六四〇	四四一五
〇五八九七	史伏作父乙尊	八	三六四一	四四一五
〇五八九八	作父丁豢馬尊	八	三六四一	四四一五
〇五八九九	[illegible]作父戊尊	八	三六四二	四四一五
〇五九〇〇	[illegible]册父己尊	八	三六四二	四四一五
〇五九〇一	隹作父己尊	八	三六四二	四四一五
〇五九〇二	獸作父庚尊	八	三六四三	四四一六
〇五九〇三	乓子作父辛尊	八	三六四三	四四一六
〇五九〇四	貍作父癸尊	八	三六四三	四四一六
〇五九〇五	單㠱父癸尊	八	三六四三	四四一六
〇五九〇六	[illegible]作父癸尊	八	三六四四	四四一六
〇五九〇七	[illegible]作父癸尊	八	三六四四	四四一六
〇五九〇八	作乓皇考尊	八	三六四四	四四一六
〇五九〇九	仲子作日乙尊	八	三六四五	四四一六
〇五九一〇	子麦作母辛尊	八	三六四五	四四一六
〇五九一一	亞覃尊	八	三六四五	四四一六

器號	器名	字數	拓片頁碼	說明頁碼
〇五九一二	㬜季尊	八	三六四五	四四一六
〇五九一三	彊伯井姬羊尊	八	三六四六	四四一六
〇五九一四	虢叔尊	八	三六四六	四四一六
〇五九一五	衛尊	八	三六四六	四四一七
〇五九一六	戎佩玉尊	八	三六四七	四四一七
〇五九一七	盠𩡧土幽且辛尊	九	三六四七	四四一七
〇五九一八	對作父乙尊	九	三六四八	四四一七
〇五九一九	對作父乙尊	九	三六四八	四四一七
〇五九二〇	單作父乙尊	九	三六四九	四四一七
〇五九二一	㝨作父丁尊	九	三六四九	四四一七
〇五九二二	周免旁父丁尊	九	三六四九	四四一七
〇五九二三	父丁亞㠱尊	九	三六五〇	四四一七
〇五九二四	父丁亞㠱尊	九	三六五〇	四四一七
〇五九二五	傳作父戊尊	九	三六五一	四四一七
〇五九二六	亞旟父辛尊	九	三六五一	四四一七
〇五九二七	偕作父癸尊	九	三六五二	四四一七
〇五九二八	[illegible]薛日癸尊	九	三六五二	四四一八
〇五九二九	[illegible]作母甲尊	九	三六五三	四四一八
〇五九三〇	麃父尊	九	三六五三	四四一八
〇五九三一	舀尊	九	三六五三	四四一八
〇五九三二	屯尊	九	三六五四	四四一八
〇五九三三	狪兄日壬尊	九	三六五四	四四一八

器號	器名	字數	拓片頁碼	說明頁碼
〇五九三四	述兄日乙尊	九	三六五四	四四一八
〇五九三五	者婦方尊	九	三六五五	四四一八
〇五九三六	者婦方尊	九	三六五六	四四一八
〇五九三七	亞若癸尊	九	三六五七	四四一八
〇五九三八	亞若癸尊	九	三六五七	四四一八
〇五九三九	蔡侯尊	九	三六五七	四四一八
〇五九四〇	季盁尊	九	三六五八	四四一八
〇五九四一	[illegible]尊	九	三六五八	四四一九
〇五九四二	参尊	九	三六五八	四四一九
〇五九四三	效作且辛尊	九	三六五八	四四一九
〇五九四四	𨒅作父乙尊	九	三六五九	四四一九
〇五九四五	弃者君父乙尊	九	三六五九	四四一九
〇五九四六	作父癸尊	存一〇	三六六〇	四四一九
〇五九四七	憻季遽父尊	一〇	三六六〇	四四一九
〇五九四八	公尊	一〇	三六六〇	四四一九
〇五九四九	亞覃尊	一〇	三六六一	四四一九
〇五九五〇	引尊	一〇	三六六一	四四一九
〇五九五一	省史趄且丁尊	一一	三六六二	四四一九
〇五九五二	叀攸諆父甲尊	一一	三六六二	四四一九
〇五九五三	屖父己尊	一一	三六六三	四四一九
〇五九五四	滄伯遂尊	一一	三六六三	四四一九
〇五九五五	倗尊	一一	三六六四	四四一九

器號	器名	字數	拓片頁碼	說明頁碼
（〇六〇一二	盠駒尊蓋）	一一	三七〇一	四四二五
〇五九五六	鬲作父甲尊	一二	三六六四	四四二〇
〇五九五七	斁父乙尊	一二	三六六五	四四二〇
〇五九五八	彈作父庚尊	一二	三六六五	四四二〇
〇五九五九	守宮父辛鳥尊	一二	三六六六	四四二〇
〇五九六〇	史喪尊	一二	三六六六	四四二〇
〇五九六一	伯尊	一二	三六六六	四四二〇
〇五九六二	叔䚄方尊	一二	三六六七	四四二〇
〇五九六三	無仲尊	一二	三六六七	四四二〇
〇五九六四	𣪘作父乙方尊	一三	三六六八	四四二〇
〇五九六五	□作父辛尊	一三	三六六八	四四二〇
〇五九六六	員作父壬尊	一三	三六六九	四四二〇
〇五九六七	小子夫父己尊	一四	三六六九	四四二〇
〇五九六八	服方尊	一四	三六七〇	四四二一
〇五九六九	伯作蔡姬尊	一四	三六七〇	四四二一
〇五九七〇	黃子魯天尊	一四	三六七一	四四二一
〇五九七一	執尊	存一四	三六七一	四四二一
〇五九七二	作氒考尊	存一四	三六七二	四四二一
〇五九七三	殁父乙尊	一五	三六七二	四四二一
〇五九七四	蔡尊	一五	三六七二	四四二一
〇五九七五	□作父乙尊	一六	三六七三	四四二一
〇五九七六	黃尊	一六	三六七四	四四二一

器號	器名	字數	拓片頁碼	說明頁碼
〇五九七七	犅刼尊	一六	三六七四	四四二一
〇五九七八	復作父乙尊	一七	三六七五	四四二一
〇五九七九	叟尊	一七	三六七五	四四二一
〇五九八〇	作文考日己方尊	一八	三六七六	四四二一
〇五九八一	㱦尊	一八	三六七六	四四二二
〇五九八二	東冊尊	一九	三六七七	四四二二
〇五九八三	啓作且丁尊	二一	三六七八	四四二二
〇五九八四	能匋尊	二三	三六七八	四四二二
〇五九八五	噭士卿父戊尊	二三	三六七九	四四二二
〇五九八六	隰作父乙尊	二四	三六八〇	四四二二
〇五九八七	臣衛父辛尊	二四	三六八一	四四二二
〇五九八八	斲尊	二四	三六八二	四四二二
〇五九八九	作冊睘尊	二五	三六八三	四四二二
〇五九九〇	小臣艅犀尊	二六	三六八四	四四二二
〇五九九一	作冊𩁹父乙尊	二七	三六八五	四四二三
〇五九九二	遣尊	二七	三六八五	四四二三
〇五九九三	作氒方尊	二七	三六八六	四四二三
〇五九九四	次尊	三〇	三六八七	四四二三
〇五九九五	師艅尊	三〇	三六八八	四四二三
〇五九九六	豐作父辛尊	三一	三六八八	四四二三
〇五九九七	商尊	三一	三六八九	四四二三
〇五九九八	由伯尊	三二	三六九〇	四四二三

器號	器名	字數	拓片頁碼	説明頁碼
〇五九九九	士上尊	存三七	三六九一	四四二三
〇六〇〇〇	子黃尊	存三四	三六九一	四四二四
〇六〇〇一	小子生尊	存四〇	三六九二	四四二四
〇六〇〇二	作册折尊	四三	三六九二	四四二四
〇六〇〇三	保尊	四六	三六九三	四四二四
〇六〇〇四	醫尊	四七	三六九四	四四二四
〇六〇〇五	鼉方尊	存四七	三六九五	四四二四
〇六〇〇六	免尊	四九	三六九六	四四二四
〇六〇〇七	耳尊	五二	三六九七	四四二四
〇六〇〇八	臤尊	五三	三六九八	四四二四
〇六〇〇九	效尊	存五七	三六九九	四四二四
〇六〇一〇	蔡侯尊	九二	三七〇〇	四四二五
〇六〇一一	盠駒尊	一〇三	三七〇一	四四二五
〇六〇一二	盠駒尊蓋	一一	三七〇一	四四二五
〇六〇一三	盠方尊	一〇五	三七〇二	四四二五
〇六〇一四	[illegible]尊	一一九	三七〇三	四四二五
〇六〇一五	麥方尊	一六四	三七〇四	四四二五
〇六〇一六	矢令方尊	一八四	三七〇五	四四二五
〇六〇一七	辛觶	一	三七〇六	四四二五
〇六〇一八	癸觶	一	三七〇六	四四二五
〇六〇一九	癸觶	一	三七〇六	四四二六
〇六〇二〇	子觶	一	三七〇六	四四二六

器號	器名	字數	拓片頁碼	説明頁碼
〇六〇二一	子觶	一	三七〇七	四四二六
〇六〇二二	[illegible]觶	一	三七〇七	四四二六
〇六〇二三	䇂觶	一	三七〇七	四四二六
〇六〇二四	䇂觶	一	三七〇七	四四二六
〇六〇二五	夫觶	一	三七〇八	四四二六
〇六〇二六	[illegible]觶	一	三七〇八	四四二六
〇六〇二七	文觶	一	三七〇八	四四二六
〇六〇二八	羞觶	一	三七〇九	四四二六
〇六〇二九	[illegible]觶	一	三七〇九	四四二六
〇六〇三〇	光觶	一	三七一〇	四四二六
〇六〇三一	兟觶	一	三七一〇	四四二六
〇六〇三二	[illegible]觶	一	三七一〇	四四二六
〇六〇三三	舌觶	一	三七一一	四四二六
〇六〇三四	鳴觶	一	三七一一	四四二七
〇六〇三五	[illegible]觶	一	三七一一	四四二七
〇六〇三六	㱾觶蓋	一	三七一一	四四二七
〇六〇三七	㱾觶	一	三七一二	四四二七
〇六〇三八	徙觶	一	三七一二	四四二七
〇六〇三九	艮觶	一	三七一三	四四二七
〇六〇四〇	聿觶	一	三七一三	四四二七
〇六〇四一	受觶	一	三七一四	四四二七
〇六〇四二	[illegible]觶	一	三七一四	四四二七

器號	器名	字數	拓片頁碼	說明頁碼
〇六〇四三	㝐觶	一	三七一五	四四二七
〇六〇四四	鼓觶	一	三七一五	四四二七
〇六〇四五	史觶	一	三七一五	四四二七
〇六〇四六	史觶	一	三七一五	四四二七
〇六〇四七	史觶	一	三七一六	四四二七
〇六〇四八	史觶蓋	一	三七一六	四四二七
〇六〇四九	史觶	一	三七一六	四四二八
〇六〇五〇	[illegible]觶	一	三七一六	四四二八
〇六〇五一	[illegible]觶	一	三七一七	四四二八
〇六〇五二	葡觶	一	三七一七	四四二八
〇六〇五三	戈觶	一	三七一七	四四二八
〇六〇五四	戈觶	一	三七一七	四四二八
〇六〇五五	戈觶	一	三七一八	四四二八
〇六〇五六	戈觶	一	三七一八	四四二八
〇六〇五七	戈觶	一	三七一八	四四二八
〇六〇五八	戈觶	一	三七一八	四四二八
〇六〇五九	戈觶	一	三七一九	四四二八
〇六〇六〇	戈觶	一	三七一九	四四二八
〇六〇六一	戈觶	一	三七一九	四四二八
〇六〇六二	戈觶	一	三七一九	四四二八
〇六〇六三	戈觶	一	三七二〇	四四二八
〇六〇六四	戈觶	一	三七二〇	四四二八

器號	器名	字數	拓片頁碼	說明頁碼
〇六〇六五	戈觶	一	三七二〇	四四二九
〇六〇六六	戈觶	一	三七二〇	四四二九
〇六〇六七	弜觶	一	三七二一	四四二九
〇六〇六八	馬觶	一	三七二一	四四二九
〇六〇六九	犧形銘觶	一	三七二一	四四二九
〇六〇七〇	萬觶	一	三七二二	四四二九
〇六〇七一	萬觶	一	三七二二	四四二九
〇六〇七二	鳶觶	一	三七二二	四四二九
〇六〇七三	[illegible]觶	一	三七二二	四四二九
〇六〇七四	[illegible]觶	一	三七二三	四四二九
〇六〇七五	[illegible]觶	一	三七二三	四四二九
〇六〇七六	[illegible]觶	一	三七二三	四四二九
〇六〇七七	[illegible]觶	一	三七二三	四四二九
〇六〇七八	[illegible]觶	一	三七二四	四四二九
〇六〇七九	[illegible]觶	一	三七二四	四四二九
〇六〇八〇	[illegible]觶	一	三七二四	四四二九
〇六〇八一	[illegible]觶	一	三七二四	四四二九
〇六〇八二	爻觶	一	三七二五	四四三〇
〇六〇八三	旬觶	一	三七二五	四四三〇
〇六〇八四	[illegible]觶	一	三七二五	四四三〇
〇六〇八五	串觶	一	三七二五	四四三〇
〇六〇八六	巫觶	一	三七二六	四四三〇

器號	器名	字數	拓片頁碼	說明頁碼
〇六〇八七	中觶	一	三七二六	四四三〇
〇六〇八八	仲觶	一	三七二六	四四三〇
〇六〇八九	仲觶	一	三七二六	四四三〇
〇六〇九〇	京觶	一	三七二七	四四三〇
〇六〇九一	且甲觶	二	三七二七	四四三〇
〇六〇九二	且丙觶	二	三七二七	四四三〇
〇六〇九三	且丁觶	二	三七二七	四四三〇
〇六〇九四	且丁觶	二	三七二八	四四三〇
〇六〇九五	且辛觶	二	三七二八	四四三〇
〇六〇九六	且辛觶	二	三七二八	四四三〇
〇六〇九七	父乙觶	二	三七二八	四四三一
〇六〇九八	乙父觶	二	三七二九	四四三一
〇六〇九九	父乙觶	二	三七二九	四四三一
〇六一〇〇	父乙觶	二	三七二九	四四三一
〇六一〇一	父乙觶	二	三七三〇	四四三一
〇六一〇二	父丙觶	二	三七三〇	四四三一
〇六一〇三	父丁觶	二	三七三〇	四四三一
〇六一〇四	父丁觶	二	三七三〇	四四三一
〇六一〇五	父丁觶	二	三七三一	四四三一
〇六一〇六	父丁觶	二	三七三一	四四三一
〇六一〇七	父丁觶	二	三七三一	四四三一
〇六一〇八	父丁觶	二	三七三一	四四三一

器號	器名	字數	拓片頁碼	說明頁碼
〇六一〇九	父丁觶	二	三七三二	四四三一
〇六一一〇	父丁觶	二	三七三二	四四三一
〇六一一一	父丁觶	二	三七三二	四四三一
〇六一一二	父丁觶	二	三七三三	四四三一
〇六一一三	父丁觶	二	三七三三	四四三一
〇六一一四	父丁觶	二	三七三三	四四三一
〇六一一五	父戊觶	二	三七三三	四四三二
〇六一一六	父戊觶	二	三七三四	四四三二
〇六一一七	父戊觶	二	三七三四	四四三二
〇六一一八	父戊觶	二	三七三四	四四三二
〇六一一九	父己觶	二	三七三四	四四三二
〇六一二〇	父己觶	二	三七三五	四四三二
〇六一二一	父己觶	二	三七三五	四四三二
〇六一二二	父己觶	二	三七三五	四四三二
〇六一二三	父庚觶	二	三七三五	四四三二
〇六一二四	父庚觶	二	三七三六	四四三二
〇六一二五	父辛觶	二	三七三六	四四三二
〇六一二六	父辛觶	二	三七三六	四四三二
〇六一二七	父辛觶	二	三七三六	四四三二
〇六一二八	父辛觶	二	三七三七	四四三二
〇六一二九	父辛觶	二	三七三七	四四三二
〇六一三〇	父癸觶	二	三七三七	四四三三

器號	器名	字數	拓片頁碼	說明頁碼
〇六一三一	父癸觶	二	三七三七	四四三三
〇六一三二	父癸觶	二	三七三八	四四三三
〇六一三三	逆父觶	二	三七三八	四四三三
〇六一三四	母戊觶	二	三七三八	四四三三
〇六一三五	丁母觶	二	三七三九	四四三三
〇六一三六	子娄觶	二	三七三九	四四三三
〇六一三七	子臭觶	二	三七四〇	四四三三
〇六一三八	子臭觶	二	三七四〇	四四三三
〇六一三九	子刀觶	二	三七四〇	四四三三
〇六一四〇	子弓觶	二	三七四〇	四四三三
〇六一四一	婦好觶	二	三七四一	四四三三
〇六一四二	婦冬觶	二	三七四一	四四三三
〇六一四三	婦嫡觶	二	三七四一	四四三三
〇六一四四	山婦觶	二	三七四一	四四三三
〇六一四五	[illegible]婦觶	二	三七四二	四四三四
〇六一四六	[illegible]婦觶	二	三七四二	四四三四
〇六一四七	[illegible]婦觶	二	三七四二	四四三四
〇六一四八	婦姦觶	二	三七四三	四四三四
〇六一四九	盂女觶	二	三七四三	四四三四
〇六一五〇	雚母觶	二	三七四三	四四三四
〇六一五一	戈母觶	二	三七四四	四四三四
〇六一五二	犇[illegible]觶	二	三七四四	四四三四

器號	器名	字數	拓片頁碼	說明頁碼
〇六一五三	[illegible]辛觶	二	三七四四	四四三四
〇六一五四	戈辛觶	二	三七四四	四四三四
〇六一五五	聑兜觶	二	三七四五	四四三四
〇六一五六	亞吴觶	二	三七四五	四四三四
〇六一五七	亞[illegible]觶	二	三七四五	四四三四
〇六一五八	亞微觶	二	三七四六	四四三四
〇六一五九	亞醜觶	二	三七四六	四四三四
〇六一六〇	亞醜觶	二	三七四七	四四三四
〇六一六一	亞[illegible]觶	二	三七四七	四四三五
〇六一六二	亞重觶	二	三七四七	四四三五
〇六一六三	亞井觶	二	三七四七	四四三五
〇六一六四	亞[illegible]觶	二	三七四八	四四三五
〇六一六五	亞隻觶蓋	二	三七四八	四四三五
〇六一六六	[illegible]匍觶	二	三七四八	四四三五
〇六一六七	㚔旅觶	二	三七四九	四四三五
〇六一六八	史犬觶	二	三七四九	四四三五
〇六一六九	史農觶	二	三七四九	四四三五
〇六一七〇	大丐觶	二	三七四九	四四三五
〇六一七一	羊册觶	二	三七五〇	四四三五
〇六一七二	册[illegible]觶	二	三七五〇	四四三五
〇六一七三	康侯觶	二	三七五〇	四四三五
〇六一七四	雁公觶	二	三七五〇	四四三五

器號	器名	字數	拓片頁碼	說明頁碼
〇六一七五	伯頏觶	二	三七五一	四四三五
〇六一七六	冄丁觶	二	三七五一	四四三五
〇六一七七	冄戊觶	二	三七五一	四四三五
〇六一七八	冄辛觶	二	三七五一	四四三六
〇六一七九	冄[illegible]觶	二	三七五二	四四三六
〇六一八〇	爰[illegible]觶	二	三七五二	四四三六
〇六一八一	冄[illegible]觶	二	三七五二	四四三六
〇六一八二	弔龜觶	二	三七五三	四四三六
〇六一八三	庚豕觶	二	三七五三	四四三六
〇六一八四	羊冂觶	二	三七五三	四四三六
〇六一八五	㚔羊觶	二	三七五三	四四三六
〇六一八六	弓𦎫觶	二	三七五四	四四三六
〇六一八七	戲冀觶	二	三七五四	四四三六
〇六一八八	北單觶	二	三七五五	四四三六
〇六一八九	[illegible]舟觶	二	三七五五	四四三六
〇六一九〇	車觶	二	三七五五	四四三六
〇六一九一	告田觶	二	三七五五	四四三六
〇六一九二	告田觶	二	三七五六	四四三七
〇六一九三	[illegible]作觶	二	三七五六	四四三七
〇六一九四	作仲觶	二	三七五六	四四三七
〇六一九五	叔作觶	二	三七五七	四四三七
〇六一九六	作侯觶	二	三七五七	四四三七

器號	器名	字數	拓片頁碼	說明頁碼
〇六一九七	作[illegible]觶	二	三七五七	四四三七
〇六一九八	作旅觶	二	三七五八	四四三七
〇六一九九	作[illegible]觶	二	三七五八	四四三七
〇六二〇〇	史且乙觶	三	三七五八	四四三七
〇六二〇一	且乙吉觶	三	三七五九	四四三七
〇六二〇二	[illegible]且丙觶	三	三七五九	四四三七
〇六二〇三	文且丙觶	三	三七五九	四四三七
〇六二〇四	[illegible]且丁觶	三	三七六〇	四四三七
〇六二〇五	[illegible]且丁觶	三	三七六〇	四四三七
〇六二〇六	[illegible]且丁觶	三	三七六〇	四四三八
〇六二〇七	監且丁觶	三	三七六一	四四三八
〇六二〇八	[illegible]且戊觶	三	三七六一	四四三八
〇六二〇九	戈且己觶	三	三七六一	四四三八
〇六二一〇	子且己觶	三	三七六一	四四三八
〇六二一一	戈且辛觶	三	三七六二	四四三八
〇六二一二	乃且癸觶	三	三七六二	四四三八
〇六二一三	征中且觶	三	三七六二	四四三八
〇六二一四	冄父甲觶	三	三七六二	四四三八
〇六二一五	酋父甲觶	三	三七六三	四四三八
〇六二一六	萬父甲觶	三	三七六三	四四三八
〇六二一七	大父乙觶	三	三七六四	四四三八
〇六二一八	冀父乙觶	三	三七六四	四四三八

器號	器名	字數	拓片頁碼	說明頁碼
〇六二一九	㠱父乙觶	三	三七六四	四四三八
〇六二二〇	㠱父乙觶	三	三七六四	四四三八
〇六二二一	[illegible]父乙觶	三	三七六五	四四三九
〇六二二二	娀父乙觶	三	三七六五	四四三九
〇六二二三	[illegible]父乙觶	三	三七六五	四四三九
〇六二二四	戉父乙觶	三	三七六五	四四三九
〇六二二五	幸父乙觶	三	三七六六	四四三九
〇六二二六	牧父乙觶	三	三七六六	四四三九
〇六二二七	[illegible]父乙觶	三	三七六六	四四三九
〇六二二八	[illegible]父乙觶	三	三七六七	四四三九
〇六二二九	受父乙觶	三	三七六七	四四三九
〇六二三〇	酘父乙觶	三	三七六八	四四三九
〇六二三一	[illegible]父乙觶	三	三七六八	四四三九
〇六二三二	亞父乙觶	三	三七六八	四四三九
〇六二三三	父乙[illegible]觶	三	三七六八	四四三九
〇六二三四	[illegible]父乙觶	三	三七六九	四四四〇
〇六二三五	[illegible]父乙觶	三	三七六九	四四四〇
〇六二三六	父乙[illegible]觶	三	三七六九	四四四〇
〇六二三七	[illegible]父乙觶	三	三七七〇	四四四〇
〇六二三八	[illegible]父乙觶	三	三七七〇	四四四〇
〇六二三九	辰父乙觶	三	三七七一	四四四〇
〇六二四〇	寡父乙觶	三	三七七一	四四四〇

器號	器名	字數	拓片頁碼	說明頁碼
〇六二四一	父乙遽觶	三	三七七一	四四四〇
〇六二四二	父乙束觶	三	三七七二	四四四〇
〇六二四三	魚父乙觶	三	三七七二	四四四〇
〇六二四四	黿父乙觶	三	三七七二	四四四〇
〇六二四五	黿父乙觶	三	三七七二	四四四〇
〇六二四六	父乙寶觶	三	三七七三	四四四〇
〇六二四七	父乙飤觶	三	三七七三	四四四〇
〇六二四八	子父丙觶	三	三七七四	四四四〇
〇六二四九	重父丙觶	三	三七七四	四四四〇
〇六二五〇	[illegible]父丙觶	三	三七七四	四四四一
〇六二五一	戈父丙觶	三	三七七四	四四四一
〇六二五二	戈父丙觶	三	三七七五	四四四一
〇六二五三	作父丙觶	三	三七七五	四四四一
〇六二五四	子父丁觶	三	三七七五	四四四一
〇六二五五	㠱父丁觶	三	三七七五	四四四一
〇六二五六	[illegible]父丁觶	三	三七七六	四四四一
〇六二五七	萬父丁觶	三	三七七六	四四四一
〇六二五八	雔父丁觶	三	三七七六	四四四一
〇六二五九	亯父丁觶	三	三七七六	四四四一
〇六二六〇	舌父丁觶	三	三七七七	四四四一
〇六二六一	山父丁觶	三	三七七七	四四四一
〇六二六二	幸父丁觶	三	三七七七	四四四一

器號	器名	字數	拓片頁碼	說明頁碼
〇六二六三	爻父丁觶	三	三七七八	四四四一
〇六二六四	皀父丁觶	三	三七七八	四四四一
〇六二六五	[illegible]父丁觶	三	三七七八	四四四二
〇六二六六	[illegible]父丁觶	三	三七七九	四四四二
〇六二六七	冄父丁觶	三	三七七九	四四四二
〇六二六八	冄父丁觶	三	三七八〇	四四四二
〇六二六九	叙父戊觶	三	三七八〇	四四四二
〇六二七〇	字父己觶	三	三七八〇	四四四二
〇六二七一	[illegible]父己觶	三	三七八一	四四四二
〇六二七二	史父己觶蓋	三	三七八一	四四四二
〇六二七三	兄父己觶	三	三七八一	四四四二
〇六二七四	主父己觶	三	三七八二	四四四二
〇六二七五	冄父己觶	三	三七八二	四四四二
〇六二七六	冄父己觶	三	三七八二	四四四二
〇六二七七	冄父己觶	三	三七八二	四四四二
〇六二七八	[illegible]父己觶	三	三七八三	四四四二
〇六二七九	[illegible]父己觶	三	三七八三	四四四二
〇六二八〇	木父己觶	三	三七八三	四四四二
〇六二八一	[illegible]父己觶	三	三七八四	四四四二
〇六二八二	[illegible]父己觶	三	三七八四	四四四三
〇六二八三	己父[illegible]觶	三	三七八五	四四四三
〇六二八四	叙父己觶	三	三七八五	四四四三

器號	器名	字數	拓片頁碼	說明頁碼
〇六二八五	[illegible]父己觶	三	三七八五	四四四三
〇六二八六	父己[illegible]觶	三	三七八六	四四四三
〇六二八七	[illegible]父己觶	三	三七八六	四四四三
〇六二八八	[illegible]父己觶	三	三七八六	四四四三
〇六二八九	[illegible]父己觶	三	三七八七	四四四三
〇六二九〇	黽父己觶	三	三七八七	四四四三
〇六二九一	萬父己觶	三	三七八七	四四四三
〇六二九二	子父庚觶	三	三七八八	四四四三
〇六二九三	妖父庚觶	三	三七八八	四四四三
〇六二九四	[illegible]父庚觶	三	三七八八	四四四三
〇六二九五	作父庚觶	三	三七八八	四四四三
〇六二九六	子父辛觶	三	三七八九	四四四四
〇六二九七	立父辛觶	三	三七八九	四四四四
〇六二九八	吳父辛觶	三	三七八九	四四四四
〇六二九九	竟父辛觶	三	三七八九	四四四四
〇六三〇〇	冀父辛觶	三	三七九〇	四四四四
〇六三〇一	[illegible]父辛觶	三	三七九〇	四四四四
〇六三〇二	[illegible]父辛觶	三	三七九〇	四四四四
〇六三〇三	父辛戈觶	三	三七九〇	四四四四
〇六三〇四	戈父辛觶	三	三七九一	四四四四
〇六三〇五	行父辛觶	三	三七九一	四四四四
〇六三〇六	父辛[illegible]觶	三	三七九一	四四四四

器號	器名	字數	拓片頁碼	說明頁碼
〇六三〇七	□父辛觶	三	三七九一	四四四四
〇六三〇八	□父辛觶	三	三七九二	四四四四
〇六三〇九	□父辛觶	三	三七九二	四四四四
〇六三一〇	□父辛觶	三	三七九二	四四四四
〇六三一一	□父辛觶	三	三七九二	四四四五
〇六三一二	□父辛觶	三	三七九三	四四四五
〇六三一三	□父辛觶	三	三七九三	四四四五
〇六三一四	雔父辛觶	三	三七九三	四四四五
〇六三一五	羊父辛觶	三	三七九三	四四四五
〇六三一六	榭父辛觶	三	三七九四	四四四五
〇六三一七	束父辛觶	三	三七九四	四四四五
〇六三一八	遽父辛觶	三	三七九四	四四四五
〇六三一九	□父辛觶	三	三七九四	四四四五
〇六三二〇	□父辛觶	三	三七九五	四四四五
〇六三二一	□父辛觶	三	三七九五	四四四五
〇六三二二	□父壬觶	三	三七九五	四四四五
〇六三二三	子父癸觶	三	三七九五	四四四五
〇六三二四	重父癸觶	三	三七九六	四四四五
〇六三二五	重父癸觶	三	三七九六	四四四六
〇六三二六	冀父癸觶	三	三七九六	四四四六
〇六三二七	冀父癸觶	三	三七九六	四四四六
〇六三二八	□父癸觶	三	三七九七	四四四六

器號	器名	字數	拓片頁碼	說明頁碼
〇六三二九	奺父癸觶	三	三七九七	四四四六
〇六三三〇	奺父癸觶	三	三七九七	四四四六
〇六三三一	□父癸觶	三	三七九七	四四四六
〇六三三二	弓父癸觶	三	三七九八	四四四六
〇六三三三	矢父癸觶	三	三七九八	四四四六
〇六三三四	奴父癸觶	三	三七九八	四四四六
〇六三三五	奴父癸觶	三	三七九九	四四四六
〇六三三六	戈父癸觶	三	三七九九	四四四六
〇六三三七	史父癸觶	三	三七九九	四四四六
〇六三三八	臤父癸觶	三	三七九九	四四四六
〇六三三九	爰父癸觶	三	三八〇〇	四四四七
〇六三四〇	□父癸觶	三	三八〇〇	四四四七
〇六三四一	□父癸觶	三	三八〇〇	四四四七
〇六三四二	□父癸觶	三	三八〇一	四四四七
〇六三四三	魚父癸觶	三	三八〇一	四四四七
〇六三四四	敄父癸觶	三	三八〇一	四四四七
〇六三四五	冀母辛觶	三	三八〇二	四四四七
〇六三四六	婦亞弜觶	三	三八〇二	四四四七
〇六三四七	亞□婦觶	三	三八〇二	四四四七
〇六三四八	女朱戈觶	三	三八〇三	四四四七
〇六三四九	龏女子觶	三	三八〇三	四四四七
〇六三五〇	作姑彝觶	三	三八〇四	四四四七

器號	器名	字數	拓片頁碼	説明頁碼
〇六三五一	子癸壆觶	三	三八〇四	四四七
〇六三五二	彭女𠬝觶	三	三八〇五	四四七
〇六三五三	齒兄丁觶	三	三八〇五	四四八
〇六三五四	兄丁奞觶	三	三八〇六	四四八
〇六三五五	亼兄辛觶	三	三八〇六	四四八
〇六三五六	亞𠬝觶	三	三八〇七	四四八
〇六三五七	秉毌戊觶	三	三八〇七	四四八
〇六三五八	[illegible]册亯觶	三	三八〇七	四四八
〇六三五九	[illegible]珏省觶	三	三八〇八	四四八
〇六三六〇	臼作衘觶	三	三八〇八	四四八
〇六三六一	伯作彝觶	三	三八〇八	四四八
〇六三六二	伯作彝觶蓋	三	三八〇八	四四八
〇六三六三	伯作彝觶	三	三八〇九	四四八
〇六三六四	西單匿觶	三	三八〇九	四四八
〇六三六五	戚作彝觶	三	三八〇九	四四八
〇六三六六	戚作彝觶	三	三八〇九	四四八
〇六三六七	唐子且乙觶	四	三八一〇	四四八
〇六三六八	徙作且丁觶	四	三八一〇	四四九
〇六三六九	且戊觶	四	三八一〇	四四九
〇六三七〇	且己觶	四	三八一一	四四九
〇六三七一	亞且辛觶蓋	四	三八一一	四四九
〇六三七二	[illegible]分父甲觶	四	三八一一	四四九

器號	器名	字數	拓片頁碼	説明頁碼
〇六三七三	子麻父乙觶	四	三八一二	四四九
〇六三七四	大父乙觶	四	三八一二	四四九
〇六三七五	亞大父乙觶	四	三八一二	四四九
〇六三七六	亞大父乙觶	四	三八一二	四四九
〇六三七七	亞吴父乙觶	四	三八一三	四四九
〇六三七八	亞[illegible]父乙觶	四	三八一三	四四九
〇六三七九	亞艅父乙觶	四	三八一三	四五〇
〇六三八〇	廌册父乙觶	四	三八一四	四五〇
〇六三八一	庚豕父乙觶	四	三八一四	四五〇
〇六三八二	鄉宁父乙觶	四	三八一四	四五〇
〇六三八三	𠬝父乙觶	四	三八一四	四五〇
〇六三八四	西單父乙觶	四	三八一五	四五〇
〇六三八五	聑日父乙觶	四	三八一五	四五〇
〇六三八六	葡父乙觶	四	三八一五	四五〇
〇六三八七	‖又父乙觶	四	三八一六	四五〇
〇六三八八	尹舟父丙觶	四	三八一六	四五〇
〇六三八九	𠬝父丙觶	四	三八一六	四五〇
〇六三九〇	[illegible]册父丁觶	四	三八一六	四五〇
〇六三九一	父丁告田觶	四	三八一七	四五〇
〇六三九二	母父丁觶	四	三八一七	四五〇
〇六三九三	典弜父丁觶	四	三八一七	四五〇
〇六三九四	𠬝父丁觶	四	三八一八	四五〇

器號	器名	字數	拓片頁碼	說明頁碼
〇六三九五	亞丏父丁觶	四	三八一八	四四五一
〇六三九六	西單父丁觶	四	三八一八	四四五一
〇六三九七	羍父戊觶	四	三八一八	四四五一
〇六三九八	告宁父戊觶	四	三八一九	四四五一
〇六三九九	子[illegible]父己觶	四	三八一九	四四五一
〇六四〇〇	辰[illegible]父己觶	四	三八一九	四四五一
〇六四〇一	父己矢[illegible]觶	四	三八一九	四四五一
〇六四〇二	亞㠱父己觶	四	三八二〇	四四五一
〇六四〇三	亞[illegible]父己觶	四	三八二〇	四四五一
〇六四〇四	亞[illegible]父己觶	四	三八二〇	四四五一
〇六四〇五	田[illegible]父己觶	四	三八二一	四四五一
〇六四〇六	牧正父己觶	四	三八二一	四四五一
〇六四〇七	[illegible]作父己觶	四	三八二二	四四五一
〇六四〇八	父己[illegible]馬觶	四	三八二二	四四五一
〇六四〇九	亞若父己觶	四	三八二二	四四五二
〇六四一〇	子[illegible]父辛觶	四	三八二三	四四五二
〇六四一一	父辛亞艅觶	四	三八二三	四四五二
〇六四一二	亞[illegible]父辛觶	四	三八二三	四四五二
〇六四一三	亞[illegible]父辛觶	四	三八二四	四四五二
〇六四一四	亞孳父辛觶	四	三八二四	四四五二
〇六四一五	弓[illegible]父辛觶	四	三八二四	四四五二
〇六四一六	逆[illegible]父辛觶	四	三八二四	四四五二

器號	器名	字數	拓片頁碼	說明頁碼
〇六四一七	宀作父辛觶	四	三八二五	四四五二
〇六四一八	穷察父辛觶	四	三八二五	四四五二
〇六四一九	寧作父辛觶	四	三八二五	四四五二
〇六四二〇	子[illegible]父癸觶	四	三八二五	四四五二
〇六四二一	亞食父癸觶	四	三八二六	四四五二
〇六四二二	尹舟父癸觶	四	三八二六	四四五二
〇六四二三	[illegible][illegible]父癸觶	四	三八二六	四四五二
〇六四二四	父癸何觶	四	三八二六	四四五二
〇六四二五	[illegible]父癸觶	四	三八二七	四四五二
〇六四二六	[illegible]作父癸觶	四	三八二七	四四五三
〇六四二七	光作母辛觶	四	三八二七	四四五三
〇六四二八	婦[illegible]册觶	四	三八二八	四四五三
〇六四二九	[illegible]兄日壬觶	四	三八二八	四四五三
〇六四三〇	亞若癸觶	四	三八二八	四四五三
〇六四三一	員觶	四	三八二九	四四五三
〇六四三二	員觶	四	三八二九	四四五三
〇六四三三	戈咢觶	四	三八三〇	四四五三
〇六四三四	季作旅彝觶	四	三八三〇	四四五三
〇六四三五	作[illegible]從彝觶	四	三八三〇	四四五三
〇六四三六	速觶	四	三八三一	四四五三
〇六四三七	耒作寶彝觶	四	三八三一	四四五三
〇六四三八	作寶隫彝觶	四	三八三一	四四五三

器號	器名	字數	拓片頁碼	說明頁碼
〇六四三九	厚且戊觶	五	三八三二	四四五三
〇六四四〇	亞吴父乙觶	五	三八三二	四四五三
〇六四四一	高作父乙觶	五	三八三二	四四五四
〇六四四二	逋作父乙觶	五	三八三三	四四五四
〇六四四三	登串父丁觶	五	三八三三	四四五四
〇六四四四	劦册父丁觶	五	三八三三	四四五四
〇六四四五	宁册父丁觶	五	三八三三	四四五四
〇六四四六	聯作父丁觶	五	三八三四	四四五四
〇六四四七	盧作父丁觶	五	三八三四	四四五四
〇六四四八	作父辛觶	五	三八三五	四四五四
〇六四四九	𡚬作父癸觶	五	三八三五	四四五四
〇六四五〇	小集母乙觶	五	三八三五	四四五四
〇六四五一	姞亘母觶	五	三八三六	四四五四
〇六四五二	矢王觶	五	三八三六	四四五四
〇六四五三	亥伯觶	五	三八三七	四四五五
〇六四五四	伯戜觶	五	三八三七	四四五五
〇六四五五	伯戜觶	五	三八三七	四四五五
〇六四五六	伯作姬觶	五	三八三八	四四五五
〇六四五七	井叔觶	五	三八三八	四四五五
〇六四五八	叔偈父觶	五	三八三九	四四五五
〇六四五九	邑觶	五	三八三九	四四五五
〇六四六〇	事作小旅彝觶	五	三八三九	四四五五

器號	器名	字數	拓片頁碼	說明頁碼
〇六四六一	亘觶	五	三八三九	四四五五
〇六四六二	義楚觶	五	三八四〇	四四五五
〇六四六三	邑且辛父辛觶	六	三八四一	四四五五
〇六四六四	亞吴匕辛觶	六	三八四一	四四五六
〇六四六五	亞𦘔豕父乙觶	六	三八四一	四四五六
〇六四六六	尚作父乙觶	六	三八四二	四四五六
〇六四六七	丰作父乙觶	六	三八四二	四四五六
〇六四六八	小臣作父乙觶	六	三八四二	四四五六
〇六四六九	雁事作父乙觶	六	三八四三	四四五六
〇六四七〇	作父丙觶	六	三八四三	四四五六
〇六四七一	𠬝作父丁觶	六	三八四三	四四五六
〇六四七二	作禦父辛觶	六	三八四三	四四五六
〇六四七三	作父辛觶	存六	三八四四	四四五六
〇六四七四	敄作父癸觶	六	三八四四	四四五六
〇六四七五	朕作父癸觶	六	三八四四	四四五六
〇六四七六	北子𡚬觶	六	三八四四	四四五六
〇六四七七	伯旛觶	六	三八四五	四四五七
〇六四七八	伯旛觶	六	三八四六	四四五七
〇六四七九	者兒觶	六	三八四七	四四五七
〇六四八〇	避觶	六	三八四七	四四五七
〇六四八一	冀作且辛觶	七	三八四八	四四五七
〇六四八二	中作匕己觶	七	三八四八	四四五七

器號	器名	字數	拓片頁碼	說明頁碼
〇六四八三	作父戊觶	七	三八四八	四四五七
〇六四八四	亞丁作父己觶	七	三八四八	四四五七
〇六四八五	子达觶	七	三八四九	四四五七
〇六四八六	叔𡎺觶	七	三八四九	四四五七
〇六四八七	征作笭觶	七	三八四九	四四五七
〇六四八八	冶𢓊觶	七	三八五〇	四四五七
〇六四八九	其史作且己觶	八	三八五〇	四四五八
〇六四九〇	亦史避且辛觶	八	三八五〇	四四五八
〇六四九一	亦史避且辛觶	八	三八五〇	四四五八
〇六四九二	凡作父乙觶	八	三八五一	四四五八
〇六四九三	諫作父丁觶	八	三八五一	四四五八
〇六四九四	舌仲作父丁觶	八	三八五一	四四五八
〇六四九五	遽仲作父丁觶	八	三八五二	四四五八
〇六四九六	子作父戊觶	八	三八五二	四四五八
〇六四九七	甚父戊觶	八	三八五三	四四五八
〇六四九八	父己年膚觶	八	三八五三	四四五八
〇六四九九	諫作父己觶	八	三八五三	四四五八
〇六五〇〇	鼓𦎫作父辛觶	八	三八五四	四四五八
〇六五〇一	作父癸觶	八	三八五四	四四五八
〇六五〇二	木工册作母甲觶	八	三八五四	四四五九
〇六五〇三	呂伯觶	八	三八五五	四四五九
〇六五〇四	甾作父己觶	九	三八五五	四四五九

器號	器名	字數	拓片頁碼	說明頁碼
〇六五〇五	何作丁辛觶	九	三八五五	四四五九
〇六五〇六	郄王𠦄又觶	一〇	三八五六	四四五九
〇六五〇七	北子觶	一二	三八五七	四四五九
〇六五〇八	岁觶	一二	三八五八	四四五九
〇六五〇九	㫖觶	一三	三八五八	四四五九
〇六五一〇	庶觶	一四	三八五九	四四五九
〇六五一一	㠱仲觶	一四	三八六〇	四四五九
〇六五一二	小臣單觶	二二	三八六一	四四五九
〇六五一三	郄王義楚觶	三五	三八六二	四四六〇
〇六五一四	中觶	三六	三八六三	四四六〇
〇六五一五	萬諆觶	三六	三八六四	四四六〇
〇六五一六	趩觶	六八	三八六五	四四六〇
〇六五二〇	且觚	一	三八六六	四四六〇
〇六五二一	母觚	一	三八六六	四四六〇
〇六五二二	婦觚	一	三八六六	四四六〇
(〇六八五七	婦觚)	一	三九五七	四四八〇
(〇六八五八	婦觚)	一	三九五七	四四八〇
(〇六八六六	婦觚)	一	三九五九	四四八〇
〇六五二三	媓觚	一	三八六六	四四六〇
〇六五二四	子觚	一	三八六七	四四六〇
〇六五二五	子觚	一	三八六七	四四六〇
〇六五二六	子觚	一	三八六七	四四六〇

器號	器名	字數	拓片頁碼	説明頁碼
〇六五二七	子觚	一	三八六七	四四六一
〇六五二八	子觚	一	三八六八	四四六一
〇六五二九	子觚	一	三八六八	四四六一
〇六五三〇	字觚	一	三八六八	四四六一
〇六五三一	団觚	一	三八六八	四四六一
〇六五三二	旅觚	一	三八六九	四四六一
〇六五三三	旅觚	一	三八六九	四四六一
〇六五三四	旅觚	一	三八六九	四四六一
〇六五三五	旅觚	一	三八七〇	四四六一
〇六五三六	旅觚	一	三八七〇	四四六一
〇六五三七	盜觚	一	三八七一	四四六一
〇六五三八	乘觚	一	三八七一	四四六一
〇六五三九	共觚	一	三八七一	四四六一
〇六五四〇	共觚	一	三八七二	四四六一
〇六五四一	[illegible]觚	一	三八七二	四四六一
〇六五四二	[illegible]觚	一	三八七二	四四六一
〇六五四三	天觚	一	三八七三	四四六一
〇六五四四	天觚	一	三八七三	四四六一
〇六五四五	天觚	一	三八七三	四四六二
〇六五四六	屰觚	一	三八七四	四四六二
〇六五四七	夫觚	一	三八七四	四四六二
〇六五四八	夫觚	一	三八七四	四四六二

器號	器名	字數	拓片頁碼	説明頁碼
〇六五四九	[illegible]觚	一	三八七五	四四六二
〇六五五〇	[illegible]觚	一	三八七五	四四六二
〇六五五一	[illegible]觚	一	三八七五	四四六二
〇六五五二	[illegible]觚	一	三八七六	四四六二
〇六五五三	[illegible]觚	一	三八七六	四四六二
〇六五五四	[illegible]觚	一	三八七六	四四六二
〇六五五五	[illegible]觚	一	三八七六	四四六二
〇六五五六	[illegible]觚	一	三八七七	四四六二
〇六五五七	参觚	一	三八七七	四四六二
〇六五五八	参觚	一	三八七七	四四六二
〇六五五九	矢觚	一	三八七八	四四六二
〇六五六〇	[illegible]觚	一	三八七八	四四六二
〇六五六一	奚觚	一	三八七八	四四六二
〇六五六二	[illegible]觚	一	三八七九	四四六二
〇六五六三	[illegible]觚	一	三八七九	四四六二
〇六五六四	[illegible]觚	一	三八七九	四四六二
〇六五六五	[illegible]觚	一	三八八〇	四四六二
〇六五六六	[illegible]觚	一	三八八〇	四四六三
〇六五六七	[illegible]觚	一	三八八〇	四四六三
〇六五六八	重觚	一	三八八一	四四六三
〇六五六九	重觚	一	三八八一	四四六三
〇六五七〇	弔觚	一	三八八一	四四六三

器號	器名	字數	拓片頁碼	説明頁碼
〇六五七一	弔觚	一	三八八一	四四六三
〇六五七二	㐭觚	一	三八八二	四四六三
〇六五七三	[illegible]觚	一	三八八二	四四六三
〇六五七四	[illegible]觚	一	三八八二	四四六三
〇六五七五	[illegible]觚	一	三八八三	四四六三
〇六五七六	役觚	一	三八八三	四四六三
〇六五七七	何觚	一	三八八三	四四六三
〇六五七八	牽牲形銘觚	一	三八八四	四四六三
〇六五七九	竝觚	一	三八八四	四四六三
〇六五八〇	舌觚	一	三八八四	四四六三
〇六五八一	舌觚	一	三八八五	四四六三
〇六五八二	䀠觚	一	三八八五	四四六三
〇六五八三	嬰觚	一	三八八五	四四六四
〇六五八四	嬰觚	一	三八八五	四四六四
〇六五八五	[illegible]觚	一	三八八六	四四六四
〇六五八六	耴觚	一	三八八六	四四六四
〇六五八七	忛觚	一	三八八六	四四六四
〇六五八八	左觚	一	三八八六	四四六四
〇六五八九	[illegible]觚	一	三八八七	四四六四
〇六五九〇	[illegible]觚	一	三八八七	四四六四
〇六五九一	[illegible]觚	一	三八八七	四四六四
〇六五九二	[illegible]觚	一	三八八七	四四六四

器號	器名	字數	拓片頁碼	説明頁碼
〇六五九三	攸觚	一	三八八八	四四六四
〇六五九四	攸觚	一	三八八八	四四六四
〇六五九五	臤觚	一	三八八八	四四六四
〇六五九六	臤觚	一	三八八八	四四六四
〇六五九七	并觚	一	三八八九	四四六四
〇六五九八	寅觚(黄觚)	一	三八八九	四四六四
〇六五九九	叙觚	一	三八八九	四四六五
〇六六〇〇	共觚	一	三八八九	四四六五
〇六六〇一	受觚	一	三八九〇	四四六五
〇六六〇二	受觚	一	三八九〇	四四六五
〇六六〇三	受觚	一	三八九〇	四四六五
〇六六〇四	[illegible]觚	一	三八九一	四四六五
〇六六〇五	[illegible]觚	一	三八九一	四四六五
〇六六〇六	秉觚	一	三八九一	四四六五
〇六六〇七	史觚	一	三八九二	四四六五
〇六六〇八	史觚	一	三八九二	四四六五
〇六六〇九	史觚	一	三八九二	四四六五
〇六六一〇	史觚	一	三八九二	四四六五
〇六六一一	史觚	一	三八九三	四四六五
〇六六一二	史觚	一	三八九三	四四六五
〇六六一三	史觚	一	三八九三	四四六五
〇六六一四	史觚	一	三八九三	四四六五

器號	器名	字數	拓片頁碼	說明頁碼
〇六六一五	史觚	一	三八九四	四四六六
〇六六一六	史觚	一	三八九四	四四六六
〇六六一七	史觚	一	三八九四	四四六六
〇六六一八	史觚	一	三八九四	四四六六
〇六六一九	史觚	一	三八九五	四四六六
〇六六二〇	史觚	一	三八九五	四四六六
〇六六二一	史觚	一	三八九五	四四六六
〇六六二二	史觚	一	三八九五	四四六六
〇六六二三	史觚	一	三八九六	四四六六
〇六六二四	册觚	一	三八九六	四四六六
〇六六二五	宁觚	一	三八九六	四四六六
〇六六二六	㚔觚	一	三八九六	四四六六
〇六六二七	㚔觚	一	三八九七	四四六六
〇六六二八	[illegible]觚	一	三八九七	四四六六
〇六六二九	[illegible]觚	一	三八九七	四四六六
〇六六三〇	[illegible]觚	一	三八九七	四四六六
〇六六三一	圉觚	一	三八九八	四四六六
〇六六三二	步觚	一	三八九八	四四六六
〇六六三三	徙觚	一	三八九八	四四六六
〇六六三四	得觚	一	三八九九	四四六七
〇六六三五	得觚	一	三八九九	四四六七
〇六六三六	正觚	一	三八九九	四四六七

器號	器名	字數	拓片頁碼	說明頁碼
〇六六三七	[illegible]觚	一	三八九九	四四六七
〇六六三八	[illegible]觚	一	三九〇〇	四四六七
〇六六三九	[illegible]觚	一	三九〇〇	四四六七
〇六六四〇	遽觚	一	三九〇〇	四四六七
〇六六四一	遽觚	一	三九〇〇	四四六七
〇六六四二	告觚	一	三九〇一	四四六七
〇六六四三	告觚	一	三九〇一	四四六七
〇六六四四	[illegible]觚	一	三九〇一	四四六七
〇六六四五	[illegible]觚	一	三九〇一	四四六七
〇六六四六	宓觚	一	三九〇二	四四六七
〇六六四七	犬觚	一	三九〇二	四四六七
〇六六四八	豙觚	一	三九〇二	四四六七
〇六六四九	豙觚	一	三九〇二	四四六七
〇六六五〇	豛觚	一	三九〇三	四四六七
〇六六五一	[illegible]觚	一	三九〇三	四四六八
〇六六五二	圂觚	一	三九〇三	四四六八
〇六六五三	圂觚	一	三九〇三	四四六八
〇六六五四	[illegible]觚	一	三九〇四	四四六八
〇六六五五	[illegible]觚	一	三九〇四	四四六八
〇六六五六	羊觚	一	三九〇四	四四六八
〇六六五七	羊觚	一	三九〇四	四四六八
〇六六五八	[illegible]觚	一	三九〇五	四四六八

器號	器名	字數	拓片頁碼	説明頁碼
〇六六五九	𦎫觚	一	三九〇五	四四六八
〇六六六〇	𦎫觚	一	三九〇五	四四六八
〇六六六一	𦎫觚	一	三九〇五	四四六八
〇六六六二	[illegible]觚	一	三九〇六	四四六八
〇六六六三	[illegible]觚	一	三九〇六	四四六八
〇六六六四	[illegible]觚	一	三九〇六	四四六八
〇六六六五	[illegible]觚	一	三九〇六	四四六八
〇六六六六	鹿觚	一	三九〇七	四四六八
〇六六六七	象觚	一	三九〇七	四四六八
〇六六六八	獸形銘觚	一	三九〇七	四四六八
〇六六六九	獸面形銘觚	一	三九〇七	四四六九
〇六六七〇	獸觚	一	三九〇八	四四六九
〇六六七一	獸觚	一	三九〇八	四四六九
〇六六七二	鳥觚	一	三九〇八	四四六九
〇六六七三	鳥觚	一	三九〇八	四四六九
〇六六七四	鳥觚	一	三九〇九	四四六九
〇六六七五	鳥觚	一	三九〇九	四四六九
〇六六七六	鳶觚	一	三九〇九	四四六九
〇六六七七	鳶觚	一	三九〇九	四四六九
〇六六七八	鳶觚	一	三九一〇	四四六九
〇六六七九	隹觚	一	三九一〇	四四六九
〇六六八〇	萬觚	一	三九一〇	四四六九

器號	器名	字數	拓片頁碼	説明頁碼
〇六六八一	黿觚	一	三九一一	四四六九
〇六六八二	[illegible]觚	一	三九一一	四四六九
〇六六八三	魚觚	一	三九一一	四四六九
〇六六八四	魚觚	一	三九一一	四四六九
〇六六八五	弿觚	一	三九一二	四四六九
〇六六八六	弿觚	一	三九一二	四四六九
〇六六八七	戈觚	一	三九一二	四四六九
〇六六八八	戈觚	一	三九一二	四四七〇
〇六六八九	戈觚	一	三九一三	四四七〇
〇六六九〇	戈觚	一	三九一三	四四七〇
〇六六九一	戈觚	一	三九一三	四四七〇
〇六六九二	戈觚	一	三九一三	四四七〇
〇六六九三	戈觚	一	三九一四	四四七〇
〇六六九四	戈觚	一	三九一四	四四七〇
〇六六九五	戈觚	一	三九一四	四四七〇
〇六六九六	戈觚	一	三九一四	四四七〇
〇六六九七	戈觚	一	三九一五	四四七〇
〇六六九八	[illegible]觚	一	三九一五	四四七〇
〇六六九九	[illegible]觚	一	三九一五	四四七〇
〇六七〇〇	[illegible]觚	一	三九一五	四四七〇
〇六七〇一	[illegible]觚	一	三九一六	四四七〇
〇六七〇二	[illegible]觚	一	三九一六	四四七〇

器號	器名	字數	拓片頁碼	説明頁碼
〇六七〇三	奻觚	一	三九一六	四四七〇
〇六七〇四	奻觚	一	三九一六	四四七〇
〇六七〇五	[illegible]觚	一	三九一七	四四七一
〇六七〇六	妕觚	一	三九一七	四四七一
〇六七〇七	妕觚	一	三九一七	四四七一
〇六七〇八	妕觚	一	三九一七	四四七一
〇六七〇九	臧觚	一	三九一八	四四七一
〇六七一〇	[illegible]觚	一	三九一八	四四七一
〇六七一一	或觚	一	三九一八	四四七一
〇六七一二	或觚	一	三九一九	四四七一
〇六七一三	或觚	一	三九一九	四四七一
〇六七一四	或觚	一	三九一九	四四七一
〇六七一五	或觚	一	三九一九	四四七一
〇六七一六	猷觚	一	三九二〇	四四七一
〇六七一七	矣觚	一	三九二〇	四四七一
〇六七一八	伐觚	一	三九二〇	四四七一
〇六七一九	[illegible]觚	一	三九二〇	四四七一
〇六七二〇	[illegible]觚	一	三九二一	四四七一
〇六七二一	麐觚	一	三九二一	四四七二
〇六七二二	庚觚	一	三九二一	四四七二
〇六七二三	辛觚	一	三九二一	四四七二
〇六七二四	鼎觚	一	三九二二	四四七二

器號	器名	字數	拓片頁碼	説明頁碼
〇六七二五	[illegible]觚	一	三九二二	四四七二
〇六七二六	[illegible]觚	一	三九二二	四四七二
〇六七二七	[illegible]觚	一	三九二二	四四七二
〇六七二八	[illegible]觚	一	三九二三	四四七二
〇六七二九	[illegible]觚	一	三九二三	四四七二
〇六七三〇	[illegible]觚	一	三九二三	四四七二
〇六七三一	[illegible]觚	一	三九二三	四四七二
〇六七三二	[illegible]觚	一	三九二四	四四七二
〇六七三三	[illegible]觚	一	三九二四	四四七二
〇六七三四	[illegible]觚	存一	三九二五	四四七二
〇六七三五	[illegible]觚	一	三九二五	四四七二
〇六七三六	[illegible]觚	一	三九二五	四四七二
〇六七三七	[illegible]觚	一	三九二五	四四七二
〇六七三八	[illegible]觚	一	三九二六	四四七三
〇六七三九	[illegible]觚	一	三九二六	四四七三
〇六七四〇	辜觚	一	三九二六	四四七三
〇六七四一	竹觚	一	三九二七	四四七三
〇六七四二	木觚	一	三九二七	四四七三
〇六七四三	木觚	一	三九二七	四四七三
〇六七四四	束觚	一	三九二七	四四七三
〇六七四五	[illegible]觚	一	三九二八	四四七三
〇六七四六	臣觚	一	三九二八	四四七三

器號	器名	字數	拓片頁碼	說明頁碼
〇六七四七	串觚	一	三九二八	四四七三
〇六七四八	串觚	一	三九二八	四四七三
〇六七四九	車觚	一	三九二九	四四七三
〇六七五〇	車觚	一	三九二九	四四七三
〇六七五一	車觚	一	三九二九	四四七三
〇六七五二	車觚	一	三九三〇	四四七三
〇六七五三	⊛觚	一	三九三〇	四四七三
〇六七五四	⊗觚	一	三九三〇	四四七三
〇六七五五	[illegible]觚	一	三九三一	四四七三
〇六七五六	[illegible]觚	一	三九三一	四四七三
〇六七五七	[illegible]觚	一	三九三一	四四七三
〇六七五八	[illegible]觚	一	三九三一	四四七三
〇六七五九	[illegible]觚	一	三九三一	四四七四
〇六七六〇	[illegible]觚	一	三九三二	四四七四
〇六七六一	[illegible]觚	一	三九三二	四四七四
〇六七六二	[illegible]觚	一	三九三二	四四七四
〇六七六三	[illegible]觚	一	三九三二	四四七四
〇六七六四	[illegible]觚	一	三九三三	四四七四
〇六七六五	[illegible]觚	一	三九三三	四四七四
〇六七六六	[illegible]觚	一	三九三三	四四七四
〇六七六七	[illegible]觚	一	三九三三	四四七四
〇六七六八	[illegible]觚	一	三九三四	四四七四
〇六七六九	[illegible]觚	一	三九三四	四四七四
〇六七七〇	[illegible]觚	一	三九三四	四四七四
〇六七七一	[illegible]觚	一	三九三四	四四七四
〇六七七二	[illegible]觚	一	三九三五	四四七四
〇六七七三	橐觚	一	三九三五	四四七四
〇六七七四	橐觚	一	三九三五	四四七四
〇六七七五	橐觚	一	三九三五	四四七五
〇六七七六	橐觚	一	三九三六	四四七五
〇六七七七	橐觚	一	三九三六	四四七五
〇六七七八	[illegible]觚	一	三九三六	四四七五
〇六七七九	被觚	一	三九三六	四四七五
〇六七八〇	[illegible]觚	一	三九三七	四四七五
〇六七八一	[illegible]觚	一	三九三七	四四七五
〇六七八二	[illegible]觚	一	三九三七	四四七五
〇六七八三	雩觚	一	三九三八	四四七五
〇六七八四	[illegible]觚	一	三九三八	四四七五
〇六七八五	亢觚	一	三九三八	四四七五
〇六七八六	[illegible]觚	一	三九三八	四四七五
〇六七八七	[illegible]觚	一	三九三九	四四七五
〇六七八八	[illegible]觚	一	三九三九	四四七五
〇六七八九	[illegible]觚	一	三九三九	四四七五
〇六七九〇	[illegible]觚	一	三九三九	四四七五

器號	器名	字數	拓片頁碼	説明頁碼
〇六七九一	[illegible]觚	一	三九四〇	四四七五
〇六七九二	[illegible]觚	一	三九四〇	四四七五
〇六七九三	[illegible]觚	一	三九四〇	四四七六
〇六七九四	[illegible]觚	一	三九四〇	四四七六
〇六七九五	[illegible]觚	一	三九四一	四四七六
〇六七九六	[illegible]觚	一	三九四一	四四七六
〇六七九七	爻觚	一	三九四一	四四七六
〇六七九八	爻觚	一	三九四一	四四七六
〇六七九九	[illegible]觚	一	三九四二	四四七六
〇六八〇〇	[illegible]觚	一	三九四二	四四七六
〇六八〇一	[illegible]觚	一	三九四二	四四七六
〇六八〇二	丨觚	一	三九四二	四四七六
〇六八〇三	[illegible]觚	一	三九四三	四四七六
〇六八〇四	[illegible]觚	一	三九四三	四四七六
〇六八〇五	口己觚	一	三九四三	四四七六
〇六八〇六	且辛觚	二	三九四四	四四七六
〇六八〇七	且辛觚	二	三九四四	四四七六
〇六八〇八	且辛觚	二	三九四四	四四七六
〇六八〇九	且壬觚	二	三九四四	四四七六
〇六八一〇	父乙觚	二	三九四五	四四七七
〇六八一一	父乙觚	二	三九四五	四四七七
〇六八一二	父丙觚	二	三九四五	四四七七

器號	器名	字數	拓片頁碼	説明頁碼
〇六八一三	父己觚	二	三九四五	四四七七
〇六八一四	己父觚	二	三九四六	四四七七
〇六八一五	父己觚	二	三九四六	四四七七
〇六八一六	父庚觚	二	三九四六	四四七七
〇六八一七	父癸觚	二	三九四六	四四七七
〇六八一八	甲戈觚	二	三九四七	四四七七
〇六八一九	[illegible]乙觚	二	三九四七	四四七七
〇六八二〇	[illegible]乙觚	二	三九四七	四四七七
〇六八二一	乙正觚	二	三九四七	四四七七
〇六八二二	乙正觚	二	三九四八	四四七七
〇六八二三	乙参觚	二	三九四八	四四七七
〇六八二四	乙息觚	二	三九四八	四四七七
〇六八二五	戈乙觚	二	三九四八	四四七七
〇六八二六	乙戈觚	二	三九四九	四四七七
〇六八二七	乙[illegible]觚	二	三九四九	四四七八
〇六八二八	[illegible]乙觚	二	三九四九	四四七八
〇六八二九	乙[illegible]觚	二	三九四九	四四七八
〇六八三〇	丁[illegible]觚	二	三九五〇	四四七八
〇六八三一	丁[illegible]觚	二	三九五〇	四四七八
〇六八三二	丁[illegible]觚	二	三九五〇	四四七八
〇六八三三	弔丁觚	二	三九五〇	四四七八
〇六八三四	戊木觚	二	三九五一	四四七八

器號	器名	字數	拓片頁碼	說明頁碼
〇六八三五	羊己觚	二	三九五一	四四七八
〇六八三六	丯己觚	二	三九五一	四四七八
〇六八三七	己聿觚	二	三九五二	四四七八
〇六八三八	庚户觚	二	三九五二	四四七八
〇六八三九	辛戈觚	二	三九五二	四四七八
〇六八四〇	癸重觚	二	三九五二	四四七八
〇六八四一	癸[illegible]觚	二	三九五三	四四七八
〇六八四二	[illegible]癸觚	二	三九五三	四四七八
〇六八四三	癸[illegible]觚	二	三九五三	四四七九
〇六八四四	[illegible]口觚	二	三九五三	四四七九
〇六八四五	叙己觚	二	三九五四	四四七九
〇六八四六	叙己觚	二	三九五四	四四七九
〇六八四七	婦好觚	二	三九五四	四四七九
〇六八四八	婦好觚	二	三九五四	四四七九
〇六八四九	婦好觚	二	三九五五	四四七九
〇六八五〇	婦好觚	二	三九五五	四四七九
〇六八五一	婦好觚	二	三九五五	四四七九
〇六八五二	婦好觚	二	三九五五	四四七九
〇六八五三	婦好觚	二	三九五六	四四七九
〇六八五四	婦好觚	二	三九五六	四四七九
〇六八五五	婦好觚	二	三九五六	四四七九
〇六八五六	婦好觚	二	三九五七	四四七九
〇六八五七	婦觚	二	三九五七	四四七九
〇六八五八	婦觚	二	三九五七	四四八〇
〇六八五九	婦好觚	二	三九五七	四四八〇
〇六八六〇	婦好觚	二	三九五八	四四八〇
〇六八六一	婦好觚	二	三九五八	四四八〇
〇六八六二	婦好觚	二	三九五八	四四八〇
〇六八六三	婦好觚	二	三九五八	四四八〇
〇六八六四	婦好觚	二	三九五九	四四八〇
〇六八六五	婦好觚	二	三九五九	四四八〇
〇六八六六	婦觚	一	三九五九	四四八〇
〇六八六七	婦好觚	二	三九五九	四四八〇
〇六八六八	婦[illegible]觚	二	三九六〇	四四八〇
〇六八六九	婦[illegible]觚	二	三九六〇	四四八〇
〇六八七〇	婦鳥觚	二	三九六一	四四八〇
〇六八七一	婦田觚	二	三九六一	四四八〇
〇六八七二	[illegible]女觚	二	三九六一	四四八〇
〇六八七三	[illegible]女觚	二	三九六一	四四八〇
〇六八七四	女盉觚	二	三九六二	四四八一
〇六八七五	母[illegible]觚	二	三九六二	四四八一
〇六八七六	魚母觚	二	三九六二	四四八一
〇六八七七	魚母觚	二	三九六二	四四八一
〇六八七八	射女觚	二	三九六三	四四八一

器號	器名	字數	拓片頁碼	說明頁碼
〇六八七九	朕女觚	二	三九六三	四四八一
〇六八八〇	司㜏觚	二	三九六三	四四八一
〇六八八一	司㜏觚	二	三九六四	四四八一
〇六八八二	司㜏觚	二	三九六四	四四八一
〇六八八三	司㜏觚	二	三九六四	四四八一
〇六八八四	司㜏觚	二	三九六五	四四八一
〇六八八五	司㜏觚	二	三九六五	四四八一
〇六八八六	司㜏觚	二	三九六五	四四八一
〇六八八七	司㜏觚	二	三九六六	四四八一
〇六八八八	司㜏觚	二	三九六六	四四八一
〇六八八九	司㜏觚	二	三九六六	四四八一
〇六八九〇	司[illegible]觚	二	三九六七	四四八一
〇六八九一	子[illegible]觚	二	三九六七	四四八二
〇六八九二	子[illegible]觚	二	三九六七	四四八二
〇六八九三	子[illegible]觚	二	三九六七	四四八二
〇六八九四	子[illegible]觚	二	三九六八	四四八二
〇六八九五	子[illegible]觚	二	三九六八	四四八二
〇六八九六	子妥觚	二	三九六八	四四八二
〇六八九七	子[illegible]觚	二	三九六八	四四八二
〇六八九八	子[illegible]觚	二	三九六九	四四八二
〇六八九九	子[illegible]觚	二	三九六九	四四八二
〇六九〇〇	子[illegible]觚	二	三九六九	四四八二

器號	器名	字數	拓片頁碼	說明頁碼
〇六九〇一	子[illegible]觚	二	三九六九	四四八二
〇六九〇二	子[illegible]觚	二	三九七〇	四四八二
〇六九〇三	子[illegible]觚	二	三九七〇	四四八二
〇六九〇四	子[illegible]觚	二	三九七〇	四四八二
〇六九〇五	子[illegible]觚	二	三九七〇	四四八二
〇六九〇六	子[illegible]觚	二	三九七一	四四八二
〇六九〇七	子[illegible]觚	二	三九七一	四四八二
〇六九〇八	子蝠觚	二	三九七一	四四八二
〇六九〇九	子保觚	二	三九七一	四四八三
〇六九一〇	子[illegible]觚	二	三九七二	四四八三
〇六九一一	子[illegible]觚	二	三九七二	四四八三
〇六九一二	子光觚	二	三九七二	四四八三
〇六九一三	子雨觚	二	三九七二	四四八三
〇六九一四	[illegible]子觚	二	三九七三	四四八三
〇六九一五	[illegible]未觚	二	三九七三	四四八三
〇六九一六	[illegible]觚	二	三九七三	四四八三
〇六九一七	[illegible]觚	二	三九七三	四四八三
〇六九一八	冀[illegible]觚	二	三九七四	四四八三
〇六九一九	冀[illegible]觚	二	三九七四	四四八三
〇六九二〇	樂文觚	二	三九七四	四四八三
〇六九二一	[illegible]觚	二	三九七四	四四八三
〇六九二二	見父觚	二	三九七五	四四八三

器號	器名	字數	拓片頁碼	說明頁碼
〇六九二三	丰卂觚	二	三九七五	四四八三
〇六九二四	交觚	二	三九七五	四四八三
〇六九二五	[illegible]觚	二	三九七五	四四八三
〇六九二六	[illegible]觚	二	三九七六	四四八四
〇六九二七	[illegible]觚	二	三九七六	四四八四
〇六九二八	聑[illegible]觚	二	三九七六	四四八四
〇六九二九	[illegible]聑觚	二	三九七六	四四八四
〇六九三〇	聑髭觚	二	三九七七	四四八四
〇六九三一	弜耳觚	二	三九七七	四四八四
〇六九三二	聑竹觚	二	三九七七	四四八四
〇六九三三	田[illegible]觚	二	三九七七	四四八四
〇六九三四	叉[illegible]觚	二	三九七八	四四八四
〇六九三五	叉[illegible]觚	二	三九七八	四四八四
〇六九三六	爭川觚	二	三九七八	四四八四
〇六九三七	永[illegible]觚	二	三九七八	四四八四
〇六九三八	叉宁觚	二	三九七九	四四八四
〇六九三九	叉宁觚	二	三九七九	四四八四
〇六九四〇	[illegible]葬觚	二	三九七九	四四八四
〇六九四一	[illegible]觚	二	三九七九	四四八四
〇六九四二	正[illegible]觚	二	三九八〇	四四八四
〇六九四三	川教觚	二	三九八〇	四四八四
〇六九四四	◆衢觚	二	三九八〇	四四八四

器號	器名	字數	拓片頁碼	說明頁碼
〇六九四五	亞獸形銘觚	二	三九八〇	四四八五
〇六九四六	亞其觚	二	三九八一	四四八五
〇六九四七	亞其觚	二	三九八一	四四八五
〇六九四八	亞其觚	二	三九八一	四四八五
〇六九四九	亞其觚	二	三九八一	四四八五
〇六九五〇	亞其觚	二	三九八二	四四八五
〇六九五一	亞其觚	二	三九八二	四四八五
〇六九五二	亞其觚	二	三九八二	四四八五
〇六九五三	亞其觚	二	三九八二	四四八五
〇六九五四	亞其觚	二	三九八三	四四八五
〇六九五五	亞其觚	二	三九八三	四四八五
〇六九五六	亞弜觚	二	三九八三	四四八五
〇六九五七	亞弜觚	二	三九八三	四四八五
〇六九五八	亞弜觚	二	三九八四	四四八五
〇六九五九	亞吳觚	二	三九八四	四四八五
〇六九六〇	亞吳觚	二	三九八四	四四八六
〇六九六一	亞吳觚	二	三九八五	四四八六
〇六九六二	亞吳觚	二	三九八五	四四八六
〇六九六三	亞吳觚	二	三九八五	四四八六
〇六九六四	亞吳觚	二	三九八五	四四八六
〇六九六五	亞吳觚	二	三九八六	四四八六
〇六九六六	亞吳觚	二	三九八六	四四八六

器號	器名	字數	拓片頁碼	說明頁碼
〇六九六七	亞[illegible]觚	二	三九八六	四四八六
〇六九六八	亞[illegible]觚	二	三九八六	四四八六
〇六九六九	亞[illegible]觚	二	三九八七	四四八六
〇六九七〇	亞[illegible]方觚	二	三九八七	四四八六
〇六九七一	亞竟觚	二	三九八七	四四八六
〇六九七二	亞告觚	二	三九八七	四四八六
〇六九七三	亞敉觚	二	三九八八	四四八六
〇六九七四	亞[illegible]觚	二	三九八八	四四八六
〇六九七五	亞[illegible]觚	二	三九八八	四四八六
〇六九七六	[illegible]亞觚	二	三九八八	四四八七
〇六九七七	行亞觚	二	三九八九	四四八七
〇六九七八	行亞觚	二	三九八九	四四八七
〇六九七九	行亞觚	二	三九八九	四四八七
〇六九八〇	雔亞觚	二	三九九〇	四四八七
〇六九八一	亞隻觚	二	三九九〇	四四八七
〇六九八二	亞隻觚	二	三九九〇	四四八七
〇六九八三	亞豖觚	二	三九九一	四四八七
〇六九八四	亞[illegible]觚	二	三九九一	四四八七
〇六九八五	[illegible]亞觚	二	三九九一	四四八七
〇六九八六	亞[illegible]觚	二	三九九一	四四八七
〇六九八七	耳亞觚	二	三九九二	四四八七
〇六九八八	亞弔觚	二	三九九二	四四八七

器號	器名	字數	拓片頁碼	說明頁碼
〇六九八九	亞酉觚	二	三九九二	四四八七
〇六九九〇	亞酉觚	二	三九九二	四四八七
〇六九九一	亞盈觚	二	三九九三	四四八七
〇六九九二	亞觚	二	三九九三	四四八七
〇六九九三	工册觚	二	三九九三	四四八七
〇六九九四	腐册觚	二	三九九三	四四八七
〇六九九五	丮册觚	二	三九九四	四四八八
〇六九九六	系保觚	二	三九九四	四四八八
〇六九九七	何馬觚	二	三九九四	四四八八
〇六九九八	何馬觚	二	三九九四	四四八八
〇六九九九	尹舟觚	二	三九九五	四四八八
〇七〇〇〇	㚔旅觚	二	三九九五	四四八八
〇七〇〇一	㚔旅觚	二	三九九五	四四八八
〇七〇〇二	㚔旅觚	二	三九九五	四四八八
〇七〇〇三	鄉宁觚	二	三九九六	四四八八
〇七〇〇四	宁鄉觚	二	三九九六	四四八八
〇七〇〇五	告宁觚	二	三九九六	四四八八
〇七〇〇六	告宁觚	二	三九九六	四四八八
〇七〇〇七	矢宁觚	二	三九九七	四四八八
〇七〇〇八	矢宁觚	二	三九九七	四四八八
〇七〇〇九	宁戈觚	二	三九九七	四四八八
〇七〇一〇	美宁觚	二	三九九七	四四八八

器號	器名	字數	拓片頁碼	説明頁碼
〇七〇〇一	宁朋觚	二	三九九八	四四八九
〇七〇〇二	田免觚	二	三九九八	四四八九
〇七〇〇三	田告觚	二	三九九八	四四八九
〇七〇〇四	南單觚	二	三九九九	四四八九
〇七〇〇五	西單觚	二	三九九九	四四八九
〇七〇〇六	西單觚	二	三九九九	四四八九
〇七〇〇七	北單觚	二	三九九九	四四八九
〇七〇〇八	單光觚	二	四〇〇〇	四四八九
〇七〇〇九	甗征觚	二	四〇〇〇	四四八九
〇七〇一〇	甗奞觚	二	四〇〇〇	四四八九
〇七〇一一	[illegible]甗觚	二	四〇〇一	四四八九
〇七〇一二	㫃[illegible]觚	二	四〇〇一	四四八九
〇七〇一三	冬刃觚	二	四〇〇一	四四八九
〇七〇一四	冬刃觚	二	四〇〇一	四四八九
〇七〇一五	毌得觚	二	四〇〇二	四四八九
〇七〇一六	毌得觚	二	四〇〇二	四四八九
〇七〇一七	乘田觚	二	四〇〇二	四四八九
〇七〇一八	乘田觚	二	四〇〇二	四四八九
〇七〇一九	秉田觚	二	四〇〇三	四四九〇
〇七〇二〇	[illegible]觚	二	四〇〇三	四四九〇
〇七〇二一	壺觚	二	四〇〇三	四四九〇
〇七〇二二	[illegible]刀觚	二	四〇〇三	四四九〇

器號	器名	字數	拓片頁碼	説明頁碼
〇七〇二三	[illegible]戈觚	二	四〇〇四	四四九〇
〇七〇二四	戈[illegible]觚	二	四〇〇四	四四九〇
〇七〇二五	戕虎觚	二	四〇〇四	四四九〇
〇七〇二六	卜亯觚	二	四〇〇五	四四九〇
〇七〇二七	倗舟觚	二	四〇〇五	四四九〇
〇七〇二八	倗舟觚	二	四〇〇五	四四九〇
〇七〇二九	倗舟觚	二	四〇〇五	四四九〇
〇七〇三〇	車涉觚	二	四〇〇六	四四九〇
〇七〇三一	車觚	二	四〇〇六	四四九〇
〇七〇三二	亦車觚	二	四〇〇六	四四九〇
〇七〇三三	亦車觚	二	四〇〇七	四四九〇
〇七〇三四	亦車觚	二	四〇〇七	四四九〇
〇七〇三五	亦車觚	二	四〇〇七	四四九〇
〇七〇三六	𦎫車觚	二	四〇〇八	四四九〇
〇七〇三七	𦎫車觚	二	四〇〇八	四四九〇
〇七〇三八	買車觚	二	四〇〇八	四四九〇
〇七〇三九	弔車觚	二	四〇〇九	四四九〇
〇七〇四〇	[illegible]觚	二	四〇〇九	四四九一
〇七〇四一	弔[illegible]觚	二	四〇〇九	四四九一
〇七〇四二	東禾觚	二	四〇一〇	四四九一
〇七〇四三	齒木觚	二	四〇一〇	四四九一
〇七〇四四	目宋觚	二	四〇一一	四四九一

器號	器名	字數	拓片頁碼	說明頁碼
〇七〇五五	[illegible]豕觚	二	四〇一一	四四九一
〇七〇五六	鳥[illegible]觚	二	四〇一一	四四九一
〇七〇五七	魚從觚	二	四〇一一	四四九一
〇七〇五八	弔龜觚	二	四〇一二	四四九一
〇七〇五九	弔龜觚	二	四〇一二	四四九一
〇七〇六〇	弔龜觚	二	四〇一二	四四九一
〇七〇六一	[illegible][illegible]觚	二	四〇一二	四四九一
〇七〇六二	[illegible][illegible]觚	二	四〇一三	四四九一
〇七〇六三	[illegible][illegible]觚	二	四〇一三	四四九一
〇七〇六四	[illegible][illegible]觚	二	四〇一三	四四九一
〇七〇六五	[illegible][illegible]觚	二	四〇一三	四四九一
〇七〇六六	[illegible][illegible]觚	二	四〇一四	四四九一
〇七〇六七	[illegible]免觚	二	四〇一四	四四九二
〇七〇六八	弓[illegible]觚	二	四〇一四	四四九二
〇七〇六九	刀[illegible]觚	二	四〇一五	四四九二
〇七〇七〇	[illegible]宁觚	二	四〇一五	四四九二
〇七〇七一	隣息觚	二	四〇一五	四四九二
〇七〇七二	[illegible]且甲觚	三	四〇一六	四四九二
〇七〇七三	黽且乙觚	三	四〇一六	四四九二
〇七〇七四	家且乙觚	三	四〇一六	四四九二
〇七〇七五	乙且[illegible]觚	三	四〇一六	四四九二
〇七〇七六	[illegible]且丙觚	三	四〇一七	四四九二

器號	器名	字數	拓片頁碼	說明頁碼
〇七〇七七	[illegible]且丁觚	三	四〇一七	四四九二
〇七〇七八	戈且丁觚	三	四〇一七	四四九二
〇七〇七九	[illegible]己且觚	三	四〇一七	四四九二
〇七〇八〇	[illegible]且己觚	三	四〇一八	四四九二
〇七〇八一	山且庚觚	三	四〇一八	四四九二
〇七〇八二	子且辛觚	三	四〇一八	四四九二
〇七〇八三	戈且辛觚	三	四〇一八	四四九三
〇七〇八四	且癸[illegible]觚	三	四〇一九	四四九三
〇七〇八五	子且癸觚	三	四〇一九	四四九三
〇七〇八六	得父乙觚	三	四〇一九	四四九三
〇七〇八七	敉父乙觚	三	四〇二〇	四四九三
〇七〇八八	鳥父乙觚	三	四〇二〇	四四九三
〇七〇八九	[illegible]父乙觚	三	四〇二〇	四四九三
〇七〇九〇	[illegible]父乙觚	三	四〇二〇	四四九三
〇七〇九一	父乙[illegible]觚	三	四〇二一	四四九三
〇七〇九二	冀父乙觚	三	四〇二一	四四九三
〇七〇九三	冀父乙觚	三	四〇二一	四四九三
〇七〇九四	冀父乙觚	三	四〇二一	四四九三
〇七〇九五	[illegible]父乙觚	三	四〇二二	四四九三
〇七〇九六	[illegible]父乙觚	三	四〇二二	四四九三
〇七〇九七	亞父乙觚	三	四〇二二	四四九三
〇七〇九八	[illegible]父乙觚	三	四〇二二	四四九三

器號	器名	字數	拓片頁碼	說明頁碼
〇七〇九九	父乙盉觚	三	四〇二三	四四九四
〇七一〇〇	[illegible]父乙觚	三	四〇二三	四四九四
〇七一〇一	作父乙觚	三	四〇二三	四四九四
〇七一〇二	史父丙觚	三	四〇二四	四四九四
〇七一〇三	子父丙觚	三	四〇二四	四四九四
〇七一〇四	敉父丙觚	三	四〇二四	四四九四
〇七一〇五	亞父丁觚	三	四〇二四	四四九四
〇七一〇六	父丁史觚	三	四〇二五	四四九四
〇七一〇七	文父丁觚	三	四〇二五	四四九四
〇七一〇八	[illegible]父丁觚	三	四〇二五	四四九四
〇七一〇九	㠱父丁觚	三	四〇二六	四四九四
〇七一一〇	[illegible]父丁觚	三	四〇二六	四四九四
〇七一一一	[illegible]父丁觚	三	四〇二六	四四九四
〇七一一二	[illegible]父丁觚	三	四〇二六	四四九四
〇七一一三	[illegible]父丁觚	三	四〇二七	四四九四
〇七一一四	[illegible]父丁觚	三	四〇二七	四四九四
〇七一一五	山父丁觚	三	四〇二七	四四九四
〇七一一六	山父丁觚	三	四〇二七	四四九五
〇七一一七	山父丁觚	三	四〇二八	四四九五
〇七一一八	[illegible]父丁觚	三	四〇二八	四四九五
〇七一一九	[illegible]父丁觚	三	四〇二八	四四九五
〇七一二〇	木父丁觚	三	四〇二八	四四九五

器號	器名	字數	拓片頁碼	說明頁碼
〇七一二一	㠱父戊觚	三	四〇二九	四四九五
〇七一二二	臽父戊觚	三	四〇二九	四四九五
〇七一二三	[illegible]父戊觚	三	四〇二九	四四九五
〇七一二四	子父己觚	三	四〇三〇	四四九五
〇七一二五	亞父己觚	三	四〇三〇	四四九五
〇七一二六	亞父己觚	三	四〇三〇	四四九五
〇七一二七	[illegible]父己觚	三	四〇三一	四四九五
〇七一二八	[illegible]父己觚	三	四〇三一	四四九五
〇七一二九	[illegible]父己觚	三	四〇三一	四四九五
〇七一三〇	[illegible]父己觚	三	四〇三一	四四九五
〇七一三一	[illegible]父己觚	三	四〇三二	四四九六
〇七一三二	舌父己觚	三	四〇三二	四四九六
〇七一三三	[illegible]父己觚	三	四〇三二	四四九六
〇七一三四	雔父己觚	三	四〇三三	四四九六
〇七一三五	戈父己觚	三	四〇三三	四四九六
〇七一三六	[illegible]父己觚	三	四〇三三	四四九六
〇七一三七	㠱父庚觚	三	四〇三四	四四九六
〇七一三八	子庚父觚	三	四〇三四	四四九六
〇七一三九	[illegible]父庚觚	三	四〇三四	四四九六
〇七一四〇	㠱父辛觚	三	四〇三四	四四九六
〇七一四一	父辛[illegible]觚	三	四〇三五	四四九六
〇七一四二	父辛竝觚	三	四〇三五	四四九六

器號	器名	字數	拓片頁碼	說明頁碼
〇七一四三	[illegible]父辛觚	三	四〇三五	四四九六
〇七一四四	吳父辛觚	三	四〇三六	四四九六
〇七一四五	口父辛觚	三	四〇三六	四四九六
〇七一四六	椃父辛觚	三	四〇三六	四四九七
〇七一四七	弔父辛觚	三	四〇三六	四四九七
〇七一四八	[illegible]父辛觚	三	四〇三七	四四九七
〇七一四九	[illegible]父辛觚	三	四〇三七	四四九七
〇七一五〇	[illegible]父辛觚	三	四〇三七	四四九七
〇七一五一	[illegible]父辛觚	三	四〇三七	四四九七
〇七一五二	辛父攺觚	三	四〇三八	四四九七
〇七一五三	黿父癸觚	三	四〇三八	四四九七
〇七一五四	隻父癸觚	三	四〇三八	四四九七
〇七一五五	戈父癸觚	三	四〇三八	四四九七
〇七一五六	[illegible]父癸觚	三	四〇三九	四四九七
〇七一五七	行父癸觚	三	四〇三九	四四九七
〇七一五八	子父癸觚	三	四〇三九	四四九七
〇七一五九	[illegible]父癸觚	三	四〇三九	四四九七
〇七一六〇	[illegible]乙觚	三	四〇四〇	四四九七
〇七一六一	舌戊觚	三	四〇四〇	四四九八
〇七一六二	己鄉宁觚	三	四〇四〇	四四九八
〇七一六三	辛鄉宁觚	三	四〇四一	四四九八
〇七一六四	甲母觚	三	四〇四一	四四九八

器號	器名	字數	拓片頁碼	說明頁碼
〇七一六五	甲母觚	三	四〇四一	四四九八
〇七一六六	魚母乙觚	三	四〇四一	四四九八
〇七一六七	[illegible]言冊觚	三	四〇四二	四四九八
〇七一六八	[illegible]言冊觚	三	四〇四二	四四九八
〇七一六九	[illegible]言冊觚	三	四〇四二	四四九八
〇七一七〇	[illegible]言冊觚	三	四〇四二	四四九八
〇七一七一	婦[illegible]觚	三	四〇四三	四四九八
〇七一七二	婦[illegible]觚	三	四〇四三	四四九八
〇七一七三	子蝠[illegible]觚	三	四〇四三	四四九八
〇七一七四	子蝠[illegible]觚	三	四〇四三	四四九八
〇七一七五	子[illegible]觚	三	四〇四四	四四九八
〇七一七六	允冊丁觚	三	四〇四四	四四九八
〇七一七七	幾[illegible]冊觚	三	四〇四四	四四九八
〇七一七八	亞爾觚	三	四〇四四	四四九九
〇七一七九	亞卩觚	三	四〇四五	四四九九
〇七一八〇	冀亞次觚	三	四〇四五	四四九九
〇七一八一	亞木守觚	三	四〇四五	四四九九
〇七一八二	亞丁丮觚	三	四〇四五	四四九九
〇七一八三	亞貿乙觚	三	四〇四六	四四九九
〇七一八四	亞[illegible]亢觚	三	四〇四六	四四九九
〇七一八五	亞豈衎觚	三	四〇四六	四四九九
〇七一八六	亞豈衎觚	三	四〇四六	四四九九

器號	器名	字數	拓片頁碼	說明頁碼
〇七一八七	◆衜自觚	三	四〇四七	四四九九
〇七一八八	◇匍斝方觚	三	四〇四七	四四九九
〇七一八九	弓日[illegible]觚	三	四〇四七	四四九九
〇七一九〇	弓日[illegible]觚	三	四〇四七	四四九九
〇七一九一	南單冓觚	三	四〇四八	四四九九
〇七一九二	西單光觚	三	四〇四八	四四九九
〇七一九三	西單己觚	三	四〇四八	四四九九
〇七一九四	西單[illegible]觚	三	四〇四九	四五〇〇
〇七一九五	北單戈觚	三	四〇五〇	四五〇〇
〇七一九六	[illegible]妹觚	三	四〇五〇	四五〇〇
〇七一九七	[illegible]妹觚	三	四〇五〇	四五〇〇
〇七一九八	丁[illegible]觚	三	四〇五一	四五〇〇
〇七一九九	丁[illegible]觚	三	四〇五一	四五〇〇
〇七二〇〇	丁[illegible]觚	三	四〇五一	四五〇〇
〇七二〇一	羊則車觚	三	四〇五二	四五〇〇
〇七二〇二	耒觚	三	四〇五二	四五〇〇
〇七二〇三	冬臣單觚	三	四〇五二	四五〇〇
〇七二〇四	米宮彝觚	三	四〇五三	四五〇〇
〇七二〇五	[illegible]作彝觚	三	四〇五三	四五〇〇
〇七二〇六	[illegible]作彝觚	三	四〇五三	四五〇〇
〇七二〇七	作從彝觚	三	四〇五四	四五〇〇
〇七二〇八	作從彝觚	三	四〇五四	四五〇〇

器號	器名	字數	拓片頁碼	說明頁碼
〇七二〇九	作從彝觚	三	四〇五四	四五〇〇
〇七二一〇	羊[illegible]父觚	存三	四〇五四	四五〇〇
〇七二一一	且丁父乙觚	四	四〇五五	四五〇〇
〇七二一二	且丁父乙觚	四	四〇五五	四五〇〇
〇七二一三	奄獻且丁觚	四	四〇五五	四五〇一
〇七二一四	且戊觚	四	四〇五五	四五〇一
〇七二一五	大中且己觚	四	四〇五六	四五〇一
〇七二一六	且辛戉觚	四	四〇五六	四五〇一
〇七二一七	且壬刀觚	四	四〇五六	四五〇一
〇七二一八	弔龜且癸觚	四	四〇五六	四五〇一
〇七二一九	亞䢅匕己觚	四	四〇五七	四五〇一
〇七二二〇	女子匕丁觚	四	四〇五七	四五〇一
〇七二二一	父甲丁觚	四	四〇五七	四五〇一
〇七二二二	册𠳋父甲觚	四	四〇五七	四五〇一
〇七二二三	父乙𤕌虎觚	四	四〇五八	四五〇一
〇七二二四	册匠父乙觚	四	四〇五八	四五〇一
〇七二二五	幸旅父乙觚	四	四〇五九	四五〇一
〇七二二六	[illegible]父乙觚	四	四〇五九	四五〇二
〇七二二七	𠫑册父乙觚	四	四〇五九	四五〇二
〇七二二八	亞鳶父丁觚	四	四〇五九	四五〇二
〇七二二九	子父丁觚	四	四〇六〇	四五〇二
〇七二三〇	亞䰟父丁觚	四	四〇六〇	四五〇二

器號	器名	字數	拓片頁碼	說明頁碼
〇七三一	亞獏父丁觚	四	四〇六〇	四五〇二
〇七三二	亞□父丁觚	四	四〇六〇	四五〇二
〇七三三	力册父丁觚	四	四〇六一	四五〇二
〇七三四	省作父丁觚	四	四〇六一	四五〇二
〇七三五	作父丁糞觚	四	四〇六一	四五〇二
〇七三六	尹舟父丁觚	四	四〇六一	四五〇二
〇七三七	□戔父丁觚	四	四〇六二	四五〇二
〇七三八	川㚔父戊觚	四	四〇六二	四五〇二
〇七三九	亞古父己觚	四	四〇六二	四五〇三
〇七四〇	大册父己觚	四	四〇六三	四五〇三
〇七四一	亞吳父己觚	四	四〇六三	四五〇三
〇七四二	辰□己父觚	四	四〇六三	四五〇三
〇七四三	亞㫃父己觚	四	四〇六三	四五〇三
〇七四四	戊未父己觚	四	四〇六四	四五〇三
〇七四五	㚔旅父辛觚	四	四〇六四	四五〇三
〇七四六	㚔旅父辛觚	四	四〇六四	四五〇三
〇七四七	父辛册觚	四	四〇六四	四五〇三
〇七四八	亞宁父癸觚	四	四〇六五	四五〇三
〇七四九	父癸㚔匍觚	四	四〇六五	四五〇三
〇七五〇	何父癸觚	四	四〇六五	四五〇三
〇七五一	何父癸觚	四	四〇六五	四五〇三
〇七五二	母辛亞觚	四	四〇六六	四五〇三

器號	器名	字數	拓片頁碼	說明頁碼
〇七五三	乙亳戈册觚	四	四〇六六	四五〇四
〇七五四	聑髭婦□觚	四	四〇六六	四五〇四
〇七五五	糸子□刀觚	四	四〇六七	四五〇四
〇七五六	子□册木觚	四	四〇六七	四五〇四
〇七五七	戈罟作氒觚	四	四〇六七	四五〇四
〇七五八	登作障彝觚	四	四〇六七	四五〇四
〇七五九	□作從彝觚	四	四〇六八	四五〇四
〇七六〇	作□從彝觚	四	四〇六八	四五〇四
〇七六一	共作且乙觚	五	四〇六八	四五〇四
〇七六二	亳戈册父乙觚	五	四〇六八	四五〇四
〇七六三	庚豕父乙觚	五	四〇六九	四五〇四
〇七六四	父乙莫觚	五	四〇六九	四五〇四
〇七六五	□作父乙觚	五	四〇六九	四五〇四
〇七六六	鬳册父庚□觚	五	四〇七〇	四五〇四
〇七六七	臣辰父辛觚	五	四〇七〇	四五〇四
〇七六八	臣辰父辛觚	五	四〇七〇	四五〇四
〇七六九	耒册父辛觚	五	四〇七一	四五〇四
〇七七〇	子木觚	五	四〇七一	四五〇五
〇七七一	亞登兄日庚觚	五	四〇七一	四五〇五
〇七七二	叔作母觚	五	四〇七二	四五〇五
〇七七三	單光觚	五	四〇七二	四五〇五
〇七七四	扶册作從彝觚	五	四〇七二	四五〇五

器號	器名	字數	拓片頁碼	說明頁碼
〇七二七五	買王罘觚	五	四〇七三	四五〇五
〇七二七六	買王罘觚	五	四〇七三	四五〇五
〇七二七七	亞[illegible]辛觚	五	四〇七三	四五〇五
〇七二七八	𦘠引觚	五	四〇七三	四五〇五
〇七二七九	史見觚	六	四〇七四	四五〇五
〇七二八〇	[illegible]作父丁觚	六	四〇七四	四五〇五
〇七二八一	秉父庚觚	六	四〇七四	四五〇五
〇七二八二	秉父庚觚	六	四〇七四	四五〇五
〇七二八三	作父辛亞矣觚	六	四〇七五	四五〇五
〇七二八四	作父辛觚	六	四〇七五	四五〇五
〇七二八五	亞夫觚	六	四〇七五	四五〇六
〇七二八六	亞夫觚	六	四〇七六	四五〇六
〇七二八七	婦[illegible]觚	六	四〇七六	四五〇六
〇七二八八	亞旟觚	六	四〇七六	四五〇六
〇七二八九	作且己觚	七	四〇七七	四五〇六
〇七二九〇	亞作父乙觚	七	四〇七七	四五〇六
〇七二九一	亞作父乙觚	七	四〇七七	四五〇六
〇七二九二	卿作父乙觚	七	四〇七八	四五〇六
〇七二九三	亞橐父丁觚	七	四〇七八	四五〇六
〇七二九四	䖒作父戊觚	七	四〇七八	四五〇六
〇七二九五	䖒作父戊觚	七	四〇七八	四五〇六
〇七二九六	天子耶觚	七	四〇七九	四五〇六

器號	器名	字數	拓片頁碼	說明頁碼
〇七二九七	𩫖作母癸觚	七	四〇七九	四五〇七
〇七二九八	𩫖作母癸觚	七	四〇七九	四五〇七
〇七二九九	㚇丏觚	七	四〇八〇	四五〇七
〇七三〇〇	皿合觚	七	四〇八〇	四五〇七
〇七三〇一	帆作且癸觚	八	四〇八〇	四五〇七
〇七三〇二	或父己觚	八	四〇八一	四五〇七
〇七三〇三	友教父癸觚	八	四〇八一	四五〇七
〇七三〇四	妏作乙公觚	八	四〇八一	四五〇七
〇七三〇五	趨作日癸觚	八	四〇八一	四五〇七
〇七三〇六	羗向觚	八	四〇八二	四五〇七
〇七三〇七	[illegible]作父丁觚	九	四〇八二	四五〇七
〇七三〇八	亞若癸觚	九	四〇八二	四五〇七
〇七三〇九	亞若癸方觚	九	四〇八二	四五〇七
〇七三一〇	貝父乙觚	一〇	四〇八三	四五〇七
〇七三一一	龏姛觚	一二	四〇八三	四五〇七
〇七三一二	彙婦觚	存一三	四〇八三	四五〇七
〇七三一三	子爵	一	四〇八四	四五〇八
〇七三一四	子爵	一	四〇八四	四五〇八
〇七三一五	子爵	一	四〇八五	四五〇八
〇七三一六	子爵	一	四〇八五	四五〇八
〇七三一七	子爵	一	四〇八五	四五〇八
〇七三一八	子爵	一	四〇八五	四五〇八

器號	器名	字數	拓片頁碼	說明頁碼
〇七一九	子爵	一	四〇八六	四五〇八
〇七二〇	子爵	一	四〇八六	四五〇八
〇七二一	囝爵	一	四〇八六	四五〇八
〇七二二	[illegible]爵	一	四〇八六	四五〇八
〇七二三	天爵	一	四〇八七	四五〇八
〇七二四	天爵	一	四〇八七	四五〇八
〇七二五	天爵	一	四〇八七	四五〇八
〇七二六	天爵	一	四〇八七	四五〇九
〇七二七	天爵	一	四〇八七	四五〇九
〇七二八	大爵	一	四〇八八	四五〇九
〇七二九	[illegible]爵	一	四〇八八	四五〇九
〇七三〇	[illegible]爵	一	四〇八八	四五〇九
〇七三一	[illegible]爵	一	四〇八八	四五〇九
〇七三二	[illegible]爵	一	四〇八九	四五〇九
〇七三三	[illegible]爵	一	四〇八九	四五〇九
〇七三四	[illegible]爵	一	四〇八九	四五〇九
〇七三五	[illegible]爵	一	四〇八九	四五〇九
〇七三六	[illegible]爵	一	四〇九〇	四五〇九
〇七三七	屰爵	一	四〇九〇	四五〇九
〇七三八	屰爵	一	四〇九〇	四五〇九
〇七三九	逆爵	一	四〇九〇	四五〇九
〇七四〇	夫爵	一	四〇九一	四五〇九

器號	器名	字數	拓片頁碼	說明頁碼
〇七四一	夫爵	一	四〇九一	四五〇九
〇七四二	[illegible]爵	一	四〇九一	四五〇九
〇七四三	[illegible]爵	一	四〇九一	四五〇九
〇七四四	[illegible]爵	一	四〇九二	四五〇九
〇七四五	[illegible]爵	一	四〇九二	四五〇九
〇七四六	[illegible]爵	一	四〇九二	四五一〇
〇七四七	[illegible]爵	一	四〇九三	四五一〇
〇七四八	[illegible]爵	一	四〇九三	四五一〇
〇七四九	[illegible]爵	一	四〇九三	四五一〇
〇七五〇	[illegible]爵	一	四〇九四	四五一〇
〇七五一	[illegible]爵	一	四〇九四	四五一〇
〇七五二	[illegible]爵	一	四〇九四	四五一〇
〇七五三	[illegible]爵	一	四〇九五	四五一〇
〇七五四	光爵	一	四〇九五	四五一〇
〇七五五	[illegible]爵	一	四〇九五	四五一〇
〇七五六	[illegible]爵	一	四〇九六	四五一〇
〇七五七	見爵	一	四〇九六	四五一〇
〇七五八	見爵	一	四〇九六	四五一〇
〇七五九	[illegible]爵	一	四〇九七	四五一〇
〇七六〇	[illegible]爵	一	四〇九七	四五一〇
〇七六一	[illegible]爵	一	四〇九七	四五一〇
〇七六二	[illegible]爵	一	四〇九七	四五一一

器號	器名	字數	拓片頁碼	說明頁碼
〇七三六三	[illegible]爵	一	四〇九八	四五二一
〇七三六四	[illegible]爵	一	四〇九八	四五二一
〇七三六五	重爵	一	四〇九八	四五二一
〇七三六六	重爵	一	四〇九八	四五二一
〇七三六七	重爵	一	四〇九九	四五二一
〇七三六八	[illegible]爵	一	四〇九九	四五二一
〇七三六九	[illegible]爵	一	四〇九九	四五二一
〇七三七〇	何爵	一	四一〇〇	四五二一
〇七三七一	何爵	一	四一〇〇	四五二一
〇七三七二	[illegible]爵	一	四一〇〇	四五二一
〇七三七三	匿爵	一	四一〇〇	四五二一
〇七三七四	匿爵	一	四一〇一	四五二一
〇七三七五	匿爵	一	四一〇一	四五二一
〇七三七六	匿爵	一	四一〇一	四五二一
〇七三七七	匿爵	一	四一〇二	四五二一
〇七三七八	克爵	一	四一〇二	四五二一
〇七三七九	克爵	一	四一〇二	四五二一
〇七三八〇	克爵	一	四一〇三	四五二二
〇七三八一	[illegible]爵	一	四一〇三	四五二二
〇七三八二	[illegible]爵	一	四一〇三	四五二二
〇七三八三	[illegible]爵	一	四一〇三	四五二二
〇七三八四	[illegible]爵	一	四一〇四	四五二二

器號	器名	字數	拓片頁碼	說明頁碼
〇七三八五	[illegible]爵	一	四一〇四	四五二二
〇七三八六	休爵	一	四一〇四	四五二二
〇七三八七	[illegible]爵	一	四一〇四	四五二二
〇七三八八	[illegible]爵	一	四一〇四	四五二二
〇七三八九	[illegible]爵	一	四一〇四	四五二二
〇七三九〇	[illegible]爵	一	四一〇五	四五二二
〇七三九一	[illegible]爵	一	四一〇五	四五二二
〇七三九二	[illegible]爵	一	四一〇五	四五二二
〇七三九三	[illegible]爵	一	四一〇五	四五二二
〇七三九四	[illegible]爵	一	四一〇六	四五二二
〇七三九五	[illegible]爵	一	四一〇六	四五二二
〇七三九六	[illegible]爵	一	四一〇七	四五二二
〇七三九七	[illegible]爵	一	四一〇七	四五二二
〇七三九八	[illegible]爵	一	四一〇七	四五二三
〇七三九九	[illegible]爵	一	四一〇七	四五二三
〇七四〇〇	[illegible]爵	一	四一〇八	四五二三
〇七四〇一	並爵	一	四一〇八	四五二三
〇七四〇二	[illegible]爵	一	四一〇九	四五二三
〇七四〇三	[illegible]爵	一	四一〇九	四五二三
〇七四〇四	[illegible]爵	一	四一〇九	四五二三
〇七四〇五	[illegible]爵	一	四一〇九	四五二三
〇七四〇六	保爵	一	四一一〇	四五二三

器號	器名	字數	拓片頁碼	說明頁碼
〇七四〇七	[illegible]爵	一	四一一〇	四五一三
〇七四〇八	卿爵	一	四一一〇	四五一三
〇七四〇九	女爵	一	四一一一	四五一三
〇七四一〇	女爵	一	四一一一	四五一三
〇七四一一	女爵	一	四一一一	四五一三
〇七四一二	女爵	一	四一一一	四五一三
〇七四一三	[illegible]爵	一	四一一一	四五一三
〇七四一四	[illegible]爵	一	四一一二	四五一四
〇七四一五	[illegible]爵	一	四一一二	四五一四
〇七四一六	[illegible]爵	一	四一一二	四五一四
〇七四一七	[illegible]爵	一	四一一三	四五一四
〇七四一八	[illegible]爵	一	四一一三	四五一四
〇七四一九	龚爵	一	四一一三	四五一四
〇七四二〇	龚角	一	四一一四	四五一四
〇七四二一	斿爵	一	四一一四	四五一四
〇七四二二	斿爵	一	四一一四	四五一四
〇七四二三	斿爵	一	四一一五	四五一四
〇七四二四	簞爵	一	四一一五	四五一四
〇七四二五	旅爵	一	四一一五	四五一四
〇七四二六	旅爵	一	四一一五	四五一四
〇七四二七	旅爵	一	四一一五	四五一四
〇七四二八	黿爵	一	四一一六	四五一四
〇七四二九	豢爵	一	四一一六	四五一四
〇七四三〇	豢爵	一	四一一六	四五一五
〇七四三一	豢爵	一	四一一七	四五一五
〇七四三二	幸爵	一	四一一七	四五一五
〇七四三三	幸爵	一	四一一七	四五一五
〇七四三四	[illegible]爵	一	四一一八	四五一五
〇七四三五	又爵	一	四一一八	四五一五
〇七四三六	[illegible]爵	一	四一一九	四五一五
〇七四三七	守爵	一	四一一九	四五一五
〇七四三八	守爵	一	四一一九	四五一五
〇七四三九	[illegible]爵	一	四一一九	四五一五
〇七四四〇	聿爵	一	四一一九	四五一五
〇七四四一	聿爵	一	四一一九	四五一五
〇七四四二	聿爵	一	四一二〇	四五一五
〇七四四三	聿爵	一	四一二〇	四五一五
〇七四四四	聿爵	一	四一二〇	四五一五
〇七四四五	史爵	一	四一二一	四五一五
〇七四四六	史爵	一	四一二一	四五一五
〇七四四七	史爵	一	四一二一	四五一五
〇七四四八	史爵	一	四一二一	四五一五
〇七四四九	史爵	一	四一二二	四五一六
〇七四五〇	史爵	一	四一二二	四五一六

器號	器名	字數	拓片頁碼	說明頁碼
〇七四五一	叙爵	一	四一二三	四五一六
〇七四五二	叙爵	一	四一二三	四五一六
〇七四五三	[illegible]爵	一	四一二三	四五一六
〇七四五四	[illegible]爵	一	四一二四	四五一六
〇七四五五	啟爵	一	四一二四	四五一六
〇七四五六	[illegible]爵	一	四一二四	四五一六
〇七四五七	[illegible]爵	一	四一二五	四五一六
〇七四五八	[illegible]爵	一	四一二五	四五一六
〇七四五九	[illegible]爵	一	四一二五	四五一六
〇七四六〇	受爵	一	四一二六	四五一六
〇七四六一	興爵	一	四一二六	四五一六
〇七四六二	興爵	一	四一二七	四五一六
〇七四六三	興爵	一	四一二七	四五一六
〇七四六四	興爵	一	四一二八	四五一六
〇七四六五	[illegible]爵	一	四一二八	四五一六
〇七四六六	[illegible]爵	一	四一二八	四五一六
〇七四六七	[illegible]爵	一	四一二八	四五一七
〇七四六八	[illegible]爵	一	四一二九	四五一七
〇七四六九	[illegible]爵	一	四一二九	四五一七
〇七四七〇	[illegible]爵	一	四一二九	四五一七
〇七四七一	[illegible]爵	一	四一三〇	四五一七
〇七四七二	[illegible]爵	一	四一三〇	四五一七

器號	器名	字數	拓片頁碼	說明頁碼
〇七四七三	步爵	一	四一三一	四五一七
〇七四七四	步爵	一	四一三一	四五一七
〇七四七五	徙爵	一	四一三一	四五一七
〇七四七六	[illegible]爵	一	四一三二	四五一七
〇七四七七	[illegible]爵	一	四一三二	四五一七
〇七四七八	[illegible]爵	一	四一三三	四五一七
〇七四七九	[illegible]爵	一	四一三三	四五一七
〇七四八〇	正爵	一	四一三三	四五一七
〇七四八一	正爵	一	四一三三	四五一七
〇七四八二	皆爵	一	四一三四	四五一七
〇七四八三	皆爵	一	四一三四	四五一七
〇七四八四	皆爵	一	四一三四	四五一七
〇七四八五	[illegible]爵	一	四一三五	四五一八
〇七四八六	[illegible]爵	一	四一三五	四五一八
〇七四八七	[illegible]爵	一	四一三五	四五一八
〇七四八八	[illegible]爵	一	四一三五	四五一八
〇七四八九	[illegible]爵	一	四一三六	四五一八
〇七四九〇	[illegible]爵	一	四一三六	四五一八
〇七四九一	[illegible]爵	一	四一三六	四五一八
〇七四九二	[illegible]爵	一	四一三七	四五一八
〇七四九三	目爵	一	四一三七	四五一八
〇七四九四	目爵	一	四一三七	四五一八

器號	器名	字數	拓片頁碼	說明頁碼
〇七四九五	匽爵	一	四一三八	四五一八
〇七四九六	婜爵	一	四一三八	四五一八
〇七四九七	婜爵	一	四一三九	四五一八
〇七四九八	婜爵	一	四一三九	四五一八
〇七四九九	婜爵	一	四一三九	四五一八
〇七五〇〇	䍜爵	一	四一三九	四五一八
〇七五〇一	舌爵	一	四一四〇	四五一八
〇七五〇二	舌爵	一	四一四〇	四五一九
〇七五〇三	舌爵	一	四一四〇	四五一九
〇七五〇四	舌爵	一	四一四〇	四五一九
〇七五〇五	耳爵	一	四一四一	四五一九
〇七五〇六	[illegible]爵	一	四一四一	四五一九
〇七五〇七	[illegible]爵	一	四一四一	四五一九
〇七五〇八	虎爵	一	四一四二	四五一九
〇七五〇九	象爵	一	四一四二	四五一九
〇七五一〇	羊爵	一	四一四二	四五一九
〇七五一一	羊爵	一	四一四三	四五一九
〇七五一二	羊爵	一	四一四三	四五一九
〇七五一三	羊爵	一	四一四三	四五一九
〇七五一四	羍爵	一	四一四四	四五一九
〇七五一五	羍爵	一	四一四四	四五一九
〇七五一六	宰爵	一	四一四四	四五一九

器號	器名	字數	拓片頁碼	說明頁碼
〇七五一七	豕爵	一	四一四五	四五一九
〇七五一八	豕爵	一	四一四五	四五一九
〇七五一九	豕爵	一	四一四五	四五一九
〇七五二〇	豕爵	一	四一四五	四五一九
〇七五二一	[illegible]爵	一	四一四六	四五二〇
〇七五二二	[illegible]爵	一	四一四六	四五二〇
〇七五二三	[illegible]爵	一	四一四六	四五二〇
〇七五二四	犬爵	一	四一四六	四五二〇
〇七五二五	犬爵	一	四一四七	四五二〇
〇七五二六	犬爵	一	四一四七	四五二〇
〇七五二七	豩爵	一	四一四七	四五二〇
〇七五二八	豩爵	一	四一四八	四五二〇
〇七五二九	家爵	一	四一四八	四五二〇
〇七五三〇	[illegible]爵	一	四一四八	四五二〇
〇七五三一	亶爵	一	四一四九	四五二〇
〇七五三二	龍爵	一	四一四九	四五二〇
〇七五三三	龍爵	一	四一四九	四五二〇
〇七五三四	龍爵	一	四一五〇	四五二〇
〇七五三五	龜爵	一	四一五〇	四五二一
〇七五三六	黽爵	一	四一五〇	四五二一
〇七五三七	魚爵	一	四一五一	四五二一
〇七五三八	魚爵	一	四一五一	四五二一

器號	器名	字數	拓片頁碼	説明頁碼
〇七三九	魚爵	一	四一五一	四五二
〇七四〇	魚爵	一	四一五二	四五二
〇七四一	魚爵	一	四一五二	四五二
〇七四二	魚爵	一	四一五三	四五二
〇七四三	魚爵	一	四一五三	四五二
〇七四四	魚爵	一	四一五四	四五二
〇七四五	魚爵	一	四一五四	四五二
〇七四六	鼻爵	一	四一五四	四五二
〇七四七	鼻爵	一	四一五四	四五二
〇七四八	鼻爵	一	四一五五	四五二
〇七四九	鼻爵	一	四一五五	四五二
〇七五〇	萬爵	一	四一五五	四五二
〇七五一	萬爵	一	四一五六	四五二
〇七五二	萬爵	一	四一五六	四五三
〇七五三	萬爵	一	四一五六	四五三
〇七五四	[illegible]爵	一	四一五七	四五三
〇七五五	[illegible]爵	一	四一五七	四五三
〇七五六	[illegible]爵	一	四一五七	四五三
〇七五七	[illegible]爵	一	四一五七	四五三
〇七五八	[illegible]爵	一	四一五八	四五三
〇七五九	赤爵	一	四一五八	四五三
〇七六〇	赤爵	一	四一五八	四五三

器號	器名	字數	拓片頁碼	説明頁碼
〇七六一	赤爵	一	四一五九	四五二
〇七六二	赤爵	一	四一五九	四五二
〇七六三	[illegible]爵	一	四一五九	四五二
〇七六四	[illegible]爵	一	四一五九	四五二
〇七六五	[illegible]爵	一	四一六〇	四五二
〇七六六	[illegible]爵	一	四一六〇	四五二
〇七六七	[illegible]爵	一	四一六〇	四五二
〇七六八	[illegible]爵	一	四一六〇	四五三
〇七六九	鳥爵	一	四一六〇	四五三
〇七七〇	鳥爵	一	四一六一	四五三
〇七七一	鳥爵	一	四一六一	四五三
〇七七二	鳥爵	一	四一六一	四五三
〇七七三	[illegible]爵	一	四一六二	四五三
〇七七四	[illegible]爵	一	四一六二	四五三
〇七七五	册爵	一	四一六二	四五三
〇七七六	册爵	一	四一六二	四五三
〇七七七	册爵	一	四一六二	四五三
〇七七八	册爵	一	四一六三	四五三
〇七七九	告爵	一	四一六三	四五三
〇七八〇	[illegible]爵	一	四一六三	四五三
〇七八一	[illegible]爵	一	四一六四	四五三
〇七八二	[illegible]爵	一	四一六四	四五三

器號	器名	字數	拓片頁碼	説明頁碼
〇七五八三	亣爵	一	四一六四	四五二三
〇七五八四	亣爵	一	四一六五	四五二三
〇七五八五	亣爵	一	四一六五	四五二四
〇七五八六	亣爵	一	四一六五	四五二四
〇七五八七	亣爵	一	四一六六	四五二四
〇七五八八	邑爵	一	四一六六	四五二四
〇七五八九	邑爵	一	四一六六	四五二四
〇七五九〇	酉爵	一	四一六六	四五二四
〇七五九一	酉爵	一	四一六六	四五二四
〇七五九二	酋爵	一	四一六七	四五二四
〇七五九三	酋爵	一	四一六七	四五二四
〇七五九四	[illegible]爵	一	四一六八	四五二四
〇七五九五	[illegible]角	一	四一六八	四五二四
〇七五九六	[illegible]爵	一	四一六九	四五二四
〇七五九七	[illegible]爵	一	四一六九	四五二四
〇七五九八	[illegible]爵	一	四一六九	四五二四
〇七五九九	[illegible]爵	一	四一六九	四五二四
〇七六〇〇	[illegible]爵	一	四一七〇	四五二四
〇七六〇一	[illegible]爵	一	四一七〇	四五二四
〇七六〇二	[illegible]爵	一	四一七〇	四五二五
〇七六〇三	[illegible]爵	一	四一七一	四五二五
〇七六〇四	皿爵	一	四一七一	四五二五

器號	器名	字數	拓片頁碼	説明頁碼
〇七六〇五	皿爵	一	四一七一	四五二五
〇七六〇六	盃爵	一	四一七二	四五二五
〇七六〇七	[illegible]爵	一	四一七二	四五二五
〇七六〇八	[illegible]爵	一	四一七二	四五二五
〇七六〇九	刀爵	一	四一七二	四五二五
〇七六一〇	刀爵	一	四一七三	四五二五
〇七六一一	[illegible]爵	一	四一七三	四五二五
〇七六一二	[illegible]爵	一	四一七三	四五二五
〇七六一三	紉爵	一	四一七三	四五二五
〇七六一四	紉爵	一	四一七三	四五二五
〇七六一五	戈爵	一	四一七四	四五二五
〇七六一六	戈爵	一	四一七四	四五二五
〇七六一七	戈爵	一	四一七四	四五二五
〇七六一八	戈爵	一	四一七四	四五二五
〇七六一九	戈爵	一	四一七五	四五二五
〇七六二〇	戈爵	一	四一七五	四五二五
〇七六二一	戈爵	一	四一七五	四五二六
〇七六二二	戈爵	一	四一七六	四五二六
〇七六二三	戈爵	一	四一七六	四五二六
〇七六二四	戈爵	一	四一七六	四五二六
〇七六二五	戈爵	一	四一七七	四五二六
〇七六二六	戈爵	一	四一七七	四五二六

器號	器名	字數	拓片頁碼	說明頁碼
〇七六二七	戈爵	一	四一七七	四五二六
〇七六二八	戈爵	一	四一七七	四五二六
〇七六二九	戈爵	一	四一七七	四五二六
〇七六三〇	戈爵	一	四一七七	四五二六
〇七六三一	戈爵	一	四一七八	四五二六
〇七六三二	矢爵	一	四一七八	四五二六
〇七六三三	矢爵	一	四一七八	四五二六
〇七六三四	射爵	一	四一七九	四五二六
〇七六三五	[illegible]爵	一	四一七九	四五二六
〇七六三六	[illegible]爵	一	四一七九	四五二六
〇七六三七	眣爵	一	四一七九	四五二六
〇七六三八	或爵	一	四一八〇	四五二六
〇七六三九	或爵	一	四一八〇	四五二六
〇七六四〇	或爵	一	四一八〇	四五二六
〇七六四一	咸爵	一	四一八一	四五二七
〇七六四二	戉爵	一	四一八一	四五二七
〇七六四三	[illegible]爵	一	四一八一	四五二七
〇七六四四	巾爵	一	四一八一	四五二七
〇七六四五	旃爵	一	四一八二	四五二七
〇七六四六	[illegible]爵	一	四一八二	四五二七
〇七六四七	[illegible]爵	一	四一八二	四五二七
〇七六四八	單爵	一	四一八三	四五二七

器號	器名	字數	拓片頁碼	說明頁碼
〇七六四九	[illegible]爵	一	四一八三	四五二七
〇七六五〇	貯爵	一	四一八三	四五二七
〇七六五一	貯爵	一	四一八四	四五二七
〇七六五二	[illegible]爵	一	四一八四	四五二七
〇七六五三	山爵	一	四一八四	四五二七
〇七六五四	山爵	一	四一八五	四五二七
〇七六五五	[illegible]爵	一	四一八五	四五二七
〇七六五六	[illegible]爵	一	四一八五	四五二七
〇七六五七	[illegible]爵	一	四一八五	四五二七
〇七六五八	[illegible]爵	一	四一八六	四五二七
〇七六五九	[illegible]爵	一	四一八六	四五二八
〇七六六〇	[illegible]爵	一	四一八六	四五二八
〇七六六一	[illegible]爵	一	四一八六	四五二八
〇七六六二	[illegible]爵	一	四一八七	四五二八
〇七六六三	[illegible]爵	一	四一八七	四五二八
〇七六六四	[illegible]爵	一	四一八八	四五二八
〇七六六五	[illegible]爵	一	四一八八	四五二八
〇七六六六	[illegible]爵	一	四一八八	四五二八
〇七六六七	[illegible]爵	一	四一八八	四五二八
〇七六六八	甲爵	一	四一八九	四五二八
〇七六六九	庚爵	一	四一八九	四五二八
〇七六七〇	[illegible]爵	一	四一八九	四五二八

器號	器名	字數	拓片頁碼	說明頁碼
〇七六七一	辛爵	一	四一九〇	四五二八
〇七六七二	辛爵	一	四一九〇	四五二八
〇七六七三	癸爵	一	四一九〇	四五二八
〇七六七四	[illegible]爵	一	四一九一	四五二八
〇七六七五	[illegible]爵	一	四一九一	四五二九
〇七六七六	[illegible]爵	一	四一九一	四五二九
〇七六七七	[illegible]爵	一	四一九一	四五二九
〇七六七八	[illegible]爵	一	四一九一	四五二九
〇七六七九	[illegible]爵	一	四一九一	四五二九
〇七六八〇	[illegible]爵	一	四一九二	四五二九
〇七六八一	[illegible]爵	一	四一九二	四五二九
〇七六八二	[illegible]爵	一	四一九二	四五二九
〇七六八三	[illegible]爵	一	四一九二	四五二九
〇七六八四	[illegible]爵	一	四一九三	四五二九
〇七六八五	[illegible]爵	一	四一九三	四五二九
〇七六八六	[illegible]爵	一	四一九三	四五二九
〇七六八七	[illegible]爵	一	四一九三	四五二九
〇七六八八	[illegible]爵	一	四一九四	四五二九
〇七六八九	[illegible]爵	一	四一九四	四五二九
〇七六九〇	[illegible]爵	一	四一九四	四五二九
〇七六九一	[illegible]爵	一	四一九五	四五二九
〇七六九二	[illegible]爵	一	四一九五	四五二九

器號	器名	字數	拓片頁碼	說明頁碼
〇七六九三	[illegible]爵	一	四一九五	四五三〇
〇七六九四	[illegible]爵	一	四一九六	四五三〇
〇七六九五	[illegible]爵	一	四一九六	四五三〇
〇七六九六	[illegible]爵	一	四一九六	四五三〇
〇七六九七	[illegible]爵	一	四一九六	四五三〇
〇七六九八	[illegible]爵	一	四一九七	四五三〇
〇七六九九	[illegible]爵	一	四一九七	四五三〇
〇七七〇〇	田爵	一	四一九七	四五三〇
〇七七〇一	[illegible]爵	一	四一九八	四五三〇
〇七七〇二	[illegible]爵	一	四一九八	四五三〇
〇七七〇三	[illegible]爵	一	四一九八	四五三〇
〇七七〇四	[illegible]爵	一	四一九八	四五三〇
〇七七〇五	[illegible]爵	一	四一九九	四五三〇
〇七七〇六	[illegible]爵	一	四一九九	四五三〇
〇七七〇七	[illegible]爵	一	四一九九	四五三〇
〇七七〇八	[illegible]爵	一	四一九九	四五三〇
〇七七〇九	[illegible]爵	一	四二〇〇	四五三一
〇七七一〇	[illegible]爵	一	四二〇〇	四五三一
〇七七一一	[illegible]爵	一	四二〇〇	四五三一
〇七七一二	[illegible]爵	一	四二〇〇	四五三一
〇七七一三	[illegible]爵	一	四二〇一	四五三一
〇七七一四	串爵	一	四二〇一	四五三一

器號	器名	字數	拓片頁碼	說明頁碼
〇七一五	串爵	一	四二〇一	四五三一
〇七一六	中爵	一	四二〇二	四五三一
〇七一七	[illegible]爵	一	四二〇二	四五三一
〇七一八	[illegible]爵	一	四二〇二	四五三一
〇七一九	[illegible]爵	一	四二〇三	四五三一
〇七二〇	[illegible]爵	一	四二〇三	四五三一
〇七二一	[illegible]爵	一	四二〇三	四五三一
〇七二二	[illegible]爵	一	四二〇三	四五三一
〇七二三	[illegible]爵	一	四二〇三	四五三一
〇七二四	[illegible]爵	一	四二〇四	四五三一
〇七二五	禾爵	一	四二〇四	四五三一
〇七二六	[illegible]爵	一	四二〇四	四五三一
〇七二七	[illegible]爵	一	四二〇四	四五三二
〇七二八	[illegible]爵	一	四二〇五	四五三二
〇七二九	[illegible]爵	一	四二〇五	四五三二
〇七三〇	[illegible]爵	一	四二〇五	四五三二
〇七三一	[illegible]爵	一	四二〇六	四五三二
〇七三二	[illegible]爵	一	四二〇六	四五三二
〇七三三	[illegible]爵	一	四二〇六	四五三二
〇七三四	[illegible]爵	一	四二〇七	四五三二
〇七三五	弜爵	一	四二〇七	四五三二
〇七三六	木爵	一	四二〇七	四五三二

器號	器名	字數	拓片頁碼	說明頁碼
〇七三七	困爵	一	四二〇八	四五三二
〇七三八	困爵	一	四二〇八	四五三二
〇七三九	[illegible]爵	一	四二〇九	四五三二
〇七四〇	[illegible]爵	一	四二〇九	四五三二
〇七四一	[illegible]爵	一	四二〇九	四五三二
〇七四二	析爵	一	四二〇九	四五三二
〇七四三	[illegible]爵	一	四二一〇	四五三三
〇七四四	[illegible]爵	一	四二一〇	四五三三
〇七四五	[illegible]爵	一	四二一〇	四五三三
〇七四六	[illegible]爵	一	四二一〇	四五三三
〇七四七	[illegible]爵	一	四二一一	四五三三
〇七四八	[illegible]爵	一	四二一一	四五三三
〇七四九	[illegible]爵	一	四二一一	四五三三
〇七五〇	[illegible]爵	一	四二一一	四五三三
〇七五一	[illegible]爵	一	四二一一	四五三三
〇七五二	[illegible]爵	一	四二一二	四五三三
〇七五三	[illegible]爵	一	四二一二	四五三三
〇七五四	[illegible]爵	一	四二一三	四五三三
〇七五五	[illegible]爵	一	四二一三	四五三三
〇七五六	[illegible]爵	一	四二一三	四五三三
〇七五七	[illegible]爵	一	四二一四	四五三三
〇七五八	[illegible]爵	一	四二一四	四五三三

器號	器名	字數	拓片頁碼	説明頁碼
〇七五九	[illegible]爵	一	四二一四	四五三三
〇七六〇	㸚爵	一	四二一四	四五三三
〇七六一	㸚爵	一	四二一四	四五三三
〇七六二	㸚爵	一	四二一五	四五三三
〇七六三	㸚爵	一	四二一五	四五三三
〇七六四	爻爵	一	四二一五	四五三三
〇七六五	[illegible]爵	一	四二一五	四五三三
〇七六六	[illegible]爵	一	四二一六	四五三四
〇七六七	[illegible]爵	一	四二一六	四五三四
〇七六八	[illegible]爵	一	四二一六	四五三四
〇七六九	[illegible]爵	一	四二一七	四五三四
〇七七〇	[illegible]爵	一	四二一七	四五三四
〇七七一	[illegible]爵	一	四二一七	四五三四
〇七七二	亞矣爵	二	四二一八	四五三四
〇七七三	亞矣爵	二	四二一八	四五三四
〇七七四	亞矣爵	二	四二一八	四五三四
〇七七五	亞矣爵	二	四二一八	四五三四
〇七七六	亞矣爵	二	四二一九	四五三四
〇七七七	亞矣爵	二	四二一九	四五三四
〇七七八	亞矣爵	二	四二二〇	四五三四
〇七七九	亞矣爵	二	四二二〇	四五三四
〇七八〇	亞矣爵	二	四二二〇	四五三四

器號	器名	字數	拓片頁碼	説明頁碼
〇七八一	亞矣爵	二	四二二一	四五三四
〇七八二	亞矣爵	二	四二二一	四五三四
〇七八三	亞醜爵	二	四二二二	四五三四
〇七八四	亞醜爵	二	四二二二	四五三四
〇七八五	亞醜爵	二	四二二二	四五三五
〇七八六	亞醜爵	二	四二二三	四五三五
〇七八七	亞醜爵	二	四二二三	四五三五
〇七八八	亞子爵	二	四二二三	四五三五
〇七八九	亞[illegible]爵	二	四二二四	四五三五
〇七九〇	亞微爵	二	四二二四	四五三五
〇七九一	亞微爵	二	四二二五	四五三五
〇七九二	亞微爵	二	四二二五	四五三五
〇七九三	亞寞角	二	四二二五	四五三五
〇七九四	亞寞角	二	四二二六	四五三五
〇七九五	亞屰爵	二	四二二六	四五三五
〇七九六	亞屰爵	二	四二二六	四五三五
〇七九七	亞[illegible]爵	二	四二二七	四五三五
〇七九八	亞叀爵	二	四二二七	四五三五
〇七九九	亞叀爵	二	四二二七	四五三五
〇八〇〇	亞盥爵	二	四二二七	四五三五
〇八〇一	亞𢦔爵	二	四二二七	四五三六
〇八〇二	亞獸爵	二	四二二八	四五三六

器號	器名	字數	拓片頁碼	說明頁碼
〇七八〇三	亞獸爵	二	四二二八	四五三六
〇七八〇四	亞獸爵	二	四二二八	四五三六
〇七八〇五	亞獸爵	二	四二二九	四五三六
〇七八〇六	亞獸爵	二	四二二九	四五三六
〇七八〇七	亞獸爵	二	四二二九	四五三六
〇七八〇八	亞[illegible]爵	二	四二三〇	四五三六
〇七八〇九	亞鳥爵	二	四二三〇	四五三六
〇七八一〇	亞雔爵	二	四二三一	四五三六
〇七八一一	亞隻爵	二	四二三一	四五三六
〇七八一二	亞隻爵	二	四二三一	四五三六
〇七八一三	亞隻爵	二	四二三一	四五三六
〇七八一四	亞[illegible]爵	二	四二三二	四五三六
〇七八一五	亞[illegible]爵	二	四二三二	四五三六
〇七八一六	亞[illegible]爵	二	四二三二	四五三六
〇七八一七	亞[illegible]爵	二	四二三三	四五三六
〇七八一八	亞[illegible]爵	二	四二三三	四五三六
〇七八一九	亞弜爵	二	四二三三	四五三六
〇七八二〇	亞弜爵	二	四二三四	四五三六
〇七八二一	亞弜爵	二	四二三四	四五三七
〇七八二二	亞[illegible]爵	二	四二三四	四五三七
〇七八二三	亞[illegible]爵	二	四二三四	四五三七
〇七八二四	亞粤爵	二	四二三五	四五三七
〇七八二五	亞[illegible]爵	二	四二三五	四五三七
〇七八二六	亞[illegible]爵	二	四二三五	四五三七
〇七八二七	亞戈爵	二	四二三五	四五三七
〇七八二八	亞[illegible]爵	二	四二三六	四五三七
〇七八二九	亞[illegible]爵	二	四二三六	四五三七
〇七八三〇	亞[illegible]爵	二	四二三六	四五三七
〇七八三一	亞其爵	二	四二三七	四五三七
〇七八三二	亞其爵	二	四二三七	四五三七
〇七八三三	亞其爵	二	四二三八	四五三七
〇七八三四	亞其爵	二	四二三八	四五三七
〇七八三五	亞其爵	二	四二三八	四五三七
〇七八三六	亞其爵	二	四二三九	四五三七
〇七八三七	亞其爵	二	四二三九	四五三七
〇七八三八	亞其爵	二	四二三九	四五三八
〇七八三九	亞其爵	二	四二三九	四五三八
〇七八四〇	亞其爵	二	四二四〇	四五三八
〇七八四一	亞其爵	二	四二四〇	四五三八
〇七八四二	亞其爵	二	四二四〇	四五三八
〇七八四三	亞其爵	二	四二四〇	四五三八
〇七八四四	亞辛爵	二	四二四一	四五三八
〇七八四五	且甲爵	二	四二四一	四五三八
〇七八四六	且甲爵	二	四二四一	四五三八

器號	器名	字數	拓片頁碼	説明頁碼
〇七八四七	且乙爵	二	四二四二	四五三八
〇七八四八	且乙爵	二	四二四二	四五三八
〇七八四九	且乙爵	二	四二四三	四五三八
〇七八五〇	且乙爵	二	四二四三	四五三八
〇七八五一	且乙爵	二	四二四三	四五三八
〇七八五二	且丁爵	二	四二四三	四五三八
〇七八五三	且丁爵	二	四二四四	四五三八
〇七八五四	且戊爵	二	四二四四	四五三九
〇七八五五	且戊爵	二	四二四四	四五三九
〇七八五六	且戊爵	二	四二四五	四五三九
〇七八五七	且己爵	二	四二四五	四五三九
〇七八五八	且己爵	二	四二四五	四五三九
〇七八五九	且庚爵	二	四二四五	四五三九
〇七八六〇	且庚爵	二	四二四六	四五三九
〇七八六一	且庚爵	二	四二四六	四五三九
〇七八六二	且辛爵	二	四二四六	四五三九
〇七八六三	且辛爵	二	四二四六	四五三九
〇七八六四	且辛爵	二	四二四六	四五三九
〇七八六五	且辛爵	二	四二四七	四五三九
〇七八六六	且辛爵	二	四二四七	四五三九
〇七八六七	且辛爵	二	四二四七	四五三九
〇七八六八	且壬爵	二	四二四八	四五三九

器號	器名	字數	拓片頁碼	説明頁碼
〇七八六九	且癸爵	二	四二四八	四五三九
〇七八七〇	且癸爵	二	四二四八	四五四〇
〇七八七一	且癸爵	二	四二四九	四五四〇
〇七八七二	且癸爵	二	四二四九	四五四〇
〇七八七三	父甲角	二	四二四九	四五四〇
〇七八七四	父甲爵	二	四二五〇	四五四〇
〇七八七五	父甲爵	二	四二五〇	四五四〇
〇七八七六	父甲爵	二	四二五〇	四五四〇
〇七八七七	父甲爵	二	四二五〇	四五四〇
〇七八七八	父甲爵	二	四二五一	四五四〇
〇七八七九	父甲爵	二	四二五一	四五四〇
〇七八八〇	父乙爵	二	四二五二	四五四〇
〇七八八一	父乙爵	二	四二五二	四五四〇
〇七八八二	父乙爵	二	四二五二	四五四〇
〇七八八三	父乙爵	二	四二五二	四五四〇
〇七八八四	父乙爵	二	四二五二	四五四〇
〇七八八五	父乙爵	二	四二五三	四五四一
〇七八八六	父乙爵	二	四二五三	四五四一
〇七八八七	父乙爵	二	四二五三	四五四一
〇七八八八	父乙爵	二	四二五四	四五四一
〇七八八九	父乙爵	二	四二五四	四五四一
〇七八九〇	父乙爵	二	四二五五	四五四一

器號	器名	字數	拓片頁碼	說明頁碼
〇七八九一	父乙爵	二	四二五五	四五四一
〇七八九二	父乙爵	二	四二五五	四五四一
〇七八九三	父乙爵	二	四二五五	四五四一
〇七八九四	父乙爵	二	四二五五	四五四一
〇七八九五	父乙爵	二	四二五五	四五四一
〇七八九六	父乙爵	二	四二五六	四五四一
〇七八九七	父乙爵	二	四二五六	四五四一
〇七八九八	父乙爵	二	四二五七	四五四一
〇七八九九	父乙爵	二	四二五七	四五四一
〇七九〇〇	父乙爵	二	四二五七	四五四一
〇七九〇一	父丙爵	二	四二五七	四五四一
〇七九〇二	父丁爵	二	四二五八	四五四二
〇七九〇三	父丁爵	二	四二五八	四五四二
〇七九〇四	父丁爵	二	四二五八	四五四二
〇七九〇五	父丁爵	二	四二五九	四五四二
〇七九〇六	父丁爵	二	四二五九	四五四二
〇七九〇七	父丁爵	二	四二六〇	四五四二
〇七九〇八	父丁爵	二	四二六〇	四五四二
〇七九〇九	父丁爵	二	四二六一	四五四二
〇七九一〇	父丁爵	二	四二六一	四五四二
〇七九一一	父丁爵	二	四二六一	四五四二
〇七九一二	父丁爵	二	四二六二	四五四二

器號	器名	字數	拓片頁碼	說明頁碼
〇七九一三	父丁爵	二	四二六二	四五四二
〇七九一四	父丁爵	二	四二六二	四五四二
〇七九一五	父丁爵	二	四二六三	四五四二
〇七九一六	父丁爵	二	四二六三	四五四三
〇七九一七	父丁爵	二	四二六三	四五四三
〇七九一八	父丁爵	二	四二六四	四五四三
〇七九一九	父丁爵	二	四二六四	四五四三
〇七九二〇	父丁爵	二	四二六四	四五四三
〇七九二一	父丁爵	二	四二六四	四五四三
〇七九二二	父丁爵	二	四二六五	四五四三
〇七九二三	父丁爵	二	四二六五	四五四三
〇七九二四	父丁爵	二	四二六五	四五四三
〇七九二五	父丁爵	二	四二六六	四五四三
〇七九二六	父丁爵	二	四二六六	四五四三
〇七九二七	父戊爵	二	四二六六	四五四三
〇七九二八	父戊爵	二	四二六六	四五四三
〇七九二九	父戊爵	二	四二六六	四五四三
〇七九三〇	父戊爵	二	四二六七	四五四三
〇七九三一	父戊爵	二	四二六七	四五四三
〇七九三二	父己爵	二	四二六七	四五四四
〇七九三三	父己爵	二	四二六七	四五四四
〇七九三四	父己爵	二	四二六八	四五四四

器號	器名	字數	拓片頁碼	説明頁碼
〇七九三五	父己爵	二	四二六八	四五四四
〇七九三六	父己爵	二	四二六八	四五四四
〇七九三七	父己爵	二	四二六九	四五四四
〇七九三八	父己爵	二	四二六九	四五四四
〇七九三九	父己爵	二	四二六九	四五四四
〇七九四〇	父己爵	二	四二六九	四五四四
〇七九四一	父己爵	二	四二七〇	四五四四
〇七九四二	父己爵	二	四二七〇	四五四四
〇七九四三	父己爵	二	四二七〇	四五四四
〇七九四四	父己爵	二	四二七〇	四五四四
〇七九四五	父己爵	二	四二七一	四五四四
〇七九四六	父己爵	二	四二七一	四五四四
〇七九四七	父己爵	二	四二七一	四五四四
〇七九四八	父庚爵	二	四二七二	四五四四
〇七九四九	父庚爵	二	四二七二	四五四四
〇七九五〇	父庚爵	二	四二七二	四五四五
〇七九五一	父庚爵	二	四二七三	四五四五
〇七九五二	父辛爵	二	四二七三	四五四五
〇七九五三	父辛爵	二	四二七三	四五四五
〇七九五四	父辛爵	二	四二七四	四五四五
〇七九五五	父辛爵	二	四二七四	四五四五
〇七九五六	父辛爵	二	四二七四	四五四五

器號	器名	字數	拓片頁碼	説明頁碼
〇七九五七	父辛爵	二	四二七五	四五四五
〇七九五八	父辛爵	二	四二七五	四五四五
〇七九五九	父辛爵	二	四二七五	四五四五
〇七九六〇	父辛爵	二	四二七五	四五四五
〇七九六一	父辛爵	二	四二七五	四五四五
〇七九六二	父辛爵	二	四二七六	四五四五
〇七九六三	父辛爵	二	四二七六	四五四五
〇七九六四	父辛爵	二	四二七六	四五四五
〇七九六五	父辛爵	二	四二七六	四五四五
〇七九六六	父辛爵	二	四二七七	四五四六
〇七九六七	父辛爵	二	四二七七	四五四六
〇七九六八	父辛爵	二	四二七七	四五四六
〇七九六九	父辛爵	二	四二七七	四五四六
〇七九七〇	父辛爵	二	四二七八	四五四六
〇七九七一	父壬爵	二	四二七八	四五四六
〇七九七二	父壬爵	二	四二七八	四五四六
〇七九七三	父壬爵	二	四二七九	四五四六
〇七九七四	父壬爵	二	四二七九	四五四六
〇七九七五	父壬爵	二	四二七九	四五四六
〇七九七六	父癸爵	二	四二八〇	四五四六
〇七九七七	父癸爵	二	四二八〇	四五四六
〇七九七八	父癸爵	二	四二八〇	四五四六

器號	器名	字數	拓片頁碼	說明頁碼
〇七九七九	父癸爵	二	四二八一	四五四六
〇七九八〇	父癸爵	二	四二八一	四五四六
〇七九八一	父癸爵	二	四二八一	四五四七
〇七九八二	父癸爵	二	四二八二	四五四七
〇七九八三	父癸爵	二	四二八二	四五四七
〇七九八四	父癸爵	二	四二八二	四五四七
〇七九八五	父癸爵	二	四二八二	四五四七
〇七九八六	父癸爵	二	四二八二	四五四七
〇七九八七	父癸爵	二	四二八三	四五四七
〇七九八八	父癸爵	二	四二八三	四五四七
〇七九八九	父癸爵	二	四二八三	四五四七
〇七九九〇	父癸爵	二	四二八三	四五四七
〇七九九一	父口爵	二	四二八三	四五四七
〇七九九二	母己爵	二	四二八四	四五四七
〇七九九三	母己爵	二	四二八四	四五四七
〇七九九四	母己爵	二	四二八四	四五四七
〇七九九五	母癸爵	二	四二八四	四五四七
〇七九九六	母癸爵	二	四二八五	四五四七
〇七九九七	母癸爵	二	四二八五	四五四七
〇七九九八	匕癸爵	二	四二八五	四五四七
〇七九九九	▼甲爵	二	四二八五	四五四七
〇八〇〇〇	甲虫爵	二	四二八六	四五四八

器號	器名	字數	拓片頁碼	說明頁碼
〇八〇〇一	[illegible]甲爵	二	四二八六	四五四八
〇八〇〇二	甲[illegible]爵	二	四二八六	四五四八
〇八〇〇三	癸乙爵	二	四二八七	四五四八
〇八〇〇四	何乙爵	二	四二八七	四五四八
〇八〇〇五	[illegible]乙爵	二	四二八七	四五四八
〇八〇〇六	[illegible]乙爵	二	四二八七	四五四八
〇八〇〇七	乙[illegible]爵	二	四二八八	四五四八
〇八〇〇八	乙[illegible]爵	二	四二八八	四五四八
〇八〇〇九	[illegible]乙爵	二	四二八八	四五四八
〇八〇一〇	[illegible]乙爵	二	四二八八	四五四八
〇八〇一一	[illegible]乙爵	二	四二八九	四五四八
〇八〇一二	守乙爵	二	四二八九	四五四八
〇八〇一三	[illegible]乙爵	二	四二八九	四五四八
〇八〇一四	戈乙爵	二	四二八九	四五四八
〇八〇一五	[illegible]丙爵	二	四二九〇	四五四九
〇八〇一六	牧丙爵	二	四二九〇	四五四九
〇八〇一七	山丁爵	二	四二九〇	四五四九
〇八〇一八	丁羞爵	二	四二九一	四五四九
〇八〇一九	丁[illegible]爵	二	四二九一	四五四九
〇八〇二〇	丁[illegible]爵	二	四二九一	四五四九
〇八〇二一	[illegible]丁爵	二	四二九一	四五四九
〇八〇二二	[illegible]丁爵	二	四二九二	四五四九

器號	器名	字數	拓片頁碼	説明頁碼
〇八〇二三	[illegible]丁爵	二	四二九二	四五四九
〇八〇二四	[illegible]丁爵	二	四二九二	四五四九
〇八〇二五	丁[illegible]爵	二	四二九二	四五四九
〇八〇二六	丁戈爵	二	四二九二	四五四九
〇八〇二七	屰丁爵	二	四二九三	四五四九
〇八〇二八	丁口爵	二	四二九三	四五四九
〇八〇二九	[illegible]戊爵	二	四二九三	四五四九
〇八〇三〇	己並爵	二	四二九三	四五四九
〇八〇三一	[illegible]己爵	二	四二九四	四五四九
〇八〇三二	[illegible]己爵	二	四二九四	四五四九
〇八〇三三	戈己爵	二	四二九四	四五五〇
〇八〇三四	己[illegible]爵	二	四二九五	四五五〇
〇八〇三五	[illegible]己爵	二	四二九五	四五五〇
〇八〇三六	己[illegible]爵	二	四二九五	四五五〇
〇八〇三七	己[illegible]爵	二	四二九五	四五五〇
〇八〇三八	己[illegible]爵	二	四二九五	四五五〇
〇八〇三九	己耒爵	二	四二九六	四五五〇
〇八〇四〇	[illegible]己爵	二	四二九六	四五五〇
〇八〇四一	己[illegible]爵	二	四二九六	四五五〇
〇八〇四二	[illegible]己爵	二	四二九七	四五五〇
〇八〇四三	己重爵	二	四二九七	四五五〇
〇八〇四四	[illegible]己爵	二	四二九七	四五五〇

器號	器名	字數	拓片頁碼	説明頁碼
〇八〇四五	[illegible]己爵	二	四二九七	四五五〇
〇八〇四六	作己爵	二	四二九八	四五五〇
〇八〇四七	[illegible]庚爵	二	四二九八	四五五〇
〇八〇四八	庚[illegible]爵	二	四二九八	四五五〇
〇八〇四九	庚子爵	二	四二九八	四五五一
〇八〇五〇	萬庚爵	二	四二九九	四五五一
〇八〇五一	羊庚爵	二	四二九九	四五五一
〇八〇五二	辛戈爵	二	四二九九	四五五一
〇八〇五三	辛戈爵	二	四三〇〇	四五五一
〇八〇五四	戈辛爵	二	四三〇〇	四五五一
〇八〇五五	尤辛爵	二	四三〇〇	四五五一
〇八〇五六	辛[illegible]爵	二	四三〇一	四五五一
〇八〇五七	[illegible]辛爵	二	四三〇一	四五五一
〇八〇五八	口辛爵	二	四三〇一	四五五一
〇八〇五九	癸屰爵	二	四三〇一	四五五一
〇八〇六〇	癸[illegible]爵	二	四三〇二	四五五一
〇八〇六一	癸[illegible]爵	二	四三〇二	四五五一
〇八〇六二	[illegible]癸爵	二	四三〇二	四五五一
〇八〇六三	[illegible]癸爵	二	四三〇二	四五五一
〇八〇六四	[illegible]癸爵	二	四三〇三	四五五一
〇八〇六五	史癸爵	二	四三〇三	四五五一
〇八〇六六	[illegible]癸爵	二	四三〇三	四五五一

器號	器名	字數	拓片頁碼	說明頁碼
〇八〇六七	□癸爵	二	四三〇三	四五五二
〇八〇六八	癸□爵	二	四三〇四	四五五二
〇八〇六九	□癸爵	二	四三〇四	四五五二
〇八〇七〇	□癸爵	二	四三〇五	四五五二
〇八〇七一	子癸爵	二	四三〇五	四五五二
〇八〇七二	子□爵	二	四三〇五	四五五二
〇八〇七三	子□爵	二	四三〇五	四五五二
〇八〇七四	子□爵	二	四三〇五	四五五二
〇八〇七五	子□爵	二	四三〇六	四五五二
〇八〇七六	子□爵	二	四三〇六	四五五二
〇八〇七七	子□爵	二	四三〇六	四五五二
〇八〇七八	子□爵	二	四三〇六	四五五二
〇八〇七九	子□爵	二	四三〇六	四五五二
〇八〇八〇	子□爵	二	四三〇七	四五五二
〇八〇八一	子□爵	二	四三〇七	四五五三
〇八〇八二	子□爵	二	四三〇七	四五五三
〇八〇八三	子□爵	二	四三〇七	四五五三
〇八〇八四	子每爵	二	四三〇八	四五五三
〇八〇八五	子守爵	二	四三〇八	四五五三
〇八〇八六	子□爵	二	四三〇八	四五五三
〇八〇八七	子□爵	二	四三〇八	四五五三
〇八〇八八	子□爵	二	四三〇九	四五五三

器號	器名	字數	拓片頁碼	說明頁碼
〇八〇八九	子□爵	二	四三〇九	四五五三
〇八〇九〇	子□爵	二	四三〇九	四五五三
〇八〇九一	子蝠爵	二	四三〇九	四五五三
〇八〇九二	子蝠爵	二	四三一〇	四五五三
〇八〇九三	子蝠爵	二	四三一〇	四五五三
〇八〇九四	子蝠爵	二	四三一〇	四五五三
〇八〇九五	子蝠爵	二	四三一一	四五五三
〇八〇九六	子蝠爵	二	四三一一	四五五三
〇八〇九七	子蝠爵	二	四三一一	四五五四
〇八〇九八	子□爵	二	四三一二	四五五四
〇八〇九九	子□爵	二	四三一二	四五五四
〇八一〇〇	子龍爵	二	四三一二	四五五四
〇八一〇一	子□爵	二	四三一二	四五五四
〇八一〇二	子□爵	二	四三一三	四五五四
〇八一〇三	子□爵	二	四三一三	四五五四
〇八一〇四	子□爵	二	四三一四	四五五四
〇八一〇五	子系爵	二	四三一四	四五五四
〇八一〇六	子系爵	二	四三一五	四五五四
〇八一〇七	子系爵	二	四三一五	四五五四
〇八一〇八	子禾爵	二	四三一五	四五五四
〇八一〇九	子禾爵	二	四三一六	四五五四
〇八一一〇	子□爵	二	四三一六	四五五四

器號	器名	字數	拓片頁碼	説明頁碼
〇八一一一	子[illegible]爵	二	四一七	四五四
〇八一一二	子[illegible]爵	二	四一七	四五四
〇八一一三	子雨爵	二	四一八	四五四
〇八一一四	子雨爵	二	四一八	四五四
〇八一一五	子[illegible]爵	二	四一八	四五五
〇八一一六	子刀爵	二	四一八	四五五
〇八一一七	子□爵	二	四一九	四五五
〇八一一八	子□爵	二	四一九	四五五
〇八一一九	[illegible]子爵	二	四一九	四五五
〇八一二〇	□子爵	二	四二〇	四五五
〇八一二一	□子爵	二	四二〇	四五五
〇八一二二	婦好爵	二	四二〇	四五五
〇八一二三	婦好爵	二	四二〇	四五五
〇八一二四	婦好爵	二	四二一	四五五
〇八一二五	婦好爵	二	四二一	四五五
〇八一二六	婦好爵	二	四二一	四五五
〇八一二七	婦好爵	二	四二一	四五五
〇八一二八	婦好爵	二	四二二	四五五
〇八一二九	婦好爵	二	四二二	四五五
〇八一三〇	婦好爵	二	四二二	四五五
〇八一三一	婦好爵	二	四二二	四五五
〇八一三二	婦[illegible]爵	二	四二三	四五六
〇八一三三	女[illegible]爵	二	四二三	四五六
〇八一三四	[illegible]每爵	二	四二四	四五六
〇八一三五	冀婦爵	二	四二四	四五六
〇八一三六	甲婦爵	二	四二四	四五六
〇八一三七	遣妊爵	二	四二五	四五六
〇八一三八	[illegible]每爵	二	四二五	四五六
〇八一三九	□女爵	二	四二六	四五六
〇八一四〇	葡[illegible]爵	二	四二六	四五六
〇八一四一	𢦏天爵	二	四二六	四五六
〇八一四二	戈天爵	二	四二七	四五六
〇八一四三	[illegible]天爵	二	四二七	四五六
〇八一四四	[illegible]天爵	二	四二八	四五六
〇八一四五	[illegible]天爵	二	四二八	四五六
〇八一四六	天[illegible]爵	二	四二八	四五六
〇八一四七	[illegible]屰爵	二	四二九	四五七
〇八一四八	[illegible]屰爵	二	四二九	四五七
〇八一四九	[illegible][illegible]爵	二	四二九	四五七
〇八一五〇	[illegible]行爵	二	四三〇	四五七
〇八一五一	何[illegible]爵	二	四三〇	四五七
〇八一五二	[illegible]何爵	二	四三〇	四五七
〇八一五三	天[illegible]爵	二	四三〇	四五七
〇八一五四	[illegible][illegible]爵	二	四三一	四五七

器號	器名	字數	拓片頁碼	說明頁碼
〇八一五五	[illegible][illegible]爵	二	四三一	四五五七
〇八一五六	[illegible][illegible]爵	二	四三一	四五五七
〇八一五七	耳[illegible]爵	二	四三二	四五五七
〇八一五八	屰祉爵	二	四三二	四五五七
〇八一五九	[illegible][illegible]爵	二	四三二	四五五七
〇八一六〇	[illegible]册爵	二	四三二	四五五七
〇八一六一	光父爵	二	四三三	四五五七
〇八一六二	光父爵	二	四三三	四五五八
〇八一六三	單光爵	二	四三三	四五五八
〇八一六四	[illegible]何爵	二	四三三	四五五八
〇八一六五	[illegible]◇爵	二	四三四	四五五八
〇八一六六	◇[illegible]爵	二	四三四	四五五八
〇八一六七	冀叡爵	二	四三四	四五五八
〇八一六八	冀叡爵	二	四三四	四五五八
〇八一六九	冀叡爵	二	四三五	四五五八
〇八一七〇	保[illegible]爵	二	四三五	四五五八
〇八一七一	保[illegible]爵	二	四三六	四五五八
〇八一七二	聑[illegible]爵	二	四三六	四五五八
〇八一七三	[illegible][illegible]爵	二	四三六	四五五八
〇八一七四	[illegible][illegible]爵	二	四三七	四五五八
〇八一七五	鄉宁爵	二	四三七	四五五八
〇八一七六	鄉宁爵	二	四三七	四五五八

器號	器名	字數	拓片頁碼	說明頁碼
〇八一七七	鄉宁爵	二	四三七	四五五八
〇八一七八	北單爵	二	四三八	四五五八
〇八一七九	[illegible]旅爵	二	四三八	四五五九
〇八一八〇	單並爵	二	四三八	四五五九
〇八一八一	◇並爵	二	四三九	四五五九
〇八一八二	木並爵	二	四三九	四五五九
〇八一八三	◆[illegible]爵	二	四四〇	四五五九
〇八一八四	[illegible][illegible]爵	二	四四〇	四五五九
〇八一八五	[illegible]口爵	二	四四〇	四五五九
〇八一八六	中得爵	二	四四一	四五五九
〇八一八七	中得爵	二	四四一	四五五九
〇八一八八	尹獸爵	二	四四一	四五五九
〇八一八九	鼓[illegible]爵	二	四四一	四五五九
〇八一九〇	[illegible]𢦏爵	二	四四二	四五五九
〇八一九一	[illegible][illegible]爵	二	四四二	四五五九
〇八一九二	[illegible][illegible]爵	二	四四二	四五五九
〇八一九三	史史爵	二	四四三	四五五九
〇八一九四	禾又爵	二	四四三	四五五九
〇八一九五	𢦏又爵	二	四四三	四五五九
〇八一九六	𢦏又爵	二	四四三	四五六〇
〇八一九七	[illegible]𢦏爵	二	四四四	四五六〇
〇八一九八	叉[illegible]爵	二	四四四	四五六〇

器號	器名	字數	拓片頁碼	說明頁碼
〇八一九九	共□爵	二	四三四四	四五六〇
〇八二〇〇	𠬝正爵	二	四三四五	四五六〇
〇八二〇一	正□爵	二	四三四五	四五六〇
〇八二〇二	中□爵	二	四三四五	四五六〇
〇八二〇三	工□爵	二	四三四六	四五六〇
〇八二〇四	□□爵	二	四三四六	四五六〇
〇八二〇五	聑□爵	二	四三四六	四五六〇
〇八二〇六	聑□爵	二	四三四七	四五六〇
〇八二〇七	□耳爵	二	四三四七	四五六〇
〇八二〇八	□戉爵	二	四三四七	四五六〇
〇八二〇九	戉木爵	二	四三四八	四五六〇
〇八二一〇	獸宁爵	二	四三四八	四五六〇
〇八二一一	獸册爵	二	四三四九	四五六〇
〇八二一二	獸册爵	二	四三四九	四五六〇
〇八二一三	□獸爵	二	四三四九	四五六〇
〇八二一四	□獸爵	二	四三五〇	四五六一
〇八二一五	獸射爵	二	四三五〇	四五六一
〇八二一六	□羊爵	二	四三五〇	四五六一
〇八二一七	□羊爵	二	四三五一	四五六一
〇八二一八	□羊爵	二	四三五一	四五六一
〇八二一九	羊日爵	二	四三五一	四五六一
〇八二二〇	羊日爵	二	四三五一	四五六一

器號	器名	字數	拓片頁碼	說明頁碼
〇八二二一	鳥□爵	二	四三五二	四五六一
〇八二二二	鳥豕爵	二	四三五二	四五六一
〇八二二三	□龍爵	二	四三五二	四五六一
〇八二二四	□龜爵	二	四三五三	四五六一
〇八二二五	□龜爵	二	四三五三	四五六一
〇八二二六	□龜爵	二	四三五三	四五六一
〇八二二七	□龜爵	二	四三五四	四五六一
〇八二二八	□龜爵	二	四三五四	四五六一
〇八二二九	□洛爵	二	四三五五	四五六二
〇八二三〇	□洛爵	二	四三五五	四五六二
〇八二三一	□洛爵	二	四三五五	四五六二
〇八二三二	戈□爵	二	四三五六	四五六二
〇八二三三	□戈爵	二	四三五六	四五六二
〇八二三四	□戈爵	二	四三五六	四五六二
〇八二三五	家戈爵	二	四三五七	四五六二
〇八二三六	守戈爵	二	四三五七	四五六二
〇八二三七	戈父爵	二	四三五七	四五六二
〇八二三八	□刀爵	二	四三五八	四五六二
〇八二三九	戎刀爵	二	四三五八	四五六二
〇八二四〇	□葡爵	二	四三五九	四五六二
〇八二四一	葡□爵	二	四三五九	四五六二
〇八二四二	□葡爵	二	四三五九	四五六二

器號	器名	字數	拓片頁碼	說明頁碼
〇八二四三	矢宁爵	二	四三五九	四五六二
〇八二四四	矢宁爵	二	四三六〇	四五六二
〇八二四五	[illegible]爵	二	四三六〇	四五六二
〇八二四六	[illegible]射爵	二	四三六一	四五六三
〇八二四七	刀口爵	二	四三六一	四五六三
〇八二四八	[illegible]爵	二	四三六二	四五六三
〇八二四九	秉[illegible]爵	二	四三六二	四五六三
〇八二五〇	車買爵	二	四三六三	四五六三
〇八二五一	車買爵	二	四三六三	四五六三
〇八二五二	貝車爵	二	四三六三	四五六三
〇八二五三	叔車爵	二	四三六三	四五六三
〇八二五四	工[illegible]爵	二	四三六四	四五六三
〇八二五五	[illegible]册爵	二	四三六四	四五六三
〇八二五六	[illegible]册爵	二	四三六四	四五六三
〇八二五七	西單爵	二	四三六四	四五六三
〇八二五八	西單爵	二	四三六五	四五六三
〇八二五九	西單爵	二	四三六五	四五六三
〇八二六〇	[illegible]爵	二	四三六五	四五六三
〇八二六一	[illegible]爵	二	四三六六	四五六三
〇八二六二	[illegible]爵	二	四三六六	四五六三
〇八二六三	[illegible]爵	二	四三六六	四五六三
〇八二六四	告宁爵	二	四三六七	四五六四

器號	器名	字數	拓片頁碼	說明頁碼
〇八二六五	告宁爵	二	四三六七	四五六四
〇八二六六	告田爵	二	四三六七	四五六四
〇八二六七	耳[illegible]爵	二	四三六七	四五六四
〇八二六八	耳[illegible]爵	二	四三六八	四五六四
〇八二六九	耳[illegible]爵	二	四三六八	四五六四
〇八二七〇	[illegible]爵	二	四三六九	四五六四
〇八二七一	[illegible]爵	二	四三六九	四五六四
〇八二七二	[illegible]口爵	二	四三七〇	四五六四
〇八二七三	木[illegible]爵	二	四三七〇	四五六四
〇八二七四	[illegible]啟爵	二	四三七〇	四五六四
〇八二七五	[illegible]爵	二	四三七一	四五六四
〇八二七六	[illegible]爵	二	四三七一	四五六四
〇八二七七	[illegible]爵	二	四三七二	四五六四
〇八二七八	[illegible]爵	二	四三七二	四五六四
〇八二七九	[illegible]爵	二	四三七二	四五六四
〇八二八〇	[illegible]册爵	二	四三七二	四五六四
〇八二八一	[illegible]隼爵	二	四三七三	四五六四
〇八二八二	册劦爵	二	四三七三	四五六四
〇八二八三	鬲雈爵	二	四三七四	四五六五
〇八二八四	束泉爵	二	四三七四	四五六五
〇八二八五	束泉爵	二	四三七四	四五六五
〇八二八六	束泉爵	二	四三七四	四五六五

器號	器名	字數	拓片頁碼	說明頁碼
〇八二八七	東泉爵	二	四三七五	四五六五
〇八二八八	東泉爵	二	四三七五	四五六五
〇八二八九	東泉爵	二	四三七五	四五六五
〇八二九〇	東泉爵	二	四三七五	四五六五
〇八二九一	東泉爵	二	四三七六	四五六五
〇八二九二	東泉爵	二	四三七六	四五六五
〇八二九三	个且爵	二	四三七六	四五六五
〇八二九四	且市爵	二	四三七六	四五六五
〇八二九五	𡧊出爵	二	四三七七	四五六五
〇八二九六	𡧊8爵	二	四三七七	四五六五
〇八二九七	辰□爵	二	四三七七	四五六五
〇八二九八	彐父爵	二	四三七七	四五六五
〇八二九九	伯宁爵	二	四三七八	四五六六
〇八三〇〇	伯作爵	二	四三七八	四五六六
〇八三〇一	□作爵	二	四三七八	四五六六
〇八三〇二	□作爵	二	四三七八	四五六六
〇八三〇三	作彝爵	二	四三七九	四五六六
〇八三〇四	作從爵	二	四三七九	四五六六
〇八三〇五	作寶爵	二	四三七九	四五六六
〇八三〇六	作障爵	二	四三七九	四五六六
〇八三〇七	遽從角	二	四三八〇	四五六六
〇八三〇八	遽從角	二	四三八一	四五六六

器號	器名	字數	拓片頁碼	說明頁碼
〇八三〇九	妝王角	二	四三八二	四五六六
〇八三一〇	康侯爵	二	四三八二	四五六六

天尊

天

05441

夫尊

夫

05442

尊

侁

05443

尊

05444

何尊

何

05445

⿱丵共尊

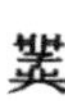

05447

⿳一丘大尊

⿳一丘大

05446

㫃尊

旅

05448

又尊

又

05449

又尊

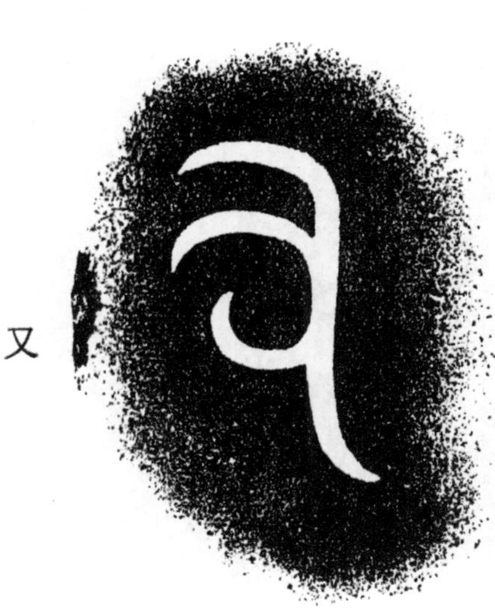

又

05450

并尊

并

05451

口尊

口

05452

句尊

句

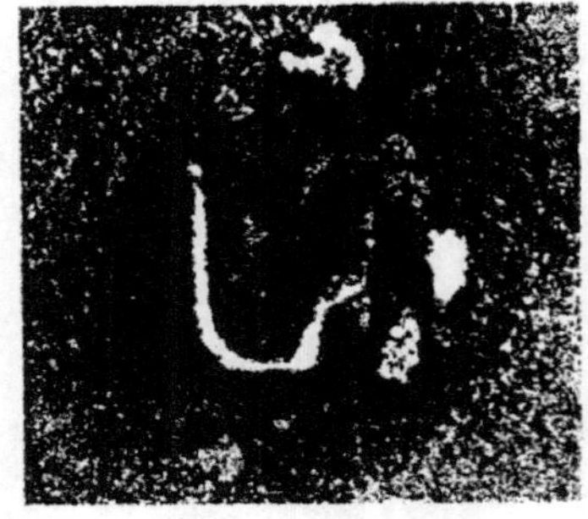

05453

正鴞尊

正

05454

史尊

史

05455

史尊

史

05456

史尊

史

05457

史尊

史

05458

史尊

史

05459

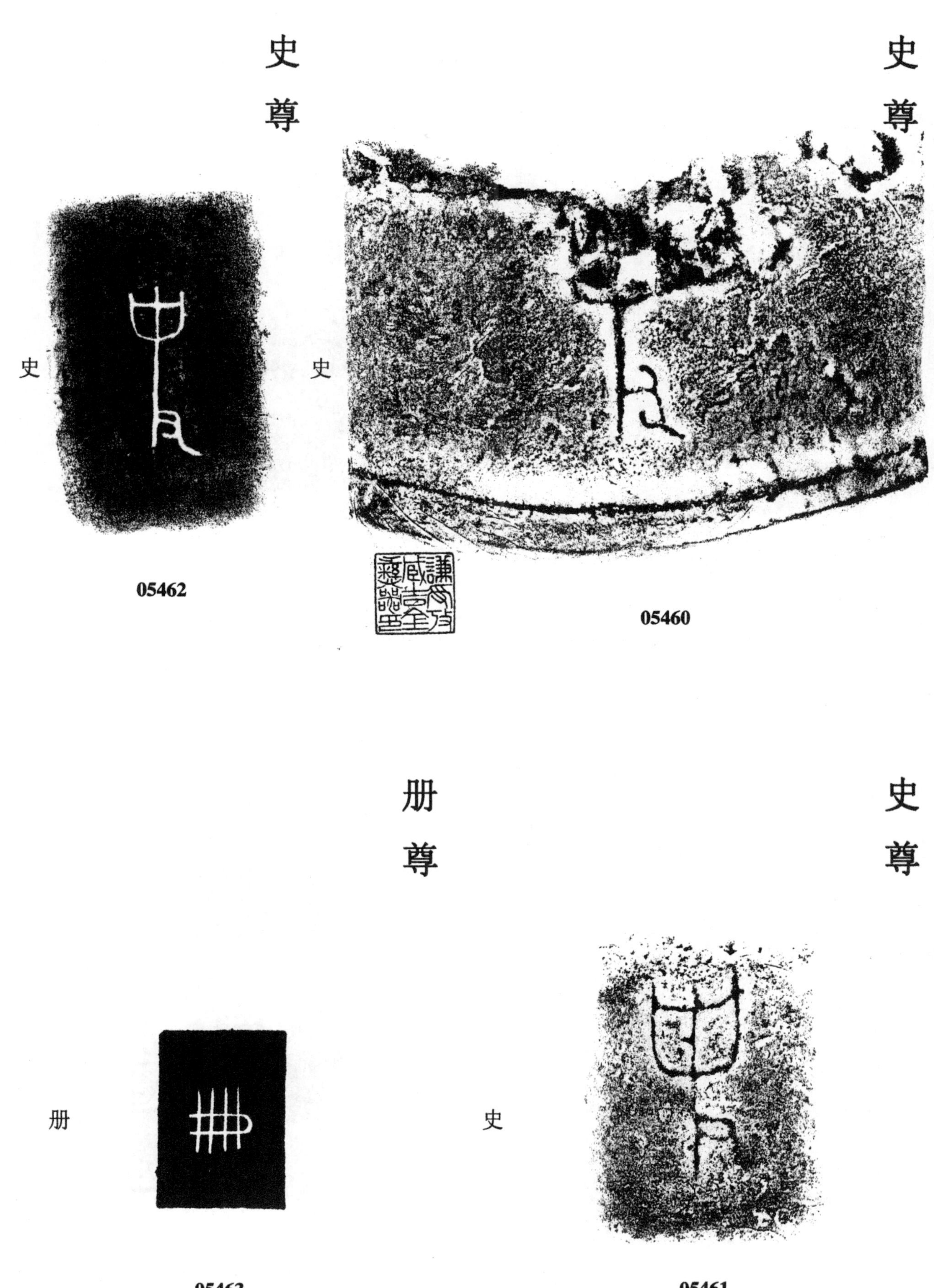

史尊

史

05460

史尊

史

05462

史尊

史

05461

册尊

册

05463

𥰡尊

𥰡

05464

尊

戉（鉞）

05466

⿱⿷匚乂大尊

兇（斷）

05465

尊

我

05467

戈尊

戈

05468

戈尊

戈

05469

戈尊

戈

05470

戈尊

戈

05471

戈尊

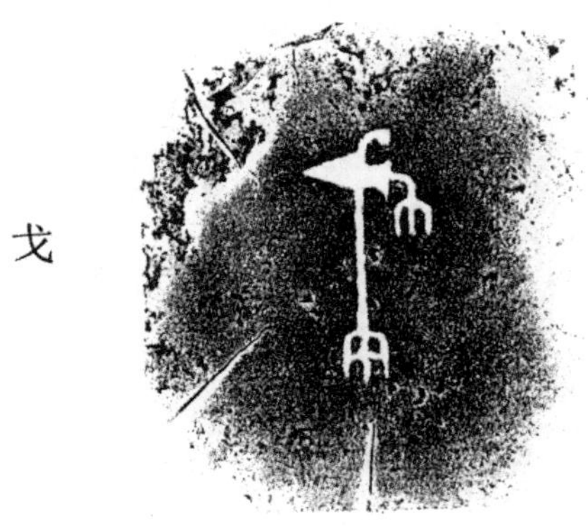

戈

05472

戈尊

戈

05473

戈尊

戈

05474

戈尊

戈

05475

戈尊

戈

05476

獸形銘鳥尊

獸

05478

䖯鳥形尊

䖯

05477

弔尊

弔

05479

尊

05480

尊

05481

尊

05482

尊

05483

□尊

05484

□尊

05486

□尊

05485

□尊

05487

冉尊

冉

05488

冉尊

冉

05489

冉尊

冉

05490

冓尊

冓

05491

酋尊

酋

05492

尊

05493

尊

05494

尊

樐

05495

鼎尊

鼎

05496

凡尊

凡

05497

⿱亼亣尊

⿱亼亣

05498

⿱亼亣尊

⿱亼亣

05499

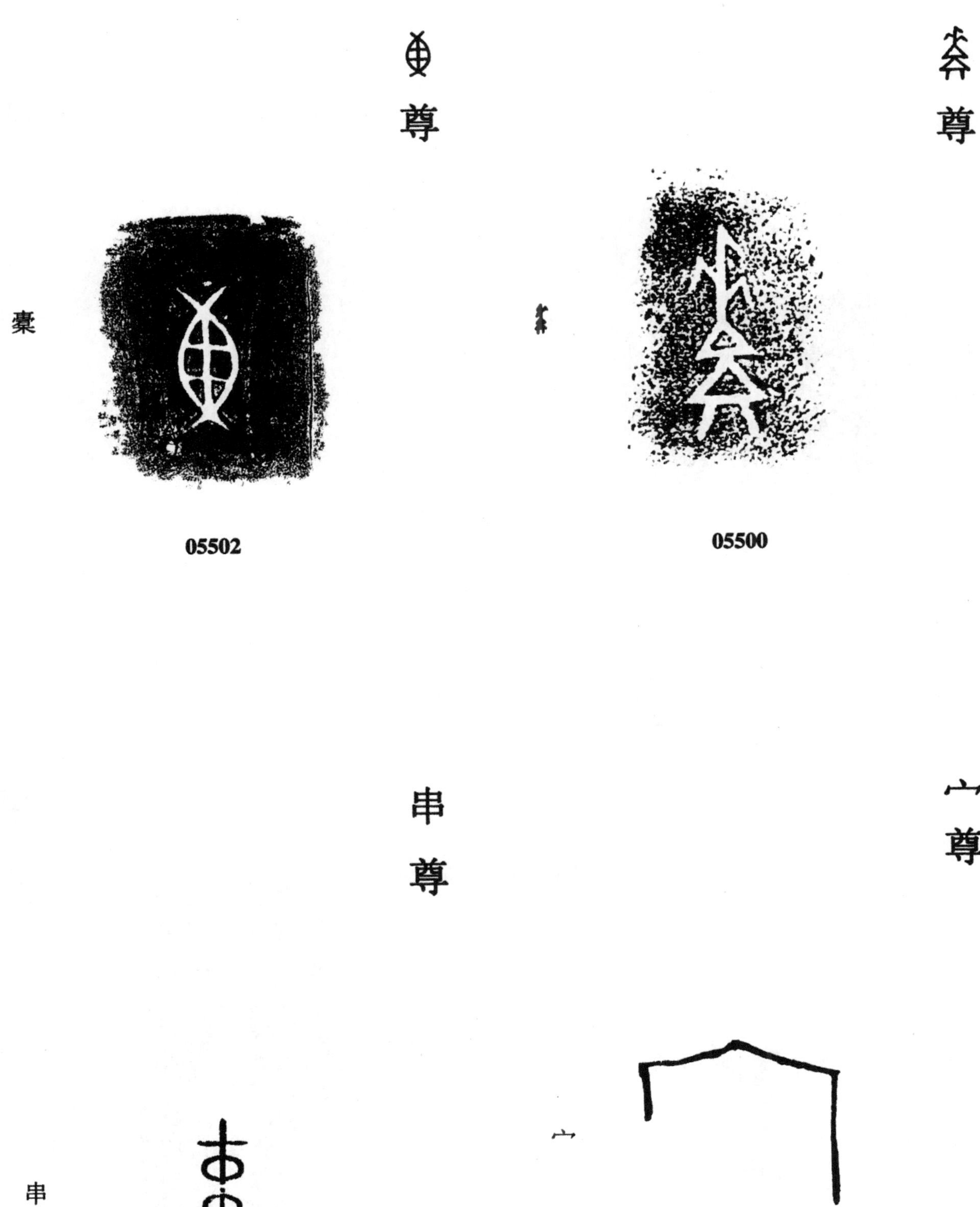
尊
05500
宀尊
宀
05501
尊
橐
05502
串尊
串
05503

串尊

串

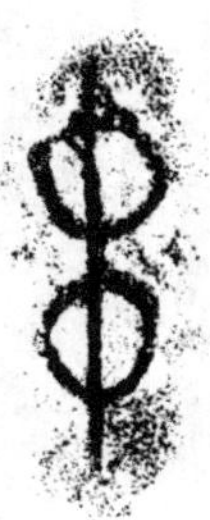

05504

爻尊

爻

05506

夸尊

夸

05505

丯尊

玉

05507

□尊

05508

且戊尊

祖戊

05510

□尊

05509

且辛尊

祖辛

05511

且壬尊

祖壬

05512

鳥且犧尊

鳥祖

05514

且癸尊

祖癸

05513

父甲尊

父甲

05515

父乙尊

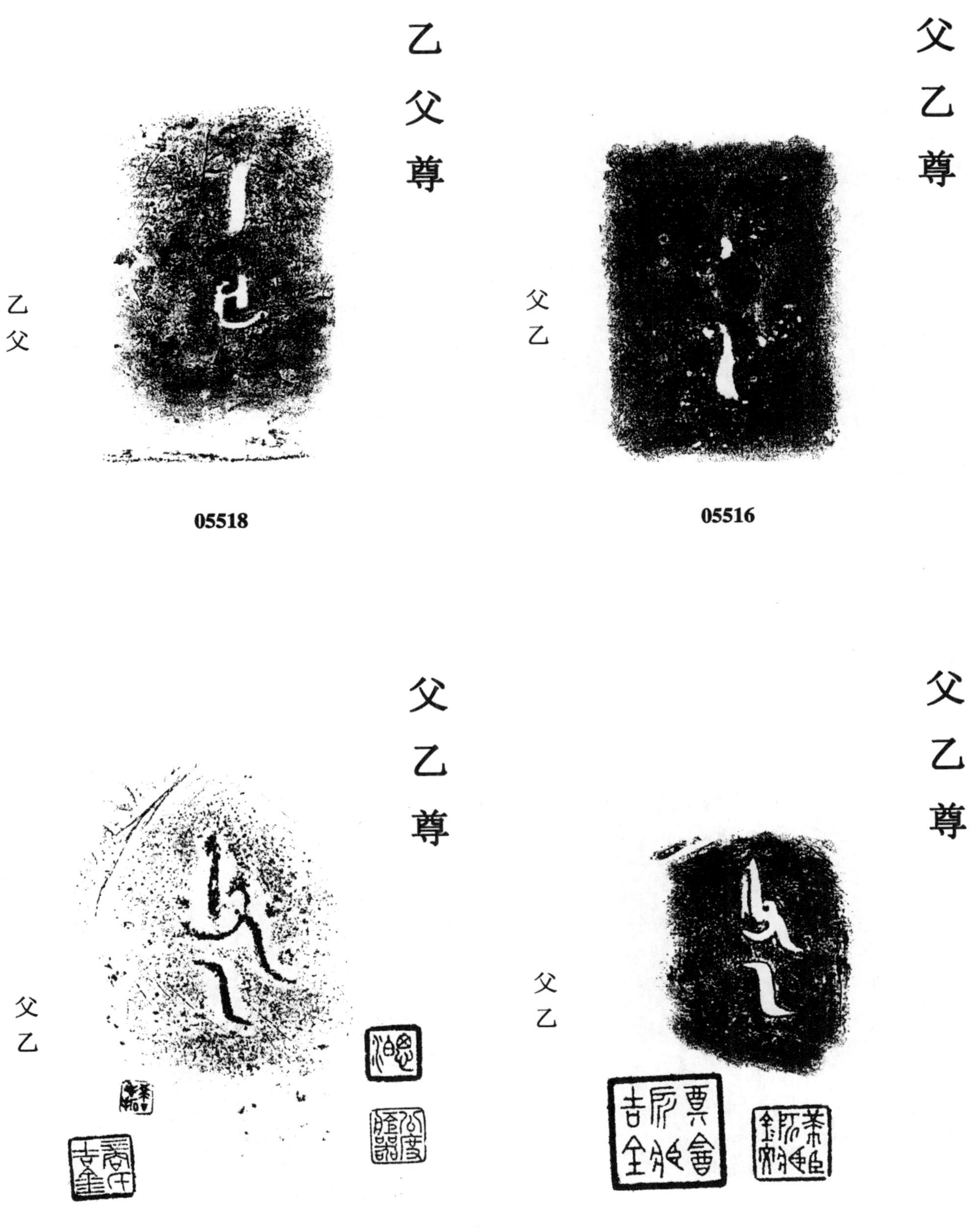

父乙

05516

乙父尊

乙父

05518

父乙尊

父乙

05517

父乙尊

父乙

05519

父乙尊

父乙

05520

父乙尊

父乙

05521

父丙尊

父丙

05522

父丁尊

父丁

05523

父丁尊

父丁

05524

父己尊

父己

05526

父戊尊

父戊

05525

父己尊

父己

05527

父己尊

父己

05528

父辛尊

父辛

05530

父辛尊

父辛

05529

父辛尊

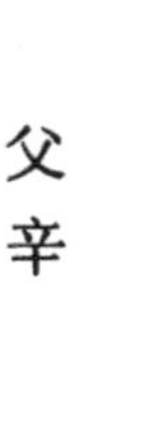

父辛

05531

父辛尊

父辛

05532

父癸尊

父癸

05533

父癸尊

父癸

05534

婦好方尊

婦好

05535

婦好鴞尊

婦好

05536

婦好鴞尊

婦好

05537

司娉尊

司
娉

05538

司娉尊

司
娉

05539

子橐尊

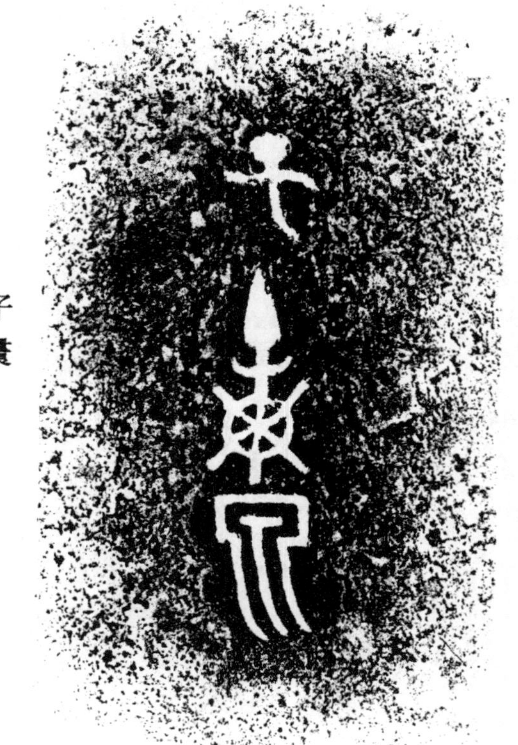

子橐

05540

子橐尊

子橐

05541

子漁尊

子漁

05542

子龏尊

子龏

05543

子廞尊

子廞

05544

匿乙尊

匿乙

05545

乙冉尊

乙冉

05546

丁冉尊

丁冉

05547

冄丁尊

冄丁

05549

丁冄尊

丁冄

05548

𡴘丁尊

𡴘丁

05550

冉己尊

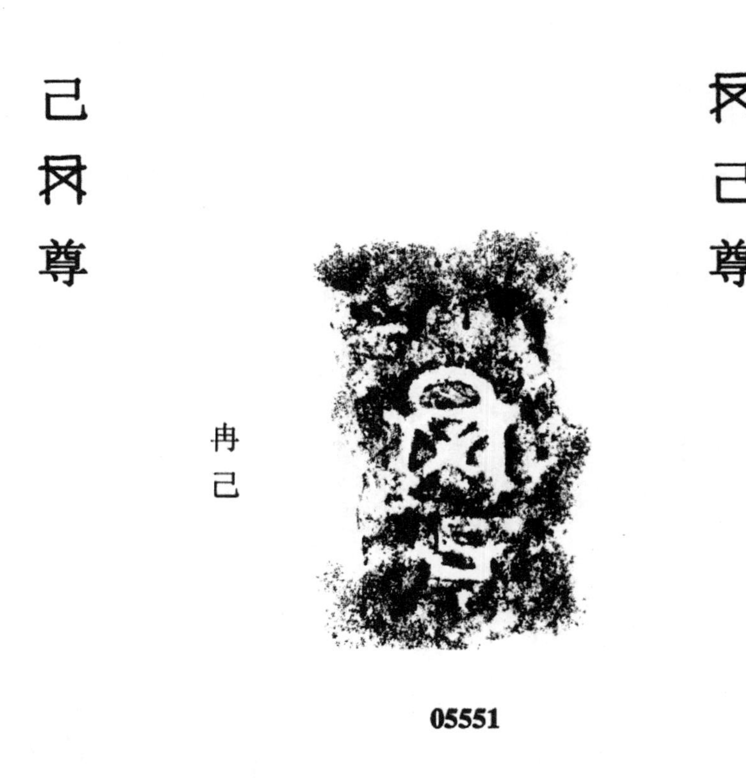

冉己

05551

冉己尊

冉己

05552

己冉尊

己冉

05553

天己尊

天己

05554

辛聿尊

辛聿

05555

⿰虘又冀尊

⿰虘又冀

05556

[illegible]⿰爿付尊

侁⿰爿付（⿸疒付）

05557.A

05557.B

㔾耳尊

㔾（危）耳

05558

亞醜尊

亞
醜

05559

亞醜尊

亞
醜

05560

亞醜尊

亞醜

05561

亞醜方尊

亞醜

05562

亞醜方尊

亞醜

05563

亞酟尊

酟亞

05564

亞㲋鴞尊

亞㲋

05565.2A

亞㲋

05565.1

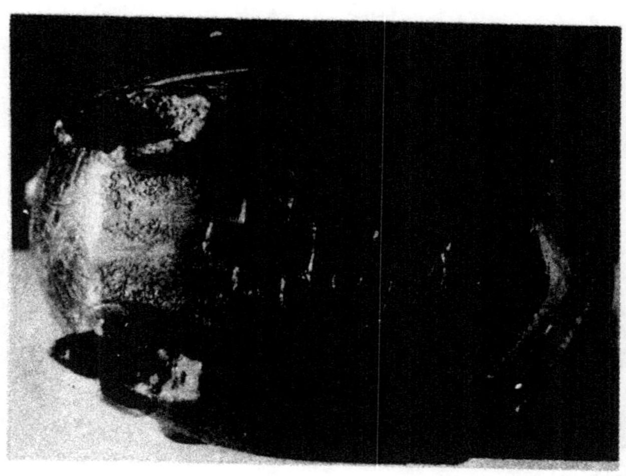

05565.2B

亞□尊

亞□

05566

亞□尊

亞疐

05567

亞㷂尊

亞趧

05568

亞此犧尊

亞此

05569.2

亞此

05569.1

亞吴尊

亞疑

05570

亞奚尊

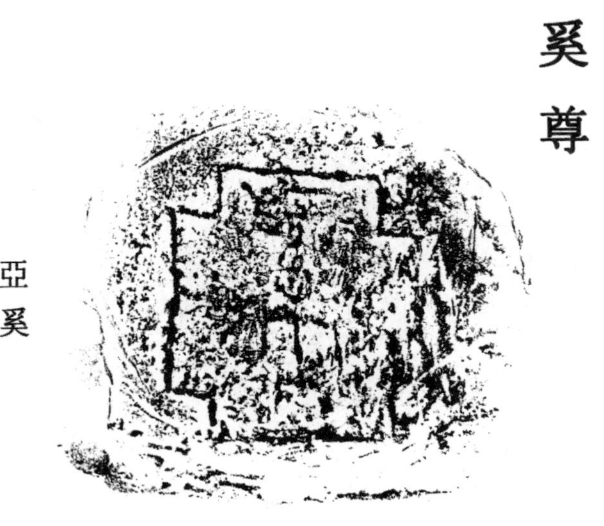

亞奚

05572

亞盉尊

亞盉

05571

⿱䀠豕册尊

⿱䀠豕（玃）册

05573

□射尊

襄射

05574

牧正尊

牧正

05575

丏甫尊

丏甫

05576

鄉宁尊

鄉宁

05577

㚔旅尊

幸旅

05578

⿳止⿲止口止止辰尊

⿳止⿲止口止止（衛）辰

05580

㚔旅尊

幸旅

05579

遽叔尊

遽叔

05581

皇戈尊

皇戈

05582

弗刀尊

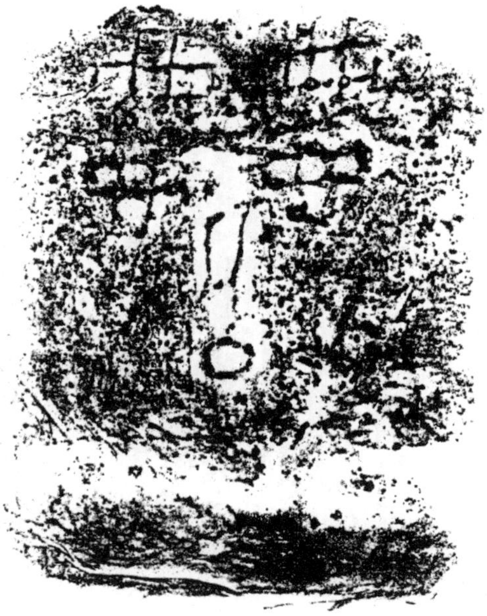

弗刀

05584

丩毌尊

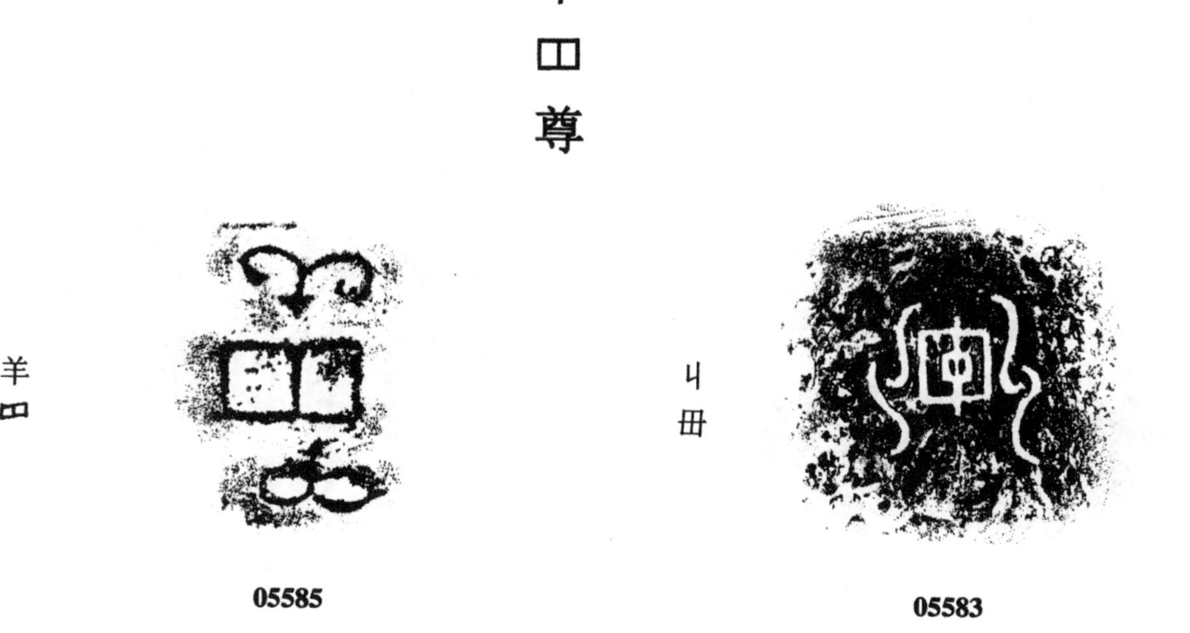

丩毌

05583

羊田尊

羊田

05585

巫鳥尊

巫鳥

05586

冄⿱罒鱻尊

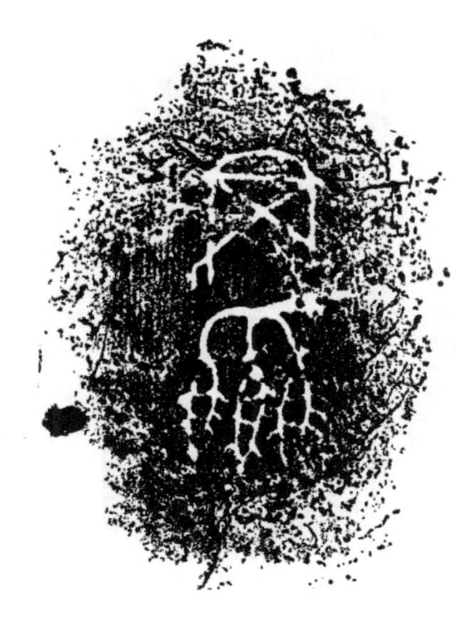

冉⿱罒鱻(敏)

05587

魚從尊

魚從

05588

魚尊

魚|(棍)

05589

買車尊

買車

05590

作旅尊

乍（作）旅

05592

用征尊

用征

05591

作亝尊

乍（作）齊

05593

作彝尊

乍（作）彝

05594

⿰阝彝息尊

⿰阝彝（尊彝）息

05595

己且乙尊

己祖乙

05596

己且乙尊

己祖乙

05597

黿且乙尊

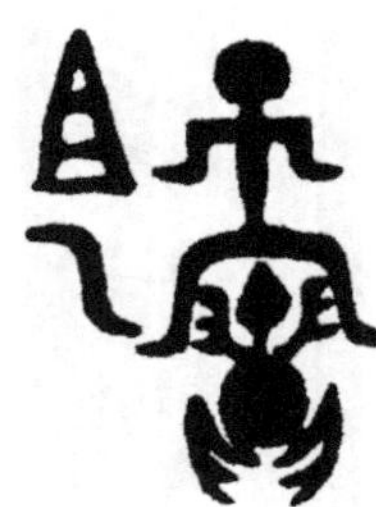

黿祖乙

05598

爵且丙尊

爵祖丙

05599

冉且丁尊

冉祖丁

05600

妕且丁尊

妕（戎）祖丁

05601

[illegible]且丁尊

[illegible]祖丁

05602

戈且己尊

戈祖己

05603

[illegible]且己尊

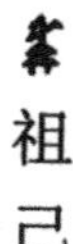祖己

05604

作且庚尊

乍(作)祖庚

05605

作且庚尊

乍(作)祖庚

05606

冄且辛尊

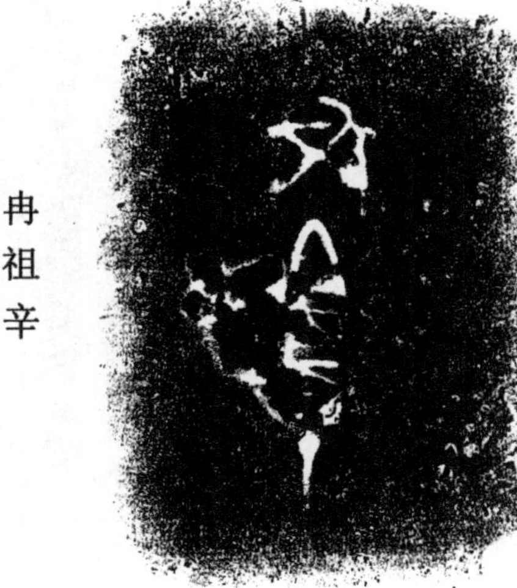

冉祖辛

05607

象且辛尊

象祖辛

05609

且辛𠆢尊

祖辛𠆢

05608

[?]且癸尊

[?]祖癸

05610

[illegible]且癸尊

[illegible]祖癸

05611

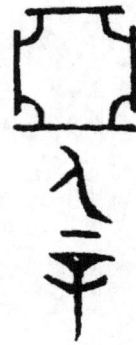

亞匕辛尊

亞妣辛

05612

咸匕癸尊

咸妣癸

05613

山父乙尊

山父乙

05614

乙父尊

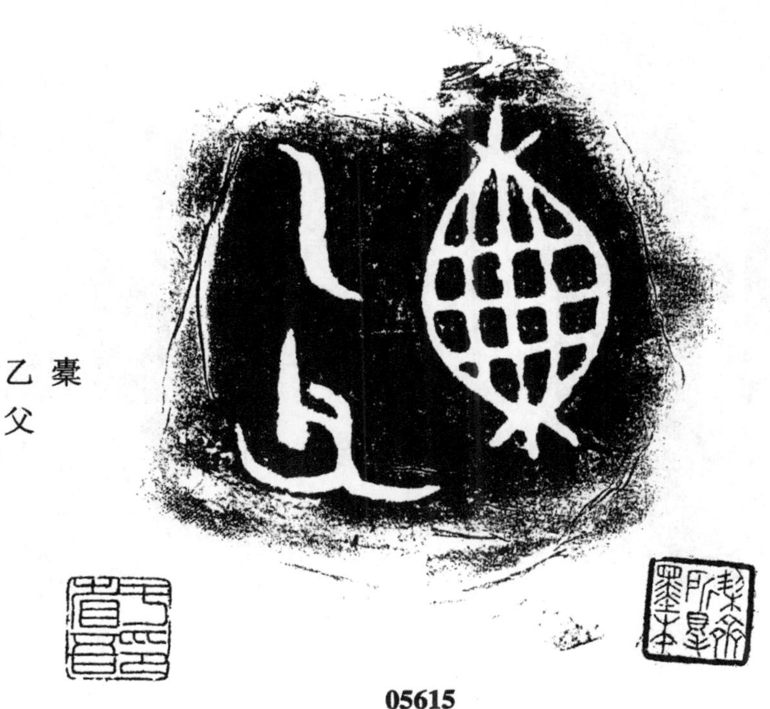

橐乙父

05615

舌父乙尊

舌父乙

05616

父乙冀尊

冀父乙

05618

[illegible]父乙尊

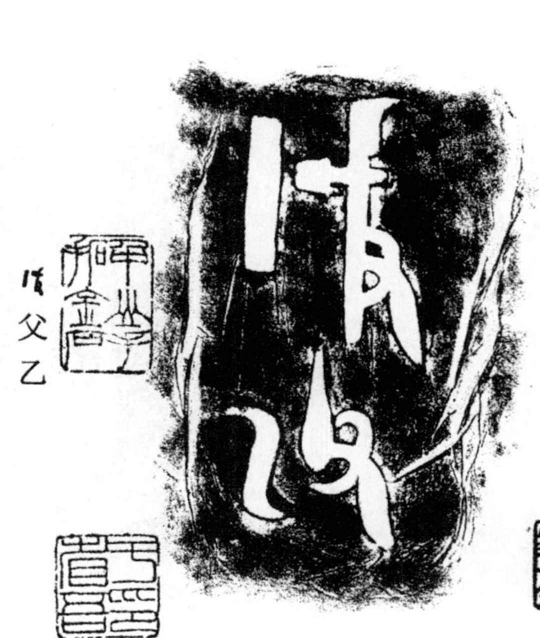

[illegible]父乙

05617

甫父乙尊

甫父乙

05619

冄父乙尊

冉父乙

05620

[illegible]父乙尊

[illegible]父乙

05622

父乙[illegible]尊

父乙[illegible]

05621

黿父乙尊

黿父乙

05623

戈父乙尊

戈父乙

05624

休父乙尊

休父乙

05626

羍父乙尊

幸乙父

05625

母父丁尊

母父丁

05627

母父丁尊

母父丁

05628

尹父丁尊

尹父丁

05630

父丁箕尊

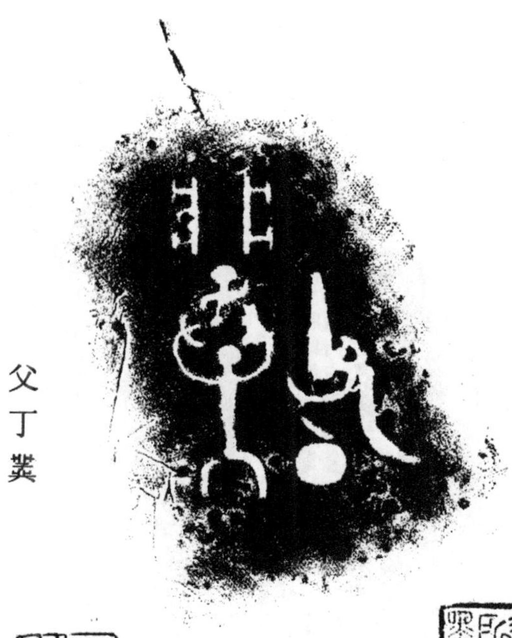

父丁箕

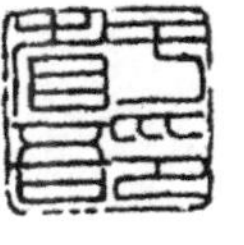

05629

[illegible]父丁尊

[illegible]（衛）父丁

05631

[illegible]父丁尊

[illegible]父丁

05632

[illegible]父丁尊

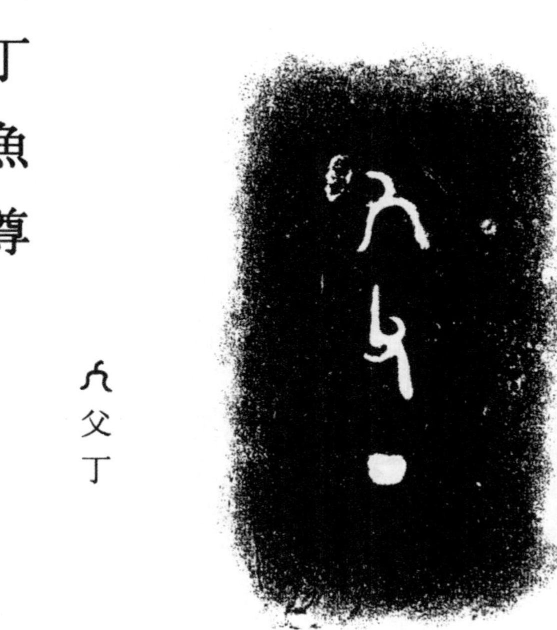

[illegible]父丁

05633

父丁[illegible]尊

父丁[illegible]

05634

父丁魚尊

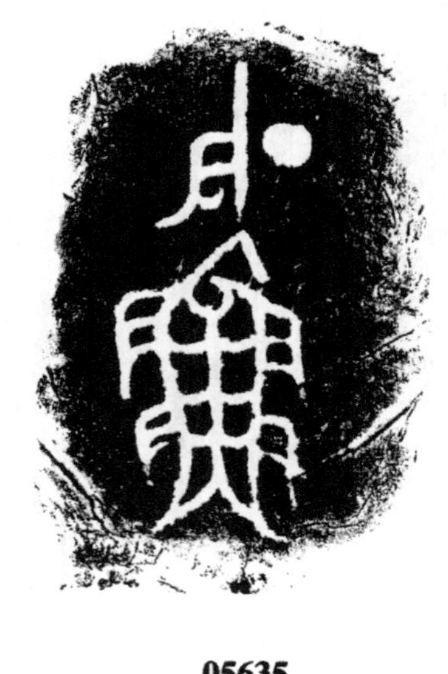

父丁魚

05635

黿父丁尊

黿父丁

05636

豢父丁尊

豢（⿰豕肙）父丁

05638

豢父丁尊

豢（⿰豕肙）父丁

05637

父丁尊

鼓父丁

05639

天父戊尊

天父戊

05640

山父戊尊

山父戊

05642

[illegible]父戊尊

[illegible]父戊

05641

[illegible]父己尊

吳父己

05643

侁父己尊

侁父己

05644

韋（衛）父己

05646

遽父己象尊

遽父己

05645.1

遽父己

05645.2

耒父己尊

耒父己

05647

鼎父己尊

鼎父己

05649

鼎父己尊

鼎父己

05648

[illegible]父己尊

[illegible]父己

05650

己父尊

己父馬（？）

05651

父庚觥尊

父庚觥

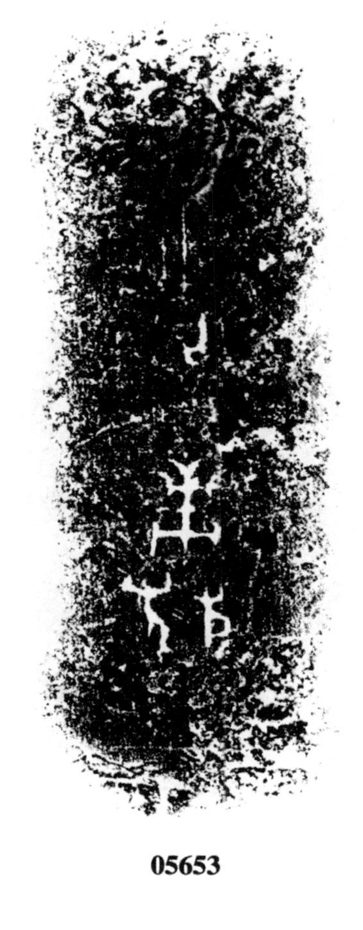

05653

作父己尊

乍（作）父己

05652

父辛尊

髻父辛

05654

黿父辛尊

黿父辛

05655

毌父辛尊

毌父辛

05657

刅父辛尊

刅（刀）父辛

05656

丙父辛尊

丙父辛

05658

冉父辛尊

冉父辛

05659

𦯬父辛尊

𦯬父辛

05661

𢉅父辛尊

𢉅（庚）父辛

05660

史父壬尊

史父壬

05662

舟父壬尊

舟父壬

05663

㠱父癸尊

㠱父癸

05665

山父壬尊

山(臣)父壬

05664

史父癸尊

史父癸

05666

史父癸尊

史父癸

05667

㕦父癸尊

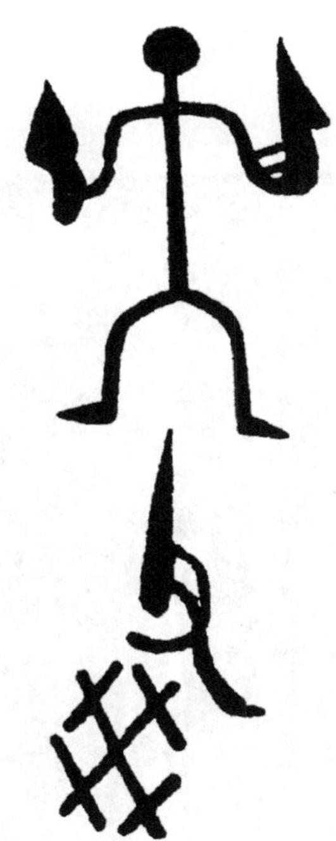

05668.B

㕦父癸

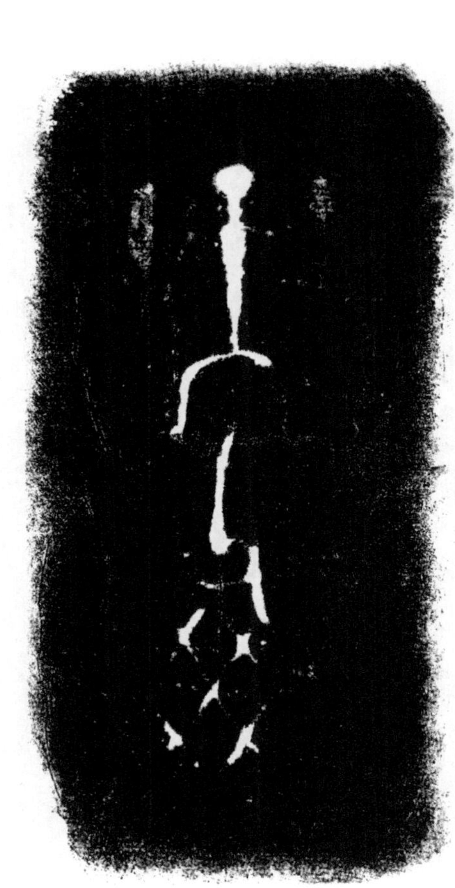

05668.A

戈父癸尊

戈父癸

05669

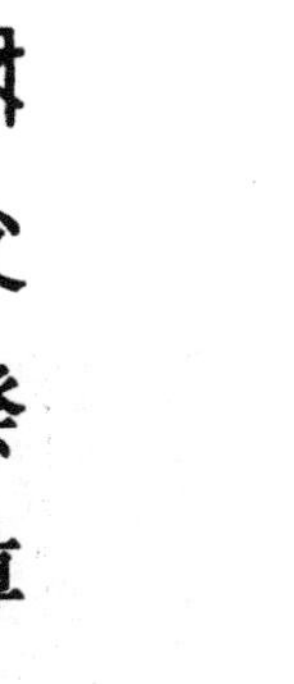

冄父癸尊

冄父癸

05671

耿父癸尊

耿(取)父癸

05670

𠬝父癸尊

𠬝(抩、抩)父癸

05672

丙父癸尊

丙父癸

05673

爵父癸尊

爵父癸

05675

丙父癸尊

丙父癸

05674

舀父癸尊

舀父癸

05676

鳥父癸尊

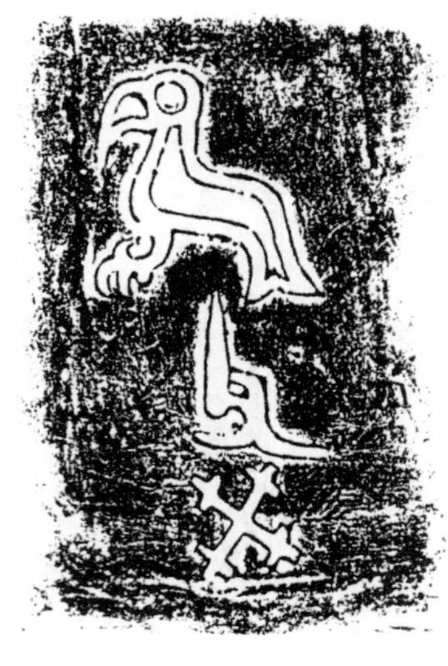

鳥父癸

05677

黿父癸尊

黿父癸

05678

菐母己尊

菐母己

05679

司娉癸方尊

司娉癸

05680

司娉癸方尊

癸
司娉

05681

兄丁尊

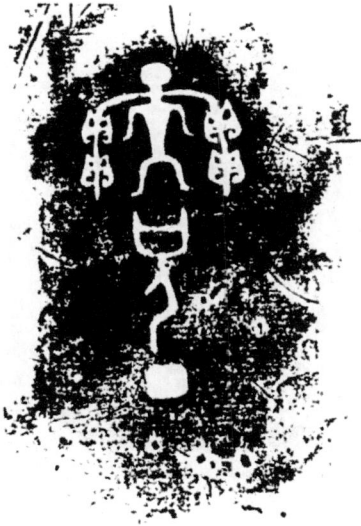

倗兄丁

05683

子廟圖尊

子廟圖

05682

亞[illegible][illegible]尊

亞[illegible]（杠）[illegible]（媘）

05684

亞豈衎尊

亞豈（趄）衎（延）

05685

大御尊

大御
嘼（層）

05687

亝婛尊

齊婛

05686

天作从尊

天乍（作）从

05688

[illegible]冊亯尊

[illegible]冊享

05689

仲作彝尊

仲乍(作)彝

05691

伯作彝尊

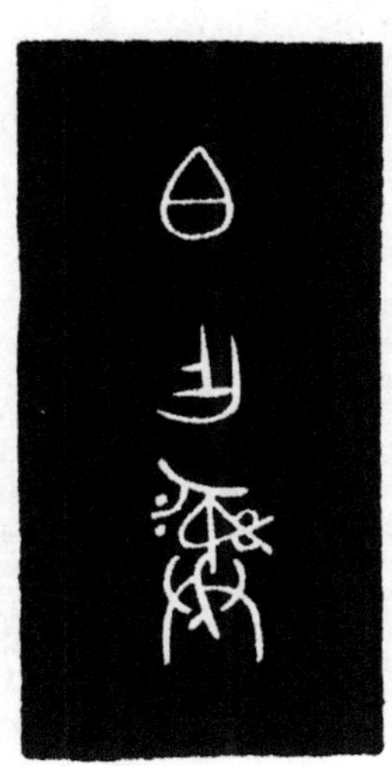

伯乍(作)彝

05690

員作旅尊

員乍(作)旅

05692

明作旅尊

明乍(作)旅

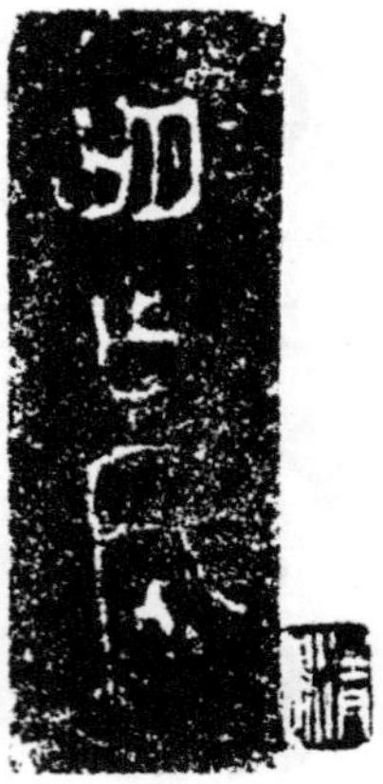

05693

長隹壺尊

長隹壺

05695A

⿱木齒見册尊

木見齒册

05694

長隹壺

05695B

XX㔾𨸏尊

XX(丽)㔾(退)𨸏

05696

作旅彝尊

乍(作)旅彝

05698

右府君象尊

右府

君(尹)

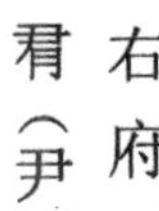

05697

作旅彝尊

乍(作)旅彝

05699

作旅彝尊

乍（作）旅彝

05700

作從彝尊

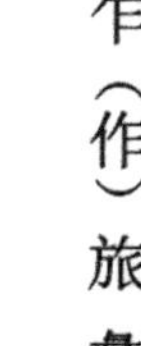

乍（作）從彝

05702

作從單尊

乍（作）從，單

05701

作從彝尊

乍（作）從彝

05703

作寶彝尊

乍(作)寶彝

05704

作寶彝尊

乍(作)寶彝

05705

作寶彝尊

乍(作)寶彝

05706

作寶彝尊

乍(作)寶彝

05707

作寶彝尊

乍(作)寶彝

05708

作寶彝尊

乍(作)寶彝

05709

作寶彝尊

乍(作)寶彝

05710

作寶彝尊

乍(作)寶彝

05711

作障彝尊

乍(作)尊彝

05712

作障彝尊

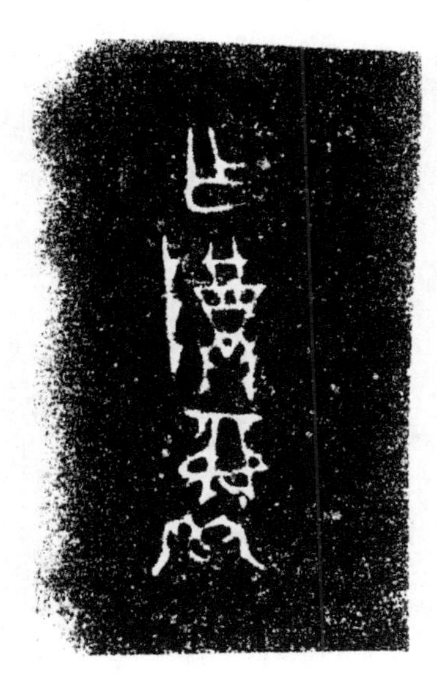

乍(作)尊彝

05713

齒受且丁尊

齒受祖丁

05714

作且丁尊

[illegible]乍(作)祖丁

05715

子且辛步尊

子祖辛步

05716

且辛父丁尊

祖辛、父丁

05717

且辛册尊

祖辛，侁册

05718

伯且癸尊

伯祖癸，卂

05719

幸旅父甲尊

幸旅父甲

05720

侁胕父乙尊

侁胕（府）父乙

05722

侁胕父乙尊

侁胕（府）父乙

05721

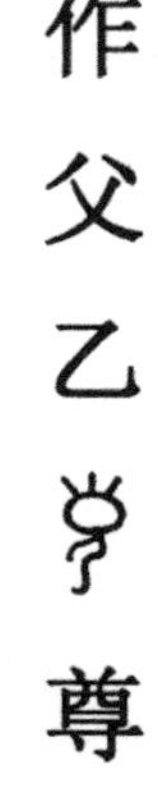

作父乙侁尊

乍（作）父乙，侁

05723

□冊父乙尊

□冊父乙

05724

□父乙尊

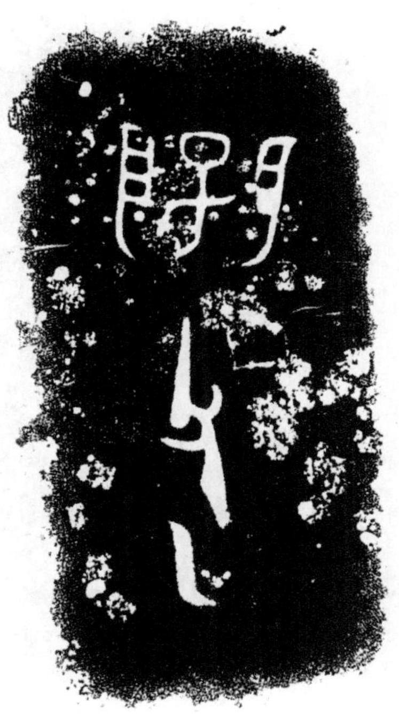

子翌父乙

05725

子父乙步尊

子父乙步

05726

亞離父乙尊

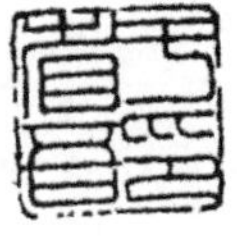

亞離父乙

05727

亞⿰酉兒父乙尊

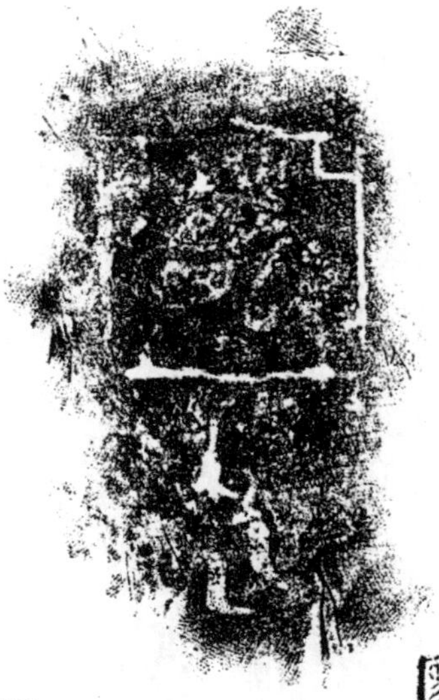

亞⿰酉兒父乙

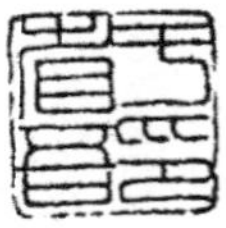

05728

亞攴父乙尊

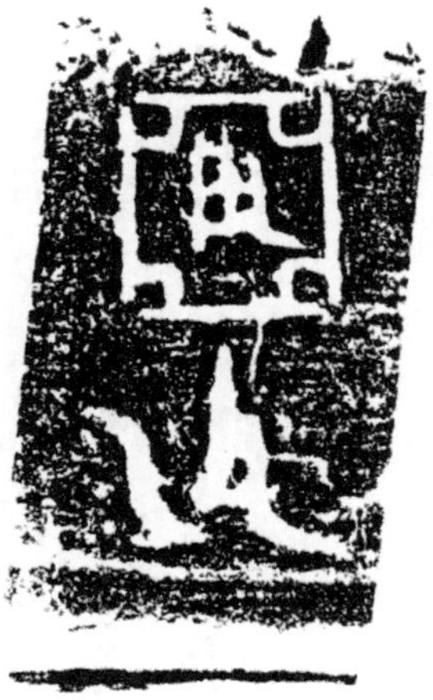

亞攴（啟）父乙

05730

豕馬父乙尊

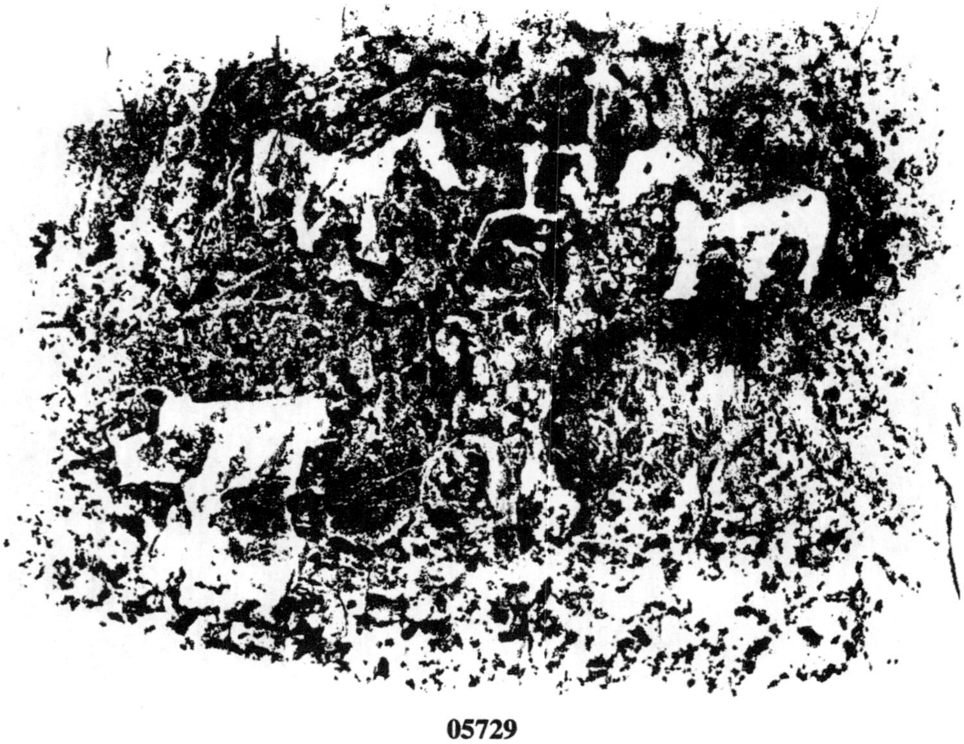

馬豕（⿰豕肙）父乙

05729

妕鼎父乙尊

妕（戎）鼎父乙

05731

文父丁𠔁尊

文父丁
𠔁

05733

作父乙旅尊

乍（作）父乙旅

05732

文父丁𠔁尊

文父丁
𠔁

05734

亞醜父丁尊

亞醜父丁

05735

豢馬父丁尊

馬豢（狷）父丁

05737

亞獏父丁尊

亞獏父丁

05736

父丁亯[illegible]尊

父丁享[illegible]（戉）

05738

父戊尊

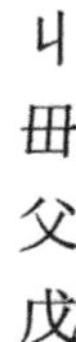
丩田父戊

05739

尹舟父己尊

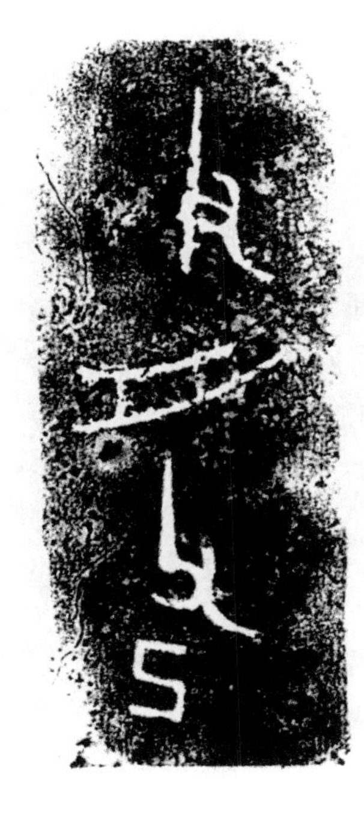

尹舟父己

05741

又敉父己尊

又(右)敉父己

05740

亞㠱父己尊

亞㠱父己

05742

□父己尊

子翌父己

亞父辛尊

亞父辛□

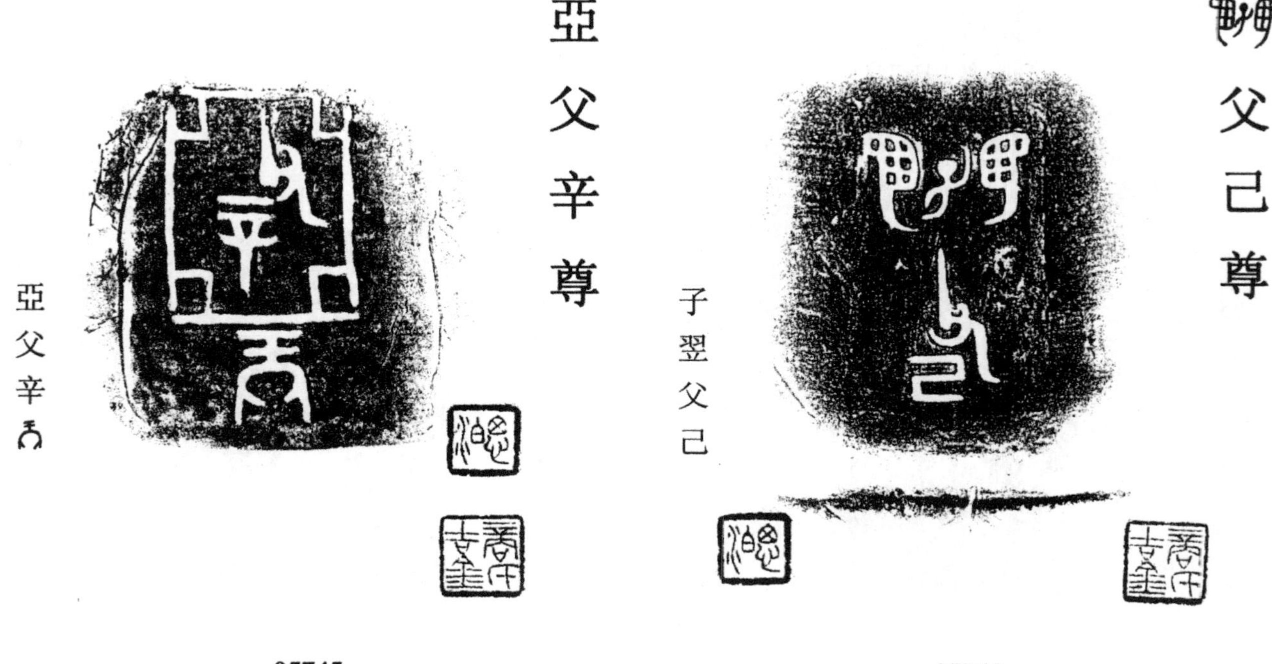

05745

05743

田父庚尊

□田父庚

亞㠱父辛尊

亞㠱父辛

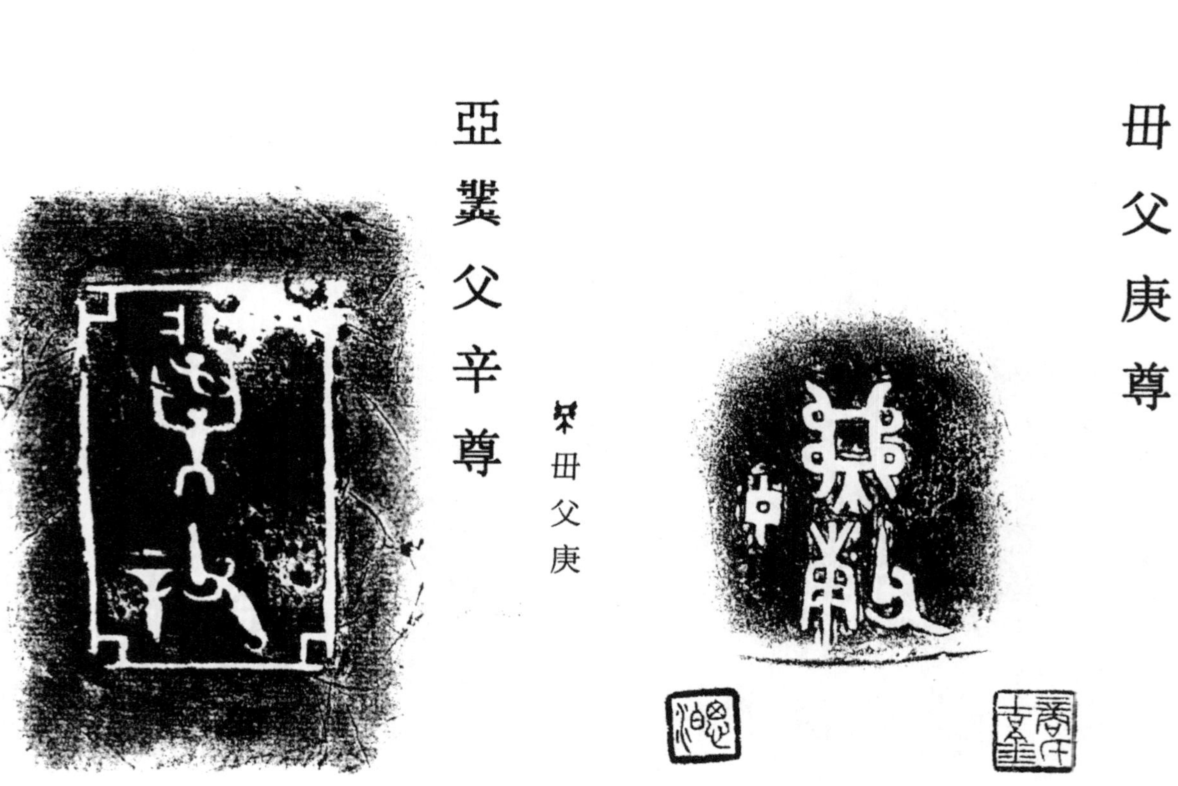

05746

05744

亞龔父辛尊

亞龔父辛

05747

[illegible]父辛尊

[illegible]馬父辛

05749

[illegible][illegible]父辛尊

[illegible]（衛）[illegible]父辛

05748

車父辛尊

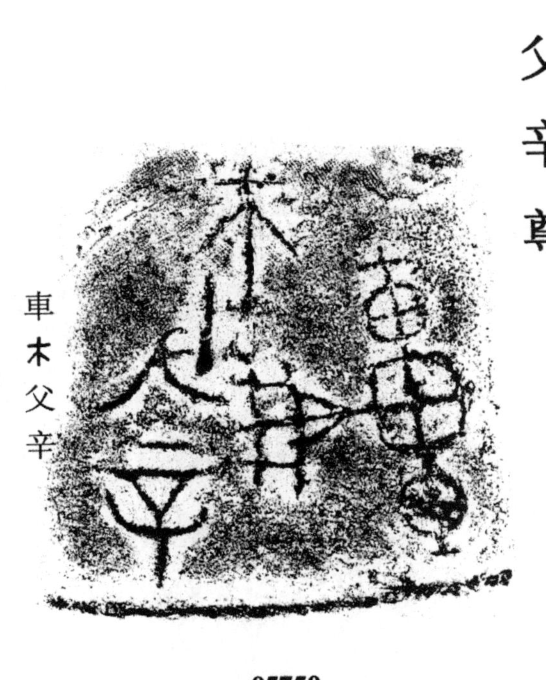

車**木**父辛

05750

亞天父癸尊

亞天父癸

05751

劦冊父癸尊

劦冊父癸

05753

尹舟父癸尊

尹舟父癸

05752

劦冊父癸尊

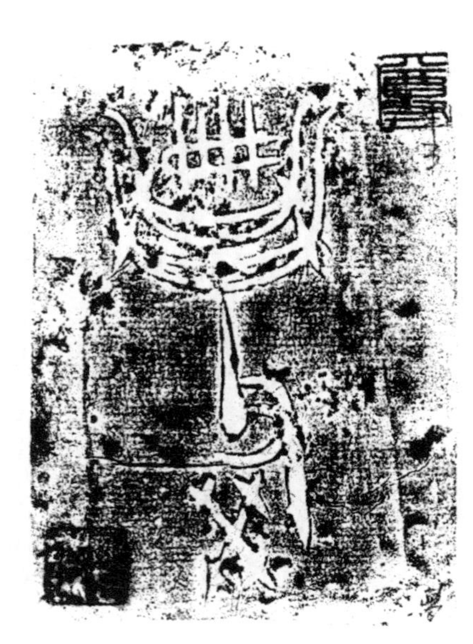

劦冊父癸

05754

父癸告正尊

父癸告(牛)正

05755

何父癸尊

何父癸⿱宀⿰爿番

05757

何父癸尊

何父癸⿱宀⿰爿番

05756

弓㚔父癸尊

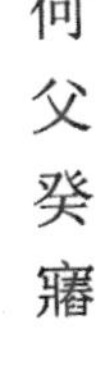

弓幸
父癸

05758

作母旅彝尊

乍（作）母旅彝

05759

子之弄鳥尊

子之弄鳥

05761

聑[illegible]婦[illegible]尊

聑髭
婦[illegible]

05760

北子作彝尊

北子乍（作）彝

05762

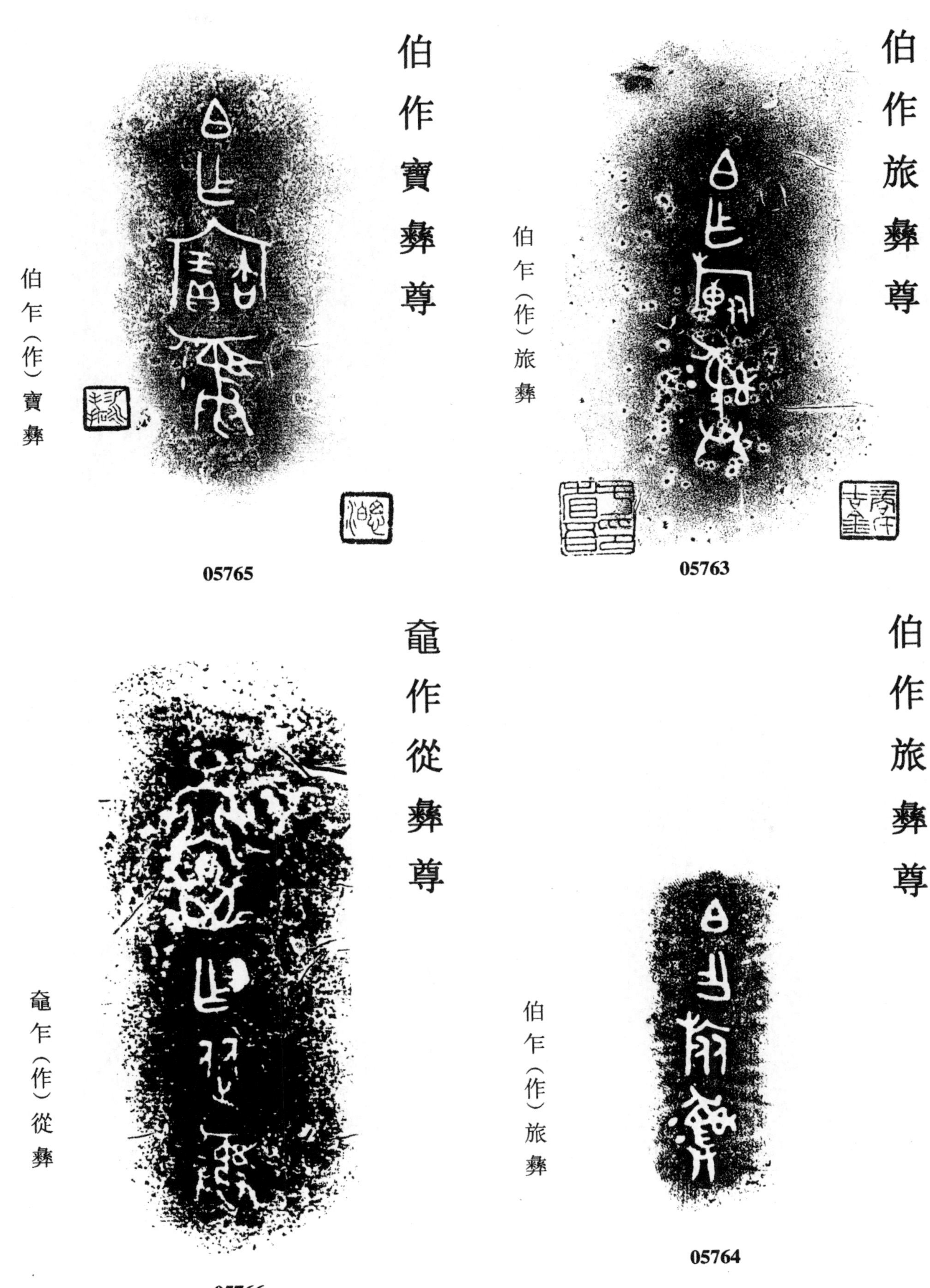

伯作旅彝尊

伯乍(作)旅彝

05763

伯作寶彝尊

伯乍(作)寶彝

05765

伯作旅彝尊

伯乍(作)旅彝

05764

黿作從彝尊

黿乍(作)從彝

05766

刅尊

刅(創)乍(作)旅彝

05767

殺由方尊

殺(揆)由乍(作)旅

05769

登尊

登乍(作)尊彝

05768

𠦃尊

𠦃(并)乍(作)旅彝

05770

作從彝戈尊

乍(作)從彝，戈

05771

戈作旅彝尊

戈乍(作)旅彝

05773

戈作障彝尊

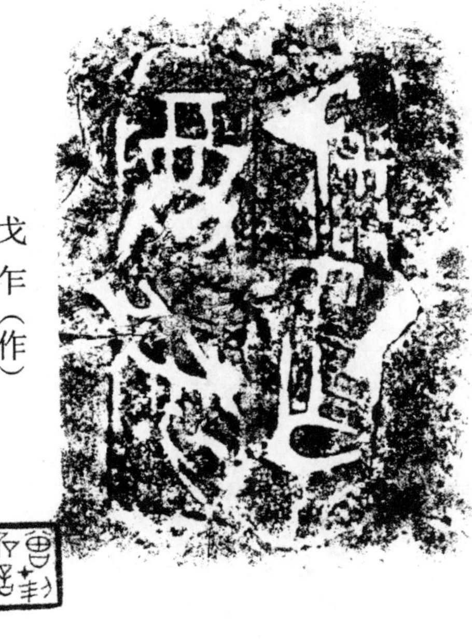

戈乍(作)尊彝

05772

辛作寶彝尊

辛乍(作)寶彝

05774

[illegible]尊

[illegible]乍(作)旅彝

05775

[illegible]尊

[illegible]([illegible])乍(作)旅彝

05777

莫尊

莫乍(作)旅彝

05776

[illegible]尊

[illegible]乍(作)旅彝

05778

米宮尊

米宴（宮）尊彝

05779

作寶障彝尊

乍（作）寶尊彝

05781

作旅彝尊

乍（作）旅彝，牛

05780

作寶障彝尊

乍（作）寶尊彝

05782

作寶隮彝尊

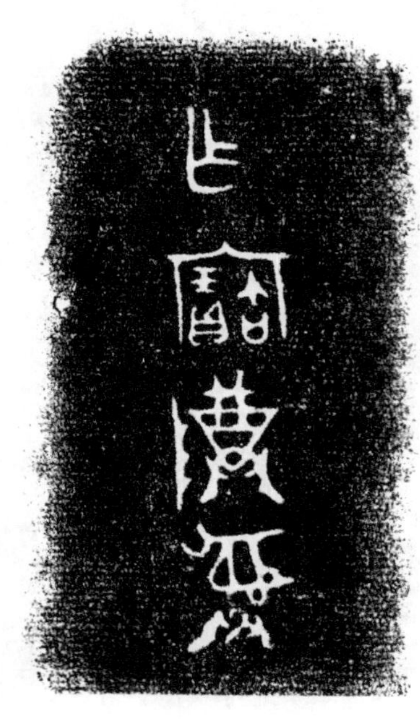

乍(作)寶尊彝

05783

作寶隮彝尊

乍(作)寶尊彝

05785

作寶隮彝尊

乍(作)寶尊彝

05784

作寶隮彝尊

乍(作)寶尊彝

05786

作寶隮彝尊

乍(作)寶尊彝

05787

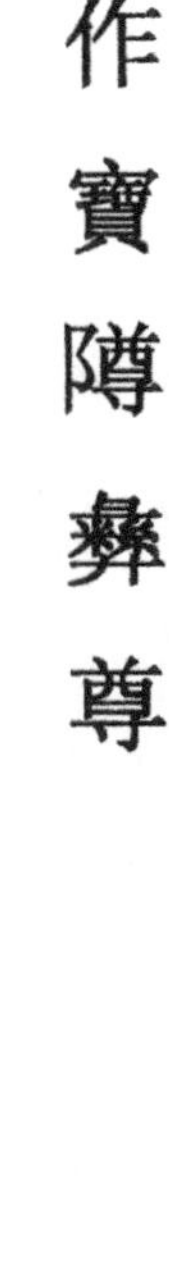

作寶隮彝尊

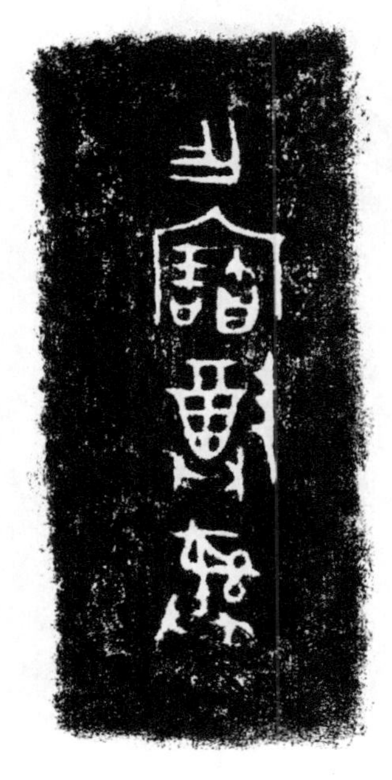

乍(作)寶尊彝

05789

作寶隮彝尊

乍(作)寶尊彝

05788

作寶尊彝尊

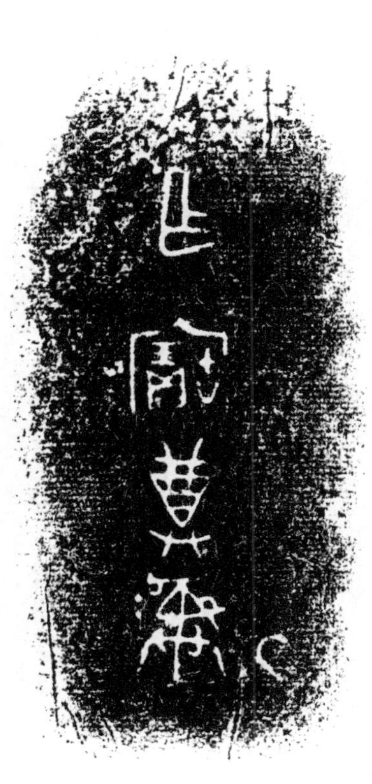

乍(作)寶尊彝

05790

作從隮彝尊

乍(作)從尊彝

05791

作且丁尊

乍(作)祖丁尊彝

05793.A

作從彝[illegible]尊

乍(作)從彝，侁

05792

05793.B

作且戊尊

乍（作）祖戊
尊彝

05794

競作父乙尊

競乍（作）父乙旅

05796

臣辰父乙尊

臣辰先
父乙

05795

季甫父乙尊

季甫（父）父乙□（注）

05797

戈作父丙尊

戈乍(作)父丙彝

05798

干子父戊尊

干子□父戊

05800

作旅父丁尊

咏乍(作)旅父丁

05799

魚父庚尊

魚乍(作)父庚彝

05801

□父辛尊

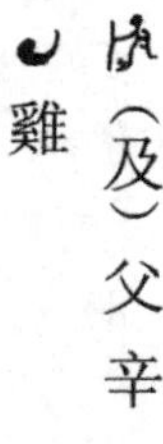

□（及）父辛
□雞

05802

豖馬作父辛尊

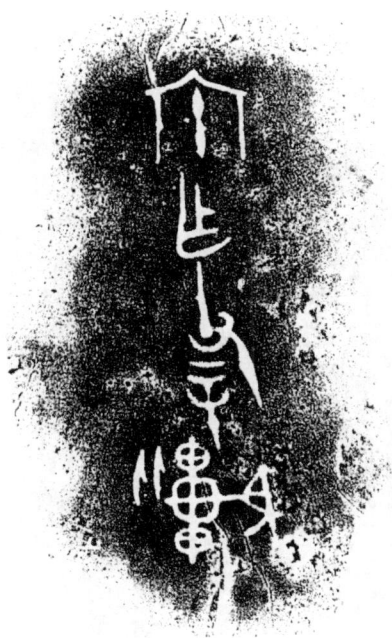

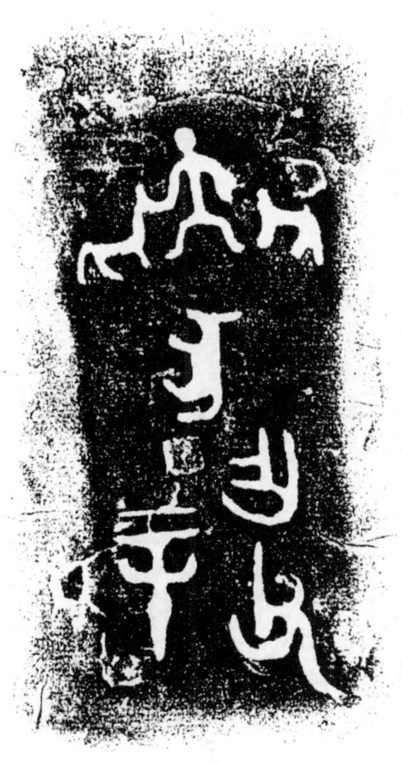

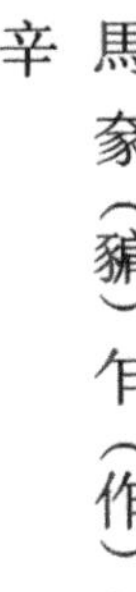

馬豖（豧）乍（作）父
辛

05803

牢作父辛尊

牢乍（作）父辛旅

05804

册宁父辛尊

鳥册宁父辛

05805

王作母癸尊

王乍(作)母癸尊

05807

刖父壬尊

刖父壬

05806

亢父癸尊

□亞亢父癸

05808

作龍母尊

乍（作）龍母彝，正

05809

作彭史从尊

乍（作）彭史从尊

05810

羕史尊

羕史乍（作）旅彝

05811

見尊

見乍(作)寶
尊彝

05812A

見乍(作)寶
尊彝

05812B

事伯尊

事伯乍(作)
旅彝

05813

㫚尊

㫚乍(作)寶尊彝

05814

史晉尊

史𣈶乍（作）寶彝

05815

嗀赤尊

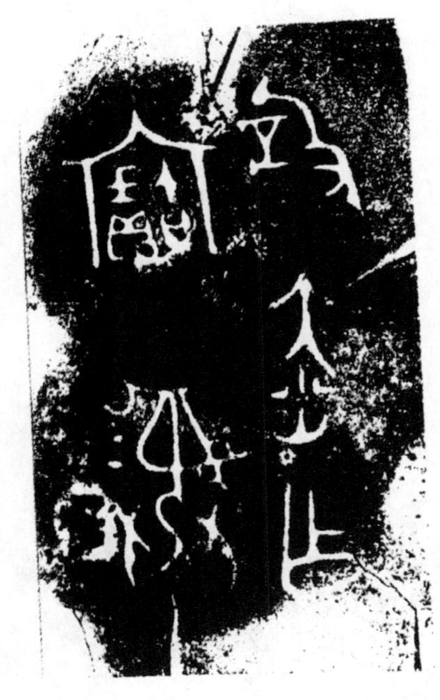

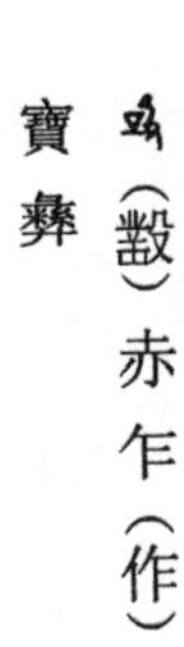

（嗀）赤乍（作）寶彝

05816

事作小旅尊

事乍（作）小旅彝

05817

疐尊

疐乍（作）寶尊彝

05819

矩尊

矩乍（作）寶尊彝

05818

疐尊

疐乍（作）寶尊彝

05820

䖒尊

䖒乍(作)從彝，叀

05821

陵作父乙尊

陵乍(作)父乙旅彝

05823

作且乙尊

乍(作)祖乙寶尊彝

05822

作父乙戣尊

乍(作)父乙
寶彝，㞢(暨)

05824

作父丁戣尊

乍(作)父丁
寶彝，㞢(暨)

05826

衍耳父乙尊

衍耳乍(作)
父乙彝

05825

柚作父丁尊

柚乍(作)父丁
旅彝

05827

商作父丁犧尊蓋

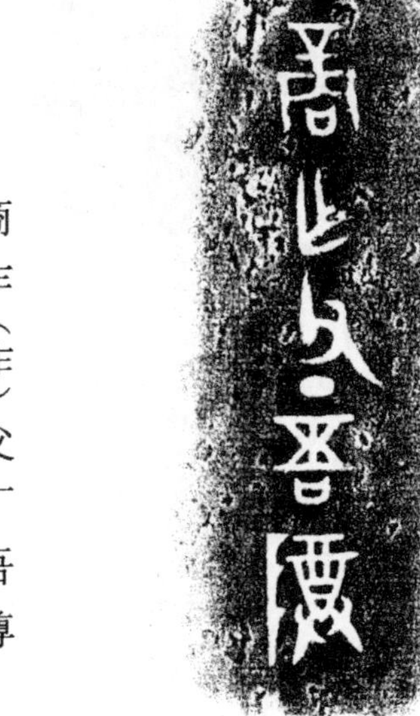

商乍(作)父丁吾尊

05828

作父丁尊

乍(作)父丁寶彝尊

05829

作父戊尊

乍(作)父戊寶尊彝

05830

作父己[?]尊

乍(作)父己寶彝，[?]

05831

魚作父庚尊

魚乍(作)父庚彝

05833

作父庚尊

□乍(作)父庚寶尊彝

05832

[?]作父辛尊

[?]乍(作)父辛尊彝

05834

小臣辰父辛尊

小臣侁辰父辛

05835

亞子父辛尊

亞羊子䢓(延)父辛

05836

作父辛尊

乍(作)父辛寶尊上彝

05837

臣辰父癸尊

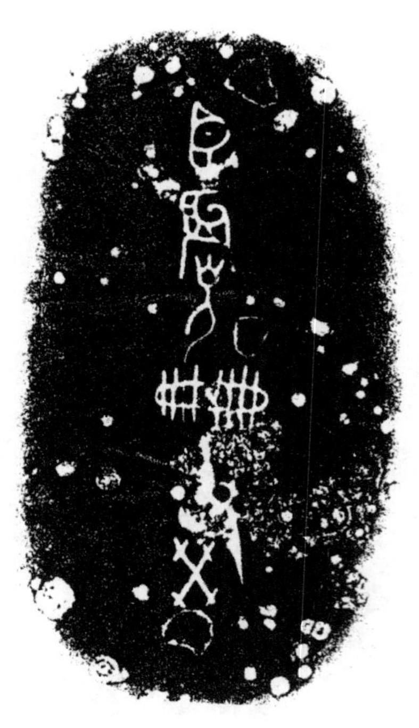

臣辰侁册父癸

05838

狽日辛尊

狽乍(作)旅彝，日辛

05839

亞醜作季尊

亞醜乍(作)季尊彝

05840

雁公尊

膺（應）公乍（作）寶尊彝

05841

作公尊

乍（作）公尊彝，弓𦎫

05842

焚子方尊

焚（榮）子乍（作）寶尊彝

05843

伯各尊

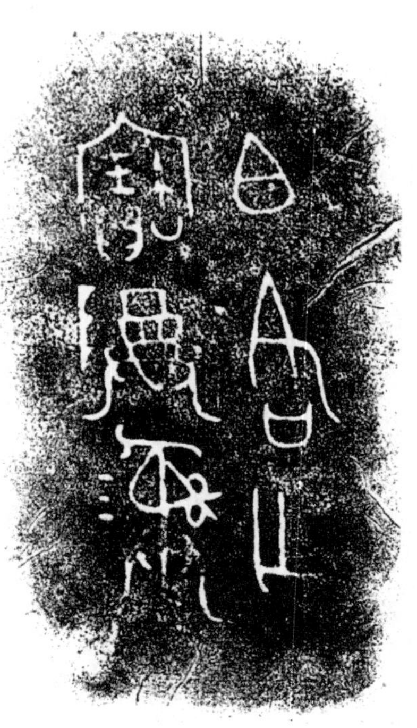

伯各乍(作)寶尊彝

05844

伯貉尊

伯貉乍(作)寶尊彝

05845

伯矩尊

伯矩乍(作)寶尊彝

05846

陻伯尊

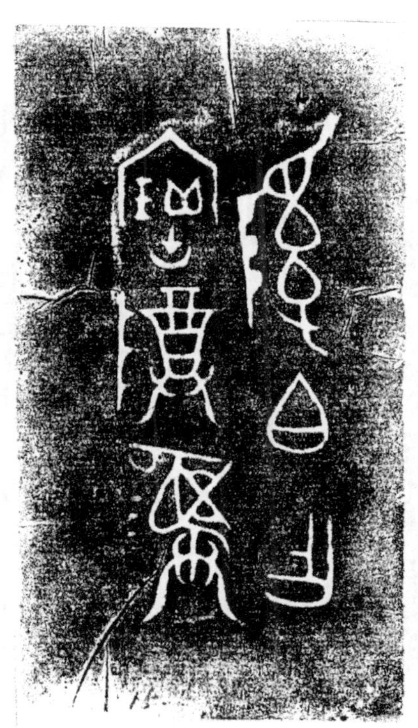

陻（隮）伯乍（作）
寶尊彝

05847

湦伯尊

湦（涇）伯乍（作）寶
尊彝

05848

艅伯尊

俞伯乍（作）
寶尊彝

05849

虘伯尊

虘伯𥙕(貂)乍(作)尊彝

05850

𢍏仲犧尊

登仲乍(作)寶尊彝

05852.1

仲𧳋尊

仲𧳋乍(作)寶尊彝

05851

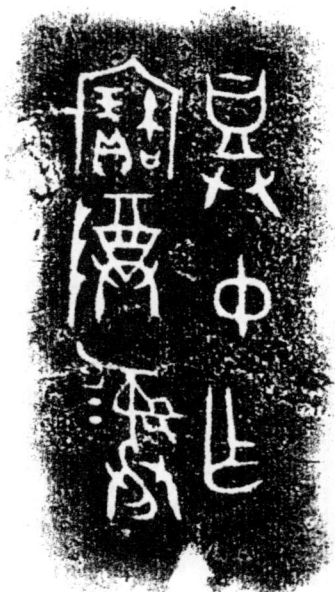

登仲乍(作)寶尊彝

05852.2

𢍉仲犧尊蓋

登仲乍(作)
寶尊彝

05853

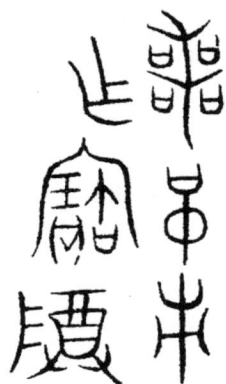

噩叔尊

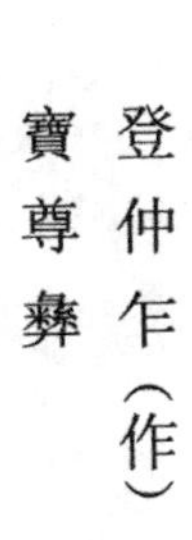

噩(鄂)革朿
乍(作)寶尊

05855

仲𡘇尊

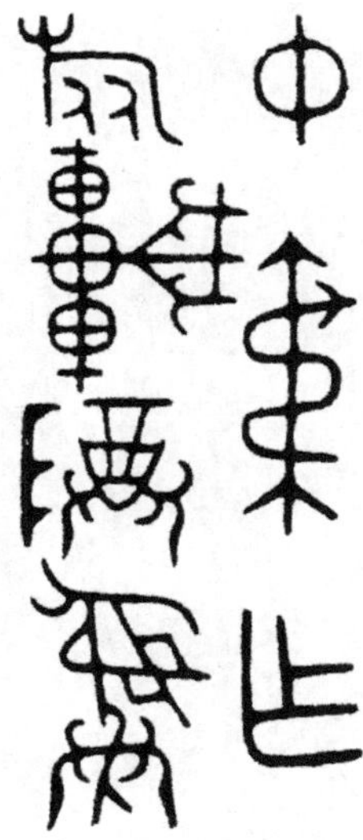

仲夷乍(作)
旅尊彝

05854

戒叔尊

寶尊彝
戒叔乍(作)

05856

叔䰢尊

叔䰢乍（作）寶尊彝

05857

弜季尊

弜季乍（作）寶旅彝

05858

井季㚤尊

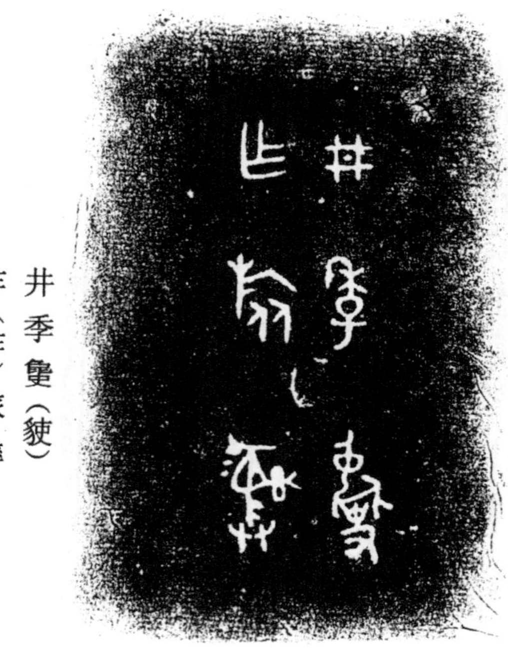

井季㚤（𤞷）乍（作）旅彝

05859

嬴季尊

鄜季乍(作)寶尊彝

05860

員父尊

員父乍(作)寶尊彝

05861

竟尊

竟乍(作)厥寶尊彝

05862

段金歸尊

段（鍛）金歸
乍（作）旅彝

05863

傳尊

進（傳）臾乍（作）
從宗彝

05864

亞耳且丁尊

亞耳
乍（作）祖丁
尊彝

05865

作且己冄尊

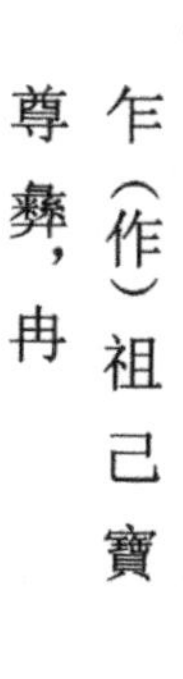

乍（作）祖己寶
尊彝，冉

05866

竟作且癸尊

竟乍（作）祖
癸寶尊彝

05867

史見父甲尊

史見乍（作）父
甲尊彝

05868

辟東作父乙尊

辟東乍（作）父
乙尊彝

05869

小臣作父乙尊

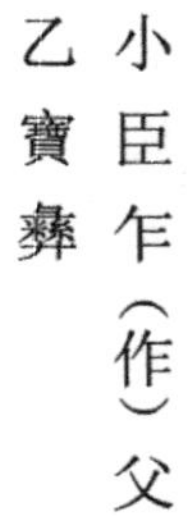

小臣乍（作）父
乙寶彝

05870

禾伯作父乙尊

禾伯乍（作）父
乙寶尊

05871

子殷作父丁尊

子殷用乍(作)父丁彝

05872

作父丁尊

乍(作)父丁寶尊彝，丰

05873

逆作父丁尊

逆乍(作)父丁寶尊彝

05874

作父丁考尊

乍（作）父丁寶
尊彝，考（敖）

05875

集作父丁尊

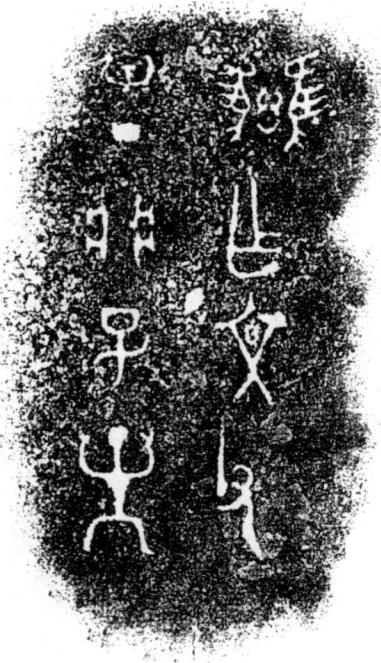

𦬁，集乍（作）
父丁尊彝

05876

䧹父丁尊

䧹乍（作）文父
日丁，𦬁

05877

伢作父己尊

伢乍（作）父己
寶尊彝

05878

鯗作父己尊

羌乍（作）父己
寶尊彝

05879

魚作父己尊

魚乍（作）父己
寶尊彝

05880

冶仲父己尊

冶仲乍(作)父己彝，戈

05881A

𢧵作父辛尊

𢿌(撍)乍(作)父辛寶尊彝

05882

05881B

賁作父辛尊

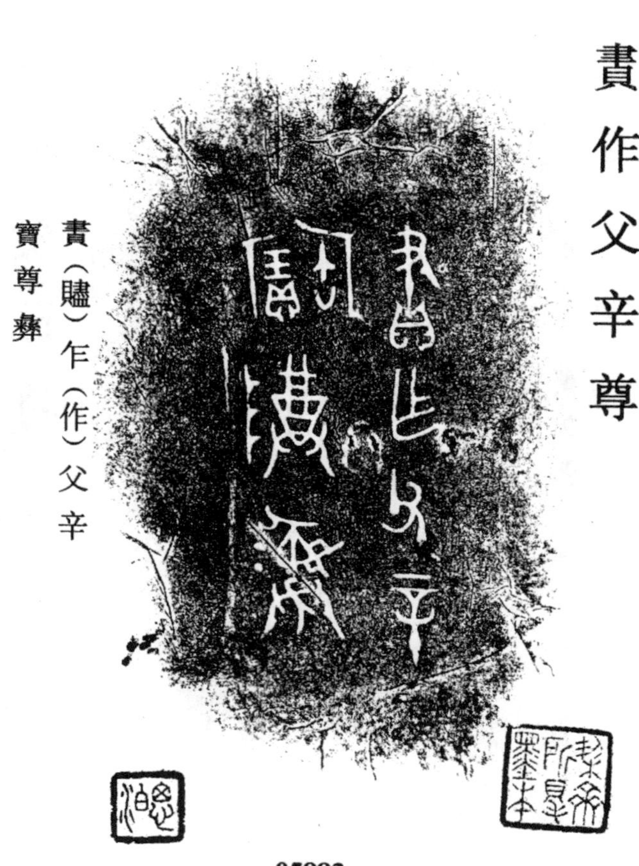

賁(贐)乍(作)父辛寶尊彝

05883

良矢作父辛尊

鴅矢乍（作）
父辛寶彝

05884

此作父辛尊

此乍（作）父辛
寶尊彝

05886

耇史作父辛尊

耇史乍（作）
父辛旅彝

05885

咏作日戊尊

咏乍（作）𤔲（撫）
尊彝，日戊

05887

亯作母癸尊

亞㠱疑，亳乍(作)母癸

05888

卿尊

卿乍(作)厥考寶尊彝

05889

北伯殁尊

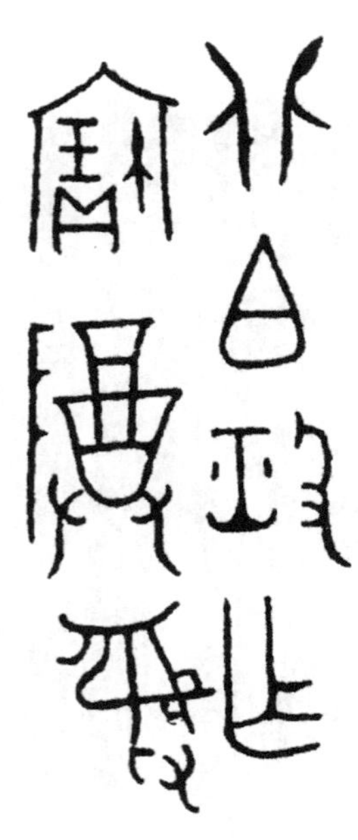

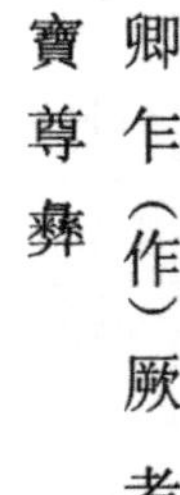

北伯殁乍(作)寶尊彝

05890

魌作且乙尊

魌乍(作)祖乙寶彝，子廟

05891

猷作且辛尊

猒(醬)乍(作)祖辛寶尊彝，[illegible]

05892

輂作匕癸尊

輂乍(作)妣癸尊彝，[illegible]

05893

亞醜父作乙尊

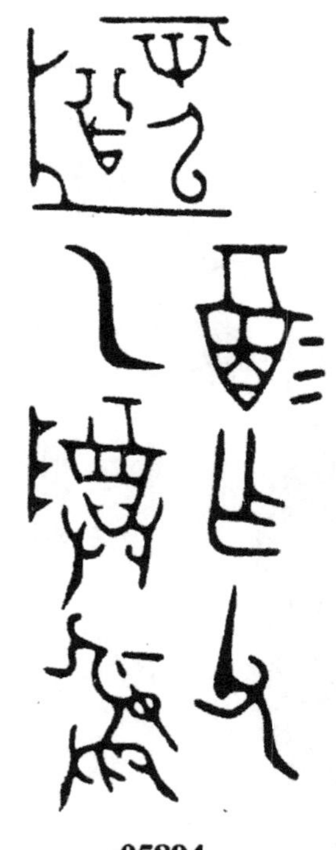

亞醜，酌，乍（作）父乙尊彝

05894

㝬作父乙尊

㝬乍（作）父乙寶尊彝，侁

05895

令𠮛作父乙尊

令㖊（吒）乍（作）父乙寶尊彝

05896

史伏作父乙尊

史伏乍(作)父乙
寶旅彝

05897

作父丁豕馬尊

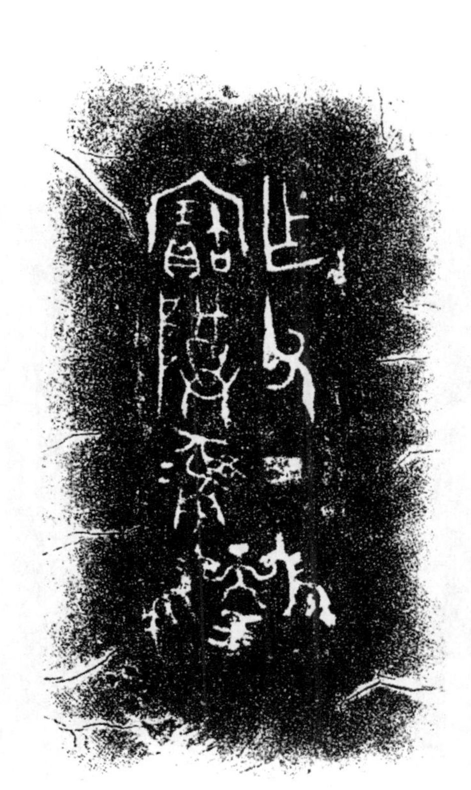

乍(作)父丁
寶尊彝，馬豕(豲)

05898

歔作父戊尊

歔（摣）乍（作）父戊

寶䔿（尊）彝，誂

05899

亯册父己尊

亯册䚵（？）乍（作）父己

尊彝

05900

隹作父己尊

隹乍（作）父己

寶彝，□（戉）葙

05901

獸作父庚尊

獸乍(作)父庚
寶尊彝，弓

05902

貍作父癸尊

貍乍(作)父癸
寶尊彝，單

05904

氒子作父辛尊

厥子乍(作)父辛
寶尊彝

05903

單㚖父癸尊

單㚖(具)乍(作)父
癸寶尊彝

05905

⿰龍皇作父癸尊

⿰龍皇乍（作）父癸旅寶尊彝

05906

⿰冊欠作父癸尊

⿰冊欠（⿰口冊）乍（作）父癸寶尊彝，旅

05907

作厥皇考尊

[illegible]乍（作）厥皇考寶尊彝

05908

仲子作日乙尊

仲子乍（作）日乙
尊彝，冉

05909

亞覃尊

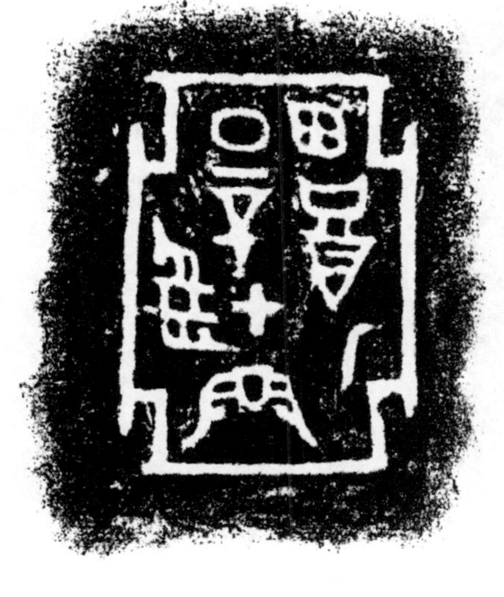

亞覃，乙
丁辛甲𠔉受

05911

子夌作母辛尊

子夌乍（作）母
辛尊彝，
䇂

05910

曆季尊

噩（鄂）侯弟曆（曆）
季乍（作）旅彝

05912

𢐗伯井姬羊尊

𢐗伯乍(作)井
姬用盂鏙

05913

虢叔尊

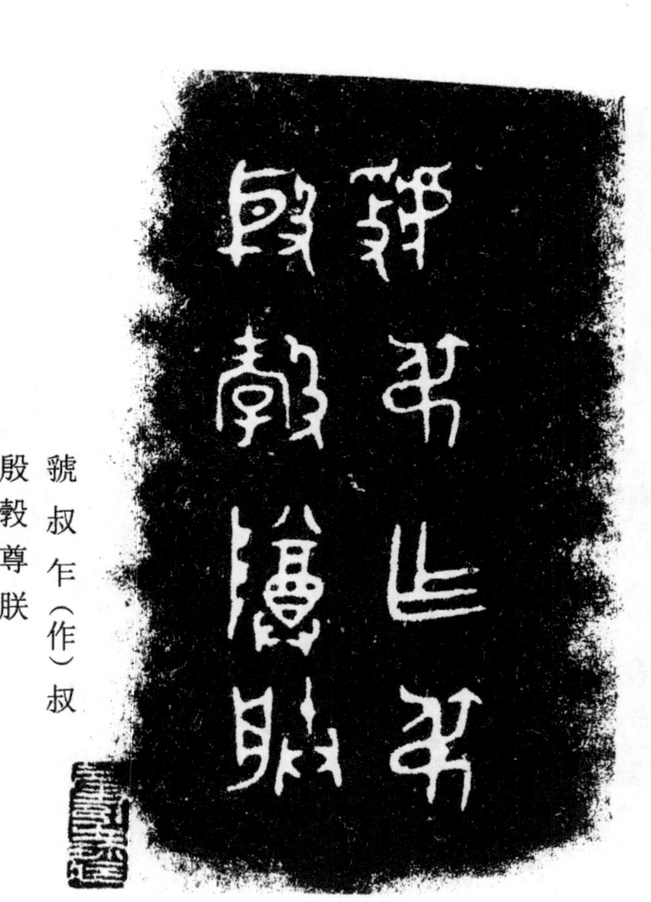

虢叔乍(作)叔
殷穀尊朕

05914

衛尊

衛乍(作)季衛
父寶尊彝

05915

戎佩玉尊

戎帆(抑)玉人
父宗彝
[月+魯](肆)

05916

盩嗣土幽且辛尊

盩嗣土(徒)幽乍(作)
祖辛旅彝

05917

對作父乙尊

對乍（作）父乙寶
尊彝，亞朿（求）

05918

對作父乙尊

對乍（作）父乙寶
尊彝，亞朿（求）

05919

單作父乙尊

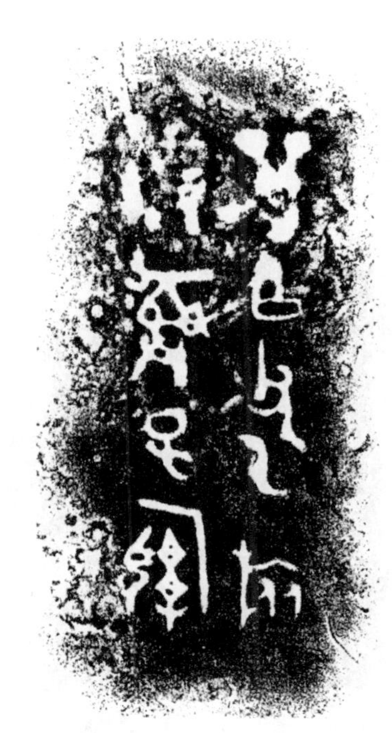

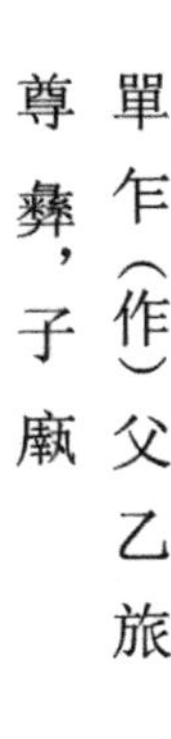

單乍(作)父乙旅尊彝，子廟

05920

奪作父丁尊

奪乍(作)父丁寶尊彝，允册

05921

周免旁父丁尊

周免旁乍(作)父丁宗寶彝

05922

父丁亞㠱尊

乍（作）父丁寶旅彝，亞㠱侯

05923

父丁亞㠱尊

乍（作）父丁寶旅彝，亞㠱侯

05924

傳作父戊尊

傳乍(作)父戊寶尊彝,亞牧

05925

亞旃父辛尊

亞旃(杠)旅葬乍(作)父辛彝尊

05926

偺作父癸尊

偺(征)乍(作)父癸
寶尊彝，
用旅

05927

□薛日癸尊

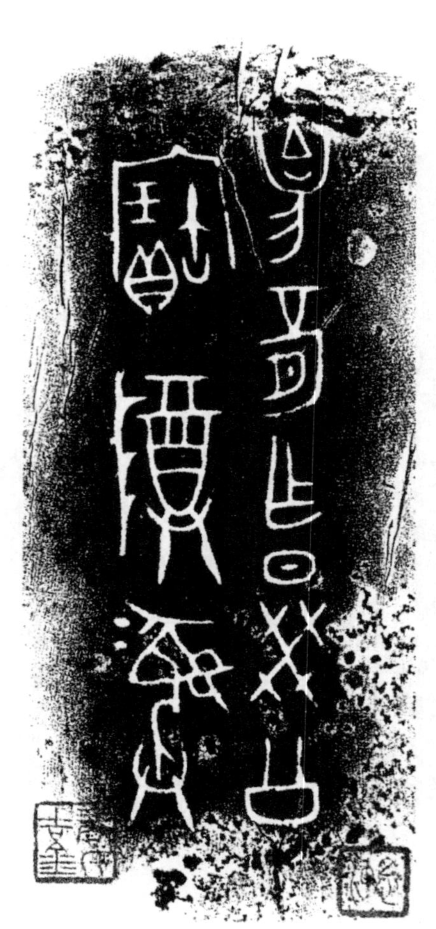

□辥乍(作)日癸公
寶尊彝

05928

䰞作母甲尊

䰞乍(作)母甲
尊彝，木工册

05929

麃父尊

麃父乍(作)𡚸是
從宗彝𦣞(肆)

05930

舀尊

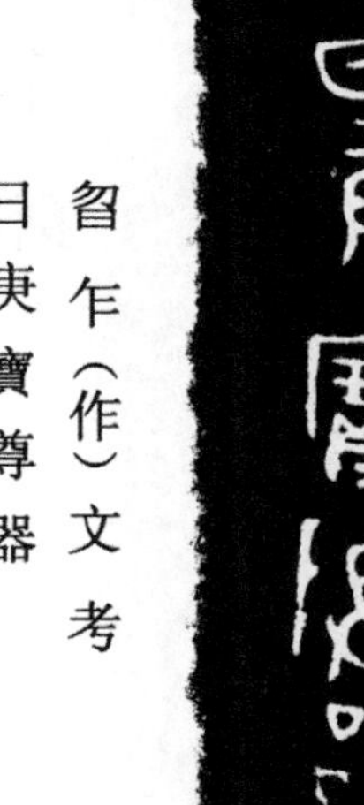

舀乍(作)文考
日庚寶尊器

05931

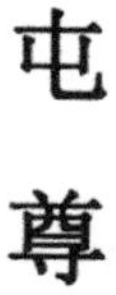

屯尊

屯乍（作）兄辛
寶尊彝，馬豖（䝤）

05932

⿰犭可兄日壬尊

⿰犭可乍（作）兄日壬
寶尊彝，[illegible]

05933

述兄日乙尊

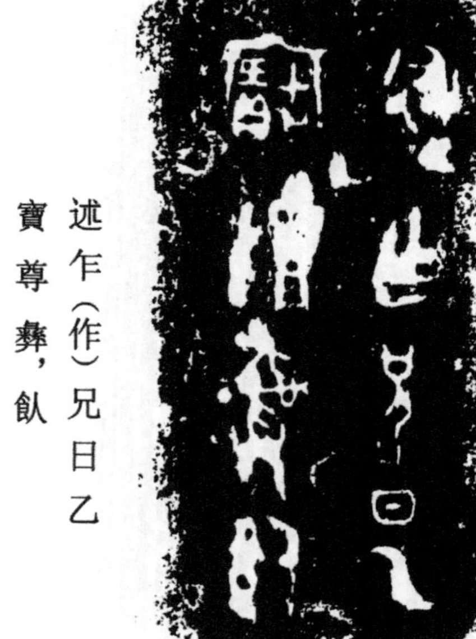

述乍（作）兄日乙
寶尊彝，飤

05934

者姛方尊

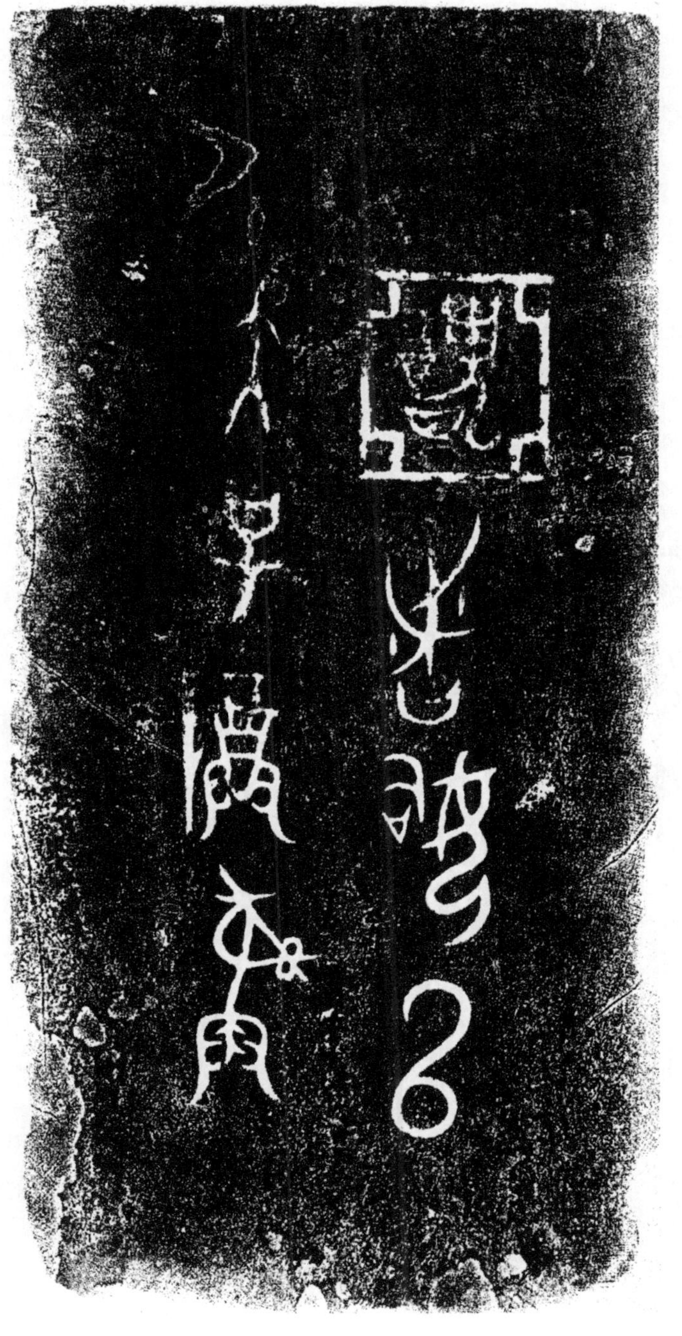

亞醜，者（諸）姛以大子尊彝

05935

者姛方尊

亞醜，者（諸）姛以大子尊彝

05936

亞若癸尊

亞旅止乙受
若癸自(師)

05937

亞若癸尊

亞受旅乙沚
若癸自(師)乙

05938

蔡侯尊

蔡侯𩰫(申)乍(作)大孟
姬賸(媵)尊

05939

季盄尊

季盄（寧）乍（作）寶尊彝，用𠦪（祓）畐（福）

05940

参尊

参乍（作）甲考宗彝，其永寶

05942

[illegible]尊

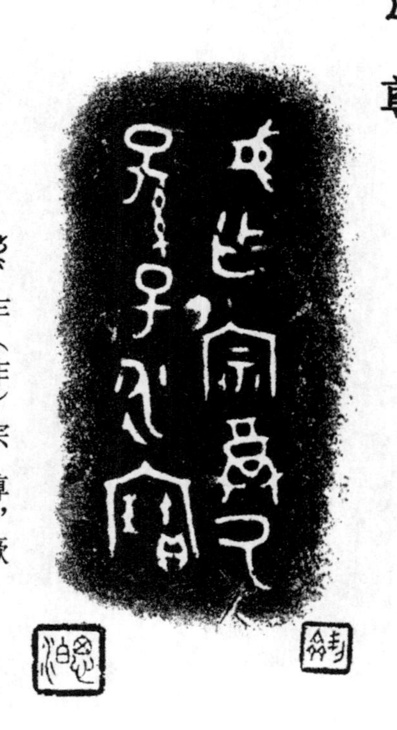

[illegible]乍（作）宗尊，厥孫子永寶

05941

效作且辛尊

亞鳥，效乍（作）祖辛亢寶尊彝

05943

𤤷作父乙尊

戈宁册，𤤷(班)乍(作)父乙寶尊彝

05944

𢍜者君父乙尊

𢍜(扶)者君乍(作)父乙寶尊彝，[illegible](龜)

05945

作父癸尊

□乍（作）父癸寶尊
彝，其孫孫子子永用

05946

憧季遽父尊

憧（憧）季遽父乍（作）
豐姬寶尊彝

05947

公尊

公乍（作）寶尊彝，
其孫子永用

05948

亞覃尊

亞覃，丁乙
受丁辛
丁甲𠂤

05949

引尊

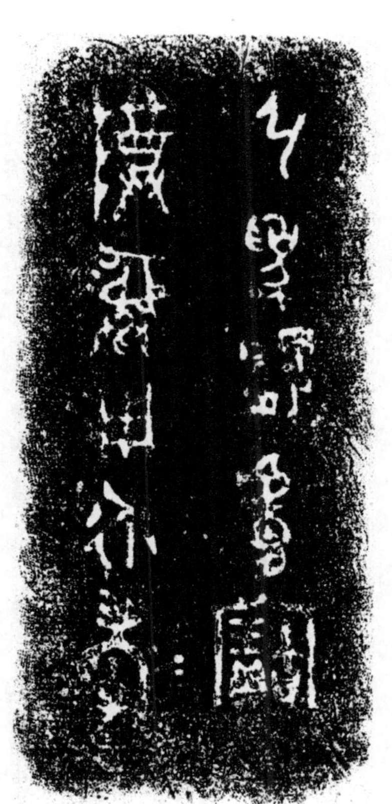

引爲魋膚寶
尊彝，用永孝

05950

省史趄且丁尊

05951

□（薺）册，省史趄乍（作）
祖丁寶尊彝

叀攸諆父甲尊

05952

叀肈諆（其）爲禦，
乍（作）父甲旅尊

屖父己尊

屖庫（肇）其乍（作）父己寶尊彝，羽旻

05953

渻伯逘尊

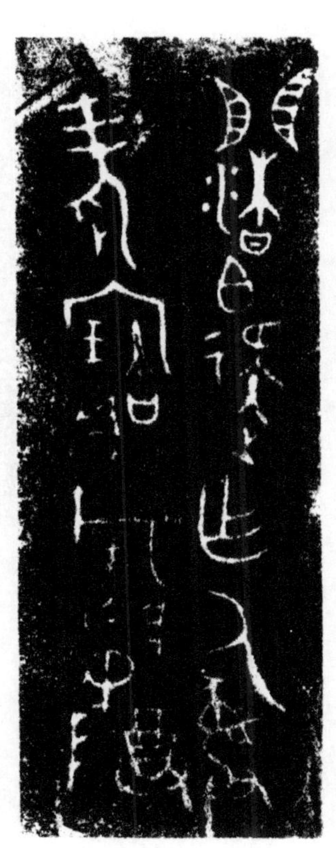

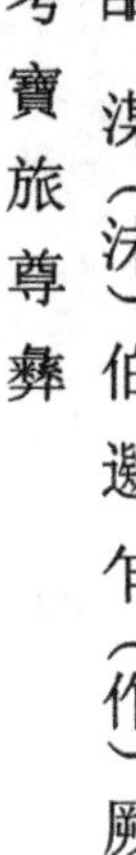

䀠，渫（沬）伯遝乍（作）厥考寶旅尊彝

05954

倗尊

倗乍（作）厥考寶
尊彝，用萬
年事

05955

鬲作父甲尊

鬲賜貝于王，用
乍（作）父甲寶尊彝

05956

敤父乙尊

05957

敤（擐）罬（睯）事，用乍（作）父乙旅尊彝，敊（扶）册

彃作父庚尊

05958

彃攺乍（作）父庚尊彝，子子孫孫其永寶

守宮父辛鳥尊

守宮揚王休，乍（作）父辛尊，其永寶

05959

史喪尊

事（史）𩛥乍（作）丁公寶彝，其永賜

05960

伯尊

伯乍（作）厥文考尊彝，其子孫永寶

05961

叔䵼方尊

叔䵼（貔）賜貝于王㚸（姒），用乍（作）寶尊彝

05962

鄦仲尊

鄦（許）仲趞乍（作）厥文考寶尊彝，日辛

05963

㝅作父乙方尊

㝅乍(作)父乙宗
寶尊彝，子子
孫孫其永寶

05964

□作父辛

子光商(賞)□(㝅)菐
啟貝，用乍(作)文
父辛尊彝

05965

員作父壬尊

員乍(作)父壬寶尊彝，子子孫其永寶，冉

05966

小子夫父己尊

㚸商(賞)小子夫貝二朋，用乍(作)父己尊彝，丰㠯(𣏟)

05967

服方尊

服肇夙夕明（盟）
享，乍（作）文考日
辛寶尊彝

05968

伯作蔡姬尊

伯乍（作）蔡姬宗
彝，其邁（萬）年，
世孫子永寶

05969

黄子魯天尊

黄子魯天，乍（作）父己寶宗彝，孫子永寶

05970

執尊

（乙亥，尹）洛（各）于宮，賞（執），賜呂（鋁）二、聿（筆）二，執用乍（作）父（丁）尊彝

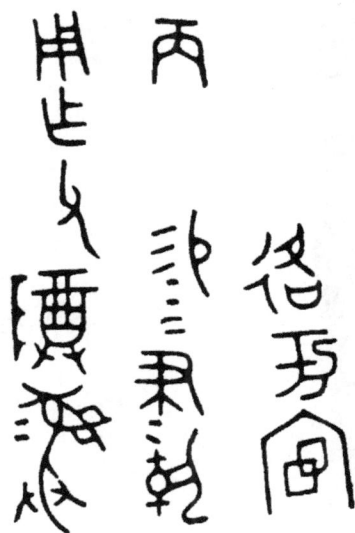

05971

作氒考尊

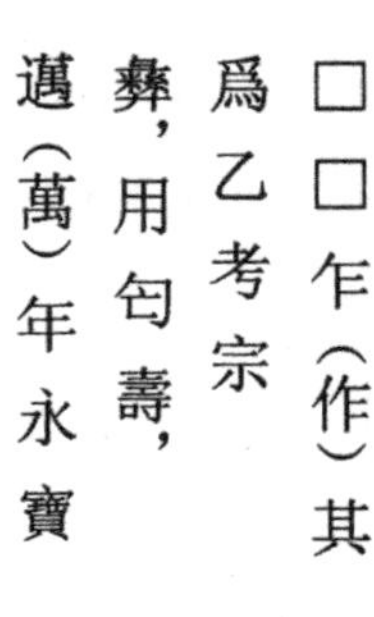

□□乍（作）其爲乙考宗彝，用匄壽，邁（萬）年永寶

05972

豛父乙尊

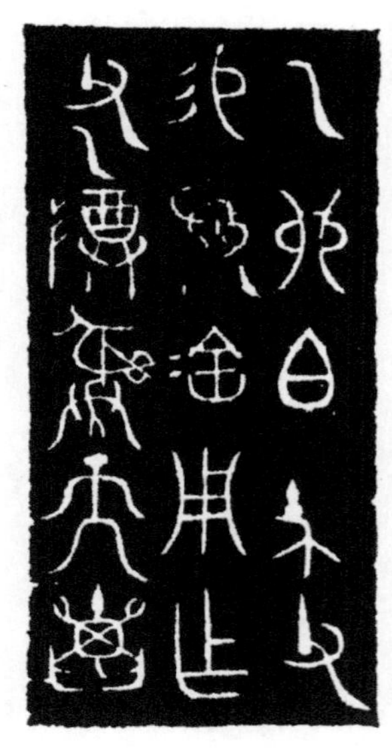

乙卯，伯□父賜豛金，用乍（作）父乙尊彝，奄

05973

蔡尊

王在魯，蔡賜貝十朋，對揚王休，用乍（作）宗彝

05974

[illegible]作父乙尊

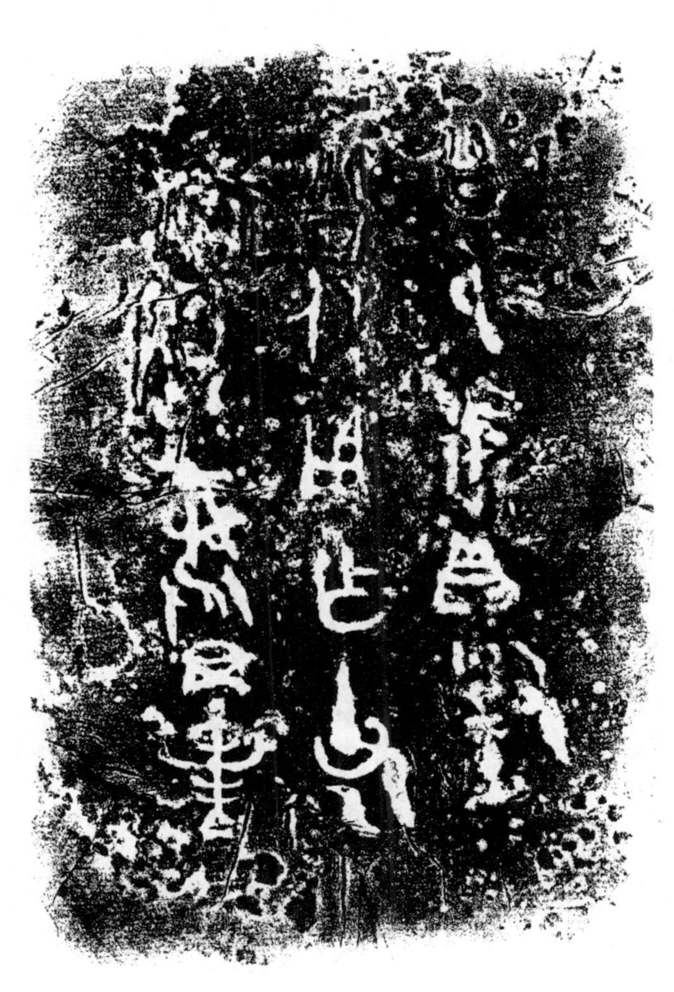

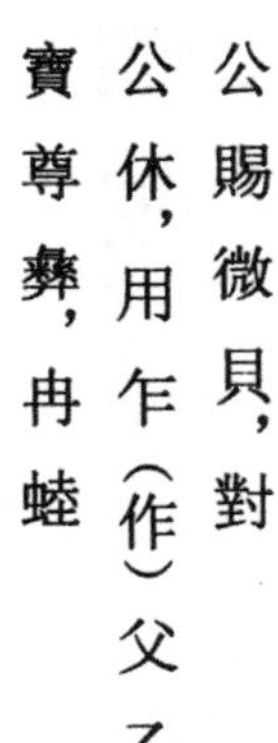

公賜微貝，對
公休，用乍(作)父乙
寶尊彝，冉蛙

05975

黄尊

黄肈乍(作)文考
宗伯旅尊彝,
其丙(百)世孫子永寶

05976

犅刧尊

王征𧊒(蓋),賜𤛮(犅)
刧貝朋,用乍(作)
魚(𧆸)高祖缶(寶)尊彝

05977

復作父乙尊

匽(燕)侯賞復冂(褀)衣、臣妾、貝,用乍(作)父乙寶尊彝,𠑇

05978

㝬尊

㝬從王女(如)南,攸貝,畯𤔲,用乍(作)公日辛寶彝,何車

05979

作文考日己方尊

乍(作)文考日己寶尊宗彝，其子子孫孫邁(萬)年，永寶用，天

05980

㝅尊

乍(作)考付父尊彝貝二朋，揚季休，用㝅(啜)休于𨑓季，受

05981

東䀠尊

05982A

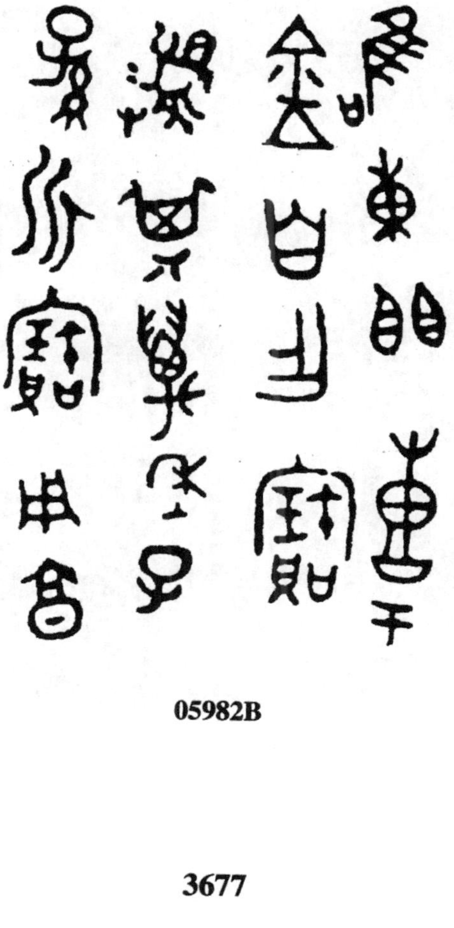

唯東䀠叀(惠)于金，自乍(作)寶彝，其萬年，子孫永寶用享

05982B

啓作且丁尊

啟從王南征，遡（跚）山谷，在溮水上，啟乍（作）祖丁旅寶彝，⿱（戉）葥

05983

能匋尊

能匋賜貝于厥咎（盈）公，矢畜（虞）五朋，能匋用乍（作）文父日乙寶尊彝，𦥑

05984

𠬝士卿父戊尊

丁巳，王在新邑，初饙（望），王賜𠬝士卿貝朋，用乍（作）父戊尊彝，子脊

05985

⿰阝⿱目共作父乙尊

05986

唯公遘于宗周，
⿰阝⿱目共（睦）從公𠂤（師、次）既，洛（各）
于官，商（賞）⿱目共（睦）貝，用
乍（作）父乙寶尊彝

臣衛父辛尊

唯四月乙卯，公賜
臣衛宋𩊚貝
四朋，在新𪨗，用
乍(作)父辛寶尊彝

05987

𣂮尊

唯四月，王工（貢），從，
𣂮（靳）各（格）仲，仲賜𣂮瓚，
𣂮𡪞（揚）仲休，用乍（作）
文考尊彝，永寶

05988

作册睘尊

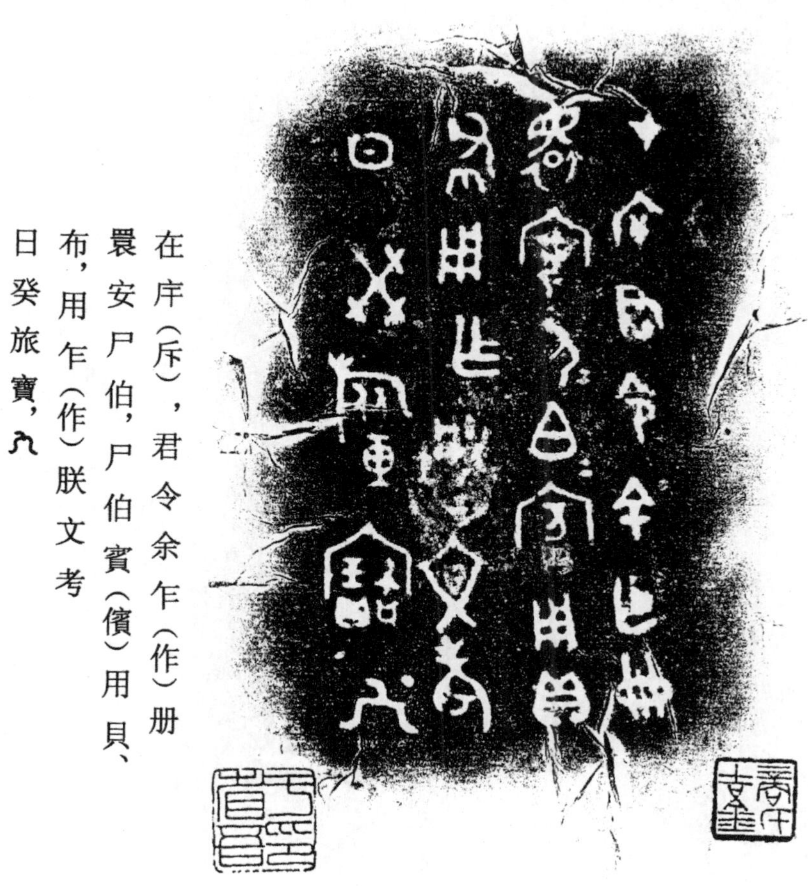

在序（斥），君令余乍（作）册睘安尸伯，尸伯賓（儐）用貝、布，用乍（作）朕文考日癸旅寶，𠆢

05989

小臣艅犀尊

丁巳，王省夒𠂤(京)，王賜小臣俞夒貝，唯王來征人(夷)方，唯王十祀又五，肜日

05990

作册翻父乙尊

唯明保殷成周年，公賜乍（作）册翻（䰜）鬯、貝，翻揚公休，用乍（作）父乙寶尊彝，𡧊册

05991

遣尊

唯十又三月辛卯，王在庰（斥），賜趞（遣）采曰趞，賜貝五朋，趞對王休，用乍（作）姑寶彝

05992

作𡉚方尊

05993

乍（作）厥穆穆文祖考
寶尊彝，其用夙夜
享于厥大宗，其用
匃永福，邁（萬）年子孫寶

次尊

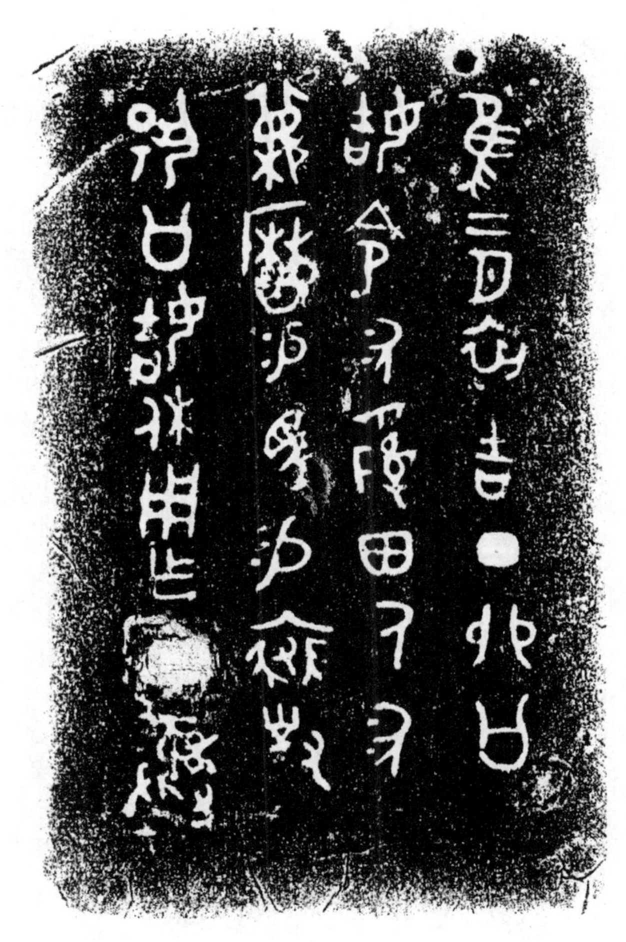

唯二月初吉丁卯，公
姞令次嗣田人，次
穠（蔑）曆，賜馬、賜裘，對
揚公姞休，用乍（作）寶彝

05994

師艅尊

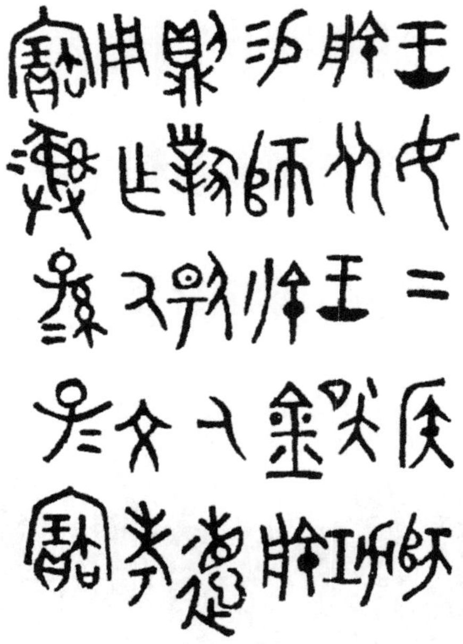

王女（如）上侯，師俞从，王夜（掖）功，賜師俞金，俞則對揚厥德，用乍（作）厥文考寶彝，孫孫子子寶

05995

豐作父辛尊

唯六月既生霸乙卯，王在成周，令豐寏（殷）大矩，大矩賜豐金、貝，用乍（作）父辛寶尊彝，木羊册

05996

商尊

唯五月，辰在丁亥，
帝司（姛）賞庚姬貝
卅朋、𢦏（貸）絲廿寽（鋝），商
用乍（作）文辟日丁
寶尊彝，䇂

05997

由伯尊

05998

獸，由伯曰：[illegible]御乍（作）尊
彝，曰：毋入于公，曰由
伯子曰：[illegible]爲厥父
彝，丙日唯毋入于公

士上尊

唯王大龠(禴、礿)于宗
周，徣(誕)餗葊京年，
在五月既望辛
酉，王令士上眔史
寅廏(殷)于成周，𦉢(穀)
百生(姓)豚，眔賞卣、
鬯、貝，用乍(作)父癸寶
尊彝，臣辰冊

05999

子黃尊

乙巳，見(獻)在
大室，白□
一、琅九㞢(又)百，
用王商(賞)子黃
瓚一、貝百朋，子
女(母)商(賞)妀、丁貝，
用乍(作)己寶[illegible]，
㠱

06000

小子生尊

唯王南征在厈（斥），王
令生辨事于公宗，
小子生賜金、鬱鬯，用
乍（作）𣪘寶尊彝，用對
揚王休，其萬年永
寶，用鄉（饗）出內（入）事（使）人

06001

作册折尊

唯五月，王在厈（斥），戊
子，令乍（作）册折兄（貺）聖
土于相侯，賜金、賜
臣，揚王休，唯王十
又九祀，用乍（作）父乙
尊，其永寶，木羊册

06002

保尊

乙卯，王令保及
殷東或（國）五侯，征（誕）
兄（貺）六品，蔑曆
于保，賜賓，用乍（作）
父癸宗寶尊
彝，遘于四方，
迨（會）王大祀，祐（宥）于
周，在二月既望（朢）

06003

𡨦尊

唯九月，在炎師（次），甲午，伯懋父賜（賜）召白馬、妦黃、𩬊（髮）微，用𣎆不（丕）𣏾（丕）召多，用追于炎，不（丕）䜌（肆）伯懋父𠬪（友）召，萬年永光，用乍（作）團宮旅彝

06004

𪓐方尊

唯九月既生霸，公令𪓐（蠌）從□友□炎身，𪓐既告于公，休亡臤，敢對揚厥休，用乍（作）辛公寶尊彝，用夙夕配宗，子子孫孫，其萬年永寶

06005

免尊

06006

唯六月初吉，王在奠（鄭），丁亥，
王各大室，井叔右（佑）免，王蔑
免曆，令史懋賜免：載（緇）芾、冋（⿱𤇾冋）
黄（衡），乍（作）嗣工（空），對揚王休，用乍（作）
尊彝，免其萬年永寶用

耳尊

唯六月初吉，辰在辛卯，侯各于耳，𨫄侯休于耳，賜臣十家，𠂤師耳對𫹬(揚)侯休，肆(肇)乍(作)京公寶尊彝，京公孫子寶，侯萬年壽考、黄耇，耳日𡕢(受)休

06007

臤尊

唯十又三月，既生霸丁卯，爰從師雍父戍于𠦪（固）𠂤（次）之年，爰檅（蔑）曆，仲競父賜赤金，爰拜䭫首，對揚競父休，用乍（作）父乙寶旅彝，其子子孫孫永用

06008

效尊

06009

唯四月初吉甲午，王雚（觀）于嘗公東宮，內（納）鄉（饗）于王，王賜公貝五十朋，公賜厥涉（世）子效王休（好）貝廿朋，效對公休，用乍（作）寶尊彝，烏虖（乎），效不敢不邁（萬）年夙夜奔走揚公休，亦其子子孫孫永寶

蔡侯尊

原高一六厘米

元年正月，
初吉辛亥，
蔡侯𪓐(申)虔
共(恭)大命，上
下陟祏，歔(擸)
敬不惕(易)，肇
𨌲(佐)天子，用
詐(作)大孟姬
賸(媵)彝盥(缶)，禋
享是台(以)，祗
盟嘗啇，祐
受無已，𪗋(齋)
𧩙(瑕)整𪆂(肅)，籍
文王母，穆穆
亹亹(亹亹)，悤(聰)
憲訢
鴋(揚)，威義(儀)遊
遊(優優)，
霝(靈)頌託商，
康諧穆好，
敬配吳王，
不諱壽考，
子孫蕃昌，
永保用之，
千歲無疆

3700

06010

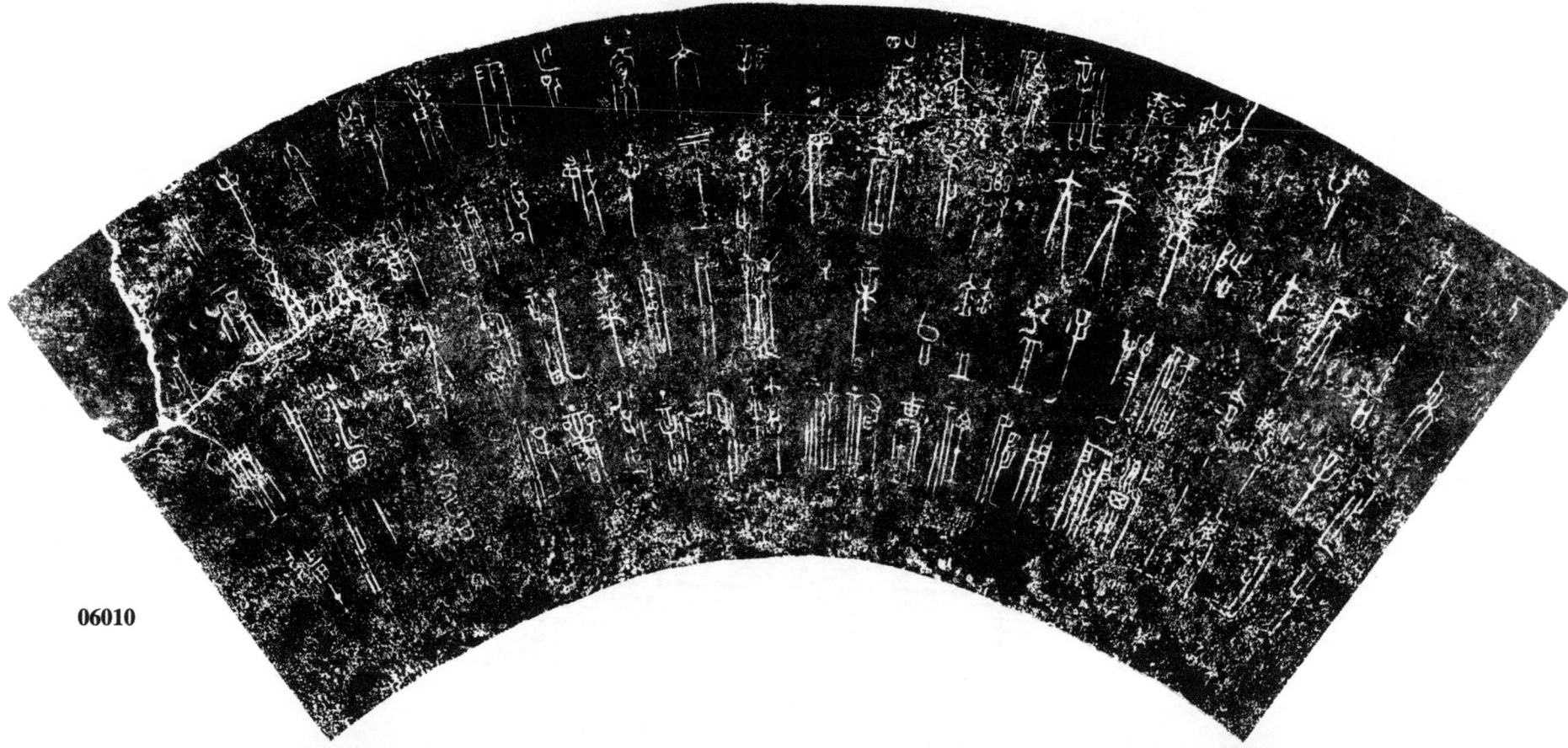

盠駒尊

06011.1

王拘駒㡿（拆、斥），
賜盠駒
勇雷騅子，
唯王十又二月，辰在甲申，王
初執駒于㡿（斥），王乎師豦召（詔）
盠，王親旨（詣）盠，駒賜兩，拜𩒨
首曰：王弗朢（忘）厥舊宗小子，
茁（柮）皇盠身，盠曰：王倗下，不（丕）其
則，邁（萬）年保我邁（萬）宗，盠曰：余其
敢對揚天子之休，余用乍（作）朕
文考大仲寶尊彝，盠曰：其
邁（萬）年，世子子孫孫永寶之

06011.2

盠駒尊蓋

王拘駒𠂤（阜），
賜盠
駒勇雷駱子

06012

盠方尊

唯八月初吉，王各于周廟，穆公又（佑）盠，立中廷，北鄉（嚮），王册令（命）尹，賜盠：赤巿、幽亢（衡）、攸（鋚）勒，曰：用嗣六師、王行、參（叄）有嗣：嗣土（徒）、嗣馬、嗣工（空），王令（命）盠曰：䎚（纘）嗣六師眔八師埶（藝），盠拜䭫首，敢對揚王休，用乍（作）朕文祖益公寶尊彝，盠曰：不（丕）叚（遐）不（丕）其（基），萬年保我萬邦，盠敢拜䭫首曰：剌剌（烈烈）朕身，逪（更）朕先寶事

06013

𣄰尊

唯王初𩁹宅于成周，復爯
武王豊（禮），祼自天，在四月丙戌，
王𧥄（誥）宗小子于京室，曰：昔在
爾考公氏，克逑（弼）文王，肄（肆）文
王受茲大命，唯武王既克大
邑商，則廷告于天，曰：余其
宅茲中或（國），自之辥（辥、嬖）民，烏
虖（乎），爾有唯（雖）小子亡戠（識），
䙴（視）于
公氏，有爵（勛）于天，敹（徹）令（命），敬
享戋（哉），叀（唯）王龏德谷（裕）天，順我
不每（敏），王咸𧥄（誥），𣄰賜貝卅朋，
用乍（作）
圂（匽、庚）公寶尊彝，唯王五祀

06014

麥方尊

王令辟井(邢)侯出坏(坯)，侯于井(邢)，雩若二月，侯見于宗周，亡冘(尤)，迨(會)王餕葊京，酌祀，雩若竭(昱、翌)日，在璧(辟)雝(雍)，王乘于舟，爲大豊(禮)，王射大龏(鴻)禽，侯乘于赤旂舟，從，死咸，之日，王以侯內(入)于寢，侯賜玄周(琱)戈，雩王在㡿(斥)，已夕，侯賜者(赭)𡚸臣二百家，劑(齎)用王乘車馬、金勒、冂(複)衣、芾、舄，唯歸，遅(揚)天子休，告亡尤，用龏(恭)義(儀)寧侯，覭(景)孝于井(邢)侯，乍(作)册麥賜金于辟侯，麥揚，用乍(作)寶尊彝，用爾侯逆造，遅明令，唯天子休于麥辟侯之年鑄，孫孫子子其永亡冬(終)，冬(終)用造德，妥(綏)多友，享旋走令

06015

矢令方尊

唯八月，辰在甲申，王令周公子明保，尹三事四
方，受卿事寮，丁亥，令矢告于周公宮，公令徃(延)同
卿事寮，唯十月月吉癸未，明公朝至于成周，徃(誕)令舍(捨)
三事令，眔卿事寮、眔者(諸)尹，眔里君、眔百工，眔者(諸)
侯：侯、田、男，舍(捨)四方命(令)，既咸令，甲申，明公用牲于京宮，乙酉，
用牲于康宮，咸既，用牲于明公，歸自王，明公賜亢師
鬯、金、小牛，曰：用褅(祓)，賜令鬯、金、小牛，曰：用褅(祓)，廼令曰：今
我唯令女(汝)二人亢眔矢，爽(尚)左右于乃寮以
乃友事，乍(作)册令敢揚明公尹厥宔(貯)，用
乍(作)父丁寶尊彝，敢追明公賞于父丁，用光父丁，雋册

06016

辛觶

辛

06017

癸觶

癸

06018

癸觶

癸

06019

子觶

子

06020

子觶

子

06021

⿱业大觶

⿱业大

06023

⿱干大觶

⿱业大

06022

⿱业大觶

⿱业大

06024

夫觶

夫

06025

⿱卝八觶

⿱卝八（⿱卝大）

06026

文觶

文

06027

羞觶

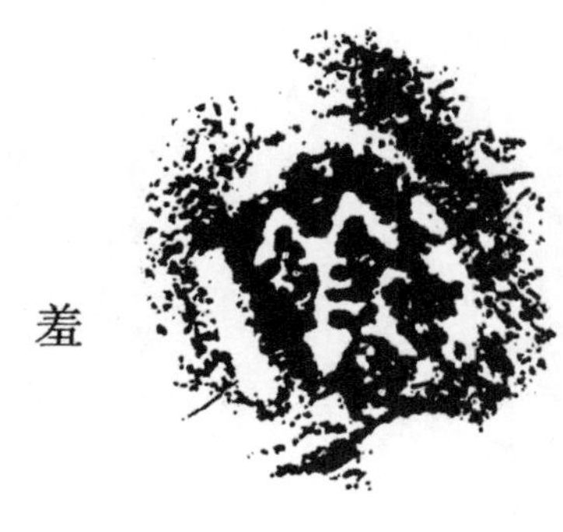

羞

06028.1

羞

06028.2

羞

06028.3

侁觶

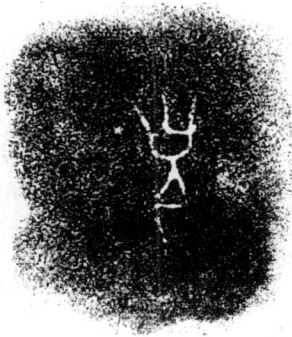

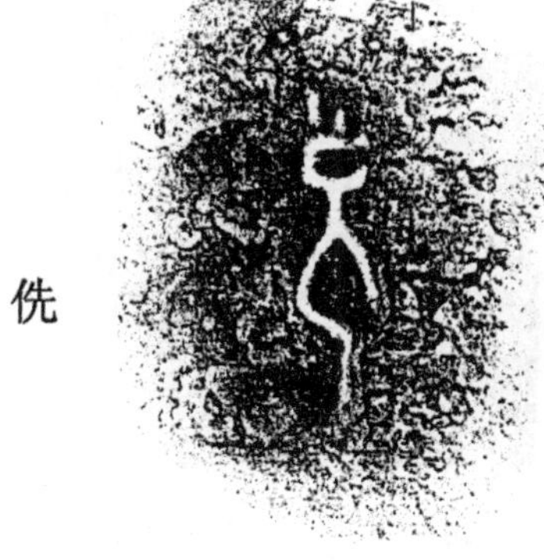

侁

06029.1

侁

06029.2

光觶

光

06030

犭卄

06032

犭卄觶

觥

06031

觥觶

舌觶

舌

06033

鳴觶

鳴

06034

⿱吅正觶

⿱吅正（圍）

06035

⿸尸正觶蓋

⿸尸正（⿰足辰）

06036

㞳觶

㞳（䟢）

06037

徙觶

徙

06038.2

徙

06038.1

艮觶

艮

06039

聿觶

聿

06040.2

聿

06040.1

受觶

受

06041

㚔觶

㚔　㚔

06042.2　06042.1

⿱䀠又觶

⿱目又

06043

鼓觶

鼓

06044

史觶

史

06045

史觶

史

06046

史觶

史

06047

史觶

史

06049

史觶蓋

史

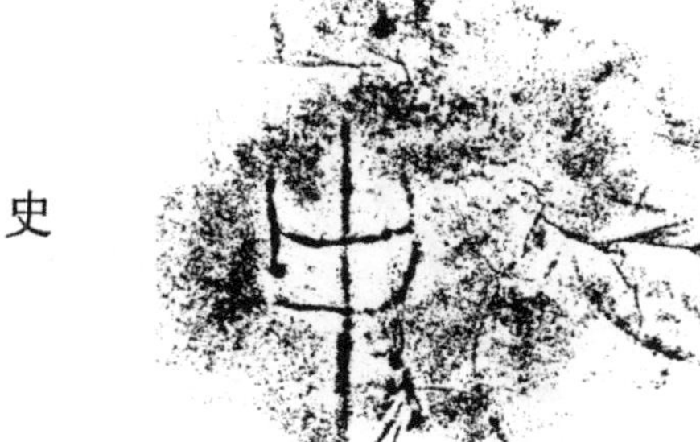

06048

樐觶

樐

06050

觶

楇

06051

戈觶

戈

06053

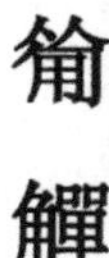觶

葡

06052

戈觶

戈

06054

戈觶

戈

06055

戈觶

戈

06056

戈觶

戈

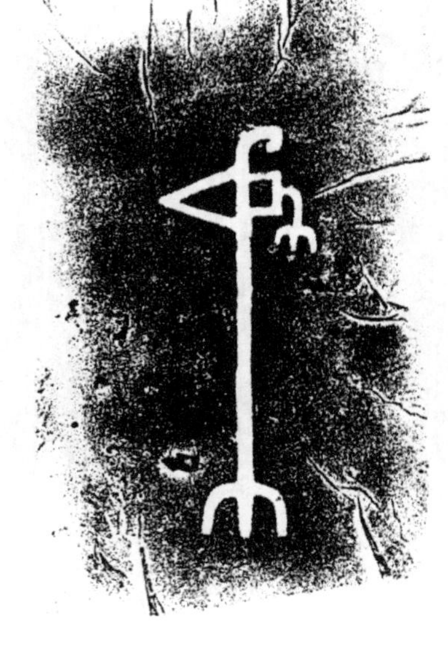

06057

戈觶

戈

06058

戈觶

戈

06059

戈觶

戈

06060

戈觶

戈

06061

戈觶

戈

06062

戈觶

戈

06063

戈觶

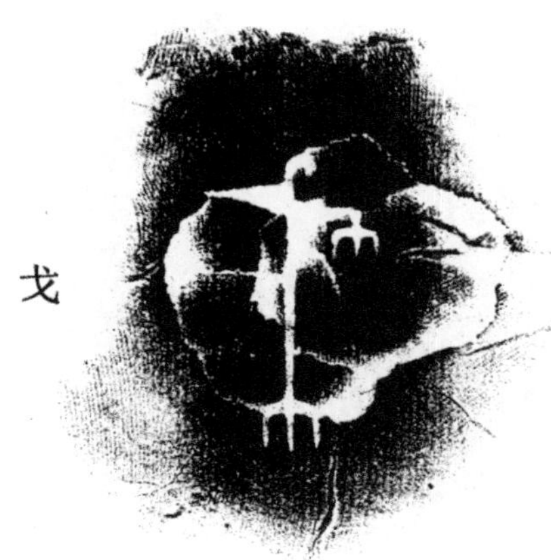

戈

06064

戈觶

戈

06065

戈觶

戈

06066

弦觶

弦（發）

06067

馬觶

馬

06068

犧形銘觶

⿸厂馬

06069

萬觶

萬

06070

萬觶

萬

06071

鳶觶

鳶

06072

觶

06073

丙
觶

丙 

06074

丙
觶

丙  

06075

丙
觶

丙 

06076

冉
觶

冉 

06077

冄觶

冉

06078

冄觶

冉

06079

冄觶

冉

06080

冄觶

冉

06081

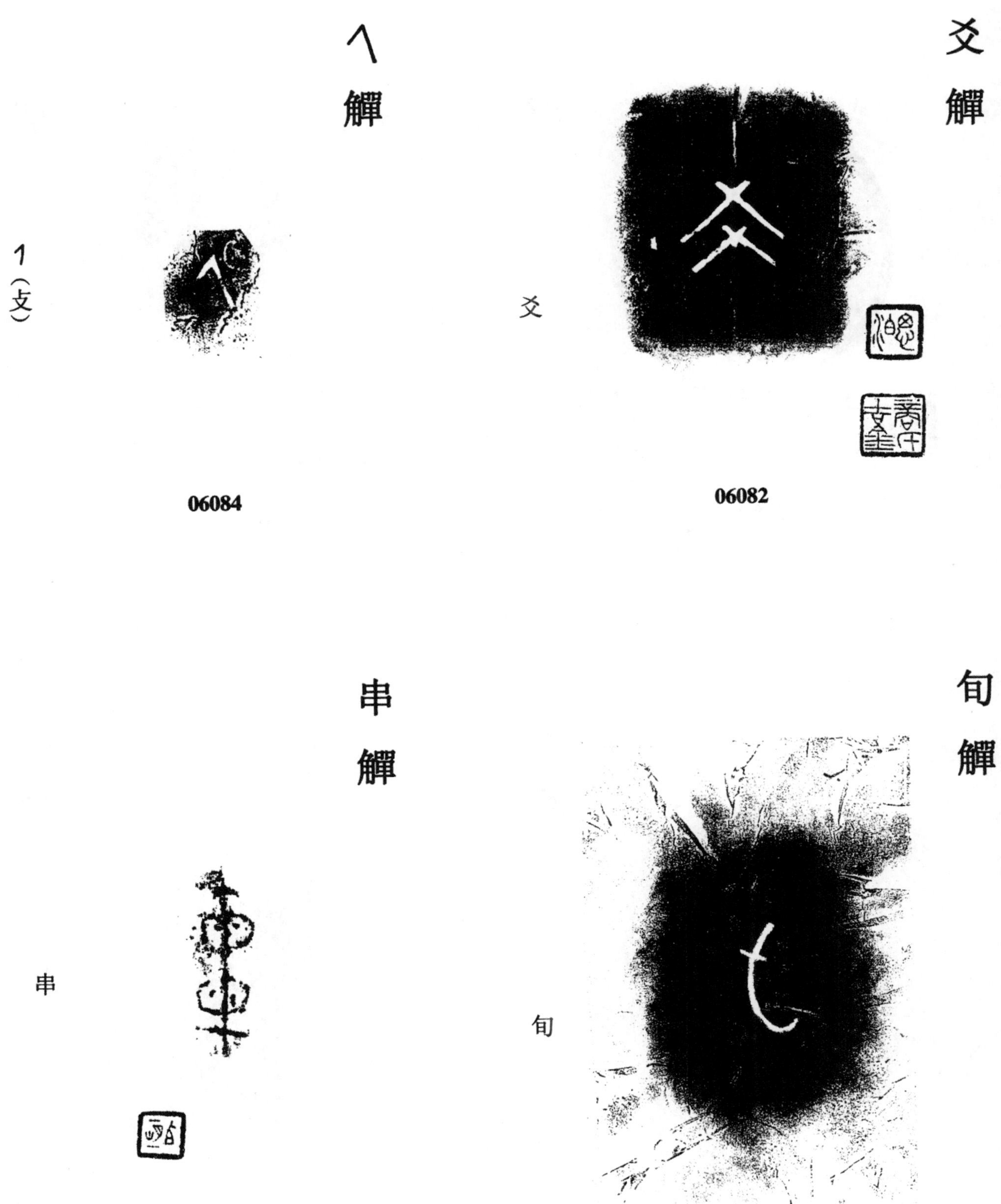

亼觶
亼
06082
乀觶
1
（攴）
06084
旬觶
旬
06083
串觶
串
06085

巫觶

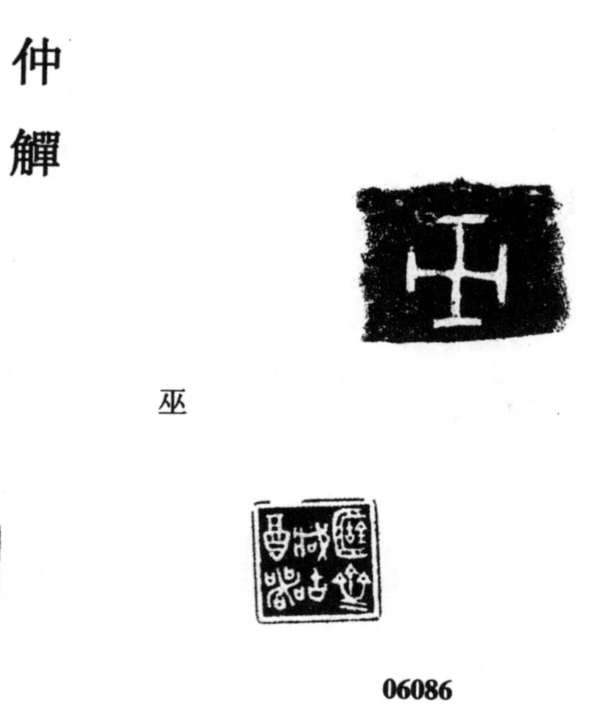

巫

06086

中觶

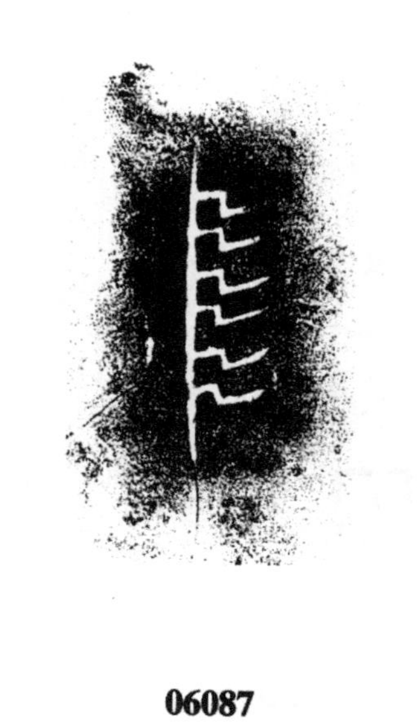

中

06087

仲觶

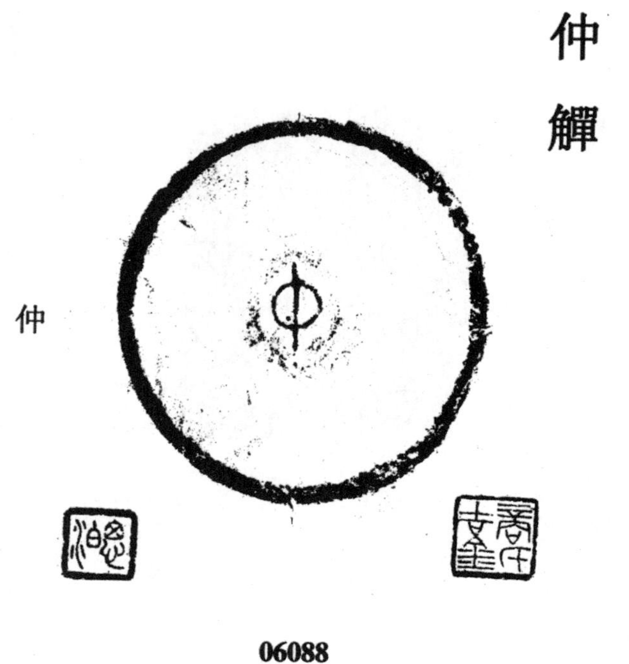

仲

06088

仲觶

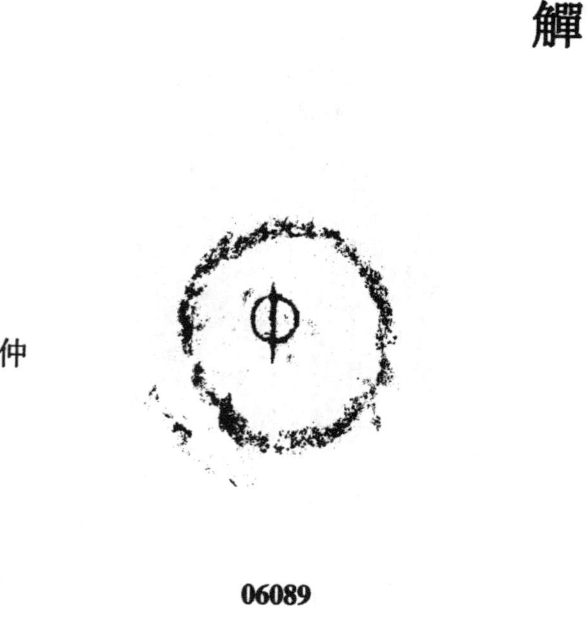

仲

06089

京觶

京

06090

且甲觶

祖甲

06091

且丙觶

祖丙

06092

且丁觶

祖丁

06093

且丁觶

祖丁

06094

且辛觶

祖辛

06096

且辛觶

祖辛

06095

父乙觶

父乙

06097

乙父觶

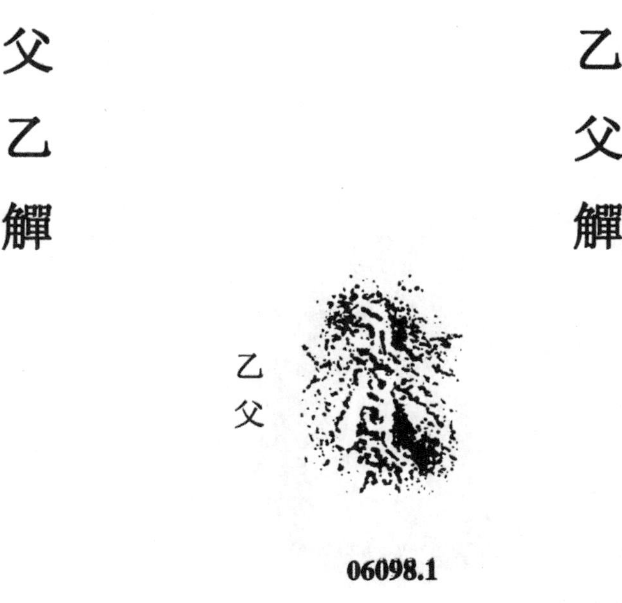

乙父

06098.1

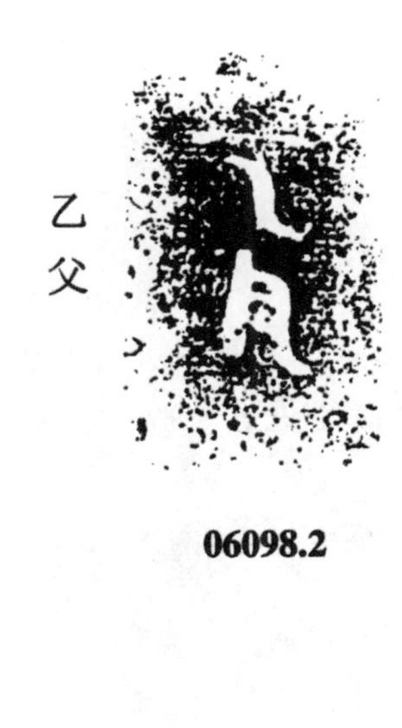

乙父

06098.2

父乙觶

父乙

06099

父乙觶

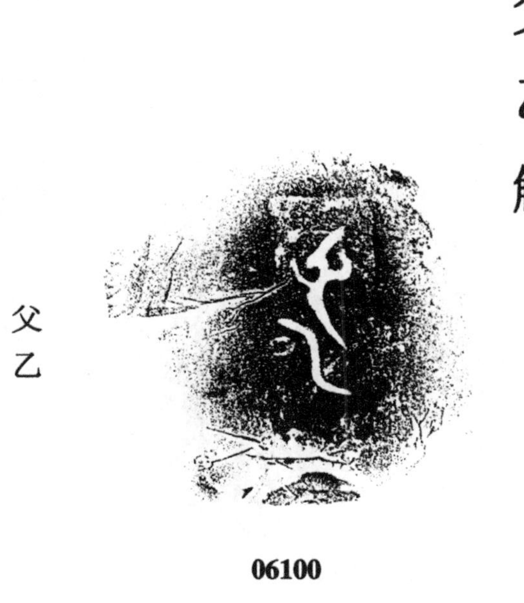

父乙

06100

父乙觶

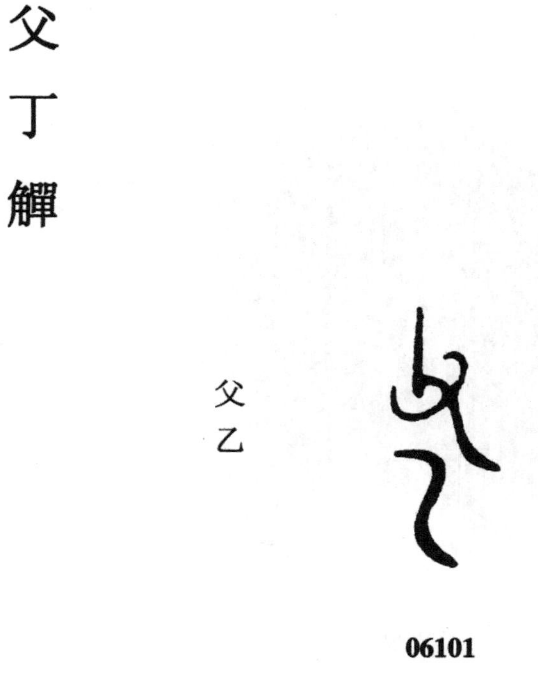

父乙

06101

父丙觶

父丙

06102

父丁觶

父丁

06103

父丁觶

父丁

06104

父丁觶

父丁

06105

父丁觶

父丁

06106

父丁觶

父丁

06107

父丁觶

父丁

06108

父丁觶

父丁

06109

父丁觶

父丁

06110

父丁觶

父丁

06111.1

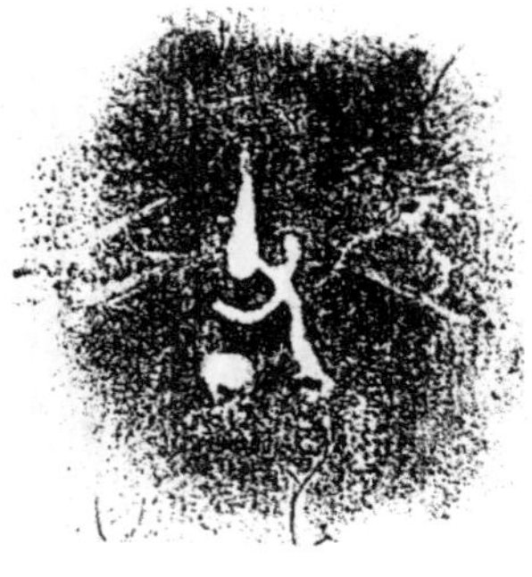

父丁

06111.2

父丁觶

父丁

06112

父丁觶

父丁

06114

父丁觶

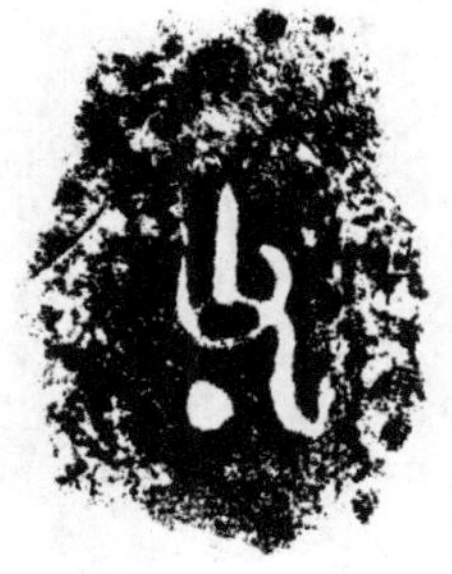

父丁

06113

父戊觶

父戊

06115

父戊觶

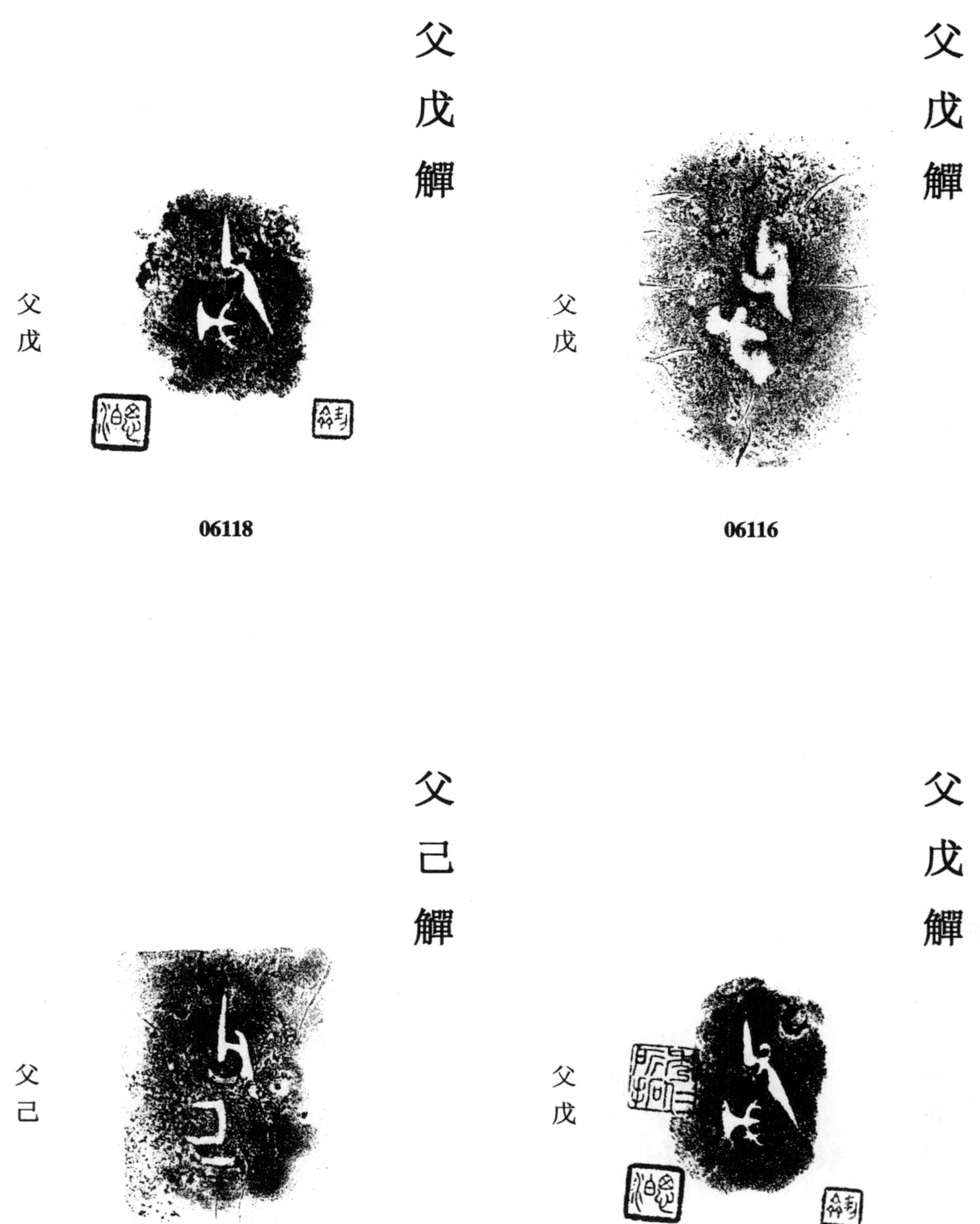

父戊

06118

父戊觶

父戊

06116

父己觶

父己

06119

父戊觶

父戊

06117

父己觶

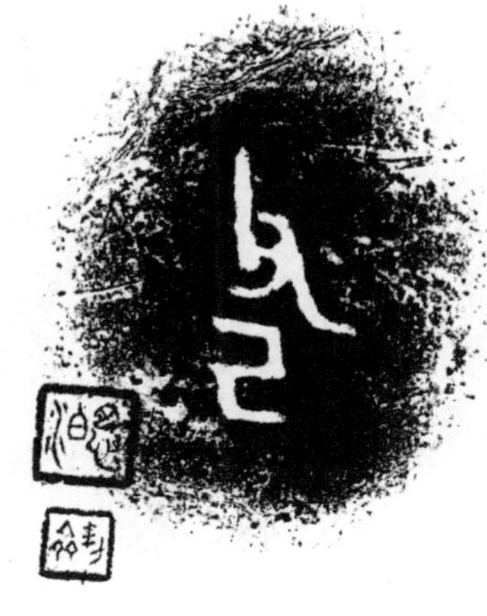

父己

06120

父己觶

父己

06121

父己觶

父己

06122

父庚觶

父庚

06123

父庚觶

父庚

06124

父辛觶

父辛

06125

父辛觶

父辛

06126

父辛觶

父辛

06127

父辛觶

父辛

06128

父癸觶

父癸

06130

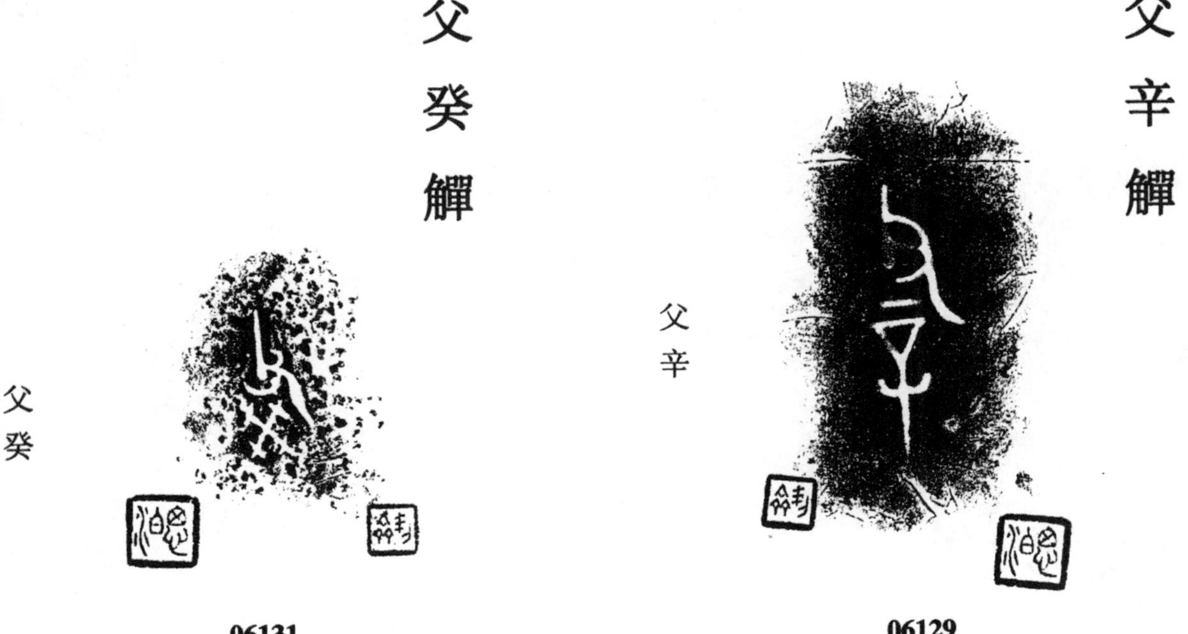

父辛觶

父辛

06129

父癸觶

父癸

06131

父癸觶

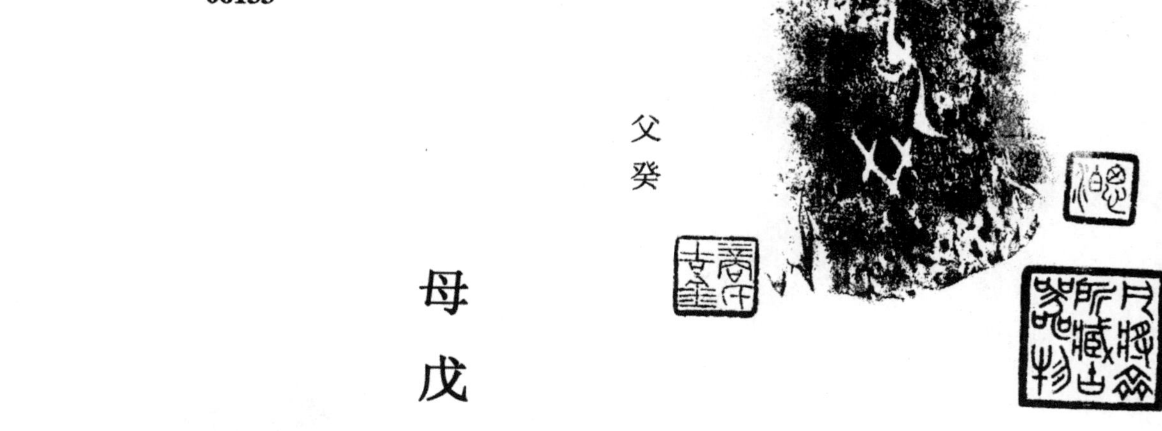

父癸

06132

逆父觶

逆父

06133

母戊觶

母戊

06134

丁母觶

子嫈觶

06135.1

06136.1

06135.2

06136.2

子稟觶

子稟

06137

子刀觶

子刀

06139

子稟觶

子稟

06138

子弓觶

子弓

06140

婦好觶

婦好

06141

婦嫡觶

婦嫡

06143

婦冬觶

婦冬（？）

06142

山婦觶

山婦

06144

□婦觶

□婦

06145

□婦觶

□婦

06146

□婦觶

□婦，□婦

06147.1

06147.2

婦姦觶

婦姦

06148

雚母觶

雚母

06150

盄女觶

盄女(母)

06149

戈母觶

戈母

06151

[illegible]辛觶

[illegible]辛

06153

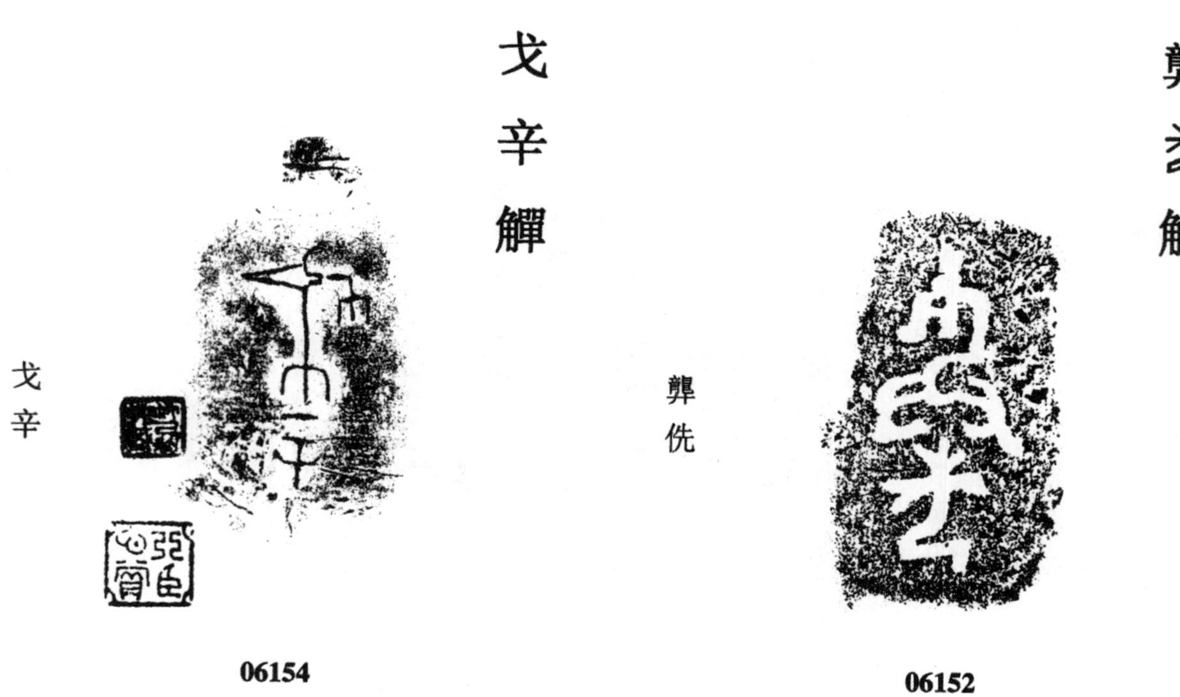

⿱卑廾侁觶

⿱卑廾侁

06152

戈辛觶

戈辛

06154

聑兆觶

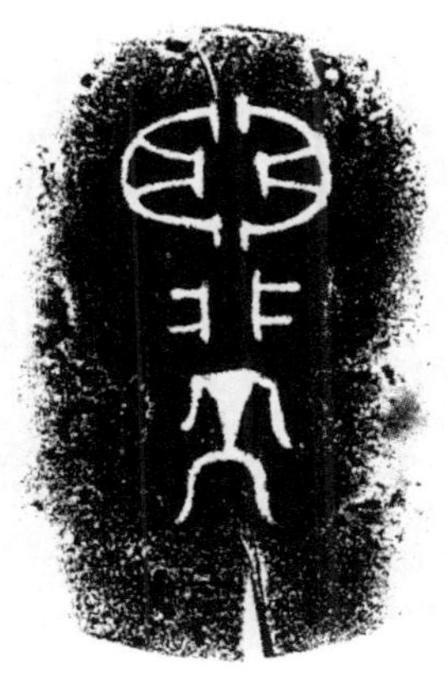

聑兆（[疒亢]）

06155

亞矣觶

亞疑

06156

亞[屮八]觶

亞[屮八]

06157

亞微觶

亞微

06158.2

亞微

06158.1

亞䤈觶

亞䤈

06159

亞[酉兇]觶

亞[酉兇]

06160

亞橐觶

亞橐

06161

亞重觶

亞重

06162

亞井觶

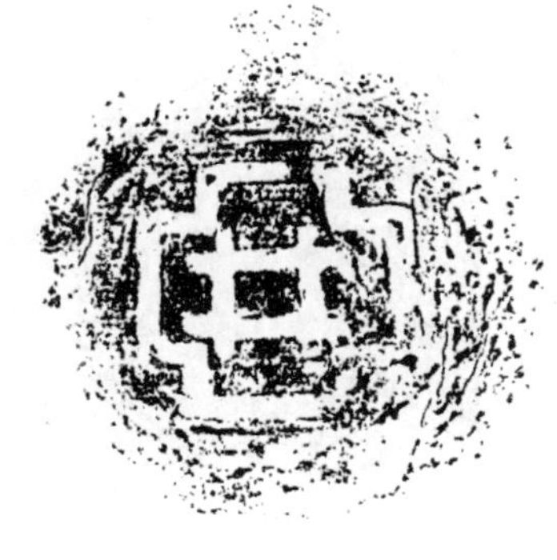

亞井

06163

亞疐觶

亞疐

06164.1

亞疐

06164.2

亞隻觶蓋

亞獲

06165

戉俞觶

（戉）葡

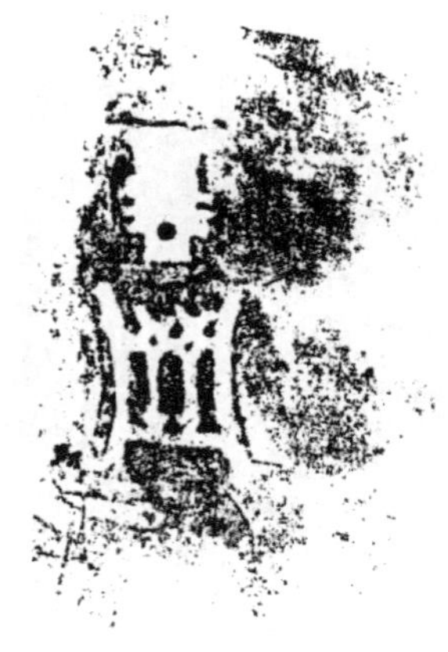

06166

㚔旅觶

幸旅

06167

史犬觶

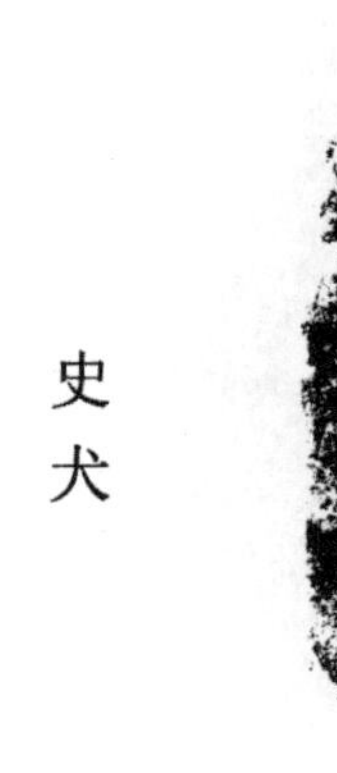

史犬

06168

史農觶

史農

06169

大丏觶

大丏

06170

羊册觶

羊册

06171

册☾觶

夕册

06172

康侯觶

康侯

06173

雁公觶

膺(應)公

06174

伯⿰乂頁觶

06175

冉丁觶

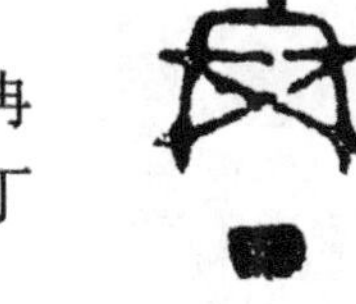

06176

冉戊觶

06177

冉辛觶

06178

冉□觶

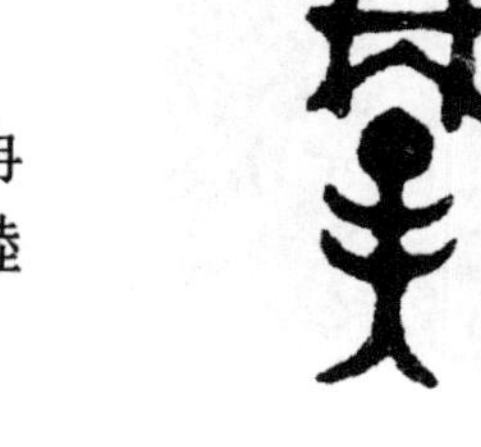

冉蛙

06179.1

冉蛙

06179.2

爰□觶

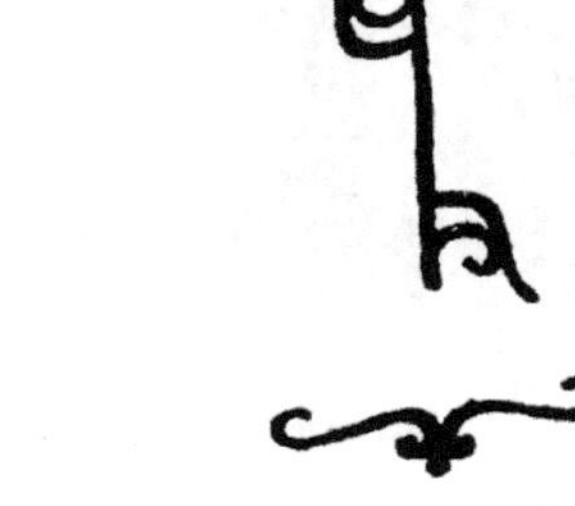

爰蛛

06180

冉鼀觶

冉鼀(敏)

06181

弔龜觶

弔
龜

06182

羊田觶

羊
田

06184

庚豕觶

庚（庚）
豭

06183

𡰥羊觶

𡰥
羊

06185

弓䡴觶

弓䡴

06186.1

弓䡴

06186.2

叡䢅觶

叡䢅

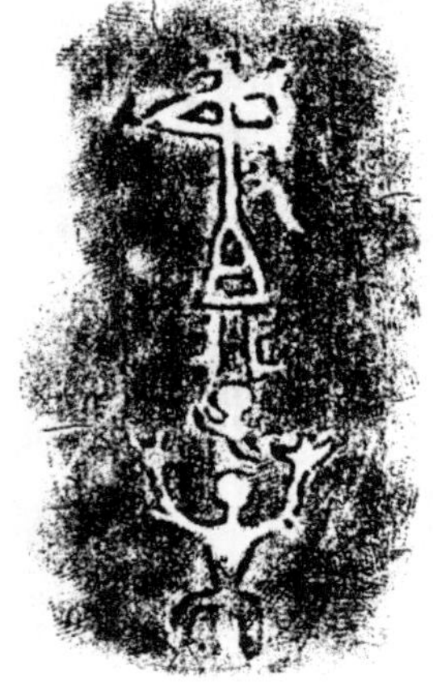

06187.1

叡䢅

06187.2

北單觶

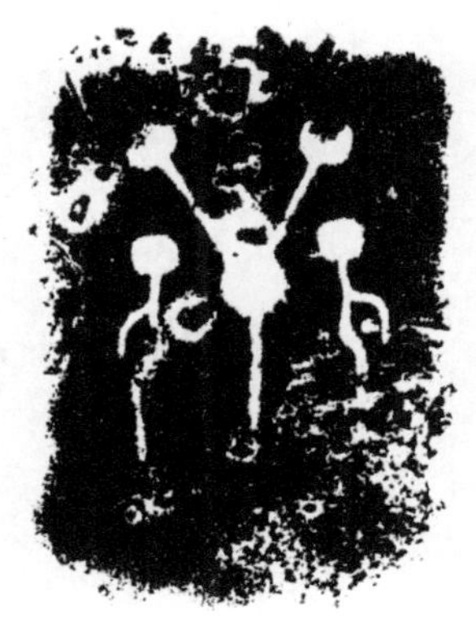

北單

06188

車觶

車馬

06190

倗舟觶

倗舟

06189

告田觶

告田

06191

告田觶

告田

06192

焂作觶

焂乍（作）

06193

作仲觶

乍（作）仲

06194

叔作觶

叔乍(作)

06195A

叔乍(作)

06195B

作侯觶

乍(作)侯

06196

作𠓝觶

乍(作)𠓝

06197

作旅觶

乍（作）旅

06198

史且乙觶

史祖乙

06200.1

作隮觶

乍（作）尊

06199

史祖乙

06200.2

且乙𠮷觶

祖乙𠮷(封)

06201

入且丙觶

入祖丙

06202

文且丙觶

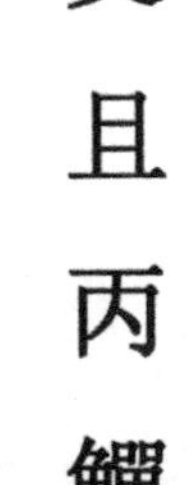

文祖丙

06203

冉且丁觶

冉祖丁

06204

我且丁觶

我祖丁

06205

舟且丁觶

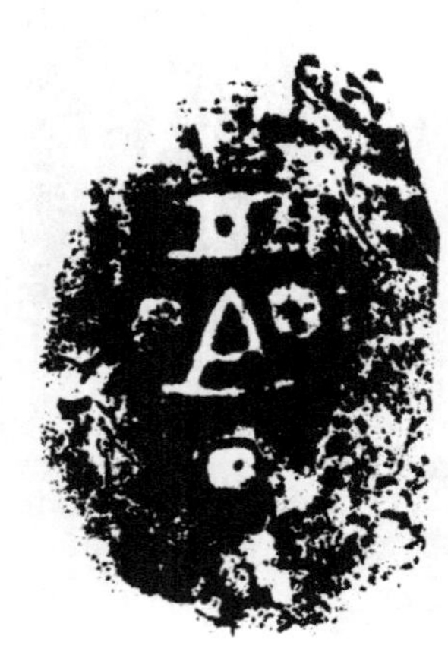

舟祖丁

06206

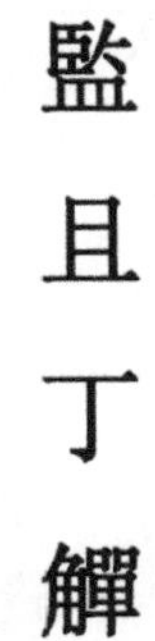

監且丁觶

監祖丁

06207

戈且己觶

戈祖己

06209

□且戊觶

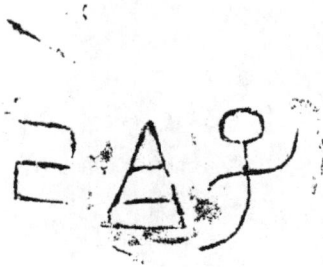

襄祖戊

06208

子且己觶

子祖乙

06210

戈且辛觶

戈祖辛

06211

刀且癸觶

刀祖癸

06212

征中且觶

征中祖

06213

冄父甲觶

冉父甲

06214

酋父甲觶

06215.1

萬父甲觶

萬父甲

06216

06215.2

大父乙觶

大父乙

06217

𠐀父乙觶

𠐀父乙

06219

𠐀父乙觶

𠐀父乙

06218

𠐀父乙觶

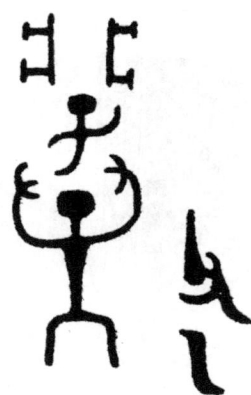

𠐀父乙

06220

妕父乙觶

妕（戎）父乙

06221

父乙觶

我父乙

06223

⿰大戉父乙觶

⿰大戉父乙

06222

戉父乙觶

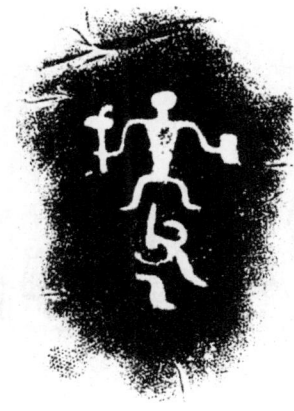

戉父乙

06224

卒父乙觶

幸父乙

06225

⿱宀丰父乙觶

父乙
⿱宀丰（寞、潔）

06227

牧父乙觶

牧父乙

06226

𠂤父乙觶

𠂤父乙

06228

受父乙觶

受父乙

06229.2

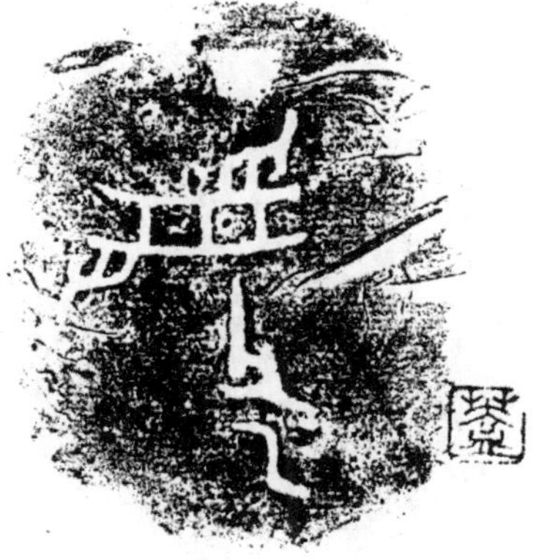

受父乙

06229.1

酖父乙觶

酖（⿰酉弋）父乙

06230

[illegible]父乙觶

[illegible]父乙

06231

亞父乙觶

亞父乙

06232

父乙几觶

几父乙

06233

亼父乙觶

亼父乙

06234

父乙亼觶

亼父乙

06235

父乙◆觶

父乙◇(鈴)

06236

父乙觶

父乙

06237

父乙觶

父乙

06238.1

父乙

06238.2

辰父乙觶

辰父乙

06239A

辰父乙

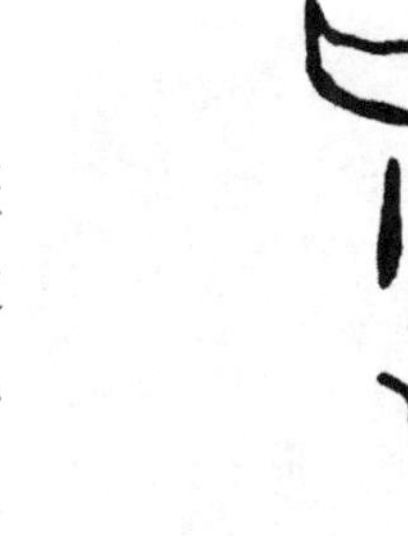

06239B

冡父乙觶

冡（嫁）父乙

06240

父乙遽觶

父乙遽

06241

父乙朿觶

父乙朿（刺）

06242

奄父乙觶

奄父乙

06244

魚父乙觶

魚父乙

06243

奄父乙觶

奄父乙

06245

父乙寶觶

父乙寶

06246

父乙飤觶

父乙飤

06247.2

父乙飤

06247.1

子父丙觶

子父丙

06248

[illegible]父丙觶

[illegible]父丙

06250

重父丙觶

父丙重

06249

戈父丙觶

戈父丙

06251

戈父丙觶

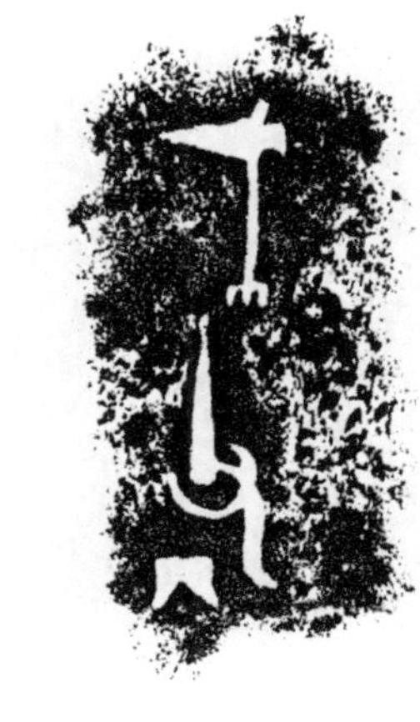

戈父丙

06252

子父子觶

子父丁

06254

作父丙觶

乍(作)父丙

06253

㠱父丁觶

㠱父丁

06255

□父丁觶

□父丁

06256

雔父丁觶

雔父丁

06258

萬父丁觶

父丁萬

06257

亯父丁觶

享父丁

06259

舌父丁觶

舌父丁

06260.1

舌父丁

06260.2

山父丁觶

山父丁

06261

㚔父丁觶

幸父丁

06262

爻父丁觶

爻父丁

06263

𠂤父丁觶

𠂤（帥、次）父丁

06264

父丁觶

蚰父丁

06265

□父丁觶

□父丁

06266.1

□父丁

06266.2

冉父丁觶

冉父丁

06267

冄父丁觶

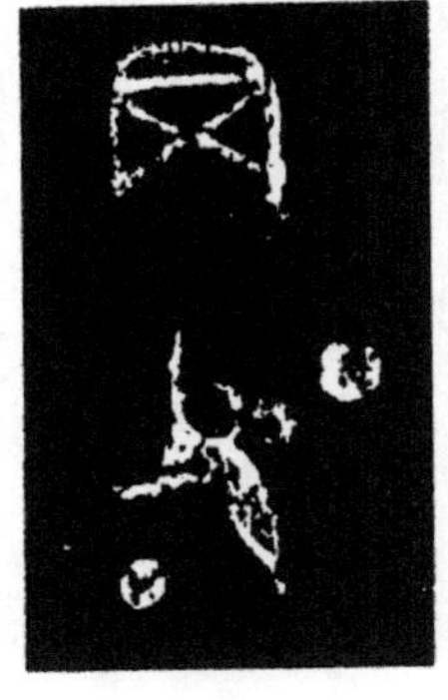

冉父丁

06268

叔父戊觶

叔（矧）父戊

06269

字父己觶

字父己

06270

丫父己觶

襄父己

06271

史父己觶蓋

史父己

06272

兄父己觶

祝父己

06273

主父己觶

丨父己

06274

冉父己觶

冉父己

06276

冉父己觶

冉父己

06275

冉父己觶

冉父己

06277

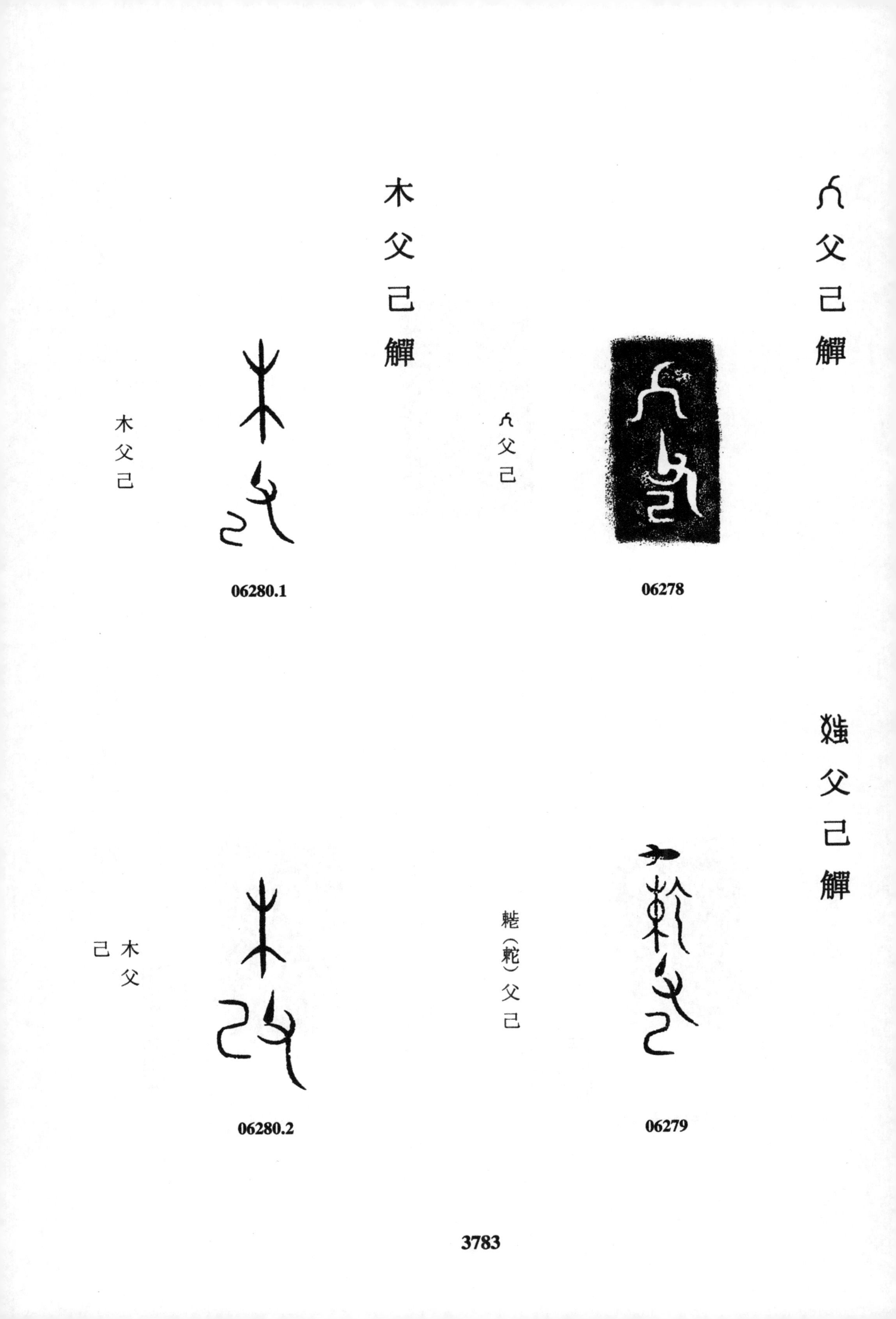

亼父己觶

亼父己

06278

木父己觶

木父己

06280.1

[illegible]父己觶

[𠦝毛]（[𠦝匕]）父己

06279

木父己

06280.2

𠂔父己觶

𠂔父己

06281

𢘅父己觶

埶（藝）父己

06282.2

埶（藝）父己

06282.1

己父丰觶

己父丰（玉）

06283

叙父己觶

叙（㚸）父己

06284

𡚸父己觶

𡚸（妊）父己

06285

父己□觶

父己
□（□）

06286

□父己觶

□父己

06287

□父己觶

□（鵬）父
己

06288

奄父己觶

奄父己

06289

萬父己觶

萬父己

06291.1

萬父己

06291.2

黽父己觶

黽父己

06290

子父庚觶

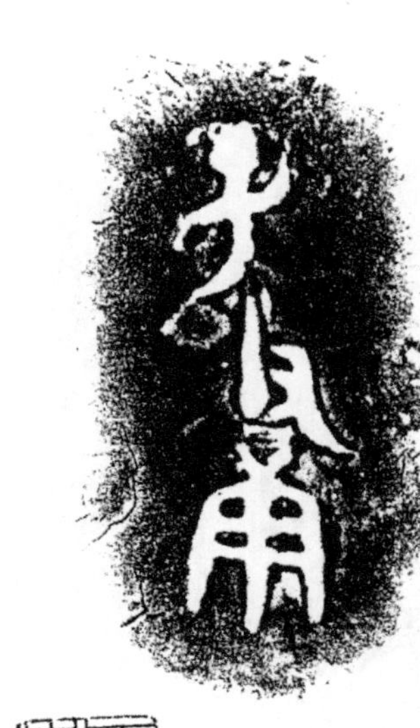

子父庚

06292

[illegible]父庚觶

庚父[illegible]

06294

妕父庚觶

妕(戒)父庚

06293

作父庚觶

乍(作)父庚

06295

子父辛觶

子父辛

06296

立父辛觶

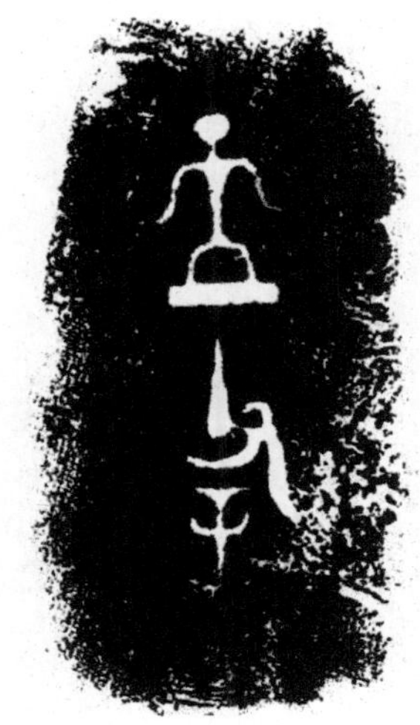

立父辛

06297

吴父辛觶

疑
父辛

06298

竟父辛觶

竟父辛

06299

冀父辛觶

父辛
冀

06300

𢦔父辛觶

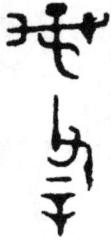

𢦔父辛

06302

冀父辛觶

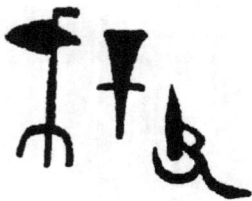

父辛冀

06301

父辛戈觶

父辛戈

06303

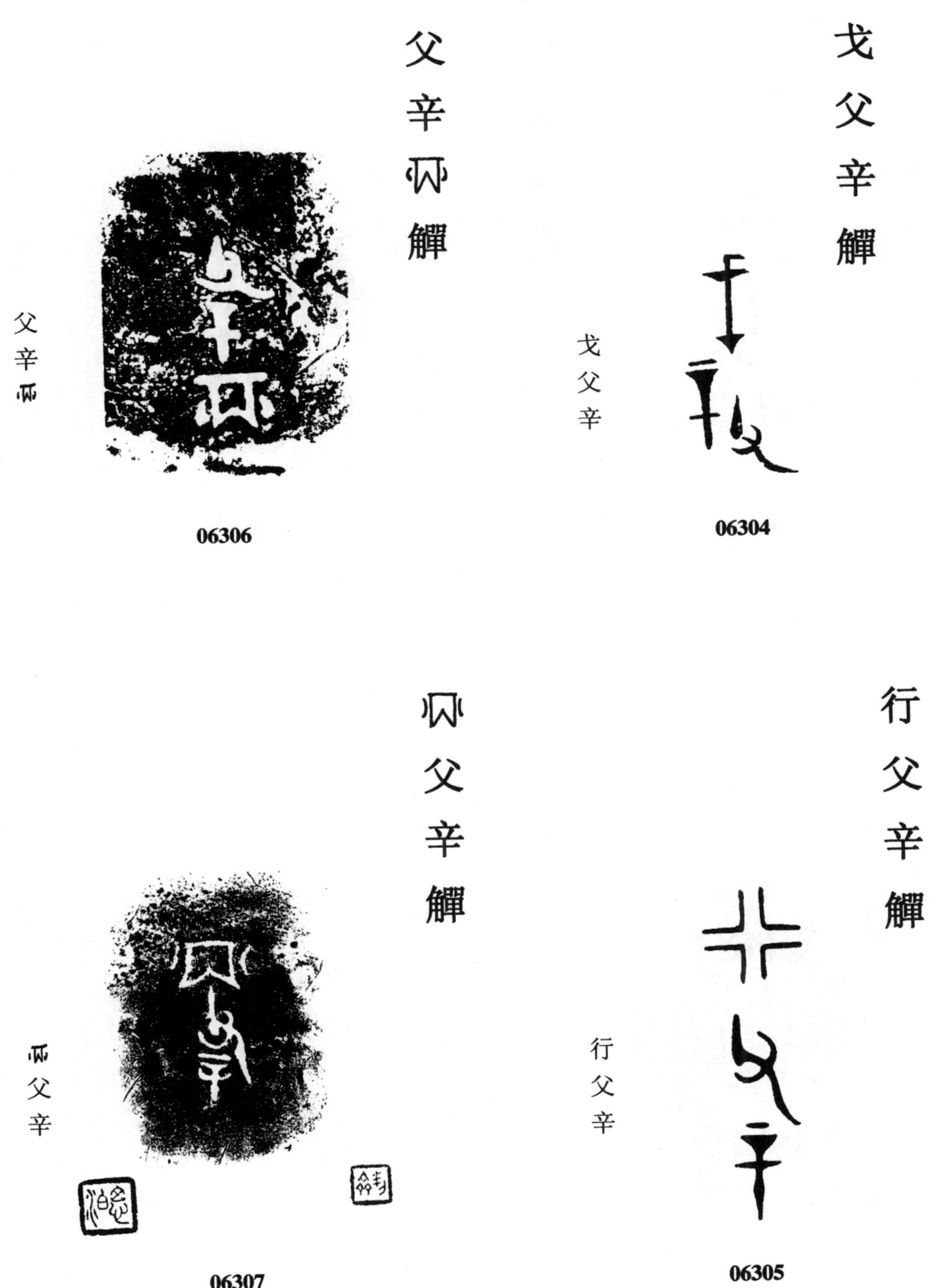

戈父辛觶

戈父辛

06304

父辛丙觶

父辛丙

06306

行父辛觶

行父辛

06305

丙父辛觶

丙父辛

06307

父辛觶

父辛

06308

父辛觶

父辛

06310

父辛觶

父辛

06309

父辛觶

父辛

06311

冄父辛觶

冉父辛

06312

雔父辛觶

雔父辛

06314

鯙父辛觶

鯙父辛

06313

羊父辛觶

羊父辛

06315

樹父辛觶

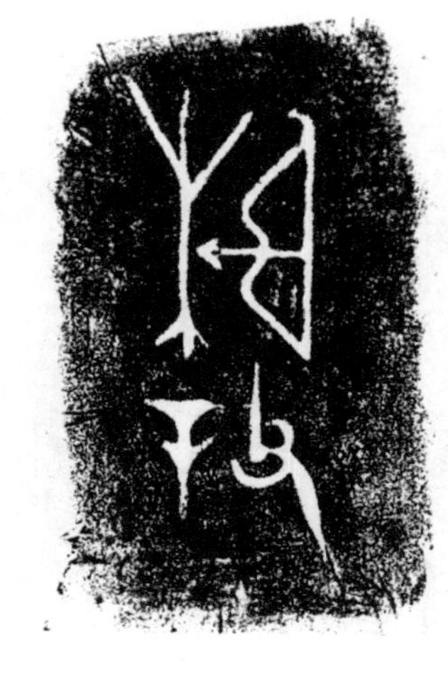

樹父
辛

06316

遽父辛觶

遽徙父辛

06318

束父辛觶

父辛
束（刺）

06317

□父辛觶

寐父辛

06319

賮父辛觶

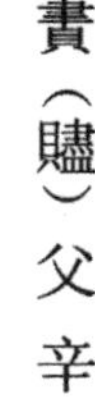

賮（贐）父辛

06320

[illegible]父辛觶

父辛

06321

[illegible]父壬觶

[illegible]父壬

06322

子父癸觶

子父癸

06323

重父癸觶

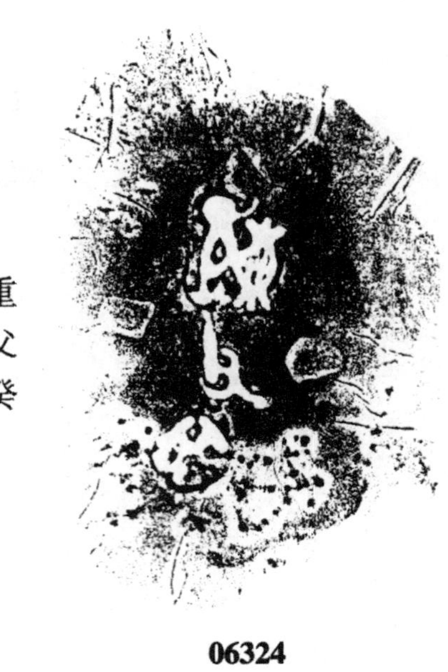

重父癸

06324

重父癸觶

重父癸

06325

冀父癸觶

冀父癸

06326

冀父癸觶

父癸冀

06327

[illegible]父癸觶

[illegible]父癸

06328

妖父癸觶

妖（戒）父癸

06330

妖父癸觶

妖（戒）父癸

06329

[illegible]父癸觶

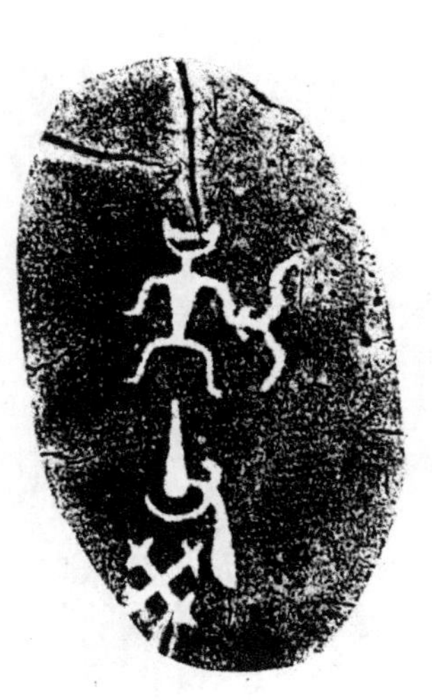

[illegible]父癸

06331

弓父癸觶

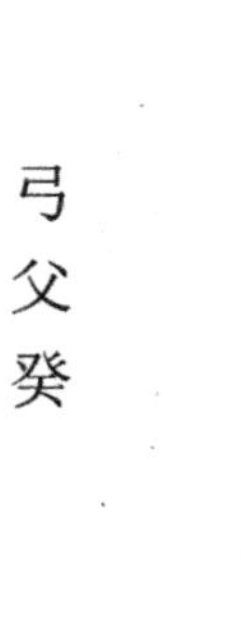

弓父癸

06332

𥎦父癸觶

𥎦(矧)父癸

06334.1

矢父癸觶

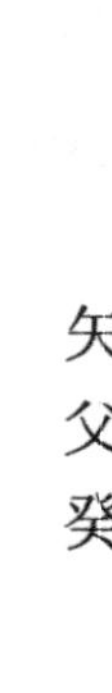

矢父癸

06333

𥎦(矧)父癸

06334.2

⿰矢又父癸觶

⿰矢又（矤）父癸

06335

史父癸觶

史父癸

06337

戈父癸觶

戈父癸

06336

臤父癸觶

臤父癸

06338

爰父癸觶

父癸爰

06339.1

冉父癸觶

冉父癸

06340

父癸爰

06339.2

冉父癸觶

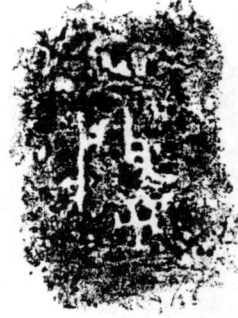

冉父癸

06341

[illegible]父癸觶

[illegible]父癸

06342

魚父癸觶

魚父癸

06343

敹父癸觶

敹父癸

06344

㠱母辛觶

㠱母辛

06345.1

㠱母辛

06345.2

婦亞弜觶

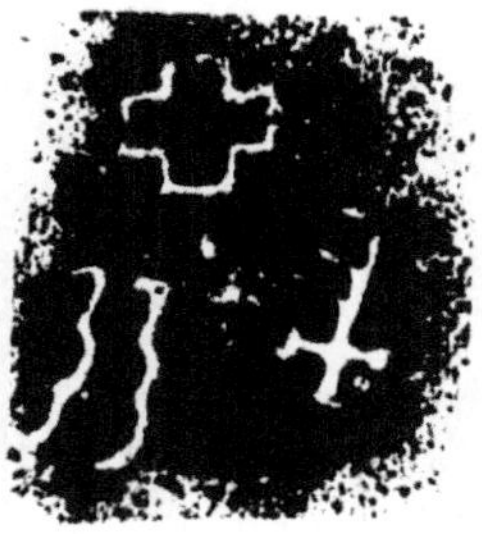

婦亞弜

06346

亞㚔婦觶

亞㚔婦

06347

女朱戈觶

母朱戈

06348

䢅女子觶

䢅女（汝）子，子䢅

06349.2

06349.1

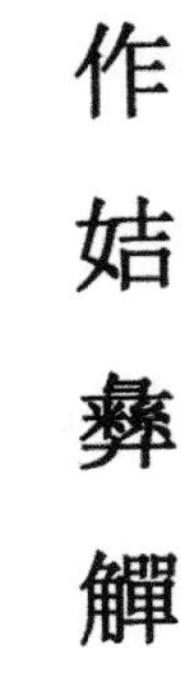

作姑彝觶

乍（作）姑彝

06350.1

乍（作）姑彝

06350.2

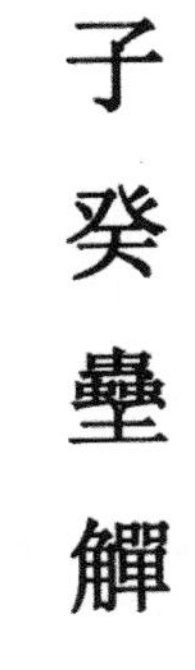

子癸壘觶

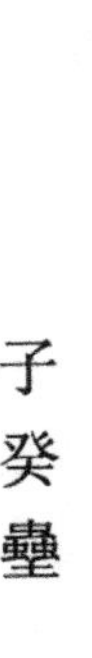

子癸壘

06351.1

子癸壘

06351.2

彭女冉觶

彭女（母）冉

06352.1

冉

06352.2

齒兄丁觶

齒兄丁

06353

兄丁奞觶

兄丁奞

06354.1

兄丁奞

06354.2

□兄辛觶

□兄辛

06355.1

□兄辛

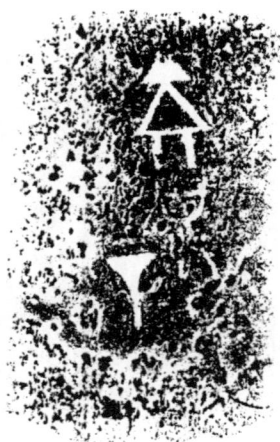

06355.2

亞𠬝觶

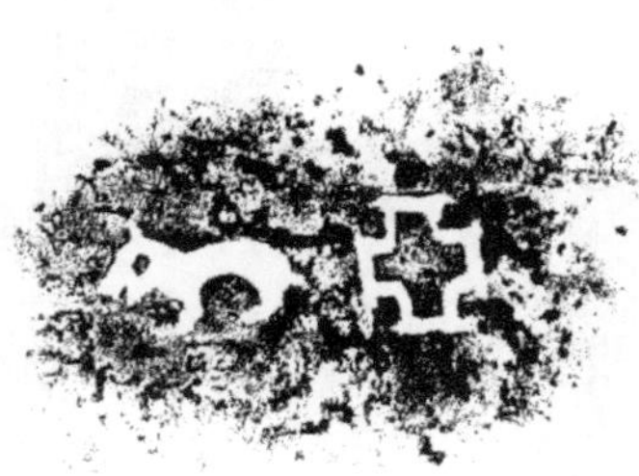

06356.1

亞
𠨧
冉

06356.2

秉田戊觶

秉
田
戊

06357

𠂤册亯觶

𠛱
册
享

06358

[illegible]亞省觶

[illegible]亞省

06359

伯作彝觶

伯乍（作）彝

06361

臼作衡觶

臼乍（作）衡

06360

伯作彝觶蓋

伯乍（作）彝

06362

伯作彝觶

伯乍(作)彝

06363

戚作彝觶

戚乍(作)彝

06365

西單𠤳觶

西單𠤳

06364

戚作彝觶

戚乍(作)彝

06366

唐子且乙觶

唐子祖乙

06367

徙作且丁觶

徙乍(作)祖丁𠙵(齒)

06368

且戊觶

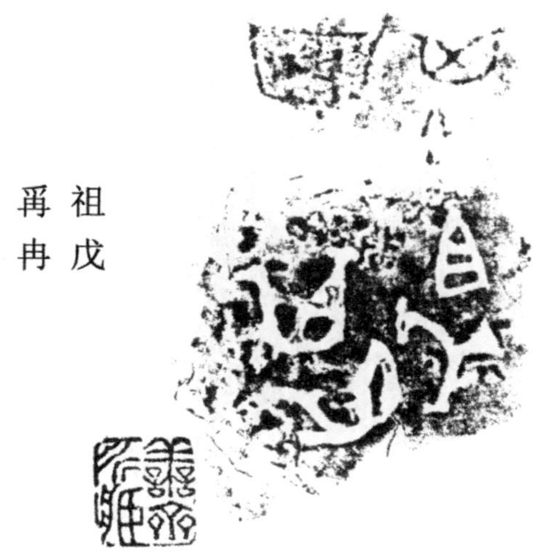

祖戊再冉

06369

且己觶

口夲祖己

06370

亞且辛觶蓋

亞祖辛𠦪(夘)

06371

鴑分父甲觶

鴑分父甲

06372

子⿸广禿父乙觶

子⿸广禿父乙

06373

亞大父乙觶

亞大父乙

06375

大父乙觶

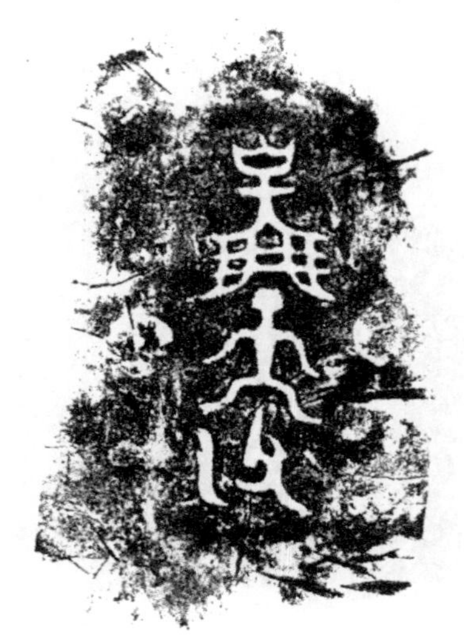

⿰火㐭（燷）大父乙

06374

亞大父乙觶

亞大父乙

06376

亞吴父乙觶

亞疑父乙

06377.1

亞疑父乙

06377.2

亞䀭父乙觶

亞䀭（虹）父乙

06378

亞艅父乙觶

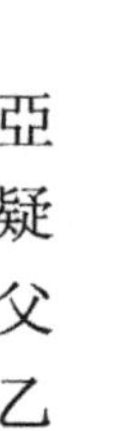

亞俞父乙

06379

𢊁册父乙觶

𢊁（庚）册
父乙

06380

庚豕父乙觶

𢊁（庚）豩父乙

06381

鄉宁父乙觶

鄉宁父乙

06382

冄父乙觶

蛙冉父乙

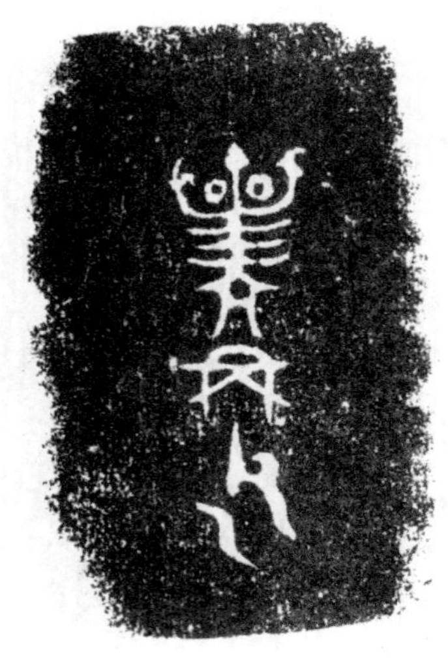

06383

西單父乙觶

西單父乙

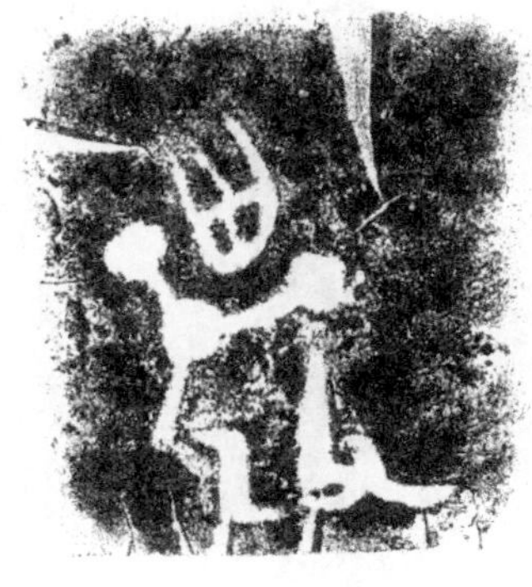

06384.1

聑日父乙觶

聑日父乙

06385

西單父乙

06384.2

[illegible]父乙觶

莆戉父乙

06386

川又父乙觶

川（二）又父乙

06387

尹舟父丙觶

尹舟父丙

06388

冄父丙觶

冉蛙父丙

06389

⿱䀠豕册父丁觶

⿱䀠豕（玃）册父丁

06390

父丁告田觶

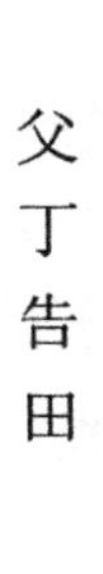

父丁告田

06391

母父丁觶

母父丁戉

06392

典弜父丁觶

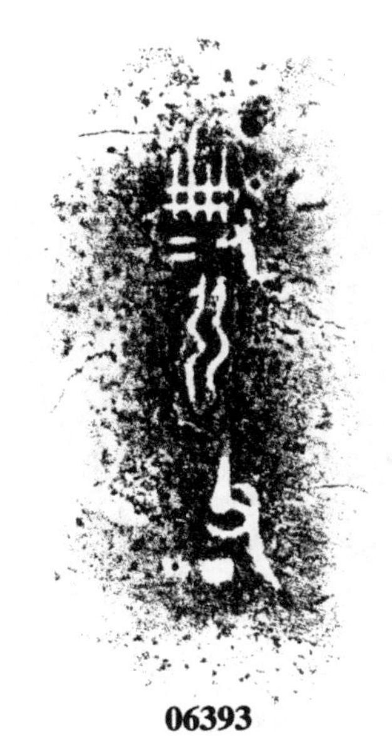

典弜父丁

06393

冉父丁觶

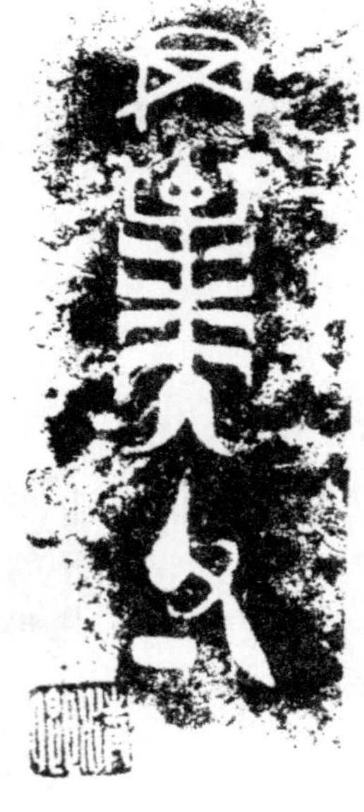

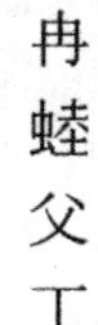

冉蛙父丁

06394

亞丙父丁觶

亞丙父丁

06395

西單父丁觶

西單父丁

06396

夆父戊觶

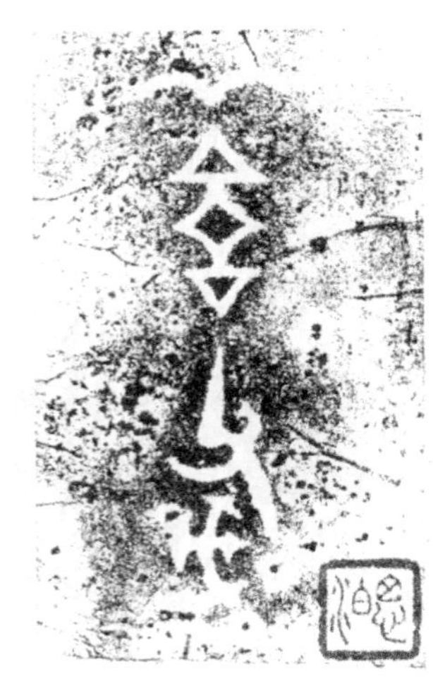

夆父戊

06397

告宁父戊觶

告宁父戊

06398

辰⿱止韋父己觶

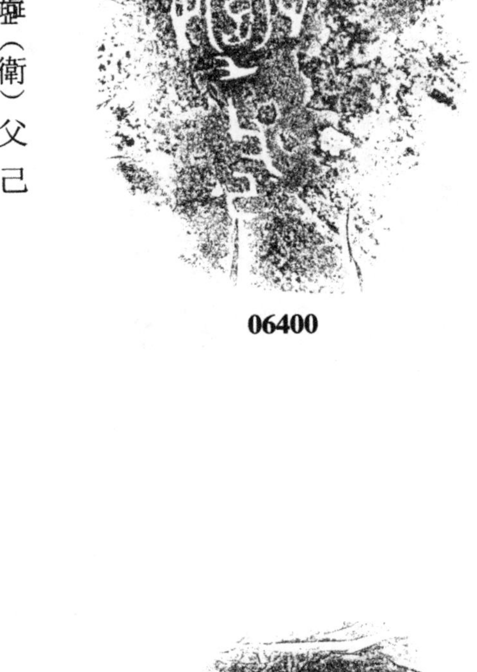

辰⿱止韋（衛）父己

06400

子⿱毌又父己觶

子⿱毌又父己

06399

父己⿱矢戎觶

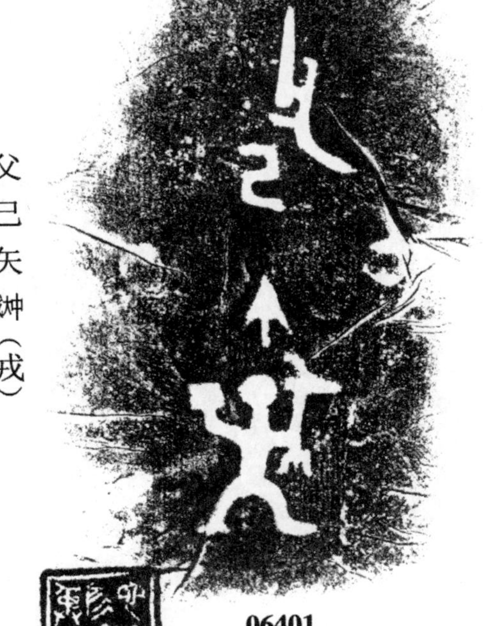

父己矢艸（戎）

06401

亞㠱父己觶

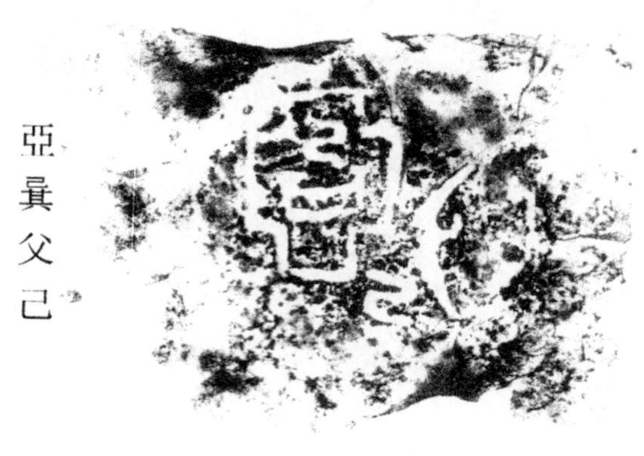

亞㠱父己

06402

亞[illegible]父己觶

亞拳父己

06404.1

亞耒父己觶

亞脊父己

06403

亞拳父己

06404.2

田[illegible]父己觶

礓父己

06405

牧正父己觶

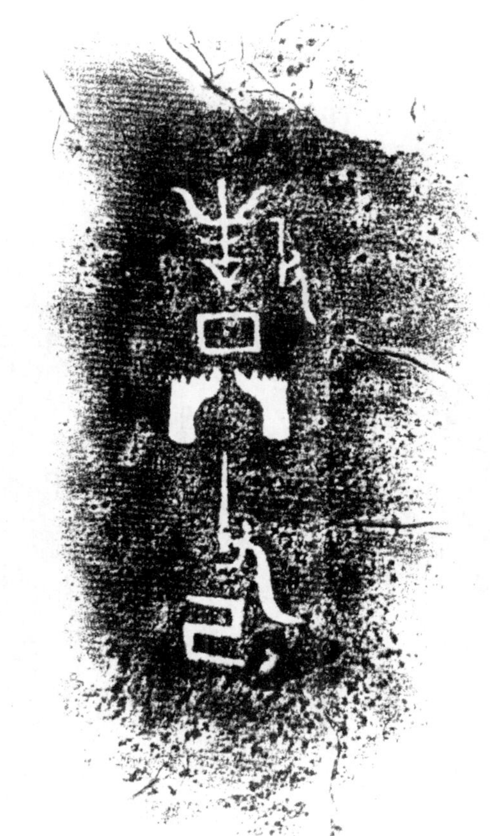

牧正父己

06406

冉作父己觶

冉乍(作)父己

06407.1

冉乍(作)父己

06407.2

父己豕馬觶

父己馬豕(䝟)

06408

亞若父己觶

亞若父己

06409

子工父辛觶

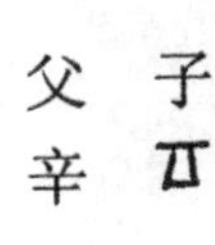

子工
父辛

06410.1

父辛亞艅觶

父辛
亞俞

06411

亞枲父辛觶

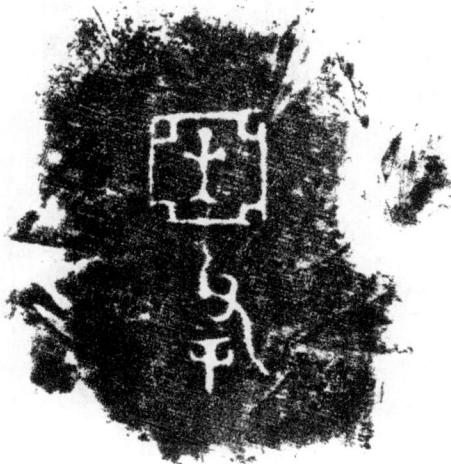

子工
父辛

06410.2

亞枲(㯻)父辛

06412

亞奱父辛觶

亞拲父辛

06413

亞孽父辛觶

亞孿父辛

06414

弓摹父辛觶

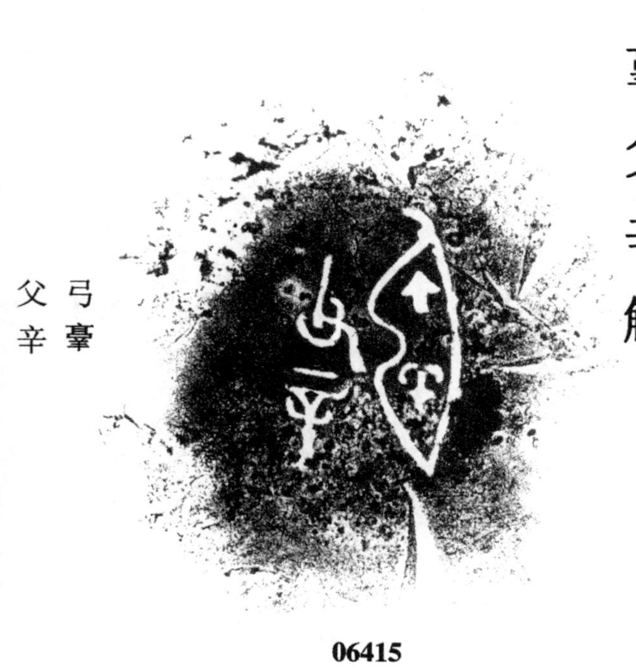

弓摹父辛

06415

逆眄父辛觶

逆舣父辛

06416

宀作父辛觶

宀乍(作)父辛

06417

寧作父辛觶

父辛寧乍(作)

06419

宆察父辛觶

宆察父辛

06418

子[illegible]父癸觶

子[illegible](衛)父癸

06420

亞食父癸觶

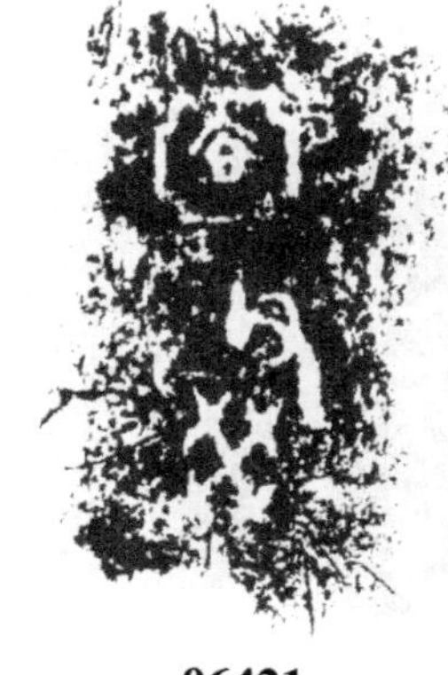

亞食父癸

06421

尹舟父癸觶

尹舟父癸

06422

亝豺父癸觶

齊豺父癸

06423

父癸何觶

何父癸寤

06424

⿲幸丨幸父癸觶

⿲幸丨幸
父
癸

06425

⿻乂木作父癸觶

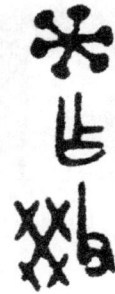

⿻乂木
乍（作）父癸

06426

光作母辛觶

光乍（作）每（母）辛

06427

婦廙册觶

婦嫊廙册

06428

亞若癸觶

亞若癸冉

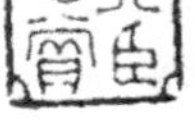

06430.1

㚤兄日壬觶

㚤兄日壬

06429

亞若癸冉

06430.2

員觶

員乍(作)
旅彝

06431.1

員乍(作)
旅彝

06431.2

員觶

員乍(作)
旅彝

06432.1

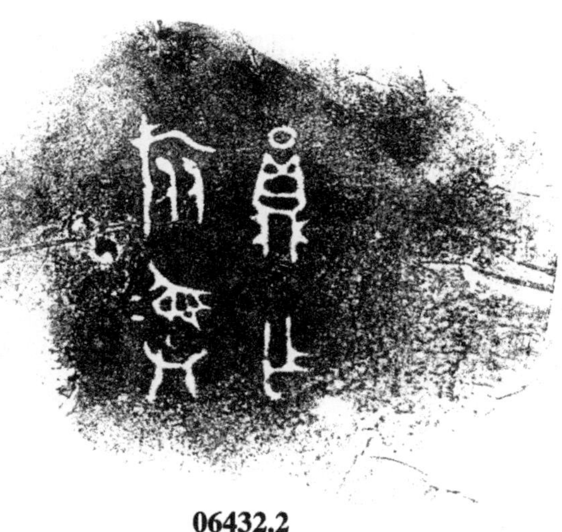

員乍(作)
旅彝

06432.2

戈器觶

戈器乍（作）厥

06433

季作旅彝觶

季乍（作）旅彝

06434

作⿰耒丮從彝觶

乍（作）⿰耒丮（封）從彝

06435.1

乍（作）⿰耒丮（封）從彝

06435.2

逨觶

逨(徠)乍(作)寶彝

06436

作寶尊彝觶

乍(作)寶尊彝

06438.1

耒作寶彝觶

耒乍(作)寶彝

06437

乍(作)寶尊彝

06438.2

厚且戊觶

厚祖戊

06439

亞矣父乙觶

亞疑啟(捭)父乙

06440

高作父乙觶

高乍(作)父乙彝

06441

逋作父乙觶

同(坰)逋乍(作)
父乙

06442

劦册父丁觶

劦册竹父丁

06444

登串父丁觶

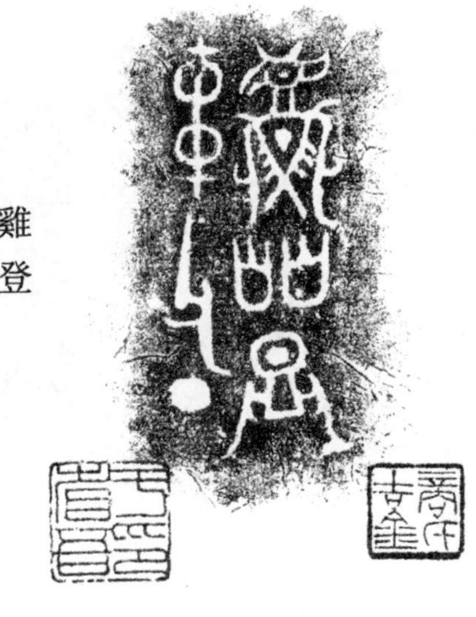

雞登
串父丁

06443

宁册父丁觶

庚宁
册父丁

06445

聮作父丁觶

聮(聯)子

乍(作)父丁

06446

䱷作父丁觶

䱷乍(作)父丁，㒳

06447

作父辛觶

乍（作）父辛
寶尊

06448

小集母乙觶

母乙
*小集

06450.1

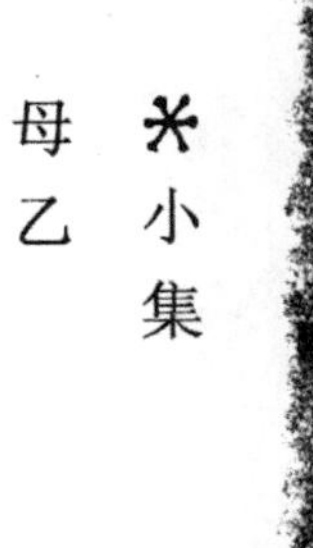

*小集
母乙

06450.2

□作父癸觶

□乍（作）
父癸，ㄐ

06449

姑亘母觶

乍（作）寶
姑亘母

06451

矢王觶

矢王乍（作）寶彝

06452.1

矢王乍（作）寶彝

06452.2

夌伯觶

夌伯乍(作)寶彝

06453

伯戜觶

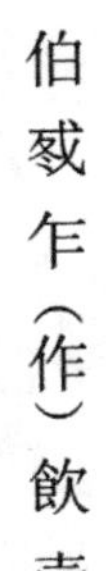

伯戜乍(作)飲壺

06454

伯戜觶

伯戜乍(作)旅彝

06455

伯作姬觶

飲壺
伯乍(作)姬

06456.1

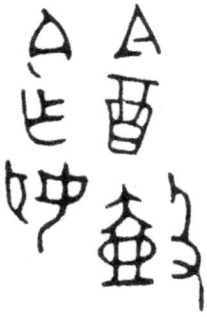

飲壺
伯乍(作)姬

06456.2

井叔觶

井叔乍(作)
飲壺

06457

叔偈父觶

叔偈父乍（作）姜

06458

事作小旅彝觶

事乍（作）小旅彝

06460

邑觶

邑乍（作）寶尊彝

06459

亘觶

亘丰（丰）𤔲（琑）乍（作）彝

06461

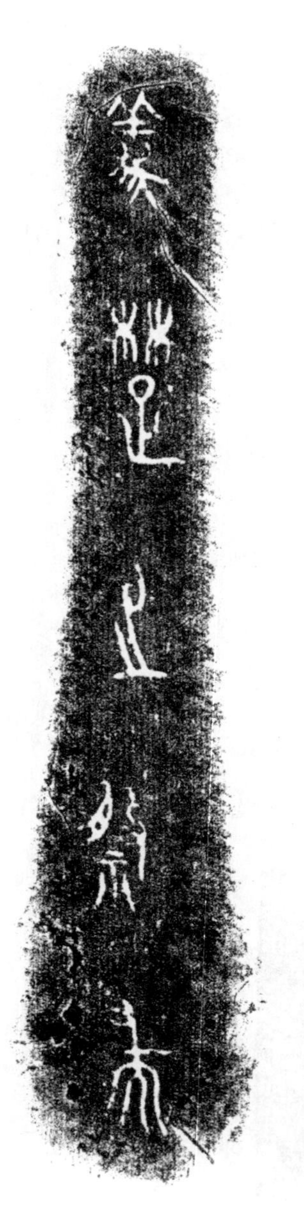

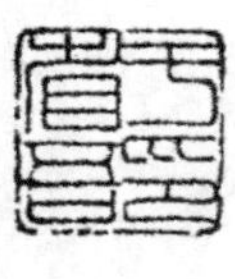

義楚之祭耑(觶)

06462

邑且辛父辛觶

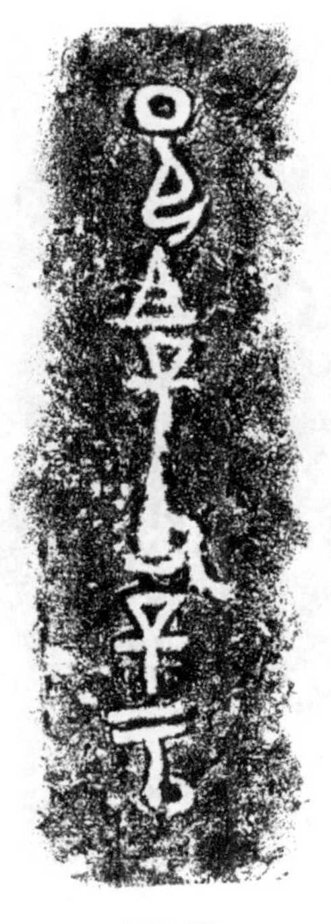

邑祖辛、父辛，云

06463

亞吴匕辛觶

曩侯亞疑妣辛

06464

亞聿豕父乙觶

亞聿萬豕父乙

06465

尚作父乙觶

尚乍（作）父乙彝，鳥

06466

丰作父乙觶

丰（丰）乍（作）父乙尊彝

06467

小臣作父乙觶

小臣乍（作）父乙寶彝

06468

雁事作父乙觶

膺(應)事乍(作)
父乙寶

06469

作父丁觶

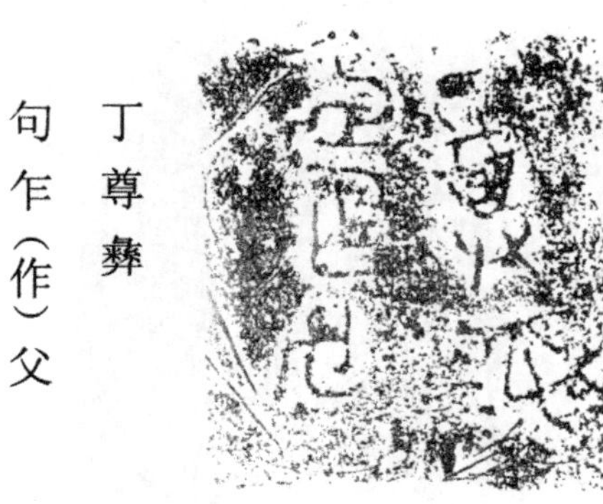

句乍(作)父
丁尊彝

06471

作父丙觶

[illegible]乍(作)父丙
尊彝

06470

作禦父辛觶

耳牡乍(作)
禦父辛

06472

作父辛觶

□乍(作)父辛寶尊彝

06473

朕作父癸觶

朕乍(作)父癸尊彝

06475

敄作父癸觶

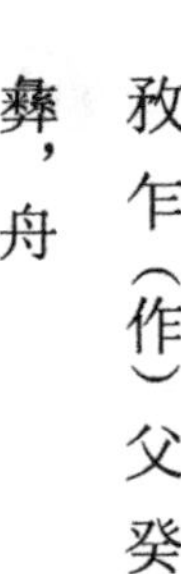

敄乍(作)父癸彝，舟

06474

北子⿱罒羊觶

北子華乍(作)旅彝

06476

伯旛觶

伯旛乍(作)
寶尊彝

06477.1

伯旛乍(作)
寶尊彝

06477.2

伯旝觶

伯旝乍（作）
寶尊彝

06478.1

伯旝乍（作）
寶尊彝

06478.2

者兒觶

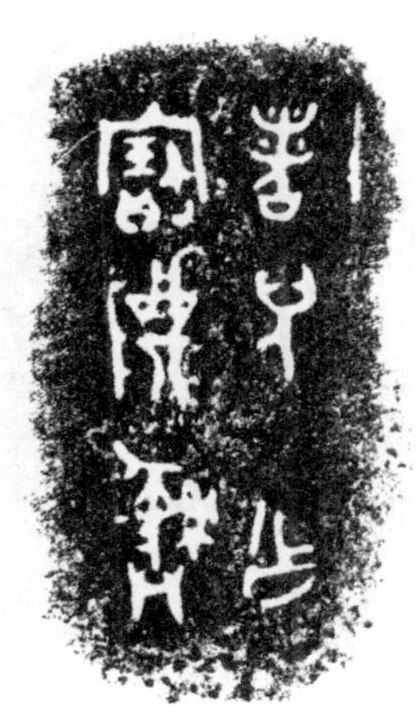

者（諸）兒乍（作）寶尊彝

06479

䢗觶

𨘷乍（作）寶尊彝

06480.1

𨘷乍（作）寶尊彝

06480.2

菐作且辛觶

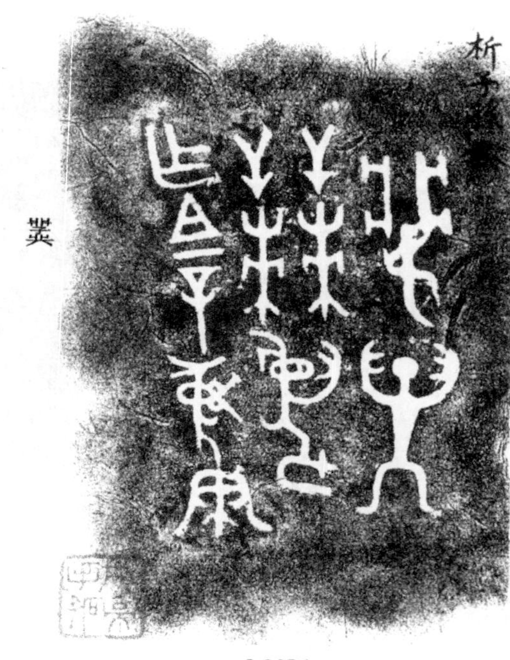

06481

菐
𦤶(𦤎)獲
乍(作)祖辛彝

作父戊觶

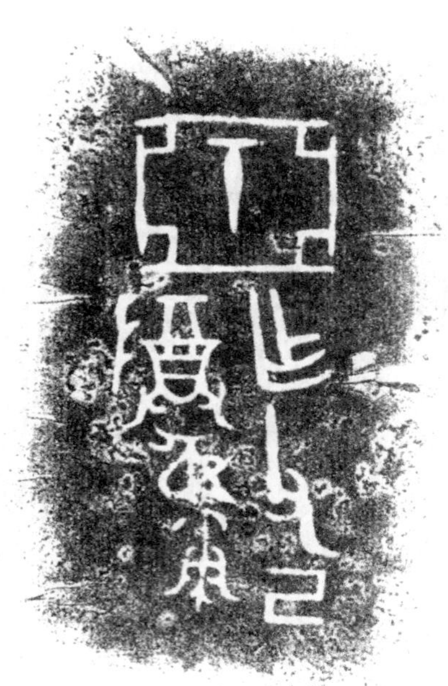

06483

乍(作)父
戊彝，亞正册

中作匕己觶

06482

中乍(作)妣己
彝，亞沚

亞丅作父己觶

06484

亞幵(竎)，乍(作)父己
尊彝

子达觶

子达乍(作)兄
日辛彝

06485

叔⿰亻⿱叀土觶

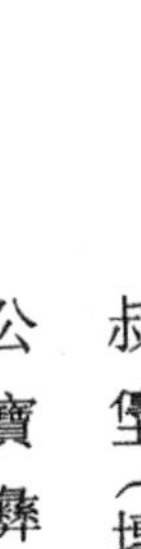

叔⿰亻⿱叀土(塼)乍(作)楷
公寶彝

06486

祉作笭觶

祉乍(作)笭公
寶尊彝

06487

冶徣觶

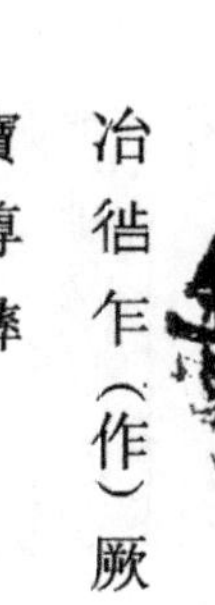

冶徣乍(作)厥
寶尊彝

06488

亦史𨘢且辛觶

齊史𨘢乍(作)
祖辛寶彝

06490

其史作且己觶

其(箕)史乍(作)祖己
寶尊彝

06489

亦史𨘢且辛觶

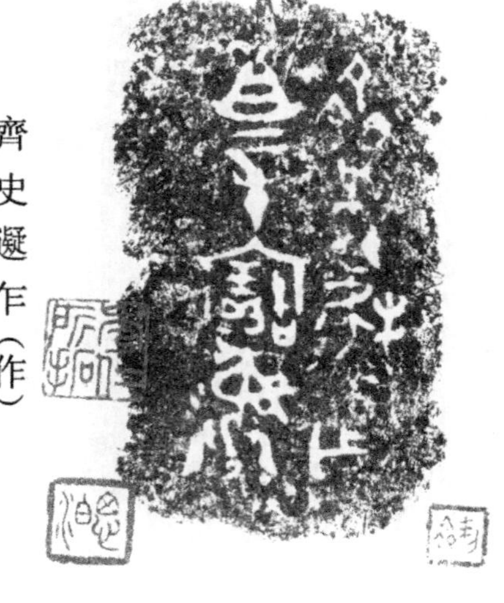

齊史𨘢乍(作)
祖辛寶彝

06491

凡作父乙觶

06492.1

五，凡乍（作）父乙
尊彝，狽

06492.2

諫作父丁觶

諫乍（作）父丁
寶尊彝，車

06493

舌仲作父丁觶

舌仲乍（作）父丁
寶尊彝

06494

邌仲作父丁觶

邌仲乍(作)父丁寶，[illegible](癶)

06495

子作父戊觶

子乍(作)父戊彝，犬山刀

06496

甚父戊觶

甚乍（作）父戊，
寶尊，□子，
甚戊，
□子

06497.1

06497.2

父己年𢊁觶

父己年𢊁，
母壬、日壬

06498

誺作父己觶

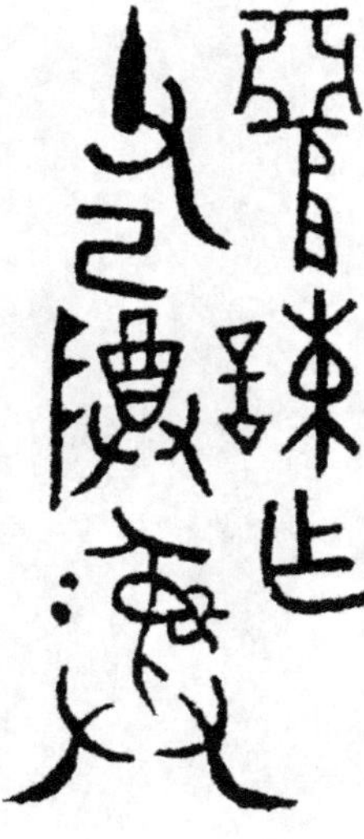

亞及，誺乍（作）
父己尊彝

06499

鼓辜作父辛觶

鼓辜乍(作)父

辛寶尊彝

06500

作父癸觶

□乍(作)父癸

寶尊彝，用

06501

木工册作母甲觶

木工册，乍(作)母甲

尊彝

06502

呂伯觶

06503

呂伯乍(作)厥取(祖)寶尊彝

何作丁辛觶

06505

何乍(作)枳(藝、禰)日辛尊彝，亞得

甾作父己觶

06504

甾作(作)父己寶尊彝，南宫

郐王㳄又觶

郐（徐）王㳄又之耑（觶），

耑（觶）溅之炣（炥）

06506

北子觶

北子乍(作)寶尊彝，其邁(萬)禾(年)，孫子子永寶

06507.1

北子乍(作)寶尊彝，其邁(萬)禾(年)，孫子子永寶

06507.2

𢀛觶

𢀛肇貝宁（貯），用乍（作）父乙寶尊彝，雋册

06508

䣄觶

乙丑，䣄賜貝于公仲，用乍（作）寶尊彝

06509.2

乙丑，䣄賜貝于公仲，用乍（作）寶尊彝

06509.1

庶觶

乙丑，公仲賜
庶貝十朋，庶
用乍（作）寶尊彝

06510.1

乙丑，公仲賜
庶貝十朋，庶用
乍（作）寶尊彝

06510.2

具仲觶

具仲乍（作）倗
生（甥）飲壺，匄
三壽、懿
德、萬年

06511.1

具仲乍（作）倗
生（甥）飲壺，匄
三壽、懿
德、萬年

06511.2

小臣單觶

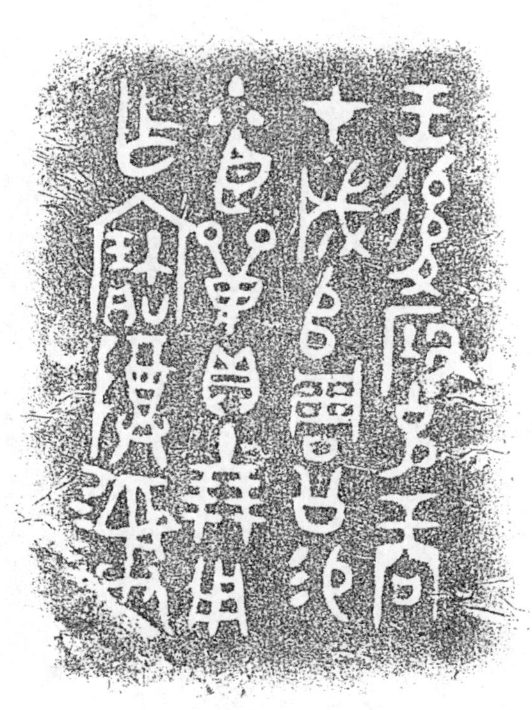

王後阪（坂、返）克商，在成師，周公賜小臣單貝十朋，用乍（作）寶尊彝

06512

䣄王義楚觶

06513

唯正月吉日丁酉，䣄（徐）王義楚擇余吉金，自酢（作）祭鍴（觶），用享于皇天，及我文殹（攷、考），永保怠（台）身，子孫寶

中觶

06514.1

王大省公族于庚，孱(振)旅，王賜中馬，自𨻰侯四騁，南宮兄(貺)，王曰：用先，中執(藝)王休，用乍(作)父乙寶尊彝

06514.2

王大省公族于庚，孱(振)旅，王賜中馬，自𨻰侯四騁，南宮兄(貺)，王曰：用先，中執(藝)王休，用乍(作)父乙寶尊彝

萬諆觶

萬諆乍（作）兹晨（觶），用享栖尹人，配用[illegible]，侃（衎）多友，其鼎此旆祼，用寧室人、[illegible]人，萬年寶，用乍（作）念于多友

06515

趩觶

唯三月初吉乙卯，王在周，各大室，咸井叔入右（佑）趩，王乎內史册令（命）趩：更厥祖考服，賜趩戠（織）衣、載（緇）芾、冋（絅）黄（衡）、旂，趩拜䭫首，揚王休，對趩蔑曆，用乍（作）寶尊彝，𠦪（百）世孫子毋敢㒸（墜），永寶，唯王二祀

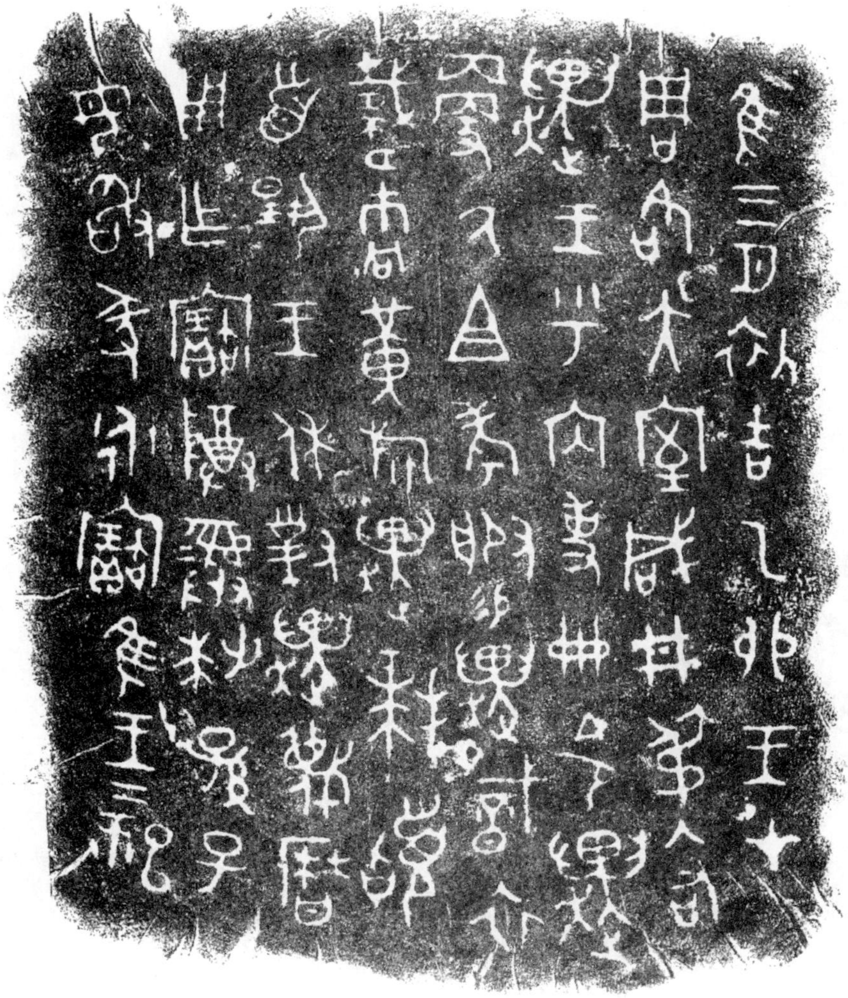

06516

且觚

祖

06520

母觚

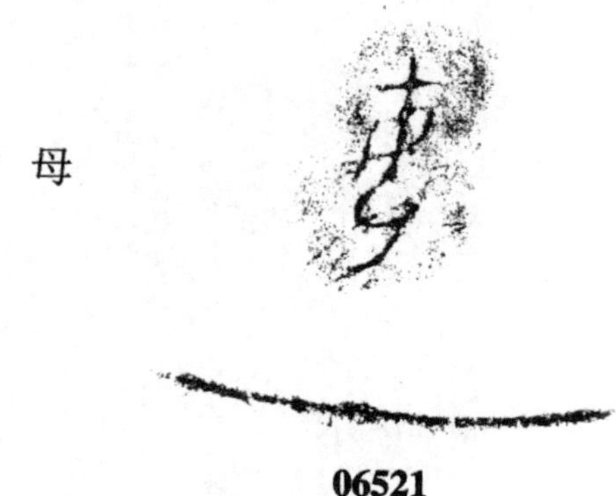

母

06521

婦觚

婦

06522

媓觚

媓

06523

子觚

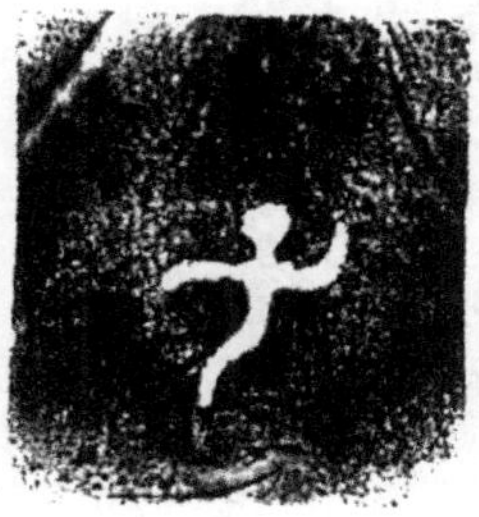

子

06524

子觚

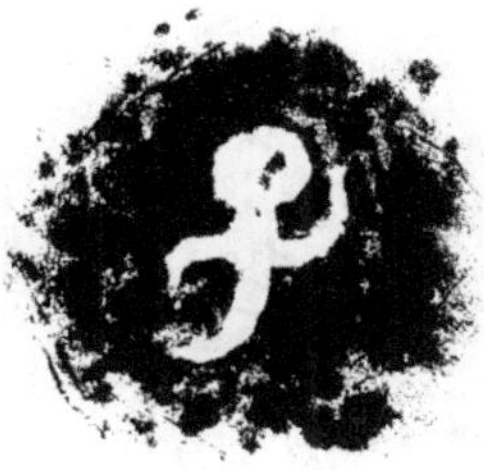

子

06525

子觚

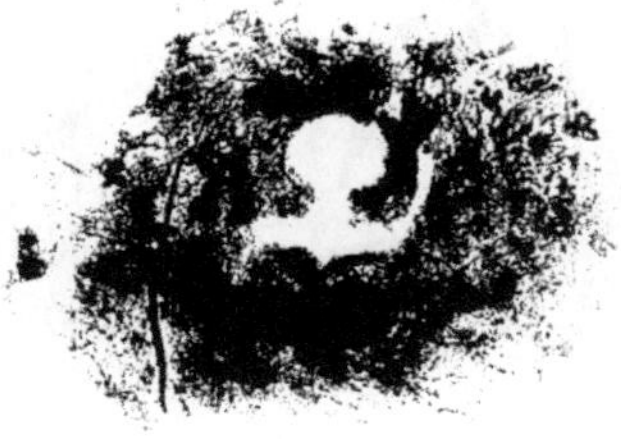

子

06526

子觚

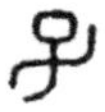

子

06527

子觚

子

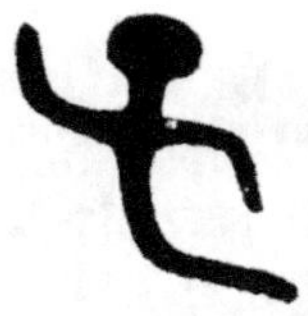

06528

子觚

子

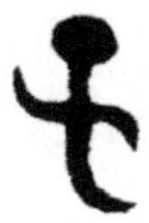

06529

字觚

字

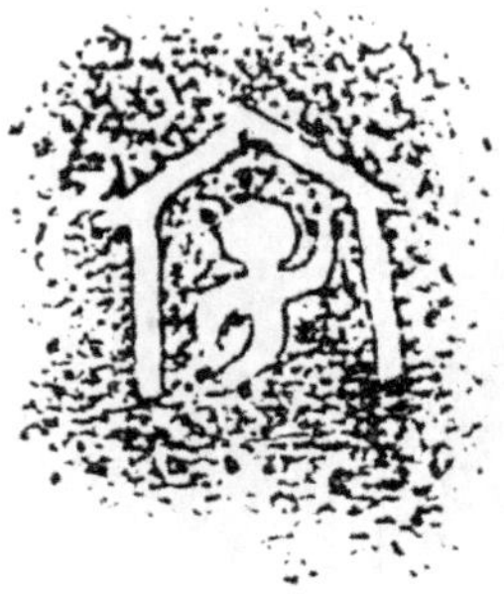

06530

孖觚

孖

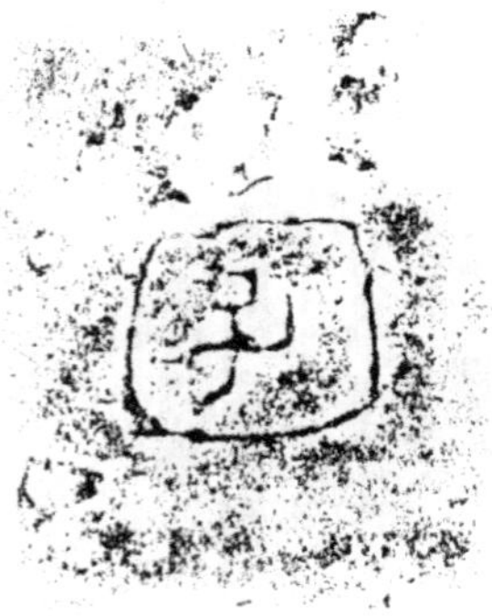

06531

旅觚

旅

06532

旅觚

旅

06533

旅觚

旅

06534

旅
觚

旅

06535

旅
觚

旅

06536

盘觚

盘（鲁）

06537

㚔觚

㚔

06538

𡗜觚

𡗜

06539

共觚

共

06540

[glyph]觚

[glyph]

06542

[glyph]觚

共

06541

天觚

天

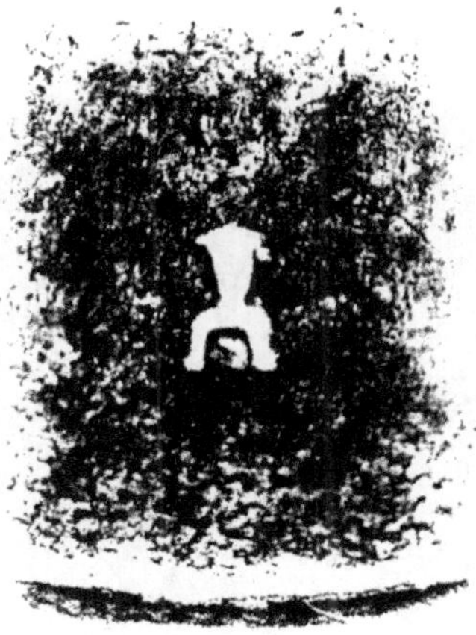

06543

天觚

天

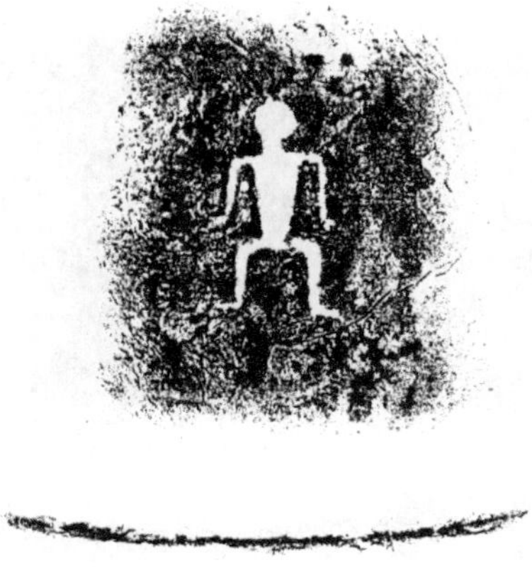

06544

天觚

天

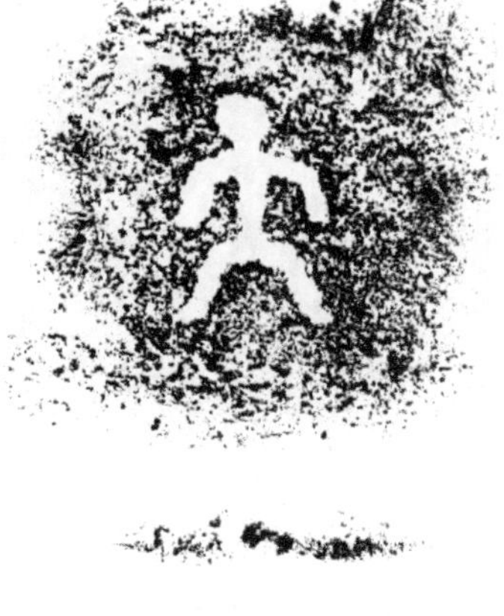

06545

屰觚

屰

06546

夫觚

夫

06547

夫觚

夫

06548

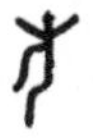

觚

佚

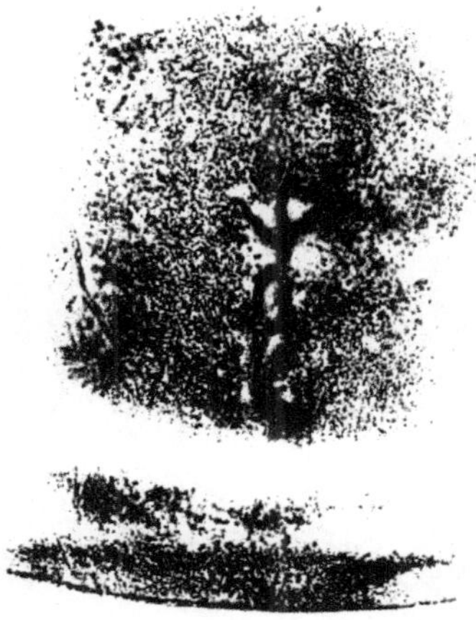

06549

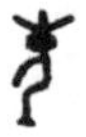

觚

佚

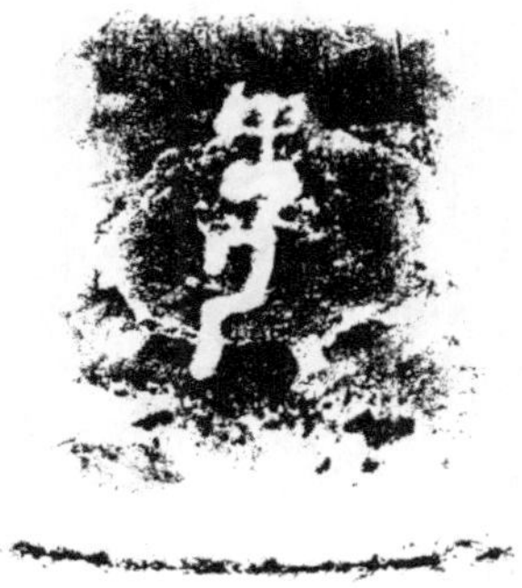

06550

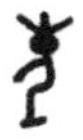

觚

佚

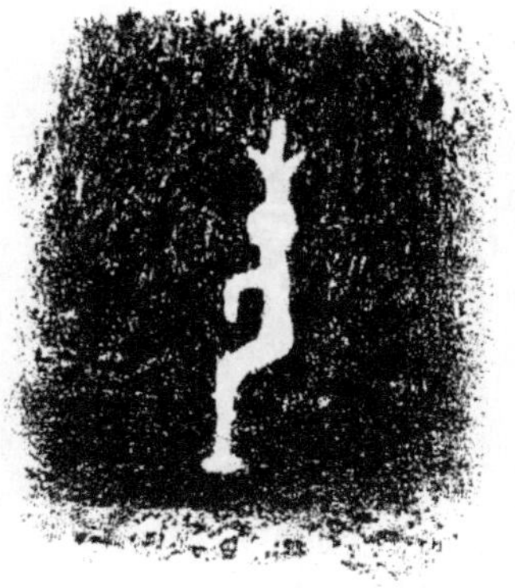

06551

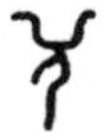

觚

裏

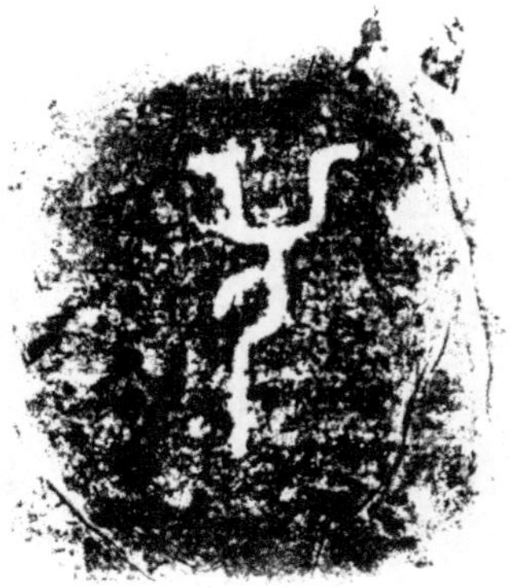

06552

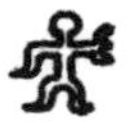

觚

(抓)

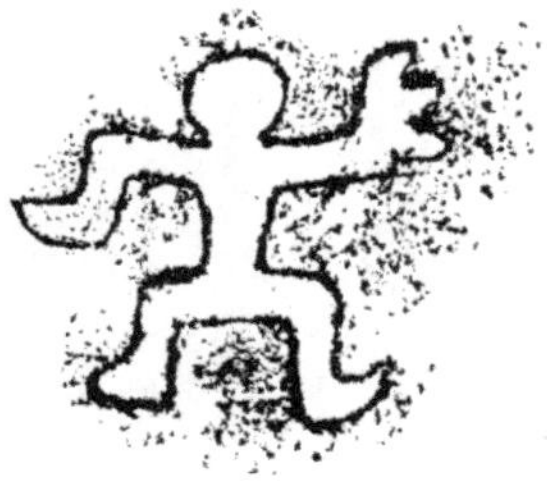

06554

觚

([扌+𠂢])

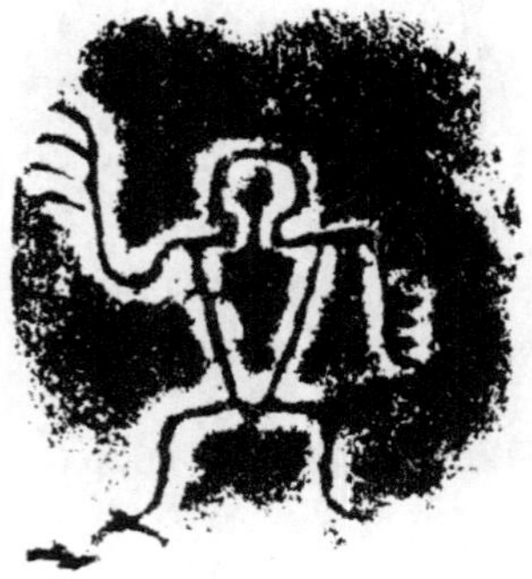

06553

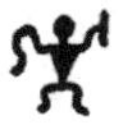

觚

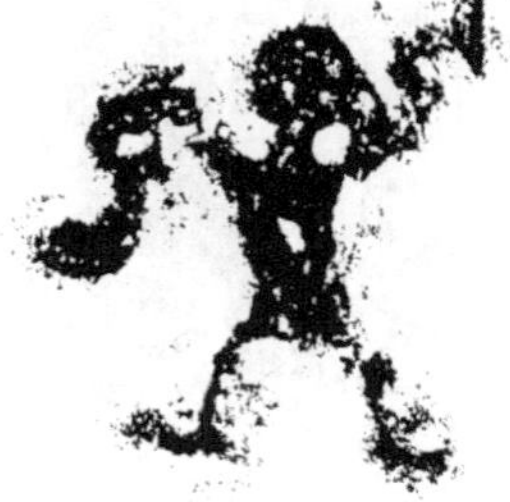

06555

觚

06556

参

06557

06558

夨觚

夨

06559

奚觚

奚

06561

觚

（昗）

06560

⿰彳卷觚

⿰彳卷

06562

⿰彳卷觚

⿰彳卷

06563

⿰彳卷觚

⿰彳卷

06564

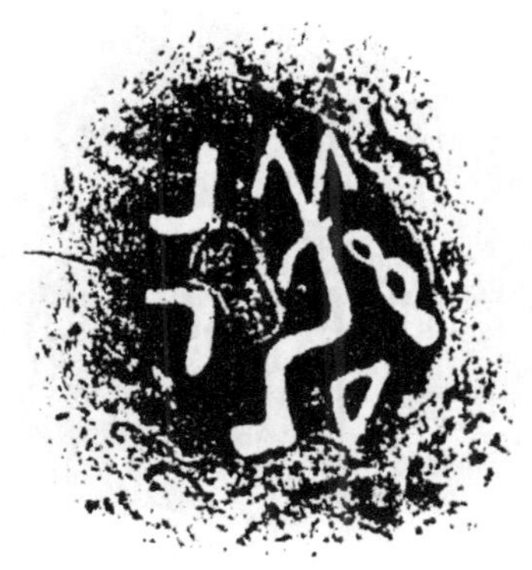

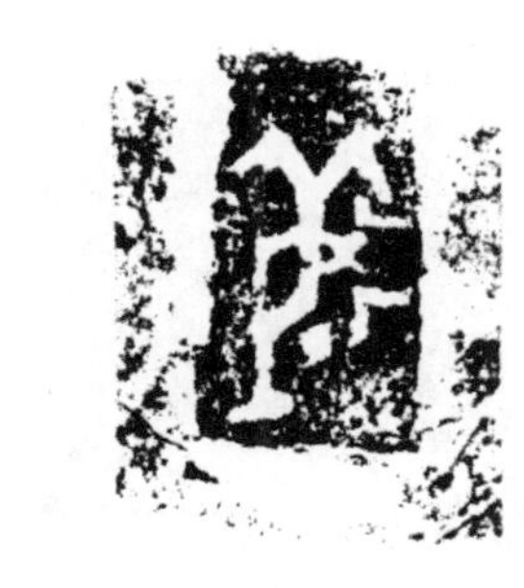

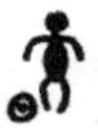
觚

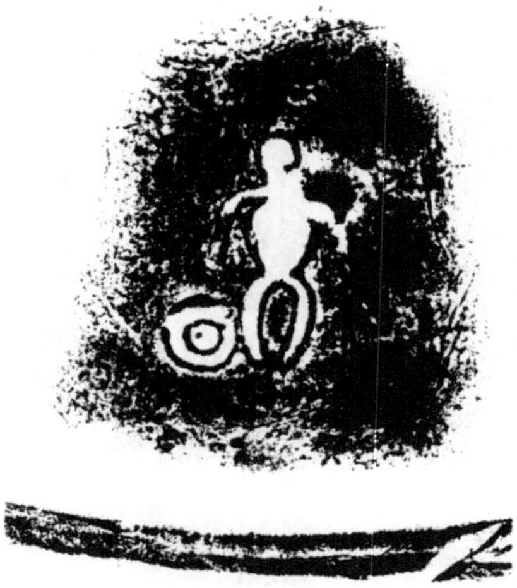

06565

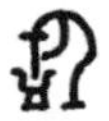
觚

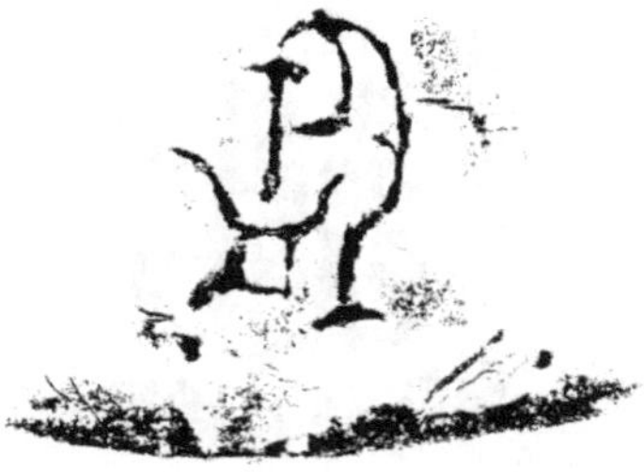

06567

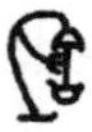
觚

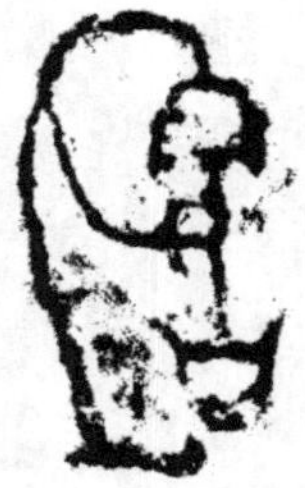

06566

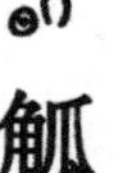

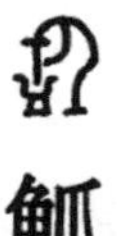

重觚

重

06568

重觚

重

06569

弔觚

弔

06570

弔觚

弔

06571

⿱大凵觚

06572

[illegible]觚

06574

[illegible]觚

06573

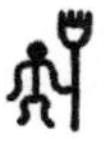觚

 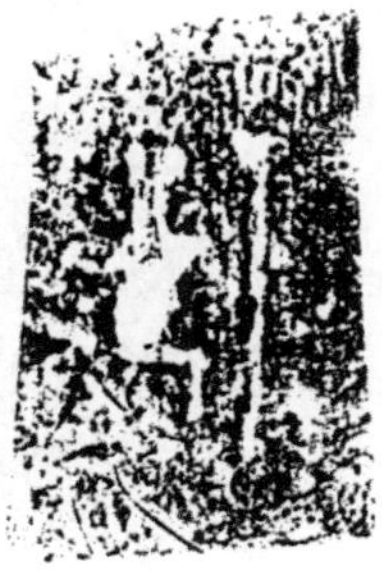

06575A

 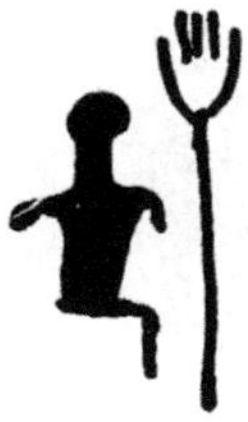

06575B

役觚

役 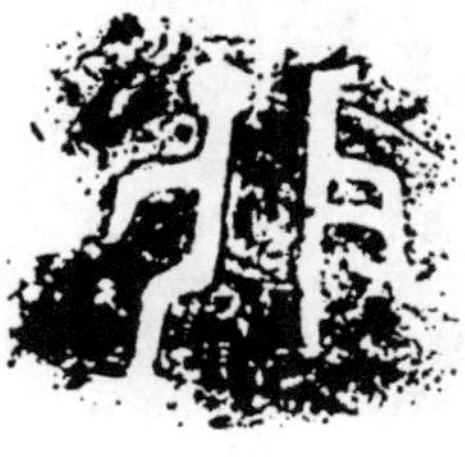

06576

何觚

何 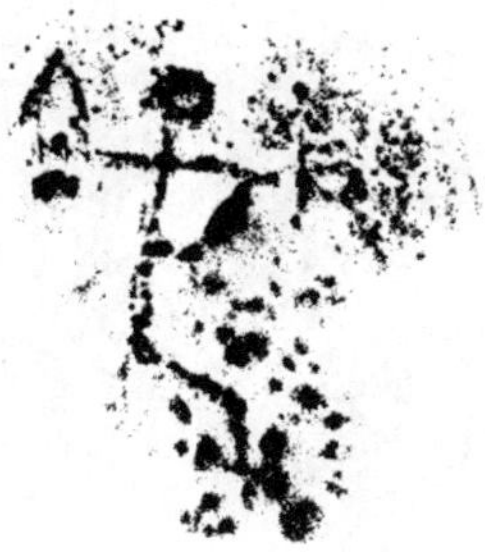

06577

牽牲形銘觚

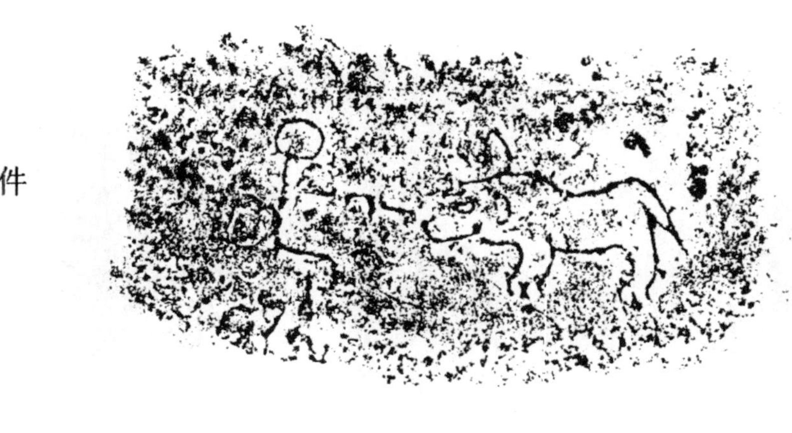

件

06578

竝觚

竝（並）

06579

舌觚

舌

06580

舌觚

舌

06581

⿱䀠又觚

⿱目又

06583

䀠觚

䀠（瞿）

06582

⿱䀠又觚

⿱目又

06584

䀠觚

䀠

06585

耴觚

耴

06586

忛觚

執（藝）

06587

左觚

左

06588

觚

06589

觚

06590

觚

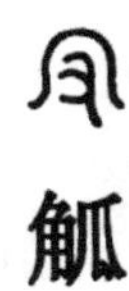

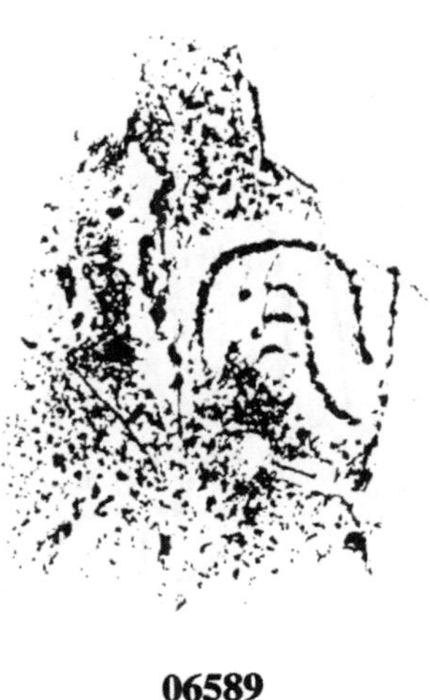

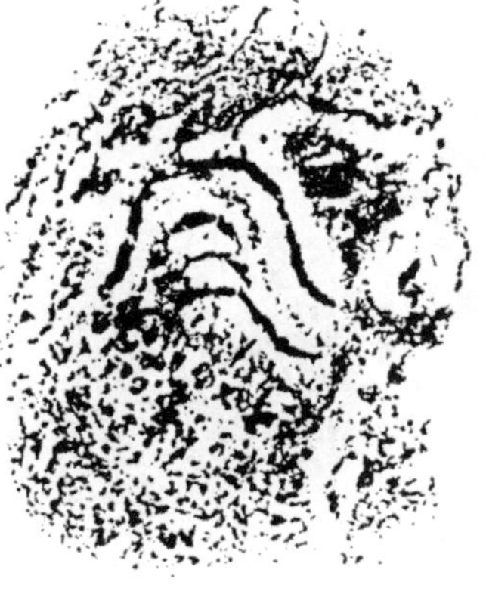

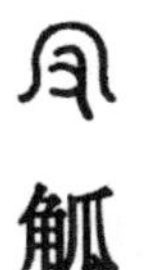

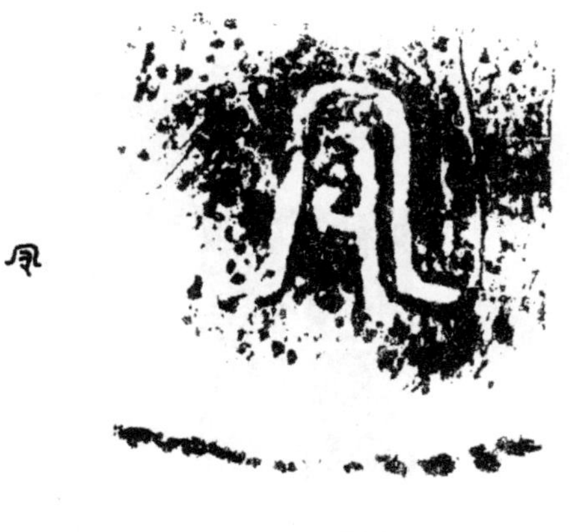

06591

觚

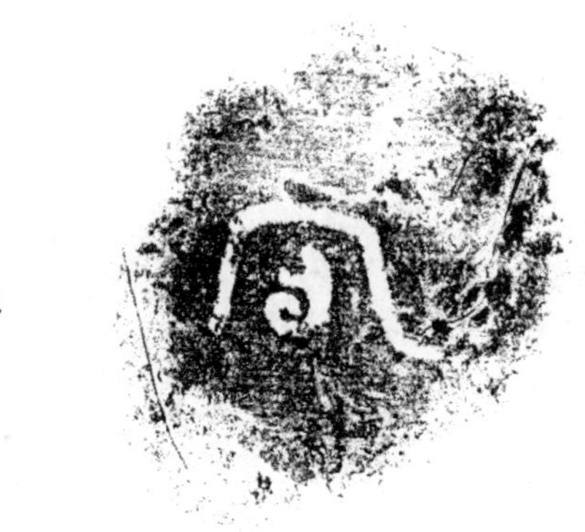

06592

𢼄觚

𢼄（啟）

06593

臤觚

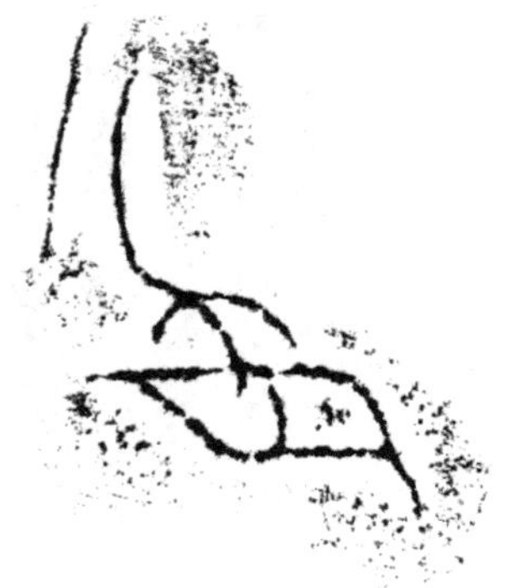

臤

06595

𢼄觚

𢼄（啟）

06594

臤觚

臤

06596

并觚

并

06597

寅觚

寅

06598

⿰矢又觚

⿰矢又（矧）

06599

共觚

共

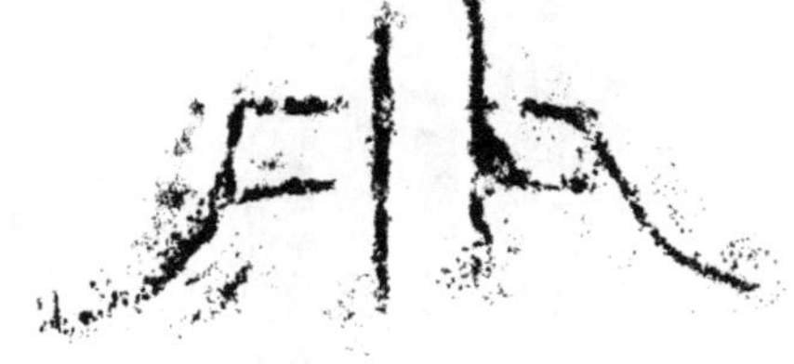

06600

受觚

受

06601

受觚

受

06603

受觚

受

06602

𠂤觚

𠂤

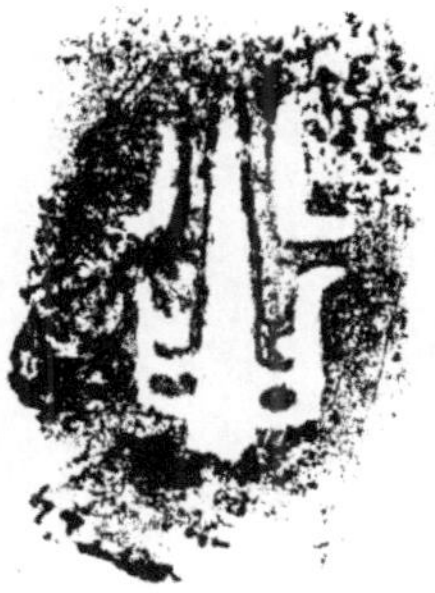

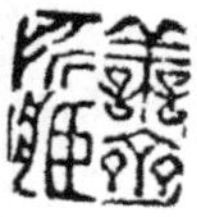

06604

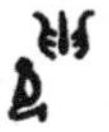觚

卷

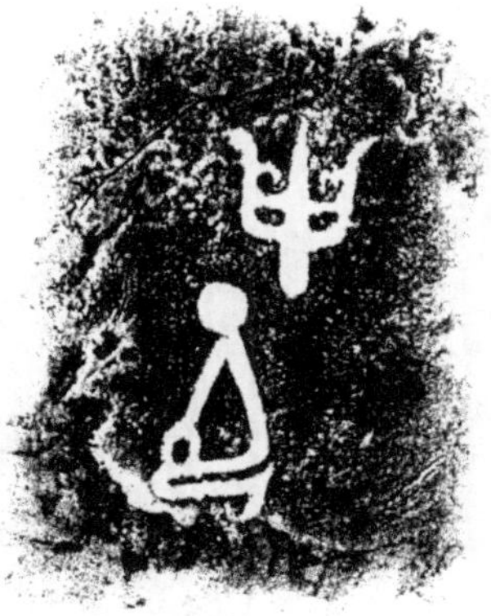

06605

秉觚

秉

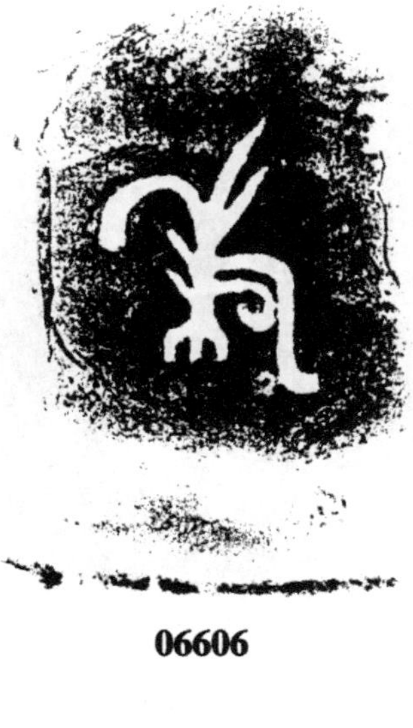

06606

史觚

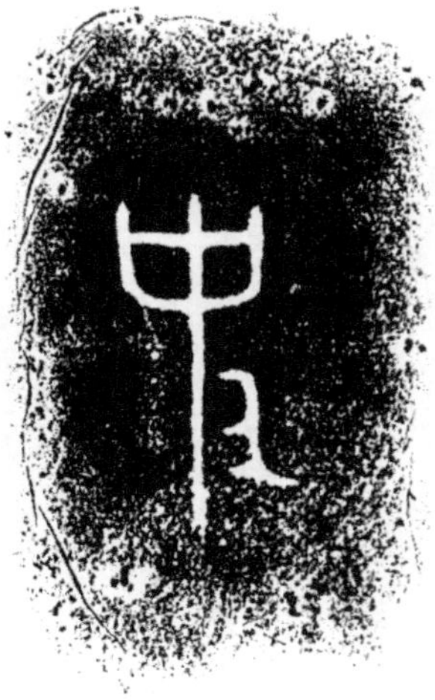

史

06607

史觚

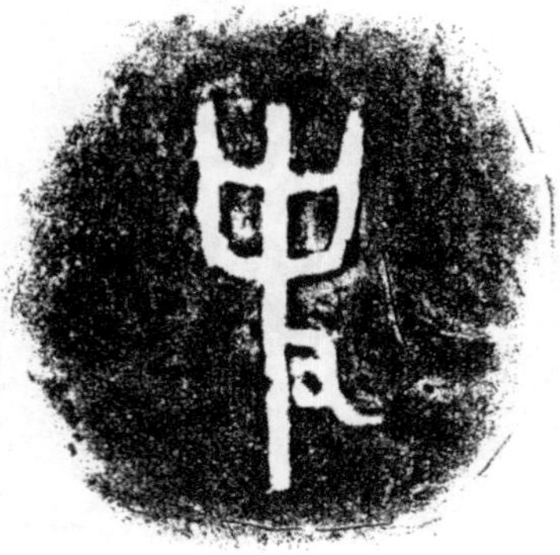

史

06608

史觚

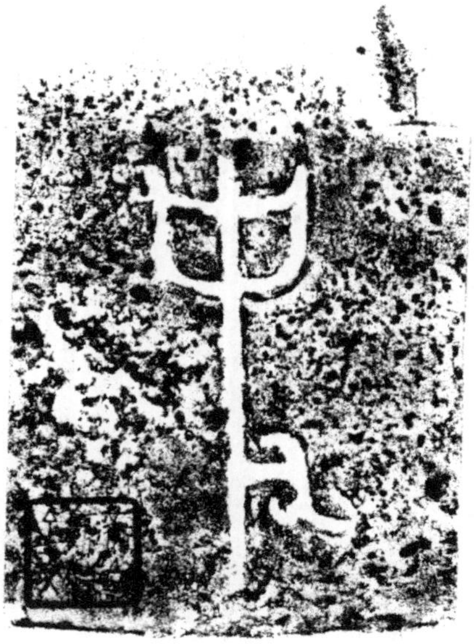

史

06609

史觚

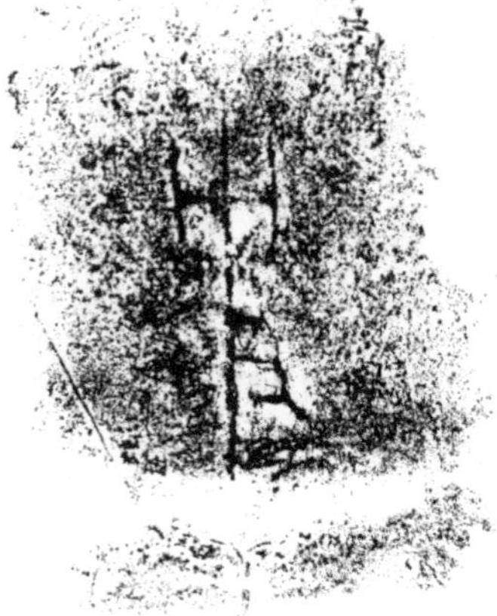

史

06610

史觚

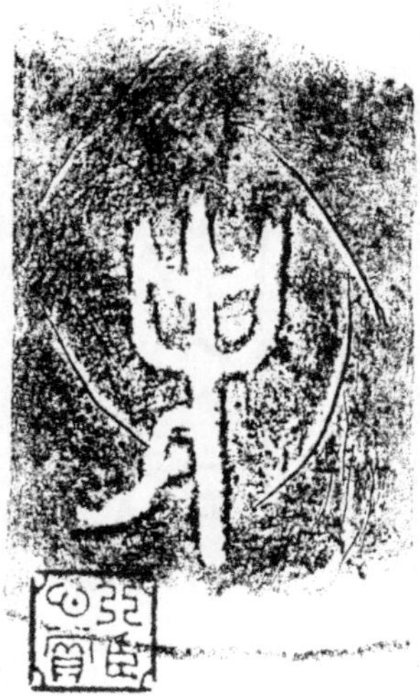

史

06611

史觚

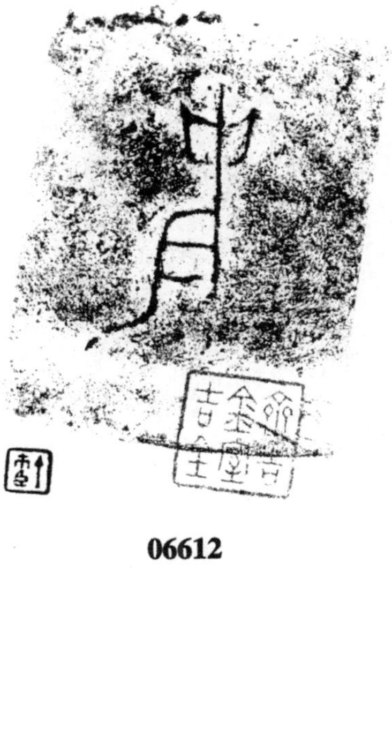

史

06612

史觚

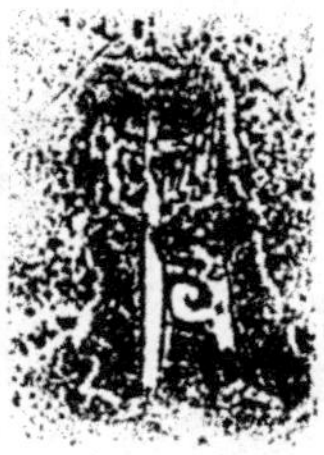

史

06613

史觚

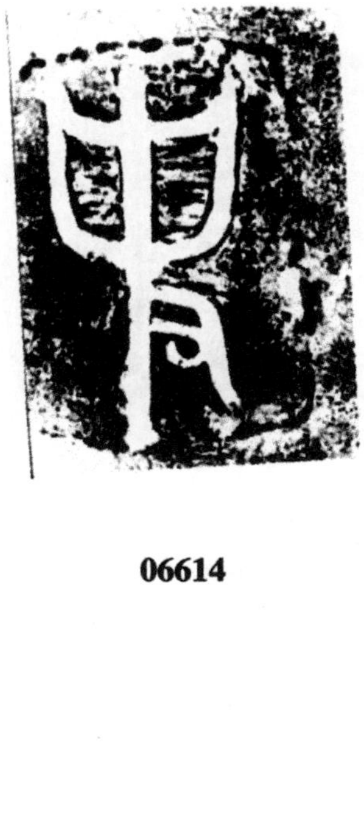

史

06614

史觚

史

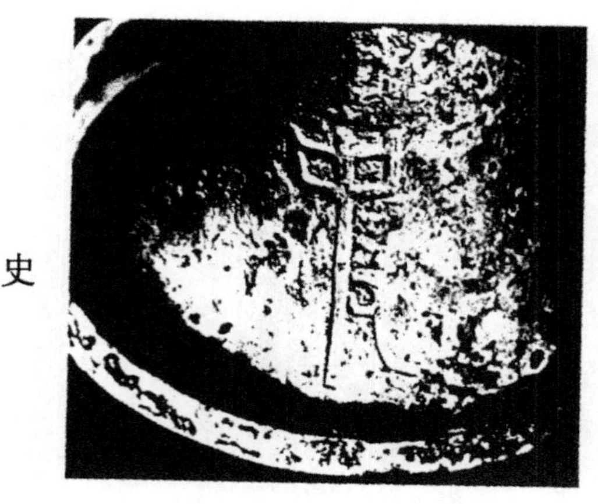

06615

史觚

史

06616

史觚

史

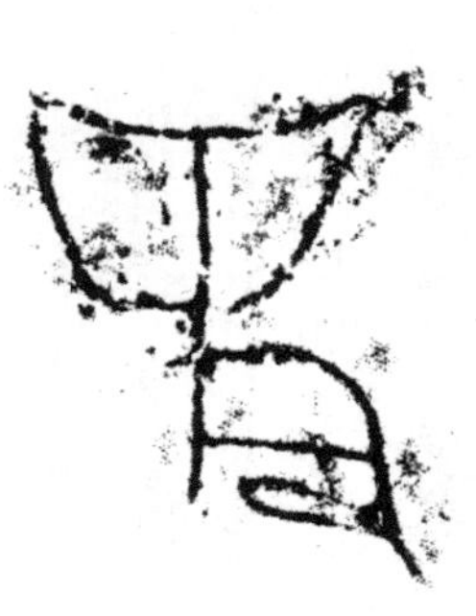

06617

史觚

史

06618

史觚

史

06619

史觚

史

06620

史觚

史

06621

史觚

史

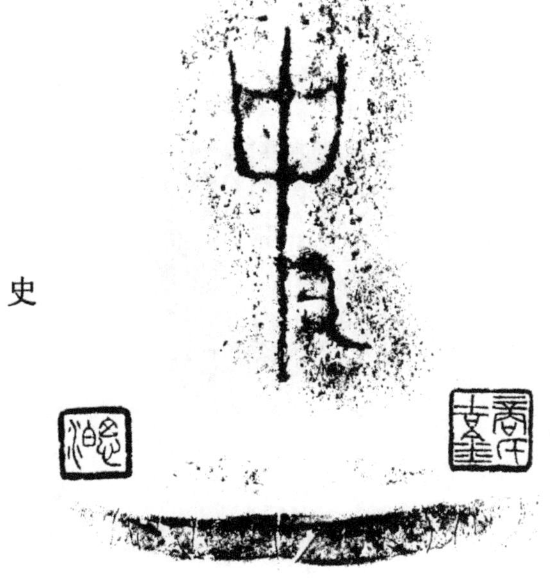

06622

史觚

史

06623

册觚

册

06624

宁觚

宁

06625

羍觚

幸（梏）

06626

㚔觚

幸(梏)

06627

𢍏觚

拲

06628

𢍏觚

拲

06629

𢍏觚

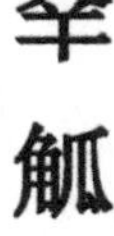

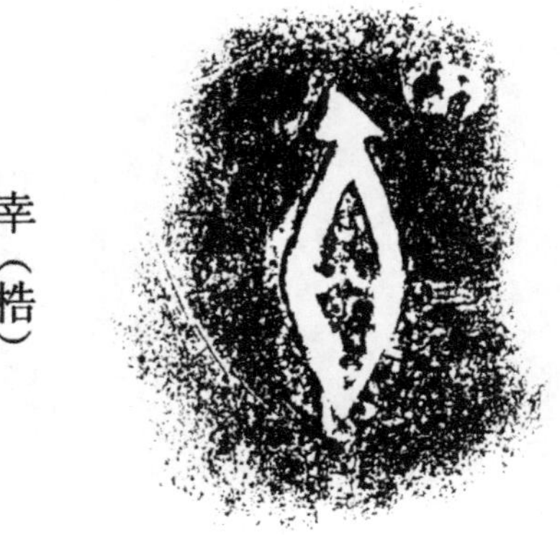

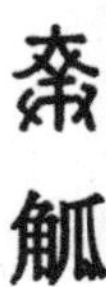

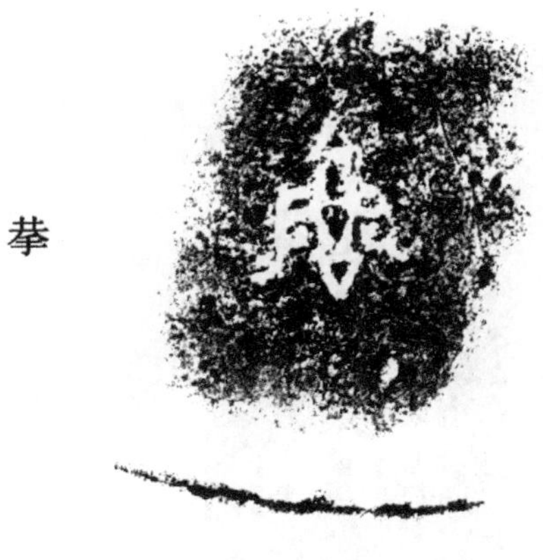

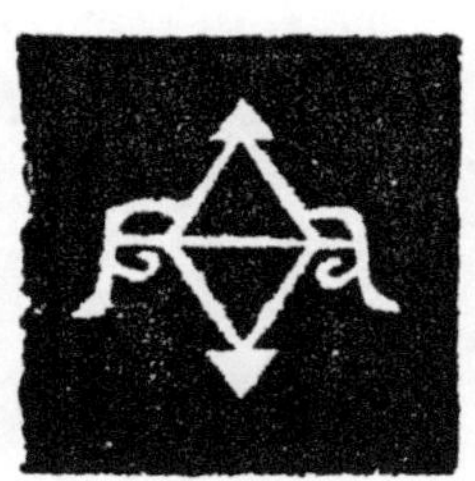

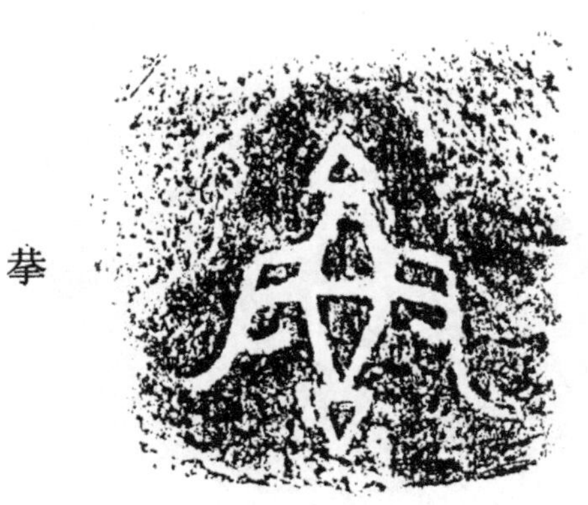

拲

06630

圉觚

圉

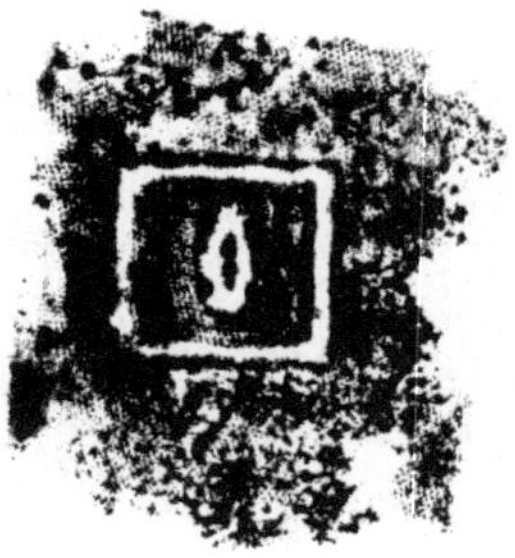

06631

步觚

步

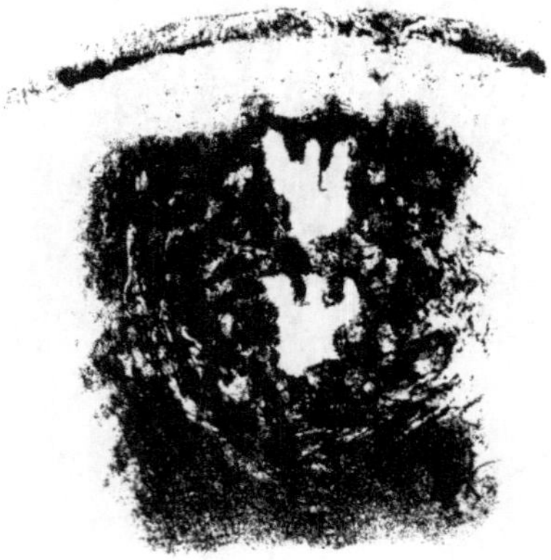

06632

徙觚

徙

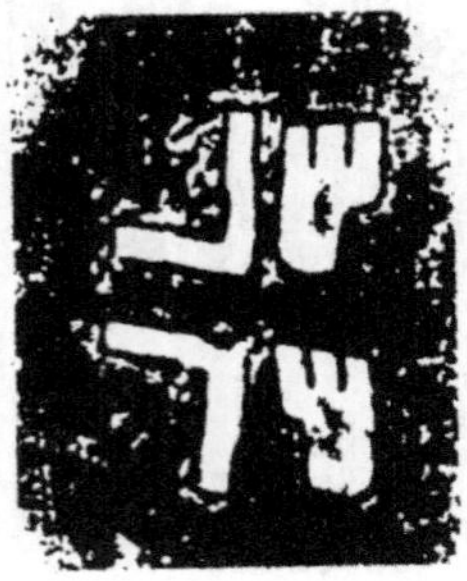

06633

得觚

得

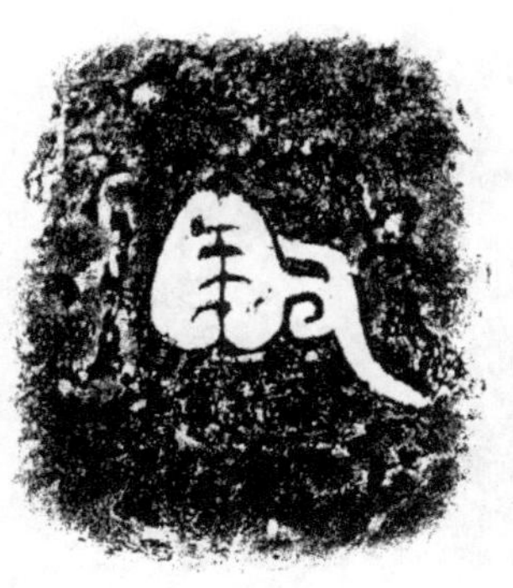

06634

正觚

正

06636

得觚

得

06635

□觚

06637

□觚

□（衛）

06638

□觚

□（衛）

06639

遽觚

遽

06640

遽觚

遽

06641

告觚

告

06642

告觚

告

06643

甾觚

淄

06644

甴觚

甾

06645

⿱宀心觚

⿱宀心（⿰忄宁）

06646

犬觚

犬

06647

⿱大豕觚

⿱大豕（⿰豸肙）

06648

⿱大豕觚

⿱大豕（⿰豸肙）

06649

豛觚

剢（豕刂）

06650

豕丁觚

延煦堂藏

豕丁

06651

圂觚

圂

06652

圂觚

圂

06653

㲋觚

㲋

06654

⿱亼⿱冊豕觚

⿱罒豕

06655

羊觚

羊

06656

羊觚

羊

06657

𦍌觚

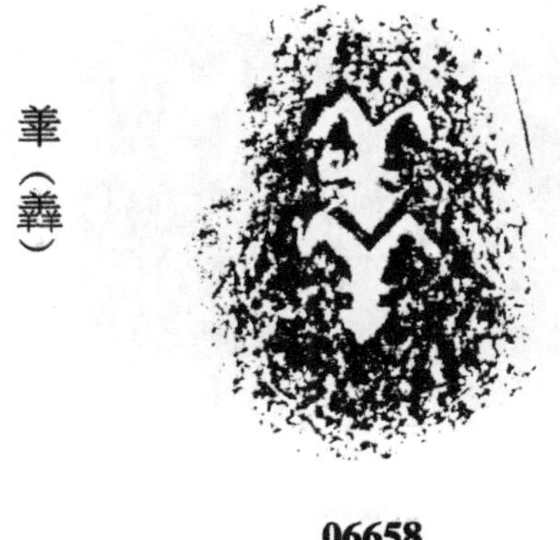

𦍌（羴）

06658

𦎫觚

𦎫

06659

𦎫觚

𦎫

06660

𦎫觚

𦎫

06661

敉觚

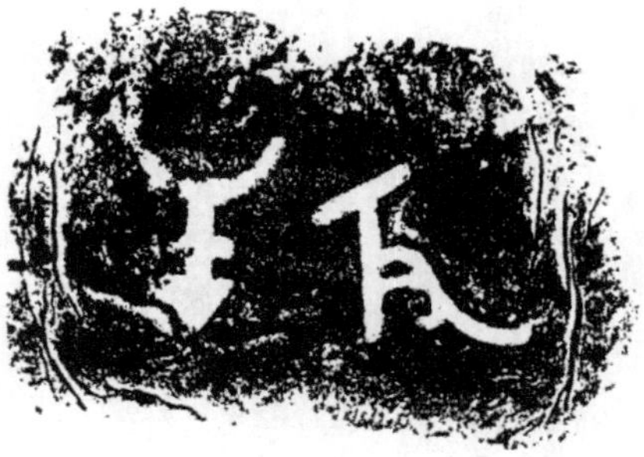

敉

06662

敉觚

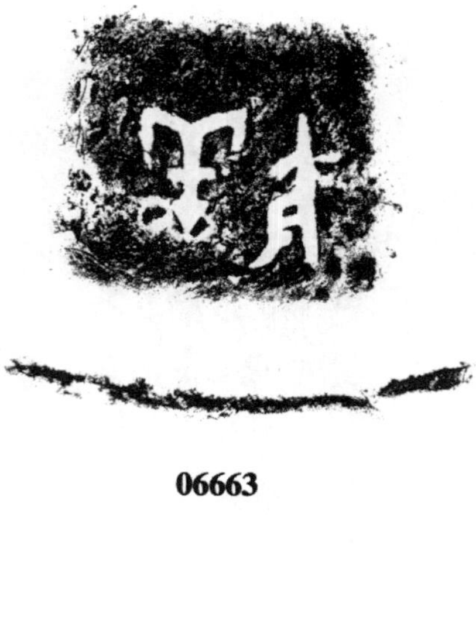

敉

06663

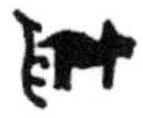觚

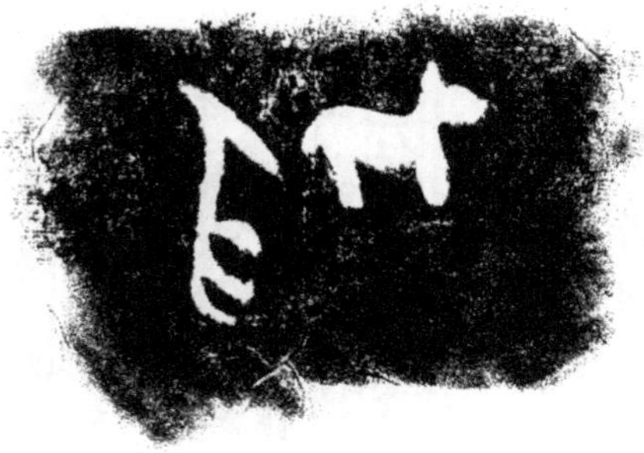

06664

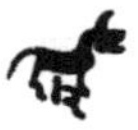觚

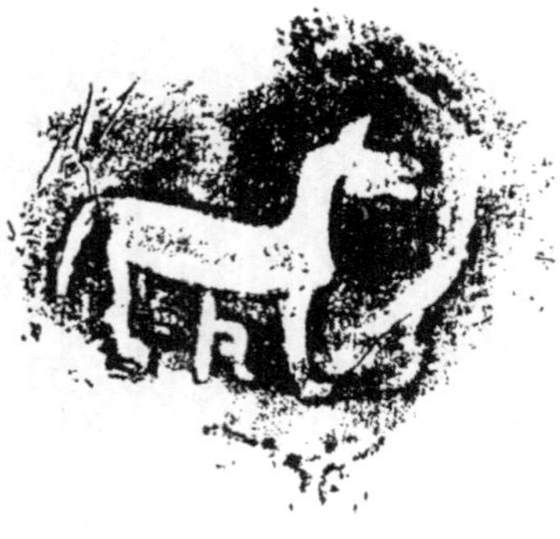

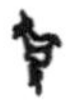

06665

鹿觚

鹿

06666

獸形銘觚

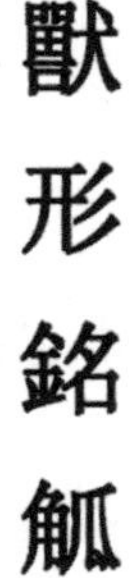

豕

06668

象觚

象

06667

獸面形銘觚

06669

獸觚

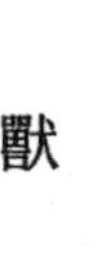

獸

06670

獸觚

獸

06671

鳥觚

鳥

06672

鳥觚

鳥

06673

鳥觚

鳥

06674

鳶觚

鳶

06676

鳥觚

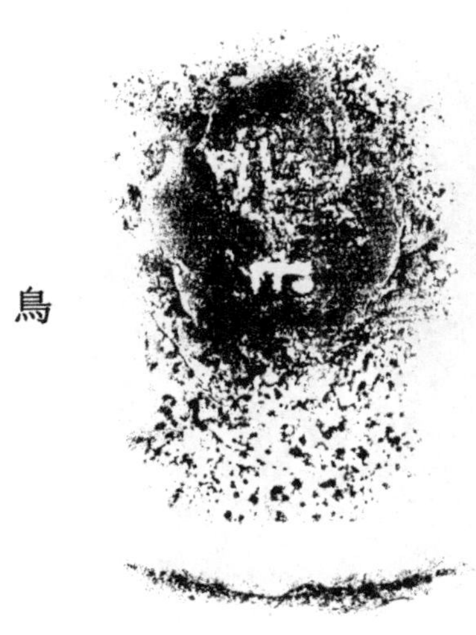

鳥

06675

鳶觚

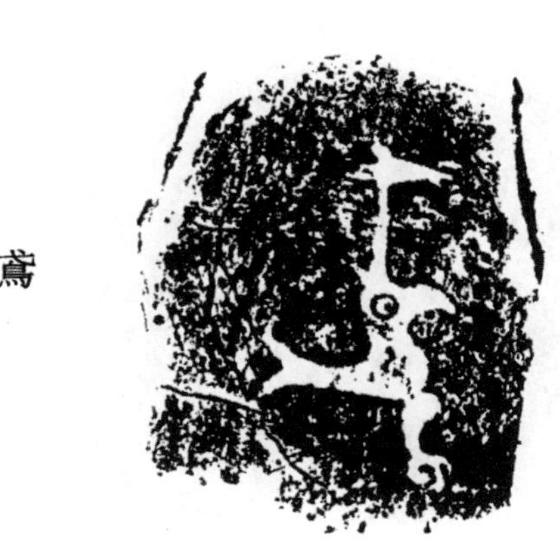

鳶

06677

鳶觚

鳶

06678

隹觚

進

06679

萬觚

萬

06680

黿觚

黿

06681

[illegible]觚

蛙

06682

魚觚

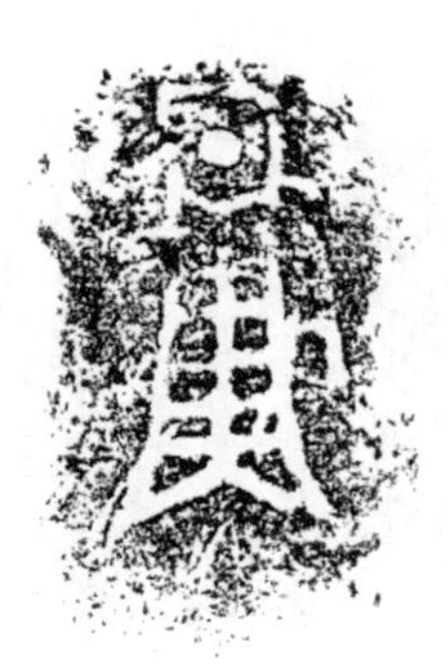

魚

06683

魚觚

魚

06684

𩵦觚

魰

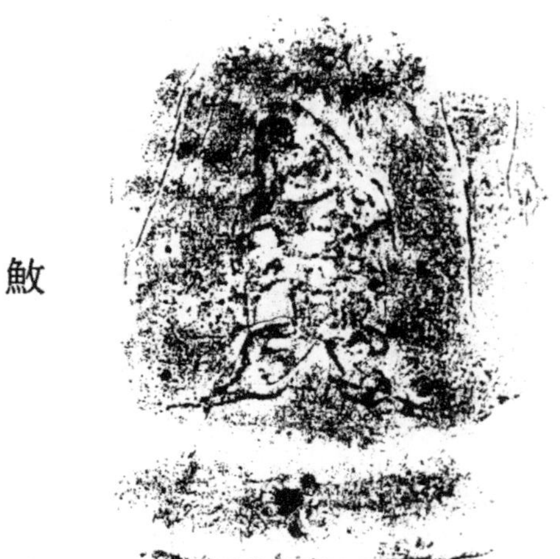

06685

𩵦觚

魰

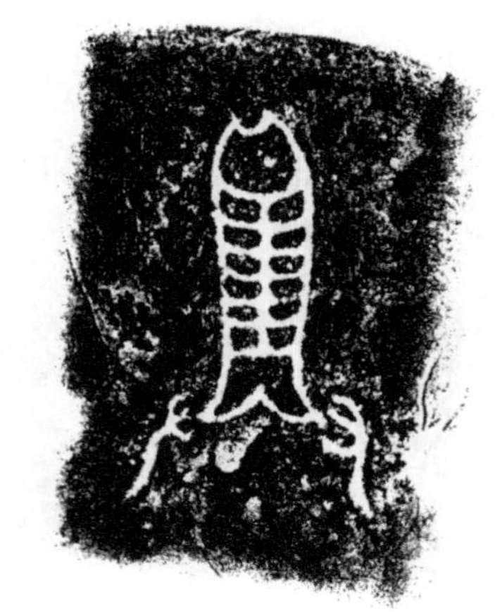

06686

戈觚

戈

06687

戈觚

戈

06688

戈觚

戈

06689

戈觚

戈

06690

戈觚

戈

06691

戈觚

戈

06692

戈觚

戈

06693

戈觚

戈

06694

戈觚

戈

06695

戈觚

戈

06696

戈觚

戈

06697

𢦔觚

𢦔（戒）

06698

𢦔觚

𢦔（戒）

06699

𢦔觚

𢦔（戒）

06700

戒觚

[大戈]（戒）

06701

戒觚

[大戈]（戒）

06702

戒觚

[大戈]（戒）

06703

戒觚

[大戈]（戒）

06704

⿰女卂觚

⿰女卂

06705

⿰女⿰大中觚

⿰女⿰大中（戎）

06706

⿰女⿰大中觚

⿰女⿰大中（戎）

06707

⿰女⿰大中觚

⿰女⿰大中（戎）

06708

□觚

□

06709

戜觚

聝

06711

□觚

□

06710

戜觚

戜

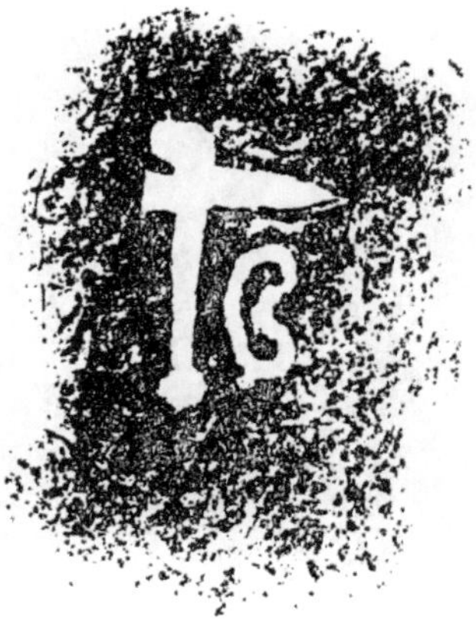

06712

戜觚

戜

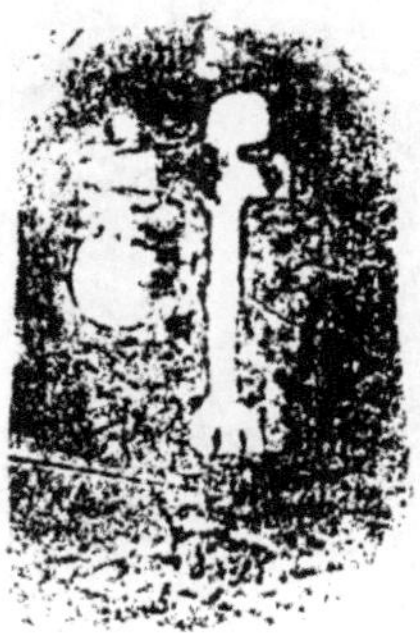

06713

戜觚

戜

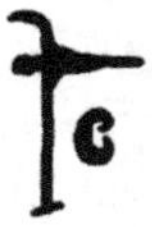

06714

戜觚

戜

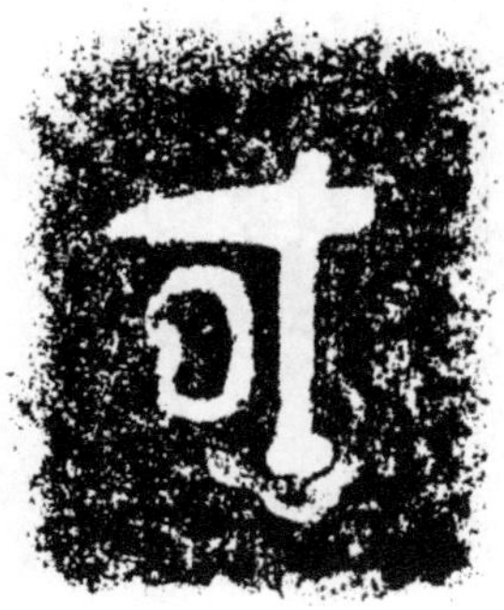

06715

⿰关犬觚

尧（暂）

06716

关觚

尧（暂）

06717

伐觚

伐

06718

[illegible]觚

[illegible]

06719

♉觚

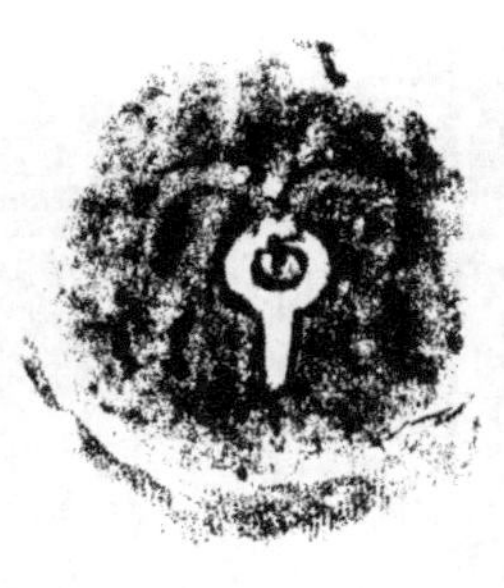

干

06720

[illegible]庸

[illegible]（庚）

06721

庚觚

庚

06722

辛觚

辛

06723

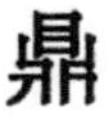
鼎觚

鼎

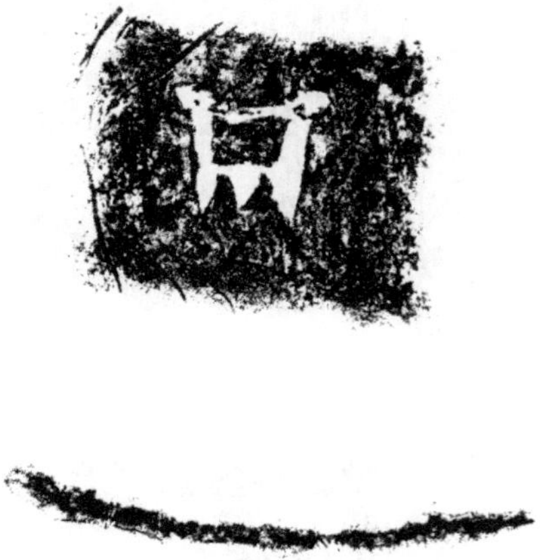

06724

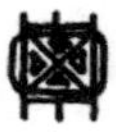
觚

⿰木卤

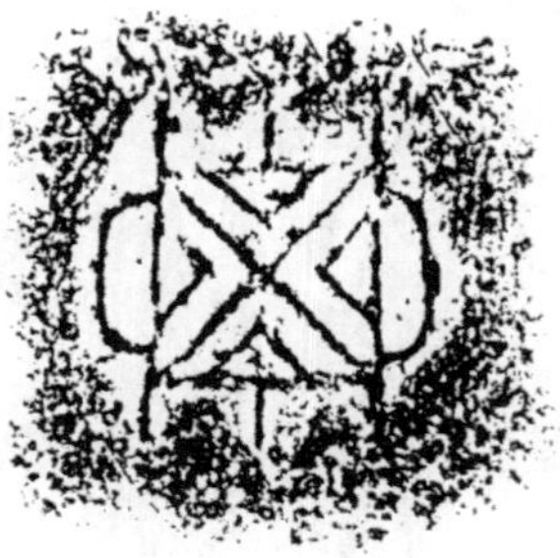

06725

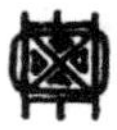
觚

⿰木卤

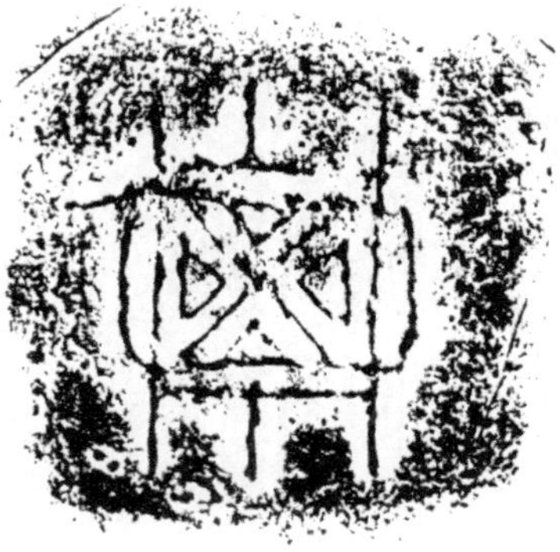

06726

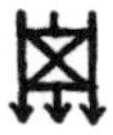
觶

⿰矢宁

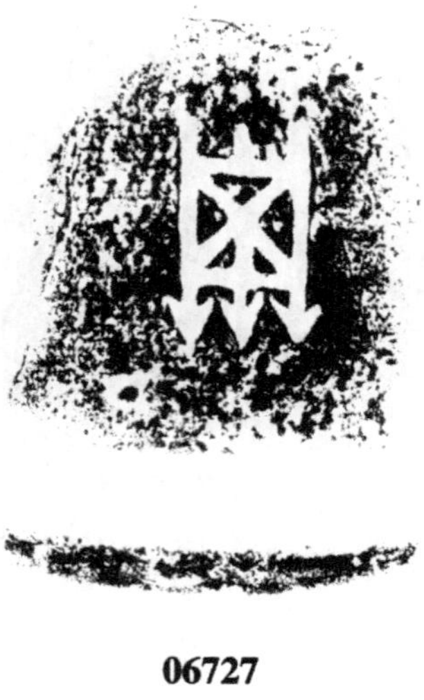

06727

觚

06728

觚

06729

觚

06730

觚

06731

亼觚

亼

06732

亼觚

06733

觚

06734

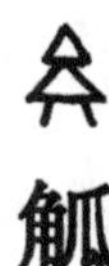

觚

06735

觚

06736

觚

06737

亯觚

亯

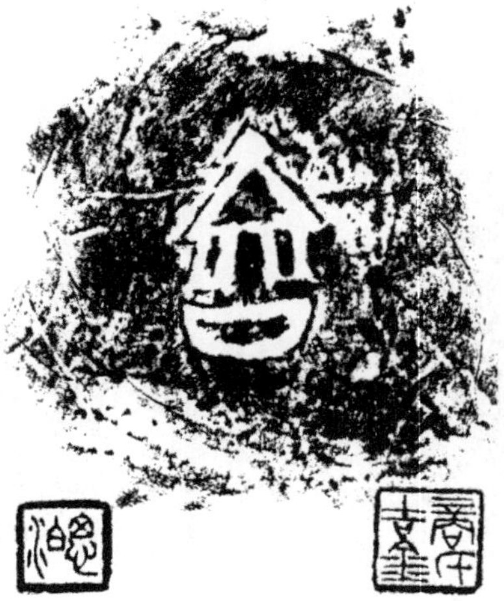

06738

亯觚

亯

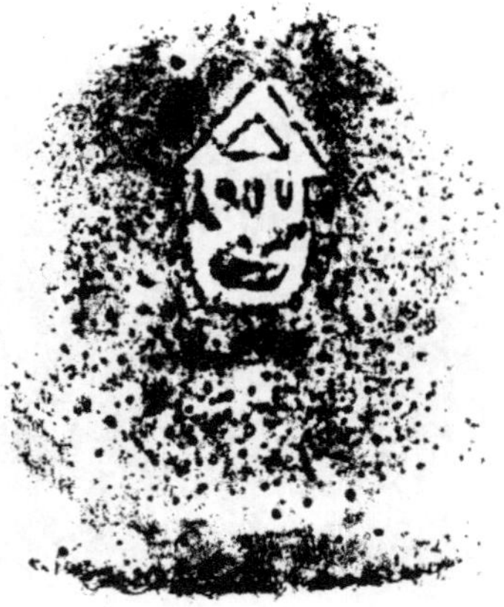

06739

𦎫觚

𦎫

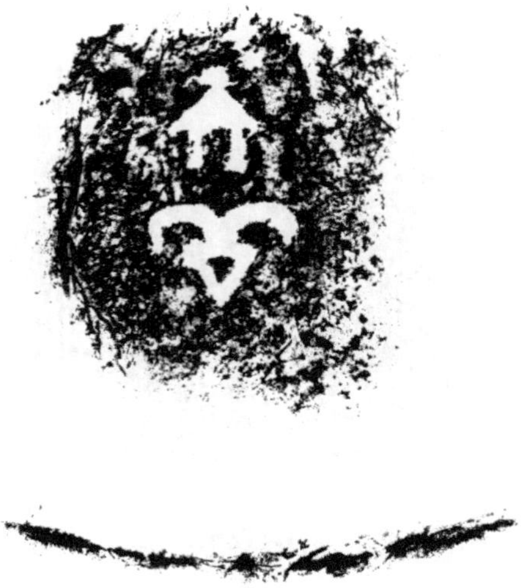

06740

竹觚

竹

06741

木觚

木

06742

木觚

木

06743

束觚

束（刺）

06744

亩觚

亩（齋、稽）

06745

臣觚

臣

06746

串觚

串

06747

串觚

串

06748

車觚

車

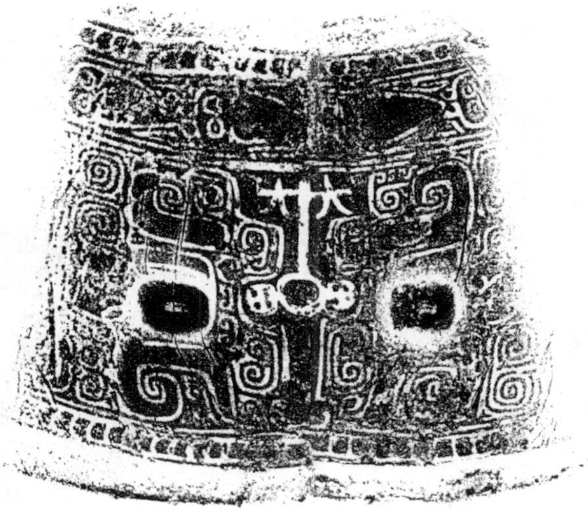

06749

車觚

車

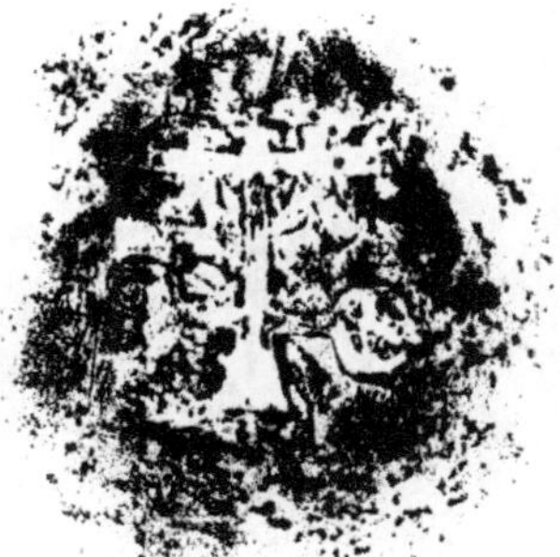

06750

車觚

車

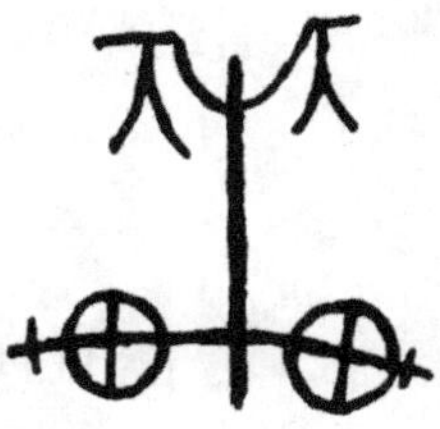

06751

車觚

車

06752

⊗觚

⊗（輻）

06754

⊗觚

⊗（輻）

06753

□觚

□

06755

皿觚

皿

06756

□觚

□

06757

□觚

□

06758

酋觚

酋

06759

畄觚

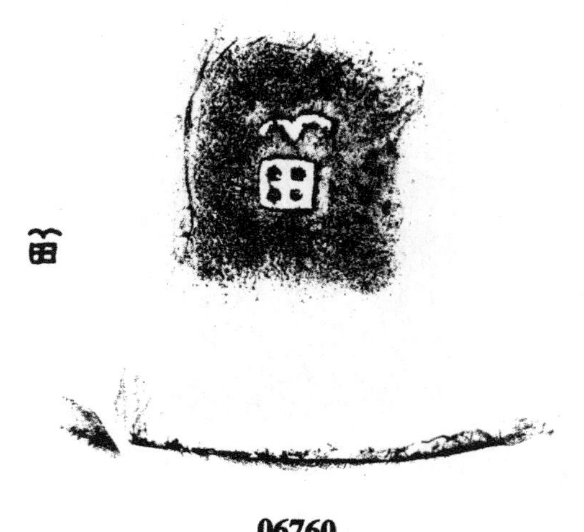

畄

06760

觚

（鈴）

06762

鼓觚

鼓

06761

觚

06763

觚

06764

觚

06766

觚

06765

觚

06767

冉觚

冉

06768

冉觚

冉

06769

冉觚

冉

06770

冉觚

冉

06771

觚

冉

06772

橐觚

橐

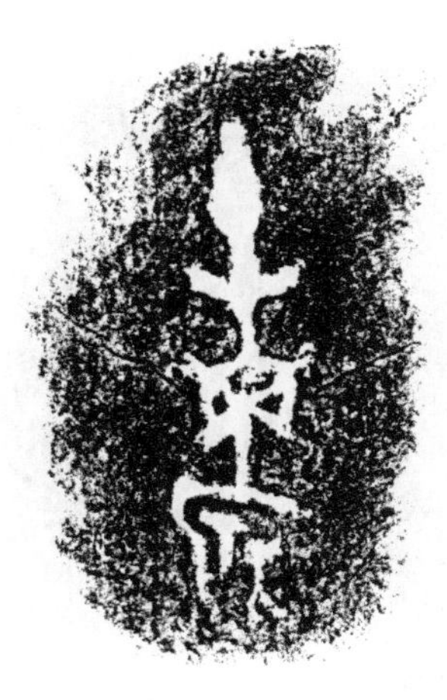

06773

橐觚

橐

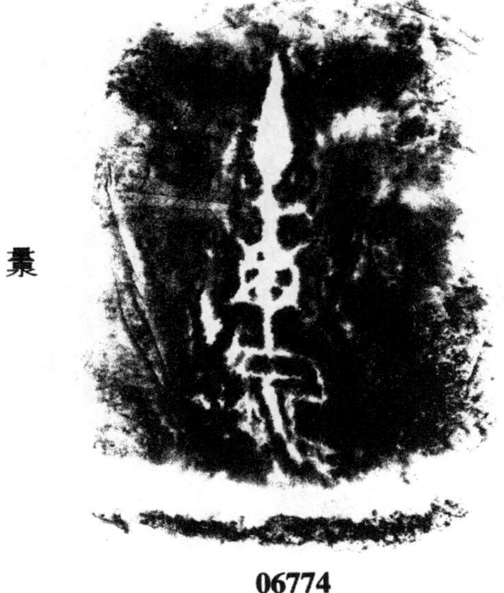

06774

橐觚

橐

06775

[illegible]觚

06776

[illegible]觚

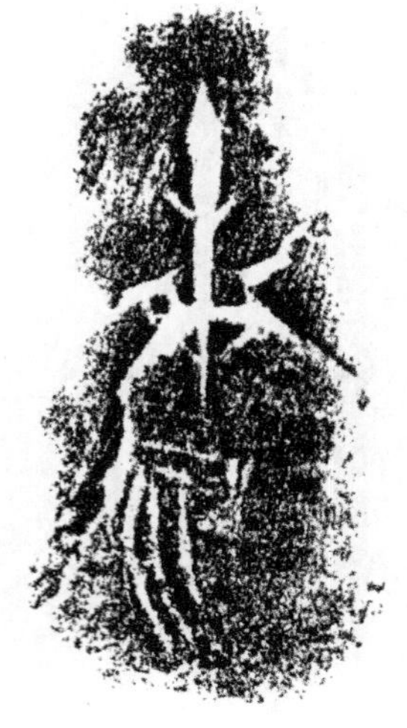

06777

[illegible]觚

[illegible]（訶）

06778

祓觚

祓（脈）

06779

敲
觚

敲

06780

敲
觚

敲

06782

敲
觚

敲

06781

雩觚

雩

06783

觚

（嘼）

06784

亢觚

亢

06785

秉觚

秉

06786

觚

(倸)

06787

觚

06788

觚

東(康)

06789

觚

(齊)

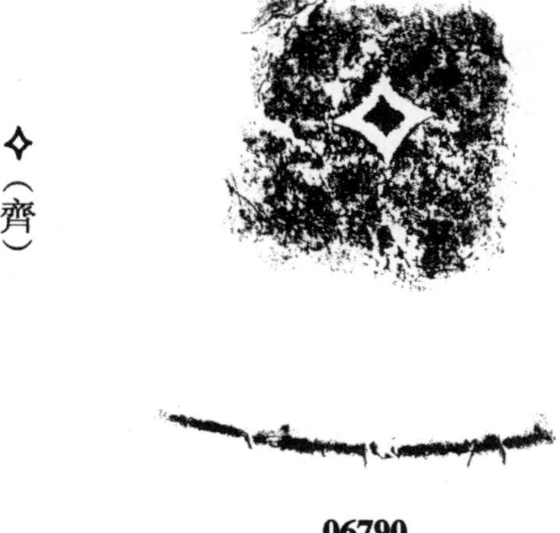

06790

觚

06791

觚

06792

觚

06793

觚

脊

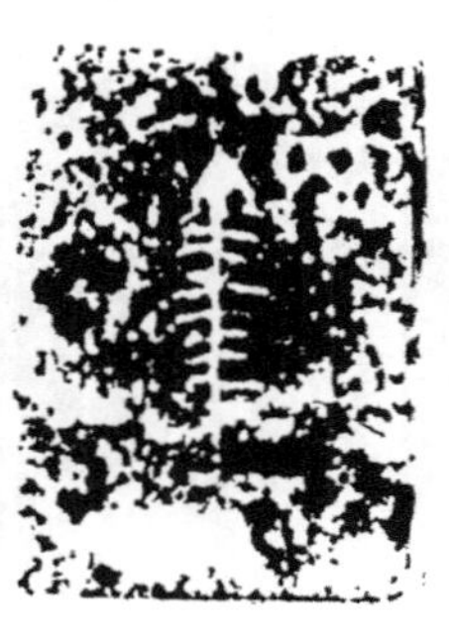

06794

卝觚

卝（卵、卯）

06795

卝觚

卝（卵、卯）

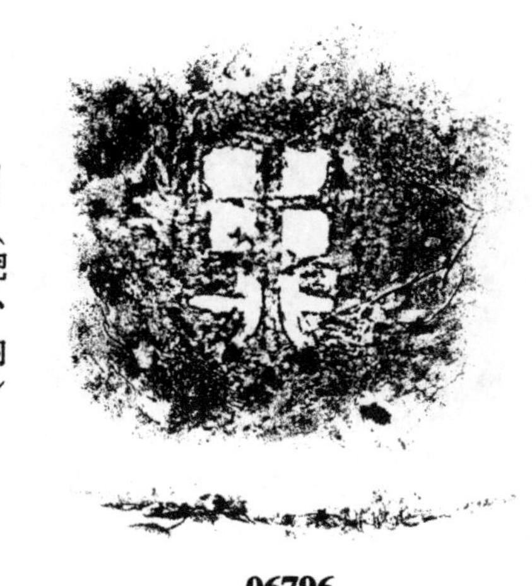

06796

文觚

文

06797

文觚

文

06798

觚

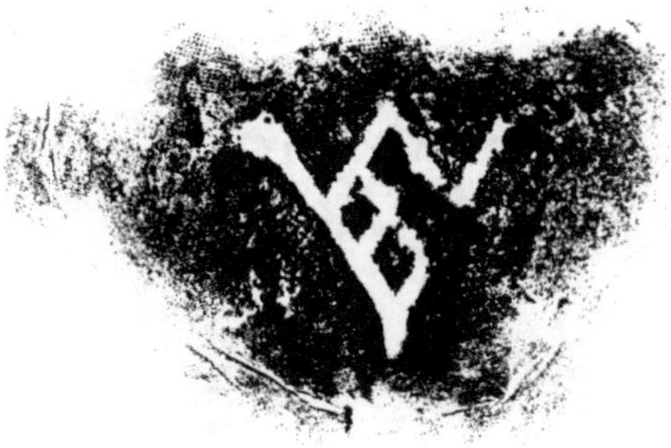

06799

丅觚

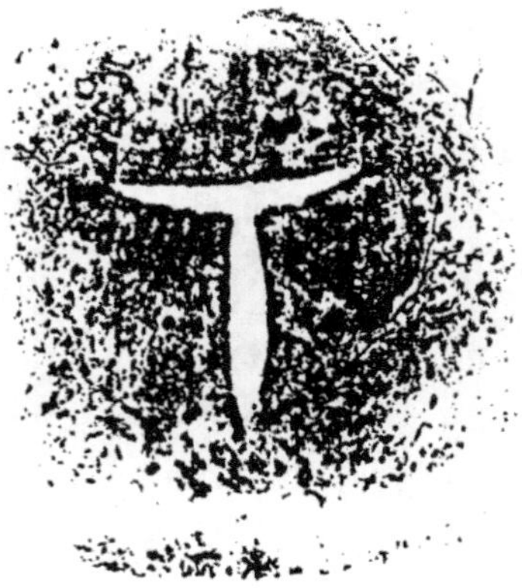

幵(笄)

06800

觚

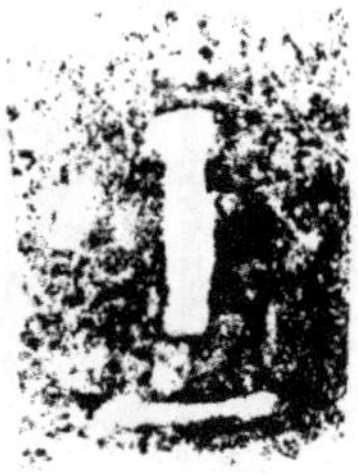

06801

丨觚

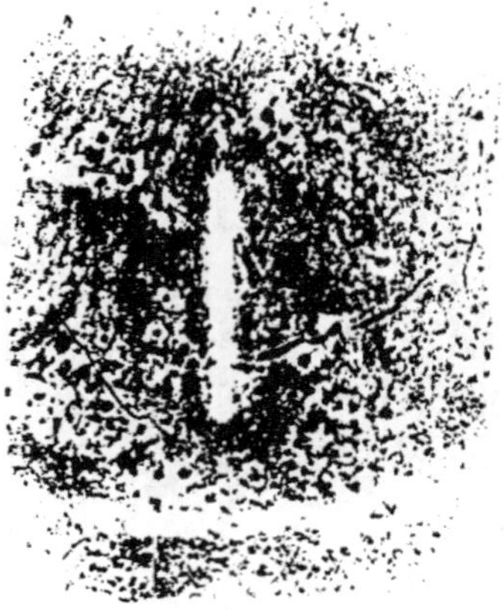

丨(棍)

06802

乀觚

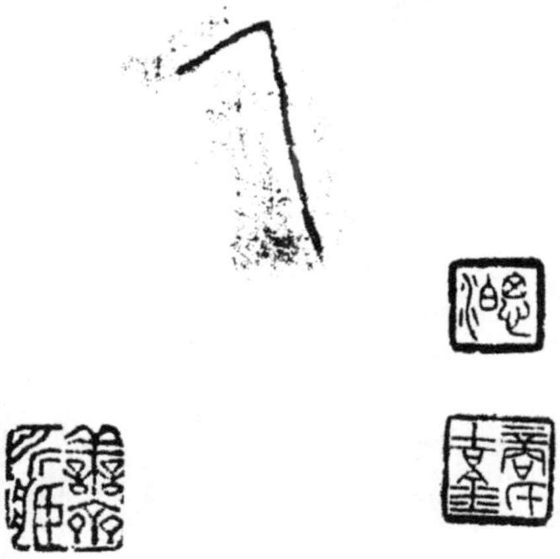

亻(支)

06803

觟觚

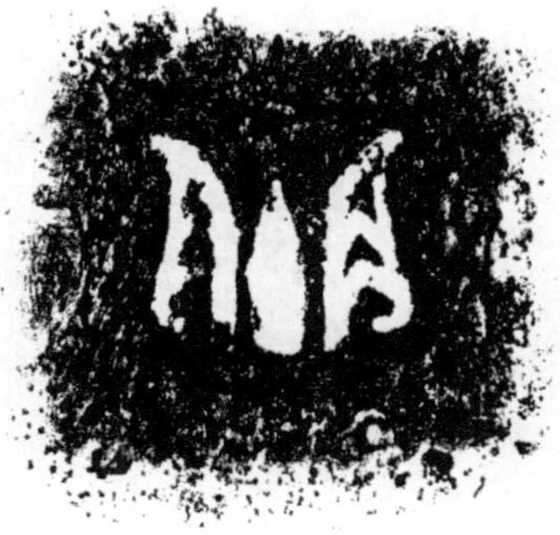

觟

06804

□己觚

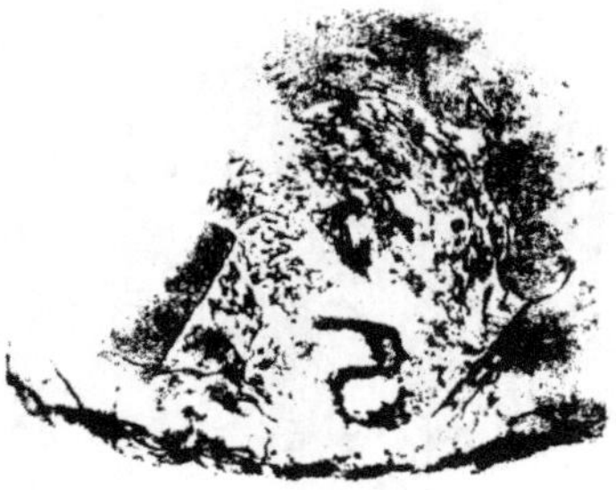

□己

06805

且辛觚

祖辛

06806

且辛觚

祖辛

06807

且辛觚

祖辛

06808

且壬觚

祖壬

06809

父乙觚

父乙

06810

父丙觚

父丙

06812

父乙觚

父乙

06811

父己觚

父己

06813

己父觚

己父

06814

父己觚

父己

06815

父庚觚

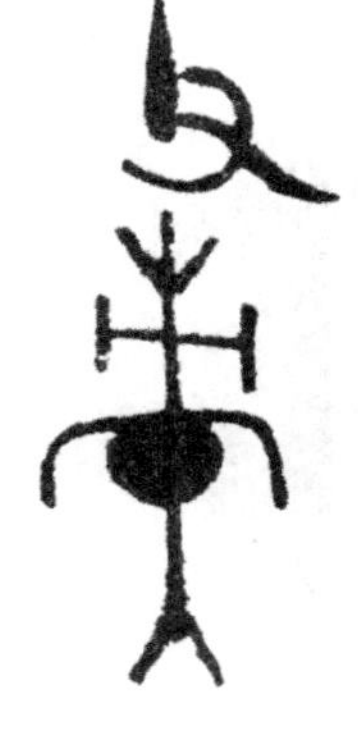

父庚

06816

父癸觚

父癸

06817

甲戈觚

甲戈

06818

乙觚

(封)乙

06819

丯乙觚

(玉)乙

06820

乙正觚

乙正

06821

乙正觚

乙正

06822

乙爹觚

乙爹

06823

乙息觚

乙息

06824

戈乙觚

戈乙

06825

乙戈觚

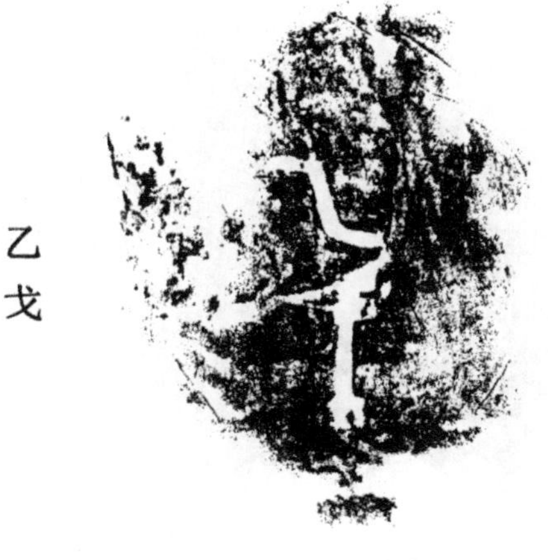

乙戈

06826

冉乙觚

冉乙

06828

乙冉觚

乙冉

06827

乙中觚

乙中(宫)

06829

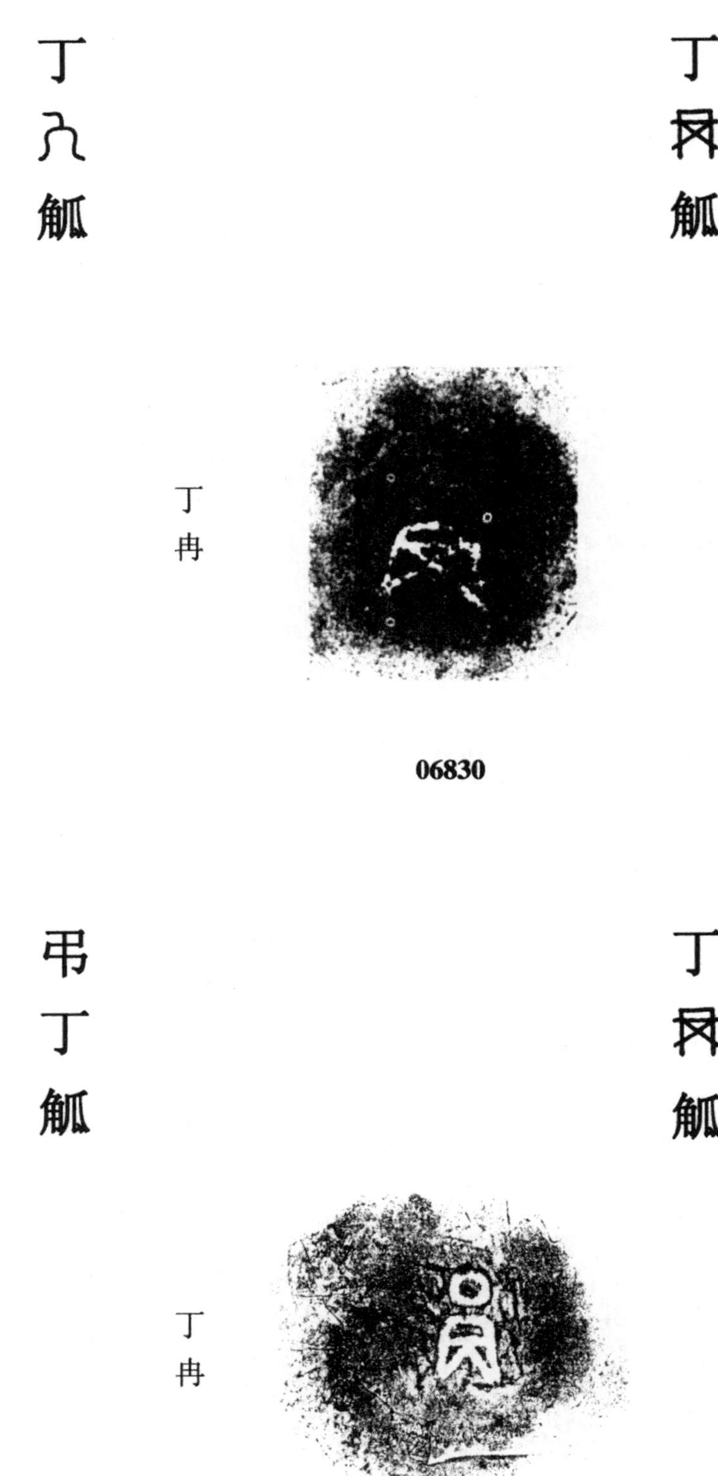

丁冉觚

丁冉

06830

丁冉觚

丁冉

06831

丁亢觚

丁亢

06832

弔丁觚

弔丁

06833

戊木觚

戊木

06834

丰己觚

玉己

06836

羊己觚

羱己

06835

己聿觚

己聿

06837

辛戈觚

辛戈

06839

庚户觚

庚户

06838

癸重觚

癸重

06840

癸𠂤觚

癸𠂤

06841

癸觚

癸

06842

癸冉觚

癸冉

06843

己□觚

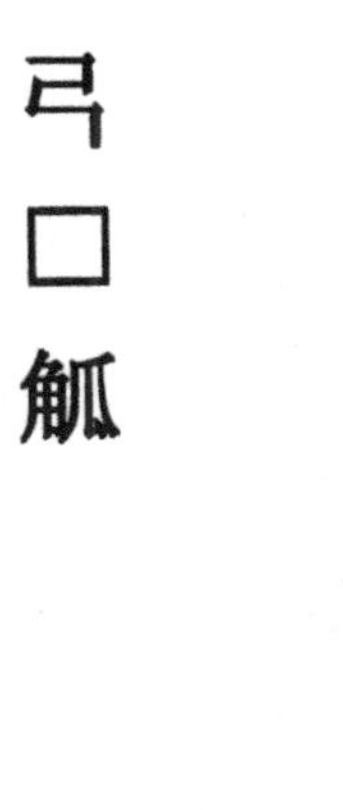

己□（方）

06844

㕦己觚

㕦（拍）己

06845

㕦己觚

㕦（拍）己

06846

婦好觚

婦好

06847

婦好觚

婦好

06848

婦好觚

婦好

06849

婦好觚

婦好

06850

婦好觚

婦好

06851

婦好觚

婦好

06852

婦好觚

06853

婦好觚

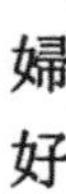

06855

婦好觚

婦好

06854

婦好觚

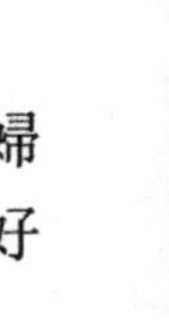

婦好

06856

婦觚

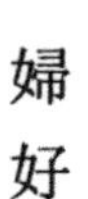

婦好

06857

婦觚

婦好

06858

婦好觚

婦好

06859

婦好觚

婦好

06860

婦好觚

婦好

06861

婦好觚

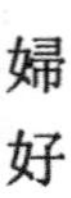

婦好

06862

婦好觚

婦好

06863

婦好觚

婦好

06864

婦好觚

婦好

06865

婦觚

06866

婦好觚

婦好

06867

婦[illegible]觚

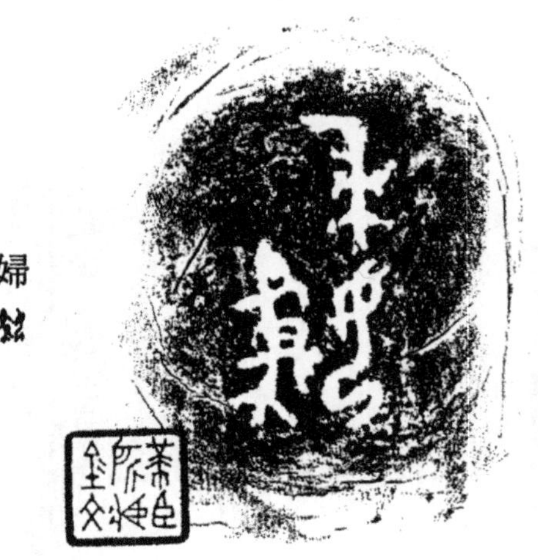

婦[illegible]

06868

婦[illegible]觚

婦[illegible]

06869

婦鳥觚

婦鳥

06870

婦田觚

婦田

06871

宔女觚

賓女（母）

06872

宔女觚

賓女（母）

06873

女盉觚

女（母）盥

06874

母丩觚

母戊

06875

魚母觚

魚母

06876

魚母觚

魚母

06877

射女觚

射母[illegible]

06878

司娉觚

司娉

06880

朕女觚

朕母

06879

司
嬶
𦨶

司
嬶

06881

司
嬶
𦨶

司
嬶

06883

司
嬶
𦨶

司
嬶

06882

司嫚觚

司嫚

06884

司嫚觚

司嫚

06886

司嫚觚

司嫚

06885

司娉觚

司娉

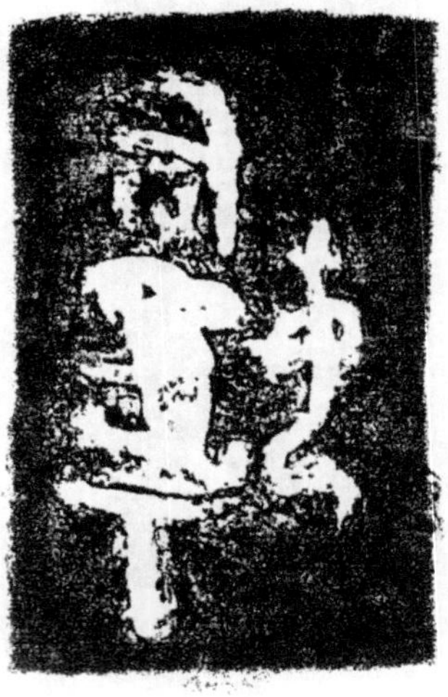

06887

司娉觚

司娉

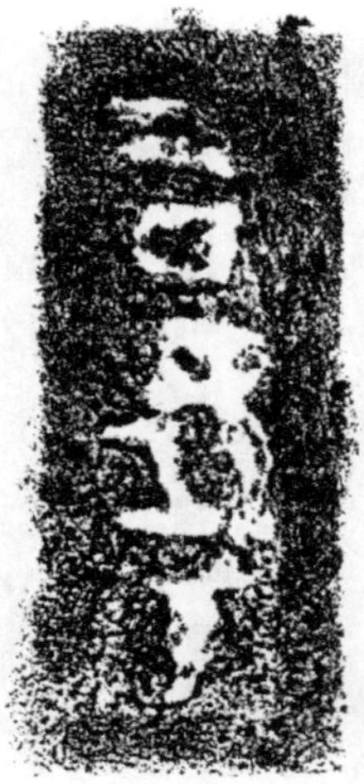

06888

司娉觚

司娉

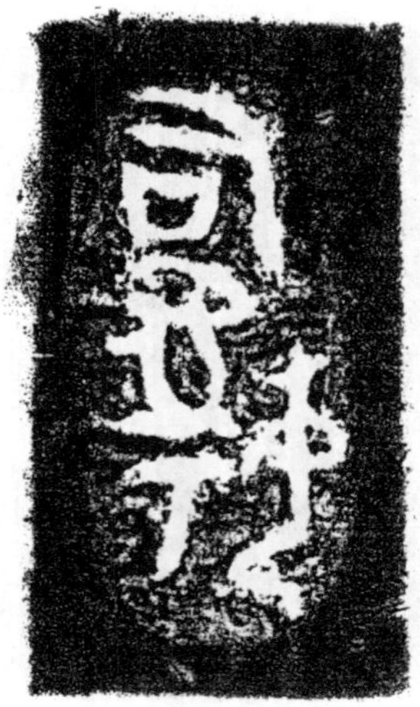

06889

司□觚

司□（非、攀）

06890

子櫜觚

子櫜

06892

子櫜觚

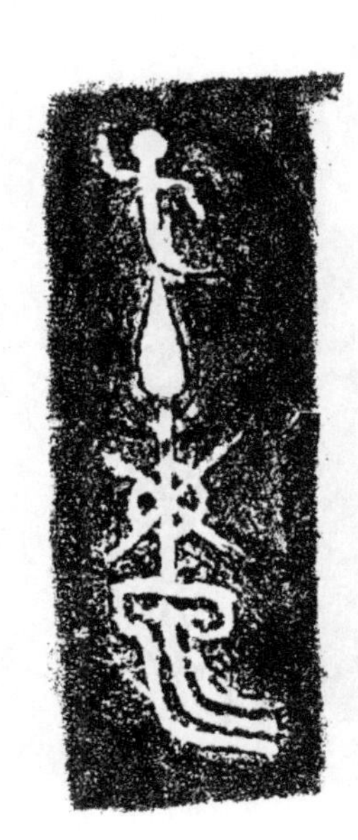

子櫜

06891

子櫜觚

子櫜

06893

子⿳亠田豕觚

子⿳亠田豕

06894

子⿳亠田豕觚

子⿳亠田豕

06895

子妥觚

子妥

06896

子脊觚

子脊

06897

子媚觚

子媚

06898

子□（規）觚

子□（規）

06900

子媚觚

子媚

06899

子□（規）觚

子□（規）

06901

子韋觚

子韋（衛）

06902

子韋觚

子韋（衛）

06904

子韋觚

子韋（衛）

06903

子韋觚

子韋（衛）

06905

子□觚

子
虬（虯）

06906

子□觚

子
□

06907

子蝠觚

子
蝠

06908

子保觚

子
保

06909

子□觚

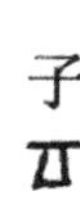

子□

06910

子光觚

子光

06912

子□觚

子□（扲）

06911

子雨觚

子雨

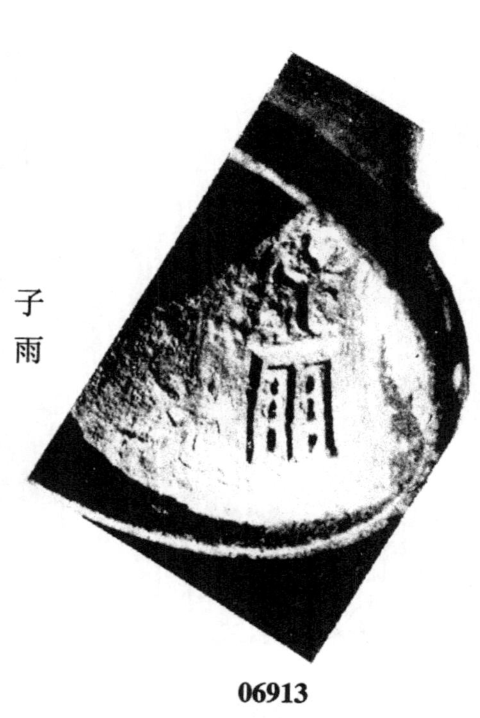

06913

龏子觚

龏子

06914

□未觚

襄未

06915

□□觚

并□(鬲)

06916

□□觚

并□(鬲)

06917

⿱业大⿰虘又觚

⿰虘又⿱业大

06918

樂文觚

樂文

06920

⿱业大⿰虘又觚

⿰虘又⿱业大

06919

兮建觚

兮建

06921

見爻觚

見爻

06922

交觚

交幵（笄）

06924

丰玌觚

玉玌

06923

㪅觚

（口）㪅（抦）

06925

羌柔觚

羌
柔

06926

聑及觚

聑
及（及倗）

06928

觚

06927

聑觚

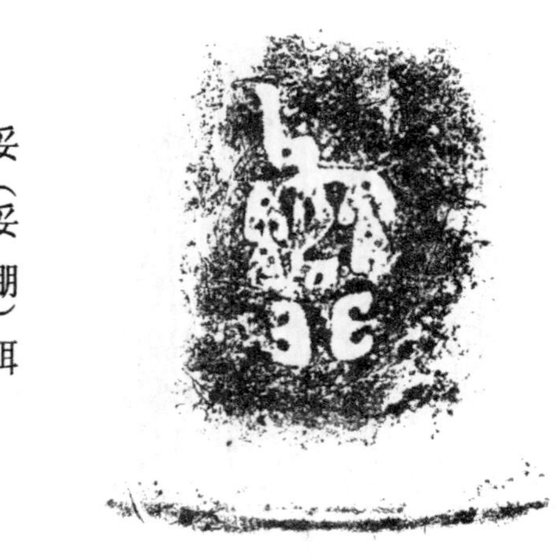

妥（妥倗）聑

06929

聑髭觚

聑髭

06930

弜耳觚

弜(引)耳

06931

聑竹觚

聑竹

06932

䀠中觚

䀠中

06933

叉歸觚

叉歸（婦）

06934

孚川觚

孚川（三）

06936

叉歸觚

叉歸（婦）

06935

永⿱屮朿觚

⿰永皮（脉、脈）

06937

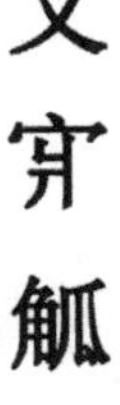

叉宁觚

叉宁（牀）

06938

叉宁觚

叉宁（牀）

06939

冂龏觚

同龏

06940

□觚

□（及見鼓）

06941

正紟觚

正紟

06942

衜觚

（遚、狩）

06944

二教觚

斆（二教）

06943

亞獸形銘觚

亞獸

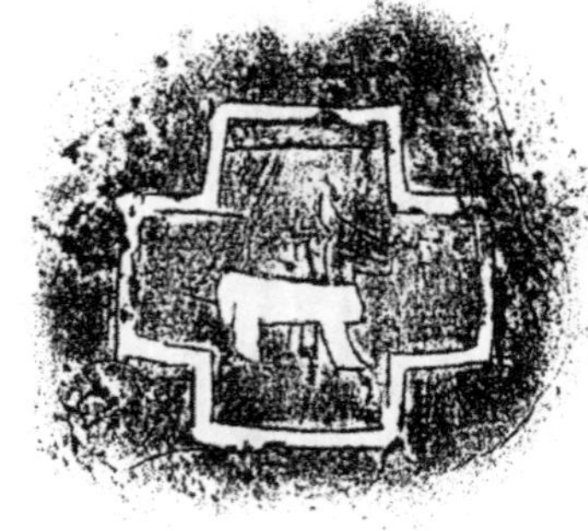

06945

亞其觚

亞其

06946

亞其觚

亞其

06947

亞其觚

亞其

06948

亞其觚

亞其

06949

亞其觚

亞其

06950

亞其觚

亞其

06951

亞其觚

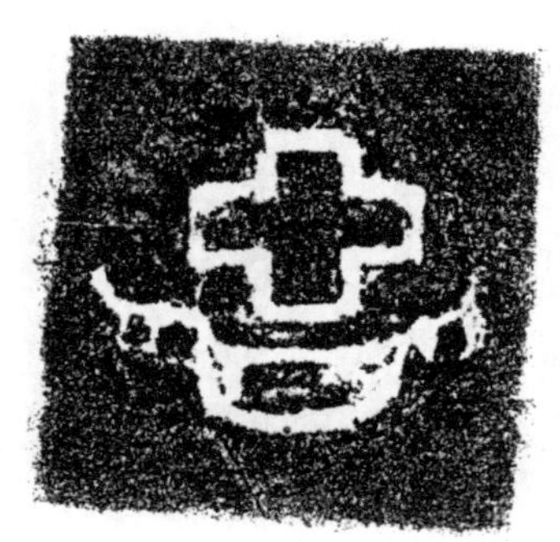

亞其

06952

亞其觚

亞其

06953

亞其觚

亞其

06954

亞其觚

亞其

06955

亞弜觚

亞弜

06956

亞弜觚

亞弜

06957

亞弜觚

亞弜

06958

亞吴觚

亞疑

06960

亞吴觚

亞疑

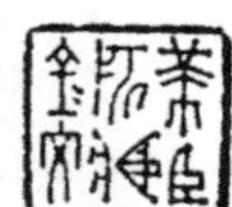

06959

亞吴觚

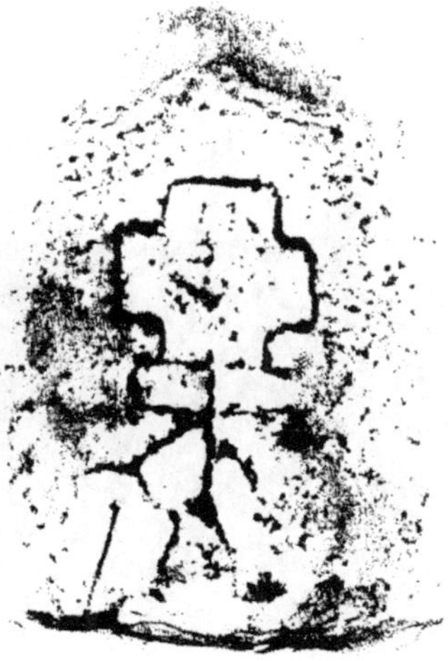

亞疑

06961

亞吴觚

亞疑

06962

亞吴觚

亞疑

06963

亞吴觚

亞疑

06964

亞吴觚

亞疑

06965

亞吴觚

亞疑

06966

亞䣿觚

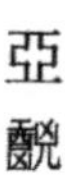

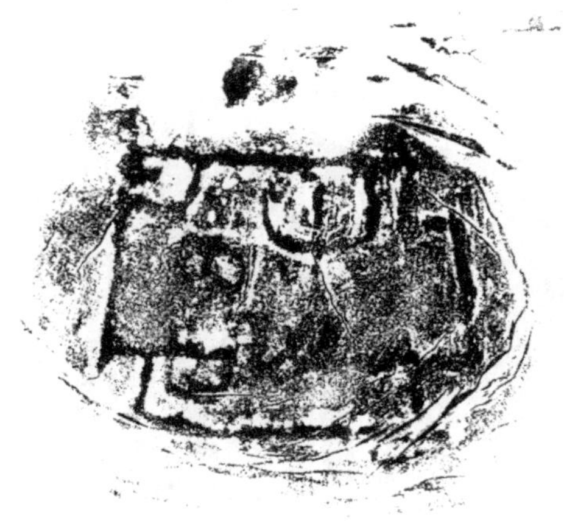

06967

亞䣿觚

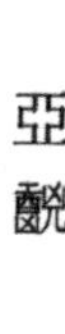

06968

亞䤀觚

亞䤀

06969

亞竟觚

亞竟

06971

亞䤀方觚

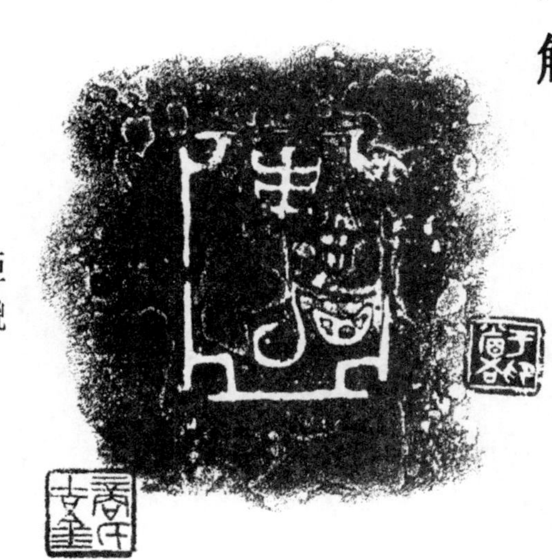

亞䤀

06970

亞告觚

亞告

06972

亞教觚

亞教

06973

亞枭觚

亞枭（梟）

06974

亞朩觚

亞朩

06975

史亞觚

史（史）亞

06976

𠬜亞觚

𠬜（攀）亞

06977

𠬜亞觚

𠬜（攀）亞

06978

𠬜亞觚

𠬜（攀）亞

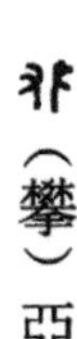

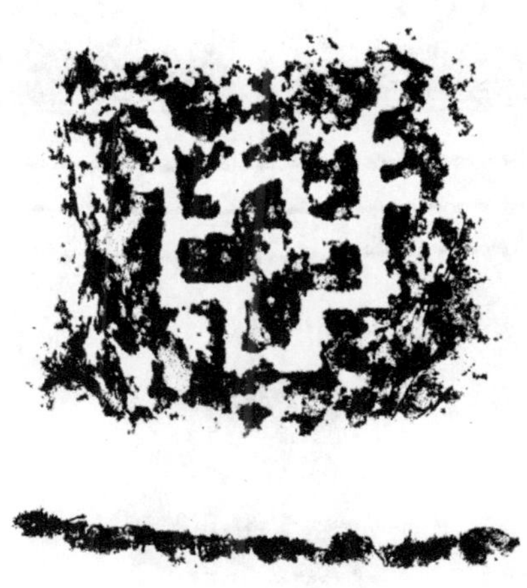

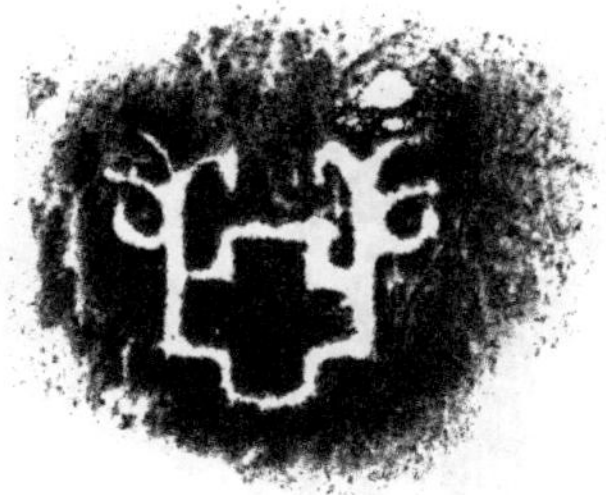

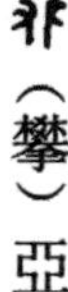

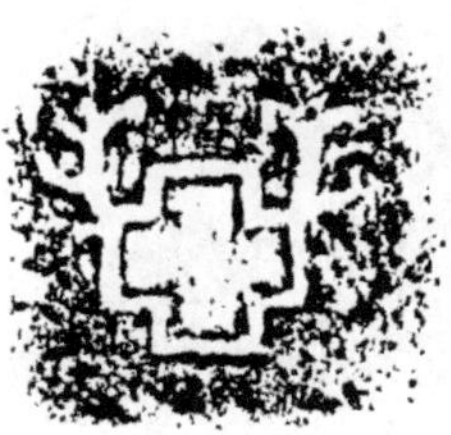

06979

雔亞觚

雔亞

06980

亞隻觚

亞獲

06981

亞隻觚

亞獲

06982

亞豖觚

亞豖（㧻）

06983

夅亞觚

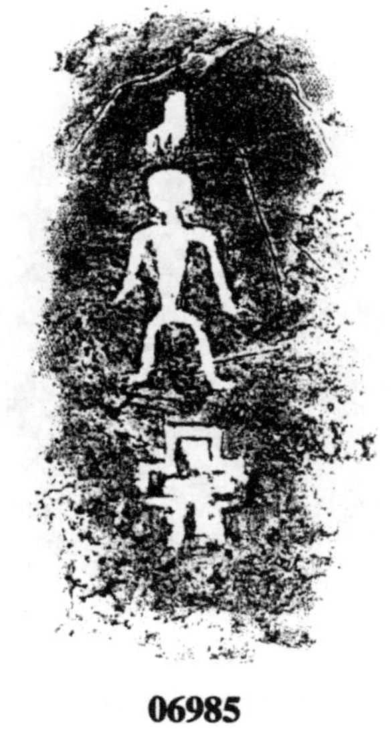

06985

亞𠬪觚

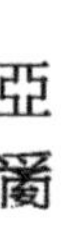

06984

亞寞觚

亞寞（⿰言夫）

06986

耳亞觚

耳亞

06987

亞酉觚

亞酉

06989

亞弔觚

亞弔

06988

亞酉觚

亞酉

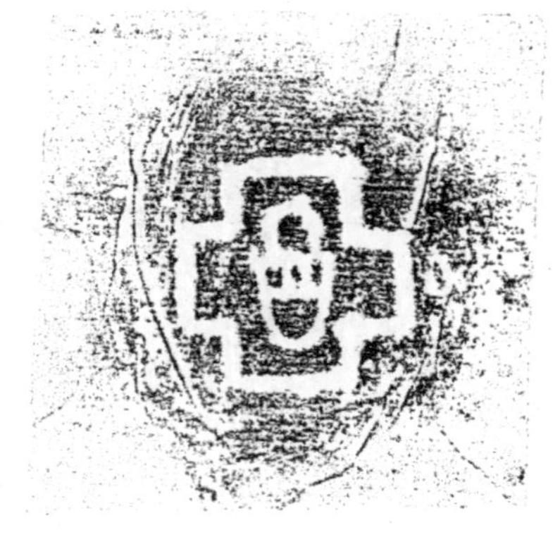

06990

亞盥觚

亞盥

06991

亞觚

亞□

06992

工册觚

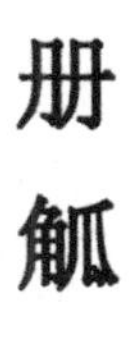

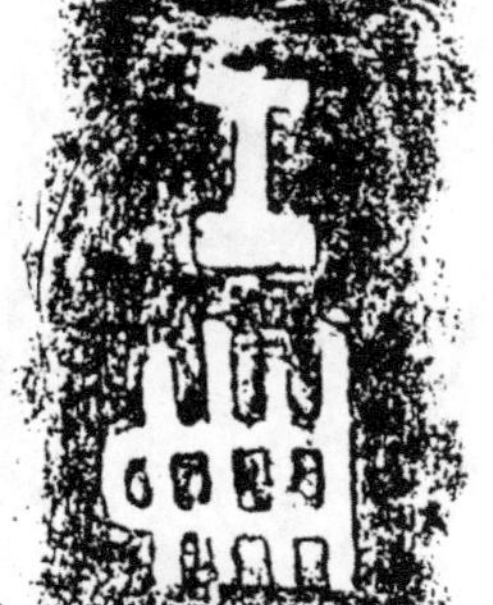

工册

06993

庿册觚

庿（庚）册

06994

丮册觚

丮册

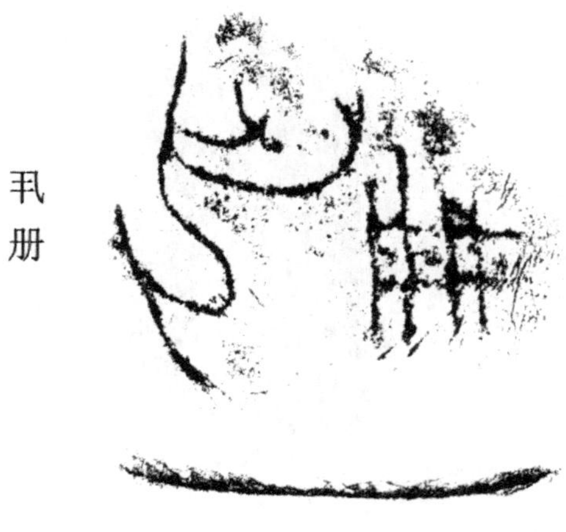

06995

糸保觚

糸保

06996

何馬觚

馬何

06997

何馬觚

馬何

06998

尹舟觚

尹舟

06999

㚔旅觚

幸旅

07001

㚔旅觚

幸旅

07000

㚔旅觚

幸旅

07002

鄉宁觚

鄉宁

07003

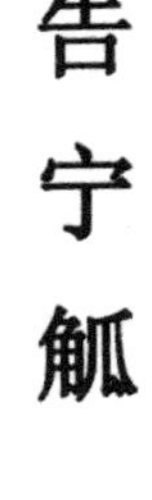

告宁觚

告宁

07005

宁鄉觚

鄉宁

07004

告宁觚

告宁

07006

矢宁觚

竚

07007

矢宁觚

竚

07008

宁戈觚

宁戈

07009

美宁觚

美宁

07010

宁朋觚

宁朋

07011

田免觚

田免

07012

田告觚

田告

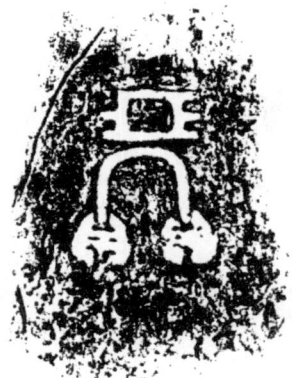

07013

南單觚

南單

07014

西單觚

西單

07015

西單觚

西單

07016

北單觚

北單

07017

單光觚

單光

07018

甗征觚

甗征

07019

甗奞觚

甗奞

07020

工甗觚

工甗

07021

㫃工觚

旅工

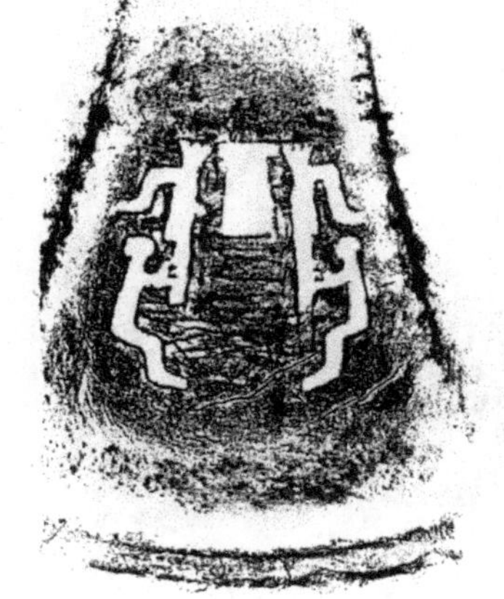

07022

冬刃觚

冬刃

07023

冬刃觚

冬刃

07024

田得觚

田得

07025

來田觚

秝田

07027

田得觚

田得

07026

來田觚

秝田

07028

秉田觚

秉田

07029

丩田觚

丩田

07030

壺觚

宁壺

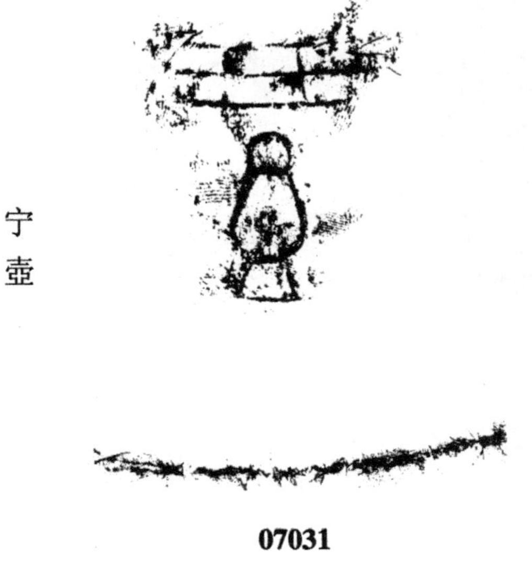

07031

弗刀觚

弗刀

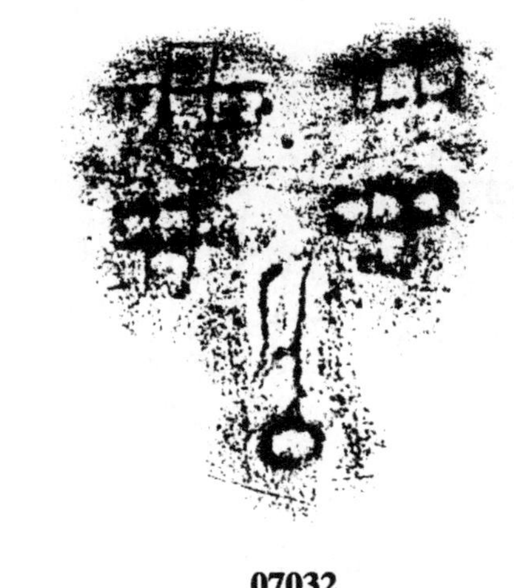

07032

◎◎戈觚

07033

戈□觚

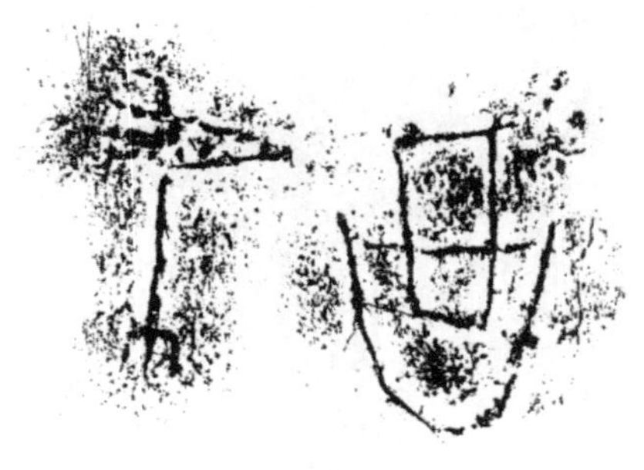

戈□

07034

⿰大戈虎觚

⿰大戈（戒）虎

07035

卜亯觚

卜亯

07036

倗舟觚

倗舟

07038

倗舟觚

倗舟

07037

倗舟觚

倗舟

07039

車涉觚

涉車

07040

車觚

車刜

07041

亦車觚

亦車

07042

亦車觚

亦車

07043

亦車觚

亦車

07045

亦車觚

亦車

07044

𦎫車觚

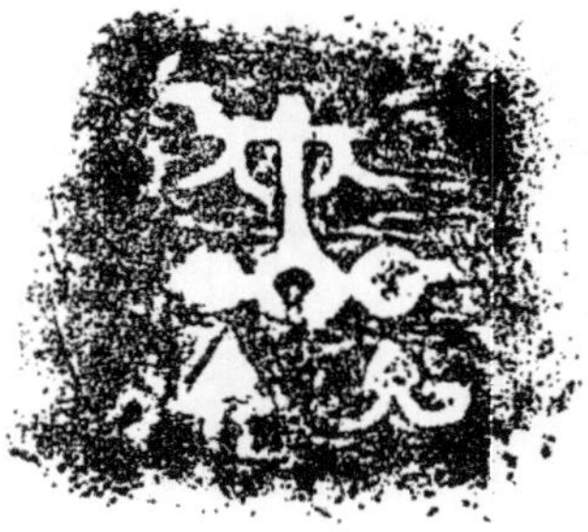

車𦎫

07046

𦎫車觚

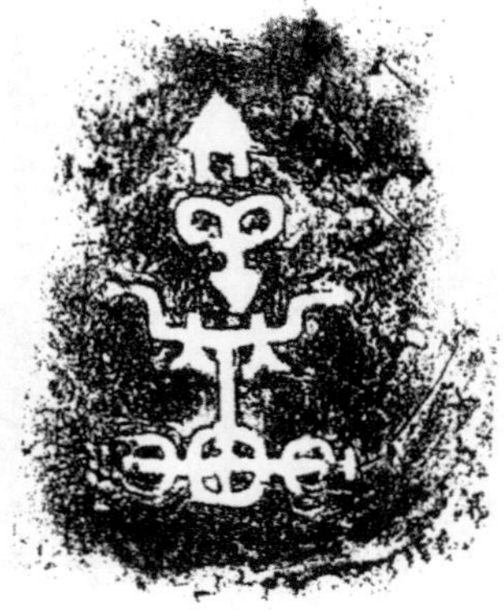

𦎫車

07047

買車觚

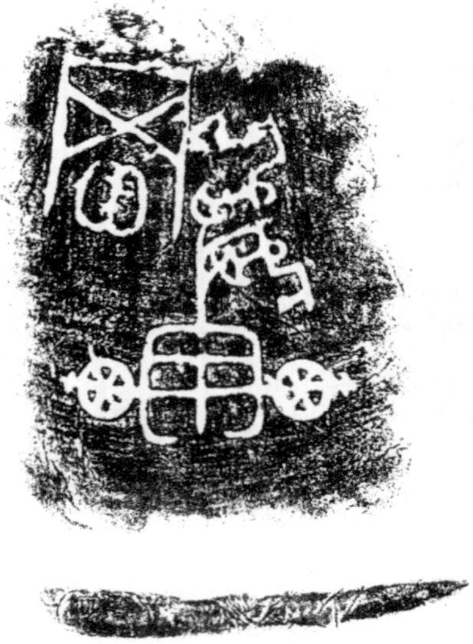

買車

07048

弔車觚

弔車

07049

□□觚

非□

07050

弔□觚

弔非（排）

07051

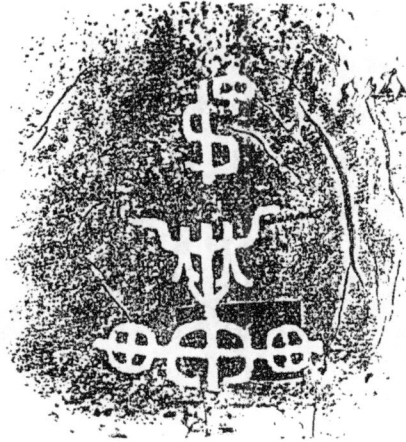

東禾觚

禾桲（穗）

07052

齒木觚

齒木

07053

目朩觚

目朩（木）

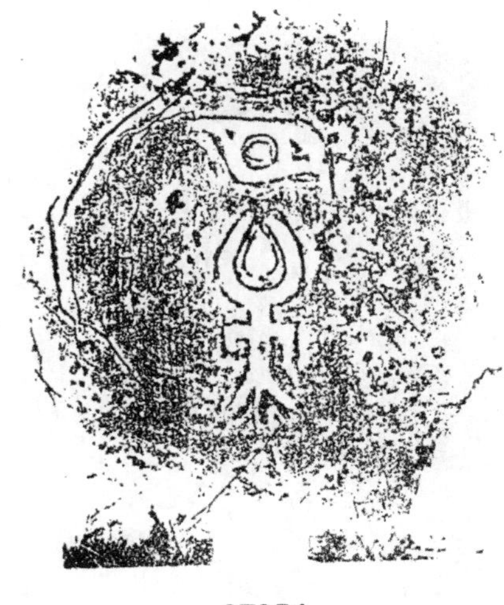

07054

[illegible]豩觚

[illegible]（匠）豩

07055

鳥[illegible]觚

鳥[illegible]

07056

魚從觚

魚從

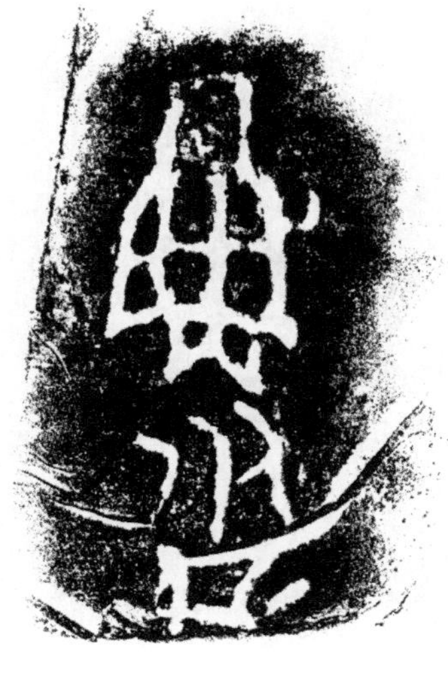

07057

弔龜觚

弔龜

07058

弔龜觚

弔龜

07059

弔龜觚

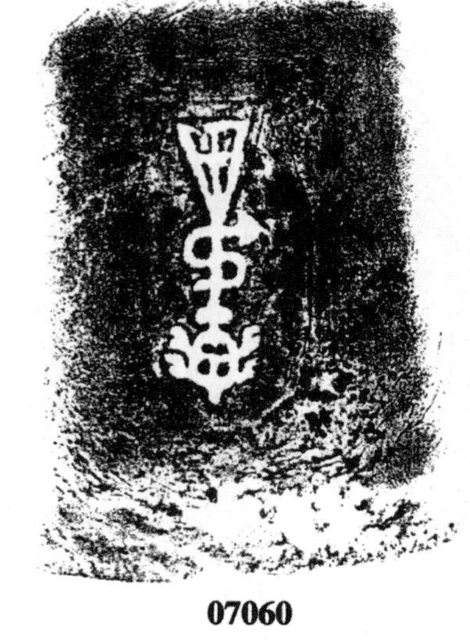

弔龜

07060

觚

（黽）（敗）

07061

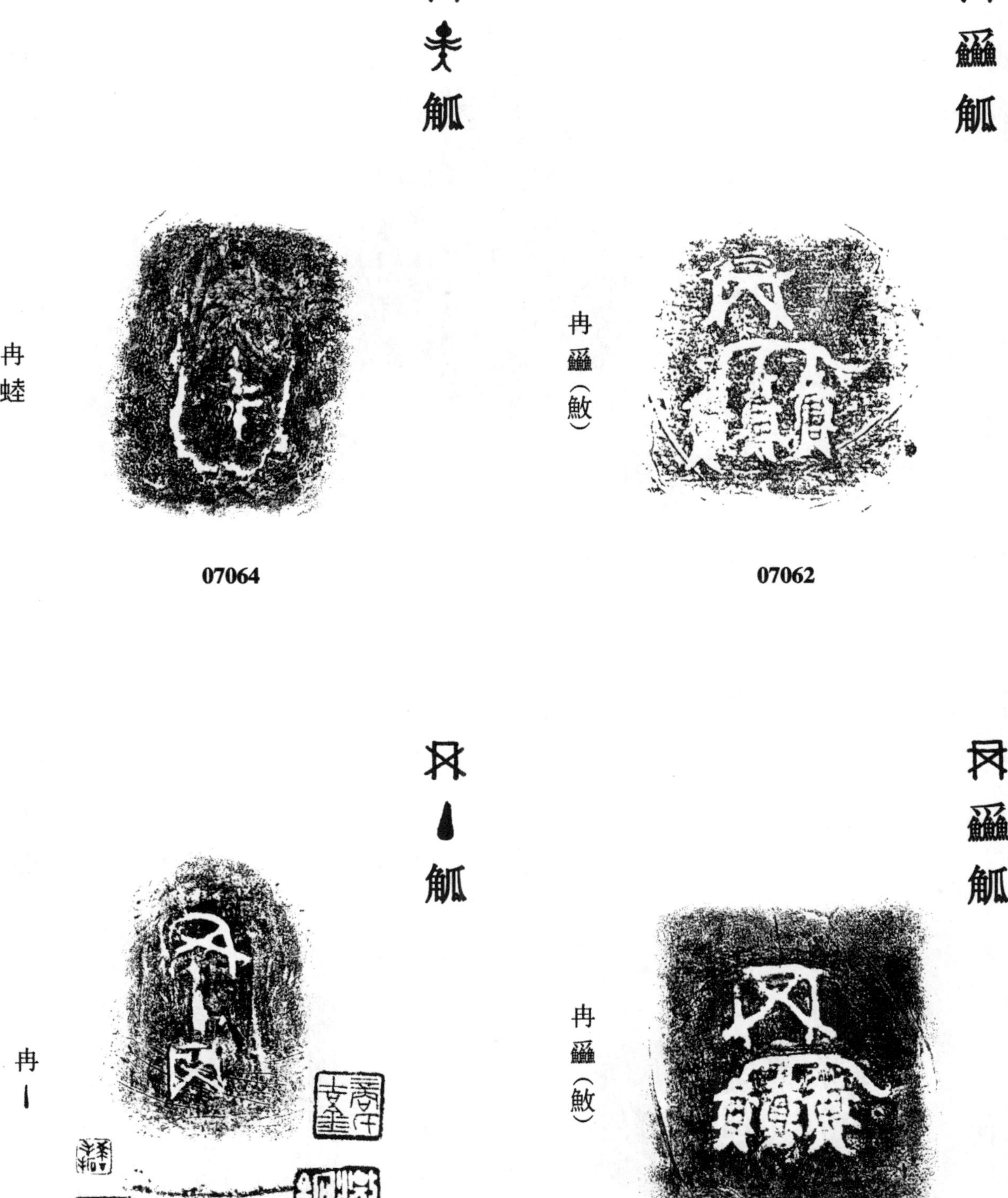

07064 冉蛙 觚

07062 冉鱻（敏） 觚

07065 冉丨 觚

07063 冉鱻（敏） 觚

丨
矣
觚

丨（棍）兕（暂）

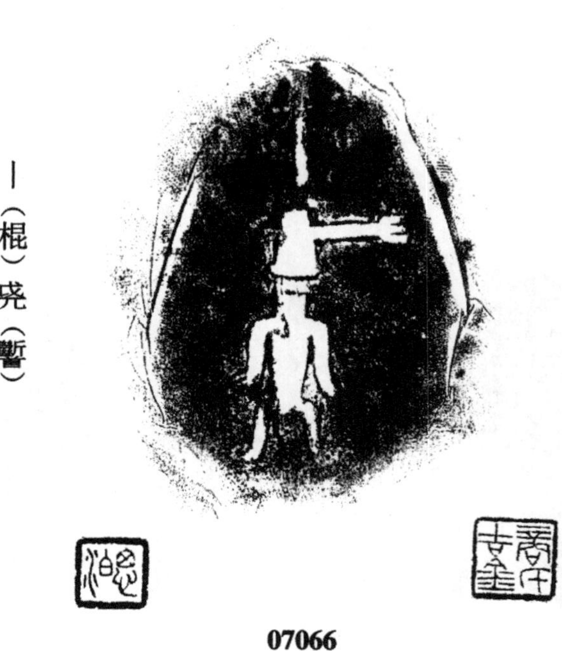

07066

弓
䢵
觚

弓䢵（衛）

07068

𠆢
免
觚

刞

07067

刀𠙵觚

刀𠙵

07069

□宁觚

（奉）宁

07070

䵼息觚

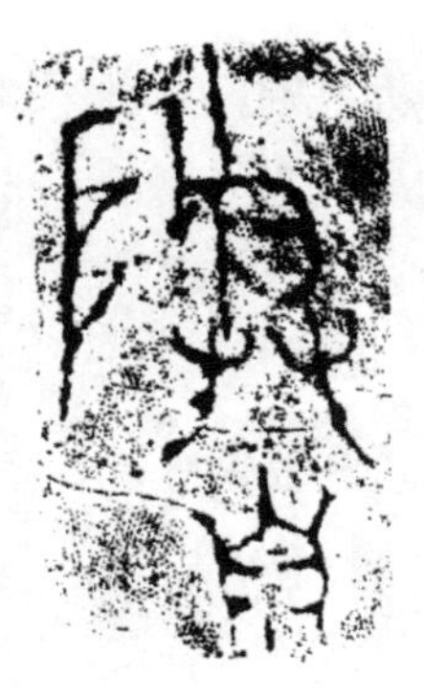

䵼（尊彝）息

07071

羊且甲觚

羊祖甲

07072

黽且乙觚

黽祖乙

07073

家且乙觚

家祖乙

07074

乙且匠觚

乙祖匠

07075

[巾戊]且丙觚

妕（戎）祖丙

07076

□且丁觚

□（卯、嚮）祖丁

07077

戈且丁觚

戈祖丁

07078

[鳥亼]己且觚

鵃（鴅）己祖

07079

[illegible]且己觚

襄祖己

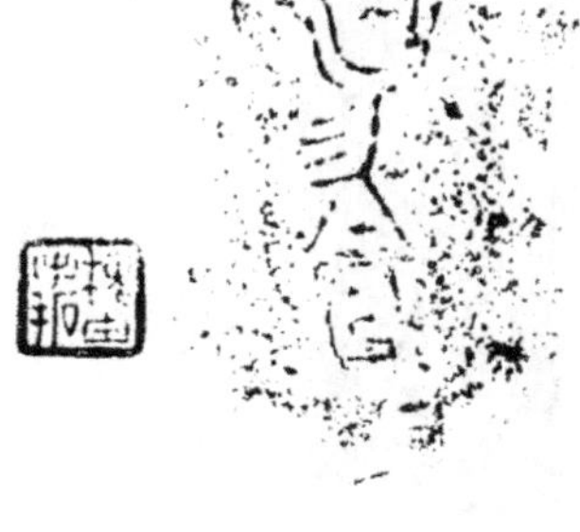

07080

山且庚觚

山祖庚

07081

子且辛觚

子祖辛

07082

戈且辛觚

戈祖辛

07083

且癸冄觚

祖癸冉

07084

子且癸觚

子祖癸

07085

得父乙觚

得父乙

07086

敄父乙觚

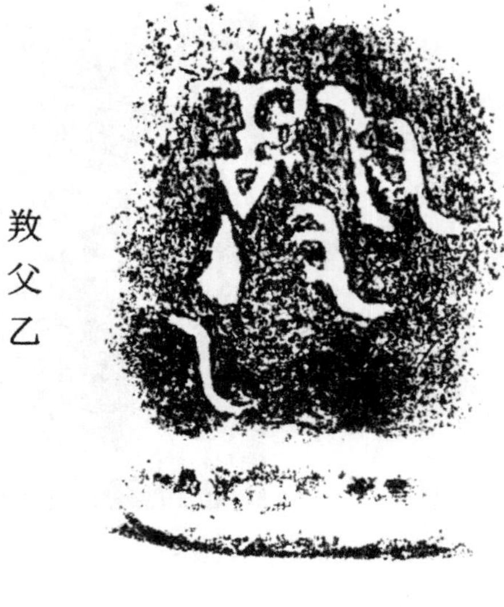

敄父乙

07087

鳥父乙觚

鳥父乙

07088

□父乙觚

□（係）父乙

07089

□父乙觚

□（鈴）父乙

07090

父乙豕觚

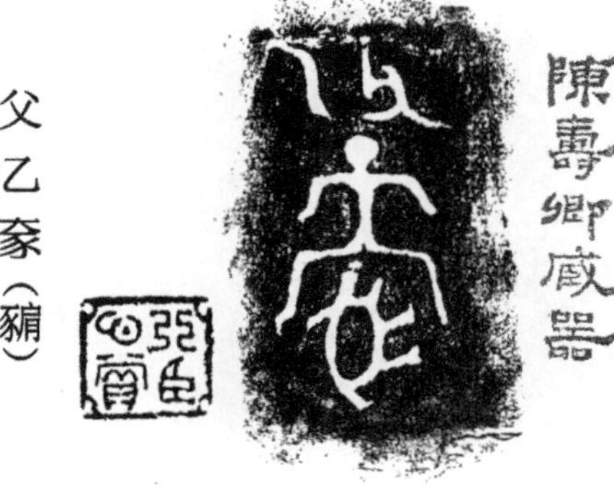

父乙豕（豮）

07091

冀父乙觚

冀父乙

07093

冀父乙觚

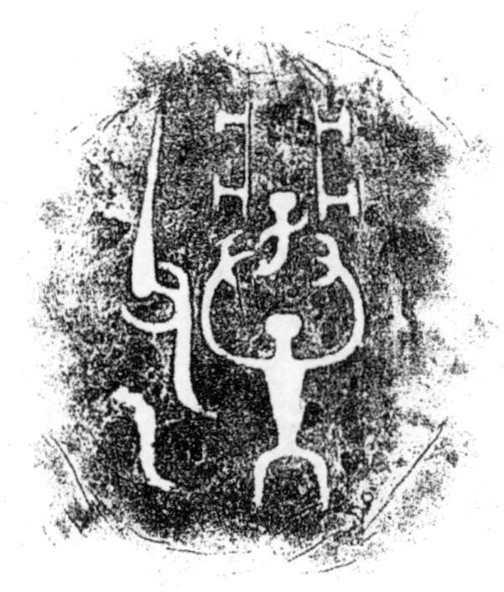

冀父乙

07092

冀父乙觚

冀父乙

07094

黿父乙觚

黿父乙

07095

亞父乙觚

亞（？）父乙

07097

黿父乙觚

黿父乙

07096

𠘧父乙觚

𠘧父乙

07098

父乙盂觚

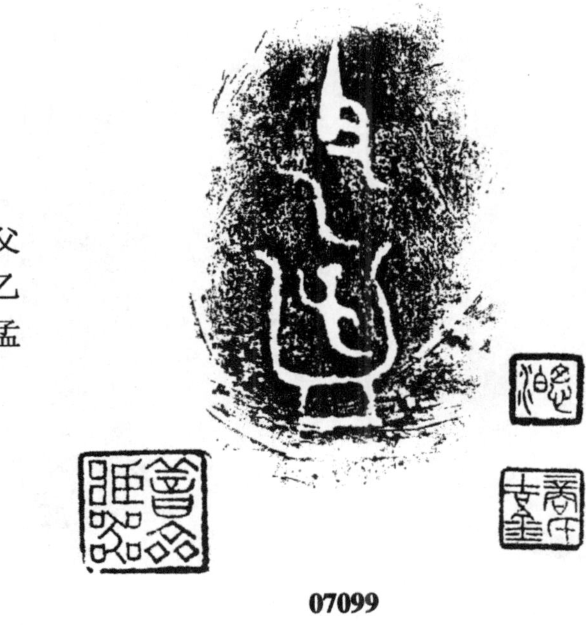

父乙盂

07099

作父乙觚

乍（作）父乙

07101

冉父乙觚

冉父乙

07100

史父丙觚

史父丙

07102

敎父丙觚

敎父丙

07104

子父丙觚

子父丙

07103

亞父丁觚

亞父丁

07105

父丁史觚

父丁史

07106

文父丁觚

文父丁

07107

父丁觚

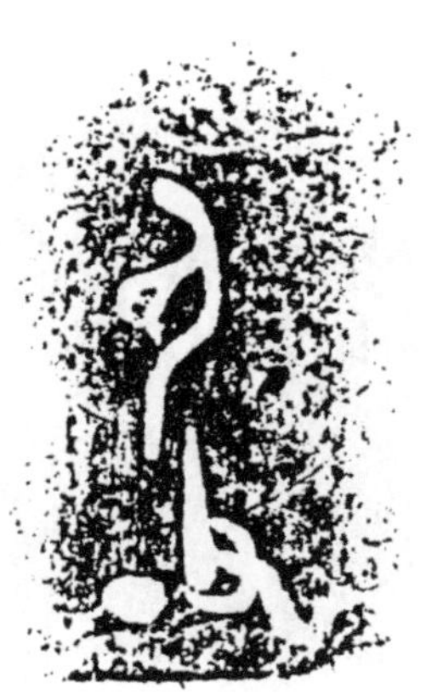

巴父丁

07108

⿱丵共父丁觚

⿱丵共父丁

07109

丙父丁觚

丙父丁

07110

冄父丁觚

冉父丁

07111

冄父丁觚

冉父丁

07112

冉父丁觚

冉父丁

07113

[illegible]父丁觚

[illegible]父丁

07114

山父丁

07115

山父丁觚

山父丁

07116

山父丁觚

山父丁

07117

鳶父丁觚

鳶父丁

07118

䳠父丁觚

䳠（鵃）父丁

07119

木父丁觚

木父丁

07120

𦣞父戊觚

𦣞父戊

07121

臽父戊觚

臽（陷）父戊

07122

㕛父戊觚

㕛（剢）父戊

07123

子父己觚

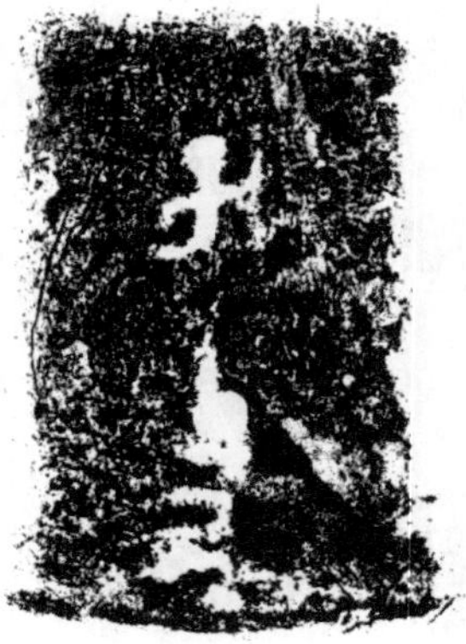

子父己

07124

亞父己觚

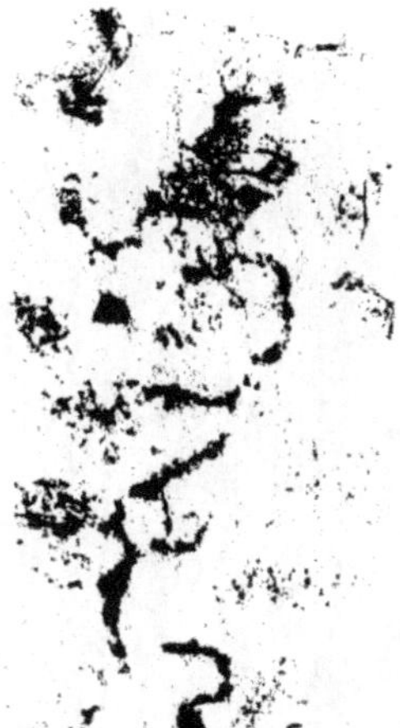

亞父己

07125

亞父己觚

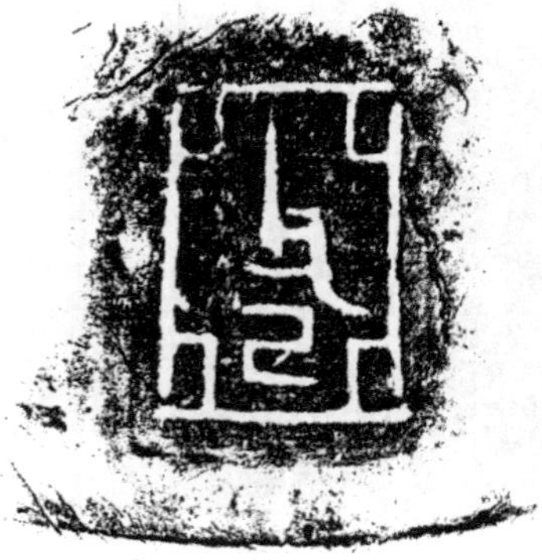

亞父己

07126

丙父己觚

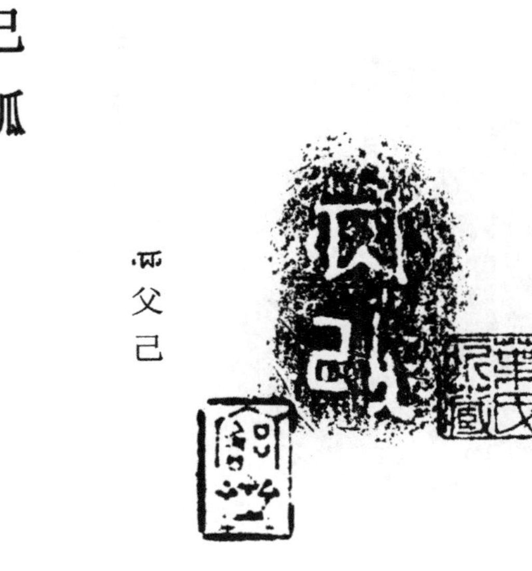

丙父己

07127

丙父己觚

丙父己

07128

入父己觚

入父己

07129

冉父己觚

冉父己

07130

叙父己觚

叙(刿)父己

07131A

叙(刿)父己

07131B

舌父己觚

舌父己

07132

叟父己觚

叟父己

07133

雔父己觚

雔父己

07134

戈父己觚

戈父己

07135

丰父己觚

丰（玉）父己

07136

㠱父庚觚

㠱父庚

07137

子庚父觚

子庚父

07138

□父庚觚

吴父庚

07139

㠱父辛觚

㠱父辛

07140

父辛耑觚

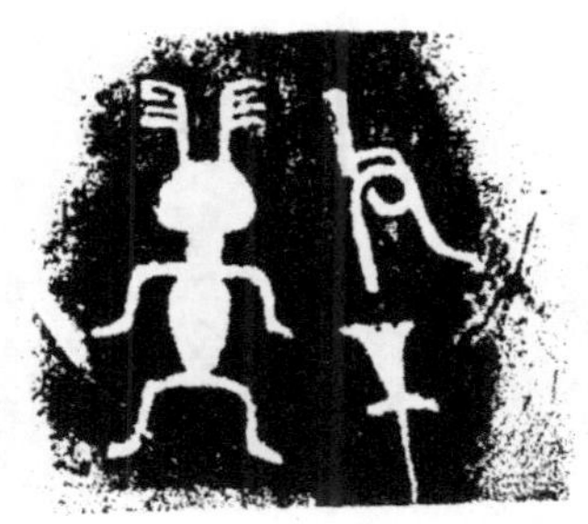

父辛耑

07141

父辛竝觚

父辛竝

07142

𡘋父辛觚

𡘋（擧）父辛

07143

矣父辛觚

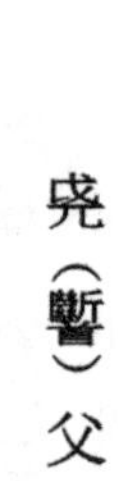

尭（誓）父辛

07144

梡父辛觚

梡父辛

07146

口父辛觚

口父辛

07145

弔父辛觚

弔父辛

07147

冄父辛觚

冉父辛

07148

冄父辛觚

冉父辛

07149

虎未父辛觚

虎未父辛

07150

串父辛觚

榑（櫏）父辛

07151

辛父攺觚

辛父攺

07152

黿父癸觚

黿父癸

07153

隻父癸觚

獲父癸

07154

戈父癸觚

戈父癸

07155

𣏂父癸觚

𣏂
父
癸

07156

子
父
癸

07158

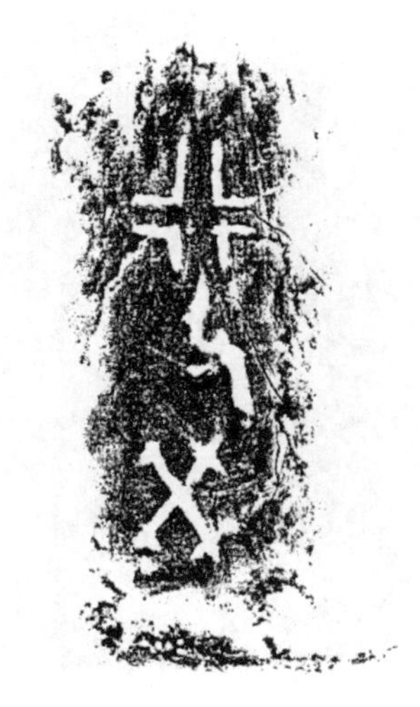

行父癸觚

行
父
癸

07157

乙父癸觚

乙
父
癸

07159

蚰羊乙觚

蚰羊乙

07160

舌戊觚

舌甗戊

07161

己鄉宁觚

己鄉宁

07162

辛鄉宁觚

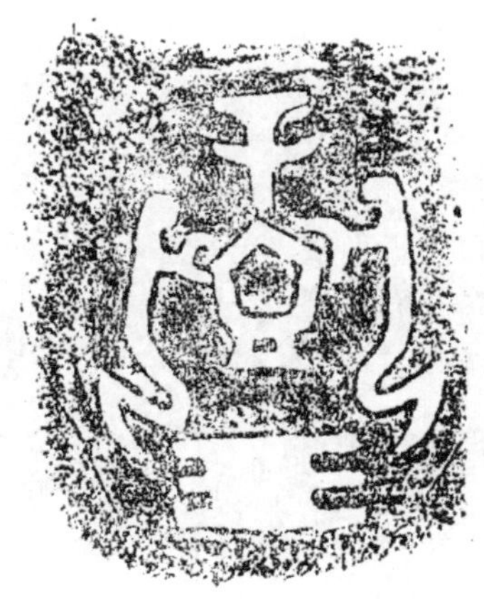

辛鄉宁

07163

甲母觚

甲母礼（衲）

07165

甲母觚

甲母礼（衲）

07164

魚母乙觚

魚母乙

07166

亯册觚

𠛪享册

07167

亯册觚

𠛪享册

07168

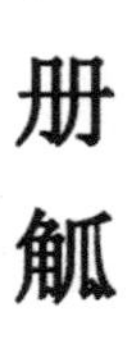

亯册觚

𠛪享册

07169

亯册觚

𠛪享册

07170

婦嬨觚

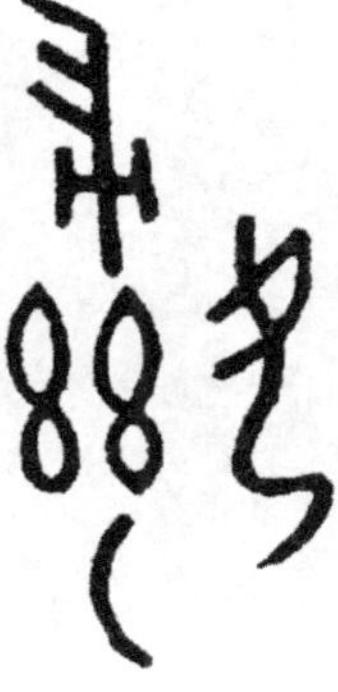

婦嬨(（半）

07171

子蝠⿱冖可觚

子蝠⿱冖可

07173

婦嬨觚

婦嬨(（半）

07172

子蝠⿱冖可觚

子蝠⿱冖可

07174

子取丁觚

子取丁

07175

允册丁觚

允册丁

07176

幾廌册觚

幾廌册

07177

亞爾觚

亞爾

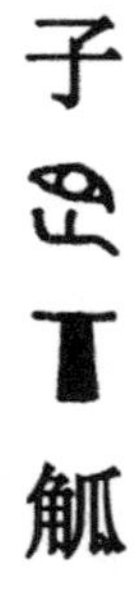

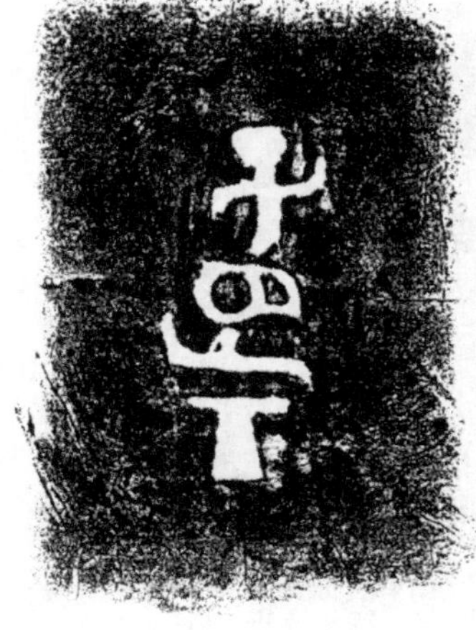

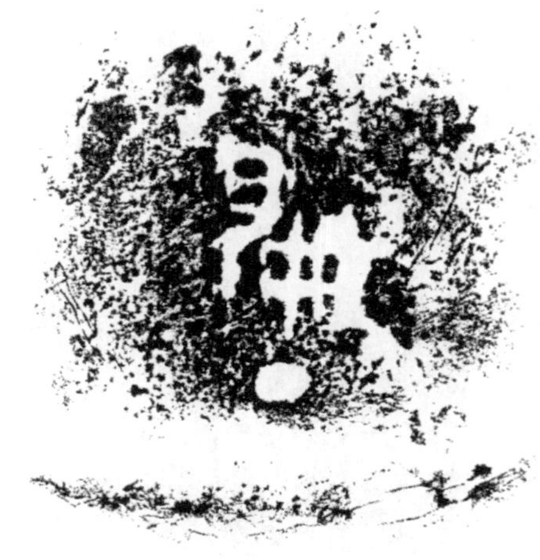

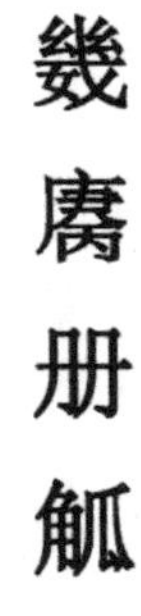

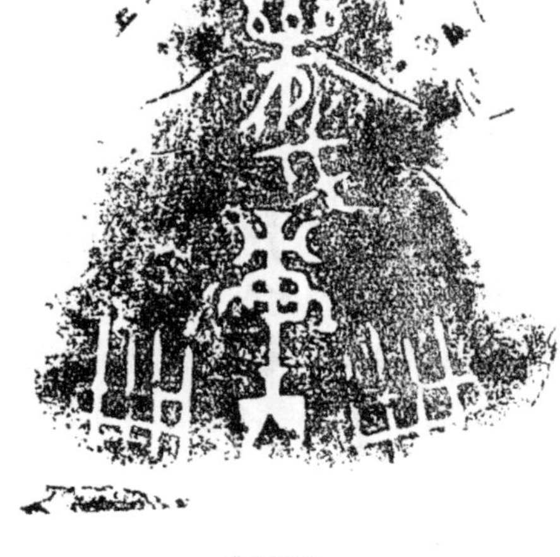

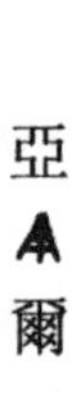

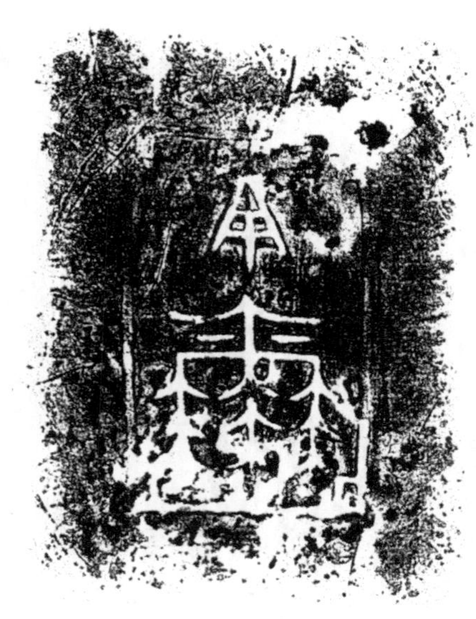

07178

亞卪觚

亞卪犬（？）

07179

亞木守觚

亞木守

07181

㠱亞次觚

㠱亞次

07180

亞丁䏍觚

亞丁䏍

07182

亞巽乙觚

亞□乙

07183

亞壴衧觚

亞壴（趄）衧（徏）

07185

亞□亢觚

亞□亢

07184

亞壴衧觚

亞壴（趄）衧（徏）

07186

◆衢𠂤觚

衢（還）𠂤（次）

07187

弓日囗觚

弓丁囗

07189

◇葡𡌳方觚

◇菁啐（箙）

07188

弓日囗觚

弓丁囗

07190

南單冓觚

南單冓

07191

西單光觚

西單光

07192

西單己觚

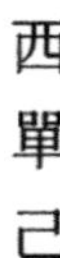

西單己

07193

西單□觚

西單□

07194.1

西單□

07194.2

北單戈觚

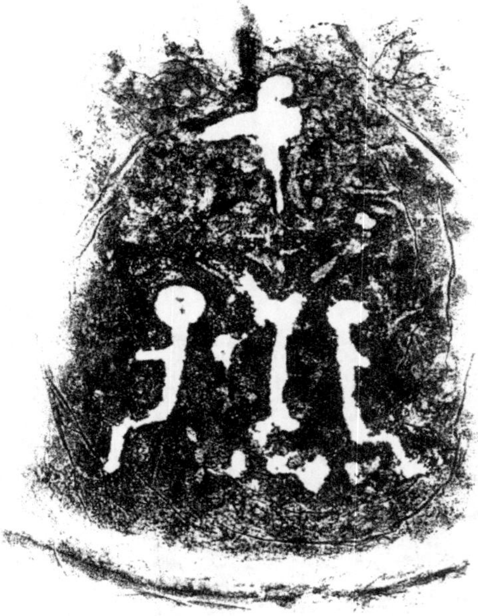

戈北單

07195

冄串媄觚

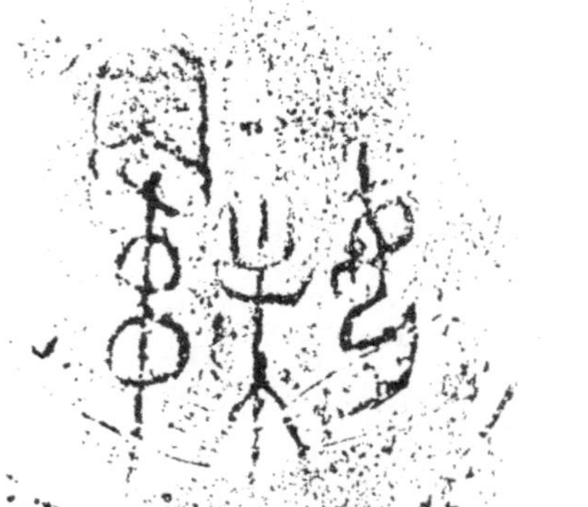

媄冉串

07196

冄串媄觚

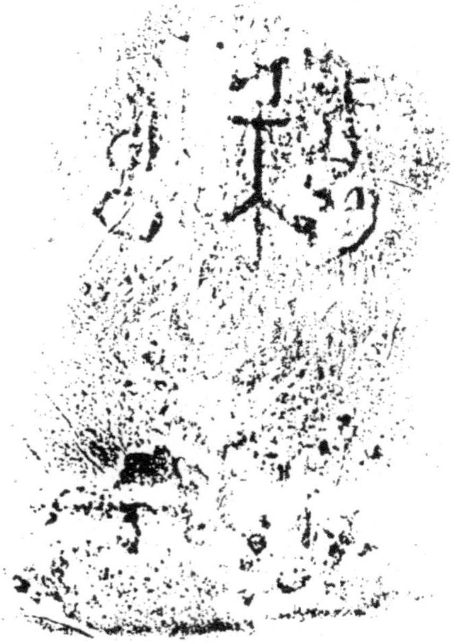

媄冉串

07197

丁冉侁觚

07198

丁冉侁觚

丁冉侁

07199

丁冉侁觚

丁冉侁

07200

羊

車
觚

羊
（貳）車

07201

耒
觚

耒
蚰

07202

冬
臣
單
觚

冬
臣
單

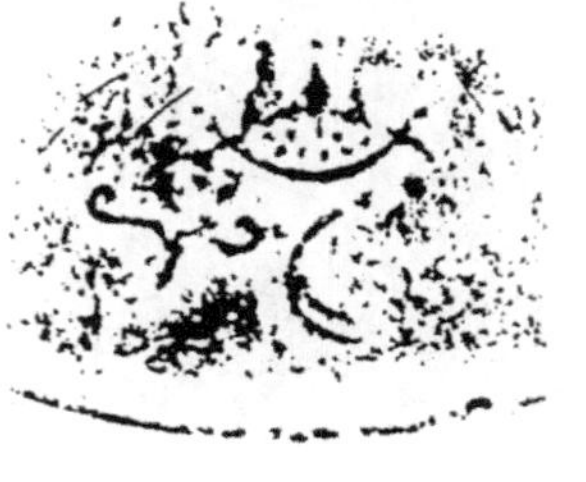

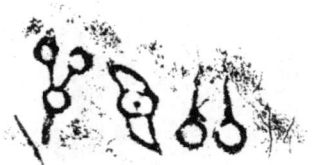

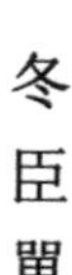

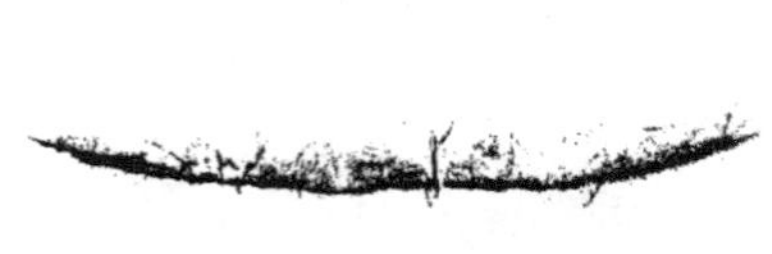

07203

米宮彝觚

米宮彝

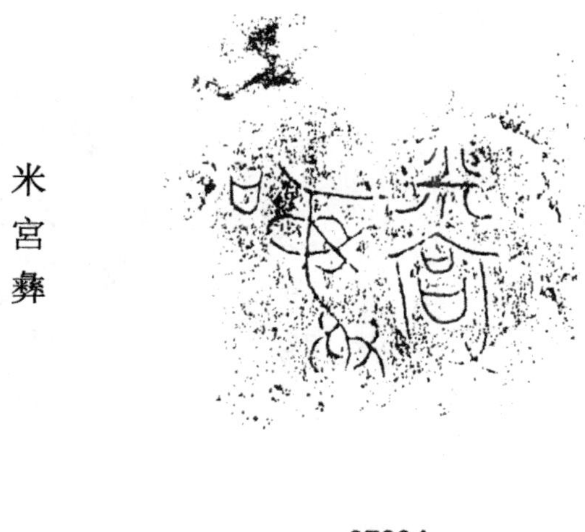

07204

夭作彝觚

夭（走）乍（作）彝

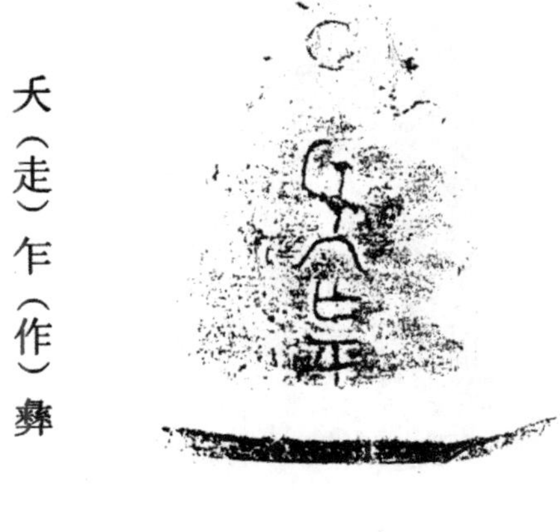

07205

夭作彝觚

夭（走）乍（作）彝

07206

作從彝觚

乍(作)從彝

07207

作從彝觚

乍(作)從彝

07209

作從彝觚

乍(作)從彝

07208

羊□父觚

羊侁父乙

07210

且丁父乙觚

祖丁、父乙

07211

且丁父乙觚

祖丁、父乙

07212

黿獻且丁觚

黿獻祖丁

07213

且戊觚

木戊
祖戊

07214

大中且己觚

大中祖己

07215

且壬刀觚

祖壬丰刀

07217

且辛戉觚

祖辛戉刜

07216

弔龜且癸觚

弔龜祖癸

07218

亞冀匕己觚

亞冀（㠱）妣己

07219

父甲丁觚

卷父甲丁

07221

女子匕丁觚

女（汝）子妣丁

07220

册𣪕父甲觚

册𣪕父甲

07222

父乙㛃虎觚

父乙㛃（戎）虎

07223

册𠂤父乙觚

册𠂤（退）父乙

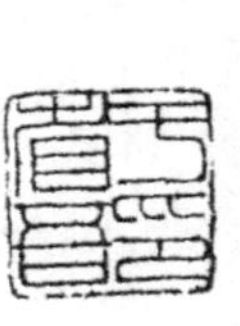

07224

㚔旅父乙觚

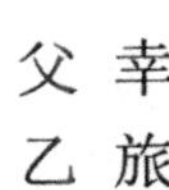
幸旅
父乙

07225

[illegible]册父乙觚

[illegible]（庚）册父乙

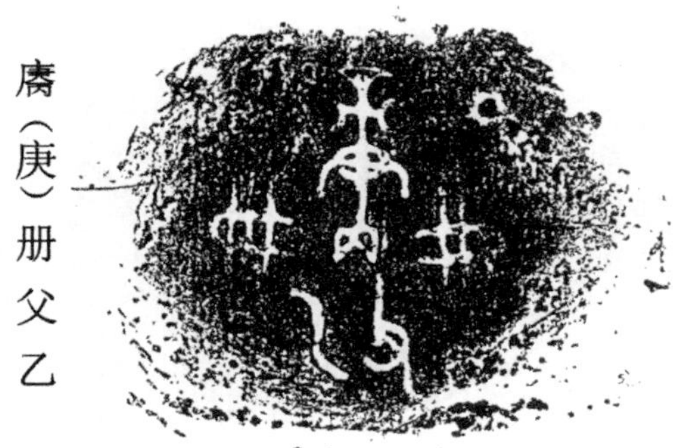

07227

[illegible]父乙觚

ㄐ毌父乙

07226

亞鷹父丁觚

亞鷹父丁

07228

子父丁觚

父丁
子刀

07229

亞獏父丁觚

亞獏父丁

07231

亞⿰酉兒父丁觚

亞⿰酉兒父丁

07230

亞□父丁觚

亞盉父丁

07232

力册父丁觚

力册父丁

07233

作父丁橆觚

乍(作)父丁，橆

07235

省作父丁觚

省乍(作)父丁

07234

尹舟父丁觚

尹舟父丁

07236

𠆤戔父丁觚

𠆤戔父丁

07237A

||幸父戊觚

㚔(二幸)父戊

07238

亞古父己觚

𠆤戔父丁

07237B

亞古父己

07239

大册父己觚

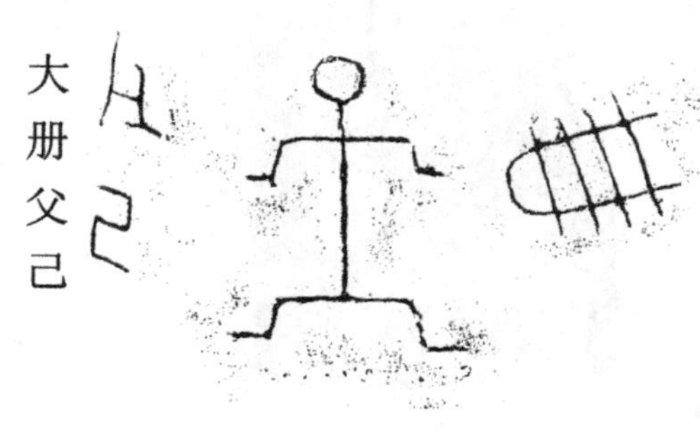

大册父己

07240

辰𧗟父己觚

辰𧗟（衛）父己

07242

亞吴父己觚

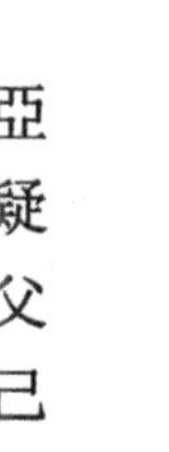

亞疑父己

07241

亞㫃父己觚

亞旅父己

07243

戉未父己觚

戉未父己

07244

㚔旅父辛觚

幸旅父辛

07246

㚔旅父辛觚

幸旅父辛

07245

父辛册觚

父辛册叟

07247

亞宁父癸觚

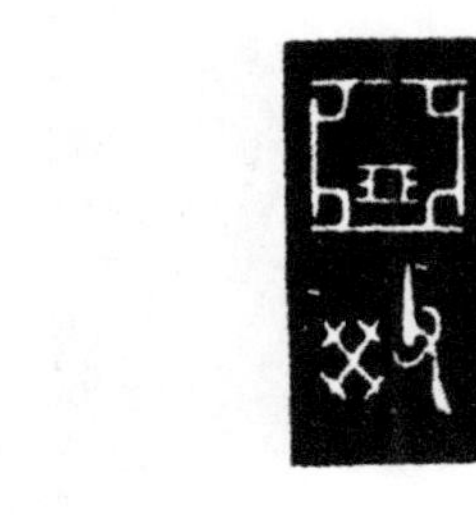

亞宁父癸

07248

何父癸觚

何父癸𤔲

07250

父癸㚔箙觚

父癸幸葡

07249

何父癸觚

何父癸𤔲

07251

母辛亞觚

母辛亞□

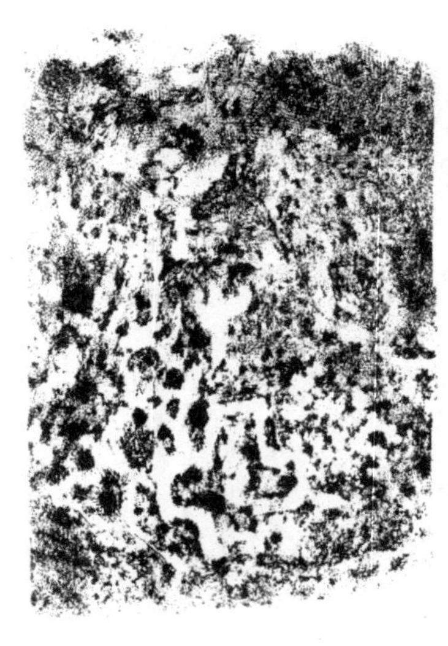

07252

乙亳戈册觚

册戈亳乙

07253

聑髭婦𡚸觚

聑髭
婦𡚸

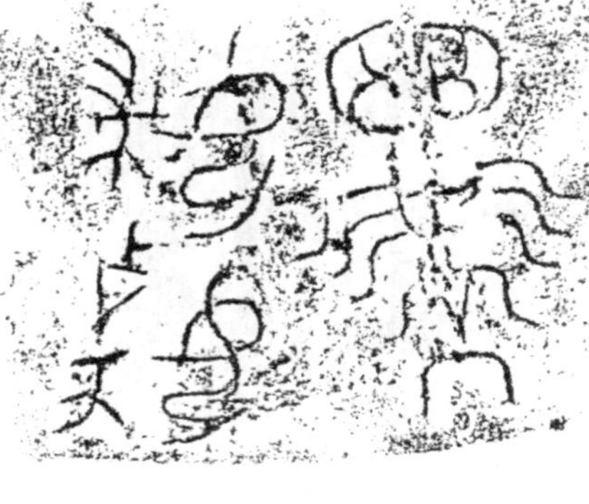

07254

糸子工刀觚

糸子工刀

07255

戈咢作氒觚

戈咢乍（作）厥

07257

子工册木觚

子工册木

07256

登作隮彝觚

登乍（作）尊彝

07258

◆作從彝觚

◇乍(作)從彝

07259

共作且乙觚

共祖乙乍(作)彝

07261

作⿰丰丮從彝觚

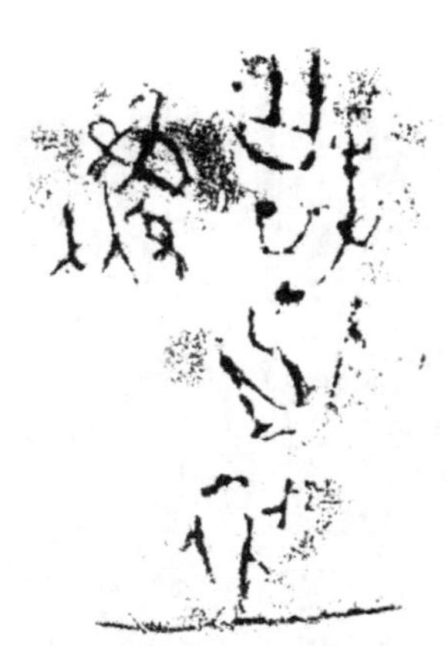

乍(作)⿰丰丮(封)從彝

07260

亳戈冊父乙觚

亳戈冊父乙

07262

庚豕父乙觚

𢊁(庚)豩父乙馬

07263

父乙莫觚

亞父乙微莫

07264

𫝀作父乙觚

丩毌乍(作)父乙

07265

⿸广壽冊父庚𡰥觚

⿸广壽冊

父庚𡰥（退）

07266

臣辰父辛觚

臣辰

侁父乙

07267

臣辰父辛觚

臣辰

侁父乙

07268

耒册父辛觚

劦（耒？）册父辛叟

07269

子木觚

子㚤心

07270

亞登兄日庚觚

亞登兄日庚

07271

叔作母觚

叔乍(作)母□彝

07272

單光觚

單光乍(作)從彝

07273

扶册作從彝觚

⿰夫攴(⿰夫攴)册乍(作)从彝

07274

買王罘觚

買王罘
尊彝

07275

買王罘觚

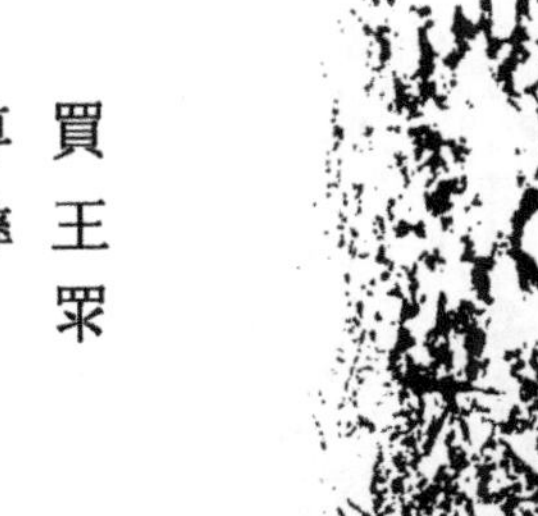

買王罘
尊彝

07276

亞⿱隹吕辛觚

亞⿱隹吕(離)辛爵

07277

賁引觚

賁(聽)引
乍(作)尊彝

07278

史見觚

史見乍(作)父甲彝

07279

秉父庚觚

宗尊秉以父庚

07281

𠣞作父丁觚

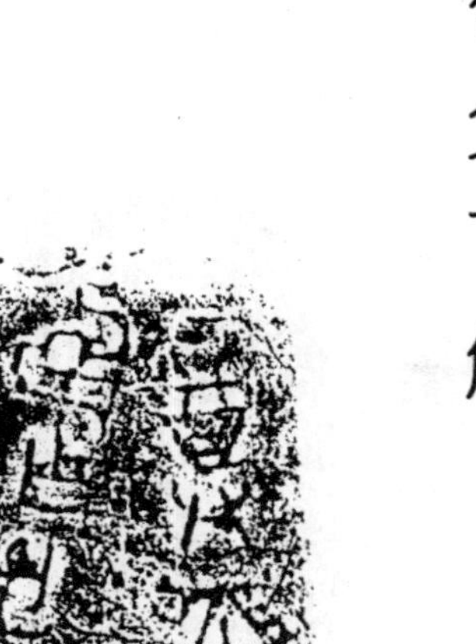

尊彝句乍(作)父丁

07280

秉父庚觚

宗尊秉以父庚

07282

作父辛亞吴觚

乍(作)父辛
尊，亞疑

07283

作父辛觚

乍(作)父辛
寶尊彝

07284

亞夫觚

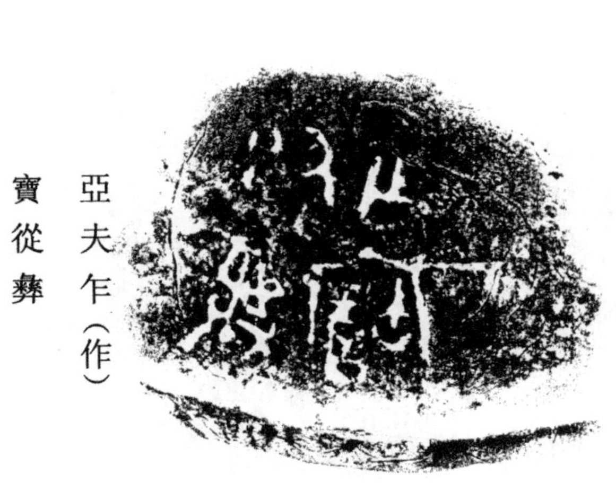

亞夫乍(作)
寶從彝

07285

亞夫觚

亞夫乍（作）寶從彝

07286

亞旟觚

亞旟（杠）妗父辛尊彝

07288

婦𫚁觚

婦鴾（𫚁）乍（作）彝，亞䣿

07287

作且己觚

吠乍（作）祖己
尊彝，交

07289

亞作父乙觚

亞乍（作）父乙寶
尊彝

07290

亞作父乙觚

亞乍（作）父乙寶
尊彝

07291

卿作父乙觚

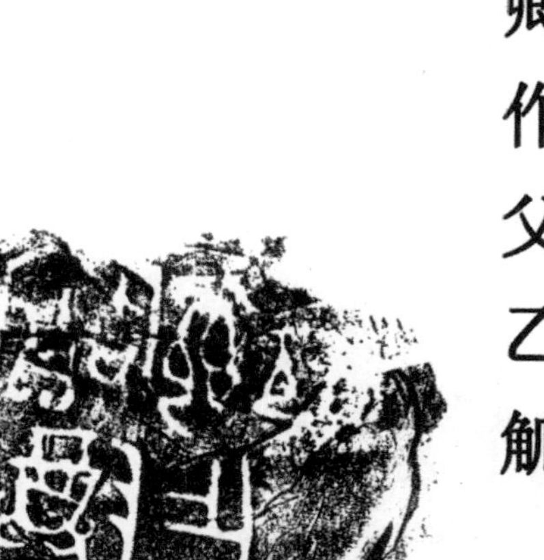

07292

卿乍(作)父乙
寶尊彝

叡作父戊觚

07294

叡乍(作)父戊
尊彝，戕

亞𡨦父丁觚

亞𡨦(䟡)宔(鑄)父丁，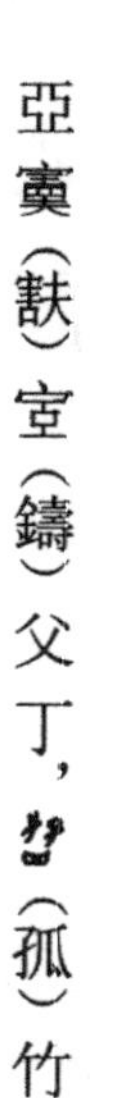(孤)竹

07293

叡作父戊觚

07295

叡乍(作)父戊
尊彝，戕

天子耶觚

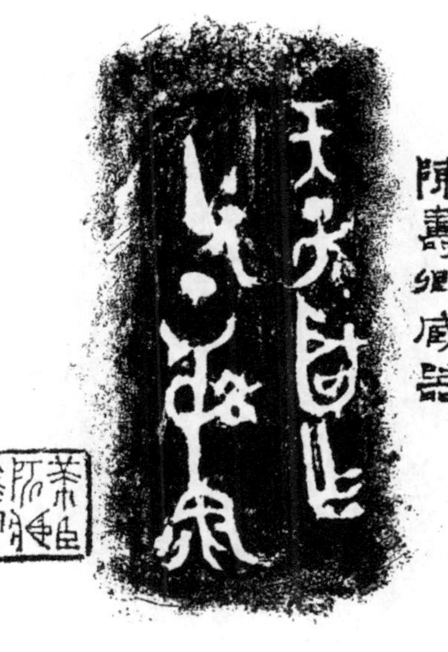

天（大、太）子聽乍（作）
父丁彝

07296

𦎫作母癸觚

亞疑㠱，𦎫乍（作）母癸彝

07297

𦎫作母癸觚

亞疑㠱，𦎫乍（作）母癸彝

07298

𡘋丏觚

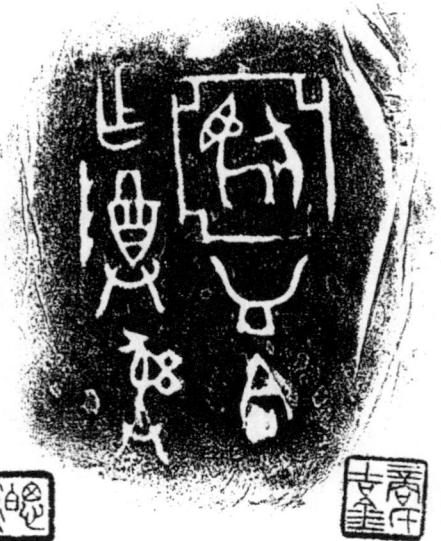

兇(誓)丏酰

乍(作)父辛彝

07299

皿合觚

亞獏皿合

乍(作)尊彝

07300

㤘作且癸觚

寶彝

埶(藝)戊乍(作)祖癸句

07301

或父己觚

亞或其誋乍(作)父己彝，共

07302

妏作乙公觚

妏乍(作)乙公寶彝，允册

07304

友敉父癸觚

友(右)敉父癸
丨川(三)址

07303

⿺走將作日癸觚

⿺走遂乍(作)日癸寶尊彝，妕(戎)

07305

[羌幺]向觚

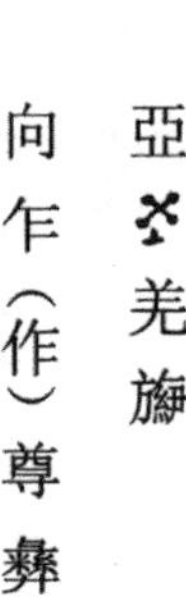

亞[?]羌旃
向乍（作）尊彝

07306

亞若癸觚

受丁沚旅
亞若癸乙自（師）

07308

[?]作父丁觚

寶尊彝
[?]（負）乍（作）父丁
亞旃（杠）

07307

亞若癸方觚

受丁沚旅
亞若癸乙自（師）

07309

貝父乙觚

貝唯賜，用乍（作）
父乙尊彝，亀

07310A

龏姛觚

龏姛賜
商（賞）貝于姛，
用乍（作）父乙彝

07311

貝唯賜，用乍（作）
父乙尊彝，亀

07310B

麋婦觚

□□，麋婦
□賞于㛄，用（作）
辟日乙尊
彝，（鑊）叡

07312

子

07313

子

07314

子爵

子

07317

子爵

子

07315

子爵

子

07318

子爵

子

07316

子
爵

子

07319

子
爵

子

07320

囝
爵

囝

07321

爵

（俘）

07322

天爵

吴(嘩)

07323

天爵

天

07326

天爵

天

07324

天爵

天

07327

天爵

天

07325

大爵

大

07328

[illegible]爵

[illegible]

07330

[illegible]爵

[illegible]

07329

[illegible]爵

[illegible]

07331

爵

𡗗

07332

爵

𡗗

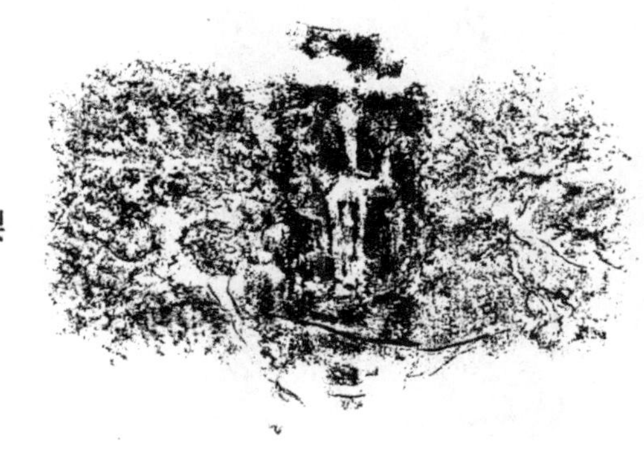

07333

爵

奚

07334

爵

奚

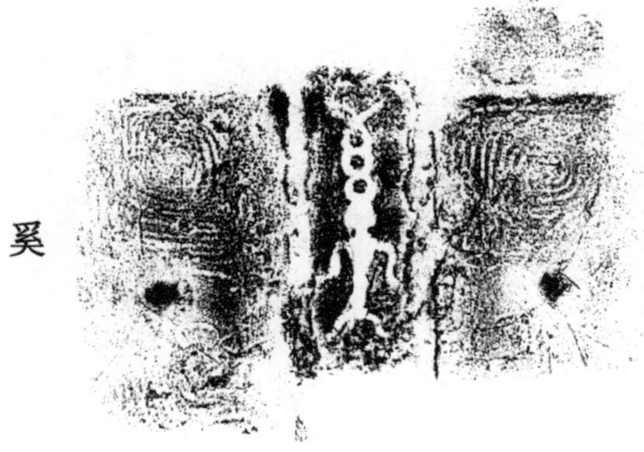

07335

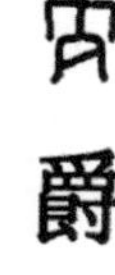
爵

亢

07336

爵

屰

07337

屰爵

屰

07338

逆爵

逆

07339

夫爵

夫

07340

爵

07342

夫爵

夫

07341

爵

㐱

07343

爵

玃

07344

爵

爵

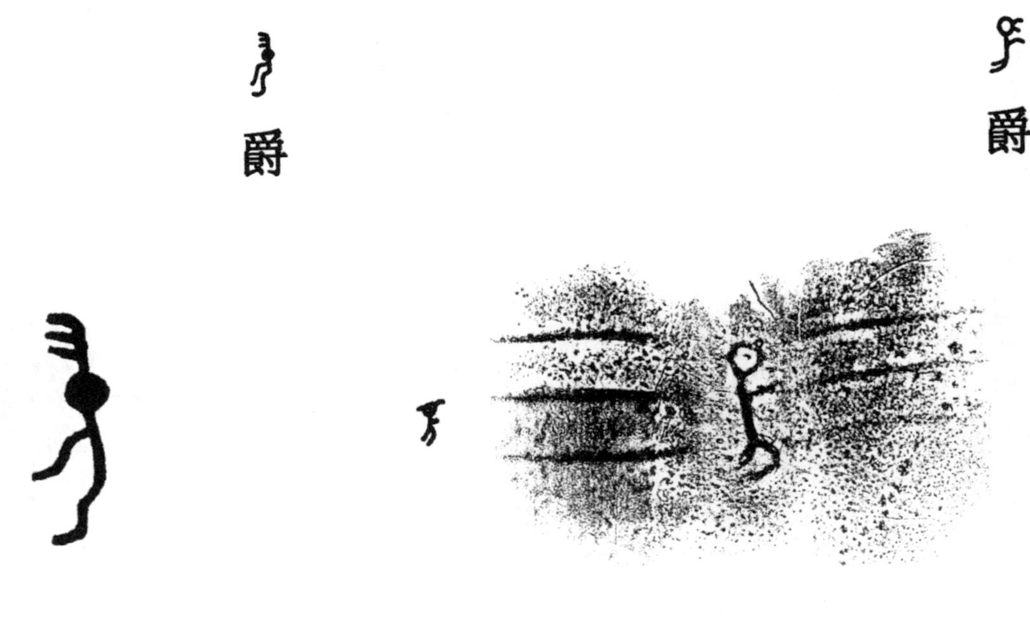

微

07346

07345

爵

佚

07347

爵

佚

07348

爵

佚

07349

爵

侁

07350

爵

侁

07351

爵

07352

𢍜爵

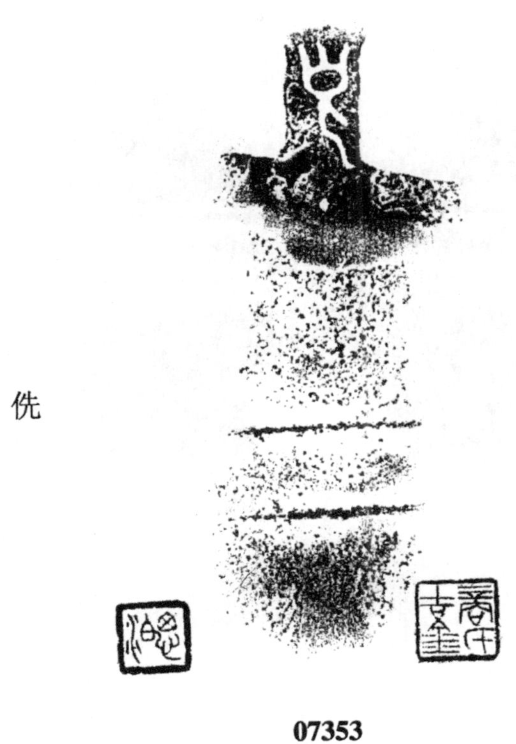

07353

光爵

07354

䚷爵

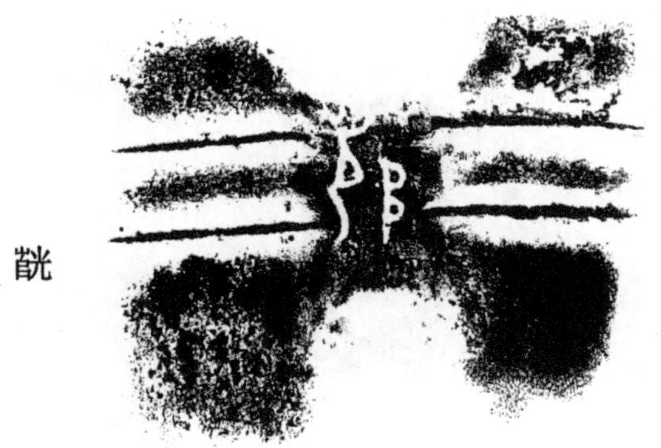

07355

觥爵

觥

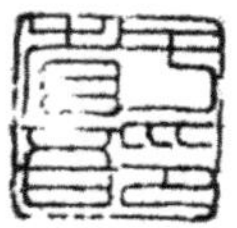

07356

見爵

見

07357

見爵

見

07358

爵

卩

07359

爵

卬

07361

爵

令

07360

爵

卷

07362

爵

卷

07363

重爵

重

07365

爵

⿱卩心

07364

重爵

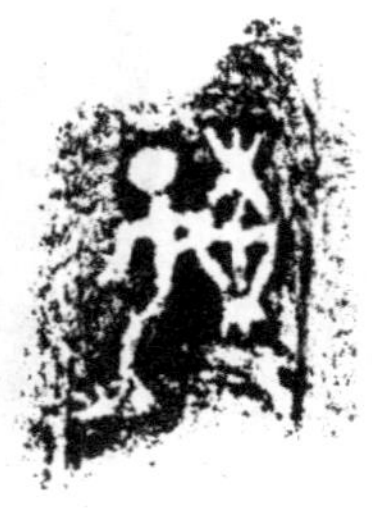

重

07366

重爵

07367

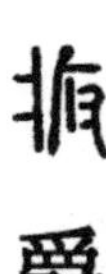爵

柎

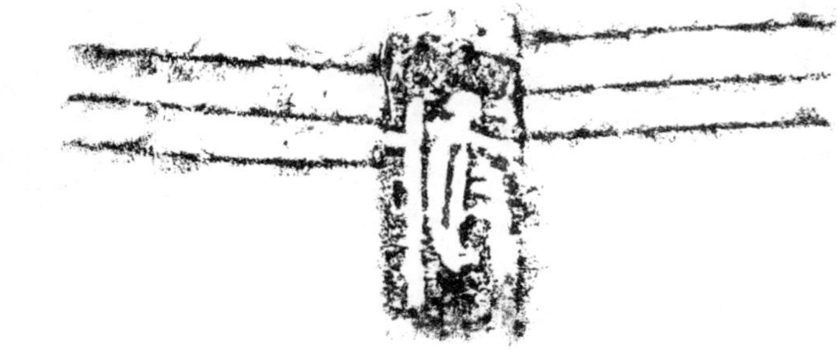

07368

紟

07369

何爵

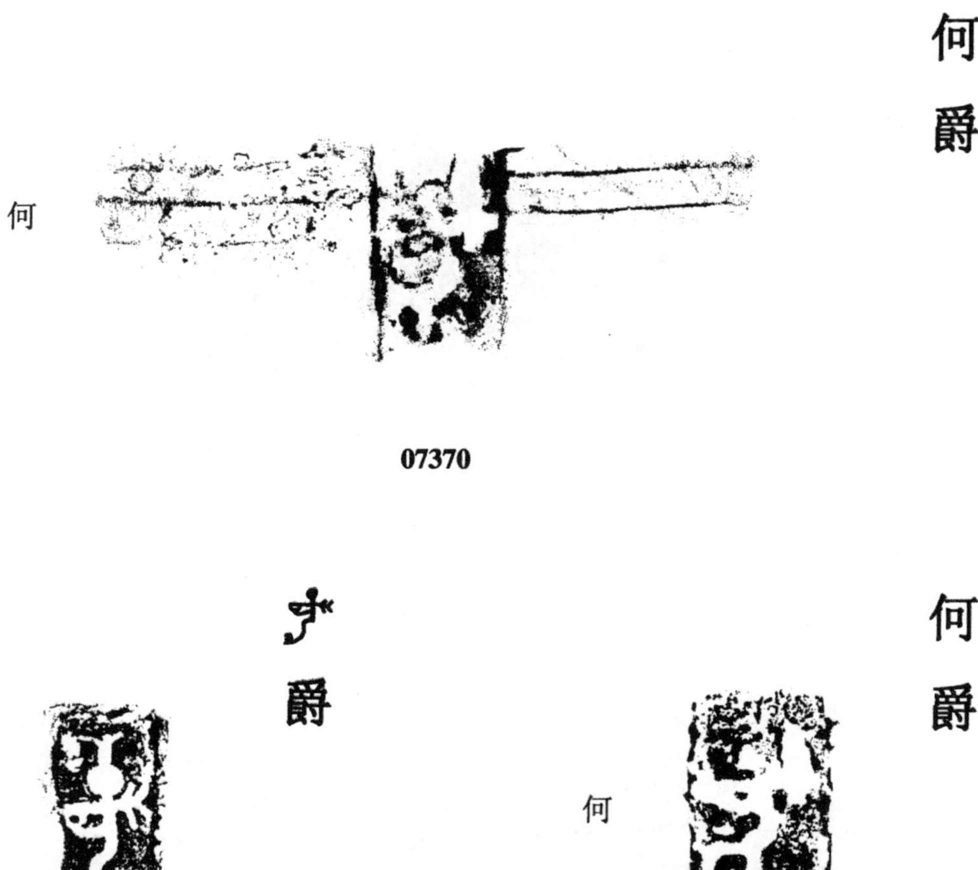

何

07370

何爵

何

07371

□爵

□

07372

匿爵

匿

07373

匿爵

匿

07374

匿爵

匿

07375

匿爵

匿

07376

匿爵

匿

07377

克爵

克

07378

克爵

克

07379

克爵

克

07380

爵

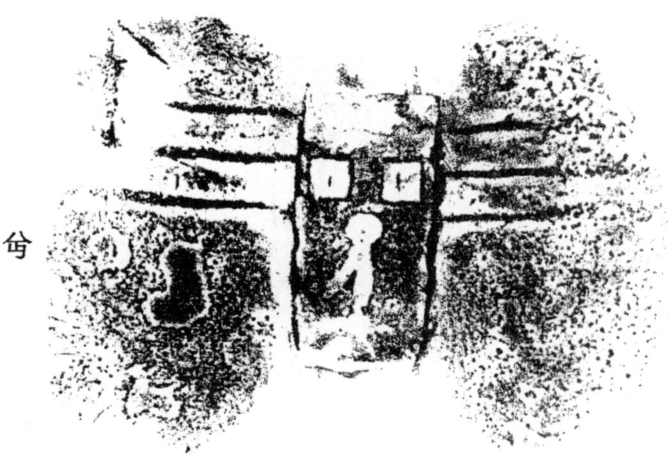

[illegible]

07382

爵

[illegible]

07381

爵

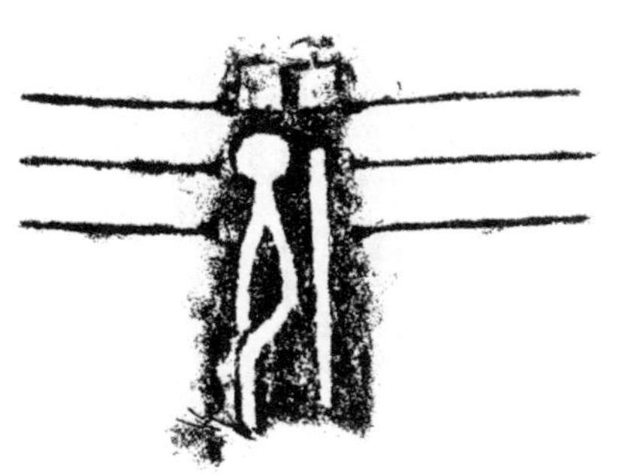

敂

07383

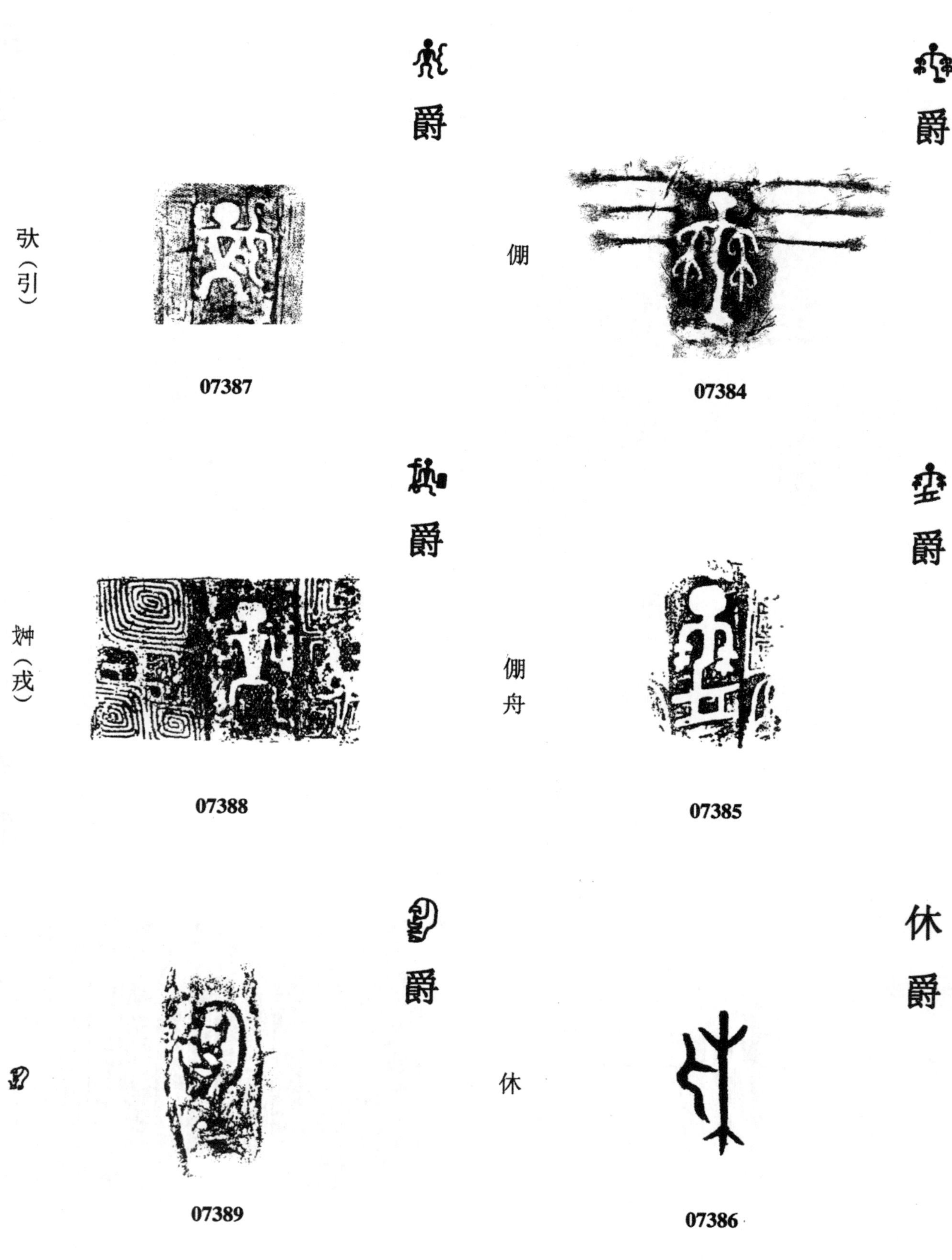

爵

倗

07384

爵

倗舟

07385

休爵

休

07386

爵

弜（引）

07387

爵

妕（戎）

07388

爵

07389

爵

役

07390

爵

兇（[illegible]）

07391

爵

兇（[illegible]）

07392

爵

兇（[illegible]）

07393

爵

兇（暫）

07394

爵

兇（暫）

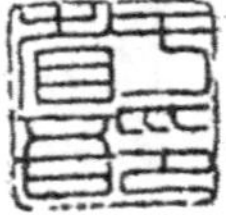

07395

爵

兇（暫）

07396

爵

兇（暫）

07397

爵

伐

07398

徺爵

徺

07399

執爵

07400

並爵

竝

07401

爵

北

07402

爵

从

07403

爵

保

07404

爵

敖（扶）

07405

保爵

保

07406

爵

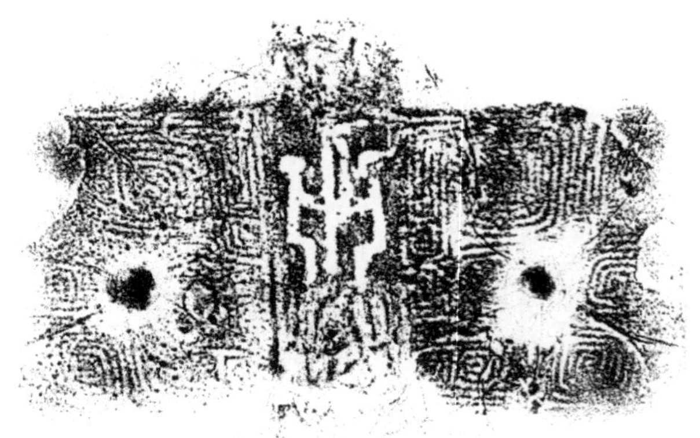

(弁)

07407

卿爵

卿

07408

女爵

母

07409

女爵

母

07410

女爵

母

07411

女爵

母

07412

媚爵

媚

07413

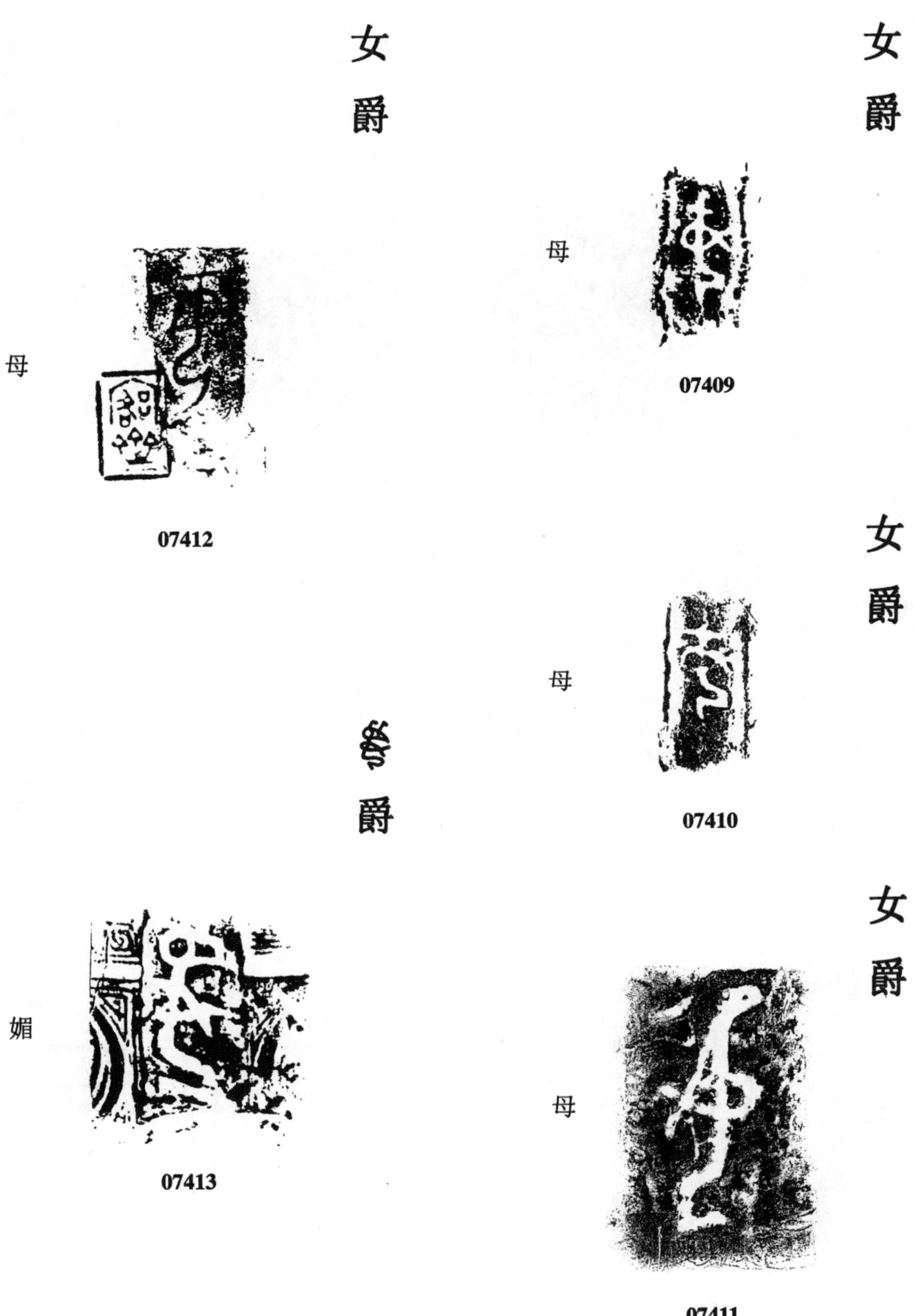

爵

姰

07414

爵

爵

媓

07416

07415

爵

媓

07417

[illegible]爵

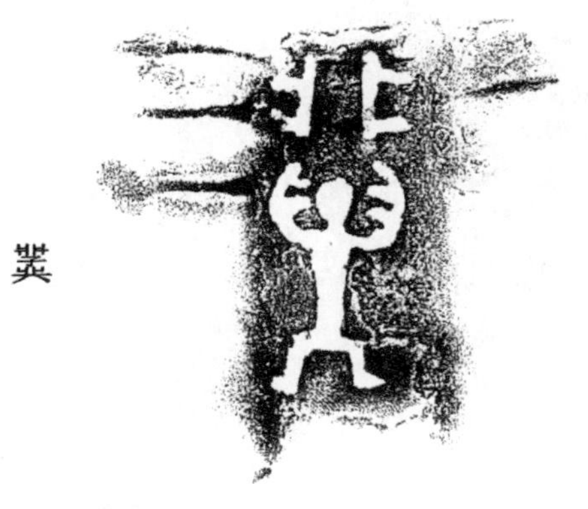

[illegible]

07419

乘爵

乘

07418

角

[illegible]

07420

斿爵

[illegible]([illegible])

07421

斿爵

旅

07422

斿爵

旅

07423

肈爵

幸旅

07424

旅爵

旅

07425

旅爵

旅

07426

旅爵

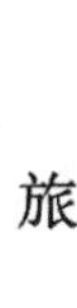

旅

07427

⿱大黽爵

07428

⿱大豕爵

07429

07430

豙爵

豙（⿰豕肙）

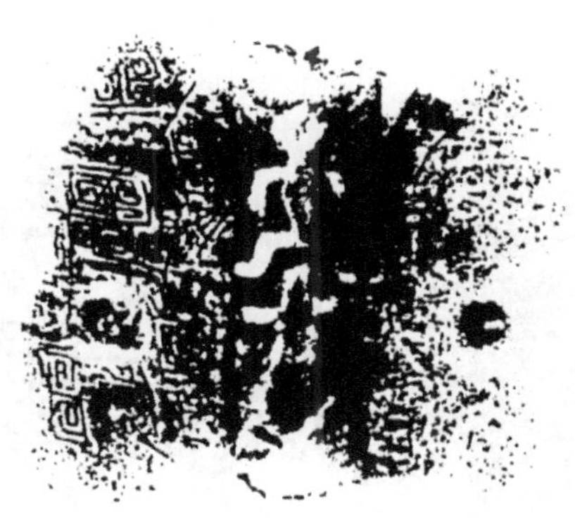

07431

夸爵

夸爵

夸

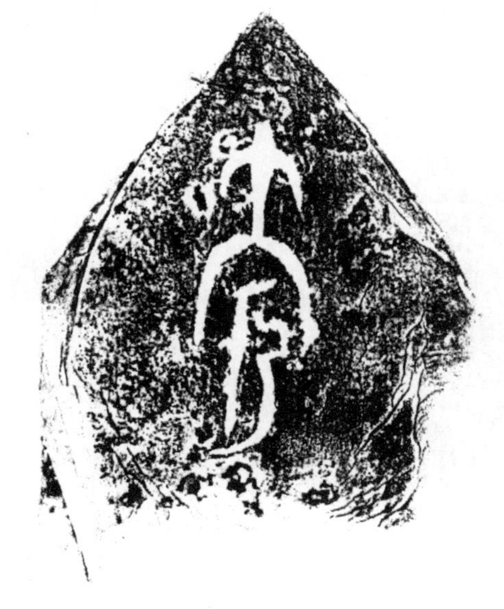

07433

夸

07432

㚤爵

㚤

07434

又爵

又

07435

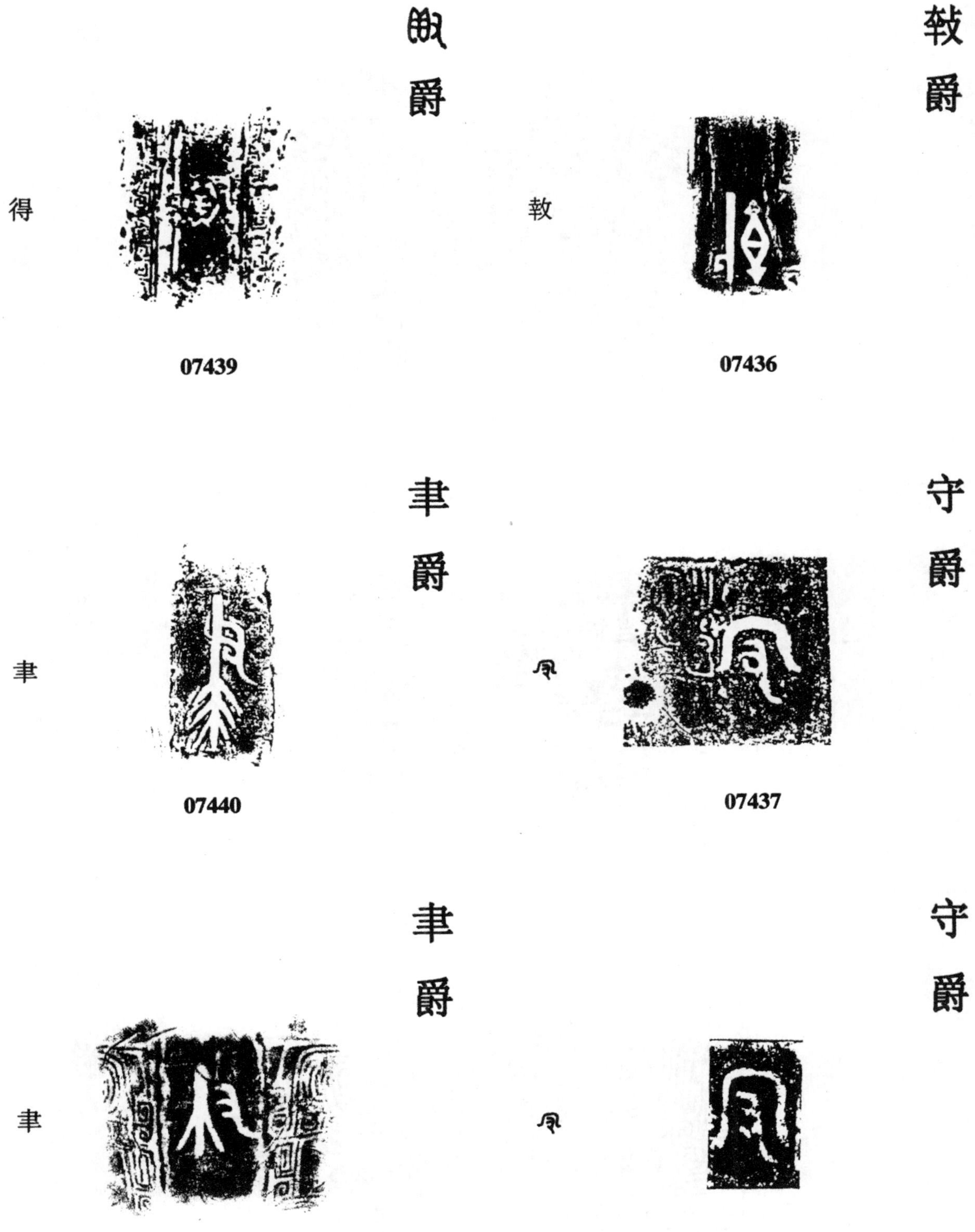

敎爵

教

07436

得爵

得

07439

守爵

07437

聿爵

聿

07440

守爵

07438

聿爵

聿

07441

聿爵

聿

07442

聿爵

聿

07443

聿爵

聿

07444

史爵

史

07447

史爵

史

07445

史爵

史

07448

史爵

史

07446

史爵

史

07449

史爵

史

07450

叙爵

07451

叙爵

叙（矧）

07452

爵

07453

[illegible]爵

权（抹）

07454

啟爵

𢼄

07455

[illegible]爵

[illegible]（貴）

07456

爵

[illegible]

07457

爵

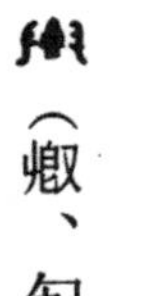

（㲋、匌）

07458

爵

07459

受爵

受

07460

興爵

興

07461

興爵

興

07462

興爵

興

07463

興爵

興

07464

爵

拲

07465

爵

父壬

07466

爵

眗

07467

爵

昇

07468

叚（柄）

07469

爵

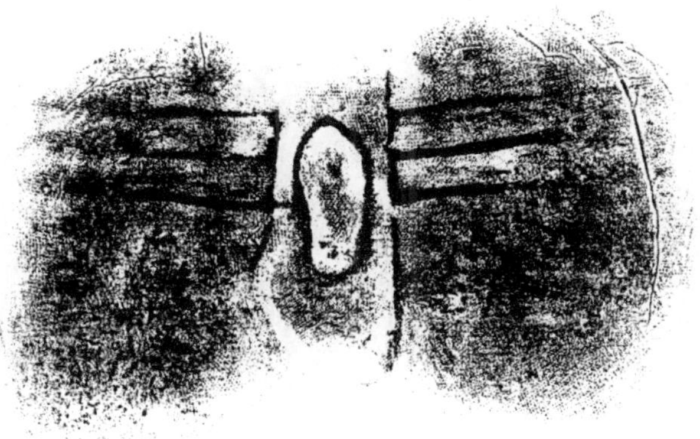

止（趾）

07470

爵

沚

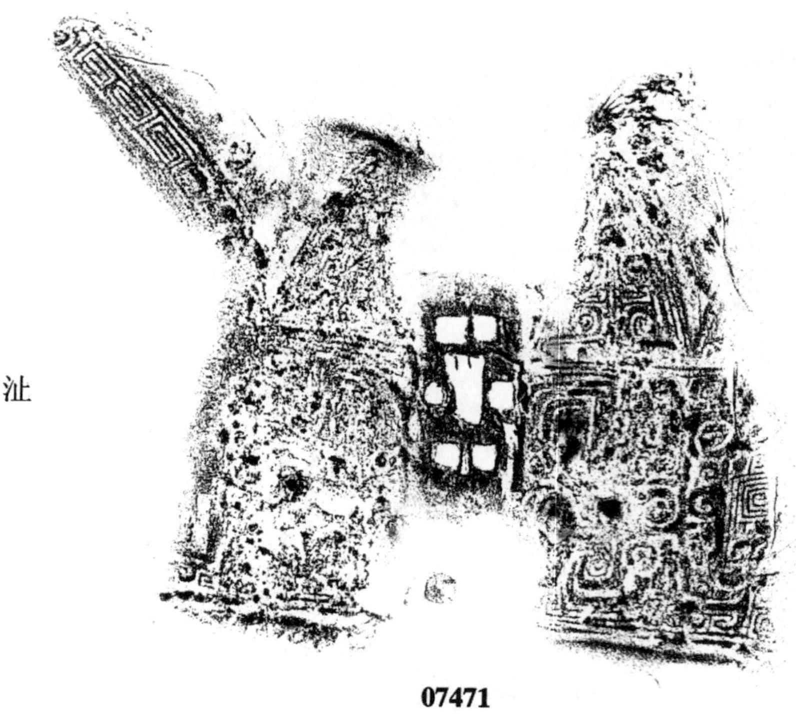

07471

爵

沚

07472

步爵

步

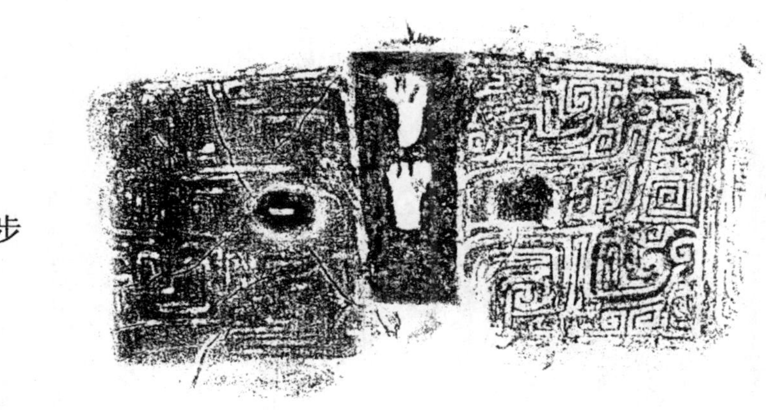

07473

步爵

步

07474

徙爵

徙

07475

𠀠爵

迺（退）

07476

𨖷角

伯𨘋（𨘋）

07477

𤼷爵

登

07478

爵

（迕）

07479

正爵

正

07480

正爵

正

07481

皆爵

正

07482

皆爵

正

07484

皆爵

正

07483

[illegible]爵

[illegible]

07485

[illegible]爵

[illegible]

07486

[illegible]爵

[illegible]

07487

[illegible]爵

[illegible]

07488

[illegible]爵

[illegible]

07489

爵

[illegible]（衛）

07491

07490

𧗿爵

𧗿（衛）

07492

目爵

目

07493

目爵

目

07494

𠤳爵

𠤳

07495

叟爵

叟

07496

叟爵

叟

07497

叟爵

叟

07498

瞏爵

瞏（矍）

07500

叟爵

叟

07499

舌爵

舌

07501

舌爵

舌

07503

舌爵

舌

07502

舌爵

舌

07504

耳爵

耳

07505

爵

恖

07506

爵

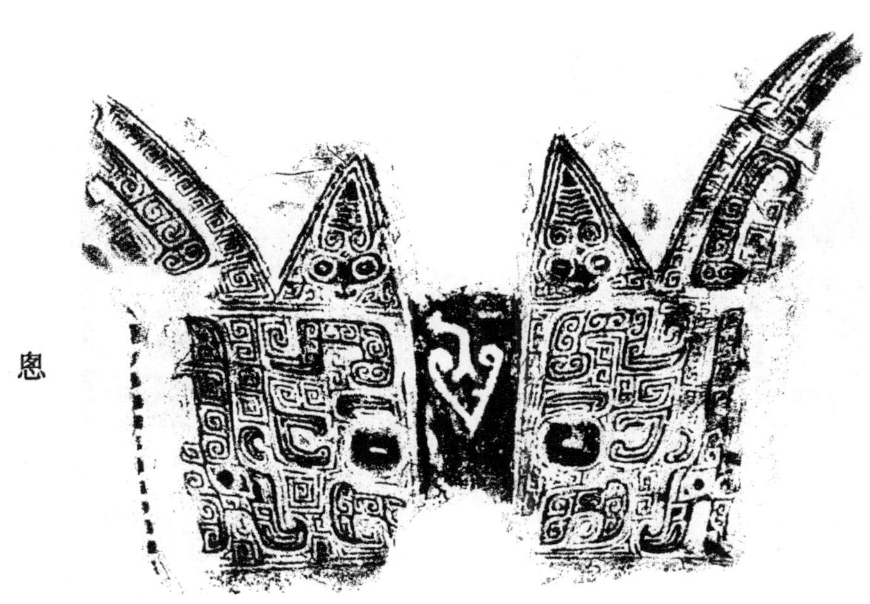

恖

07507

虎爵

虎

07508

象爵

象

07509

羊爵

羊

07510

羊爵

羊

07511

羊爵

羊

07513

羊爵

羊

07512

羋爵

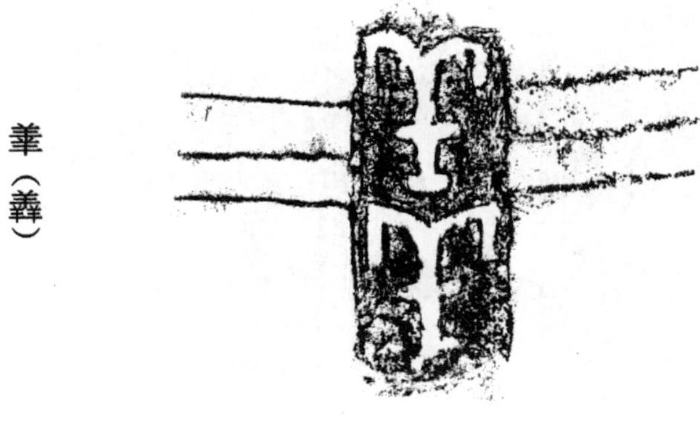

羋（犧）

07514

宰爵

宰（小牢）

07516

羋爵

羋（犧）

07515

豕
爵

⿰手豕

07517

豕
爵

豕

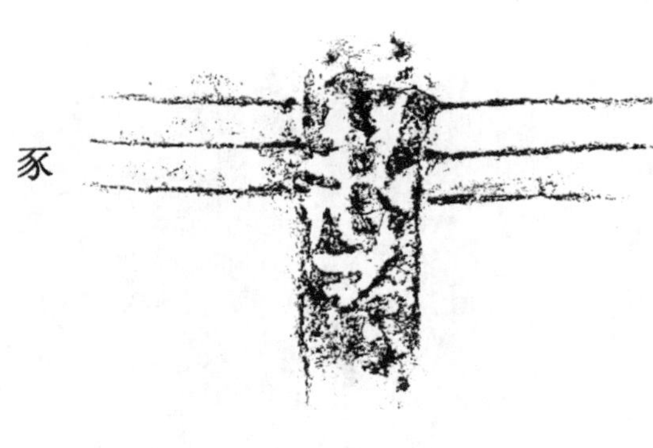

07518

豕
爵

豕

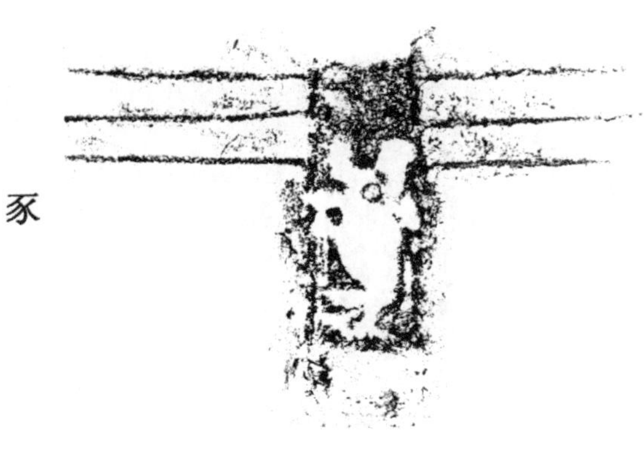

07519

豕
爵

07520

爵

殺

07521

爵

馭

07522

爵

眉

07523

犬爵

犬

07524

犬爵

犬

07525

犬爵

犬

07526

豖刂爵

豖刂（豖刂）

07527

剢爵

剢（㓹）

07528

家爵

家

07529

[illegible]爵

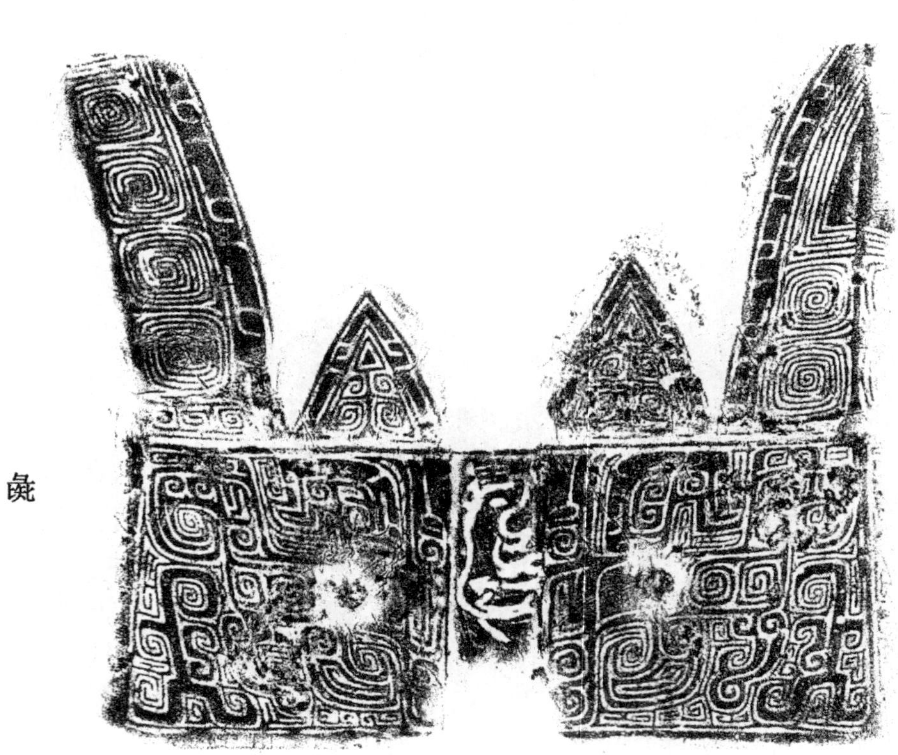

㲋

07530

彖爵

07531

龍爵

龍爵

07533

07532

龍爵

龍

07534

黽爵

黽

07536

龜爵

龜

07535

魚爵

魚

07537

魚爵

魚

07539

魚爵

魚

07538

魚爵

魚

07540

魚爵

魚

07541

魚爵

魚

07542

魚爵

魚

07543

魚爵

魚

07544

魚爵

魚

07545

彝爵

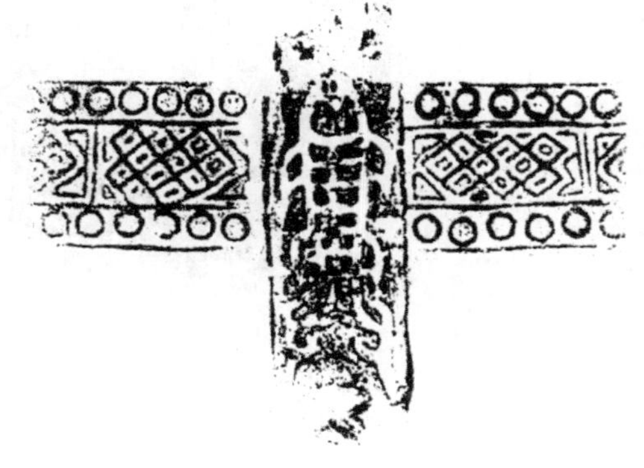

漁

07546

彝爵

漁

07547

魚爵

漁

07548

漁

07549

萬爵

萬

07550

萬
爵

萬

07551

萬
爵

萬

07553

萬
爵

萬

07552

爵

07554

爵

虫

07555

弔

07557

爵

弔

07556

爵

弔（？）

07558

赤爵

弔

07559

赤爵

弔

07560

尗爵

弔

07561

爵

龜

07563

尗爵

弔

07562

爵

龜

07564

角

鳥（化）

07565

爵

（蟥）

07566

爵

脊

07567

爵

脊

07568

鳥爵

鳥

07569

鳥爵

鳥

07570

鳥爵

鳥

07571

鳥爵

鳥（鶴）

07572

鳶

07573

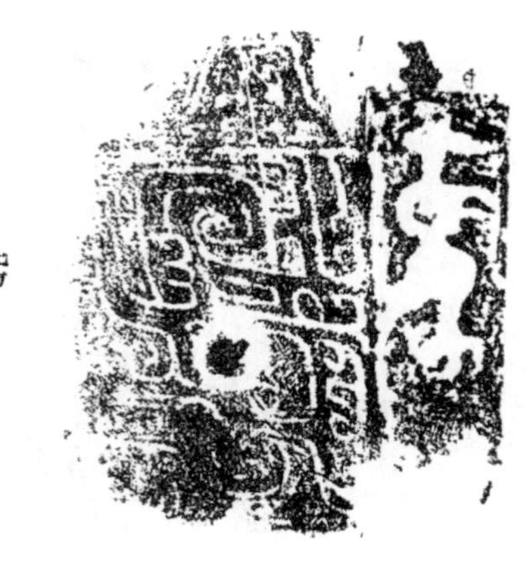

鳶

07574

冊爵

冊

07575

冊

07576

冊爵

冊

07577

册爵

册

07578

告爵

告

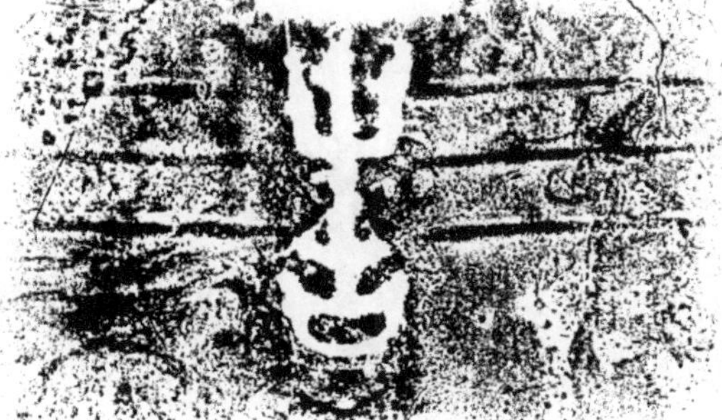

07579

爵

07580

爵

07581

爵

07583

爵

07582

07584

爵

07585

爵

07586

[illegible]爵

[illegible]

07587

邑爵

邑

07588

邑爵

邑

07589

酉爵

酉

07590

酉爵

酉

07591

酉爵

07592

爵

酉

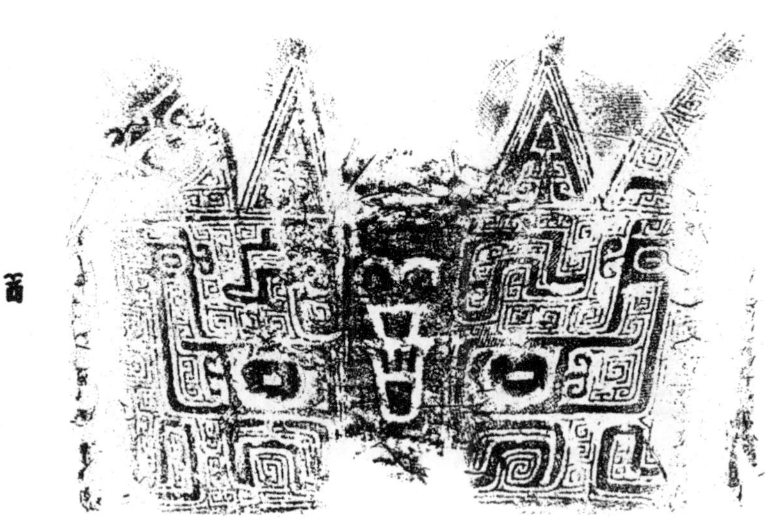

07593

07594

角

07595

07596

爵

07597

爵

07598

07599

爵

07600

爵

爵

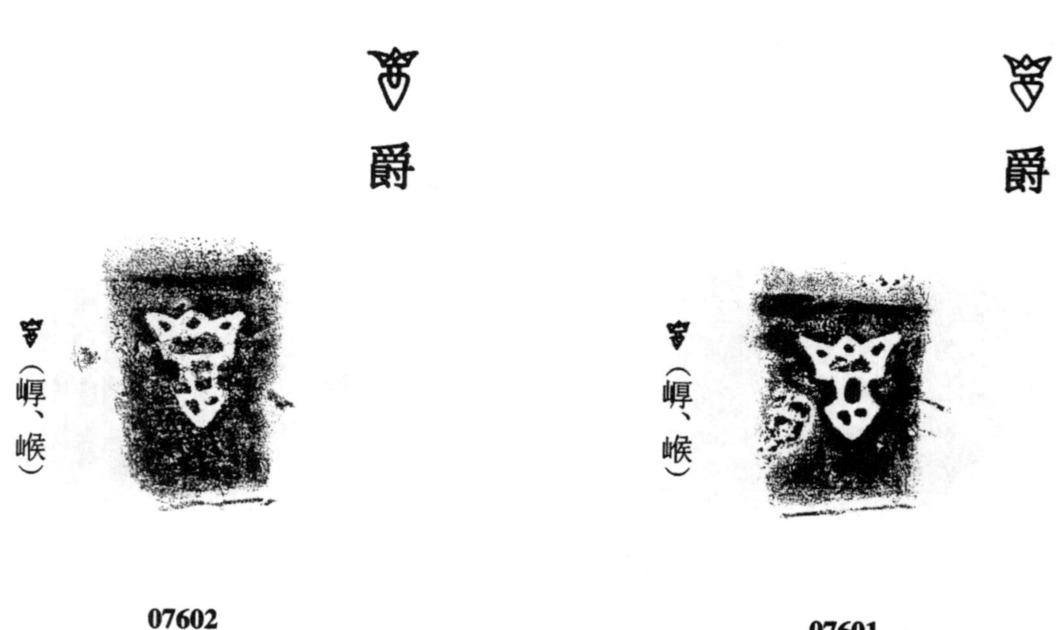

（⿰山享、⿰山侯）

（⿰山享、⿰山侯）

07602

07601

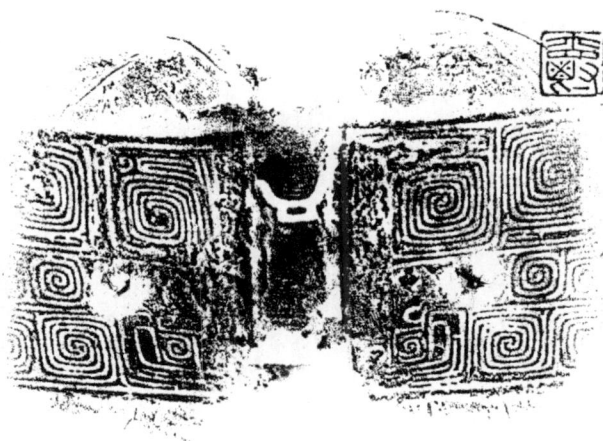

㠱爵

㠱(豆)

07603

皿爵

皿

07604

皿爵

皿

07605

盃爵

孟

07606

𥁑爵

盥

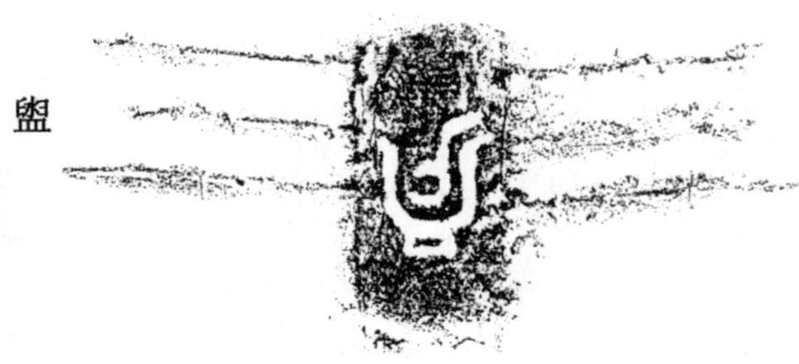

07607

甘爵

甘

07608

刀爵

刀

07609

刀爵

刀

07610

紉爵

紉(絕)

07613

爵

冬刃

07611

紉爵

紉(絕)

07614

爵

冬刃

07612

戈爵

戈

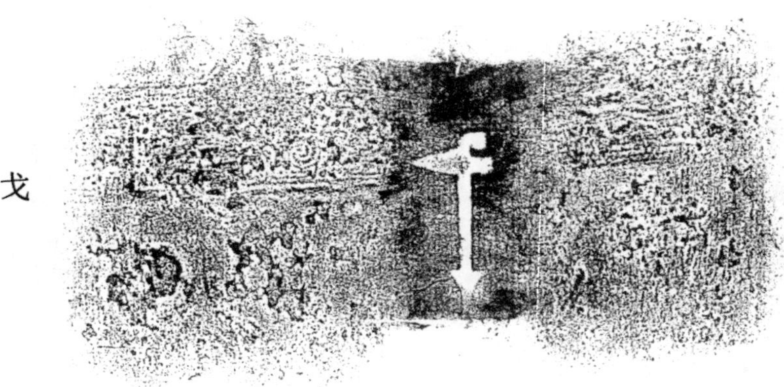

07615

戈爵

戈

07616

戈爵

戈

07618

戈爵

戈

07617

戈爵

戈

07619

戈爵

戈

07620

戈爵

戈

07621

戈爵

戈

07622

戈爵

戈

07624

戈爵

戈

07623

戈爵

戈

07625

戈爵

戈

07626

戈爵

戈

07627

戈爵

戈

07628

戈爵

戈

07629

戈爵

戈

07630

戈爵

戈

07631

矢爵

矢

07632

矢爵

矢

07633

射爵

07634

葡

07635

葡爵

07636

眣爵

07637

戜爵

䵂

07638

戜爵

䵂

07640

戜爵

䵂

07639

咸

咸

07641

爵

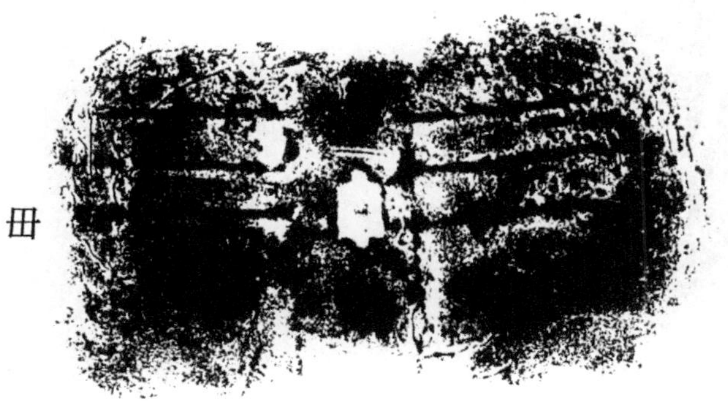

毌

07643

戉

戉（鉞）

07642

爵

毌

07644

旃爵

施

07645

旟爵

旟

07647

旟爵

旟

07646

單爵

單

07648

爵

禽

07649

貯爵

宔（貯）

07650

貯爵

宁（貯）

07651

山爵

山

07653

⿰貝句爵

⿰貝句

07652

山爵

山

07654

爵

07655

爵

07656

爵

07657

爵

07658

爵

07659

爵

07660

爵

07661

爵

07662

爵

07663

爵

07664

爵

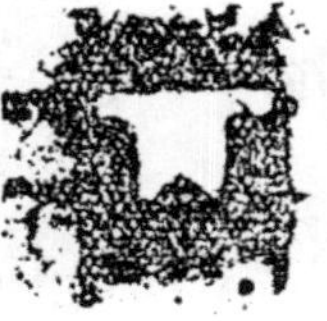

07665

爵

07666

爵

07667

甲爵

甲

07668

⿸广寿爵

⿸广寿（庚）

07670

庚爵

庚

07669

辛爵

辛

07671

辛爵

辛

07672

癸爵

癸

07673

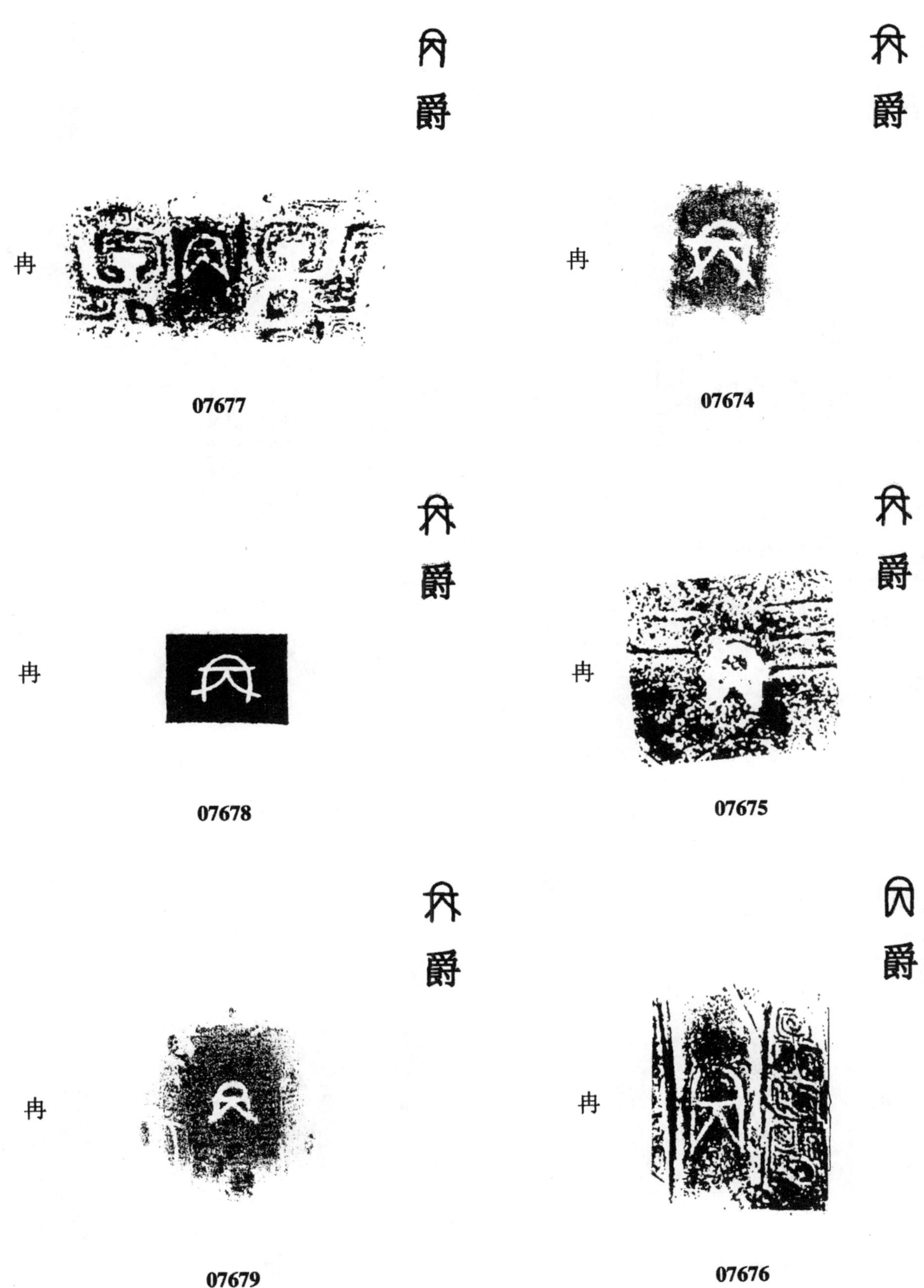

冉爵

冉

07674

冉爵

冉

07675

冉爵

冉

07676

冉爵

冉

07677

冉爵

冉

07678

冉爵

冉

07679

爵

冉

07680

冉

07681

爵

冉

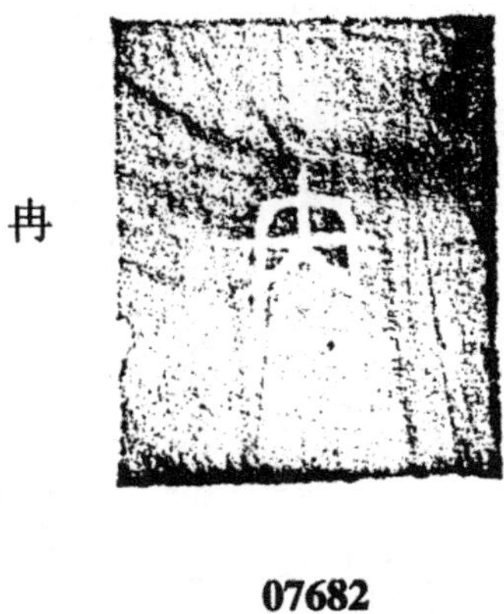

07682

爵

冉

07683

爵

冉

07684

爵

冉

07685

爵

冉

07686

爵

冉

07687

爵

07688

爵

07689

爵

07690

07691

爵

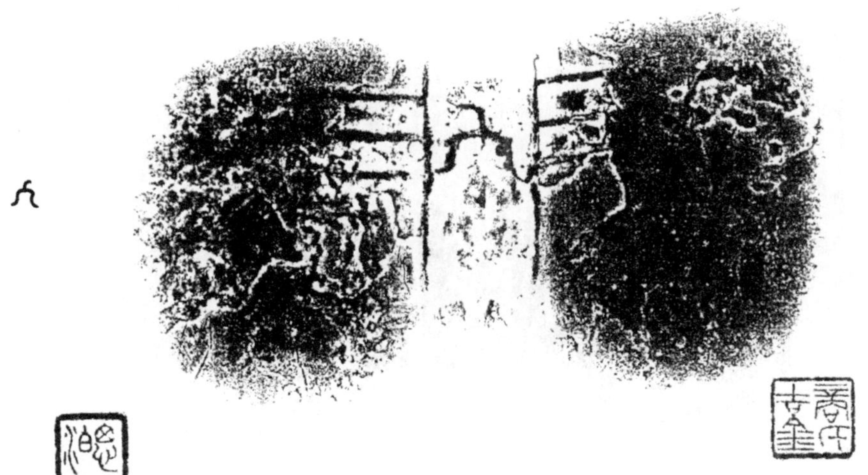

07692

07693

爵

07694

爵

07695

爵

（[illegible]）

07696

爵

（鈴）

07697

07698

爵

叀

07699

爵

田

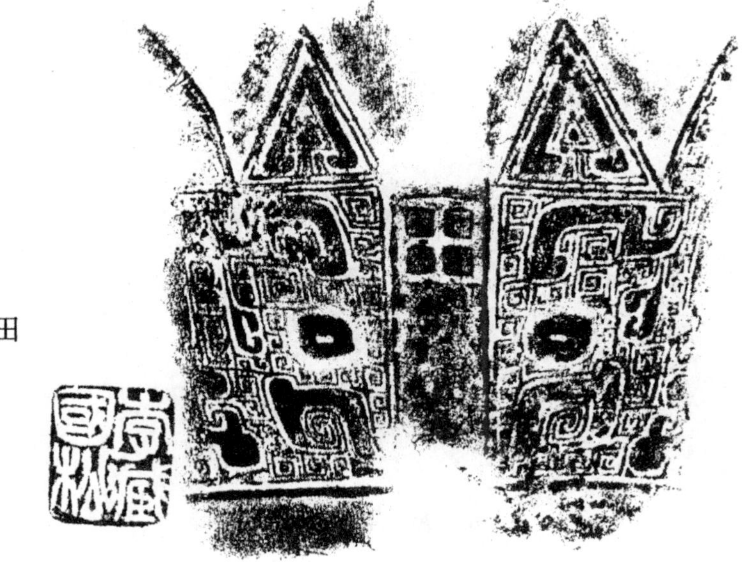

07700

由爵

由（齋、稽）

07701

名爵

名

07702

古爵

古

07703

衛爵

衛（還）

07704

衛爵

衛（還）

07705

工爵

工

07706

幸爵

幸

07707

幸爵

幸

07708

爵

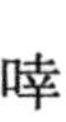
啈

07709

爵

襄

07710

爵

襄

07711

爵

襄

07712

□爵

07713

串爵

串

07715

串爵

串

07714

爵

中

爵

（輻）

07717

中

07716

爵

亦車

07718

𠦪爵

亦車

07719

中爵

中

07722

宁爵

宁

07720

爵

宁

07721

爵

耶日

07723

止爵

止（止）

07724

禾爵

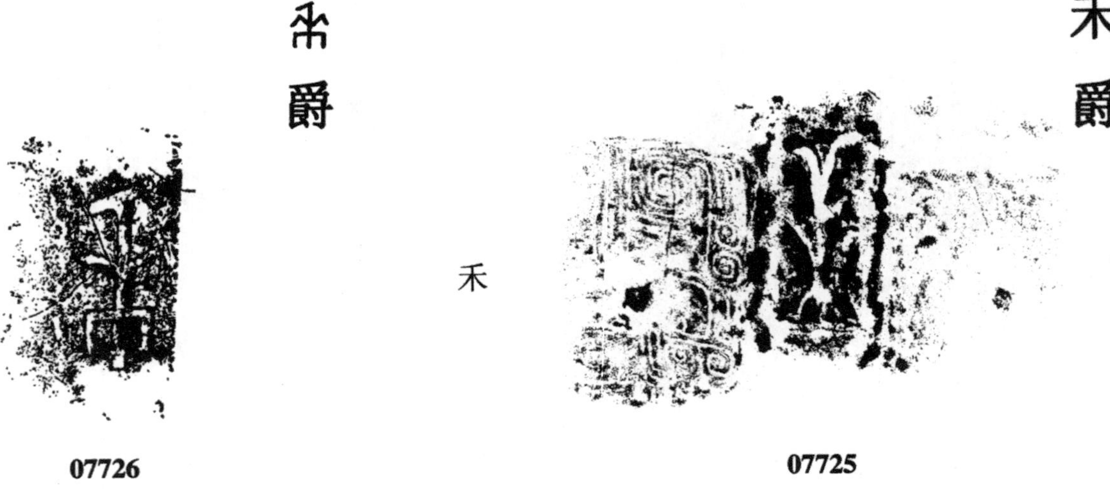

布

禾

07726

07725

啬爵

𥢶（啬）

07727

㯻爵

㯻（楝）

07728

嗇爵

嗇

07729

爵

[illegible]

07730

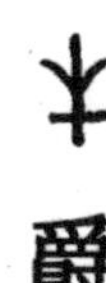爵

丯

07731

爵

㞷(往)

07732

爵

兮

07733

丂爵

兮

07734

弜爵

弜

07735

木爵

木

07736

囷爵

囷（穜）

07737

囷爵

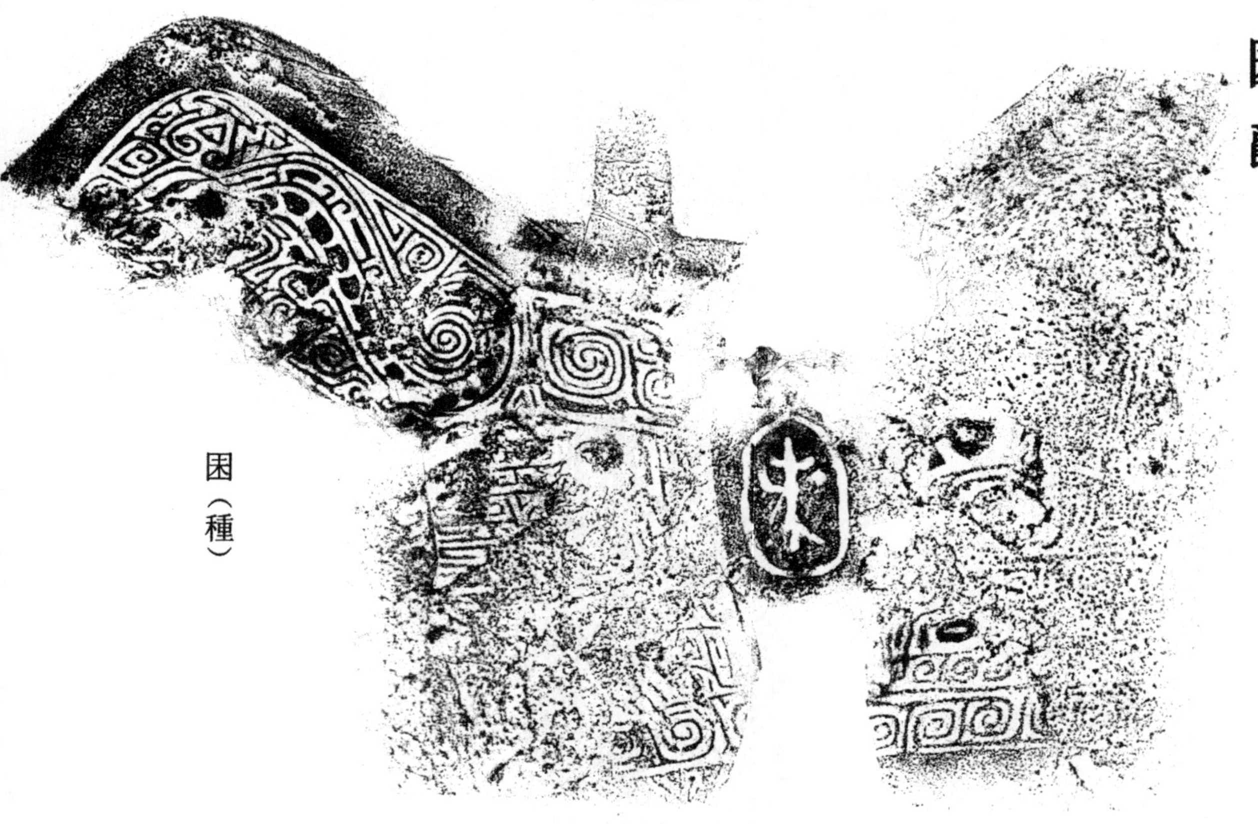

囷（穜）

07738

秉爵

秉

07739

爵

07741

爵

秉

07740

析爵

析

07742

文爵

文

07743

舟爵

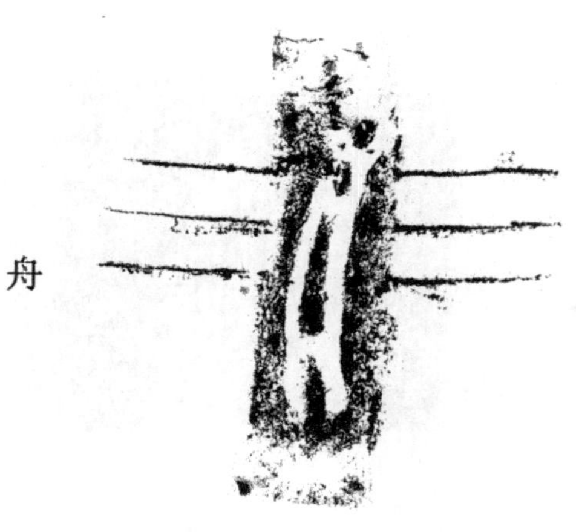

舟

07744

爵

07745

雩爵

雩

07746

◇爵

◇（齊）

07747

◇爵

◇（齊）

07748

⋈爵

⋈（五）

07750

息爵

息

07751

⋈爵

⋈（五）

07749

爵

07752

爵

⿴囗乙（起）

07753

⿴囗乙爵

⿴囗乙（起）

07754

乚爵

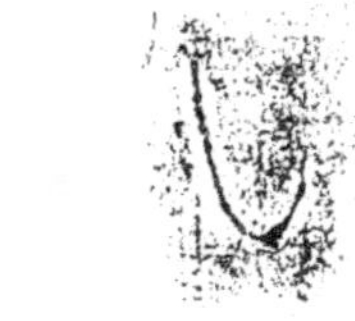

乚

07755

角

⿰木鹵

07756

樐角

樐

07757

樐角

樐

07758

爻爵

爻

07760

㡀爵

㡀

07759

爻爵

爻

07761

爻爵

爻

07762

爻爵

爻

07763

爻爵

爻

07764

[illegible]爵

[illegible]（鐙）

07765

爵

橐

07766

07767

07768

爵

07769

易爵

易

07770

叱爵

叱

07771

亞吴爵

亞疑

07772

亞吴爵

亞疑

07773

亞吴爵

亞疑

07775

亞吴爵

亞疑

07774

亞吴爵

亞疑

07776

亞吴角

亞疑

07777

亞矣爵

亞疑

07778

亞矣爵

亞疑

07779

亞矣爵

亞疑

07780

亞吴爵

亞疑

07781

亞吴爵

亞疑

07782

亞⿰酉兇爵

亞⿰酉兇

07783

亞⿰酉兇爵

亞⿰酉兇

07784

亞⿰酉兇爵

亞⿰酉兇

07785

亞䤉爵

亞䤉

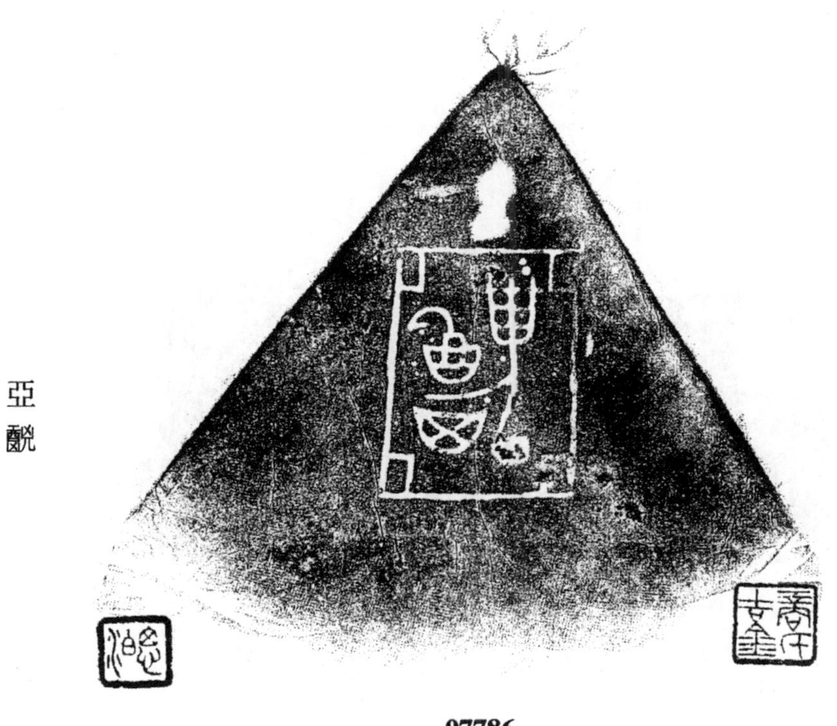

07786

亞䤉爵

亞䤉

07787

亞子爵

亞子

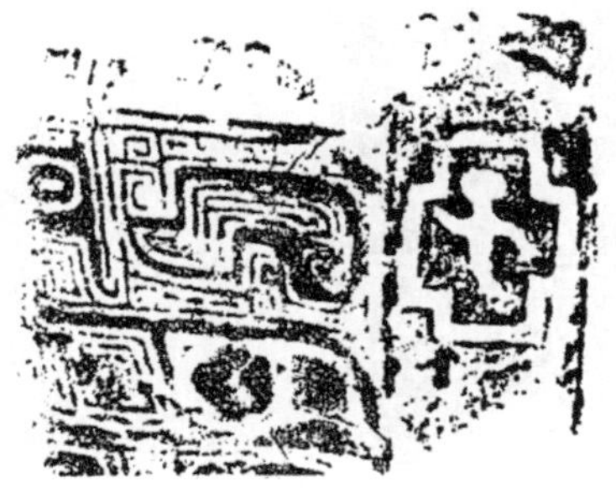

07788

亞□爵

亞倗

07789

亞𢔀爵

亞𢓜

07790

亞徾爵

亞
徾

07791

亞徾爵

亞
徾

07792

亞㝵角

亞
㝵

07793

亞㠱角

亞㠱

07794

亞㠯爵

亞㠯

07796

亞㠯爵

亞㠯

07795

亞[illegible]角

亞[illegible]

07797

亞⿰車又爵

亞⿰車又（揀）

07798

亞⿰車又爵

亞⿰車又（揀）

07799

亞盥爵

亞盥

07800

亞⿰羊支爵

亞敉

07801

亞獸爵

亞獸

07802

亞獸爵

亞犬

07803

亞獸爵

亞犬

07804

亞獸爵

亞獸

07805

亞獸爵

亞馬

07806

亞獸爵

亞獸

07807

亞□爵

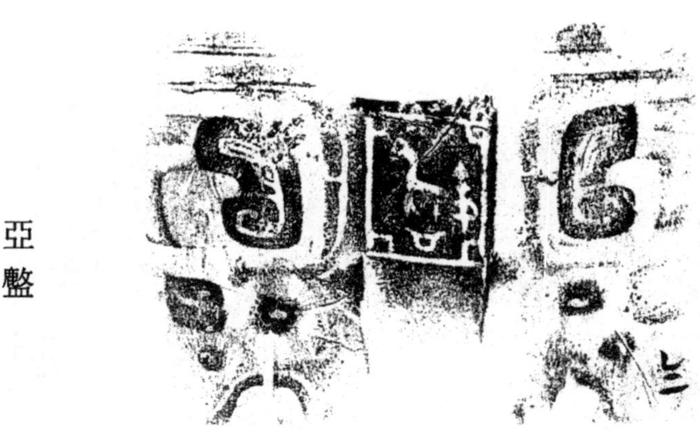

亞盤

07808

亞鳥爵

亞鳥

07809

亞雔爵

亞雔

07810

亞隻爵

亞獲

07811

亞隻爵

亞獲

07812

亞隻爵

亞獲

07813

亞爵

亞龜

07814

亞爵

亞過

07815

亞爵

亞（攀）

07816

亞沚爵

07817

亞弜爵

07819

亞沚爵

07818

亞弜爵

07820

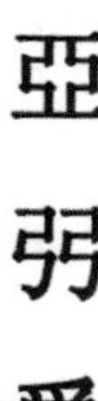

亞
弜

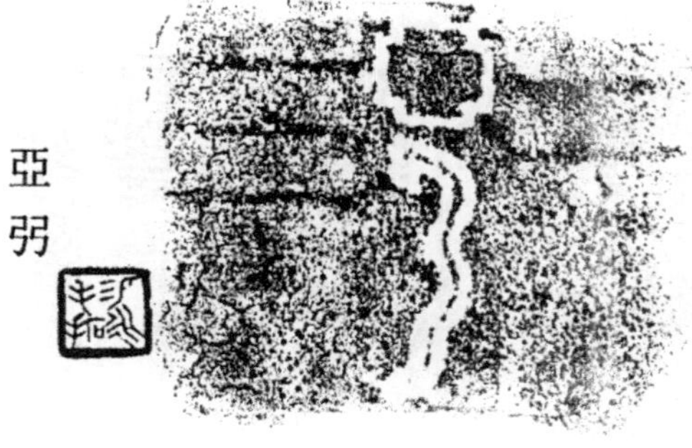

07821

亞□爵

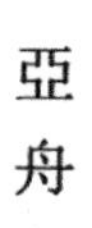

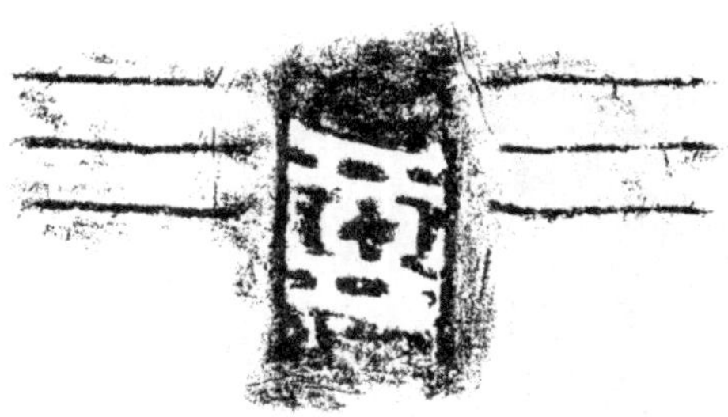

07822

亞□爵

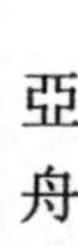

07823

亞抙爵

亞抙（竮）

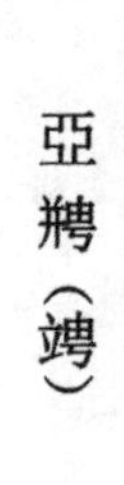

07824

亞丙爵

亞丙

07825

亞丙爵

亞丙

07826

亞戈爵

亞戈

07827

亞告爵

告亞

07828

亞□爵

□亞

07829

亞□爵

亞□（妖）

07830

亞其爵

亞其

07831

亞其爵

亞其

07832

亞其爵

亞其

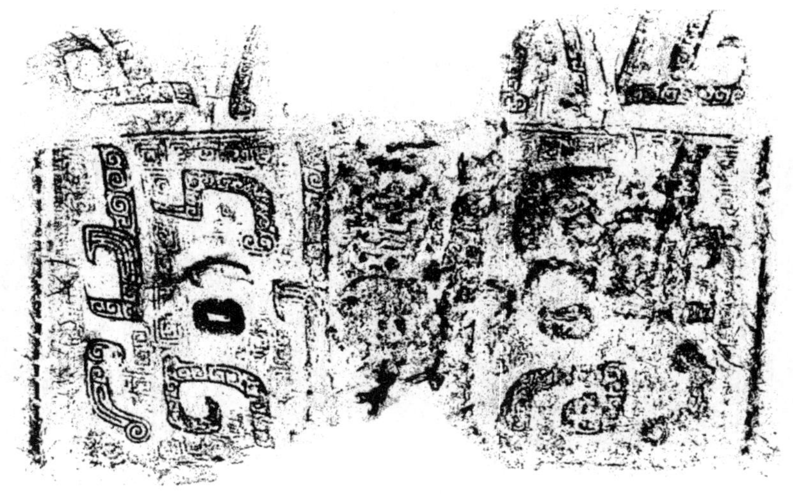

07833

亞其爵

亞其

07835

亞其爵

亞其

07834

亞其爵

亞其

07836

亞其爵

亞其

07837

亞其爵

亞其

07838

亞其爵

亞其

07839

亞其爵

亞其

07840

亞其爵

亞其

07841

亞其爵

亞其

07842

亞其爵

亞其

07843

亞辛爵

亞辛

07844

且甲爵

祖甲

07845

且甲爵

祖甲

07846

且乙爵

祖乙

07847

且乙爵

祖乙

07848

且乙爵

祖乙

07849

且乙爵

祖乙

07850

且乙爵

祖乙

07851

且丁爵

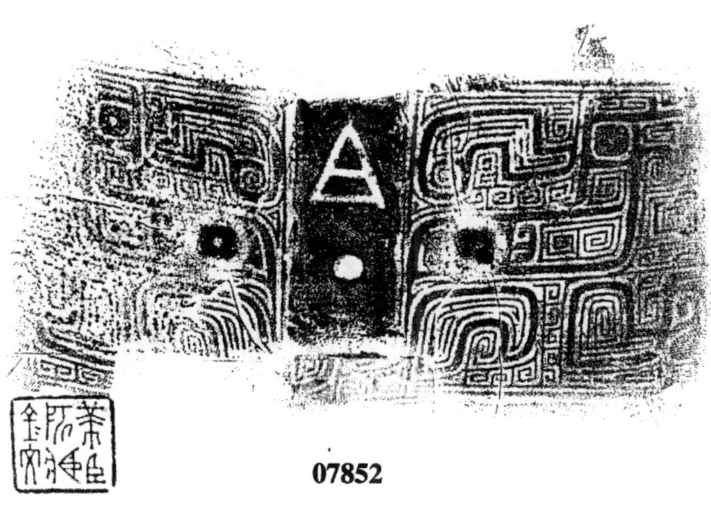

祖丁

07852

且丁爵

祖丁

07853

且戊爵

祖戊

07854

且戊爵

祖戊

07855

且戊爵

祖戊

07856

且己爵

祖己

07857

且己爵

祖己

07858

且庚爵

祖庚

07859

且庚爵

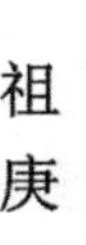

祖庚

07860

且辛爵

祖辛

07863

且庚爵

祖庚

07861

且辛爵

辛祖

07862

且辛爵

祖辛

07864

且辛爵

祖辛

07865

且辛爵

祖辛

07866

且辛爵

祖辛

07867

且壬爵

祖壬

07868

且癸爵

祖癸

07869

且癸爵

祖癸

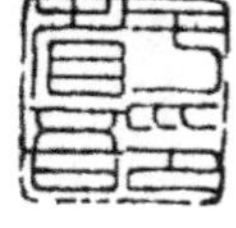

07870

且癸爵

祖癸

07871

且癸爵

祖癸

07872

父甲角

父甲

07873

父甲爵

父甲

07874

父甲爵

父甲

07876

父甲爵

父甲

07875

父甲爵

父甲

07877

父甲爵

父甲

07878

父甲爵

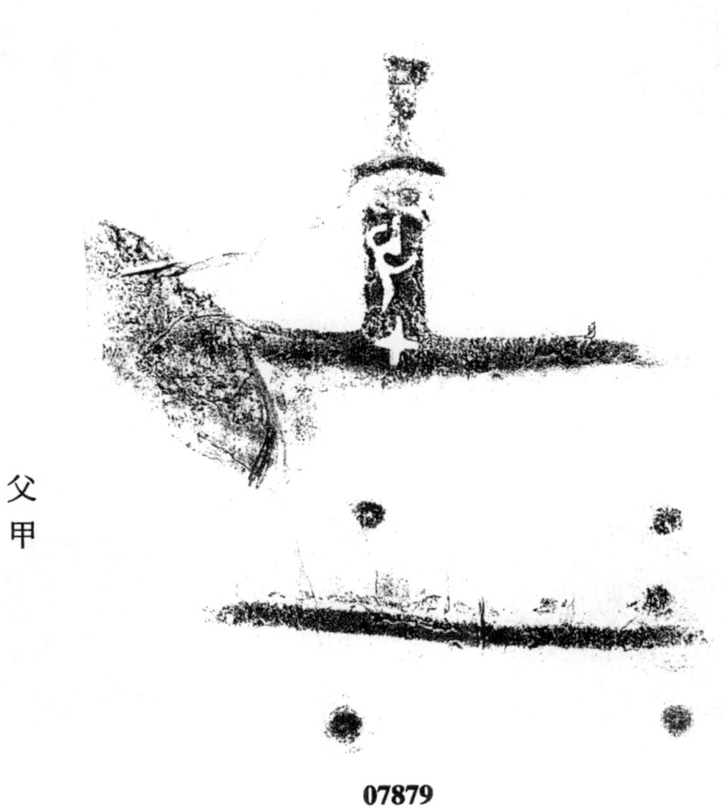

父甲

07879

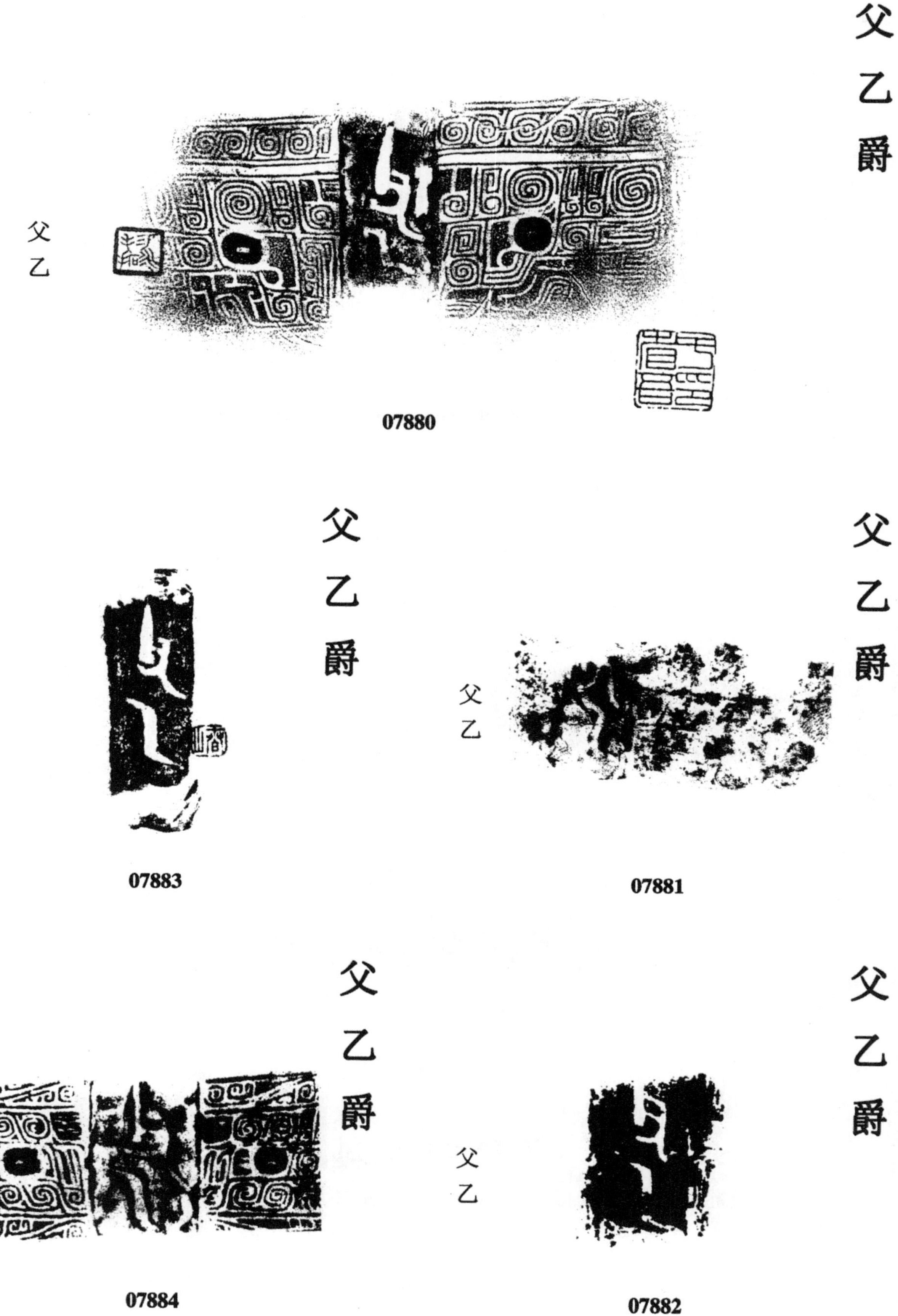

父乙爵

父乙

07880

父乙爵

父乙

07883

父乙爵

父乙

07881

父乙爵

父乙

07884

父乙爵

父乙

07882

父乙爵

父乙

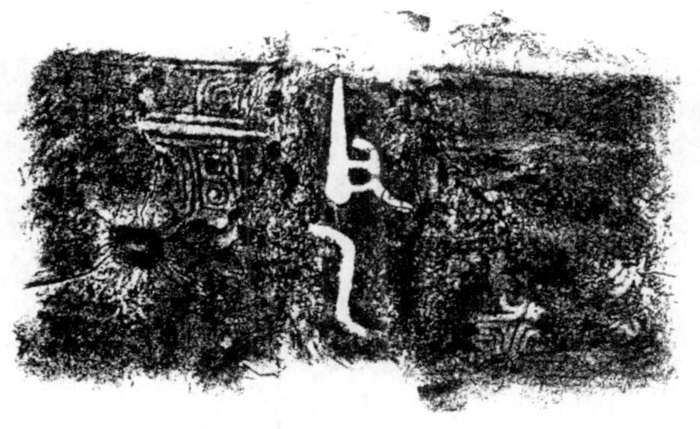

07885

父乙爵

父乙

07886

父乙爵

父乙

07887

父乙爵

父乙

07888

父乙爵

父乙

07889

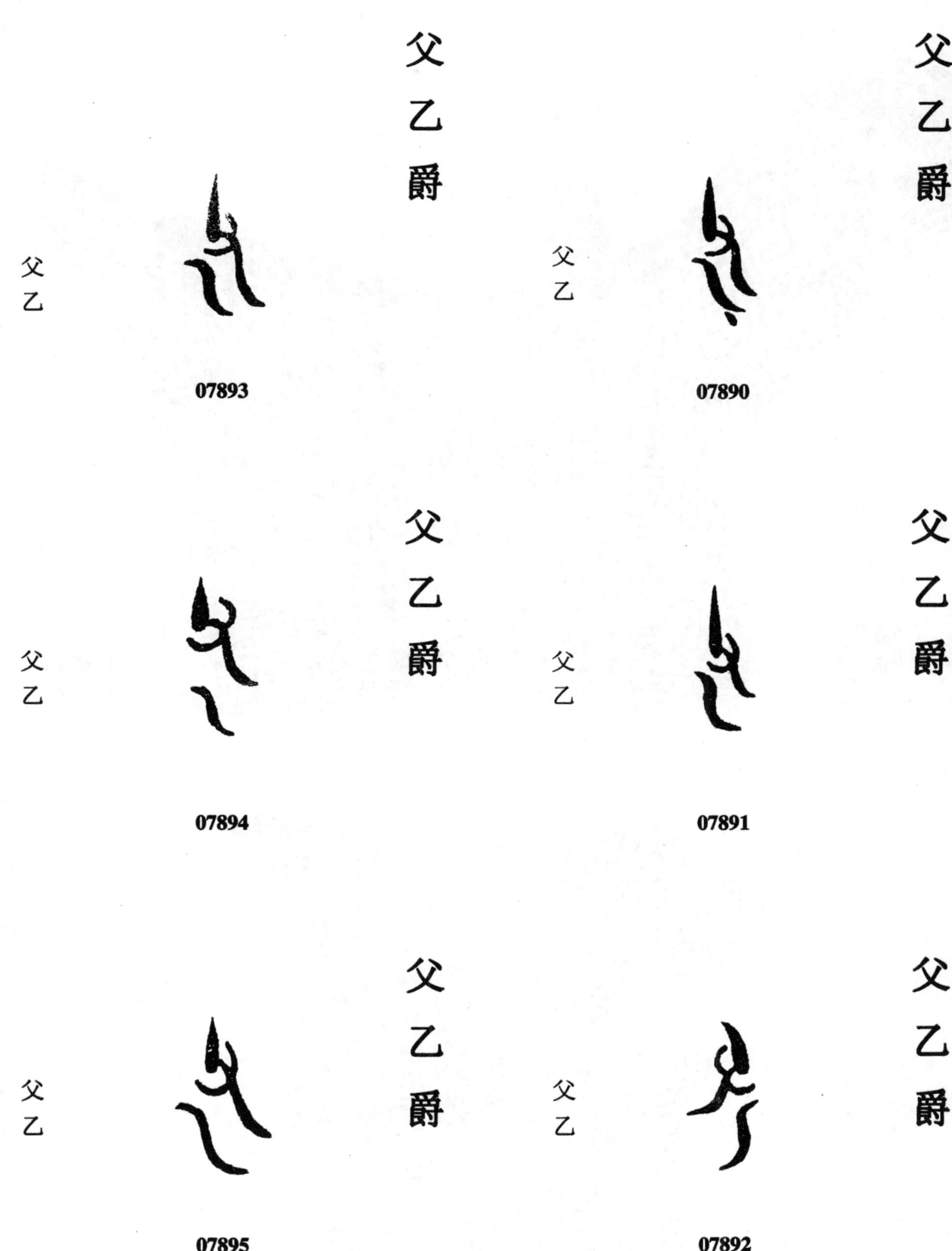
父
乙
爵
父
乙
07890
父
乙
爵
父
乙
07893
父
乙
爵
父
乙
07891
父
乙
爵
父
乙
07894
父
乙
爵
父
乙
07892
父
乙
爵
父
乙
07895

父乙爵

父乙

07896

父乙爵

父乙

07897

父乙爵

父乙

07898

父乙爵

父乙

07900

父乙爵

父乙

07899

父丙爵

父丙

07901

父丁爵

父丁

07902

父丁爵

父丁

07903

父丁爵

父丁

07904

父丁爵

父丁

07905

父丁爵

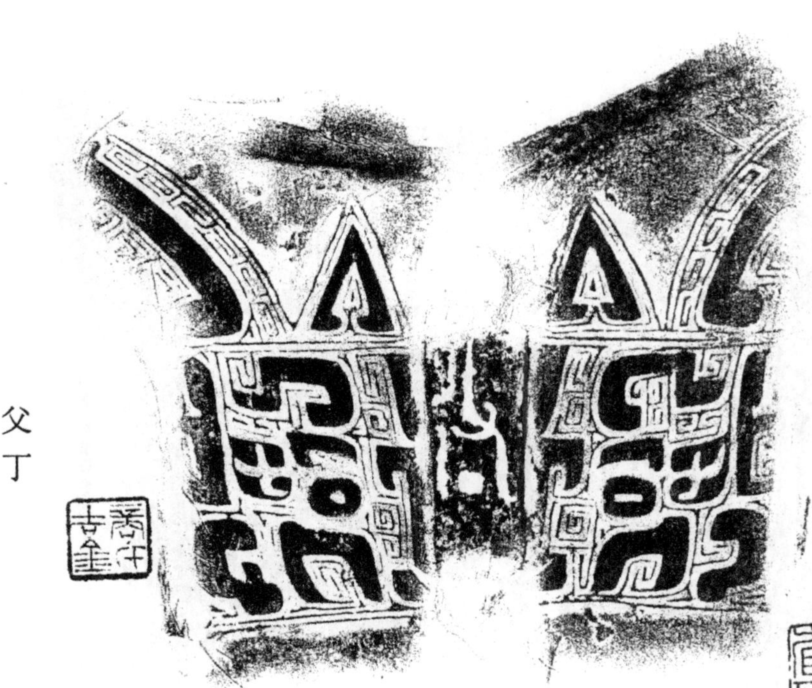

父丁

07906

父丁爵

父丁

07907

父丁爵

父丁

07908

父丁爵

父丁

07909

父丁爵

父丁

07910

父丁爵

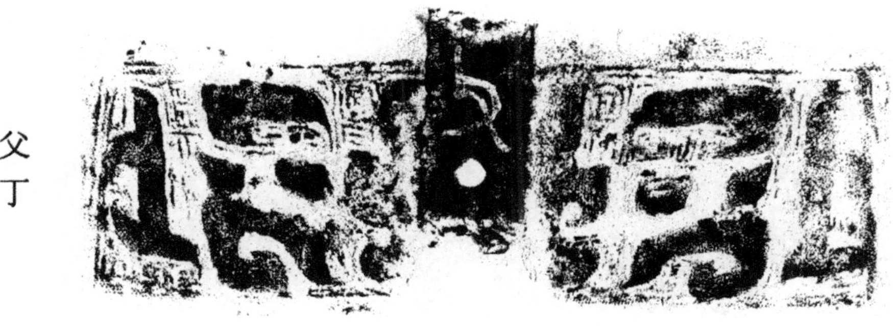

父丁

07911

父丁爵

父丁

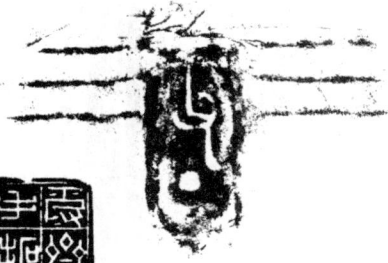

07912

父丁爵

父丁

07913

父丁爵

父丁

07914

父丁爵

父丁

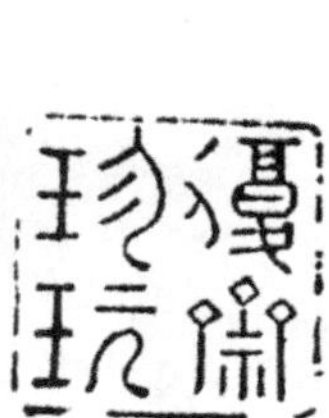

07915

父丁爵

父丁

07916

父丁爵

父丁

07917

父丁爵

父丁

07918

父丁爵

父丁

07919

父丁爵

父丁

07920

父丁爵

父丁

07921

父丁爵

父丁

07922

父丁爵

父丁

07923

父丁爵

父丁

07924

父丁爵

父丁

07925

父丁爵

父丁

07926

父戊爵

父戊

07927

父戊爵

父戊

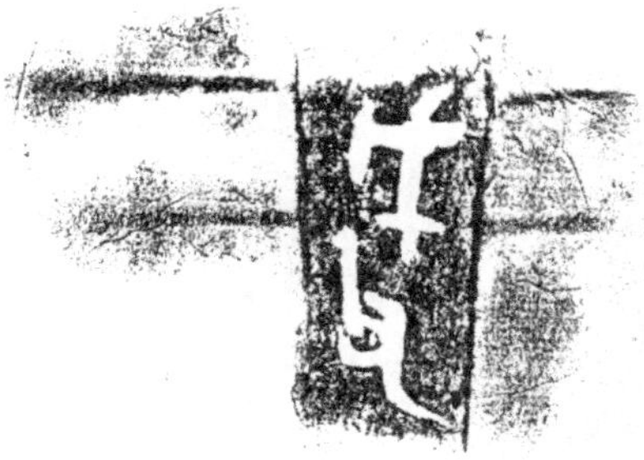

07928

父戊爵

父戊

07929

父戊爵

父戊

07930

父戊爵

父戊

07931

父己爵

父己

07932

父己爵

父己

07933

父己爵

父己

07934

父己爵

父己

07935

父己角

父己

07936

父己爵

父己

07937

父己爵

父己

07938

父己爵

父己

07939

父己爵

父己

07940

父己爵

父己爵

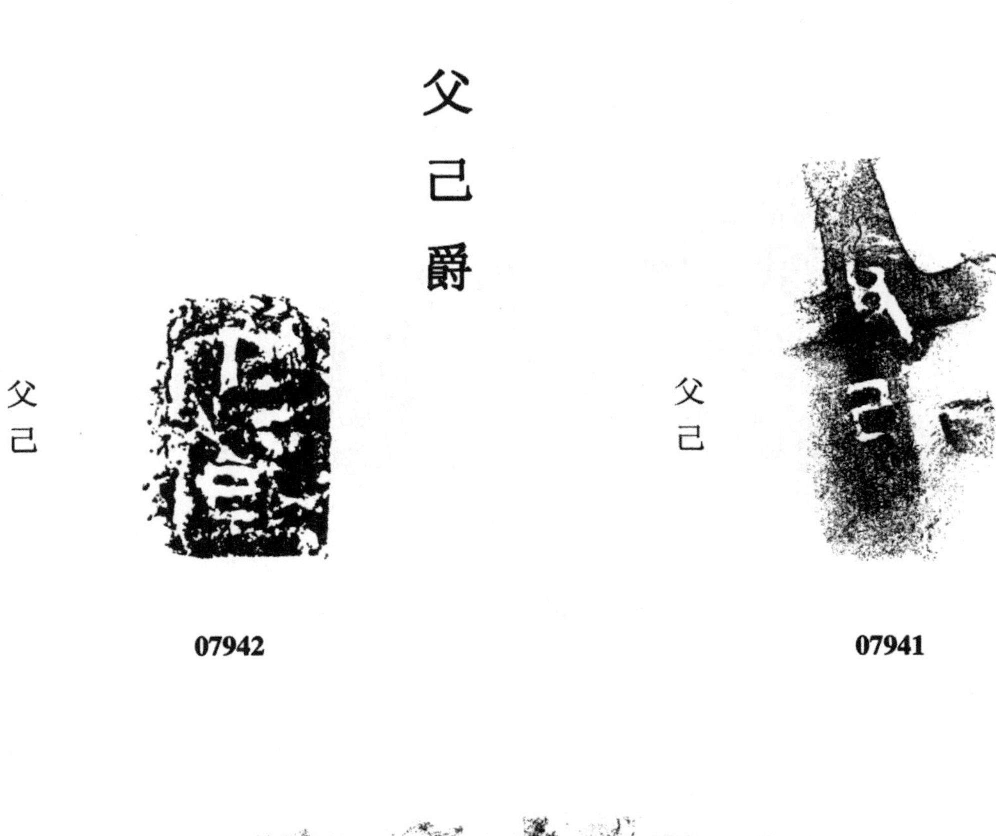

父己

07941

父己

07942

父己爵

父己

07943

父己爵

父己

07944

父己爵

父己

07945

父己爵

父己

07946

父己爵

父己

07947

父庚爵

07948

父庚爵

07949

父庚爵

07950

父庚爵

父庚

07951

父辛爵

父辛

07953

父辛爵

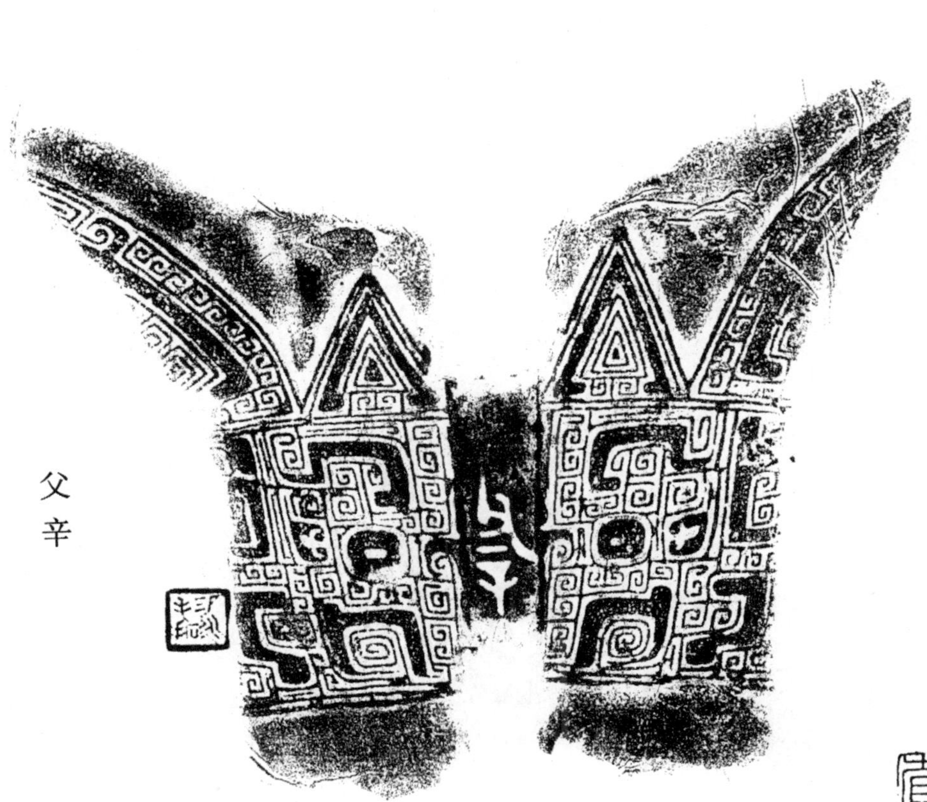

父辛

07952

父辛爵

父辛

07954

父辛爵

父辛

07955

父辛爵

父辛

07956

父辛爵

父辛

07957

父辛爵

父辛

07958

父辛爵

父辛

07960

父辛爵

父辛

07959

父辛爵

父辛

07961

父辛爵

父辛

07962

父辛爵

父辛

07963

父辛爵

父辛

07964

父辛爵

父辛

07965

父辛爵

父辛

07966

父辛爵

父辛

07967

父辛爵

父辛

07968

父辛爵

父辛

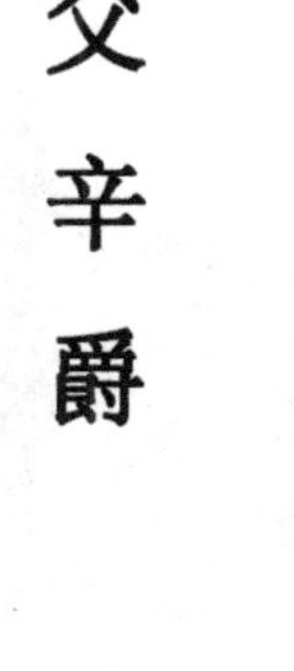

07969

父辛爵

父辛

07970

父壬爵

父壬

07971

父壬爵

父壬

07972

父壬爵

07973

父壬爵

07975

父壬爵

07974

父癸爵

父癸

07976

父癸爵

父癸

07977

父癸爵

父癸

07978

父癸爵

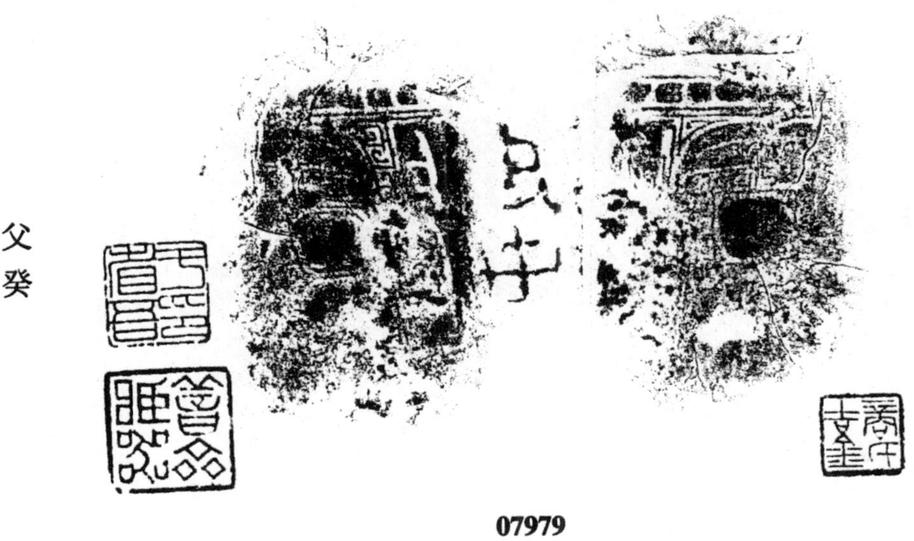

父癸

07979

父癸爵

父癸

07981

父癸爵

父癸

07980

父癸爵

父
癸

07982

父癸爵

父
癸

07985

父癸爵

父
癸

07983

父癸爵

父
癸

07986

父癸爵

父
癸

07984

父癸爵

父癸

07987

父癸爵

父癸

07989

父癸爵

父癸

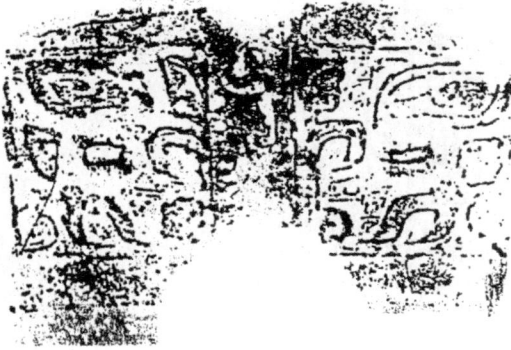

07988

父□爵

父□

07991

父癸爵

癸父

07990

母己爵

母己

07992

母己爵

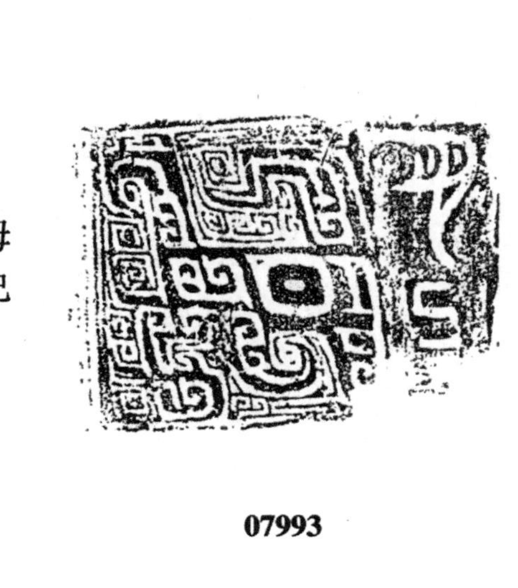

母己

07993

母己爵

母己

07994

母癸爵

母癸

07995

母癸爵

母癸

07996

母癸爵

母癸

07997

匕癸爵

妣癸

07998

甲爵

示甲

07999

甲虫爵

甲虫

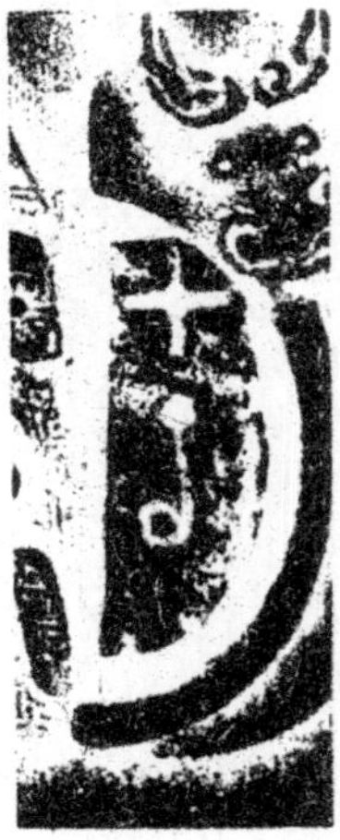

08000

中甲爵

中甲

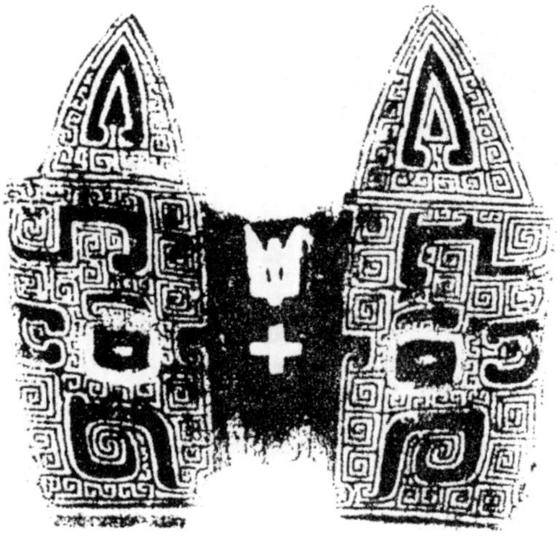

08001

甲拲爵

甲拲

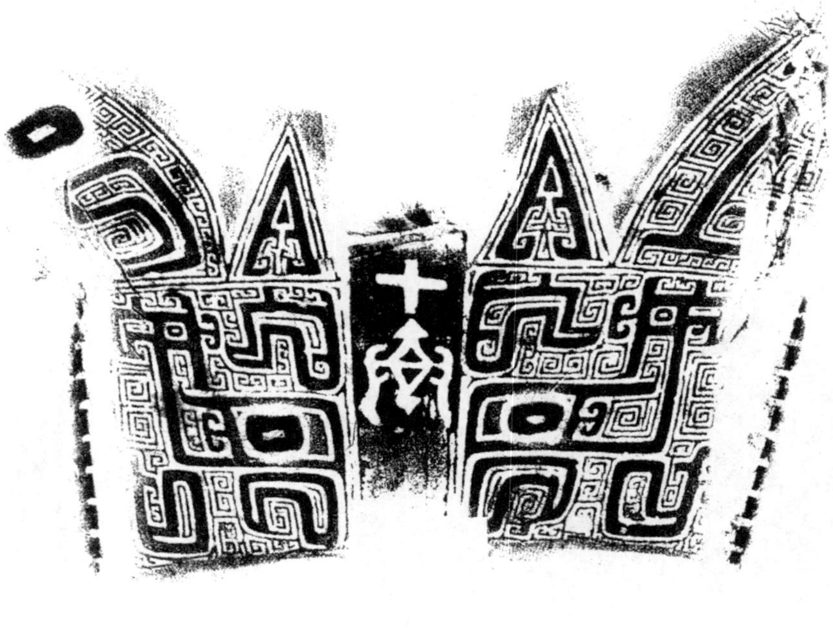

08002

癸乙爵

癸乙

08003

丙乙爵

丙乙

08005

何乙爵

何乙

08004

丙乙爵

丙乙

08006

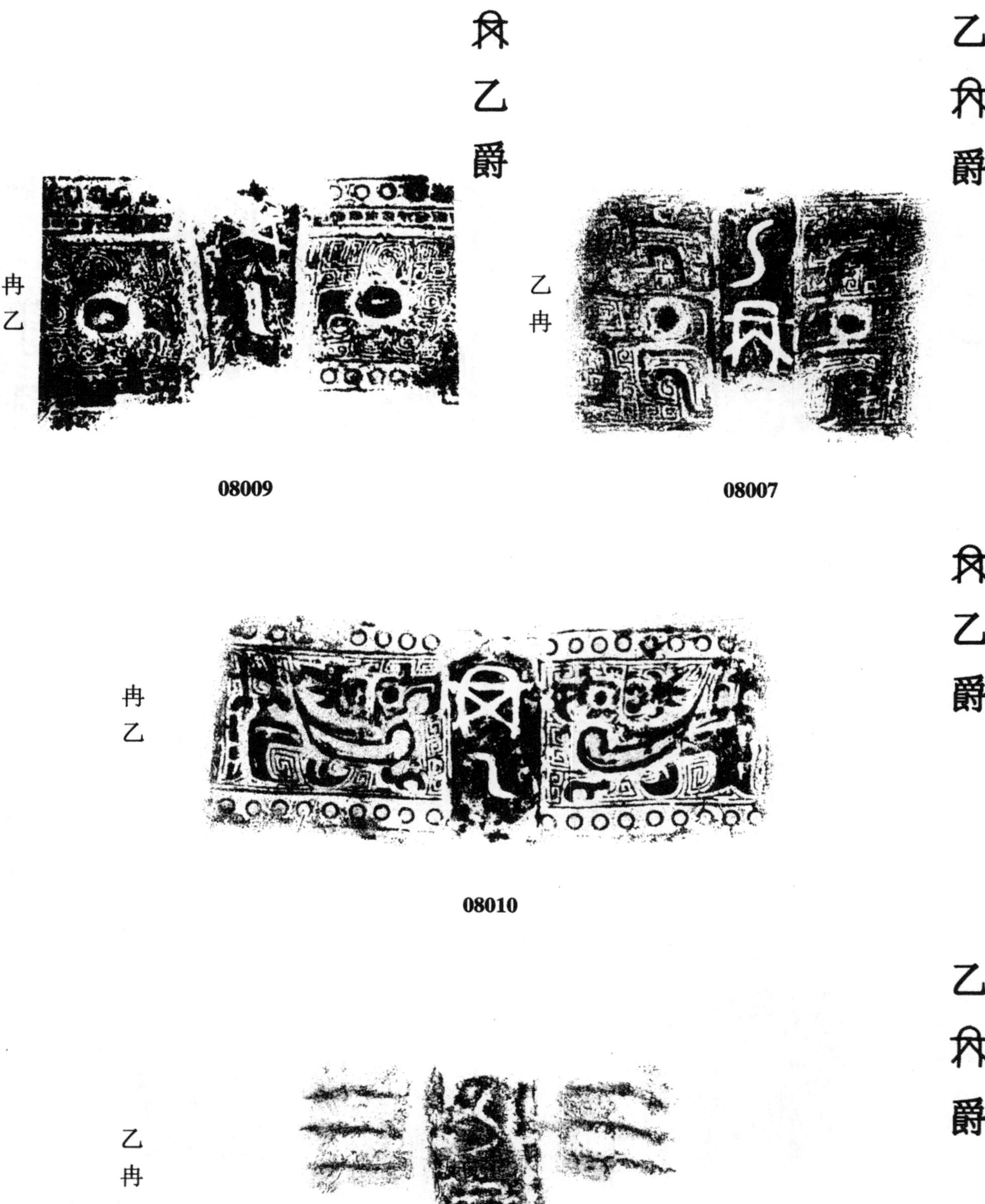

冉乙

08009

乙冉

08007

冉乙

08010

乙冉

08008

[illegible]乙爵

[illegible]
乙

08011

守乙爵

[illegible]
乙

08012

朿乙爵

朿（刺）乙

08013

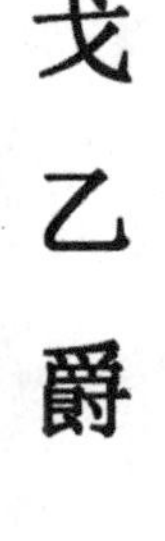

戈乙爵

戈乙

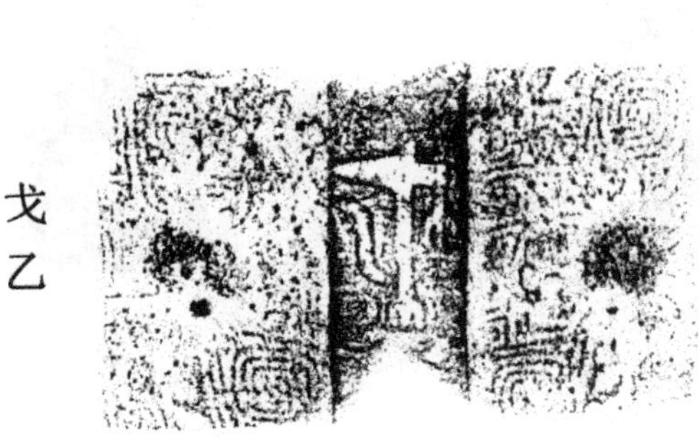

08014

冉丙爵

冉丙

08015

牧丙爵

山丁爵

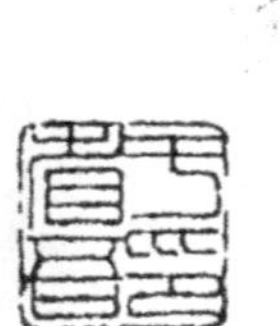

山丁

08017

牧丙

08016

丁羞爵

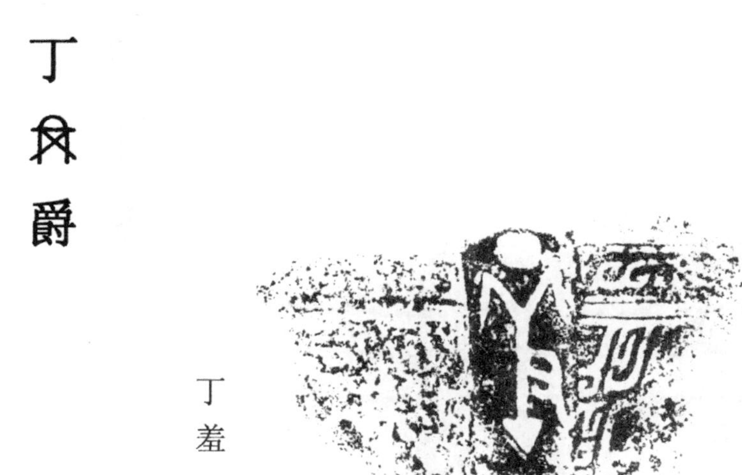

丁羞

08018

丁冉爵

丁冉

08019

丁冉爵

丁冉

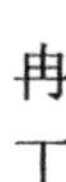

08020

冉丁爵

冉丁

08021

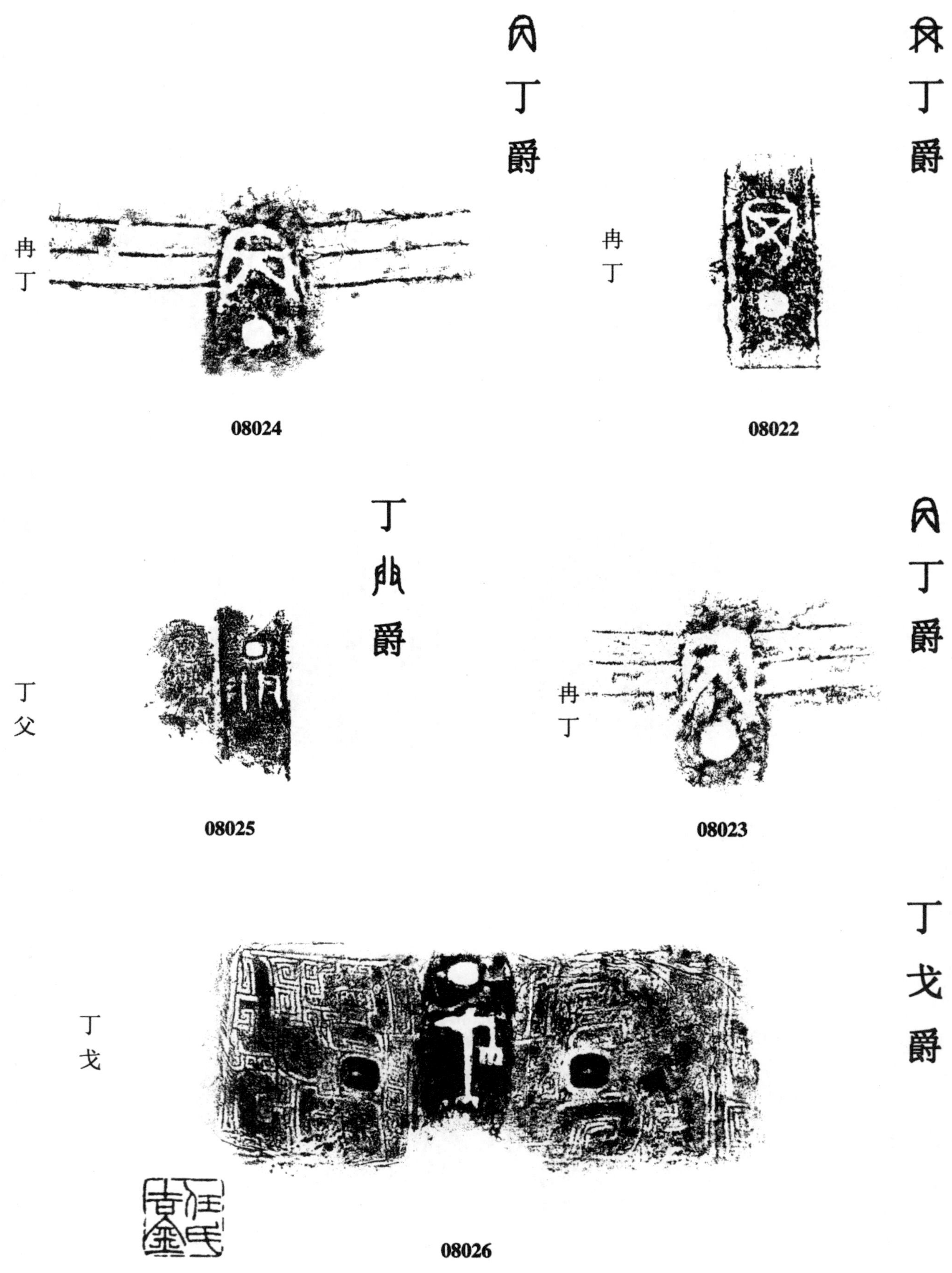

08024

08022

08025

08023

08026

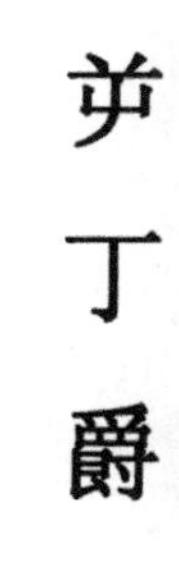

屰丁爵

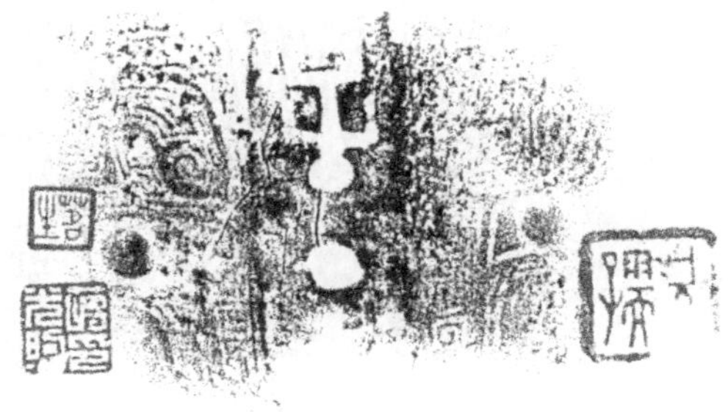

屰丁

08027

己並爵

己竝

08030

丁口爵

丁乙

08028

[illegible]戊爵

圉（二幸）戊

08029

☽己爵

夕己

08031

☽己爵

夕己

08032

戈己爵

戈己

08033

己丰爵

己丰（玉）

08034

己入爵

己入

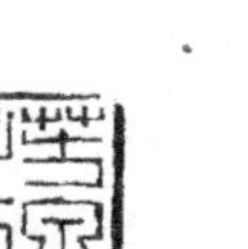

08037

朿己爵

朿（刺）己

08035

己入爵

己入

08038

己酉爵

己酉

08036

己耒爵

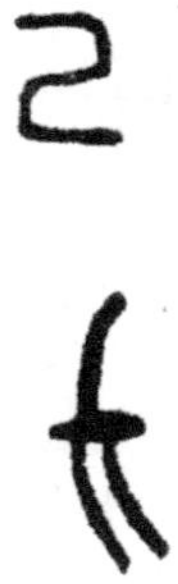

己耒

08039

冉己爵

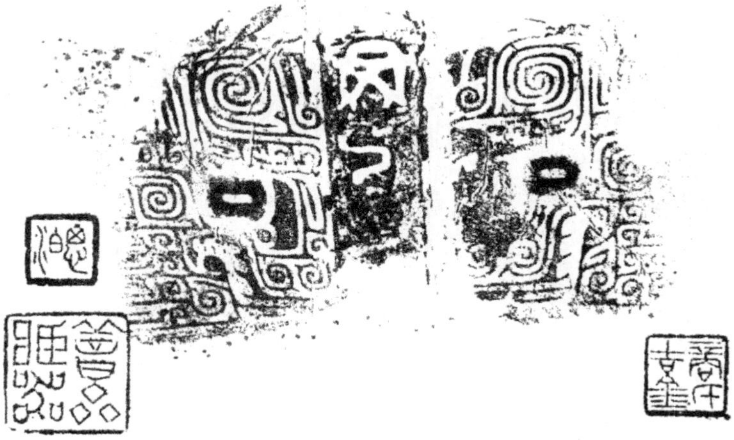

冉己

08040

己丙爵

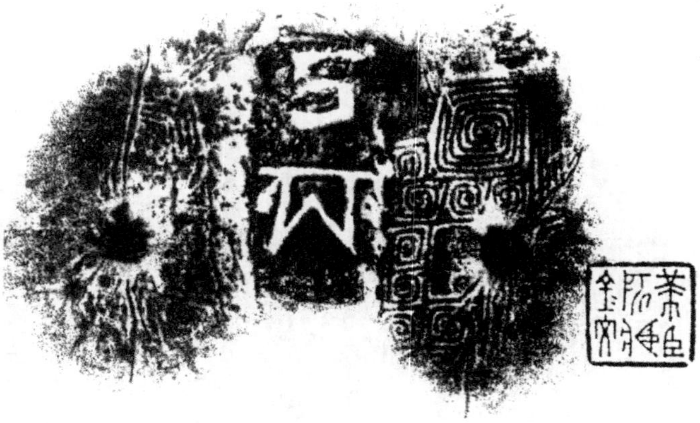

己丙

08041

兾己爵

兾己

08042

□己爵

□（疌）己

08044

己重爵

己重

08043

□己爵

□（疌）己

08045

作己爵

乍(作)己

08046

●庚爵

●庚

08047

庚▮爵

庚▮

08048

庚子爵

庚子

08049

萬庚爵

萬庚

08050

羊庚爵

羊庚

08051

辛戈爵

辛戈

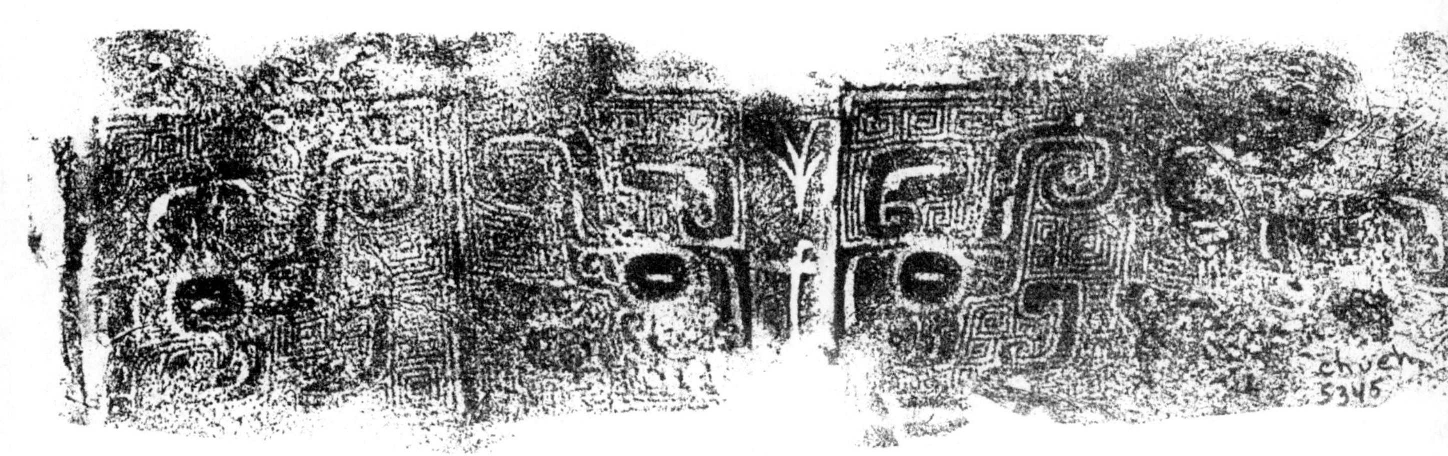

08052

辛戈爵

辛戈

08053

戈辛爵

戈辛

08054

尤辛爵

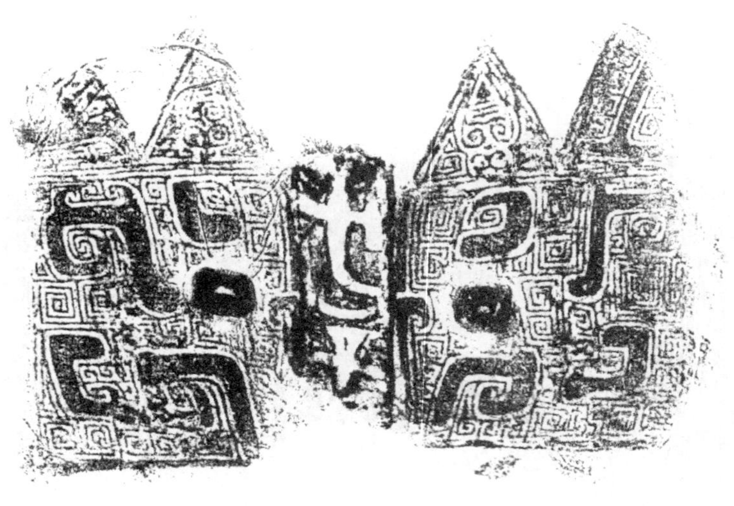

尤辛

08055

辛冉爵

08056

冉辛爵

08057

□辛爵

08058

癸屰爵

08059

癸企爵

癸企

08060

冉癸爵

癸冉

08061

衛癸爵

冉癸爵

冉癸

08062

衛（衛）癸

08063

癸爵

（次）癸

08064

癸爵

侁癸

08066

史癸爵

史癸

08065

癸爵

（替）癸

08067

癸□爵

癸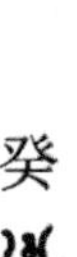（皿）

08068

雋癸

08069

亼癸爵

亼癸

08070

子[?]爵

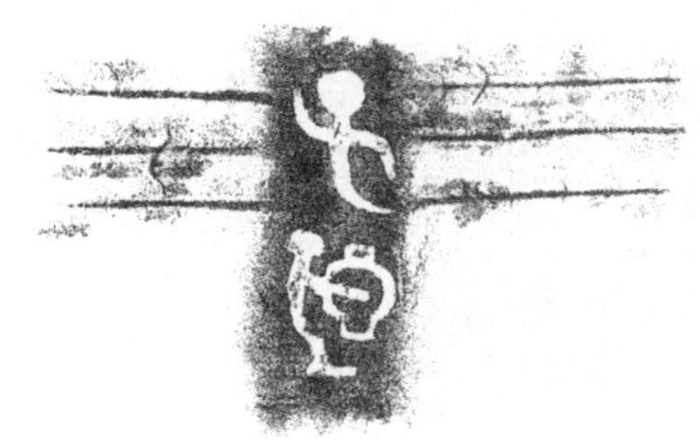

子[?]（尊）

08072

子癸爵

子癸

08071

子[?]爵

子[?]（⿰口凡）

08073

子[?]爵

子[?]

08074

子妸爵

子妸

08075

子媚爵

子媚

08076

子媚爵

子媚

08077

子媚爵

子媚

08078

子媚爵

子媚

08079

子媚爵

08080

子媚爵

08081

08082

子媚爵

08083

子每爵

子每

08084

子𠂇爵

子左

08086

子守爵

子守

08085

子韋爵

子韋（衛）

08087

子蚩爵

子蚩（衛）

08088

子蚩爵

子蚩（衛）

08089

子蚩爵

子蚩（衛）

08090

子蝠爵

子蝠

08091

子蝠爵

子蝠

08092

子蝠爵

子蝠

08094

子蝠爵

子蝠

08093

子蝠爵

子蝠

08095

子蝠爵

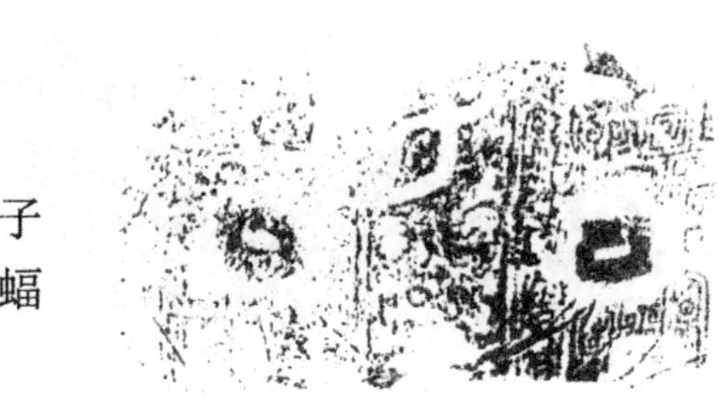

子蝠

08096

子蝠爵

子蝠

08097

子脊爵

子
脊

08098

子龍爵

子虯（虬）

08100

子脊爵

子
脊

08099

子𠂤爵

子
𠂤

08101

子[illegible]爵

子[illegible]

08102

子鼎爵

子鼎

08103

子鼎爵

子鼎

08104

子糸爵

子糸

08105

子糸爵

子糸

08106

子糸爵

子糸

08107

子禾爵

子禾

08108

子禾爵

子禾

08109

子𠀚爵

子不

08110

子丁爵

08111

子丁

08112

子雨爵

子雨

08113

子櫜爵

子櫜

08115

子雨爵

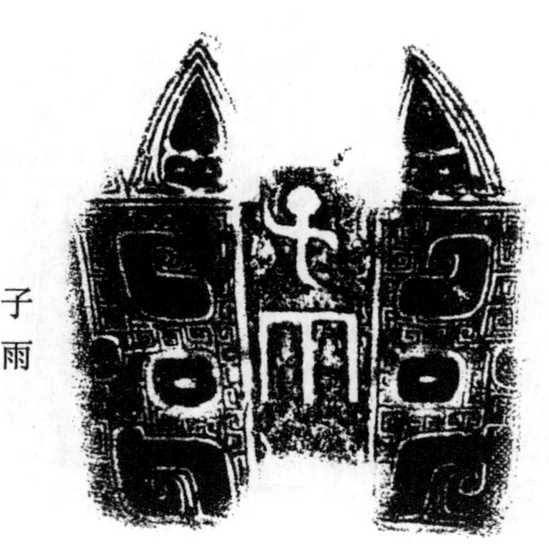

子雨

08114

子刀爵

子刀

08116

子□爵

08117

子□爵

08118

𠑹子爵

08119

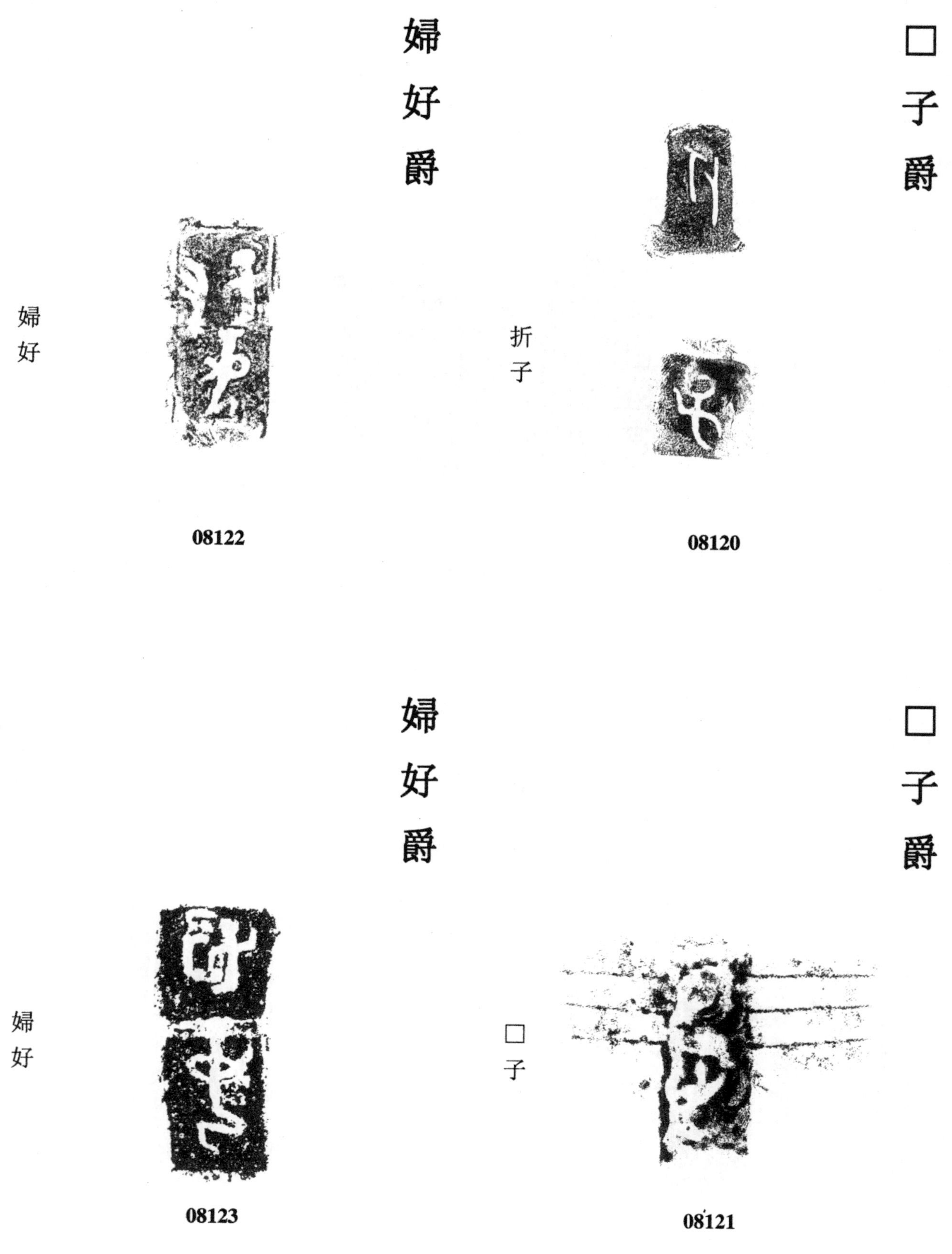

□子爵

折子

08120

婦好爵

婦好

08122

□子爵

□子

08121

婦好爵

婦好

08123

婦好爵

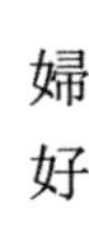

08124

婦好爵

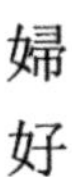

08125

婦好爵

08126

婦好爵

婦好

08127

婦好爵

婦好

08128

婦好爵

婦好

08129

婦好爵

婦好

08130

婦好爵

婦好

08131

婦田爵

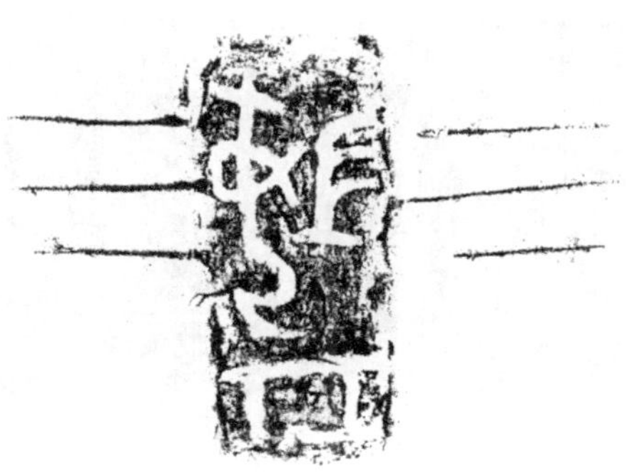

婦田

08132

女□爵

女（母）□

08133

乘每爵

乘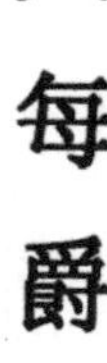

08134

甲婦爵

甲
婦

08136

㠱婦爵

㠱
婦

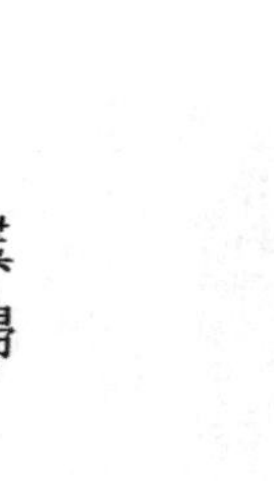

08135

遣妊爵

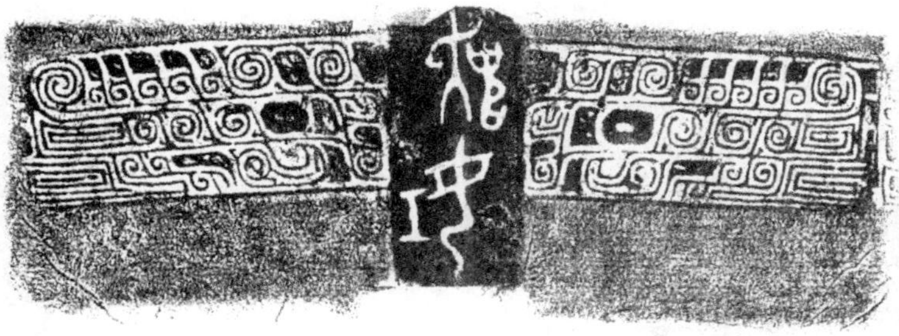

遣妊

08137

㐰每爵

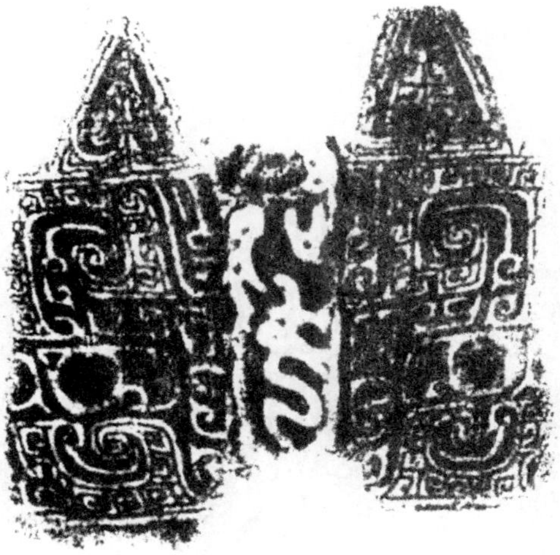

㐰（信）母

08138

□女爵

□母

08139

敎天爵

敎天

08141

葡[illegible]爵

葡[illegible]

08140

戈天爵

戈天

08142

天爵

天

08143

丙天爵

丙天

08144

𠂇天爵

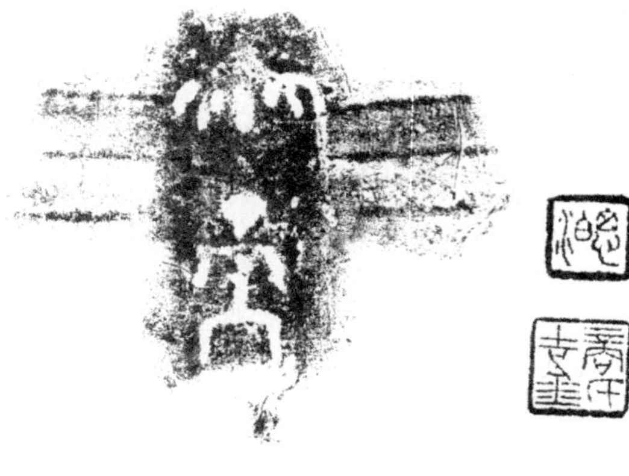

蝠天

08145

天丁爵

天工

08146

丁屰爵

丁屰

08147

丁屰爵

丁屰

08148

丁髻爵

丁髻

08149

𡗜行爵

𡗜行

08150

何幸爵

何幸

08151

幸何爵

幸何

08152

天□爵

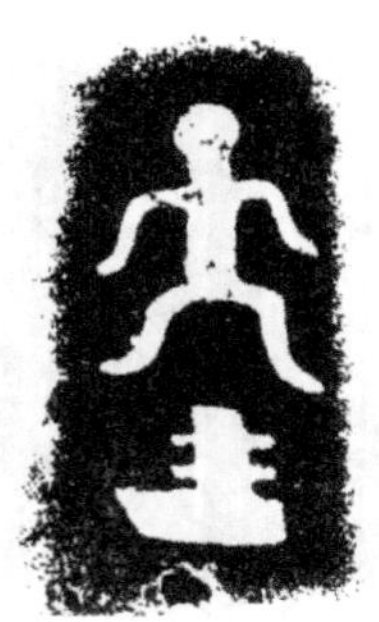

天□

08153

𠜱

爵

08154

周免

田
爵

08155

周免

田
爵

08156

耳髭爵

耳髭

08157

屰𢓊爵

屰𢓊

08158

爵

辛

08159

册爵

侁册

08160

光父爵

光父

08161

光父爵

光父

08162

單光爵

單光

08163

止何爵

止何

08164

◇爵

倗舟◇

08165

兾戲爵

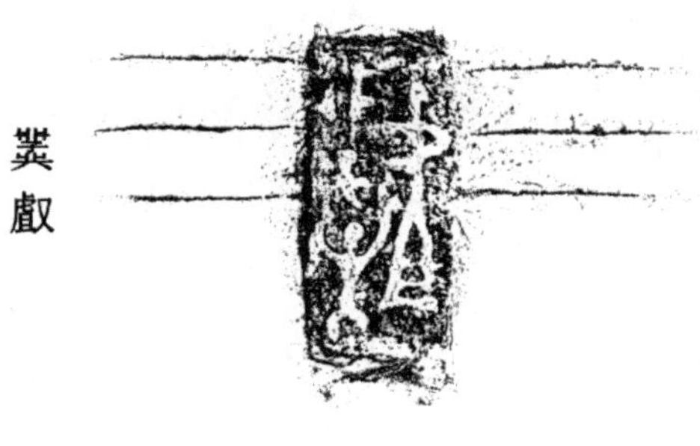

兾戲

08167

爵

大中

08166

兾戲爵

兾戲

08168

菐䖒角

菐䖒

08169

保束爵

保束(刺)

08170

保□爵

保
□

08171

聑執爵

聑
執（藝）

08172

□□爵

□
□（衍）

08173

爵

爰

08174

鄉宁爵

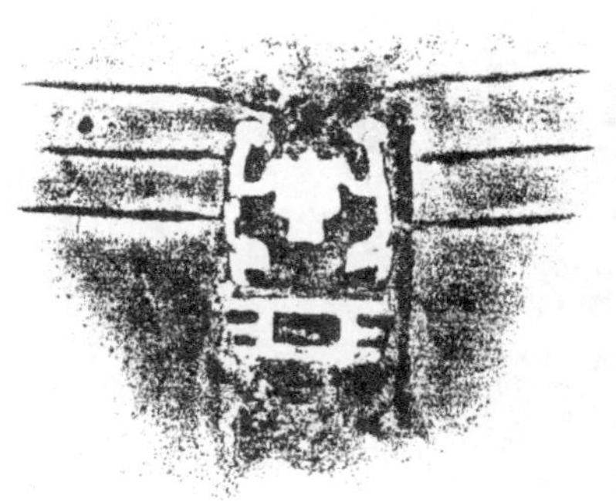

08176

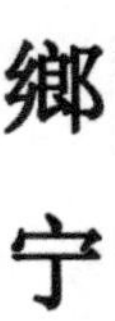

爵

鄉宁

08175

鄉宁爵

鄉宁

08177

北單爵

北干（單）

08178

單並爵

單竝

08180

𠂤旅爵

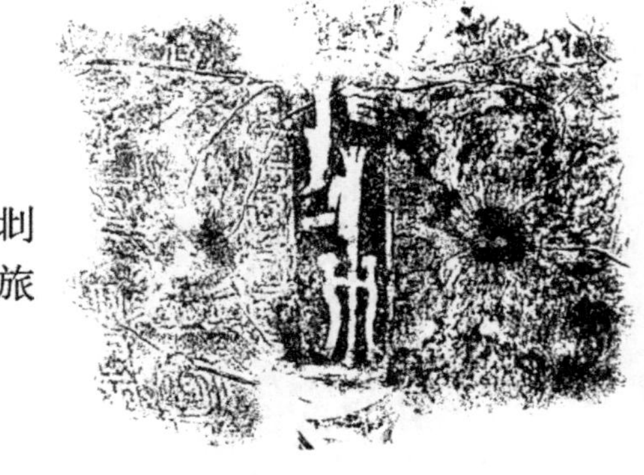

𠬝旅

08179

◇並爵

◇
竝

08181

木並爵

木
竝

08182

仺
仈(眾)

08183

□

08185

伐
□

08184

中得爵

毌得

08186

中得爵

毌得

08187

尹獸爵

史犬

08188

蚑爵

蚑工

08189

工教爵

工
教

08190

盥丿爵

盥
丿

08191

盥丿爵

盥
丿

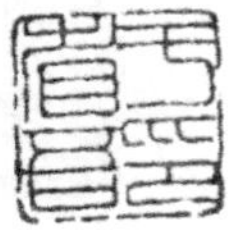

08192

史史爵

叓（史）

08193

禾又爵

禾又

08194

敄又爵

敄又（右）

08195

敄又爵

敄又（右）

08196

又敄爵

又（右）敄

08197

共[木丮]爵

𠂇 [木丮]（埶、藝）

08199

叉[宀爿]爵

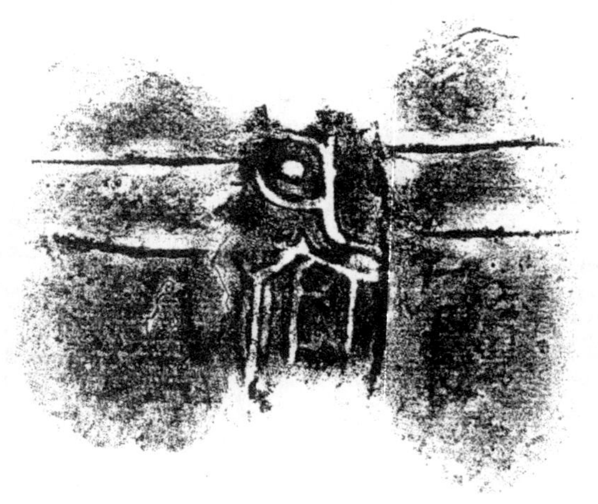

叉[宀爿]（牀）

08198

㪅正爵

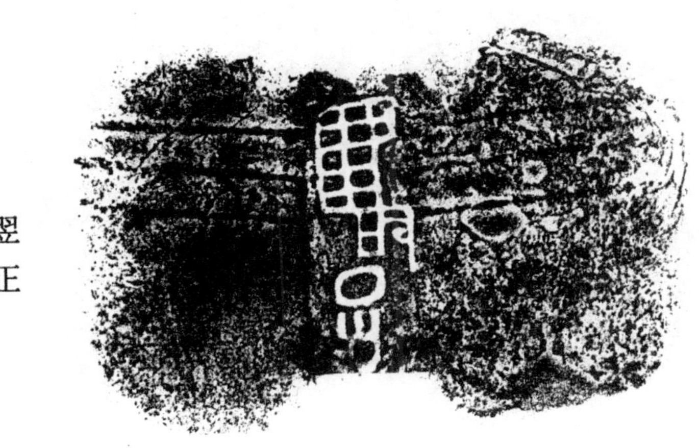

翌正

08200

中㳄爵

毌㳄（㳄）

08202

正𢓜爵

正御

08201

工[illegible]爵

08203

工[illegible]（衛）

[illegible][illegible]爵

08204

[illegible]（退）甗

聑[illegible]爵

08205

聑竹

聑竹爵

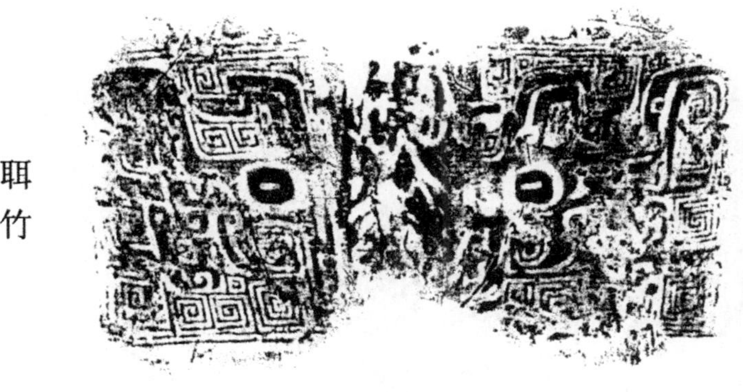

聑竹

08206

內耳爵

內耳

08207

齒戊爵

齒戊

08208

戉木爵

戉木

08209

獸宁爵

獸宁

08210

獸册爵

皀册

08211

獸册爵

皀册

08212

古獸爵

古豕

08213

獸爵

冢

08214

獸射爵

麝

08215

羊爵

辜

08216

亼羊爵

𦎧

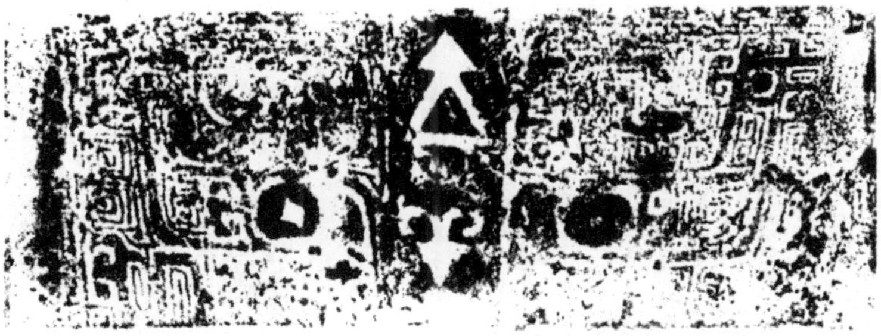

08217

亼羊爵

𦎧

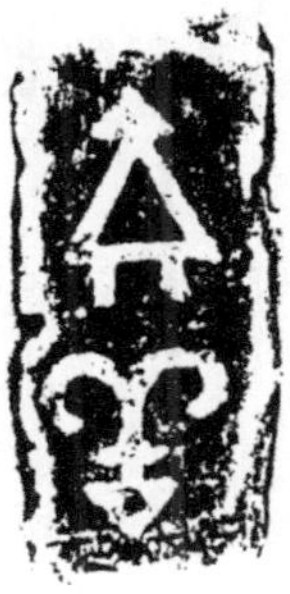

08218

羊日爵

羊口

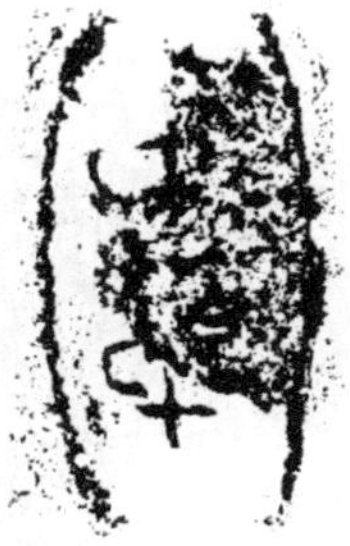

08219

羊日爵

羊口

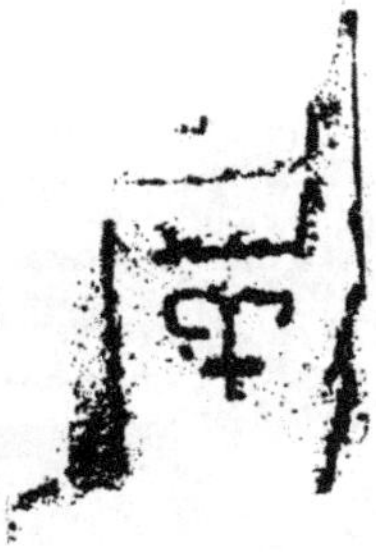

08220

鳥屮爵

鳥卯

08221

冂龍爵

同龍

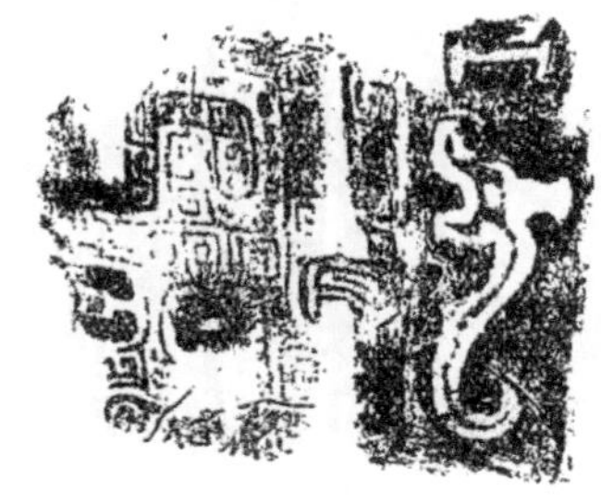

08223

鳥豖爵

鴻豖

08222

弔龜爵

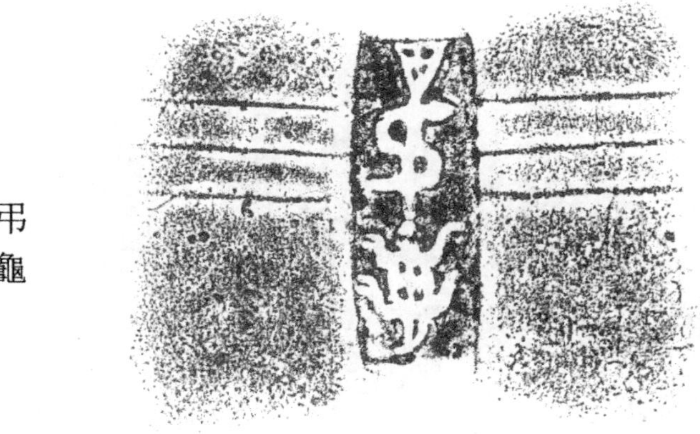

弔龜

08224

弔龜爵

弔龜爵

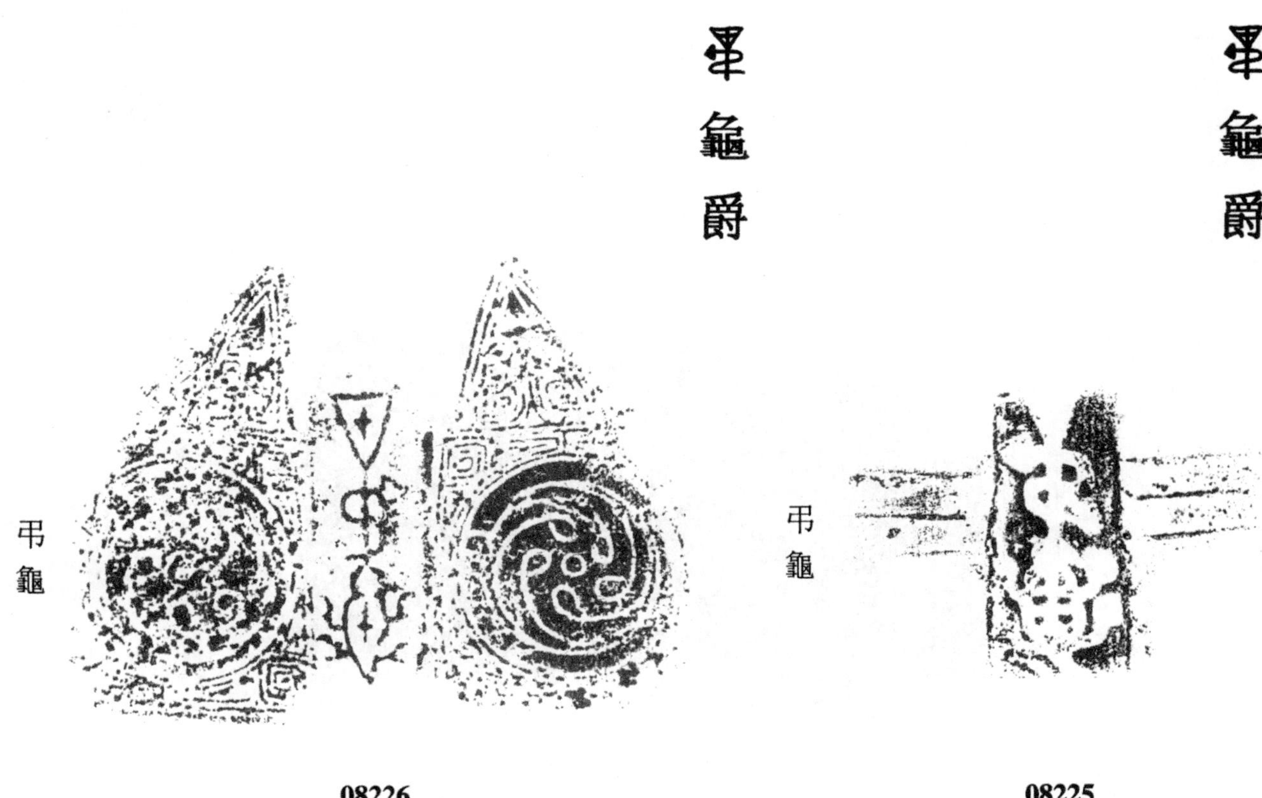

弔龜

弔龜

08226

08225

弔
龜
爵

弔龜

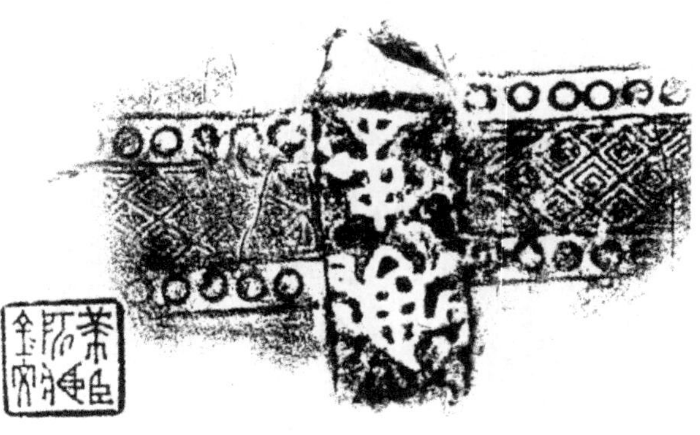

08227

弔
龜
爵

弔龜

08228

䀠湝爵

䀠湈（沫）

08229

䀠湝爵

䀠湈（沫）

08230

䀠湝爵

䀠湈（沫）

08231

戈叀爵

戈叀

08232

同戈爵

同戈

08233

同戈爵

同戈

08234

家戈爵

家戈

08235

戈父爵

父戈

08237

守戈爵

□戈

08236

丘刀爵

丘刀

08238

戎刀爵

戎翌

08239

X葡爵

五葡

08240

葡侁爵

葡侁

08241

幸葡爵

幸葡

08242

矢宁爵

矢宁

08243

矢宁爵

矤

08244

丙矢爵

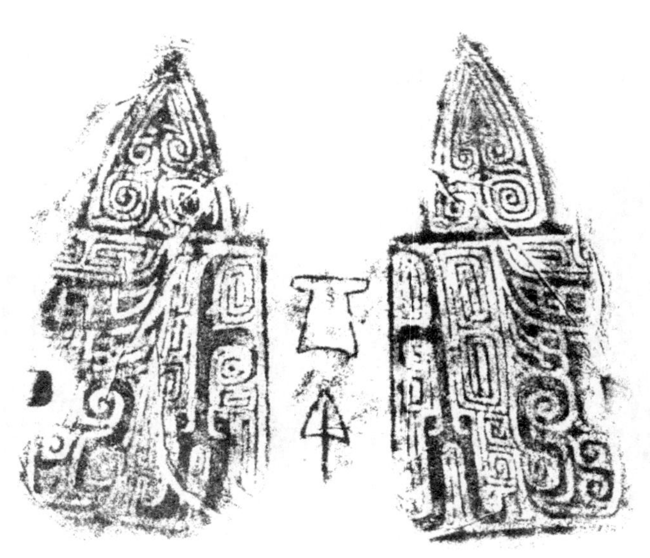

丙矢

08245

㠱射爵

襄射

08246

刀口爵

刀口

08247

[忄旅]乙爵

戉弁鳥

08248

秉中爵

秉毌

08249

車買爵

車買

08250

貝車爵

貝車

08252

車買爵

車買

08251

叔車爵

弔車

08253

工□爵

壬舟

08254

廙册爵

廙册

08256

廙册爵

廙册

08255

西單爵

西單

08257

西單爵

西單

08258

西單爵

西單

08259

08260

干冉

08261

戊冉

08262

□幸

08263

告宁爵

告宁

08264

告宁爵

告宁

08265

告田爵

告田

08266

耳日爵

耳日

08267

耳豆爵

耳奠

08268

耳𠆭爵

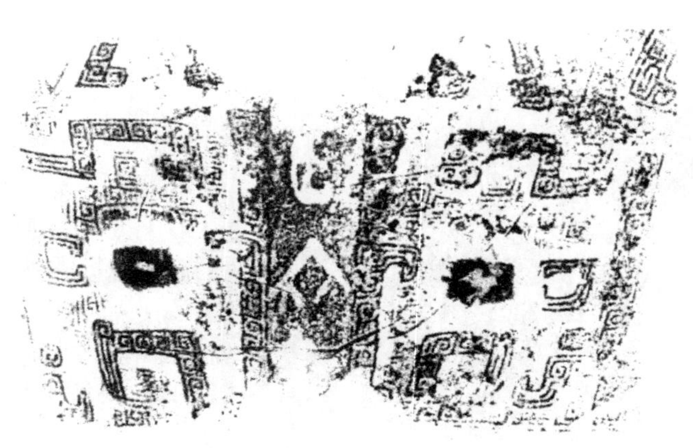

耳竹

08269

丁[illegible]爵

丿
竹

08270

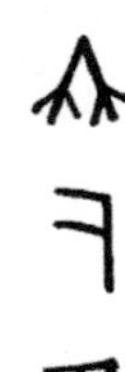
爵

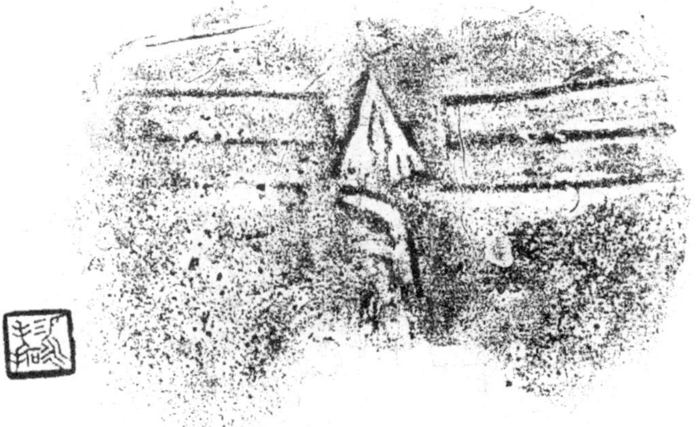

竹
司

08271

冎口爵

冎(瞪)文

08272

木叜(柄)

08273

工敃爵

工攺

08274

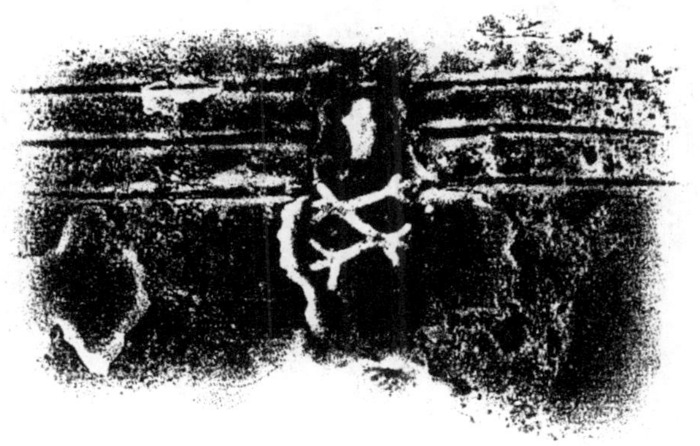

酉冎

08275

酉冎

08276

賓匚（報）

08277

08278

爵

宫

08279

册

爵

刜册

08280

ꝗ隼爵

ꝗ
離

08281

册劦爵

劦
册

08282

鬲奞爵

甗奞

08283

束泉爵

束泉

08284

束泉爵

束泉

08285

束泉爵

束泉

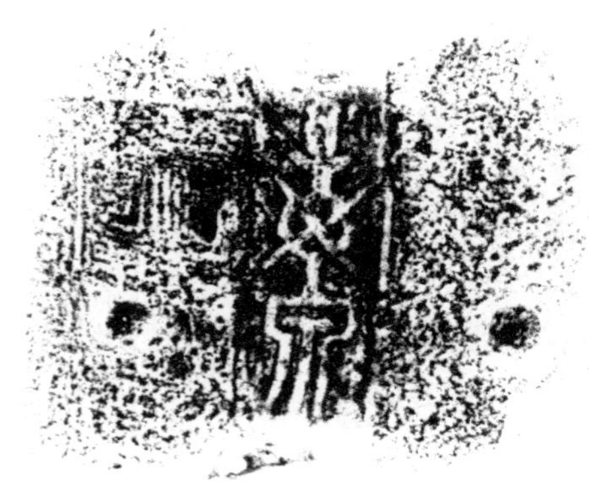

08286

束泉爵

束泉

08287

束泉爵

束泉

08288

束泉爵

束泉

08289

束泉爵

束泉

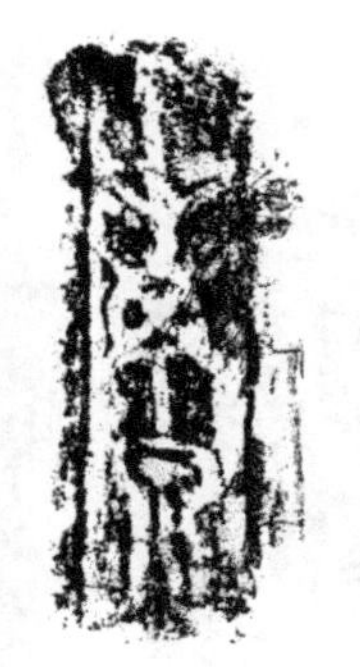

08290

束泉爵

⿱束泉

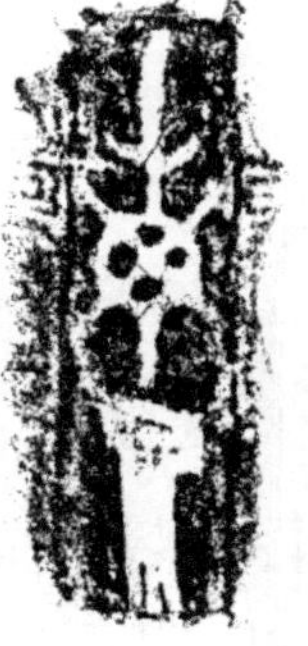

08291

束泉爵

⿱束泉

08292

个且爵

个（个、箇）祖

08293

且⿱十冂爵

祖甲

08294

宴出爵

寑出

08295

宴𠃌爵

寑玄

08296

辰□爵

辰𠃌（飛）

08297

𠃌父爵

𠃌（掌）父

08298

伯甯爵

伯亩(廩)

08299

□作爵

侯乍(作)

08301

伯作爵

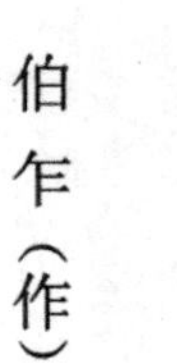

伯乍(作)

08300

□作爵

廿乍(作)

08302

作彝爵

乍(作)彝

08303

作寶爵

乍(作)寶

08305

作從爵

乍(作)從

08304

作障爵

乍(作)尊

08306

遽從角

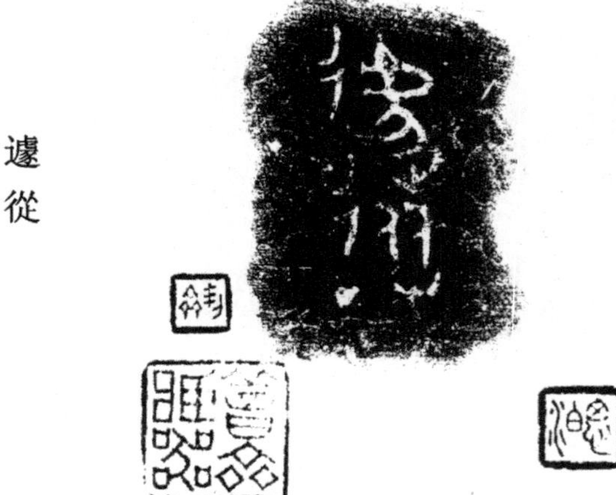

遽從

遽從

08307

遽從角

遽從

遽從

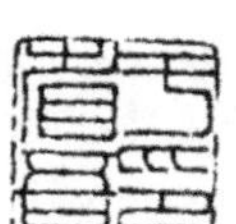

08308

妝王爵

妝王

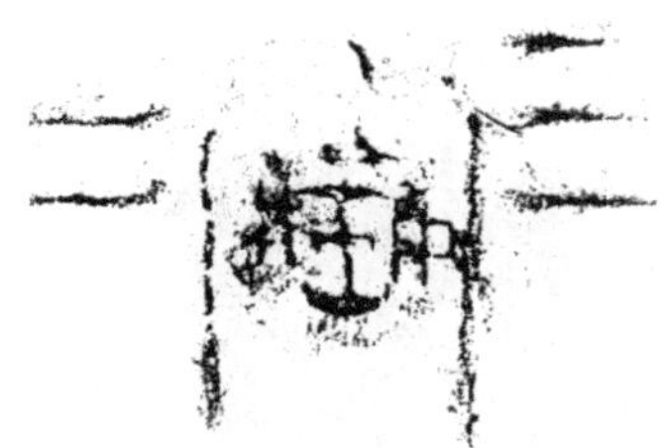

08309

康侯爵

康侯

08310

尊類

〇五四四一～〇六〇一六

〇五四四一　天尊
字數　一
時代　殷
著録　總集　四四九三
　　　美集録　R 九三
　　　綜覽・觶形尊　一
流傳　美國魏格、Kleijkamp 舊藏
來源　考古研究所藏

〇五四四二　夫尊
字數　一
時代　殷或西周早期
著録　未見
現藏　北京故宮博物院
來源　考古研究所拓

〇五四四三　[illegible]尊
字數　一
時代　殷
著録　總集　四四九四
　　　美集録　R 一七六
　　　皮斯柏　二七
　　　綜覽・觚形尊　二二
　　　彙編　八・一二五〇(觚)
現藏　美國米里阿波里斯美術館寄陳皮斯柏藏品
來源　考古研究所藏

〇五四四四　[illegible]尊
字數　一
時代　殷
著録　總集　四五四四
　　　録遺　一八九
　　　銅玉　八二頁 Fig 七〇g
　　　彙編　八・一二七三
　　　綜覽・觚形尊　四五
流傳　日本東京長尾美術館舊藏
現藏　日本某氏（彙編）
來源　録遺

〇五四四五　何尊
字數　一
時代　殷
著録　猷氏　圖一九
　　　綜覽・觚形尊　四六
流傳　英國猷氏舊藏
現藏　英國倫敦不列顛博物館
來源　綜覽

〇五四四六　[illegible]尊
字數　一
時代　殷
著録　總集　四四五〇
　　　日精華　二・一二二
　　　青山莊　一三
　　　三代補　六四四
來源　青山莊

〇五四四七　[illegible]尊
字數　一
時代　殷
著録　總集　四四五一
　　　彙編　八・一一三九
　　　綜覽・有肩尊　三七
出土　傳出安陽大司空村古墓
流傳　一九三三年運到日本
現藏　日本東京根津美術館
來源　彙編

〇五四四八　放尊
字數　一
時代　殷
著録　總集　四四五二
　　　三代　一一・一・一
　　　殷存上　二〇・二（又下二四・八）
　　　筠清　二・一三・一
　　　攈古　一・一・四・二
　　　綴遺　六・二・一
　　　彙編　八・一二四一
現藏　日本奈良寧樂美術館
來源　殷存
備注　筠清、攈古稱彝，綴遺稱敦

〇五四四九　又尊
字數　一
時代　殷
著録　總集　四四九六
　　　録遺　一八一
來源　録遺

〇五四五〇　又尊
字數　一
時代　殷
著録　總集　四四九七
　　　録遺　一八二
來源　録遺

〇五四五一　并尊
字數　一
時代　殷
著録　總集　四四九九
　　　録遺　一八五
　　　文物　一九七三年一二期圖版
　　　六・二
　　　辭典　八一
　　　故青　五〇
出土　傳出安陽
現藏　北京故宮博物院
來源　考古研究所拓
備注　或稱「友尊」

〇五四五二　口尊
字數　一
時代　殷
著録　總集　四四八四
　　　三代　一一・一・三・二
　　　愙齋　一三・二・一
　　　殷存上　二〇・七

小校 五・一・二
來源 三代

○五四五三 [illegible]尊
字數 一
時代 西周早期
著録 總集 四五〇五
高家堡 一二三頁圖一八・一
陝青 四・一三六
綜覽・觚形尊 一一〇
辭典 四四〇
出土 一九七一年陝西涇陽縣高家堡墓葬(M一：六)
來源 陝青

○五四五四 正鴞尊
字數 一
時代 殷
著録 總集 四四九五
美集録 R三
綜覽・鳥獸形卣 一一
流傳 美國盧芹齋舊藏
現藏 美國紐約克丁氏
來源 考古研究所藏

○五四五五 史尊
字數 一
時代 殷
著録 總集 四四五五
三代 一一・一・三
來源 三代

○五四五六 史尊
字數 一
時代 殷
著録 總集 四四五六
三代 一一・一・四
續殷上 五〇・七
來源 考古研究所藏

○五四五七 史尊
字數 一
時代 殷
著録 小校 五・二・四
現藏 北京故宮博物院
來源 考古研究所拓

○五四五八 史尊
字數 一
時代 殷
著録 總集 四四六〇
懷米上一〇
綴遺 一七・五・一
流傳 曹秋舫舊藏
來源 考古研究所藏

○五四五九 史尊
字數 一
時代 殷
著録 總集 四四五八
彙編 八・一三二七
歐精華 一・一六
通考 五〇四
綜覽・觚形尊 三一
現藏 美國芝加哥美術館
來源 綜覽

○五四六〇 史尊
字數 一
時代 殷
著録 總集 四四六一(五八六一)
三代 一四・一四・七
綴遺 一七・五・二
小校 五・二・六
貞續中 五・一
彙編 八・一三二六
流傳 岑鎔、方濬益舊藏(綴遺)
來源 考古研究所藏
備注 三代稱觚

○五四六一 史尊
字數 一
時代 殷
著録 未見
現藏 北京故宮博物院
來源 考古研究所拓

○五四六二 史尊
字數 一
時代 西周早期
著録 總集 四四五四
三代 一一・一・五
西清 九・六
續殷上 五〇・八
故圖下上 一〇一
流傳 清宮舊藏
現藏 臺北故宮博物院
來源 考古研究所藏

○五四六三 册尊
字數 一
時代 殷
著録 西清 八・一三
流傳 清宮舊藏
來源 西清

○五四六四 葡尊
字數 一
時代 殷
著録 綜覽・有肩尊 三九
來源 綜覽

○五四六五 矣尊
字數 一
時代 殷或西周早期
著録 總集 四四七六
三代 一一・二・五
貞松 七・二
善齋 四・五八
小校 五・一・八
善彝 一三〇
通考 五二〇
綜覽・觚形尊 一二九
流傳 劉體智舊藏
來源 考古研究所藏

○五四六六 [illegible]尊
字數 一
時代 殷
著録 總集 四四七四
積古 一・五・三
擄古 一・一・二・二
來源 擄古

○五四六七 [illegible]尊
字數 一
時代 殷
著録 彙編 九・一五三四
綜覽・有肩尊 三八
現藏 日本東京根津美術館
來源 綜覽

○五四六八 戈尊
字數 一
時代 殷
著録 總集 四四七三
三代 一一・二・三
愙齋 一三・六・二
綴遺 一七・二・一
殷存上 二〇・一
小校 五・一・七
來源 考古研究所藏

○五四六九　戈尊
字數　一
時代　殷
著録　鄴二上八
出土　傳出安陽
來源　鄴二

○五四七〇　戈尊
字數　一
時代　殷
著録　總集 四四六七
弗里爾(六七) 八二～八三頁
三代補 五二八
彙編 九・一五三二
綜覽・觚形尊 一四
現藏　美國華盛頓弗里爾美術陳列館
來源　彙編

○五四七一　戈尊
字數　一
時代　殷
著録　總集 四四六八
文叢三 圖版 七・三
出土　一九七六年山西靈石縣旌介村墓葬(M一：五)
現藏　山西省博物館
來源　文叢

○五四七二　戈尊
字數　一
時代　西周早期
著録　總集 四四七二
三代 一一・二・一
貞松 七・一・一
流傳　羅振玉舊藏
現藏　旅順博物館
來源　考古研究所拓

○五四七三　戈尊
字數　一
時代　西周早期
著録　未見
現藏　北京故宮博物院
來源　考古研究所拓

○五四七四　戈尊
字數　一
時代　西周早期
著録　續殷上 五〇・一
來源　續殷

○五四七五　戈尊
字數　一
時代　西周早期
著録　總集 四四七〇
三代 一一・二・二
移林 一三
小校 五・一・六
流傳　李佐賢、丁麟年舊藏(移林)
來源　三代

○五四七六　戈尊
字數　一
時代　西周早期
著録　總集 四四七一
三代 一一・二・四
陶續 一・二七
續殷上 五〇・二
流傳　端方舊藏
來源　三代

○五四七七　鹿鳥形尊
字數　一
時代　殷
著録　總集 四四九八
録遺 一八三
古器物研究專刊 第五本圖版四九
綜覽・鳥獸形尊 九
出土　一九三五年安陽侯家莊西北崗一八八五號墓
現藏　歷史語言研究所
來源　録遺

○五四七八　獸形銘鳥尊
字數　一
時代　殷或西周早期
著録　美集録 R 四七七
綜覽・鳥獸形尊 八
出土　傳出安陽
現藏　美國布恰德寄陳納爾遜美術陳列館
來源　考古研究所藏

○五四七九　弔尊
字數　一
時代　殷或西周早期
著録　總集 四四七五
三代 一一・二・六
攈古 一・一・三
愙齋 一三・二四・二
綴遺 一七・一八・一
小校 五・二・七
流傳　葉志詵舊藏(平安館藏器目)
來源　三代

○五四八〇　□尊
字數　一
時代　殷
著録　辭典 八〇
上海(二〇〇四) 一四〇
現藏　上海博物館
來源　上海博物館提供

○五四八一　□尊
字數　一
時代　殷
著録　總集 四四九〇
美集録 R 一九
綜覽・觚形尊 四
薩克勒(商) 四七
青全 三・一〇七
流傳　美國客蘭布羅克美術學院博物館舊藏
出土　傳河南安陽
現藏　美國華盛頓薩克勒美術館
來源　考古研究所藏

○五四八二　□尊
字數　一
時代　殷
著録　總集 四四八九
美集録 R 二一
皮斯柏 二八
彙編 九・一六二三
現藏　美國米里阿波里斯美術館(皮斯柏藏品)
來源　考古研究所藏

○五四八三　□尊
字數　一
時代　殷
著録　總集 四四八〇
三代 一一・二・九
西乙 五・二三
寶蘊 一〇一
貞松 七・一・二
續殷上 五〇・五
綜覽・觚形尊 二七
流傳　瀋陽故宮舊藏
現藏　臺北故宮博物院

來源 考古研究所藏

〇五四八四 □尊

字數 一
時代 殷
著録 總集 四四八一
三代 一一・二・一〇
殷存上 二〇・四
尊古 一・二八
通考 五〇六
現藏 歷史語言研究所
來源 三代

〇五四八五 □尊

字數 一
時代 殷
著録 總集 四四八二
三代 一一・二・一一
綴遺 一七・一
殷存上 二〇・五
流傳 潘季玉舊藏(綴遺)
現藏 上海博物館
來源 上海博物館提供

〇五四八六 □尊

字數 一
時代 殷
著録 總集 四四八七
三代 一一・三・四
來源 三代
備注 三代拓片倒置

〇五四八七 □尊

字數 一
時代 殷
著録 未見
流傳 德人楊寧史舊藏
現藏 北京故宮博物院
來源 考古研究所拓

〇五四八八 □尊

字數 一
時代 殷
著録 西清 九・一
流傳 清宮舊藏
來源 西清

〇五四八九 □尊

字數 一
時代 殷或西周早期
著録 總集 五八六五
綜覽・觚形尊 七三
彙編 九・一四五六
薩克勒(商) 四八
現藏 美國華盛頓薩克勒美術館
來源 綜覽

〇五四九〇 □尊

字數 一
時代 西周早期
著録 總集 四四七八
三代 一一・二・八
貞松 七・一
續殷上 五〇・四
彙編 九・一四六〇
綜覽・觚形尊 三四
流傳 溥倫舊藏(貞松)
現藏 日本東京根津美術館
來源 考古研究所藏

〇五四九一 □尊

字數 一
時代 殷
著録 總集 四四六二
三代 一一・一・九
殷存上 二〇・三
山東存附 一七・二
流傳 吴大澂舊藏(羅表)
現藏 蘇州市博物館
來源 蘇州市博物館提供

〇五四九二 □尊

字數 一
時代 西周早期
著録 未見
現藏 北京故宮博物院
來源 考古研究所拓

〇五四九三 □尊

字數 一
時代 殷或西周早期
著録 上海(二〇〇四) 一四一
現藏 上海博物館
來源 上海博物館提供

〇五四九四 □尊

字數 一
時代 殷或西周早期
著録 總集 四四八六
三代 一一・三・三
愙齋 一三・二・二
殷存上 二〇・六
小校 五・一・四
來源 考古研究所藏

〇五四九五 □尊

字數 一
時代 殷
著録 總集 四四九二
美集録 R 一六
綜覽・有肩尊 三五
青全 三・九九
流傳 美國盧芹齋舊藏
出土 傳河南安陽
現藏 美國紐約大都會美術博物館
來源 考古研究所藏

〇五四九六 鼎尊

字數 一
時代 西周早期
著録 總集 四四六四(四四六五)
三代 一一・一・八
陶齋 一・六
續殷上 五〇・六
小校 五・一・一
美集録 R 二七六
歐精華 一・二
柉禁 圖版八・一
通考 五〇〇
彙編 九・一六一二
綜覽・觚形尊 六九
出土 一九〇一年陝西寶鷄縣鬥鷄臺出土
流傳 端方、福開森舊藏(羅表)
現藏 美國紐約大都會美術博物館
來源 考古研究所藏

〇五四九七 凡尊

字數 一
時代 西周早期
著録 考古與文物 一九八四年五期一一頁圖四・六
出土 早年陝西岐山縣禮村出土
來源 考古與文物

〇五四九八 □尊

字數 一
時代 殷
著録 總集 四五〇〇
録遺 一八四
古器物研究專刊 第五本圖版三五

出土 一九三五年安陽侯家莊西北崗
一四〇〇號大墓
現藏 歷史語言研究所
來源 録遺

〇五四九九 □尊
字數 一
時代 殷
著録 未見
現藏 北京故宮博物院
來源 考古研究所拓

〇五五〇〇 □尊
字數 一
時代 殷
著録 綜覽・觚形尊 四〇
現藏 日本東京松岡美術館
來源 綜覽

〇五五〇一 宀尊
字數 一
時代 殷
著録 美集録 R二〇七
綜覽・有肩尊 四二
流傳 曾在美國盧芹齋
現藏 美國某氏
來源 考古研究所藏

〇五五〇二 □尊
字數 一
時代 殷
著録 未見
流傳 頤和園舊藏
現藏 北京故宮博物院
來源 考古研究所拓

〇五五〇三 串尊
字數 一
時代 殷
著録 西清 八・四〇
流傳 清宮舊藏
來源 西清

〇五五〇四 串尊
字數 一
時代 殷
著録 寧壽 三・三〇
流傳 清宮舊藏
現藏 北京故宮博物院
來源 考古研究所拓

〇五五〇五 □尊
字數 一
時代 殷
著録 總集 四五三六
三代 一一・五・一〇
來源 考古研究所藏

〇五五〇六 文尊
字數 一
時代 殷
著録 山東選 圖七四
綜覽・觚形尊 二五
出土 山東滕縣井亭
來源 山東選

〇五五〇七 □尊
字數 一
時代 殷
著録 猷氏 圖二〇
三代補 六九三
綜覽・有肩尊 四一
流傳 英國猷氏舊藏
現藏 英國倫敦維多利亞和艾伯特博物館
來源 猷氏

〇五五〇八 □尊
字數 一
時代 殷
著録 總集 四五〇四
文物 一九六五年七期二七頁
圖一・四
綜覽・觚形尊 三〇
出土 一九六三年山東蒼山縣東高堯村
現藏 臨沂市博物館
來源 文物

〇五五〇九 □尊
字數 一
時代 殷
著録 總集 四四八五
三代 一一・三・一
恒軒 五一
綴遺 一七・一七・一
殷存上 二〇・一一
周金 三・一〇〇・三
流傳 吳大澂舊藏
來源 考古研究所藏
備注 周金誤作毁

〇五五一〇 且戊尊
字數 二
時代 殷
著録 總集 四五一七
三代 一一・四・五
西甲 五・一
貞補上 三〇・三
小校 五・四・三
流傳 清宮舊藏
現藏 北京故宮博物院
來源 考古研究所拓

〇五五一一 且辛尊
字數 二
時代 西周早期
著録 總集 四五五四
懷履光(五六) 一一一頁一
三代補 五八六
彙編 七・九四九
出土 一九三〇年前河南洛陽近郊出土
現藏 加拿大多倫多安大略博物館
來源 考古研究所藏

〇五五一二 且壬尊
字數 二
時代 殷
著録 總集 四五四九
文物 一九六五年五期三頁
圖六
現藏 陝西省博物館
來源 文物

〇五五一三 且癸尊
字數 二
時代 殷或西周早期
著録 未見
現藏 上海博物館
來源 上海博物館提供

〇五五一四 鳥且犧尊
字數 二
時代 殷
著録 彙編 九・一六七一
現藏 美國米里阿波里斯美術館
來源 彙編

〇五五一五 父甲尊
字數 二
時代 西周早期
著録 總集 四五一五
三代 一一・四・六
貞補上 三一・一
流傳 河南省博物館舊藏(貞補)

來源　三代

〇五五一六　父乙尊

字數　二
時代　殷
著録　未見
流傳　清宮舊藏
現藏　北京故宮博物院
來源　考古研究所拓
備注　父字經修補，故拓本不清

〇五五一七　父乙尊

字數　二
時代　殷或西周早期
著録　總集　四五一八
三代　一一・四・七
恒軒上　四九
殷存上　二一・七
小校　五・四・四
流傳　潘祖蔭舊藏
現藏　中國歷史博物館
來源　考古研究所藏

〇五五一八　乙父尊

字數　二
時代　殷或西周早期
著録　考古　一九八四年九期七八六頁圖三・三
出土　一九六一年陝西長安縣張家坡村西周墓（M一〇六：五）
現藏　考古研究所西安研究室
來源　考古研究所拓

〇五五一九　父乙尊

字數　二
時代　西周早期
著録　陶齋　一・四二
小校　五・四・五
流傳　端方、馮恕舊藏
來源　考古研究所藏

〇五五二〇　父乙尊

字數　二
時代　西周早期
著録　出光（十五周年）三九四頁一九
中銅　一三二頁圖版一六
三代補　七九二
綜覽・觚形尊　六四
中藝　圖四七拓三七
現藏　日本東京出光美術館
來源　出光美術館提供

〇五五二一　父乙尊

字數　二
時代　西周早期
著録　西清　八・一
流傳　清宮舊藏
來源　西清

〇五五二二　父丙尊

字數　二
時代　殷或西周早期
著録　總集　四五一六
陝青　三・六六
綜覽・觚形尊　四一
出土　一九五〇年陝西扶風縣雲塘村
現藏　扶風縣博物館
來源　扶風縣博物館提供

〇五五二三　父丁尊

字數　二
時代　殷或西周早期
著録　西清　八・四
流傳　清宮舊藏
現藏　北京故宮博物院
來源　考古研究所拓

〇五五二四　父丁尊

字數　二
時代　西周早期
著録　博古　六・一六
薛氏　一三
嘯堂　二二・二
來源　嘯堂

〇五五二五　父戊尊

字數　二
時代　西周早期
著録　總集　四五一九
三代　一一・四・八
貞補上　三一・二
海外吉　六九
續殷上　五一・一〇
泉屋　一・一九
彙編　七・九五一
綜覽・觚形尊　九〇
泉屋博古　圖七九拓一六
現藏　日本京都泉屋博古館
來源　三代

〇五五二六　父己尊

字數　二
時代　殷
著録　總集　四五二二
日精華　二・一三六
美集録　R二〇六
布倫戴奇（七七）一九三頁圖一五
三代補　二〇六（又六八三）
出土　傳河南省北部出土（美集録）
流傳　日本大阪淺野楳吉氏舊藏
現藏　美國舊金山亞洲美術博物館（布倫戴奇藏品）
來源　考古研究所藏

〇五五二七　父己尊

字數　二
時代　西周早期
著録　總集　四五二〇
三代　一一・四・九
綴遺　一七・一九・一
殷存上　二一・八
小校　五・四・六
流傳　潘祖蔭舊藏（羅表）
來源　三代

〇五五二八　父己尊

字數　二
時代　西周早期
著録　綜覽・觚形尊　五八
薩克勒（西周）七八
現藏　美國華盛頓薩克勒美術館
來源　綜覽

〇五五二九　父辛尊

字數　二
時代　殷
著録　總集　四五二三
三代　一一・四・一〇
續殷下　五二・八
故圖下上　一〇〇
彙編　七・九五五
綜覽・觚形尊　一二
現藏　臺北故宮博物院
來源　考古研究所藏

〇五五三〇　父辛尊

字數　二
時代　殷
著録　總集　四五二四
日精華　二・一三九A
三代補　六八四

彙編 八・一三四四
綜覽・觚形尊 四七
流傳 日本東京繭山順吉氏舊藏
現藏 美國舊金山亞洲美術博物館（布倫戴奇藏品）
來源 彙編

〇五五三一 父辛尊
字數 二
時代 殷
著録 總集 六三六二
三代 一四・三六・一二
貞補中 一九・三
小校 五・五・一
上海（二〇〇四） 一四三
現藏 上海博物館
來源 上海博物館提供
備注 三代稱觶，小校稱尊

〇五五三二 父辛尊
字數 二
時代 西周早期
著録 西甲 五・七
貞續中 五・二
流傳 清宮舊藏
現藏 北京故宮博物院
來源 貞續

〇五五三三 父癸尊
字數 二
時代 西周早期
著録 西清 八・一二
流傳 清宮舊藏
來源 西清

〇五五三四 父癸尊
字數 二
時代 西周早期
著録 文物 一九八六年一期四四頁圖三
青全 四・一二五
出土 一九六五年陝西長安縣灃西大原村
現藏 西安市文物管理委員會
來源 文物

〇五五三五 婦好方尊
字數 二
時代 殷
著録 總集 四五五一
婦好墓 五四頁圖三五・一
殷青 圖四七・四
綜覽・有肩尊 四三
美全 四・三五
青全 三・一〇八
出土 一九七六年安陽殷墟婦好墓（M五：七九二）
現藏 河南省博物館（考古研究所借陳）
來源 考古研究所拓

〇五五三六 婦好鴞尊
字數 二
時代 殷
著録 總集 四五五〇
婦好墓 五二頁圖三四・五
河南 一・一四九
殷青 圖四七・六
歷博 三三
美全 四・三六
出土 一九七六年安陽殷墟婦好墓（M五：七八四）
現藏 河南省博物館（考古研究所寄陳）
來源 考古研究所拓

〇五五三七 婦好鴞尊
字數 二
時代 殷
著録 總集 四五五二
婦好墓 五二頁圖三四・四
殷青 圖四七・五
綜覽・鳥獸形尊 五
辭典 九四
出土 一九七六年安陽殷墟婦好墓（M五：七八五）
現藏 中國歷史博物館（考古研究所寄陳）
來源 考古研究所拓

〇五五三八 司[女鳥]尊
字數 二
時代 殷
著録 總集 四六三四
婦好墓 五八頁圖三八・三
河南 一・一四八
綜覽・有肩尊 三〇
出土 一九七六年安陽殷墟婦好墓（M五：七九三）
現藏 考古研究所
來源 考古研究所拓

〇五五三九 司[女鳥]尊
字數 二
時代 殷
著録 總集 四六三五
婦好墓 五八頁圖三八・四
殷青 圖五〇・六
出土 一九七六年安陽殷墟婦好墓（M五：八六七）
現藏 考古研究所安陽工作站
來源 考古研究所拓

〇五五四〇 子彙尊
字數 二
時代 殷
著録 總集 四六三七
婦好墓 六〇頁圖三九・一六
綜覽・有肩尊 二四
出土 一九七六年安陽殷墟婦好墓（M五：三一八）
現藏 中國歷史博物館（考古研究所寄陳）
來源 考古研究所拓

〇五五四一 子彙尊
字數 二
時代 殷
著録 總集 四六三六
婦好墓 六〇頁圖三九・七
出土 一九七六年安陽殷墟婦好墓（M五：三二〇）
現藏 考古研究所
來源 考古研究所拓

〇五五四二 子漁尊
字數 二
時代 殷
著録 總集 四五四三
學報 一九八一年四期四九六頁圖四・九
殷青 圖五八・二
美全 四・五〇
青全 三・九七
辭典 八二
出土 一九七六年安陽小屯村北墓葬（M一八：一三）
現藏 考古研究所安陽工作站
來源 考古研究所拓

〇五五四三 子韓尊
字數 二
時代 殷

著録 總集 四五四七
弗里爾(六七) 一〇三頁
彙編 八・一三七九
三代補 五二九
現藏 美國華盛頓弗里爾美術陳列館
來源 彙編

〇五五四四 子廂尊
字數 二
時代 殷或西周早期
著録 西清 九・二三
流傳 清宮舊藏
來源 西清

〇五五四五 匿乙尊
字數 二
時代 殷
著録 總集 四四九一
美集録 R 一八〇
流傳 曾在美國盧芹齋
來源 考古研究所藏
備注 舊以爲僅有一匿字

〇五五四六 乙冉尊
字數 二
時代 殷
著録 西乙 五・一二
故圖下下 二一七
禮器 三四五頁
流傳 清宮舊藏
現藏 臺北故宮博物院
來源 故圖
備注 容庚曾疑僞

〇五五四七 丁冉尊
字數 二
時代 殷
著録 總集 四五二六

日精華 二・一二九
三代補 六八二
寧樂譜 四
彙編 九・一四六五
綜覽・有肩尊 二六
歐遺 三七
流傳 日本奈良寧樂美術館
現藏 倫敦戴迪野行(歐遺)
來源 彙編

〇五五四八 丁冉尊
字數 二
時代 殷
著録 總集 四四七九
日精華 二・一二四
三代補 六八一
彙編 九・一四六一
流傳 日本淺野楳吉氏舊藏
來源 彙編

〇五五四九 冉丁尊
字數 二
時代 殷
著録 總集 四五二五
出光(十五周年) 三九四頁
二八
中銅 一三四頁
三代補 七九三
彙編 九・一四六六
綜覽・有肩尊 二五
中藝 圖四一拓三一
現藏 日本東京出光美術館
來源 出光美術館提供

〇五五五〇 㚔丁尊
字數 二
時代 殷

著録 綴遺 一七・三
流傳 陳廣綬舊藏
來源 綴遺
備注 銘在腹底龜蛇紋中，器形甚大，舊稱玄武尊

〇五五五一 冉己尊
字數 二
時代 殷
著録 未見
現藏 北京故宮博物院
來源 考古研究所拓

〇五五五二 冉己尊
字數 二
時代 西周早期
著録 總集 四五二七
三代 一一・四・一一
貞松 七・三
小校 五・五・二
流傳 劉體智舊藏
來源 考古研究所藏

〇五五五三 己冉尊
字數 二
時代 殷或西周早期
著録 賽爾諾什 一七〇頁上
現藏 法國巴黎賽爾諾什博物館
來源 賽爾諾什

〇五五五四 天己尊
字數 存二
時代 西周早期
著録 白鶴 六
賸稿 三二
通考 五〇八
綜覽・觚形尊 七九
出土 河南(賸稿)

現藏 日本神户白鶴美術館
來源 賸稿

〇五五五五 辛聿尊
字數 二
時代 殷
著録 西清 九・一九
流傳 清宮舊藏
來源 西清
備注 聿字倒書

〇五五五六 戲萁尊
字數 二
時代 殷
著録 文物 一九八二年九期四一頁
圖三二
出土 傳出山東費縣
現藏 北京市文物工作隊
來源 文物

〇五五五七 [illegible]胕尊
字數 二
時代 西周早期
著録 彙編 八・一二八六
綜覽・觚形尊 一一
現藏 美國克里夫蘭美術博物館
來源 A、綜覽；
B、彙編

〇五五五八 [illegible]耳尊
字數 二
時代 殷
著録 總集 四五三八
三代 一一・六・一
西清 一〇・二二
貞續中 六・一
續殷上 五二・一
故宮 三五期

通考 四九八
酒器 一〇〇頁
禮器 三三五頁
流傳 清宮舊藏
現藏 臺北故宮博物院
來源 考古研究所藏

〇五五五九 亞醜尊
字數 二
時代 殷
著録 總集 四五一二
三代 一一・四・二
窓齋 一三・二三・二
綴遺 一七・四・二
續殷上 五一・一
小校 五・三・七
殷存上 二八・四
流傳 葉志詵舊藏(窓齋)
來源 考古研究所藏

〇五五六〇 亞醜尊
字數 二
時代 殷
著録 總集 四五一三
三代 一一・四・三
來源 考古研究所藏

〇五五六一 亞醜尊
字數 二
時代 殷
著録 西甲 五・一八
出光(十五周年) 三九四頁二七
中銅 一二四頁
三代補 七九一
中藝 圖四八拓三八
現藏 日本東京出光美術館
來源 出光美術館提供
備注 西甲器與出光美術館藏器近似，今天作一器處理

〇五五六二 亞醜方尊
字數 二
時代 殷
著録 故宮 三四期
故圖下上 九五
酒器 一〇二頁
禮器 五三一頁
流傳 清宮舊藏
現藏 臺北故宮博物院
來源 故圖

〇五五六三 亞醜方尊
字數 二
時代 殷
著録 貞松 七・三・一～二
續殷上 五一・六
流傳 劉體智舊藏(貞松)
來源 續殷

〇五五六四 亞酤尊
字數 二
時代 殷
著録 鄴三上 一八
鐃齋 七
綜覽・有肩尊 六六
出土 傳出安陽
現藏 德國科隆東洋博物館
來源 鄴三

〇五五六五 亞[illegible]鴞尊
字數 二(器蓋同銘)
時代 殷
著録 總集 四五二九
三代 一一・五・四～五
恒軒上 四七
窓齋 一三・五・二～三
善齋 四・九六
續殷上 五二・二
小校 五・六・三～四
善彝 一三五
安徽金石 一・三〇・一
美集録 R 一二五、四八九
歐精華 一・四一
尊古 一・二九
彙編 八・一〇〇二
綜覽・鳥獸形尊 四
薩克勒(商) 七二
青全 四・一三六
流傳 王懿榮、劉體智舊藏
現藏 美國華盛頓薩克勒美術館
來源 考古研究所藏
備注 〇五五六五・二 B爲器底銘文

〇五五六六 亞[illegible]尊
字數 二
時代 殷
著録 總集 四五三四
三代 一一・五・七
積古 一・九・二
攈古 一・一・三七
小校 五・七・一
流傳 陳介祺舊藏(羅表)
來源 三代
備注 積古稱鼎

〇五五六七 亞[illegible]尊
字數 二
時代 殷
著録 總集 四五〇九
三代 一一・三・九
善齋 四・五九
小校 五・三・五
雙古上 一三
綜覽・觚形尊 一〇二
流傳 劉體智、于省吾舊藏
來源 考古研究所藏

〇五五六八 亞[illegible]尊
字數 二
時代 殷或西周早期
著録 總集 四五一一
三代 一一・三・一二
現藏 遼寧省博物館
來源 考古研究所藏

〇五五六九 亞此犧尊
字數 二(器蓋同銘)
時代 西周早期
著録 總集 四五〇八
三代 一一・三・一〇～一一
從古 一三・一八
攈古 一・一・三八
窓齋 一三・二一・一～二
綴遺 一七・二三
奇觚 五・一・一～二
敬吾上 四二・三
周金 五・二四・一～二
簠齋 一尊二
小校 五・三・三～四
山東存附 一五・六～七
美集録 R 一三二
綜覽・鳥獸形尊 一七
歐遺 九三
出土 傳山東出土
流傳 陳介祺舊藏，後歸美國紐約姚叔來通運公司
來源 考古研究所藏

備注 美集録云蓋後配。歐遺無蓋

〇五五七〇 亞吴尊
字數 二
時代 殷
著録 青山莊 一〇
遺寶 三八
綜覽・有肩尊 三二
出土 傳出安陽侯家莊西北崗大墓
現藏 日本東京根津美術館
來源 青山莊

〇五五七一 亞□尊
字數 二
時代 殷
著録 書道(平凡) 一・一九C
三代補 八三二
倫敦 一六・二五七
來源 倫敦
現藏 美國紐約何母斯氏

〇五五七二 亞奚尊
字數 二
時代 殷
著録 未見
來源 考古研究所藏

〇五五七三 □册尊
字數 二
時代 殷
著録 青全 三・一〇三
上海(二〇〇四) 一四二
現藏 上海博物館
來源 上海博物館提供

〇五五七四 □射尊
字數 二
時代 西周早期
著録 總集 四五五六
考古 一九五九年四期一八八
頁圖三・三
綜覽・觚形尊 六五
出土 洛陽東郊
現藏 洛陽市文物工作隊
來源 考古編輯部檔案

〇五五七五 牧正尊
字數 二
時代 西周早期
著録 總集 四五五三
陝青 三・一五六
出土 一九七七年陝西隴縣韋家莊墓葬
現藏 寶鷄市博物館
來源 寶鷄市博物館提供

〇五五七六 丏甫尊
字數 二
時代 西周中期
著録 總集 四四八八
美集録 R 二七九
皮斯柏 二七
彙編 九・一七三五
綜覽・觚形尊 一四二
出土 傳一九二六年河南出土
流傳 盧芹齋舊藏
現藏 美國米里阿波里斯美術館(皮斯柏藏器)
來源 考古研究所藏

〇五五七七 鄉宁尊
字數 二
時代 殷
著録 總集 四五三二(四五四八)
美集録 R 三二
彙編 八・一二九六
出土 一九三〇年前後安陽出土
流傳 美國山中商會、Higginson 舊藏
現藏 美國波士頓美術博物館
來源 考古研究所藏

〇五五七八 夲旅尊
字數 二
時代 殷
著録 總集 四五〇一
録遺 一八六
來源 録遺

〇五五七九 夲旅尊
字數 二
時代 殷
著録 總集 四五〇二
録遺 一八七
來源 録遺

〇五五八〇 □辰尊
字數 二
時代 殷
著録 總集 四五〇三
録遺 一八八
現藏 上海博物館
來源 上海博物館提供

〇五五八一 □叔尊
字數 二
時代 西周早期
著録 總集 四五三七
三代 一一・五・一一
殷存上 二一・六
來源 三代

〇五五八二 □戈尊
字數 二
時代 殷或西周早期
著録 未見
來源 考古研究所藏

〇五五八三 □尊
字數 二
時代 殷
著録 未見
現藏 北京故宮博物院
來源 考古研究所拓

〇五五八四 □刀尊
字數 二
時代 殷
著録 總集 四五四〇
三代 一一・六・三
來源 考古研究所藏

〇五五八五 羊□尊
字數 二
時代 殷或西周早期
著録 文物 一九八四年一二期三四頁
圖一・五
出土 一九八二年河北正定縣新城舖墓葬
現藏 正定縣文物保管所
來源 正定縣文物保管所提供

〇五五八六 巫鳥尊
字數 二
時代 西周早期
著録 三代 一一・四・一二
貞補上 三一・三
續殷上 五一・一二
海外吉 七二
小校 五・五・四
泉屋 一・二四
通考 五一六
彙編 九・一六七三
綜覽・觚形尊 三五
泉屋博古 圖七五拓一五

現藏　日本京都泉屋博古館
來源　三代
備注　巫或可釋癸

〇五五八七　[illegible][illegible]尊
字數　二
時代　殷
著録　總集　四五四六
録遺　一九一
彙編　九・一四六九
來源　録遺

〇五五八八　魚從尊
字數　二
時代　西周早期
著録　總集　四五二八
三代　一一・五・三
善齋　四・六二
小校　五・五・七
頌續　六〇
通考　五二三
綜覽・觚形尊　一〇四
出土　洛陽(頌續)
來源　三代

〇五五八九　魚尊
字數　二
時代　殷
著録　總集　四五〇六
文物　一九七七年一二期二四頁
圖四
綜覽・觚形尊　二
出土　一九七四年遼寧喀左縣山灣子村窖藏
現藏　遼寧省博物館
來源　考古研究所拓

〇五五九〇　買車尊
字數　二
時代　殷
著録　總集　四五四五
録遺　一九〇
現藏　北京故宮博物院
來源　考古研究所拓

〇五五九一　用征尊
字數　二
時代　西周早期或中期
著録　未見
出土　傳出陝西寶鷄鬥鷄臺
來源　考古研究所藏

〇五五九二　作旅尊
字數　二
時代　西周早期
著録　總集　四五四一
三代　一一・六・四
清愛　一二
攈古　一・二・三〇
周金　五・二一・三
小校　五・五・八
蔭軒　二・一三
流傳　劉喜海、潘祖蔭舊藏(清愛、周金),後歸李蔭軒
現藏　上海博物館
來源　考古研究所藏

〇五五九三　作[illegible]尊
字數　二
時代　西周早期
著録　總集　四五三九
三代　一一・六・二
貞續中　五・三
善齋　四・六三
小校　五・六・二
善彝　一二九
雙古上　一七
通考　五四〇
綜覽・觚形尊　一三九
流傳　劉體智、于省吾舊藏
現藏　北京故宮博物院
來源　考古研究所拓

〇五五九四　作彝尊
字數　二
時代　西周早期
著録　西清　一〇・二〇
流傳　清宮舊藏
來源　西清

〇五五九五　[illegible]息尊
字數　二(又合文一)
時代　殷
著録　總集　四五五五
考古　一九八一年二期一一七頁
圖八・二
出土　一九七九年河南羅山縣蟒張六號墓
現藏　信陽地區文物管理委員會
來源　考古編輯部檔案
備注　第一字疑爲尊彝二字合文

〇五五九六　己且乙尊
字數　三
時代　殷或西周早期
著録　總集　四五五九
三代　一一・六・五
殷存上　二一・九
來源　三代

〇五五九七　己且乙尊
字數　三
時代　殷或西周早期
著録　積古　一・一八・二
攈古　一・二・二九
奇觚　一七・一・三
小校　五・七・三
來源　小校

〇五五九八　黽且乙尊
字數　三
時代　殷
著録　綴遺　一七・六・一
流傳　顧沅舊藏
來源　綴遺

〇五五九九　爵且丙尊
字數　三
時代　西周早期
著録　總集　四六三八
琉璃河　一七四頁圖一〇四A
綜覽・觚形尊　三三
出土　一九七四年北京房山縣琉璃河西周墓(M五〇:四)
現藏　首都博物館
來源　考古研究所拓

〇五六〇〇　[illegible]且丁尊
字數　三
時代　殷或西周早期
著録　總集　四五六〇
三代　一一・六・六
奇觚　五・二・二
殷存上　二一・一〇
小校　五・七・四
流傳　潘祖蔭舊藏(羅表)
來源　三代

〇五六〇一　妕且丁尊
字數　三
時代　殷

著録 總集 四五五八
三代 一一・六・七
貞松 七・三・四
善齋 四・六四
續殷上 五二・四
小校 五・七・五
雙古上 九
銅玉 Fig 八〇B
綜覽・觚形尊 九一
流傳 劉體智、于省吾舊藏
來源 考古研究所藏

〇五六〇二 [illegible]且丁尊
字數 三
時代 西周早期
著録 總集 四五六一
文物 一九八〇年四期四二頁
圖六・六
陝青 三・六九
出土 一九七六年陝西扶風縣雲塘村墓葬(M二〇：二)
現藏 周原扶風文物管理所
來源 扶風周原文物管理所提供

〇五六〇三 戈且己尊
字數 三
時代 西周早期
著録 陝青 四・一一四
出土 一九七六年陝西武功縣徐家灣
現藏 武功縣文化管
來源 考古研究所拓

〇五六〇四 [illegible]且己尊
字數 三
時代 殷或西周早期
著録 上海(二〇〇四) 二五七
現藏 上海博物館
來源 上海博物館提供

〇五六〇五 作且庚尊
字數 三
時代 西周早期
著録 總集 四五六二
三代 一一・六・八
續殷上 五二・五
尊古 一・三〇
綜覽・觚形尊 一二三
來源 三代

〇五六〇六 作且庚尊
字數 三
時代 西周早期
著録 總集 四五六三
美集録 R 五二三
來源 考古研究所藏

〇五六〇七 [illegible]且辛尊
字數 三
時代 西周早期
著録 總集 四五六七
三代 一一・六・九
西清 九・三
貞續中 六・二
續殷上 五二・七
故圖下上 一〇三
流傳 清宮舊藏
現藏 臺北故宮博物院
來源 考古研究所藏

〇五六〇八 且辛[illegible]尊
字數 三
時代 西周早期
著録 未見
現藏 上海博物館
來源 考古研究所拓

〇五六〇九 象且辛尊
字數 三
時代 西周早期
著録 未見
現藏 中國歷史博物館
來源 考古研究所拓

〇五六一〇 萁且癸尊
字數 三
時代 殷
著録 總集 四五六四
寧壽 三・八
録遺 一九二
流傳 清宮舊藏
現藏 北京故宮博物院
來源 考古研究所拓

〇五六一一 [illegible]且癸尊
字數 三
時代 殷或西周早期
著録 未見
現藏 上海博物館
來源 上海博物館提供

〇五六一二 亞匕辛尊
字數 三
時代 殷
著録 博古 六・一〇
薛氏 一四・二
嘯堂 二二
續考古 五・八
來源 嘯堂
備注 續考古摹本有誤

〇五六一三 咸匕癸尊
字數 三
時代 殷或西周早期
著録 博古 六・一七
薛氏 一五
嘯堂 二三
來源 嘯堂

〇五六一四 山父乙尊
字數 三
時代 殷
著録 總集 一八五一
三代 六・一一・四
貞松 四・三一・一
續殷上 三六・七
現藏 中國歷史博物館
來源 考古研究所藏
備注 方尊殘座，三代等誤作簋

〇五六一五 [illegible]乙父尊
字數 三
時代 殷或西周早期
著録 總集 四五七五
三代 一一・七・三
西乙 五・一六
寶蘊 一〇二
貞松 七・四・三
續殷上 五二・一〇
通考 五〇二
故圖下下 二二五
綜覽・觚形尊 二四
商圖 三五
流傳 瀋陽故宮舊藏
現藏 臺北故宮博物院
來源 考古研究所藏

〇五六一六 舌父乙尊
字數 三
時代 殷或西周早期
著録 中原文物 一九八六年一期一二六頁
出土 一九八四年河南鶴壁市鹿樓鄉辛

村

來源　中原文物

備注　舌字與父乙二字相顛倒。共出同銘觶，未發表拓本

○五六一七　舌父乙尊

字數　三

時代　殷

著録　總集　四五七一
三代　一一・七・二
貞松　七・四・一
續殷上　五二・八
小校　五・八・二
賸稿　三〇
美集録　R一九二
歐精華　一・一三
通考　五〇一
彙編　八・一三五三
綜覽・觚形尊　一七

出土　河南（賸稿）

現藏　美國波士頓美術博物館

來源　考古研究所藏

○五六一八　父乙莫尊

字數　三

時代　殷或西周早期

著録　綜覽・觚形尊　四二

來源　綜覽

○五六一九　甫父乙尊

字數　三

時代　西周中期

著録　總集　四五六九
三代　一一・七・一
寧壽　三・一五
貞補上　三一・四
續殷上　五三・一
故宮　一〇期
通考　五二九
故圖下上　一〇五
綜覽・觶形尊　四

流傳　清宮舊藏

現藏　臺北故宮博物院

來源　考古研究所藏

○五六二〇　[illegible]父乙尊

字數　三

時代　殷

著録　總集　四五六八
三代　一一・六・一〇
攈古　一・二・二九
殷存上　二一・一二
澂秋　二四

出土　見于長安（攈古録）

流傳　陳承裘舊藏

現藏　北京故宮博物院

來源　考古研究所拓

○五六二一　父乙[illegible]尊

字數　三

時代　西周早期

著録　總集　四五七八
三代　一一・七・四
西清　九・二
窓齋　一三・一九・一
綴遺　二三・二六・二
貞松　九・一七・四
殷存上　二二・一
小校　五・八・三

流傳　清宮舊藏

現藏　上海博物館

來源　上海博物館提供

備注　綴遺、貞松稱觶

○五六二二　[illegible]父乙尊

字數　三

時代　西周早期

著録　彙編　九・一五〇一
綜覽・觶形尊　三二

現藏　日本大阪某氏

來源　彙編

○五六二三　黿父乙尊

字數　三

時代　殷或西周早期

著録　總集　四六五五
寧壽　三・一
續殷上　五六・四
故圖下上　一〇四
綜覽・觚形尊　五〇

流傳　清宮舊藏

現藏　臺北故宮博物院

來源　考古研究所藏

○五六二四　戈父乙尊

字數　三

時代　殷或西周早期

著録　青山莊　一九
彙編　九・一五五五

現藏　日本東京根津美術館

來源　青山莊

○五六二五　㚔乙父尊

字數　三

時代　殷或西周早期

著録　總集　四五六六
彙編　九・一七三七

現藏　日本大阪江口治郎氏

來源　彙編

○五六二六　休父乙尊

字數　三

時代　殷

著録　賽爾諾什　一七〇頁三二

現藏　法國巴黎賽爾諾什博物館

來源　賽爾諾什

○五六二七　母父丁尊

字數　三

時代　殷

著録　總集　四五八一
三代　一一・八・三
攈古　一・二・二九
窓齋　一三・二〇・三
綴遺　一七・二〇・一
敬吾上　四四・七
清儀　一・九
續殷上　五三・四
小校　五・八・七
中銅　一二八頁
彙編　八・一一八九
綜覽・觚形尊　四三
中藝　圖四六拓三六

流傳　張廷濟舊藏

現藏　日本東京出光美術館

來源　三代

○五六二八　母父丁尊

字數　三

時代　殷

著録　總集　四五八二
三代　一一・八・四
攈古　一・二・三九・三
從古　三・一一
敬吾上　四四・七
窓齋　一三・二〇・三
續殷上　五三・三

流傳　張廷濟舊藏（羅表）

來源　三代

○五六二九　父丁⿱丵大尊
字數　三
時代　殷
著録　總集　四五八五
三代　一一・八・七
西乙　五・四
寶蘊　一〇四
貞松　七・五・二
續殷上　七三・九
故圖下下　二二六
流傳　瀋陽故宮舊藏
現藏　臺北故宮博物院
來源　考古研究所藏

○五六三〇　尹父丁尊
字數　三
時代　西周早期
著録　總集　四五八三
三代　一一・八・五
敬吾上　四五・六
澂秋　二八
流傳　陳承裘舊藏
現藏　北京故宮博物院
來源　考古研究所拓
備注　此器在銘文左右都曾加刻僞銘

○五六三一　□父丁尊
字數　三
時代　殷
著録　總集　四五七七
三代　一一・八・一
西清　八・五
貞松　七・五
流傳　清宮舊藏
來源　三代

○五六三二　□父丁尊
字數　三
時代　殷
著録　總集　四五八〇
三代　一一・八・二
積古　一・一五・一
攈古　一・二・二八
奇觚　一七・二・四
來源　三代

○五六三三　□父丁尊
字數　三
時代　殷或西周早期
著録　總集　四五八四
三代　一一・八・六
西清　九・五
流傳　清宮舊藏
現藏　北京故宮博物院
來源　考古研究所拓

○五六三四　父丁□尊
字數　三
時代　殷
著録　總集　四五八七
美集録　R　四六七
録遺　一九三
彙編　九・一六一七
蘇黎世　四二d
綜覽・觚形尊　二三
流傳　美國布恰德舊藏
現藏　瑞士蘇黎世瑞列堡博物館
來源　考古研究所藏

○五六三五　父丁魚尊
字數　三
時代　殷
著録　總集　六一四一

善齋　四・六六
續殷上　五三・九
小校　五・九・一
善彝　一四四
故圖下下　三八六
綜覽・觚形尊　三
流傳　劉體智舊藏
現藏　臺北故宮博物院
來源　考古研究所藏
備注　善彝、故圖稱觚

○五六三六　⿱大黽父丁尊
字數　三
時代　殷或西周早期
著録　總集　四六七一
三代　一一・一六・一
貞松　七・八・三
寶蘊　一〇〇
流傳　瀋陽故宮舊藏
來源　考古研究所藏

○五六三七　⿱大豕父丁尊
字數　三
時代　殷
著録　總集　四六四八
録遺　一九四
來源　録遺

○五六三八　⿱大豕父丁尊
字數　三
時代　殷
著録　鏡齋　八
綜覽・觚形尊　一九
現藏　日本東京松岡美術館（綜覽）
來源　鏡齋

○五六三九　□父丁尊
字數　三

時代　西周早期
著録　總集　四五七六
三代　一一・七・八
貞松　七・四・四
善齋　四・六五
續殷上　五三・五
小校　五・八・六
日精華　二・一三四
彙編　九・一六一四
流傳　劉體智舊藏
現藏　日本東京廣田熙氏
來源　考古研究所藏

○五六四〇　天父戊尊
字數　三
時代　殷
著録　總集　四五八九
三代　一一・九・一
續殷上　五三・一〇
來源　三代

○五六四一　□父戊尊
字數　三
時代　殷
著録　總集　四五九〇
三代　一一・九・二
寧壽　三・四
貞續中　六・三
故宮　三六期
故圖下上　九八
流傳　清宮舊藏
現藏　臺北故宮博物院
來源　考古研究所藏

○五六四二　山父戊尊
字數　三
時代　殷

著録 總集 四五九一
三代 一一・九・三
續殷上 五三・一
來源 三代

○五六四三 [glyph]父己尊
字數 三
時代 西周早期
著録 總集 四五九四
三代 一一・九・五
殷存上 二二・五
來源 三代

○五六四四 [glyph]父己尊
字數 三
時代 西周早期
著録 總集 四五九二
三代 一一・九・四
窓齋 一三・二〇・一
殷存上 二二・四
小校 五・九・七
美集録 R 二六九
彙編 八・一三〇六
流傳 許煦堂舊藏(羅表)
現藏 美國波士頓美術博物館
來源 三代

○五六四五 遽父己象尊
字數 三(器蓋同銘)
時代 西周早期
著録 總集 四五九九
三代 一一・一〇・一~二
貞松 七・五・三~四
善齋 四・九四
小校 五・九・五~六
善彝 一三六
歐精華 一・三五
倫敦 二三・一六五
通考 六九八
沃森 七〇頁圖五・一一
綜覽・鳥獸形尊 一八
流傳 劉體智舊藏
現藏 德國柏林某氏(歐精華)
來源 考古研究所藏

○五六四六 [glyph]父己尊
字數 存三
時代 殷
著録 總集 四五九六
河南 一・三三
美全 四・六一
辭典 一九九
出土 一九五〇年安陽郊區出土
現藏 新鄉市博物館
來源 河南
備注 第一字方框内似有一字，但拓本不清。辭典稱「觚」

○五六四七 朿父己尊
字數 三
時代 西周早期
著録 總集 六四六六
三代 一四・四四・二
貞松 九・二〇・四
小校 五・九・四
現藏 上海博物館
來源 考古研究所藏
備注 小校稱尊，三代稱觶

○五六四八 鼎父己尊
字數 三
時代 殷或西周早期
著録 總集 四五九八
三代 一一・九・八
貞松 七・六
海外吉 六六
續殷上 五四・三
泉屋 一・二二
日精華 二・一三三
綜覽・觚形尊 二二
泉屋博古 圖七六拓二四
現藏 日本京都泉屋博古館
來源 三代

○五六四九 鼎父己尊
字數 三
時代 殷或西周早期
著録 博古 六・一〇
薛氏 一四
嘯堂 二二
續考古 五・八
來源 嘯堂
備注 續考古摹本誤合兩器銘文爲一

○五六五〇 [glyph]父己尊
字數 三
時代 殷
著録 總集 四五九五
三代 一一・九・六
貞補上 三三・一
續殷上 五四・一
海外吉 六八
泉屋 一・二〇
通考 五〇九
彙編 九・一六八九
綜覽・觚形尊 一一
泉屋博古 圖七七拓二五
現藏 日本京都泉屋博古館
來源 三代

○五六五一 己父尊
字數 三
時代 殷
著録 西清 九・四一
流傳 清宮舊藏
來源 西清

○五六五二 作父己尊
字數 三
時代 西周早期
著録 總集 四六〇〇
三代 一一・一〇・三
貞續中 六・四
海外吉 七四
泉屋續 一七五
綜覽・觶形尊 三〇
泉屋博古 圖八四拓一七
現藏 日本京都泉屋博古館
來源 三代

○五六五三 父庚觥尊
字數 三
時代 西周早期
著録 總集 四六〇二
三代 一一・一〇・四
來源 三代

○五六五四 [glyph]父辛尊
字數 三
時代 西周早期或中期
著録 未見
現藏 日本東京國立博物館
來源 日本東京國立博物館提供

○五六五五 奄父辛尊
字數 三
時代 殷
著録 總集 四六六二(六二三五)
三代 一四・二九・五(觚)

窓齋 一三・二〇・四
綴遺 一七・七
續殷上 五六・一〇
小校 五・一〇・三
雙吉上 二五
貞松 九・七・三
通考 五〇七
綜覽・觚形尊 五
流傳 于省吾舊藏
出土 傳出陝西岐山
現藏 北京故宮博物院
來源 雙吉

〇五六五六 𠬝父辛尊
字數 三
時代 殷或西周早期
著録 彙編 八・一三六二
綜覽・觚形尊 四九
現藏 日本京都黑川古文化研究所
來源 彙編

〇五六五七 毌父辛尊
字數 三
時代 殷
著録 未見
來源 考古研究所藏

〇五六五八 □父辛尊
字數 三
著録 總集 四六〇三
三代 一四・二七・一（觚）
小校 五・一〇・二
美集録 R 六一
綜覽・觚形尊 七
貞松 九・五・二
續殷下 四四・一〇
流傳 盧芹齋舊藏
現藏 美國斯特勞斯氏
來源 考古研究所藏

〇五六五九 □父辛尊
字數 三
時代 西周早期
著録 總集 四五六五
學報 一九八〇年四期四六八頁
圖一六・九
出土 一九七六年陝西長安縣張家坡墓葬（M八七：五）
現藏 考古研究所西安研究室
來源 考古研究所拓

〇五六六〇 □父辛尊
字數 三
時代 西周早期
著録 總集 四六〇一
陝圖 二二
綜覽・觚形尊 八
出土 一九五六年陝西耀縣丁家溝墓葬
現藏 陝西省博物館
流傳 陝西

〇五六六一 □父辛尊
字數 三
時代 西周早期
著録 上海（二〇〇四）二五六
現藏 上海博物館
來源 上海博物館提供

〇五六六二 史父壬尊
字數 三
時代 殷
著録 總集 四六〇六
美集録 R 四六六
流傳 曾在美國盧芹齋

〇五六六三 舟父壬尊
字數 三
時代 殷或西周早期
著録 總集 四六〇四
三代 一一・一〇・七
窓齋 一三・一八・三
殷存上 二二・七
小校 五・一一・一
流傳 潘祖蔭、李蔭軒舊藏
現藏 上海博物館
來源 三代

〇五六六四 □父壬尊
字數 三
時代 殷
著録 總集 四六〇五
三代 一一・一〇・八
積古 一・一六・一
攈古 一・二・二八
從古 五・一〇
小校 五・一〇・五
流傳 張相舊藏（羅表）
來源 三代

〇五六六五 □父癸尊
字數 三
時代 西周早期
著録 總集 四六〇八
陝圖 五
陝青 一・一九
出土 一九五三年陝西岐山縣禮村
現藏 陝西省博物館
來源 陝青

〇五六六六 史父癸尊
字數 三
時代 西周早期
著録 總集 四六一九
美集録 R 二六一
現藏 美國紐約費利浦斯氏
來源 考古研究所藏

〇五六六七 史父癸尊
字數 三
時代 西周早期
著録 彙編 八・一三三五
現藏 荷蘭某氏
來源 彙編
備注 〇五六六六、〇五六六七兩器銘文字體相似

〇五六六八 □父癸尊
字數 三
時代 殷
著録 總集 四六〇七
三代 一一・一一・一
博古 六・五
薛氏 一四
嘯堂 二二
寧壽 三・二〇
貞續中 七・一
續殷上 五五・四
來源 A、考古所藏拓；
B、嘯堂摹本
備注 寧壽、三代銘文拓片與宋代著録之器吻合，今作一器處理。宋器之傳于晚近者罕見

〇五六六九 戈父癸尊
字數 三
時代 殷
著録 綴遺 一七・九・二
來源 綴遺

〇五六七〇 耿父癸尊
字數 三

時代 殷
著録 總集 四六〇九
三代 一一・一一・二
續殷上 五五・五
來源 三代

○五六七一 [illegible]父癸尊
字數 三
時代 殷
著録 總集 四六一七
三代 一一・一二・三
續殷上 五五・一
來源 三代

○五六七二 [illegible]父癸尊
字數 三
時代 西周早期
著録 薛氏 一四・三
來源 薛氏

○五六七三 [illegible]父癸尊
字數 三
時代 殷
著録 總集 四六一五
三代 一一・一一・八
愙齋 一三・一九・二
綴遺 一七・九
殷存上 二二・八
小校 五・一一・三
來源 三代

○五六七四 [illegible]父癸尊
字數 三
時代 殷
著録 未見
現藏 北京故宮博物院
來源 考古研究所拓

○五六七五 爵父癸尊
字數 三
時代 西周早期
著録 總集 四六二〇
筠清 一・三・二
攈古 一・二・二七
綴遺 一七・一二
流傳 王味雪舊藏(筠清)
來源 綴遺

○五六七六 [illegible]父癸尊
字數 三
時代 西周早期
著録 總集 四六一六
三代 一一・一二・一
綴遺 一七・一〇・二
殷存上 二二・九
小校 七・一三・三
來源 考古研究所藏

○五六七七 鳥父癸尊
字數 三
時代 殷
著録 總集 四六一一
三代 一一・一一・四
殷存上 二二・一〇
小校 五・一一・五
上海 八
綜覽・觚形尊 一八
青全 四・一二三~一二四
辭典 八八
上海(二〇〇四) 一四五
流傳 潘祖蔭舊藏(羅表)
現藏 上海博物館
來源 上海博物館提供

○五六七八 亀父癸尊
字數 三
時代 殷
著録 總集 四六六六
三代 一一・一五・四
續殷上 五七・二
來源 考古研究所藏

○五六七九 冀母己尊
字數 三
時代 殷
著録 西清 八・一〇
賽爾諾什 八〇頁
三代補 七三八
流傳 清宮舊藏
現藏 法國巴黎賽爾諾什博物館
來源 賽爾諾什

○五六八〇 司㛗癸方尊
字數 三
時代 殷
著録 總集 四六四一
婦好墓 五八頁圖三八・一
殷青 圖五〇・一
綜覽・有肩尊 四四
青全 三・一〇九
出土 一九七六年安陽殷墟婦好墓
(M五：八六八)
現藏 考古研究所
來源 考古研究所拓

○五六八一 司㛗癸方尊
字數 三
時代 殷
著録 總集 四六四二
婦好墓 五八頁圖三八・二
殷青 圖五〇・二
出土 一九七六年安陽殷墟婦好墓
(M五：八〇六)
現藏 考古研究所
來源 考古研究所拓

○五六八二 子廟圖尊
字數 三
時代 西周早期
著録 西清 一〇・二四
流傳 清宮舊藏
現藏 北京故宮博物院
來源 考古研究所拓
備注 西清僅摹出二字

○五六八三 [illegible]兄丁尊
字數 三
時代 殷或西周早期
著録 總集 四五八八
美集録 R 五二二
彙編 八・一一三六
薩克勒(西周) 八三
流傳 見于盧氏(美集録)
現藏 美國華盛頓薩克勒美術館
來源 彙編

○五六八四 亞旛竅尊
字數 三
時代 西周早期
著録 總集 四六四〇
文物 一九六六年四期三頁
圖九
現藏 湖南省博物館
來源 湖南省博物館提供

○五六八五 亞㠱街尊
字數 三
時代 殷
著録 總集 四五五七
三代 一一・五・九
十二契 一一

綜覽・觚形尊 六〇
流傳 商承祚舊藏
來源 三代

〇五六八六 [illegible]旅婞尊
字數 三
時代 殷
著録 布倫戴奇(七七) 一三九頁圖一四
現藏 美國舊金山亞洲美術博物館(布倫戴奇藏品)
來源 布倫戴奇

〇五六八七 大御尊
字數 三
時代 西周早期
著録 江漢考古 一九八四年三期 一一〇頁右下
美全 四・一〇五
青全 四・一二〇~一二一
辭典 九一
出土 一九六五年湖北武漢市漢陽東城垸出土
現藏 湖北省博物館
來源 考古研究所拓

〇五六八八 天作從尊
字數 三
時代 西周早期
著録 總集 四六二三
三代 一一・一二・七
貞松 七・六・四
善齋 四・六八
續殷上 五五・八
小校 五・一一・八 (又 七・一四・二)
善彝 一二四

故圖下下 一二二
綜覽・觶形尊 二九
流傳 劉體智舊藏
現藏 臺北故宮博物院
來源 考古研究所藏

〇五六八九 [illegible]册宫尊
字數 三
時代 殷或西周早期
著録 總集 四六三三
美集録 R 一〇二
綜覽・有肩尊 四七
流傳 曾在美國盧芹齋
來源 考古研究所藏

〇五六九〇 伯作彝尊
字數 三
時代 西周早期
著録 西清 八・三二
流傳 清宮舊藏
來源 西清

〇五六九一 仲作彝尊
字數 三
時代 西周中期
著録 綴遺 一七・一六・二
攈古 一・二・三一
流傳 何澍舊藏(羅表)
來源 綴遺

〇五六九二 員作旅尊
字數 三
時代 西周早期或中期
著録 總集 四六二二
三代 一一・一二・五
貞續中 七・二
來源 三代

〇五六九三 明作旅尊
字數 三
時代 西周中期
著録 總集 四六二一
三代 一一・一二・六
窓齋 一三・二三・五
小校 五・一二・一
美集録 R 三四七
彙編 七・九〇三
流傳 曾在美國盧芹齋
現藏 美國紐約某氏
來源 三代

〇五六九四 [illegible]見册尊
字數 三
時代 殷
著録 鄴三 上一九
出土 傳出安陽
現藏 北京故宮博物院
來源 考古研究所拓

〇五六九五 長隹壺尊
字數 三
時代 西周早期
著録 總集 四六三二
美集録 R 二五九
彙編 七・九〇一
綜覽・雜 一三
流傳 Winthrop 舊藏
現藏 美國哈佛大學福格美術博物館
來源 A、考古所藏；
B、彙編

〇五六九六 双[illegible][illegible]尊
字數 三
時代 殷
著録 總集 四六三一
三代 一一・一三・四
窓齋 一三・二四・二
綴遺 一七・一一・七
奇觚 五・二・一
續殷上 五〇・三
小校 五・三・一
流傳 器見京師(綴遺)
來源 三代
備注 此銘文或爲一字

〇五六九七 右[illegible][illegible]象尊
字數 三
時代 戰國
著録 河北 一三三
出土 一九七一年河北易縣燕下都武陽臺
來源 河北

〇五六九八 作旅彝尊
字數 三
時代 西周早期
著録 西甲 五・一七
流傳 清宮舊藏
來源 西甲

〇五六九九 作旅彝尊
字數 三
時代 西周早期
著録 索思比(一九八四・六 倫敦) 三四頁
現藏 英國索思比古董公司
來源 考古研究所藏
備注 有附耳

〇五七〇〇 作旅彝尊
字數 三
時代 西周早期
著録 總集 四六二四
三代 一一・一二・八

綴遺 一八・一六・二
陶補 五
小校 五・一二・八
流傳 沈秉成、端方舊藏（綴遺）
現藏 上海博物館
來源 上海博物館提供

〇五七〇一 作從單尊

字數 三
時代 西周早期
著録 考古圖 四・一四
博古 六・一九
薛氏 一四
嘯堂 一三
出土 河南河清（考古圖）
來源 嘯堂
備注 博古、薛氏所摹單字近彝字

〇五七〇二 作從彝尊

字數 三
時代 西周早期
著録 總集 四六二五
三代 一一・一三・一
貞松 七・七・一
善齋 四・七六
小校 五・一二・七
流傳 劉體智舊藏
現藏 北京故宮博物院
來源 考古研究所藏

〇五七〇三 作從彝尊

字數 三
時代 西周早期
著録 未見
現藏 北京故宮博物院
來源 考古研究所拓

〇五七〇四 作寶彝尊

字數 三
時代 西周早期
著録 總集 四六二六
三代 一一・一三・二
愙齋 一三・七・一
周金 五・一三三・一
小校 五・一二・六
流傳 吳大澂舊藏
現藏 北京故宮博物院
來源 考古研究所拓

〇五七〇五 作寶彝尊

字數 三
時代 西周早期
著録 總集 四六二七
三代 一一・一三・三
周金 五・一三〇・二
希古 五・一・一
小校 五・一二・五（又六・八一・七）
流傳 潘祖蔭舊藏
來源 三代

〇五七〇六 作寶彝尊

字數 三
時代 西周早期
著録 敬吾上 四四・五
周金 五・一三三・二
小校 五・一二・四
流傳 四明趙氏舊藏（周金）
現藏 北京故宮博物院
來源 考古研究所拓

〇五七〇七 作寶彝尊

字數 三
時代 西周早期
著録 未見
現藏 北京故宮博物院
來源 考古研究所拓

〇五七〇八 作寶彝尊

字數 三
時代 西周早期
著録 未見
來源 考古研究所藏

〇五七〇九 作寶彝尊

字數 三
時代 西周早期
著録 總集 四六三〇
美集録 R 三六四
綜覽・觚形尊 五四
現藏 美國波士頓麥克里奧特氏
來源 考古研究所藏

〇五七一〇 作寶彝尊

字數 三
時代 西周早期
著録 總集 四六三九
文叢 三・四五圖一三
出土 一九七〇年洛陽東郊塔西
現藏 洛陽市博物館
來源 文叢

〇五七一一 作寶彝尊

字數 三
時代 西周早期
著録 琉璃河 一八〇頁圖一〇六C
出土 一九七五年北京房山縣琉璃河西周墓（M二五三：二）
現藏 首都博物館
來源 考古研究所拓

〇五七一二 作障彝尊

字數 三
時代 西周早期
著録 故青 五一
出土 傳出山東
流傳 德人楊寧史舊藏
現藏 北京故宮博物院
來源 考古研究所拓

〇五七一三 作障彝尊

字數 三
時代 西周早期
著録 文物一九八六年一期一三頁圖二七
出土 一九八一年陝西長安縣灃東花園村墓葬（M一七：一四）
現藏 陝西省文物管理委員會
來源 陝西省文物管理委員會提供

〇五七一四 鹵受且丁尊

字數 四
時代 殷或西周早期
著録 總集 四六五〇
三代 一一・一三・五
殷存上 三三・六
澂秋 二五
小校 四・二七・一
流傳 陳承裘舊藏
來源 考古研究所藏
備注 小校誤作卣

〇五七一五 作且丁尊

字數 四
時代 西周早期
著録 博古 六・二〇
薛氏 一五
嘯堂 二三・一
來源 嘯堂

〇五七一六 子且辛步尊

字數 四

時代 殷或西周早期
著録 總集 四六四九
三代 一一・一三・六
從古 一三・一九
攈古 一・三・二二
愙齋 一八・七・一
綴遺 一七・一三・二
奇觚 五・三・三
殷存上 二二・一一
簠齋 一尊 五
小校 五・一三・三
彙編 八・一二一三
綜覽・觚形尊 二九
流傳 陳介祺舊藏
現藏 美國聖路易斯市美術博物館
來源 考古研究所藏

〇五七一七 且辛父丁尊
字數 四
時代 西周早期
著録 未見
流傳 德人楊寧史舊藏
現藏 北京故宮博物院
來源 考古研究所拓

〇五七一八 且辛册尊
字數 四
時代 西周早期
著録 未見
現藏 上海博物館
來源 上海博物館提供

〇五七一九 伯且癸尊
字數 四
時代 西周早期
著録 善齋 四・七七
小校 五・一三・五

現藏 上海博物館
來源 考古研究所藏

〇五七二〇 夲旅父甲尊
字數 四
時代 西周早期
著録 湖南考古輯刊 一・二二圖
四・一
出土 一九八一年湖南湘潭縣青山橋鄉
老屋村
現藏 湖南省博物館
來源 湖南省博物館提供

〇五七二一 □□父乙尊
字數 四
時代 殷
著録 總集 四六五三
三代 一一・一四・一
殷存上 二二・二
來源 三代

〇五七二二 □□父乙尊
字數 四
時代 殷
著録 總集 四六五四
三代 一一・一四・二
貞補上 三二・三
來源 三代

〇五七二三 作父乙□尊
字數 四
時代 西周早期
著録 總集 四六五一
三代 一一・一三・七
奇觚 五・五・一
續殷上 四〇・四
小校 五・一三・七
流傳 一八九二年陸心源購於都市

(奇觚)
來源 考古研究所藏

〇五七二四 □册父乙尊
字數 四
時代 殷
著録 博古 六・一四
薛氏 一五
嘯堂 二二
來源 嘯堂

〇五七二五 □父乙尊
字數 四
時代 西周早期
著録 學報 一九五九年四期八五頁
圖一四
徽銅 一七
出土 一九五九年安徽屯溪市西郊墓葬
(M一:九〇)
來源 考古編輯室檔案

〇五七二六 子父乙步尊
字數 四
時代 殷
著録 綜覽・觚形尊 二六
來源 綜覽

〇五七二七 亞離父乙尊
字數 四
時代 殷
著録 總集 四六四三
三代 一一・七・六
西乙 五・三
寶蘊 九九
貞松 七・七・二
續殷上 五三・二
故圖下下 二一四
商圖 二〇

流傳 瀋陽故宮舊藏
現藏 臺北故宮博物院
來源 考古研究所藏

〇五七二八 亞醜父乙尊
字數 四
時代 殷
著録 三代 一一・七・七
西乙 五・一八
寶蘊 一〇三
貞松 七・四・二
故圖下下 二一三
綜覽・觚形尊 七六
流傳 瀋陽故宮舊藏
現藏 臺北故宮博物院
來源 考古研究所藏
備注 西乙失摹父乙二字

〇五七二九 豕馬父乙尊
字數 四
時代 殷
著録 未見
現藏 上海博物館
來源 上海博物館提供

〇五七三〇 亞攴父乙尊
字數 四
時代 殷
著録 上海(一〇〇四) 二六〇
現藏 上海博物館
來源 上海博物館提供

〇五七三一 妣鼎父乙尊
字數 四
時代 殷
著録 總集 四六五六
三代 一一・一四・三

貞松 七・七・三
續殷上 五六・五
來源 考古研究所藏

〇五七三二 作父乙旅尊
字數 四
時代 西周早期
著録 總集 四六五二
三代 一一・一三・八
窓齋 一三・二三・四
綴遺 一七・一四
續殷上 五六・二
小校 五・一三・八
流傳 葉志詵舊藏（平安館藏器目）
來源 三代

〇五七三三 文父丁菐尊
字數 四
時代 西周早期
著録 總集 四六五八・一
三代 一一・一四・五
從古 一一・九・一
攈古 一・三・六二
窓齋 一三・二一・四
綴遺 一四・二・二
續殷上 五六・七
小校 五・一四・二
流傳 郭止亭、張辛有舊藏（攈古録、綴遺）
來源 考古研究所藏
備注 諸書或稱匜、或稱卣

〇五七三四 文父丁菐尊
字數 四
時代 西周早期
著録 總集 四六五八・二
三代 一一・一四・六
從古 一一・九・二
攈古 一・三・六二
窓齋 一三・二一・三
綴遺 一四・二・一
續殷上 五六・六
小校 五・一四・一
流傳 郭止亭、張辛有舊藏（攈古録、綴遺）
來源 考古研究所藏
備注 此器從古稱卣、攈古、綴遺稱匜，三代、續殷、小校稱尊，以爲與上一拓本爲一器，器蓋同銘，器形未見著録，可能是犧尊，今作二器處理。小校載翁大年題跋云「高今尺八寸六分，腹作帶圍，樸素有致，文在口內」。後按：二器銘查明爲一觥，未及刪去

〇五七三五 亞䣄父丁尊
字數 四
時代 殷
著録 總集 四六四六
三代 一一・八・九
殷存上 二二・三
流傳 王錫棨舊藏（羅表）
來源 三代

〇五七三六 亞獏父丁尊
字數 四
時代 殷
著録 總集 四六五七
録遺 一九五
美集録 R 一四六
弗里爾（七六）圖版一三
彙編 八・九九五
綜覽・觚形尊 七八
青全 三・一〇六
流傳 曾在美國盧芹齋
出土 傳河南安陽
現藏 美國華盛頓弗里爾美術陳列館
來源 考古研究所藏

〇五七三七 㝅馬父丁尊
字數 四
時代 殷或西周早期
著録 考古 一九八四年一二期一一三二頁圖一・四
出土 一九八二年安徽潁上縣王崗區鄭家灣
來源 考古編緝部檔案

〇五七三八 父丁亯□尊
字數 四
時代 西周早期
著録 張家坡墓地 一五五頁圖一一五・四
出土 一九八四年陝西長安縣張家坡墓葬（M 一六三：三六）
現藏 考古研究所
來源 考古研究所拓

〇五七三九 □父戊尊
字數 四
時代 殷
著録 未見
現藏 上海博物館
來源 上海博物館提供

〇五七四〇 又敉父己尊
字數 四
時代 殷
著録 總集 四六六〇
三代 一一・一四・八
續殷上 五七・五
鄴二上 九
冠斝 上三二
綜覽・觚形尊 三六
出土 傳出安陽
來源 三代

〇五七四一 尹舟父己尊
字數 四
時代 殷
著録 總集 四五九七
三代 一一・九・七
貞松 七・六・一
續殷上 五四・二
美集録 R 四六五
彙編 八・一三四七
綜覽・觚形尊 七七
薩克勒（商）四九
流傳 潘祖蔭、盧芹齋舊藏
現藏 美國華盛頓薩克勒美術館
來源 考古研究所藏

〇五七四二 亞㠱父己尊
字數 四
時代 西周早期
著録 文物 一九八三年一一期六五頁圖九
出土 一九八二年北京順義縣牛欄山公社金牛大隊東北山坡墓葬
現藏 北京市文物工作隊
來源 考古研究所拓

〇五七四三 □父己尊
字數 四
時代 殷或西周早期
著録 總集 四六五九
三代 一一・一四・七
窓齋 一八・八・二

綴遺 一七・二三・一
奇觚 五・四・一
簠齋 一尊一〇
續殷上 七四・二
小校 五・一〇・一
雙吉上 二三
通考 五〇五
流傳 陳介祺、于省吾舊藏
來源 考古研究所藏

〇五七四四 冊父庚尊
字數 四
時代 殷或西周早期
著録 總集 四六六三
三代 一一・一五・一
愙齋 一三・四・三
善齋 四・七〇
殷存上 二三・五
小校 五・一四・四
流傳 王懿榮、劉鶚、劉體智舊藏（羅表）
來源 考古研究所藏

〇五七四五 亞父辛尊
字數 四
時代 殷
著録 總集 四六四四
三代 一一・一〇・五
積古 二・二二
攈古 一・二・八二
善齋 四・六七
續殷上 五四・五
小校 五・一〇・四
彙編 八・一〇六二
流傳 劉體智舊藏
來源 考古研究所藏

〇五七四六 亞[illegible]父辛尊
字數 四
時代 西周早期
著録 總集 四六四五
三代 一一・一〇・六
西清 一〇・一一
貞補上 三二・二
續殷上 五四・六
藝展 七四
故宮 二三期
故圖下上 九九
倫敦 六・一二
綜覽・觚形尊 五九
流傳 清宮舊藏
現藏 臺北故宮博物院
來源 考古研究所藏

〇五七四七 亞龏父辛尊
字數 四
時代 殷
著録 總集 四六六五
録遺 一九六
美集録 R 一四七
流傳 曾在美國盧芹齋
現藏 美國紐約孟臺爾・爵克曼氏
來源 考古研究所藏

〇五七四八 [illegible]父辛尊
字數 四
時代 殷
著録 總集 四六九八
日精華 二・一三五
彙編 九・一四〇八
三代補 六四五
綜覽・觚形尊 二〇
現藏 日本京都川合定治郎
來源 彙編

〇五七四九 [illegible]父辛尊
字數 四
時代 殷
著録 青全 四・一二七
上海（二〇〇四） 一四四
現藏 上海博物館
來源 上海博物館提供

〇五七五〇 車父辛尊
字數 四
時代 西周早期
著録 總集 四六九三
録遺 一九八
現藏 北京故宮博物院
來源 考古研究所拓

〇五七五一 亞天父癸尊
字數 四
時代 殷或西周早期
著録 總集 四六四七
三代 一一・一一・三
攈古 一・二・六九
愙齋 一三・二三・一
綴遺 一七・八・一
續殷上 五五・六
小校 五・一一・六
流傳 葉志詵舊藏（綴遺）
現藏 加拿大多倫多安大略博物館
來源 考古研究所藏

〇五七五二 尹舟父癸尊
字數 四
時代 殷
著録 未見
現藏 北京故宮博物院
來源 考古研究所拓

〇五七五三 劦冊父癸尊
字數 四
時代 殷或西周早期
著録 總集 四六一八
三代 一一・一二・二
攈古 一・二・二八
殷存上 二三・二
流傳 程洪溥舊藏（羅表）
來源 三代

〇五七五四 劦冊父癸尊
字數 四
時代 殷或西周早期
著録 總集 四六九二
録遺 一九七
彙編 九・一四五一
現藏 美國舊金山亞洲美術博物館（布倫戴奇藏品）
來源 考古研究所藏

〇五七五五 父癸告正尊
字數 四
時代 西周早期
著録 總集 四六六七
三代 一一・一五・五
貞松 七・七・四
續殷上 五七・一
小校 五・一五・三
泉屋 一・一七
海外吉 七〇
通考 五一二
彙編 七・八二九（又九・一四一三）
綜覽・觚形尊 一二三
泉屋博古 圖八二拓二八
流傳 劉鶚舊藏（羅表）

現藏 日本京都泉屋博古館
來源 考古研究所藏

〇五七五六 何父癸尊

字數 四
時代 殷
著録 總集 四六六九
三代 一一・一五・七
善齋 四・七一
小校 五・一五・一
流傳 劉體智舊藏
來源 三代

〇五七五七 何父癸尊

字數 四
時代 殷
著録 總集 四六七〇
三代 一一・一五・八
貞松 七・八・二
善齋 四・七二
小校 五・一五・二
流傳 劉體智舊藏
來源 考古研究所藏

〇五七五八 弓㚔父癸尊

字數 四
時代 殷或西周早期
著録 總集 四六六八
三代 一一・一五・六
貞松 七・八・一
續殷上 五六・一一
彙編 九・一七三八
流傳 丁樹楨舊藏
現藏 日本東京某氏(彙編)
來源 考古研究所藏

〇五七五九 作母旅彝尊

字數 四
時代 西周早期
著録 總集 四六七四
三代 一一・一六・八
貞松 七・九・二
善齋 四・七三
小校 五・一五・四
頌續 五八
綜覽・觶形尊 三九
出土 洛陽(頌續)
流傳 劉體智、容庚舊藏
現藏 廣州市博物館
來源 考古研究所藏

〇五七六〇 聑[illegible]婦[illegible]尊

字數 四
時代 殷
著録 總集 四六九七
文物 一九七八年五期圖版八・五
河南 一・三五二
綜覽・觚形尊 三四
出土 一九五二年河南輝縣褚邱
現藏 新鄉市博物館
來源 新鄉市博物館提供

〇五七六一 子之弄鳥尊

字數 四
時代 春秋晚期
著録 總集 四六九一
美集録 R 四二七
弗里爾(六七) 五七三頁
通考 六九三
青全 八・五四
鳥篆 一三八
出土 傳出山西太原
流傳 美國華盛頓梅約夫人舊藏
現藏 美國華盛頓弗里爾美術陳列館
來源 考古研究所藏

〇五七六二 北子作彝尊

字數 四
時代 西周早期
著録 西清 九・一五
流傳 清宮舊藏
來源 西清

〇五七六三 伯作旅彝尊

字數 四
時代 西周早期
著録 總集 四六七九 (二〇二七)
三代 六・二四・六 (又 一一・一七・三)
貞松 七・九・四
攈古 一・三・一〇
來源 考古研究所藏
備注 三代六・二四・六、攈古一・三・一〇稱彝，容庚以爲殷

〇五七六四 伯作寶彝尊

字數 四
時代 西周早期
著録 總集 四六七八
三代 一一・一七・二
小校 五・一二・八
現藏 上海博物館
來源 上海博物館提供

〇五七六五 伯作寶彝尊

字數 四
時代 西周早期
著録 總集 四六八〇
三代 一一・一七・四
貞補上 三三・一
日精華 二・一五四
彙編 七・八二六
綜覽・觚形尊 一三〇
歐遺 九一
流傳 日本小林忠次郎舊藏(日精華)
現藏 德國柏林東亞藝術博物館(歐遺)
來源 考古研究所藏

〇五七六六 奄作從彝尊

字數 四
時代 殷或西周早期
著録 總集 四六九六
懷履光(五六) 一八〇頁圖版九四
三代補 六〇六
彙編 七・八三四
出土 傳一九二五年河南孟津出土
現藏 加拿大多倫多安大略博物館
來源 彙編

〇五七六七 刅尊

字數 四
時代 西周早期
著録 總集 六五八五
三代 一四・五二・五
寧壽 三・二四
貞松 九・二七・一
故宮八期
續殷下 六二・六
故圖下上 一二三
綜覽・觶形尊 四四
流傳 清宮舊藏
現藏 臺北故宮博物院
來源 考古研究所藏

〇五七六八 登尊

字數 四
時代 西周早期
著録 未見

出土 一九七一年河南洛陽市北窑村南
瀍河西岸墓葬
現藏 洛陽市博物館
來源 考古研究所拓
備注 考古一九七二年二期曾發表同
銘卣、觚拓本

〇五七六九 毀由方尊

字數 四
時代 西周早期
著録 總集 四六九四
上海 三五
銅器選 三八
三代補 八七六
彙編 七・八二八
綜覽・有肩尊 五八
青全 五・一五五～一五七
辭典 四四七
上海(二〇〇四) 二六一
現藏 上海博物館
來源 上海博物館提供

〇五七七〇 [illegible]尊

字數 四
時代 西周早期
著録 尊古 一・三三
現藏 遼寧省博物館
來源 考古研究所拓

〇五七七一 作從彝戈尊

字數 四
時代 西周早期
著録 塞利格曼 圖九
三代補 七二二
彙編 七・八三五
現藏 英國塞利格曼氏
來源 彙編

〇五七七二 戈作障彝尊

字數 四
時代 西周早期
著録 總集 四六九〇
三代 一一・一八・二
來源 考古研究所藏

〇五七七三 戈作旅彝尊

字數 四
時代 西周早期
著録 總集 四六八九
三代 一一・一八・一
善齋 四・七四
小校 五・一五・七
頌續 五七
出土 洛陽(頌續)
流傳 容庚舊藏
現藏 首都博物館
來源 考古研究所拓

〇五七七四 辛作寶彝尊

字數 四
時代 西周早期
著録 總集 四六七二
三代 一一・一六・四
貞松 七・八・四
善齋 四・七五
小校 五・一六・三
頌續 五九
通考 五四八
綜覽・觶形尊 三二
出土 洛陽(頌續)
流傳 劉體智舊藏
來源 考古研究所藏

〇五七七五 戕尊

字數 四
時代 西周早期
著録 總集 四六七七(五二五五)
三代 一一・一七・一(又一三・
六・七)
愙齋 一三・一四・三
周金 五・二二・二
小校 五・一五・八
美集録 R 三四〇
彙編 七・八三六
綜覽・觶形尊 三六
薩克勒(西周) 八九
現藏 美國華盛頓薩克勒美術館
來源 彙編

〇五七七六 莫尊

字數 四
時代 西周早期
著録 總集 四六七三
三代 一一・一六・五
小校 五・一六・二
移林 一五
流傳 丁麟年舊藏
來源 考古研究所藏

〇五七七七 寧尊

字數 四
時代 西周早期或中期
著録 總集 四六七五
三代 一一・一六・六
周金 五・二二・一
夢郼上 三六
續殷上 五七・八
通考 五四三
小校 五・一六・一
文物 一九五九年一一期七一頁
圖三
出土 近出中州(夢郼)
流傳 羅振玉舊藏
現藏 北京故宮博物院
來源 考古研究所藏
備注 此器夢郼著録後，加刻花紋
(文物)

〇五七七八 [illegible]尊

字數 四
時代 西周早期
著録 總集 四六七六
三代 一一・一六・七
周金 三・一一七・六
貞松 七・九・三
希古 五・一・四
來源 考古研究所藏
備注 周金稱彝

〇五七七九 米宮尊

字數 四
時代 西周早期
著録 未見
出土 洛陽
流傳 李蔭軒舊藏
現藏 上海博物館
來源 上海博物館提供
備注 尊、卣同出

〇五七八〇 作旅彝尊

字數 四
時代 西周早期
著録 未見
現藏 北京故宮博物院
來源 考古研究所拓

〇五七八一 作寶障彝尊

字數 四
時代 西周早期

著録 總集 四六八四
三代 一一・一七・八
陶齋 一・四四
周金 五・二二・四
小校 五・一六・五
彙編 七・八三三
綜覽・觚形尊 六八
流傳 端方、馮恕舊藏(羅表)
現藏 日本奈良天理參考館
來源 考古研究所藏

〇五七八二 作寶隮彝尊
字數 四
時代 西周早期
著録 薛氏 一五・二
來源 薛氏

〇五七八三 作寶隮彝尊
字數 四
時代 西周早期
著録 總集 四六八三
三代 一一・一七・五
西甲 五・二五
貞補上 三三・四
故圖下上 一一五
流傳 清宮舊藏
現藏 臺北故宮博物院
來源 考古研究所藏

〇五七八四 作寶隮彝尊
字數 四
時代 西周早期
著録 總集 四六八五
歐精華 一・二七
通考 五四五
美集録 R 三六六(又四九二)
綜覽・觶形尊 一一

流傳 曾在美國盧芹齋
現藏 美國費城賓省大學博物館
來源 綜覽

〇五七八五 作寶隮彝尊
字數 四
時代 西周早期
著録 彙編 七・七六九
現藏 日本大阪某氏
來源 彙編

〇五七八六 作寶隮彝尊
字數 四
時代 西周早期
著録 總集 四六八七
彙編 七・八三二 (又 八三八)
來源 彙編

〇五七八七 作寶隮彝尊
字數 四
時代 西周早期
著録 總集 四六八二
三代 一一・一七・七
貞松 七・一〇・一
希古 五・一・三
海外吉 七六
泉屋 一・三二
通考 五四六
彙編 七・八三〇
綜覽・觶形尊 二二
泉屋博古 圖八五拓三一
現藏 日本京都泉屋博古館
來源 三代

〇五七八八 作寶隮彝尊
字數 四
時代 西周早期
著録 未見

流傳 丁樹楨舊藏
現藏 山東省博物館
來源 山東省文物管理委員會提供

〇五七八九 作寶隮彝尊
字數 四
時代 西周早期
著録 總集 四六八六
文物 一九七九年一一期三頁
圖四・四
陝青 三・二四
綜覽・觚形尊 一八
出土 一九七八年陝西扶風縣齊家村
一九號墓(M一九:四〇)
現藏 周原扶風文物管理所
來源 周原扶風文物管理所提供

〇五七九〇 作寶尊彝尊
字數 四
時代 西周中期
著録 總集 四六八一
三代 一一・一七・六
冠斝上 三三
流傳 榮厚舊藏
來源 三代

〇五七九一 作從隮彝尊
字數 四
時代 西周早期
著録 美集録 R 三六八
彙編 七・八三七
薩克勒(西周) 八六
現藏 美國華盛頓薩克勒美術館
來源 彙編

〇五七九二 作從彝[illegible]尊
字數 四
時代 西周早期

著録 綜覽・觚形尊 一二六
來源 綜覽

〇五七九三 作且丁尊
字數 五
時代 西周早期
著録 總集 四六九九
美集録 R 三五一
綜覽・觚形尊 九二
現藏 美國蘭登・貝內特寄陳費城美術
博物館
來源 A、綜覽;
B、考古所藏摹本

〇五七九四 作且戊尊
字數 五
時代 殷
著録 博古 六・七
薛氏 一六
嘯堂 二二
來源 嘯堂

〇五七九五 臣辰父乙尊
字數 五
時代 西周早期
著録 未見
現藏 北京故宮博物院
來源 考古研究所拓

〇五七九六 競作父乙尊
字數 五
時代 西周早期
著録 總集 四七〇〇
三代 一一・一八・四
懷履光(五六) 一二三頁一
斷代 七九附
三代補 五九一
彙編 七・七七〇

綜覽・觶形尊 一七
出土 一九二五或一九二六年洛陽邙山麓廟溝出土
流傳 一九二六年冬懷履光在開封所得
現藏 加拿大多倫多安大略博物館
來源 彙編

〇五七九七 季甫父乙尊
字數 五
時代 西周早期
著録 總集 五六六一
三代 一一・六・二
窓齋 一四・九・二
殷存上 二七・四
小校 五・一七・三
流傳 德人楊寧史舊藏
現藏 北京故宮博物院
來源 考古研究所拓
備注 三代、窓齋、殷存誤作壺

〇五七九八 戈作父丙尊
字數 五
時代 西周早期
著録 總集 四七一八
三代 一一・二〇・六
綴遺 一七・一五・二
陶續 一・二九
續殷上 五八・四
小校 五・一七・四
流傳 端方舊藏
來源 考古研究所藏

〇五七九九 作旅父丁尊
字數 五
時代 西周早期
著録 總集 四七〇三
三代 一一・一八・五
陶齋 一・四三
續殷上 五七・九
小校 五・一七・五
支美 一六
塞利 格曼 A 七
流傳 端方、英國塞利格曼舊藏
現藏 英國倫敦不列顛博物館
來源 考古研究所藏

〇五八〇〇 干子父戊尊
字數 五
時代 西周早期
著録 琉璃河 一七七頁圖一〇五C
出土 一九七五年北京房山縣琉璃河西周墓(M二五一：七)
現藏 首都博物館
來源 考古研究所拓

〇五八〇一 魚父庚尊
字數 五
時代 殷或西周早期
著録 總集 四七〇一
三代 一一・一八・六
攈古 一之三・二三
窓齋 一九・五・二
綴遺 一七・三〇・一
奇觚 五・五・三
殷存上 二三・四
簠齋 一尊七
海外吉 六七
小校 四・三五・五(又五・一七・六)
泉屋 一・二三
通考 五〇三
日精華 二・一四七
彙編 七・七七六左
綜覽・觚形尊 一〇九
泉屋博古 圖七八拓四〇
流傳 陳介祺舊藏
現藏 日本京都泉屋博古館
來源 考古研究所藏

〇五八〇二 □父辛尊
字數 五
時代 殷
著録 總集 四七〇四
三代 一一・一八・八
窓齋 一三・五・一
綴遺 一七・一五・一
殷存上 二三・七
小校 五・一七・七
流傳 許煦堂舊藏(羅表)
現藏 北京故宮博物館
來源 考古研究所藏

〇五八〇三 夌馬作父辛尊
字數 五
時代 殷或西周早期
著録 總集 四六六四
三代 一四・一五・三
西清 九・四〇
續殷上 七八・九
流傳 清宮舊藏
現藏 北京故宮博物院
來源 考古研究所拓
備注 續殷誤作卣

〇五八〇四 牢作父辛尊
字數 五
時代 西周早期
著録 總集 四七〇二
三代 一一・一八・七
續殷上 五七・一〇
來源 考古研究所藏

〇五八〇五 冊宁父辛尊
字數 五
時代 殷
著録 總集 四七二二
布倫戴奇(七七) 一四一頁圖四五
彙編 九・一四三八
現藏 美國舊金山亞洲美術博物館(布倫戴奇藏品)
來源 彙編

〇五八〇六 □父壬尊
字數 五
時代 殷或西周早期
著録 綴遺 一七・七・二
小校 五・一二・二
上海(二〇〇四) 二五八
流傳 潘祖蔭舊藏
現藏 上海博物館
來源 上海博物館提供
備注 銘文父字鑄造時有缺損

〇五八〇七 王作母癸尊
字數 五
時代 西周早期
著録 三代 六・二八・七(參一六・四六・四)
小校 七・二四・六
流傳 葉志詵舊藏(小校)
來源 三代
備注 此器容庚稱尊，並云三代六・二八・八及小校七・二四・五之尊蓋僞，入附録

〇五八〇八 亢父癸尊

字數　五
時代　殷或西周早期
著録　未見
流傳　頤和園舊藏
現藏　北京故宮博物院
來源　考古研究所拓

〇五八〇九　作龍母尊
字數　五
時代　西周早期
著録　總集　四七〇九
　　三代　一一・一九・五
　　貞松　七・一〇・二
　　故宮　一七期
　　故圖下上　一〇七
　　商圖　一二
流傳　清宮舊藏
現藏　臺北故宮博物院
來源　考古研究所藏

〇五八一〇　作彭史从尊
字數　五
時代　西周早期
著録　總集　四七一〇
　　三代　一一・一九・六
　　貞松　七・一〇・四
　　小校　五・一九・二
　　綜覽・觚形尊　六二
流傳　劉體智舊藏
現藏　日本兵庫縣黑川古文化研究所
來源　考古研究所藏

〇五八一一　羕史尊
字數　五
時代　西周早期
著録　攈古　一・三・五〇
　　筠清　二・二一
　　綴遺　一八・一四・二
　　小校　五・一九・一
流傳　姚聖常舊藏(筠清)
來源　小校

〇五八一二　見尊
字數　五
時代　西周早期
著録　總集　四七二〇
　　美集録　R 三三六
　　柏景寒　一五一頁
　　彙編　七・七七五
　　綜覽・觚形尊　一一四
流傳　曾在美國盧芹齋
現藏　美國芝加哥美術館
來源　A、考古研究所藏拓；
　　B、考古研究所藏器銘照片

〇五八一三　事伯尊
字數　五
時代　西周中期
著録　總集　四七一五
　　三代　一一・二〇・四
來源　三代

〇五八一四　[illegible]尊
字數　五
時代　西周早期或中期
著録　總集　四七二四
　　青山莊　三六
　　彙編　七・七七四
　　綜覽・觚形尊　一三五
現藏　日本東京根津美術館
來源　青山莊

〇五八一五　史[illegible]尊
字數　五
時代　西周早期
著録　索思比(一九八四・六　倫敦)
　　三二頁
現藏　英國倫敦索思比公司
來源　索思比

〇五八一六　[illegible]赤尊
字數　五
時代　西周早期
著録　總集　四七一九
　　美集録　R 二八九
　　彙編　七・七七二
　　綜覽・觶形尊　六
流傳　Higginson 舊藏
現藏　美國哈佛大學福格美術博物館
來源　考古研究所藏

〇五八一七　事作小旅尊
字數　五
時代　西周早期
著録　總集　四七二二
　　小校　二・三六・三
　　美集録　R 三四五
　　彙編　七・七六八
　　綜覽・觶形尊　一三七
現藏　美國波士頓美術博物館
來源　考古研究所藏
備注　〇二〇七八據小校誤作鼎

〇五八一八　矩尊
字數　五
時代　西周早期
著録　總集　四七一三
　　三代　一一・二〇・一
　　筠清　二・二一・一
　　攈古　一・三・二一・二
流傳　潘仕成舊藏(筠清)
來源　考古研究所藏
備注　三代一一・二〇・二誤盤爲尊

〇五八一九　[illegible]尊
字數　五
時代　西周早期
著録　總集　四七一七
　　三代　一一・二〇・三
　　十六　二・二
　　積古　五・四・一
　　攈古　一・三・二三・三
　　愙齋　一三・一四・四
　　綴遺　一七・二五・一
　　奇觚　一七・六・一
　　周金　五・一九・一
　　小校　五・一八・四
　　彙編　七・七六六
流傳　錢坫舊藏
現藏　日本東京書道博物館(彙編)
來源　考古研究所藏

〇五八二〇　[illegible]尊
字數　五
時代　西周早期
著録　總集　四七一六
　　攈古　一・三・二三・四
流傳　多慧舊藏(羅表)
來源　攈古

〇五八二一　[illegible]尊
字數　五
時代　西周中期
著録　總集　四七一一
　　三代　一一・一九・七
　　貞松　七・一〇・三
　　善齋　四・七九
　　小校　五・一九・四

善彝 一二六
美集録 R 二九八
彙編 七・七六七
流傳 劉體智舊藏
現藏 美國火奴魯魯美術學院
來源 考古研究所藏

○五八二二　作且乙尊

字數 六
時代 西周早期
著録 總集 四七二七
三代 一一・二〇・七
寧壽 三・一四
貞松 七・一一・一
續殷上 五八・三
故宮 一四期
通考 四九九
故圖下上 一〇二
彙編 七・六九一
綜覽・觚形尊 六七
周録 二九
流傳 清宮舊藏
現藏 臺北故宮博物院
來源 考古研究所藏

○五八二三　陵作父乙尊

字數 六
時代 西周中期
著録 總集 四七五七
寶鷄 二九八頁圖二〇七・五
出土 一九七四～一九七五年寶鷄市茹家莊西周墓(M1乙：三四)
現藏 寶鷄市博物館
來源 寶鷄市博物館提供

○五八二四　作父乙奚尊

字數 六
時代 西周中期
著録 總集 四七二五
美集録 R 二三八
綜覽・觚形尊 一三二
現藏 美國紐約乃布氏
來源 考古研究所藏

○五八二五　衍耳父乙尊

字數 六
時代 西周早期
著録 未見
現藏 天津市歷史博物館
來源 天津市歷史博物館提供

○五八二六　作父丁奚尊

字數 六
時代 西周早期
著録 總集 四七二九
三代 一一・二一・三
貞續中 七・四
小校 五・二一・一
來源 三代

○五八二七　柚作父丁尊

字數 六
時代 西周早期
著録 總集 四七二八
三代 一一・二一・四
寧壽 三・三
流傳 頤和園舊藏
現藏 北京故宮博物院
來源 考古研究所拓

○五八二八　商作父丁犧尊蓋

字數 六
時代 西周早期
著録 總集 四七二六
三代 一一・二一・一
攈古 一・三・五一
愙齋 一三・七・三
綴遺 一七・二三・一
奇觚 五・六・二
周金 五・一三・二
殷存上 二四・二
簠齋 一尊一
小校 五・二一・二
流傳 劉喜海、陳介祺、陶祖光舊藏，後歸方若(羅表)
現藏 中國歷史博物館
來源 考古研究所藏

○五八二九　作父丁尊

字數 六
時代 西周早期
著録 總集 四七三〇
尊古 一・三一
通考 五一四
美集録 R 三三八
彙編 七・六九三
現藏 美國紐約某氏
來源 考古研究所藏

○五八三〇　作父戊尊

字數 六
時代 西周早期
著録 總集 四七三一
洛爾 一七八頁
美集録 R 三〇〇
綜覽・觚形尊 八一
現藏 美國克里夫蘭美術博物館
來源 考古研究所藏

○五八三一　作父己□尊

字數 六
時代 西周中期
著録 總集 四七三三
三代 一一・二一・五
寧壽 三・六
貞補上 三三・三
故宮 三三期
故圖下上 一〇六
綜覽・觚形尊 一三二
流傳 清宮舊藏
現藏 臺北故宮博物院
來源 考古研究所藏

○五八三二　作父庚尊

字數 存六
時代 西周早期
著録 總集 四七九七
歐精華 一・一九
通考 五一〇
美集録 R 三五二
三代補 六〇七
彙編 六・六〇九
現藏 美國紐約何母斯氏
來源 彙編

○五八三三　魚作父庚尊

字數 六
時代 殷或西周早期
著録 綴遺 一七・三〇・一
日精華 二・一五五
三代補 六四九
彙編 六・六一二 (又 七・七七六 右)
流傳 陳介祺舊藏(綴遺)
現藏 日本京都小川睦之輔氏
來源 彙編
備注 尊字倒，錯位於魚字下，銘與〇五八〇一接近

○五八三四　[illegible]作父辛尊

字數　六

時代　西周早期

著録　總集　四七三五
　三代　一一・二一・八
　從古　八・九
　擴古　一・三・五〇
　小校　五・二一・四

流傳　瞿世瑛舊藏（羅表）

來源　三代

○五八三五　小臣辰父辛尊

字數　六

時代　西周早期

著録　總集　四七三四
　三代　一一・二一・七
　貞補上　三三・二

流傳　蘋鄉文氏寅齋舊藏（貞補）

來源　三代

○五八三六　亞子父辛尊

字數　六

時代　殷或西周早期

著録　總集　四七〇七
　三代　一一・一九・二
　小校　五・一八・一

來源　三代

○五八三七　作父辛尊

字數　六

時代　西周早期

著録　總集　四七三二
　三代　一一・二一・六
　筠清　二・一九
　擴古　一・三・五〇
　敬吾上　三三・二
　殷存上　二五・四
　小校　四・三八・二
　彙編　六・六三九

流傳　吳榮光、阮元舊藏

來源　考古研究所藏

備注　敬吾稱彝、小校稱卣、彙編稱鼎

○五八三八　臣辰父癸尊

字數　六

時代　西周早期

著録　未見

出藏　上海博物館

來源　上海博物館提供

○五八三九　狽日辛尊

字數　六

時代　殷或西周早期

著録　彙編　七・六九〇

現藏　美國紐約大都會美術博物館

來源　彙編

○五八四〇　亞醜作季尊

字數　六

時代　殷

著録　三代　一一・二〇・五
　愙齋　一三・三・二
　小校　五・一九・六
　善齋　四・八〇・一
　雙古上　一四

流傳　劉體智、于省吾舊藏

來源　考古研究所藏

○五八四一　雁公尊

字數　六

時代　西周中期

著録　總集　四七五一
　三代　一一・二三・五
　從古　一三・二二
　擴古　一・三・五〇
　愙齋　一九・八・二
　綴遺　一八・二七・一
　奇觚　五・七・一
　周金　五・一六・一
　簠齋　一尊三
　小校　五・二二・二

流傳　陳介祺舊藏

來源　考古研究所藏

○五八四二　作公尊

字數　六

時代　西周早期

著録　未見

現藏　上海博物館

來源　上海博物館提供

○五八四三　[illegible]子方尊

字數　六

時代　西周早期

著録　總集　四七五五
　日精華　二・一四三
　白鶴吉　五
　白鶴撰　二五
　通考　五五三
　三代補　六四七
　彙編　七・六八六
　綜覽・觚形尊　一一七
　青全　五・一五八

出土　洛陽

現藏　日本神户白鶴美術館

來源　日精華

○五八四四　伯各尊

字數　六

時代　西周早期

著録　寶鷄　一〇八頁圖八五・五
　辭典　四四三
　青全　六・一六九

出土　一九八一年陝西寶鷄市竹園溝西周墓（M七：八）

現藏　寶鷄市博物館

來源　寶鷄市博物館提供

○五八四五　伯貉尊

字數　六

時代　西周早期

著録　總集　四七四二
　三代　一一・二二・六

現藏　遼寧省博物館

來源　考古研究所拓

○五八四六　伯矩尊

字數　六

時代　西周早期

著録　總集　四七四〇
　三代　一一・二二・五
　綴遺　一八・二二
　周金　五・二五・二
　貞松　七・一一・三
　希古　五・二一・四
　小校　五・二二・八（又七・二九・三）

流傳　陳朗亭、顧壽康、徐乃昌舊藏（綴遺、羅表）

來源　考古研究所藏

○五八四七　𠭰伯尊

字數　六

時代　西周早期

著録　總集　四七五九
　學報　一九七七年二期一〇八頁
　圖八・一六
　青全　六・一八八

出土　一九七二年甘肅靈臺縣白草坡

二號墓(M二：四)
現藏 甘肅省博物館
來源 考古編輯室檔案

〇五八四八 㵒伯尊
字數 六
時代 西周早期
著録 文物一九七二年一二期八頁
圖一四
綜覽・觚形尊 八七
出土 一九六七年甘肅靈臺縣白草坡
一號墓(M一：一六)
現藏 甘肅省博物館
來源 甘肅省博物館提供
備注 學報一九七七年二期所發
材料誤卣爲尊

〇五八四九 艅伯尊
字數 六
時代 西周早期
著録 總集 四七三八
三代 一一・二二・三
尊古 一・三四
山東存附 四・七
綜覽・觚形尊 一〇六
來源 考古研究所藏

〇五八五〇 虘伯尊
字數 六
時代 西周早期
著録 薛氏 一〇一・四
來源 薛氏

〇五八五一 仲𢦚尊
字數 六
時代 西周早期
著録 總集 四七五六
青山莊 三七
彙編 七・六八七
綜覽・觶形尊 一六
現藏 日本東京根津美術館
來源 青山莊

〇五八五二 异仲犧尊
字數 六(器蓋同銘)
時代 西周早期
著録 張家坡墓地 一六四頁圖一二三・一～二
青全 五・一六六
出土 一九八四年陝西長安縣張家坡墓葬(M一六三：三三)
現藏 考古研究所西安研究室
來源 考古研究所拓

〇五八五三 异仲犧尊蓋
字數 六
時代 西周早期
著録 張家坡墓地 一六四頁圖一二三・三
出土 一九八四年陝西長安縣張家坡墓葬(M一六三：四三)
現藏 考古研究所
來源 考古研究所拓

〇五八五四 仲□尊
字數 六
時代 西周早期
著録 筠清 一・一一・一
攈古 二・一・七
流傳 吳榮光舊藏
來源 攈古

〇五八五五 噩叔尊
字數 六
時代 西周早期
著録 薛氏 一〇一・三
來源 薛氏
備注 第一字疑爲叔字摹誤，但也可能爲革字

〇五八五六 戒叔尊
字數 六
時代 西周早期
著録 總集 四七四三
三代 一一・二三・一
愙齋 九・四・二
小校 七・六八・三
續殷上 四五・六
流傳 周鴻孫舊藏(羅表)
現藏 北京故宮博物院
來源 考古研究所藏

〇五八五七 叔䰧尊
字數 六
時代 西周早期
著録 西清 九・一四
流傳 清宮舊藏
來源 西清

〇五八五八 彊季尊
字數 六
時代 西周中期
著録 寶鷄 一五〇圖一一六・三
辭典 四四八
美全 四・一二
青全 六・一六八
出土 一九八〇～一九八一年陝西寶鷄市竹園溝西周墓(M四：二)
現藏 寶鷄市博物館
來源 寶鷄市博物館提供

〇五八五九 井季㚖尊
字數 六
時代 西周中期
著録 總集 四七四八
三代 一一・二三・三
寧壽 三・一三
貞松 九・二八・二
故宮 九期
藝展 七六
故圖下上 一一〇
彙編 七・六九二
綜覽・觶形尊 二四
周録 六五
流傳 清宮舊藏
現藏 臺北故宮博物院
來源 考古研究所藏

〇五八六〇 嬴季尊
字數 六
時代 西周早期
著録 總集 四七四七
三代 一一・二三・二
筠清 一・二
攈古 一・三・四八
綴遺 一八・一四・一
小校 五・二二・四
彙編 七・六八八
流傳 李方赤、陳介祺舊藏(羅表)
現藏 日本奈良天理參考館(彙編)
來源 考古研究所藏

〇五八六一 員父尊
字數 六
時代 西周早期
著録 總集 四七四九
三代 一一・二三・四
筠清 一・三
從古 一三・一三
攈古 一・三・四九

窓齋 一九・九・一
綴遺 一八・一二・二
奇觚 五・六・三
周金 五・一六・二(又 五・一六・三)
夢郼續 二四
簠齋 一尊九
小校 五・二二・五 (又 七・七〇・四)
通考 五四一
綜覽・觚形尊 九三
出土 河北易州(分域)
流傳 陳介祺、李竹朋、丁樹楨、羅振玉舊藏(羅表)
來源 考古研究所藏

〇五八六二 竟尊

字數 六
時代 西周早期
著録 未見
現藏 上海博物館
來源 上海博物館提供

〇五八六三 段金𨟻尊

字數 六
時代 西周中期
著録 總集 四七五二
三代 一一・二三・六
貞松 七・一二・一
頌齋 一四
雙吉上 二六
通考 五四七
小校 五・二二・三
故圖下下 二二四
綜覽・觶形尊 二七
酒器 一四〇 頁
周録 六九
出土 洛陽(頌齋)
流傳 劉體智、容庚舊藏
現藏 臺北故宮博物院
來源 考古研究所藏

〇五八六四 傳尊

字數 六
時代 西周中期
著録 總集 四七五三
三代 一一・二三・七
西清 一〇・一
周金 五・一六・四
貞松 七・一二・二
希古 五・二・三
小校 五・二二・一
流傳 清宮、潘祖蔭舊藏
來源 考古研究所藏

〇五八六五 亞耳且丁尊

字數 七
時代 西周早期
著録 總集 四七六〇
三代 一一・二三・八
攈古 二・一・五
窓齋 一三・一六・二
綴遺 一七・一六・一
敬吾上 四四・四
殷存上 一七・六
小校 七・三二・三
美集録 R 二六四
彙編 六・六一六
綜覽・觚形尊 八〇
流傳 葉志詵、潘祖蔭、盧芹齋舊藏
(窓齋、綴遺)
現藏 美國紐約某氏
來源 考古研究所藏

〇五八六六 作且己冈尊

字數 七
時代 西周早期
著録 總集 四七六一
三代 一一・二四・一
貞松 七・一二・三
流傳 周鴻孫舊藏(貞松)
來源 考古研究所藏

〇五八六七 竟作且癸尊

字數 七
時代 西周早期
著録 總集 四七六二
三代 一一・二四・二
窓齋 一三・一五・四
小校 五・二三・三
來源 三代

〇五八六八 史見父甲尊

字數 七
時代 西周早期
著録 總集 四七七五
彙編 六・六一四
現藏 日本大阪某氏
來源 彙編

〇五八六九 辟東作父乙尊

字數 七
時代 西周早期
著録 總集 四七六三
三代 一一・二四・三
筠清 五・四・一
攈古 二・一・三
綴遺 一八・一五・二
敬吾上 四五・三
殷存上 二四・五 (又 一七・七)
小校 七・三四・一
流傳 葉志詵舊藏
來源 考古研究所藏

〇五八七〇 小臣作父乙尊

字數 七
時代 西周中期
著録 青全 六・一一四
出土 一九六二年湖北江陵縣萬城墓葬
來源 考古編輯部檔案
備注 文物一九六三年二期、考古一九六三年四期有文提及，但未附拓本

〇五八七一 禾伯作父乙尊

字數 七
時代 西周早期
著録 總集 四七六四
三代 一一・二四・四
殷存上二四・七
小校五・二三・四
流傳 劉鶚舊藏(羅表)
來源 三代

〇五八七二 子段作父丁尊

字數 七
時代 西周早期
著録 小校 五・二三・五
現藏 上海博物館
來源 考古研究所藏

〇五八七三 作父丁尊

字數 七
時代 西周早期
著録 總集 四七六六
三代 一一・二四・六
殷存上 二四・六
來源 三代

〇五八七四 逆作父丁尊

字數 七
時代 西周早期
著録 總集 四七六九
三代 一一・二五・一
擴古 二・一・七
綴遺 一八・八・二
流傳 瑞郡王舊藏(綴遺)
來源 考古研究所藏

〇五八七五 作父丁□尊
字數 七
時代 西周早期
著録 總集 四七七一
三代 一一・二五・二
寧壽 三・二
流傳 清宮舊藏
現藏 北京故宮博物院
來源 考古研究所拓

〇五八七六 □作父丁尊
字數 七
時代 西周早期
著録 總集 四七七二
三代 一一・二五・四
善齋 四・八一
貞續 中八・二
續殷上 五八・七
小校 五・二三・六
流傳 劉體智舊藏
現藏 北京故宮博物院
來源 考古研究所拓

〇五八七七 □父丁尊
字數 七
時代 西周早期
著録 總集 四七七四
三代 一一・二五・五
擴古 二・一・三六
續殷上 五八・八
流傳 蘇州滕氏舊藏(羅表)
來源 考古研究所藏

〇五八七八 □作父己尊
字數 七
時代 殷或西周早期
著録 博古 六・二三
薛氏 一六
嘯堂 二四・一
來源 嘯堂

〇五八七九 □作父己尊
字數 七
時代 西周中期
著録 歐精華 一・二四
續殷上 五九・二
通考 五一一
沃森 七〇頁圖五・一
三代補 六〇八
蘇黎世(七五) 八六頁四四a
彙編 六・六〇七
綜覽・觚形尊 一二
流傳 舊藏德國巴登
現藏 瑞士蘇黎士瑞列堡博物館
來源 彙編
備注 彙編以爲現藏德國柏林

〇五八八〇 魚作父己尊
字數 七
時代 殷或西周早期
著録 總集 四七七三
三代 一一・二五・六
二百 三
兩罍 三・一二
愙齋 一三・六・三
綴遺 一七・三〇・二
奇觚 一七・二・三
續殷上 五九・一
小校 五・二四・二
流傳 吴雲、李眉生、潘祖蔭舊藏(綴遺、奇觚)
現藏 上海博物館
來源 考古研究所藏

〇五八八一 冶仲父己尊
字數 七
時代 西周中期
著録 白鶴撰 二七
銅玉 圖七一j
三代補 七七五
彙編 六・六一三
綜覽・觶形尊 一一
現藏 日本神户白鶴美術館
來源 A、白鶴撰；B、彙編
備注 此器舊稱旨仲尊

〇五八八二 □作父辛尊
字數 七
時代 西周早期
著録 總集 四七七七
三代 一一・二五・七
貞補上 三三・四
泉屋 一・二一
海外吉 七三
通考 五一九
彙編 六・六〇八
綜覽・觚形尊 一三四
泉屋博古 圖八三拓四四
現藏 日本京都泉屋博古館
來源 彙編

〇五八八三 □作父辛尊
字數 七
時代 西周早期
著録 總集 四七七八
三代 一一・二五・八
殷存上 二五・五 (又三九・二)
來源 考古研究所藏

〇五八八四 良矢作父辛尊
字數 七
時代 西周早期
著録 總集 四七八七
文物 一九七七年八期一六頁
圖一五
綜覽・觚形尊 六三
出土 一九七六年河南襄縣霍莊村墓葬
現藏 河南省博物館
來源 文物

〇五八八五 □史作父辛尊
字數 七
時代 西周早期
著録 未見
現藏 上海博物館
來源 上海博物館提供

〇五八八六 此作父辛尊
字數 七
時代 西周早期
著録 總集 四七七六
彙編 六・六一〇
薩克勒(西周) 八四
現藏 美國華盛頓薩克勒美術館
來源 彙編

〇五八八七 咏作日戊尊
字數 七
時代 西周早期

著録　總集　四七七九
三代　一一・二六・一
清愛　一〇
筠清　二・二〇・一
攈古　二・一・八
綴遺　一七・二六・一
殷存上　二四・八
小校　五・二四・五
流傳　劉喜海得於都門
來源　考古研究所藏
〇五八八八　[illegible]作母癸尊
字數　七
時代　殷
著録　總集　四七八六
録遺　二〇一
現藏　上海博物館
來源　上海博物館提供
〇五八八九　卿尊
字數　七
時代　西周早期
著録　總集　四七八五
三代　一一・二六・三
攈古　二・一・七
澂秋　二六
小校　七・三五・三
美集録　R三一八
彙編　六・六一一
綜覽・觚形尊　九八
流傳　吳式芬、陳承裘舊藏（羅表）
現藏　美國哈佛大學福格美術博物館
來源　考古研究所藏
〇五八九〇　北伯殁尊
字數　七
時代　西周早期

著録　總集　四七八〇
三代　一一・二六・二
貞續中　八・一
出土　光緒年間河北淶水縣張家窪出土
來源　貞續
〇五八九一　[illegible]作且乙尊
字數　八
時代　西周中期
著録　總集　四七九四
三代　一一・二六・八
陶續　一・二八
續殷上　五九・七
雙吉上　二四
綜覽・觚形尊　一二〇
流傳　端方、于省吾舊藏
來源　考古研究所藏
〇五八九二　猷作且辛尊
字數　八
時代　西周中期
著録　尊古　一・三二
綜覽・觚形尊　一二五
出土　洛陽（分域）
來源　尊古
〇五八九三　葦作匕癸尊
字數　八
時代　殷或西周早期
著録　未見
現藏　北京故宮博物院
來源　考古研究所拓
〇五八九四　亞[illegible]父乙尊
字數　八
時代　殷
著録　總集　四七八八
積古　一・二〇

攈古　二・一・三六
奇觚　一七・四・二
來源　攈古
〇五八九五　[illegible]作父乙尊
字數　八
时代　西周早期
著録　總集　四八〇二
彙編　六・五六二
綜覽・觚形尊　一〇七
現藏　日本大阪某氏
來源　彙編
〇五八九六　令[illegible]作父乙尊
字數　八
時代　西周中期
著録　歐精華　一・一二八
通考　五三〇
三代補　六〇九
彙編　六・五六一
綜覽・觶形尊　四〇
現藏　法國巴黎王涅克氏
來源　彙編
〇五八九七　史伏作父乙尊
字數　八
時代　西周早期
著録　總集　四七九二
三代　一一・二七・一
貞松　七・一三・二
小校　五・二五・二
流傳　劉體智舊藏
來源　三代
〇五八九八　作父丁豕馬尊
字數　八
時代　西周早期
著録　總集　四七六七

三代　一一・二五・三
綴遺　一七・二六・二
貞補上　二二・二
小校　五・二四・一
雙吉上　二二
美集録　R三七八
綜覽・觶形尊　七
流傳　于省吾、盧芹齋舊藏
現藏　美國紐約賁利浦斯氏
來源　考古研究所藏
〇五八九九　[illegible]作父戊尊
字數　八
時代　西周早期
著録　總集　四七九五
三代　一一・二七・四
貞松　七・一三・三
善齋　四・八三
小校　五・二五・四
流傳　劉體智舊藏
現藏　上海博物館
來源　考古研究所藏
〇五九〇〇　曺册父己尊
字數　八
時代　西周早期
著録　首師大　三三
現藏　首都師範大學歷史博物館
來源　考古研究所拓
〇五九〇一　隹作父己尊
字數　八
時代　西周早期
著録　總集　四七九三
三代　六・四一・一
貞補上　二二・四
小校　五・二五・五

美集録 R 二六六
彙編 六・六一五
綜覽・觶形尊 一四
薩克勒(西周) 九〇
現藏 美國華盛頓薩克勒美術館
來源 三代

〇五九〇二 獸作父庚尊
字數 八
時代 西周早期
著録 總集 四七九六
美集録 R 三六〇、四九三
彙編 六・五五六
綜覽・觚形尊 一一九
現藏 美國費城賓省大學博物館
來源 綜覽

〇五九〇三 氒子作父辛尊
字數 八
時代 西周早期
著録 總集 四七九八
美集録 R 三五三
彙編 六・五五八
現藏 美國紐約大都會美術博物館
來源 彙編

〇五九〇四 貍作父癸尊
字數 八
時代 西周中期
著録 總集 四七九九
三代 一一・二七・五
愙齋 一三・一五・三
周金 五・一三〇・一
殷存上 二五・八
小校 五・二六・四
流傳 潘祖蔭舊藏
來源 殷存

〇五九〇五 單㠱父癸尊
字數 八
時代 西周早期
著録 總集 四八〇一
攈古 二之一・二〇
弗里爾(六七) 九七頁
美集録 R 三五七
彙編 六・五五七
流傳 董佑誠舊藏
現藏 美國華盛頓弗里爾美術陳列館
來源 考古研究所藏
備注 此器上下殘，僅存中段

〇五九〇六 [illegible]作父癸尊
字數 八
時代 西周早期
著録 未見
現藏 浙江省博物館
來源 考古研究所拓

〇五九〇七 𣪕作父癸尊
字數 八
時代 西周中期
著録 彙編 六・五五九
綜覽・觚形尊 一三三
薩克勒(西周) 八八
現藏 美國華盛頓薩克勒美術館
來源 彙編

〇五九〇八 作氒皇考尊
字數 八
時代 西周早期或中期
著録 總集 四八〇五
三代 一一・二八・二
西甲 五・二四
貞補上 三四・一
流傳 清宮舊藏，後見於遼東(貞補)
現藏 北京故宮博物院
來源 考古研究所拓
備注 第一字係刻款

〇五九〇九 仲子作日乙尊
字數 八
時代 西周早期
著録 未見
現藏 上海博物館
來源 上海博物館提供

〇五九一〇 子妿作母辛尊
字數 八
時代 西周早期
著録 總集 四八一〇
學報 一九七七年二期一〇八頁
圖八・二〇
綜覽・觚形尊 五二
出土 一九六七年甘肅靈臺縣白草坡一號墓(M一：一五)
現藏 甘肅省博物館
來源 考古編輯室檔案

〇五九一一 亞覃尊
字數 八
時代 殷
著録 總集 四七八三
學報 一九七九年一期八一頁
圖五八・二〇
河南 一・二〇一
綜覽・觶形尊 四四
殷青 圖八四・一〇
青全 三・一〇二
出土 一九七二年安陽殷墟西區墓葬(M九三：一)
現藏 考古研究所安陽工作站
來源 考古研究所拓

〇五九一二 厝季尊
字數 八
時代 西周早期
著録 江漢考古 一九八一年一期七六頁圖一
考古 一九八四年六期五一三頁
圖五左
銘文選 一五八
辭典 四三八
美全 四・一九四
青全 六・一〇九
出土 一九七六年湖北隨縣安居公社車崗九隊
現藏 襄陽地區博物館
來源 考古研究所拓

〇五九一三 彊伯井姬羊尊
字數 八
時代 西周中期
著録 總集 四八〇九
琉璃河 三七〇頁圖二五三・三
陝青 四・八九
綜覽・鳥獸形尊 二一
美全 四・二〇六
辭典 四六〇
青全 六・一七二
出土 一九七四～一九七五年陝西寶鷄市茹家莊西周墓(M二：一六)
現藏 寶鷄市博物館
來源 寶鷄市博物館提供

〇五九一四 虢叔尊
字數 八
時代 西周晚期
著録 總集 四八〇三
三代 一一・二七・七

積古 五・一・三
攈古 二・一・二五
奇觚 一七・四・三
來源 三代

○五九一五 衛尊

字數 八
時代 西周早期
著録 總集 四八〇四
三代 一一・二八・一
貞松 七・一四・二
善齋 四・八五
小校 五・二六・七
日精華 二・一五三
彙編 六・五五五
綜覽・觚形尊 九七
流傳 劉體智舊藏
現藏 日本大阪某氏
來源 考古研究所藏

○五九一六 戎佩玉尊

字數 八
時代 西周中期
著録 文物 一九八六年一期一三頁 圖二五
出土 一九八一年陝西長安縣灃東花園村墓葬(M一五：一九)
現藏 陝西省文物管理委員會
來源 陝西省文物管理委員會提供

○五九一七 盩嗣土幽日辛尊

字數 九
時代 西周早期
著録 總集 四八一一
三代 一一・二九・三
貞松 七・一五・二
善齋 四・八六

續殷上 六〇・三
小校 五・二七・一
善彝 一三三
通考 五三三
綜覽・觚形尊 一四〇
故青 一三三
流傳 劉體智舊藏
現藏 北京故宮博物院
來源 考古研究所拓

○五九一八 對作父乙尊

字數 九
時代 西周早期
著録 三代 一一・二四・五
貞松 七・一三・一
善齋 四・八二
小校 五・二五・三
善彝 一二五
綜覽・觶形尊 三八
流傳 劉體智舊藏
現藏 上海博物館
來源 考古研究所藏

○五九一九 對作父乙尊

字數 九
時代 西周早期
著録 綜覽・觶形尊 三五
現藏 日本東京國立博物館
來源 日本東京國立博物館提供

○五九二〇 單作父乙尊

字數 九
時代 西周中期
著録 未見
來源 考古研究所藏

○五九二一 褱作父丁尊

字數 九
時代 西周早期
著録 未見
現藏 北京故宮博物院
來源 考古研究所拓

○五九二二 周免旁父丁尊

字數 九
時代 西周中期
著録 總集 四八一三
三代 一一・二九・五
從古 一三・二〇
攈古 二・一・三七
愙齋 一九・八・一
綴遺 一八・九・一
奇觚 五・九・二
殷存上 二六・四
簠齋 一尊八
小校 五・二八・二
日精華 二・一五七
彙編 六・五一二
綜覽・觚形尊 四七
中藝 圖四九拓三九a
流傳 陳介祺、小川睦之輔舊藏
現藏 日本東京出光美術館
來源 考古研究所藏

○五九二三 父丁亞㠱尊

字數 九
時代 西周早期
著録 三代 一一・二七・二
貞續中 八・三
小校 五・二八・一
善齋 四・八七
流傳 劉體智舊藏
來源 三代

○五九二四 父丁亞㠱尊

字數 九
時代 西周早期
著録 三代 一一・二七・三
來源 三代

○五九二五 傳作父戊尊

字數 九
時代 西周早期
著録 總集 四八一六
三代 一一・二九・六
從古 一三・二一
攈古 二・一・三六
愙齋 一九・六・二
綴遺 一八・三・一
奇觚 五・九・一
殷存上 二六・五
簠齋 一尊四
小校 五・二八・三
山東存附 一四・二
出土 傳出青州(攈古録)
流傳 陳介祺舊藏
來源 考古研究所藏

○五九二六 亞旐父辛尊

字數 九
時代 殷
著録 雙古 一・一〇
彙編 六・五六四
綜覽・觚形尊 六六
現藏 日本神戸某氏
來源 雙古

○五九二七 偖作父癸尊

字數 九
時代 西周早期
著録 總集 四八一四
三代 一一・二九・七

栘林 一六
十二雪 一一
續殷上 六〇・七
通考 五三二
小校 五・二八・五
綜覽・觚形尊 一〇八
流傳 丁麟年、孫壯舊藏
來源 考古研究所藏

〇五九二八 [illegible]薛日癸尊
字數 九
時代 西周早期
著録 總集 四八一五
三代 一一・二九・八
西清 八・二四
綴遺 一八・八・一
奇觚 五・一〇・一
殷存上 四〇・六
周金 五・一二・二
小校 五・二八・七 （又五・二八・八）
流傳 清宮、潘祖蔭舊藏(羅表)
來源 考古研究所藏

〇五九二九 鱸作母甲尊
字數 九
時代 殷或西周早期
著録 寧壽 三・三一
流傳 清宮舊藏
來源 寧壽

〇五九三〇 麃父尊
字數 九
時代 西周中期
著録 文物 一九八六年一期一三頁
圖二八
出土 一九八一年陝西長安縣灃東花園村墓葬(M一五：二〇)
現藏 陝西省文物管理委員會
來源 陝西省文物管理委員會提供

〇五九三一 晉尊
字數 九
時代 西周中期
著録 總集 四八一七
陝青 三・七七
文物 一九八〇年四期四二頁
圖六・七
綜覽・觚形尊 一二七
銘文選 二四三
出土 一九七六年扶風雲塘一三號墓(M一三：一八)
現藏 周原扶風文物管理所
來源 周原扶風文物管理所提供

〇五九三二 屯尊
字數 九
時代 西周中期
著録 總集 四七九一
美集録 R 三七六
彙編 六・五六〇
綜覽・觶形尊 三四
現藏 美國哈佛大學福格美術博物館
來源 考古研究所藏

〇五九三三 駉兄日壬尊
字數 九
時代 殷或西周早期
著録 總集 四八二〇
西清 九・二四
古文審 三・一一
流傳 清宮舊藏
來源 西清

〇五九三四 述兄日乙尊
字數 九
時代 西周早期
著録 總集 四八一九
貞松 七・一五・三
小校 五・二九・一
彙編 六・五一三
綜覽・觶形尊 二六
流傳 劉體智舊藏
現藏 日本奈良天理參考館(編彙)
來源 小校

〇五九三五 者姛方尊
字數 九
時代 殷
著録 總集 四八〇六
三代 一一・二八・三
西清 八・三五
貞松 七・一五
故宮 二期
續殷上 六〇・一
藝展 七五
通考 五四九
故圖下上 九六
綜覽・有肩尊 五五
禮器 五一三頁
流傳 清宮舊藏
現藏 臺北故宮博物院
來源 考古研究所藏

〇五九三六 者姛方尊
字數 九
時代 殷
著録 辭典 九二
故青 八三
流傳 清宮舊藏
現藏 北京故宮博物院
來源 考古研究所拓

〇五九三七 亞若癸尊
字數 九
時代 殷
著録 總集 四七九〇
三代 一一・二六・六
綴遺 一〇・一五・一
小校 五・二九・三
流傳 葉志詵舊藏(平安館藏器目)
來源 三代
備注 綴遺以爲卣

〇五九三八 亞若癸尊
字數 九
著録 三代 一一・二六・七
窓齋 一三・四・一
續殷上 五九・五
小校 五・二九・二 （又六六・一）
流傳 王懿榮舊藏(羅表)
來源 三代

〇五九三九 蔡侯尊
字數 九
時代 春秋晚期
著録 總集 四八二一
蔡侯墓 圖版三六・二
銘文選 五八八
徽銅 六九
青全 七・六九
出土 一九五五年安徽壽縣蔡侯墓(二六・二)
現藏 安徽省博物館
來源 考古編輯室檔案

〇五九四〇 季㿽尊
字數 九

時代　西周早期
著録　總集　四八一八
陝青　三・三八
出土　一九七二年陝西扶風縣劉家村墓
葬(豐M：四)
現藏　陝西省文物管理委員會
來源　陝青

〇五九四一　中尊
字數　九
時代　西周早期
著録　周金　五・一四・二
來源　考古研究所藏

〇五九四二　参尊
字數　九
時代　西周中期
著録　總集　四八二二
三代　一一・三〇・一
貞續中　八・四
小校　五・二八・六
來源　考古研究所藏

〇五九四三　效作且辛尊
字數　一〇
時代　西周早期
著録　西清　八・三八
流傳　清宮舊藏
來源　西清

〇五九四四　竝作父乙尊
字數　一〇
時代　西周早期
著録　總集　四八二一
三代　一一・二九・四
積古　一・一九・三
從古　三・九
攈古　二・一・三六
敬吾上　四一・一
清儀　一・七
續殷上　六〇・四
小校　五・二七・三
流傳　蕭楚翹、張廷濟舊藏(清儀)
來源　考古研究所藏

〇五九四五　夻者君父乙尊
字數　一〇
時代　西周早期
著録　總集　四八二五
録遺　二〇二
來源　録遺

〇五九四六　作父癸尊
字數　存一〇(又重文　二)
時代　西周早期
著録　總集　四八四四
歐精華　一・二九
美集録　R　三六一
彙編　六・四一五
綜覽・觶形尊　二八
現藏　美國波士頓美術博物館
來源　考古研究所藏

〇五九四七　憧季遽父尊
字數　一〇
時代　西周早期
著録　總集　四八二三
陝青　三・三七
綜覽・觚形尊　七四
出土　一九七二年陝西扶風縣劉家村墓
葬(豐M：三)
現藏　陝西省文物管理委員會
來源　陝青

〇五九四八　公尊
字數　一〇
時代　西周早期或中期
著録　皮斯柏　八四頁Fig　三六
銅玉　九八頁圖七一h
彙編　六・四八一
綜覽・觶形尊　八
現藏　美國米里阿波里斯美術館(皮斯柏
藏器)
來源　彙編

〇五九四九　亞覃尊
字數　一〇
時代　殷
著録　總集　四七八四
學報　一九七九年一期八一頁
圖五八・二
河南　一・二〇二
殷青　圖八四・九
美全　四・五五
青全　三・一〇一
出土　一九七二年安陽殷墟西區墓葬
(M九三：四)
現藏　考古研究所安陽工作站
來源　考古研究所拓

〇五九五〇　引尊
字數　一〇
時代　西周早期或中期
著録　總集　四八二四
三代　一一・三〇・二
攈古　二・一・五〇
流傳　吳式芬舊藏(羅表)
現藏　北京故宮博物院
來源　考古研究所藏

〇五九五一　省史趞且丁尊
字數　一一
時代　西周早期
著録　上海(二〇〇四)　二五九
現藏　上海博物館
來源　上海博物館提供

〇五九五二　叀攺諆父甲尊
字數　一一
時代　西周早期
著録　韋森　六八頁
現藏　瑞典斯德哥爾摩卡爾貝克氏(陳
夢家)
來源　考古研究所藏

〇五九五三　屖父己尊
字數　一一
時代　西周中期
著録　總集　四八三〇
三代　一一・三〇・六
愙齋　一三・一七・三
綴遺　一八・三・二
殷存上　二六・六
小校　五・二八・四
流傳　丁筱農舊藏(羅表)
來源　考古研究所藏

〇五九五四　湷伯逘尊
字數　一一
時代　西周早期
著録　總集　四八三二
三代　一一・三一・一
尊古　一・三五
通考　五三五
綜覽・觚形尊　八八
出土　河南濬縣(分域)
來源　三代

〇五九五五　倗尊
字數　一一
時代　西周中期

著録 總集 四八三二
三代 一一・三〇・七
攈古 二・一・五九
愙齋 一三・一七・二
綴遺 一八・一三
周金 五・一二・一
小校 五・三二・一
流傳 葉志詵舊藏(綴遺)
來源 考古研究所藏

〇五九五六 鬲作父甲尊

字數 二
時代 西周中期
著録 總集 四八三七
攈古 二・一・七〇
綴遺 一八・九・二
周金 五・一一・三
流傳 姚歐亭舊藏(攈古録)
來源 考古研究所藏
備注 王國維疑僞

〇五九五七 戣父乙尊

字數 三
時代 西周早期
著録 總集 四八三六
三代 一一・三一・四
續殷上 六一・五
來源 三代

〇五九五八 彈作父庚尊

字數 二(又重文 二)
時代 西周早期或中期
著録 總集 四八四九
彙編 五・四〇四
現藏 美國舊金山亞洲美術博物館(布倫戴奇藏品)
來源 彙編

〇五九五九 守宮父辛鳥尊

字數 二
時代 西周早期
著録 總集 四八四一
大系 附一
賸稿 三八
通考 六九一
美集録 R 三二四
彙編 六・四三八
銘文選 二五五
綜覽・鳥獸形尊 一六
出土 一九二九年洛陽馬坡
流傳 美國盧芹齋、布倫戴奇舊藏
現藏 英國費滋威廉博物館
來源 考古研究所藏

〇五九六〇 史喪尊

字數 二
時代 西周中期
著録 總集 四八三九
文物 一九八〇年四期四二頁
圖六・九
陝青 三・八三
綜覽・觶形尊 一九
出土 一九七六年陝西扶風雲塘村一〇號墓(M一〇:五)
現藏 周原扶風文物管理所
來源 周原扶風文物管理所提供

〇五九六一 伯尊

字數 二
時代 西周早期
著録 總集 四八三四
三代 一一・三一・二
貞松 七・一六・二
來源 三代

〇五九六二 叔飤方尊

字數 二
時代 西周早期
著録 總集 四八四〇
弗里爾(六七) 一一四頁
三代補 五三〇
彙編 六・四四一
現藏 美國華盛頓弗里爾美術陳列館
來源 彙編

〇五九六三 𥂴仲尊

字數 二
時代 西周晚期
著録 總集 四八三五
三代 一一・三一・三
綴遺 一八・一二・一
貞松 七・一六・一
流傳 長康舊藏(綴遺)
來源 三代

〇五九六四 敔作父乙方尊

字數 三(又重文 二)
時代 西周早期
著録 故青 一三二
現藏 北京故宮博物院
來源 考古研究所拓

〇五九六五 [illegible]作父辛尊

字數 三
時代 殷
著録 總集 四八四二
三代 一一・三二・五
陶齋 一・四五
續殷上 六一・一
小校 五・三三・三
雙古上 一一
綜覽・觚形尊 三八

流傳 端方、馮恕、于省吾舊藏
來源 考古研究所藏

〇五九六六 員作父壬尊

字數 三
時代 西周早期或中期
著録 總集 四八四三
三代 一一・三一・六
綴遺 一八・六・一
周金 五・一一・一
流傳 定遠方伯裕舊藏(周金)
來源 考古研究所藏

〇五九六七 小子夫父己尊

字數 四(又合文 二)
時代 殷
著録 總集 四八四七
三代 一一・三一・七
西甲 五・五
續殷上 六二・一
故宮 二五期
故圖下上 一〇八
彙編 五・三八九
酒器 一三四頁
周録 二七
流傳 清宮舊藏
現藏 臺北故宮博物院
來源 考古研究所藏

〇五九六八 服方尊

字數 四
時代 西周中期
著録 總集 四八四五
三代 一一・三二・一
貞松 七・一六・三
故宮 三期
續殷上 六一・七

藝展 七八
通考 五五六
故圖下上 一一二
彙編 五・四〇五
綜覽・觚形尊 一四三
酒器 一四二頁
周録 六七
流傳 清宮舊藏
現藏 臺北故宮博物院
來源 考古研究所藏

〇五九六九 伯作蔡姬尊
字數 一四
時代 西周中期
著録 總集 六六三二
三代 一一・三二・二
擴古 二・二・五
澂秋 二七
小校 五・三三・二
金匱 一六七頁
弗里爾(六七) 四一〇頁
彙編 五・四〇一
綜覽・觶形尊 九
出土 陝西西安(金匱)
流傳 陳承裘、陳仁濤舊藏
現藏 美國華盛頓弗里爾美術陳列館
來源 三代

〇五九七〇 黃子魯天尊
字數 一四
時代 西周早期
著録 未見
現藏 南京大學考古與藝術博物館
來源 考古研究所藏

〇五九七一 執尊
字數 存一四
時代 殷
著録 積古 一・二二
擴古 二・二・八一
奇觚 一七・六・二
來源 擴古

〇五九七二 作氒考尊
字數 存一四
時代 西周中期
著録 總集 四八五二
美集録 R 三八一
流傳 H・D・Chapin 舊藏
現藏 美國波士頓奧斯古氏
來源 考古研究所藏

〇五九七三 殁父乙尊
字數 一五
時代 殷或西周早期
著録 西清 九・一七
流傳 清宮舊藏
來源 西清

〇五九七四 蔡尊
字數 一五(又合文 二)
時代 西周早期或中期
著録 總集 四八四六
斷代 三四
流傳 曹秋舫舊藏
來源 曆朔

〇五九七五 [illegible]作父乙尊
字數 一六
時代 西周早期
著録 總集 四八四八
三代 一一・三二・三
西甲 五・四
貞續中 九・一
續殷 上 六一・八
故宮 三三期
故圖下上 一一四
周録 三一
流傳 清宮舊藏
現藏 臺北故宮博物院
來源 考古研究所藏
備注 西甲摹本有誤

〇五九七六 黃尊
字數 一六
時代 西周早期或中期
著録 總集 四八五一
從古 八・一〇
擴古 二・二・二七・二
周金 五・九・三(又 三・一
一〇)
小校 七・四一・三
流傳 瞿世瑛舊藏(羅表)
來源 周金

〇五九七七 犅刼尊
字數 一六
時代 西周早期
著録 總集 四八五〇
通考 五一五
斷代 一四
綜覽・觚形尊 六一
銘文選 二九
來源 考古研究所藏

〇五九七八 復作父乙尊
字數 一七
時代 西周早期
著録 總集 四八五三
琉璃河 一八二頁圖一〇七・二
綜覽・觚形尊 一〇〇
銘文選 五二
辭典 四四五
出土 一九七四年北京房山縣琉璃河西周墓(M五二:一一)
現藏 首都博物館
來源 考古編輯部檔案

〇五九七九 叟尊
字數 一七
時代 西周早期
著録 總集 四八五四
筠清 五・一七
從古 七・二九
擴古 二・二・六二
綴遺 一八・一〇・一
奇觚 五・一六・一(又一七・四・一)
敬吾下 二二・二
周金 五・九・二
續殷上 六二・二
小校 五・三四・一
流傳 陳均、蔣光煦舊藏(羅表)
來源 考古研究所藏

〇五九八〇 作文考日己方尊
字數 一八(又重文 二)
時代 西周中期
著録 總集 四八五七
考古 一九六三年八期四一四頁
圖二・四
陝青 二・一二
綜覽・觚形尊 一四四
辭典 四五四
青全 五・一六二
出土 一九六三年陝西扶風縣齊家村窖藏

現藏　陝西省博物館
來源　考古編輯部檔案

○五九八一　歜尊

字數　一八
時代　西周中期
著録　總集　四八五六
三代　一一·三二·六
西清　八·三九
古文審　三·一三
貞松　七·一七·二
故宫　四期
藝展　七七
通考　五三九
故圖下上　一一一
彙編　五·三二六
綜覽·觚形尊　九六(又一三六)
酒器　一三八頁
周録　三〇
流傳　清宫舊藏
現藏　臺北故宫博物院
來源　考古研究所藏

○五九八二　東眀尊

字數　一九
時代　西周中期
著録　總集　四八五八
積古　五·三
攈古　二·二·六九
綴遺　一八·二八·二
奇觚　一七·六·三
周金　五·八·二
流傳　錢塘何氏舊藏
來源　A、周金；
B、綴遺

○五九八三　啓作且丁尊

字數　二一
時代　西周早期
著録　文物　一九七二年五期六頁圖一一
綜覽·觶形尊　四二
銘文選　二八四
青全　六·八九
山東藏品　四七
出土　一九六九年山東黄縣歸城小劉莊
現藏　山東省博物館
來源　考古研究所拓

○五九八四　能匋尊

字數　二三(又合文　一)
時代　西周早期
著録　總集　四八六二
三代　一一·三三·一
寧壽　三·二九
貞松　七·一八·二
希古　五·四·一
善齋　四·九〇
小校　五·三五·三
雙古上　一五
流傳　清宫、陶祖光、劉體智、于省吾舊藏(羅表)
現藏　北京故宫博物院
來源　考古研究所拓

○五九八五　鳴士卿父戊尊

字數　二三
時代　西周早期
著録　總集　四八六一
三代　一一·三二·七
貞松　七·一八·一
善齋　四·八九
小校　五·三五·二
善彝　一三一
通考　五三四
斷代　三六
故圖下下　一二三
彙編　五·二六二
綜覽·觚形尊　八六
銘文選　一二八
周録　二八
出土　近出洛陽(貞松)
流傳　劉體智舊藏
現藏　臺北故宫博物院
來源　考古研究所藏

○五九八六　隰作父乙尊

字數　二四
時代　西周早期
著録　總集　四八六三
濬縣　一三頁
辛村　圖版一四·一；六〇·一
斷代　六〇
三代補　八五八
綜覽·觚形尊　九四
銘文選　一三五
出土　一九三三年河南濬縣辛村六〇號墓(M 六〇：五)
現藏　歷史語言研究所
來源　考古研究所藏

○五九八七　臣衛父辛尊

字數　二四
時代　西周早期
著録　江漢考古　一九八五年一期一〇三頁圖二~三
流傳　一九七四年武漢市文物商店收集
現藏　武漢市文物商店
來源　考古研究所拓

○五九八八　斲尊

字數　二四
時代　西周中期
著録　總集　六六三三
三代　[illegible]·三三·二
懷米　[illegible]
綴遺　[illegible]·五·一
小校　五·三五·四
周金　五·七
斷代　五二
上海(二〇〇四)　三四一
流傳　曹秋舫、潘季玉舊藏(綴遺)
現藏　上海博物館
來源　考古研究所藏

○五九八九　作册睘尊

字數　二五(又重文　二)
時代　西周早期
著録　總集　四八六七
三代　一一·三三·四
攈古　二·三·五〇
尊古　一·三六
冠斝上　三四
通考　五四二
綜覽·觚形尊　一〇五
銘文選　九三
酒器　一三六頁
周録　三三
流傳　黄濬、榮厚舊藏
現藏　臺北故宫博物院
來源　考古研究所藏

○五九九〇　小臣艅犀尊

字數　二六(又合文　一)
時代　殷
著録　總集　四八六六
三代　一一·三四·一

攈古 二・三・四六
窓齋 一三・一〇・一
綴遺 一八・二
奇觚 五・一二
周金 五・五
殷存上 二六・七
小校 五・三七
山東存附 三・三
銅玉 三七頁圖三九
彙編 四・二四〇
布倫戴奇(七七) 一三九頁圖一六
綜覽・鳥獸形尊 六
銘文選 四
美全 四・八六
青全 四・一三四
出土 山東壽張縣梁山下
流傳 鍾養田、曲阜聖公府、潘祖蔭舊藏
現藏 美國舊金山亞洲美術博物館(布倫戴奇藏品)
來源 考古研究所藏

〇五九九一 作册翻父乙尊

字數 二七
時代 西周早期
著録 總集 四八六四
彙編 四・二四六
歐遺 九二
流傳 英國 Ingrom 舊藏
現藏 英國牛津雅士莫里博物館
來源 彙編

〇五九九二 遣尊

字數 二七(又合文 一)
時代 西周早期
著録 總集 四八六八
三代 一一・三五・一
窓齋 一三・一二・二(又一九・二四・一)
綴遺 一八・四
奇觚 五・一三・二
周金 五・四・二
簠齋 一尊六
小校 五・三八・三
大系 五
美集録 R 三一七
弗里爾(六七) 四〇五頁
彙編 四・二三二
綜覽・觶形尊 三
銘文選 八六
流傳 陳介祺舊藏
現藏 美國華盛頓弗里爾美術陳列館
來源 考古研究所藏

〇五九九三 作毕方尊

字數 二七(又重文 三)
時代 西周中期
著録 總集 四八六五
日精華 二・一四四
三代補 六四八
彙編 四・二四一
綜覽・觚形尊 一四五
流傳 日本川合定治郎舊藏
現藏 日本京都某氏
來源 彙編

〇五九九四 次尊

字數 三〇
時代 西周中期
著録 總集 四八六九
三代 一一・三五・二
積古 五・二・一
攈古 二・三・五八
奇觚 一七・七・一
故青 一六八
現藏 北京故宮博物院
來源 考古研究所拓

〇五九九五 師艅尊

字數 三〇(又重文 二)
時代 西周中期
著録 考古圖 四・一七
博古 六・三五
嘯堂 二六
薛氏 一〇二
斷代 一四〇
銘文選 二八二
出土 得於京兆(考古圖)
來源 嘯堂

〇五九九六 豐作父辛尊

字數 三一(又重文 二)
時代 西周中期
著録 總集 四八七一
文物 一九七八年三期一一頁圖一五
陝青 二・一八
三代補 九六四
綜覽・觶形尊 二三
銘文選 一六六
辭典 四五一
青全 五・一六〇
吉鑄 九
出土 一九七六年陝西扶風縣莊白村一號窖藏(H 一:一)
現藏 周原扶風文物管理所
來源 周原扶風文物管理所提供

〇五九九七 商尊

字數 二九(又合文 一)
時代 西周早期
著録 總集 四八七〇
文物 一九七八年三期九頁圖七
陝青 二・三
三代補 九五九
綜覽・觚形尊 一一五
銘文選 一四〇
辭典 四四二
美全 四・一五二
青全 五・一五三
出土 一九七六年陝西扶風縣莊白村一號窖藏(H 一:一一)
現藏 周原扶風文物管理所
來源 周原扶風文物管理所提供

〇五九九八 由伯尊

字數 三二
時代 西周早期
著録 總集 四八七二
録遺 二〇三
故青 一三〇
流傳 張瑋舊藏
現藏 北京故宮博物院
來源 考古研究所藏

〇五九九九 士上尊

字數 存三七
時代 西周早期
著録 總集 四八七三
三代 一一・三五・三
日精華 二・一四一
賸稿 三二
白鶴撰 四

白鶴撰 一八
大系 一六
通考 五三六
綜覽・觚形尊 一一三
出土 一九二九年洛陽邙山馬坡
現藏 日本神户白鶴美術館
來源 三代

〇六〇〇〇 子黄尊
字數 存三四（又合文 一）
時代 殷或西周早期
著録 文物 一九八六年一期四五頁 圖六
出土 一九六五年陝西長安縣澧西大原村
現藏 西安市文物管理委員會
來源 考古研究所拓

〇六〇〇一 小子生尊
字數 存 四〇（又合文 一）
時代 西周早期
著録 總集 四八七七
西清 八・四三
古文審 三・一六
斷代 五九
銘文選 一〇四
清宮 清宮舊藏
來源 西清

〇六〇〇二 作册折尊
字數 四二
時代 西周早期
著録 總集 四八七五
陝青 二・一五
銘文選 九〇
辭典 四四一
青全 五・一五四

吉鑄 三
出土 一九七六年陝西扶風縣莊白村一號窖藏（H一：四三）
現藏 周原扶風文物管理所
來源 周原扶風文物管理所提供

〇六〇〇三 保尊
字數 四六
時代 西周早期
著録 總集 四八七六
斷代一 圖版二
録遺 二〇四
斷代 二附
綜覽・觚形尊 一一二
銘文選 三四
美全 四・一五八
辭典 四四六
青全 五・一五九
出土 洛陽
現藏 河南省博物館
來源 考古研究所藏

〇六〇〇四 𥃝尊
字數 四六
時代 西周早期
著録 總集 四八七八
斷代 一六
録遺 二〇五
上海 三七
斷代 一六
彙編 四・一四一
綜覽・觚形尊 一二八
銘文選 九九
辭典 四三九
上海(二〇〇四)二五五
現藏 上海博物館

來源 考古研究所藏

〇六〇〇五 鼉方尊
字數 存 四七（又合文 二）
時代 西周早期或中期
著録 總集 四八八一
書道(平凡) 四八
三代補 八四〇
現藏 美國紐約 Sedgwick
來源 書道

〇六〇〇六 免尊
字數 四九
時代 西周中期
著録 總集 四八八〇
三代 一一・三六・二
寧壽 三・一六
積古 五・三三・二
攈古 三・一・三一
奇觚 一七・一五・二
斷代 一三〇
綜覽・觶形尊 四三
銘文選 二四九
故青 一六九
流傳 清宮舊藏
現藏 北京故宮博物院
來源 考古研究所拓

〇六〇〇七 耳尊
字數 五二
時代 西周早期
著録 總集 四八八三
斷代 六一 圖版七
録遺 二〇六
綜覽・觚形尊 九五
銘文選 一三八
流傳 傳忠謨舊藏

現藏 北京故宮博物院
來源 考古研究所藏

〇六〇〇八 臤尊
字數 五一（又重文 二）
時代 西周中期
著録 總集 四八八四
三代 一一・三六・三
攈古 三・一・三四
愙齋 一三・一二・一
綴遺 一八・二二
奇觚 一七・七・二
周金 五・三・一
大系 三三
小校 五・三九・一
銘文選 一八六
辭典 四五〇
上海(二〇〇四) 三三九
現藏 上海博物館
來源 考古研究所藏

〇六〇〇九 效尊
字數 存五七（又重文 三、合文 三）
時代 西周早期
著録 總集 四八八五
三代 一一・三七・一
攈古 三・一・六五
大系 八七
海外吉 七〇
白鶴 九
通考 五四四
日精華 二・一五六
斷代 八〇
彙編 三・一〇〇
綜覽・觶形尊 一〇
銘文選 二二四

青全 五・一六一
出土 洛陽
流傳 陳介祺、日本嘉納舊藏(羅表)
現藏 日本神户白鶴美術館
拓片 三代

○六○一○ 蔡侯尊
字數 九二(又重文三)
時代 春秋晚期
著録 總集 四八八七
蔡侯墓 圖版三七
五省 圖版四五
銘文選 五八七
出土 一九五五年安徽壽縣蔡侯墓
(二六:一)
現藏 中國歷史博物館
來源 考古編輯室檔案

○六○一一 盠駒尊
字數 一○三(器 九二,又重文二、
蓋一一)
時代 西周中期
著録 總集 四八八八
文物 一九五七年四期六頁上
陝圖 五七
學報 一九五七年二期圖版二左
斷代 一二二
陝青 三・一九四
綜覽・鳥獸形尊 二三
歷博 五六
銘文選 二六二
辭典 四五六
美全 四・二二一
青全 五・一六九
出土 一九五五年陝西郿縣李家村窖藏
現藏 中國歷史博物館

來源 考古編輯部檔案

○六○一二 盠駒尊蓋
字數 一一
時代 西周中期
著録 總集 四八八九
文物 一九五七年四期六頁
右下
陝圖 五八
學報 一九五七年二期圖版
二・二
陝青 三・一九五
銘文選 二六三
出土 一九五五年陝西郿縣李家村窖藏
現藏 陝西省博物館
來源 考古編輯室檔案

○六○一三 盠方尊
字數 一○五(又重文二)
時代 西周中期
著録 總集 四八九○
文物 一九五七年四期八頁
陝圖 五六
學報 一九五七年二期圖版三
斷代 一二二
陝青 三・一九三
銘文選 三一四
辭典 四五五
青全 五・一六四
出土 一九五五年陝西郿縣李家村窖藏
現藏 陝西省博物館
來源 考古編輯室檔案
備注 ○九八九九・二重出

○六○一四 何尊
字數 一一九(又合文三)
時代 西周早期

著録 總集 四八九一
文物 一九七六年一期六二頁
圖一
陝青 四・九七
三代補 九○一
綜覽・觚形尊 八三
銘文選 三二
辭典 四四四
美全 四・一四六
青全 五・一五二
出土 一九六三年陝西寶鷄縣賈村
現藏 寶鷄市博物館
來源 考古研究所拓

○六○一五 麥方尊
字數 一六四(又重文三)
時代 西周早期
著録 總集 四八九二
西清 八・三三
大系 二○
銘文選 六七
流傳 清宫舊藏
來源 西清

○六○一六 矢令方尊
字數 一八四(又重文二)
時代 西周早期
著録 總集 四八九三
三代 一一・三八・二
貞松 七・一九
善齋 四・九三
大系 三
小校 五・四二
善彝 一三二
安徽金石 一・三一
通考 五五四

故圖下下 二二五・二二六
彙編 二・一三
綜覽・觚形尊 一一六
銘文選 九六
酒器 一三二頁
周録 三二
出土 一九二九年洛陽馬坡
流傳 劉體智舊藏
現藏 臺北故宫博物院
來源 考古研究所藏

觶類

○六○一七~○六五一六

○六○一七 辛觶
字數 一
時代 殷
著録 文叢 三・四七圖一
出土 一九七六年山西省靈石縣旌介村
墓葬
現藏 山西省博物館
來源 文叢

○六○一八 癸觶
字數 一
時代 殷
著録 總集 六三一七
三代 一四・三四・七
貞松 九・一二・三
海外吉 八二
泉屋 二・九三
彙編 七・九八三
綜覽・觶 一二

泉屋博古 圖六六拓一三
現藏 日本京都泉屋博古館
來源 三代

〇六〇一九 癸觶
字數 一
時代 殷
著録 總集 六三一八
三代 一四・三四・八
貞松 九・一二・四
來源 三代

〇六〇二〇 子觶
字數 一
時代 殷
著録 未見
現藏 北京故宮博物院
來源 考古研究所拓

〇六〇二一 子觶
字數 一
時代 殷
著録 小校 五・六八・八
善齋 五・四六
流傳 劉體智舊藏
來源 考古研究所藏

〇六〇二二 [illegible]觶
字數 一
時代 殷
著録 總集 六二八五
三代 一四・三二・五
殷存下 二八・七
現藏 上海博物館
來源 三代

〇六〇二三 英觶
字數 一
時代 殷
著録 總集 六五二一
三代 一四・四九・三
續殷下 四八・九
來源 考古研究所藏

〇六〇二四 英觶
字數 一
時代 殷
著録 總集 六二八六
三代 一四・三五・九
貞續中 三一・四
續殷下 四八・八
小校 五・七一・一
故圖下下 四五七
商圖 三三
流傳 容庚舊藏(羅表)
現藏 臺北故宮博物院
來源 續殷

〇六〇二五 夫觶
字數 一
時代 西周早期
著録 未見
現藏 北京故宮博物院
來源 考古研究所拓

〇六〇二六 [illegible]觶
字數 一
時代 殷
著録 總集 六三三三
文物 一九六四年四期四二頁
圖二・八
山東選 二五頁圖六七
綜覽・觶 三五
出土 一九五七年山東長清縣興復河
墓葬
現藏 山東省博物館
來源 山東選

〇六〇二七 文觶
字數 一
時代 殷或西周早期
著録 總集 六三三〇
文物 一九五八年五期七三頁
出土 一九五一年河南魯山縣倉頭村
現藏 河南省博物館
來源 文參

〇六〇二八 羞觶
字數 一(器蓋同銘，三處有字)
時代 殷
著録 日精華 二・一二〇
三代補 六四二
彙編 九・一七六九
綜覽・觶 五四
流傳 明治末年運日，桑名鐵城舊藏
現藏 日本東馬三郎氏
來源 綜覽
備注 羞舊誤作羌字，綜覽銘文拓
本全

〇六〇二九 [illegible]觶
字數 一(器蓋同銘)
時代 西周早期
著録 未見
出土 洛陽
現藏 旅順博物館
來源 考古研究所拓

〇六〇三〇 光觶
字數 一
時代 殷
著録 總集 六三二〇
使華 一四
通考 五六九
三代補 七五九
彙編 八・一二五二
出土 安陽
現藏 德國陶德曼舊藏
來源 彙編

〇六〇三一 𡼨觶
字數 一
時代 西周早期
著録 總集 六三一三
三代 一四・三四・一二
貞松 九・一三・一
善齋 五・五四
續殷下 四九・四
小校 五・六九・三
善彝 一三七
故圖下下 三九五
綜覽・觶 一〇三
出土 近出洛陽(貞松)
流傳 劉體智舊藏
現藏 臺北故宮博物院
來源 考古研究所藏

〇六〇三二 [illegible]觶
字數 一
時代 殷
著録 總集 六三三四
文物 一九六五年七期二七頁圖
一・八
出土 一九六三年山東蒼山縣層山鄉東
高堯村
現藏 山東臨沂縣文物收集組
來源 文物
備注 文物拓本倒置

〇六〇三三 舌觶
字數 一

時代 殷
著録 未見
現藏 中國歷史博物館
來源 考古研究所拓

〇六〇三四 鳴觶

字數 一
時代 殷
著録 美集録 R 一八五
綜覽・觶 五〇
薩克勒(西周) 九九
現藏 美國華盛頓薩克勒美術館
來源 考古研究所藏

〇六〇三五 [illegible]觶

字數 一
時代 殷
著録 總集 補二五
古器物研究專刊第五本 圖版三九
綜覽・觶 六
出土 一九三五年安陽侯家莊西北崗一七六八號墓
現藏 歷史語言研究所
來源 綜覽

〇六〇三六 [illegible]觶蓋

字數 一
時代 殷
著録 總集 六三一三
三代 一二・三六・九
貞松 八・二・一
流傳 方若舊藏
現藏 中國歷史博物館
來源 考古研究所拓
備注 三代誤作卣蓋

〇六〇三七 [illegible]觶

字數 一
時代 殷
著録 總集 六三一三
三代 一四・三四・二
貞松 九・一〇・四
小校 五・六九・五
來源 三代
備注 小校拓本倒置

〇六〇三八 徙觶

字數 一(器蓋同銘)
時代 殷
著録 總集 六三一一
三代 一四・三三・一一～三四・一
從古 七・二〇
攈古 一・二・六一
綴遺 二三・一三・一
敬吾下 六〇・一
續殷下 四八・二～三
小校 五・七〇・二
流傳 夏之盛舊藏(羅表)
來源 三代
備注 敬吾、續殷器蓋銘順序與三代相反

〇六〇三九 [illegible]觶

字數 一
時代 殷
著録 總集 六三三二
録遺 三六〇
來源 録遺

〇六〇四〇 聿觶

字數 一(器蓋同銘)
時代 殷
著録 總集 六三〇九
三代 一四・三三・六～七
愙齋 一四・八・一～二
希古 五・一六・二
續殷上 六三・五～六
小校 四・七一・四～五
流傳 烏程顧氏舊藏(希古)
來源 三代
備注 愙齋、續殷、小校稱壺

〇六〇四一 受觶

字數 一
時代 殷
著録 總集 四四七七
三代 一一・二・七
西清 一四・三三
殷存上 二〇・一〇
流傳 清宮舊藏
來源 三代
備注 此器舊稱爲尊，爲毁

〇六〇四二 [illegible]觶

字數 一(器蓋同銘)
時代 殷
著録 總集 六三一〇
三代 一四・三三・九～一〇
十二雪 一四
通考 五七二
綜覽・觶 三四
流傳 孫壯舊藏
來源 考古研究所藏

〇六〇四三 [illegible]觶

字數 一
時代 殷
著録 總集 六三一二
三代 一四・三四・三
貞松 九・一五・四
善齋 五・六〇
小校 五・七三・四
頌續 七八
流傳 劉體智、容庚舊藏
現藏 廣州市博物館
來源 考古研究所藏

〇六〇四四 鼓觶

字數 一
時代 殷
著録 總集 六三〇八
三代 一四・三三・八
來源 考古研究所藏

〇六〇四五 史觶

字數 一
時代 殷
著録 西清 二六・一六
流傳 清宮舊藏
來源 西清

〇六〇四六 史觶

字數 一
時代 殷
著録 攈古 一・一・六
綴遺 二三・六・一
來源 綴遺

〇六〇四七 史觶

字數 一
時代 殷
著録 上海(二〇〇四)一二九
現藏 上海博物館
來源 上海博物館提供

〇六〇四八 史觶蓋

字數 一
時代 殷
著録 未見

現藏 英國
來源 考古研究所藏

〇六〇四九 史觶

字數 一
時代 殷
著録 未見
現藏 北京故宮博物院
來源 考古研究所拓

〇六〇五〇 □觶

字數 一
時代 殷
著録 總集 六三二八
美集録 R 一八
綜覽・觶 五五
現藏 美國紐約貝克曼氏
來源 考古研究所藏

〇六〇五一 □觶

字數 一
時代 殷
著録 故青 九〇
出土 傳出安陽
現藏 北京故宮博物院
來源 考古研究所拓

〇六〇五二 □觶

字數 一
時代 殷
著録 總集 六三二六
皮斯柏 八七頁圖三七
美集録 R 五四
彙編 九・一五七五
綜覽・觶 一一
流傳 曾在美國盧芹齋
現藏 美國米里阿波里斯美術館(皮斯柏藏品)

來源 彙編

〇六〇五三 戈觶

字數 一
時代 殷
著録 總集 六二九七
三代 一四・三二・一〇
窓齋 二〇・一六・一
綴遺 二三・一一
陶續 二・一四
殷存下 二六・八
小校 五・六七・六
索思比(一九八四・六倫敦)五四頁
流傳 潘祖蔭、端方舊藏(羅表)
現藏 英國倫敦索思比公司
來源 考古研究所藏

〇六〇五四 戈觶

字數 一
時代 殷
著録 總集 六三〇二
三代 一四・三三・三
來源 考古研究所藏

〇六〇五五 戈觶

字數 一
時代 殷
著録 總集 六三〇七
文物 一九六四年四期四二頁圖二・九
出土 一九五七年山東長清縣興復河墓葬(二五號)
現藏 山東省博物館
來源 文物

〇六〇五六 戈觶

字數 一
時代 西周早期
著録 總集 六三〇〇
三代 一四・三三・一
窓齋 二〇・一六・二
續殷下 四九・九
小校 五・六七・七
來源 三代

〇六〇五七 戈觶

字數 一
時代 西周早期
著録 總集 六三〇三
三代 一四・三三・四
殷存下 二六・七
現藏 北京故宮博物院
來源 考古研究所拓

〇六〇五八 戈觶

字數 一
時代 西周早期
著録 總集 六三〇四
三代 一四・三三・五
來源 三代

〇六〇五九 戈觶

字數 一
時代 西周早期
著録 總集 六二九六
三代 一四・三二・九
綴遺 二三・一・二
貞續中 三〇・三
希古 五・一六・三
續殷下 四九・七
彙編 九・一五二六
現藏 北京故宮博物院
來源 考古研究所拓

〇六〇六〇 戈觶

字數 一
時代 西周早期
著録 總集 六二九八
三代 一四・三二・一一
貞續中 三〇・四
來源 三代

〇六〇六一 戈觶

字數 一
時代 西周早期
著録 總集 六二九九
三代 一四・三二・一二
貞松 九・一〇・二
小校 五・六七・五
流傳 徐乃昌舊藏
來源 三代

〇六〇六二 戈觶

字數 一
時代 西周早期
著録 博古 一六・一二
薛氏 四二・七
嘯堂 五〇
來源 嘯堂

〇六〇六三 戈觶

字數 一
時代 西周早期
著録 總集 六三〇五
歐精華 一・五〇
通考 五七八
三代補 六一〇
彙編 九・一五二五
綜覽・觶 一〇五
現藏 法國巴黎王涅克氏
來源 綜覽

〇六〇六四 戈觶

字數 一

時代 西周早期
著録 青全 五・一一九
辭典 五四四
出土 一九七一年洛陽北窑村墓葬
現藏 洛陽市文物工作隊
來源 考古研究所拓

〇六〇六五 戈觶
字數 一
時代 西周早期
著録 湖南考古輯刊 一集二二頁
圖四・五圖版八・五
出土 一九八一年湘潭縣青山橋鄉老屋
村窖藏（J：二）
現藏 湖南省博物館
來源 湖南省博物館提供

〇六〇六六 戈觶
字數 一
時代 西周早期
著録 總集 六三〇六
善齋 五・五二
頌續 七六
小校 五・六七・八
續殷下 五〇・二
綜覽・觶 一四八
出土 洛陽
流傳 劉體智舊藏
來源 善齋

〇六〇六七 弢觶
字數 一
時代 殷或西周早期
著録 總集 六二九二
彙編 八・一三五〇
青全 二・一四〇
現藏 美國舊金山亞洲美術博物館（布倫
戴奇藏品）
來源 彙編

〇六〇六八 馬觶
字數 一
時代 西周早期
著録 總集 六二九一
學報 一九八〇年四期四六八
頁圖一六・三
出土 一九七六年陝西長安縣張家坡墓
葬（M二八：三）
現藏 考古研究所西安研究室
來源 考古研究所拓

〇六〇六九 犧形銘觶
字數 一
時代 殷
著録 總集 六二九〇
三代 一四・三二・六
愙齋 二〇・一一
續殷下 四八・一
小校 五・六九・四
流傳 許煦堂舊藏（羅表）
現藏 上海博物館
來源 考古研究所藏

〇六〇七〇 萬觶
字數 一
時代 殷
著録 未見
現藏 北京故宮博物院
來源 考古研究所拓

〇六〇七一 萬觶
字數 一
時代 殷
著録 總集 六二九五
三代 一四・三二・八
綜覽・觶 四五
現藏 日本兵庫縣黑川古文化研究所
來源 綜覽

〇六〇七二 鳶觶
字數 一
時代 殷
著録 總集 六二九三
三代 一四・三二・七
貞松 九・一〇・三
出土 近出洛陽（貞松）
來源 三代

〇六〇七三 冋觶
字數 一
時代 殷
著録 綴遺 二三・七・一
來源 綴遺

〇六〇七四 冋觶
字數 一
時代 殷
著録 出光（十五周年） 三九四頁一三
中藝 圖五九拓四九b
現藏 日本東京出光美術館
來源 出光美術館提供。缺器銘

〇六〇七五 冋觶
字數 一
時代 西周早期
著録 小校 五・六七・四
來源 考古研究所藏

〇六〇七六 冋觶
字數 一
時代 西周早期
著録 未見
現藏 北京故宮博物院
來源 考古研究所拓

〇六〇七七 戉觶
字數 一
時代 殷
著録 總集 六三三一
三代 一四・三四・九
貞松 九・一一・三
小校 五・六七・二
現藏 英國牛津雅士莫里博物館
來源 考古研究所藏

〇六〇七八 戉觶
字數 一
時代 西周早期
著録 貞松 九・一一・四
小校 五・六七・三
善齋 五・五一
流傳 劉體智舊藏
來源 考古研究所藏

〇六〇七九 戉觶
字數 一
時代 西周早期
著録 美集録 R 六四
現藏 美國梅葉爾氏
來源 考古研究所藏

〇六〇八〇 戉觶
字數 一
時代 西周早期
著録 未見
現藏 北京故宮博物院
來源 考古研究所拓

〇六〇八一 戉觶
字數 一
時代 西周早期
著録 湖南考古輯刊一集二二頁圖
四・四、圖五・二

出土 一九八一年湘潭縣青山橋鄉老屋村窖藏(J：三)
現藏 湖南省博物館
來源 湖南省博物館提供

〇六〇八二 爻觶

字數 一
時代 西周早期
著録 總集 六三二二
三代 一四・三四・一〇
寧壽 一一・三
貞續中 三〇・二
續殷下 五一・一
故宮 三六期
通考 五八五
故圖下上 二〇・三
綜覽・觶 一三一
禮器 三〇九頁
流傳 清宮舊藏
現藏 臺北故宮博物院
來源 考古研究所藏

〇六〇八三 旬觶

字數 一
時代 殷
著録 總集 六三一九
三代 一四・三四・一一
貞松 九・一二・一
小校 五・六八・六
來源 考古研究所藏

〇六〇八四 乀觶

字數 一
時代 西周早期
著録 總集 六三二七
美集録 R 二三〇
綜覽・觶 一〇九
現藏 美國戴維斯氏
來源 考古研究所藏

〇六〇八五 串觶

字數 一
時代 殷
著録 總集 六三二四
三代 一四・三五・一
綴遺 二四・七・二
殷存下 二六・九
小校 五・二一・八 (又五・六九・七)
流傳 孫汝梅舊藏(羅表)
來源 考古研究所藏

〇六〇八六 巫觶

字數 一
時代 西周早期
著録 總集 六三二六
三代 一四・三四・六
綴遺 二四・六・二
奇觚 六・一七・一
周金 五・一三五・三
簠齋 二觶一四
希古 五・一七・一
貞圖中 一
通考 五八〇
小校 五・六九・八
綜覽・觶 一三〇
流傳 陳介祺、羅振玉舊藏
來源 考古研究所藏

〇六〇八七 中觶

字數 一
時代 西周早期
著録 總集 六三三二
考古與文物 一九八一年一期六頁圖三・五
出土 一九八〇年陝西寶鷄縣戴家灣
現藏 寶鷄市博物館
來源 考古研究所拓

〇六〇八八 仲觶

字數 一
時代 西周早期
著録 未見
來源 考古研究所藏

〇六〇八九 仲觶

字數 一
時代 西周早期
著録 未見
現藏 北京故宮博物院
來源 考古研究所拓

〇六〇九〇 京觶

字數 一
時代 西周早期
著録 未見
出土 一九七九年山東濟陽縣劉臺子墓葬
現藏 山東濟陽縣圖書館
來源 濟陽縣圖書館提供

〇六〇九一 且甲觶

字數 二
時代 西周早期
著録 總集 六三四四
三代 一四・三五・一〇
貞松 九・一三・三
續殷下 五一・七
小校 五・七一・三
流傳 盛昱舊藏
現藏 北京故宮博物院
來源 考古研究所拓

〇六〇九二 且丙觶

字數 二
時代 西周早期
著録 貞松 九・一三・四
來源 貞松

〇六〇九三 且丁觶

字數 二
時代 殷
著録 西清 八・三
流傳 清宮舊藏
來源 西清

〇六〇九四 且丁觶

字數 二
時代 殷
著録 總集 六三四五
三代 一四・三五・一一
貞續中 三二・一
小校 五・七一・四
來源 三代

〇六〇九五 且辛觶

字數 二
時代 西周早期
著録 總集 六三四六
三代 一四・三五・一二
現藏 旅順博物館
來源 考古研究所藏

〇六〇九六 且辛觶

字數 二
時代 西周早期
著録 善齋 五・五五
小校 五・七一・五
故圖下下 三九六
綜覽・觶 九九
流傳 劉體智舊藏

現藏 臺北故宮博物院
來源 善齋

〇六〇九七 父乙觶
字數 二
時代 殷
著録 總集 六三四七
文物 一九六四年四期四二頁
圖二・一〇
綜覽・觶 二四
出土 一九五七年山東長清縣興復河北岸
現藏 山東省博物館
來源 考古研究所拓

〇六〇九八 乙父觶
字數 二(器蓋同銘)
時代 殷
著録 白鶴吉 一九
通考 五七一
三代補 七八一
彙編 七・九六五
綜覽・觶 四九
出土 安陽
現藏 日本神户白鶴美術館
來源 綜覽

〇六〇九九 父乙觶
字數 二
時代 殷
著録 未見
現藏 北京故宮博物院
來源 考古研究所藏

〇六一〇〇 父乙觶
字數 二
時代 西周早期
著録 琉璃河 一七三頁圖 一〇三・一
出土 一九七四年北京房山縣琉璃河西周墓(M五〇:五)
現藏 首都博物館
來源 考古研究所拓

〇六一〇一 父乙觶
字數 二
時代 西周早期
著録 西清 二六・二
積古 二・一四・五
攈古 一・一・二五
流傳 清宮舊藏
來源 攈古

〇六一〇二 父丙觶
字數 二
時代 西周早期
著録 小校 五・七一・七
來源 考古研究所藏

〇六一〇三 父丁觶
字數 二
時代 殷
著録 總集 六三五一
三代 一四・三六・一
來源 三代

〇六一〇四 父丁觶
字數 二
時代 殷
著録 總集 六三五二
三代 一四・三六・二
綴遺 二三・二九・二
貞松 九・一四・一
流傳 劉體智舊藏(羅表)
來源 三代

〇六一〇五 父丁觶
字數 二
時代 殷
著録 總集 六三四九
三代 一四・三六・四
殷存下 二七・一
流傳 丁筱農舊藏(羅表)
來源 三代

〇六一〇六 父丁觶
字數 二
時代 殷
著録 總集 六三五〇
三代 一四・三六・五
殷存下 二六・一二
來源 三代

〇六一〇七 父丁觶
字數 二
時代 殷
著録 長安 一・四二
綴遺 二三・二九・一
出土 長安
流傳 劉喜海舊藏
來源 綴遺

〇六一〇八 父丁觶
字數 二
時代 西周早期
著録 總集 六三五三
三代 一四・三六・三
來源 三代

〇六一〇九 父丁觶
字數 二
時代 西周早期
著録 總集 六三四八
三代 一四・三六・六
貞續中 三二・二
來源 三代

〇六一一〇 父丁觶
字數 二
時代 西周早期
著録 恒軒 八五
流傳 吴大澂舊藏
現藏 北京故宮博物院
來源 考古研究所拓

〇六一一一 父丁觶
字數 二(器蓋同銘)
時代 西周早期
著録 未見
流傳 瀋陽故宮舊藏
現藏 遼寧省博物館
來源 考古研究所拓

〇六一一二 父丁觶
字數 二
時代 西周早期
著録 總集 六三五四
十六 一・七
積古 二・一三・四
攈古 一・一・二五・二
流傳 錢坫舊藏
來源 攈古

〇六一一三 父丁觶
字數 二
時代 西周早期
著録 善齋 五・五六
小校 五・七一・八
流傳 劉體智舊藏
來源 小校

〇六一一四 父丁觶
字數 二
時代 西周早期
著録 綜覽・觶 一一二

來源 綜覽

○六一一五 父戊觶

字數 二
時代 殷
著録 總集 六三五七
文物 一九七四年一期七七頁圖五
綜覽・觶 三七
出土 一九七三年山東鄒縣小西韋村
現藏 山東鄒縣文物保管所
來源 考古研究所拓

○六一一六 父戊觶

字數 二
時代 西周早期
著録 考古 一九八四年九期七八六頁圖三・五
出土 一九六一年陝西長安縣張家坡墓葬(M一〇六：七)
現藏 考古研究所西安研究室
來源 考古研究所拓

○六一一七 父戊觶

字數 二
時代 西周早期
著録 總集 六三五五
三代 一四・三六・七
貞松 九・一四・二
善齋 五・五七
小校 五・七二・一
流傳 劉體智舊藏
來源 考古研究所藏

○六一一八 父戊觶

字數 二
時代 西周早期
著録 總集 六三五六
善齋 五・五八
小校 五・五七・二
貞松 九・一四・三
續殷下 五二・三
流傳 劉體智舊藏
來源 考古研究所藏
備注 貞松九・一四・二與九・一四・三誤作一器，今據小校分爲二器

○六一一九 父己觶

字數 二
時代 殷
著録 總集 六三五八
三代 一四・三六・八
貞松 九・一四・五
現藏 北京故宮博物院
來源 考古研究所拓

○六一二〇 父己觶

字數 二
時代 殷
著録 總集 六三五九
三代 一四・三六・九
貞松 九・一四・四
武英 一四〇
續殷下 五二・四
小校 五・七二・三
故圖下下 三九九
流傳 承德避暑山莊舊藏
現藏 臺北故宮博物院
來源 考古研究所藏

○六一二一 父己觶

字數 二
時代 西周早期
著録 總集 六三六〇
考古 一九六三年一二期六五七頁圖九・一
陝青 三・一四
綜覽・觶 九六
出土 一九六〇年陝西扶風、岐山縣界墓葬(M八)
現藏 陝西省博物館
來源 考古編輯部檔案

○六一二二 父己觶

字數 二
時代 西周早期
著録 未見
現藏 上海博物館
來源 上海博物館提供

○六一二三 父庚觶

字數 二
時代 西周早期
著録 總集 六三六一
三代 一四・三六・一〇
來源 考古研究所藏

○六一二四 父庚觶

字數 二
時代 西周早期
著録 貞松 九・一五・一
善齋 五・五九
小校 五・七二・四
流傳 劉體智舊藏
現藏 北京故宮博物院
來源 考古研究所拓

○六一二五 父辛觶

字數 二
時代 西周早期
著録 總集 六三六四
三代 一四・三六・一一
西清 二六・三
窓齋 二〇・九・四
綴遺 二三・三〇・一
殷存下 二七・二
小校 五・七二・七
流傳 清宮、潘祖蔭舊藏(綴遺)
來源 考古研究所藏

○六一二六 父辛觶

字數 二
時代 西周早期
著録 未見
現藏 北京故宮博物院
來源 考古研究所拓

○六一二七 父辛觶

字數 二
時代 西周早期
著録 故圖下上 一九九
綜覽・觶 六二
現藏 臺北故宮博物院
來源 故圖

○六一二八 父辛觶

字數 二
時代 西周早期
著録 總集 六三六三
三代 一四・三七・一
貞續中 三一・三
小校 五・七二・六
來源 三代

○六一二九 父辛觶

字數 二
時代 西周早期
著録 總集 六三六五
三代 一四・三七・二
貞松 九・一五・二

現藏 中國歷史博物館
來源 考古研究所藏

〇六一三〇 父癸觶

字數 二
時代 西周早期
著録 總集 六三六六
三代 一四・三七・三
來源 三代

〇六一三一 父癸觶

字數 二
時代 西周早期
著録 總集 六三六七
三代 一四・三七・四
貞松 九・一五・三
續殷下 五二・一二
流傳 商承祚舊藏
來源 考古研究所藏

〇六一三二 父癸觶

字數 二
時代 西周早期
著録 未見
流傳 馬衡舊藏
來源 考古研究所藏

〇六一三三 逆父觶

字數 存二
時代 西周早期
著録 貞補中 二〇・三
來源 貞補

〇六一三四 母戊觶

字數 二
時代 殷
著録 總集 六三七一
三代 一四・三七・七
善齋 五・六一
續殷下 五三・三
小校 五・七三・三
頌續 七四
來源 考古研究所藏

〇六一三五 丁母觶

字數 二（器蓋同銘）
時代 西周早期
著録 總集 六三七〇
三代 一四・三七・五～六
西清 二六・一四
綴遺 二三・三〇・二
周金 五・一三四・三～四
貞續中 三三・一～二
續殷下 五三・一～二
小校 五・七三・一～二
彙編 八・一一九二
流傳 清宮、方濬益舊藏
來源 三代

〇六一三六 子嬰觶

字數 二（器蓋同銘）
時代 殷
著録 未見
出土 傳安陽大司空村南地出土
現藏 加拿大多倫多安大略博物館
來源 考古研究所藏

〇六一三七 子梟觶

字數 二
時代 殷
著録 總集 六三七七
三代 一四・三七・一一
殷存下 二七・七
來源 三代

〇六一三八 子梟觶

字數 二
時代 殷
著録 總集 六三七八
三代 一四・三七・一二
綴遺 二三・一四・一
來源 考古研究所藏

〇六一三九 子刀觶

字數 二
時代 殷
著録 總集 六三七九
三代 一四・三八・二
窓齋 二〇・一七・一
綴遺 二三・三・二
奇觚 六・一七・二
簠齋 二觶一五
續殷下 五三・八
小校 五・七三・六
流傳 陳介祺舊藏
來源 考古研究所藏

〇六一四〇 子弓觶

字數 二
時代 殷
著録 總集 六三八〇
三代 一四・三八・一
西清 二六・二三
續殷下 五三・七
故圖下上 二〇二
綜覽・觶 二九
商圖 四
流傳 清宮舊藏
現藏 臺北故宮博物院
來源 考古研究所藏

〇六一四一 婦好觶

字數 二
時代 殷
著録 總集 六四〇六
婦好墓 七二頁圖四七・六
殷青 圖四六・四
出土 一九七六年安陽殷墟婦好墓（M五：八一〇）
現藏 考古研究所
來源 考古研究所拓

〇六一四二 婦冬觶

字數 二
時代 殷
著録 總集 六三一四
三代 一四・三四・四
貞松 九・一一・一
流傳 羅振玉舊藏
現藏 北京故宮博物院
來源 考古研究所藏

〇六一四三 婦嫡觶

字數 二
時代 殷
著録 總集 六三八四・二
美集録 R二八
綜覽・觶 四二
現藏 美國麥克阿爾平氏
來源 考古研究所藏
備注 蓋銘不清，未收

〇六一四四 山婦觶

字數 二
時代 殷
著録 總集 六四〇二
録遺 三六三
故青 四五
流傳 德人楊寧史舊藏
現藏 北京故宮博物院
來源 考古研究所拓

○六一四五　□婦觶
字數　二
時代　殷
著録　總集　六三八一
三代　一四・三八・三
殷存下　二七・六
來源　考古研究所藏

○六一四六　□婦觶
字數　二
時代　殷
著録　總集　六三八二
三代　一四・三八・四
殷存下　二七・五
旅順　二二
流傳　王錫棨舊藏（羅表）
旅順博物館
來源　考古研究所藏

○六一四七　□婦觶
字數　二（器蓋同銘）
時代　殷
著録　總集　六三八三
三代　一四・三八・五～六
續殷下　五三・五～六
鄴三下　一
綜覽・觶　二七
出土　傳出安陽
來源　考古研究所藏

○六一四八　婦姦觶
字數　二
時代　殷
著録　總集　六三八六
三代　一四・三八・八
出土　傳出安陽
現藏　北京故宮博物院
來源　考古研究所藏

○六一四九　盈女觶
字數　二
時代　殷
著録　總集　六四〇四
録遺　三六五
來源　考古研究所藏

○六一五〇　雚母觶
字數　二
時代　殷
著録　總集　六三八五
三代　一四・三八・七
小校　五・七三・五
冠斝中　三八
通考　五七〇
流傳　榮厚舊藏
來源　三代

○六一五一　戈母觶
字數　二
時代　西周早期
著録　總集　六三七六
三代　一四・三七・一〇
貞松　九・一六・三
來源　三代

○六一五二　□觶
字數　二
時代　殷
著録　總集　六四〇一
録遺　三六二
來源　録遺

○六一五三　□辛觶
字數　二
時代　殷
著録　未見
現藏　北京故宮博物院
來源　考古研究所拓

○六一五四　戈辛觶
字數　二
時代　殷
著録　總集　六三七五
三代　一四・三七・九
愙齋　二〇・一六・三
陶齋　三・三〇
殷存下　二七・三
小校　五・七三・八
流傳　李佐賢舊藏（羅表），後歸馮公度
現藏　北京故宮博物院
來源　考古研究所藏

○六一五五　聑兜觶
字數　二
時代　殷
著録　總集　六三八七
三代　一四・三八・九
續殷下　四九・二
小校　五・七五・五
來源　考古研究所藏

○六一五六　亞吴觶
字數　二
時代　殷
著録　總集　六三三八（〇一六七）
三代　一四・三五・六
貞續中　三一・二
來源　考古研究所藏
備注　或稱鼎，〇一四二九重出，因未見器形暫據三代入觶

○六一五七　亞㠱觶
字數　二
時代　殷
著録　總集　六三三六
三代　一四・三一・四
善齋　五・四八
續殷下　四八・一〇
來源　考古研究所藏

○六一五八　亞微觶
字數　二（器蓋同銘）
時代　殷
著録　總集　六三三九
三代　一四・三五・四～五
十二貯　一六
鄴初上　二五
續殷下　五一・四～五
通考　五七四
出土　傳出安陽
流傳　王辰舊藏
來源　考古研究所藏

○六一五九　亞醜觶
字數　二
時代　殷
著録　總集　六三四一
三代　一四・三五・八
貞松　九・一三・二
貞圖中　二
續殷下　五〇・一〇
流傳　羅振玉舊藏
來源　考古研究所藏

○六一六〇　亞醜觶
字數　二
時代　殷
著録　學報第二册　一七二頁圖版二・一〇
出土　一九三一年山東益都縣蘇埠屯
來源　學報

○六一六一　亞□觶

字數 二
時代 殷或西周早期
著録 總集 六三四〇 三代 一四・三五・七

〇六一六二 亞重觶
字數 二
時代 殷
出土 陝西鳳翔(孫表)
來源 三代
著録 總集 六三三七 三代 一四・三五・三 續殷下 四九・三

〇六一六三 亞井觶
字數 二
時代 殷
著録 總集 六四〇〇 録遺 三六一
來源 録遺

〇六一六四 亞□觶
字數 二(器蓋同銘)
時代 殷
著録 總集 六三四二 弗里爾(六七) 三九七頁 美集録 R 一三二 彙編 八・一〇七五
流傳 曾在美國盧芹齋
現藏 美國華盛頓弗里爾美術陳列館
來源 考古研究所藏

〇六一六五 亞隻觶蓋
字數 二
時代 殷
著録 未見
流傳 冀朝鼎舊藏
現藏 北京故宮博物院
來源 考古研究所拓

〇六一六六 □觶
字數 二
時代 殷
著録 未見
現藏 英國 Ingrom 氏
來源 考古研究所藏

〇六一六七 㚔旅觶
字數 二
時代 西周早期
著録 總集 六二八四 三代 一四・三二・一 貞續中 三二・一 小校 五・六八・三 上海(二〇〇四) 一二二
現藏 上海博物館
來源 考古研究所藏

〇六一六八 史犬觶
字數 二
時代 西周早期
著録 小校 五・七五・二
來源 考古研究所藏

〇六一六九 史農觶
字數 二
時代 西周早期
著録 總集 六四〇七 綴遺 二四・一八・二 周金 五・一三三・一 夢郼上 三八 小校 五・七五・一
流傳 劉鶚、王辰、羅振玉舊藏(羅表)
來源 考古研究所藏

〇六一七〇 大丏觶
字數 二
時代 殷或西周早期
著録 善齋 五・六三 小校 五・七四・五
流傳 劉體智舊藏
來源 考古研究所藏
備注 第二字對稱重出

〇六一七一 羊冊觶
字數 二
時代 西周早期
著録 總集 六三九七 陝青 二・一一 綜覽・觶 一一八
出土 一九七六年陝西扶風縣莊白家村窖藏(H一:七二)
現藏 周原扶風文物管理所
來源 周原扶風文物管理所提供

〇六一七二 冊□觶
字數 二
時代 殷
著録 總集 六五三二 從古 三・二四 攈古 一・二・一二 憲齋 二〇・一一・二 綴遺 二三・二三 清儀 一・三二・二 續殷下 四二・六 小校 五・八八・一
流傳 張廷濟舊藏
來源 考古研究所藏

〇六一七三 康侯觶
字數 二
時代 西周早期
著録 綜覽・觶 七一
流傳 英國 Ingrom 舊藏
現藏 英國牛津雅士莫里博物館
來源 考古研究所藏

〇六一七四 雁公觶
字數 二
時代 西周早期
著録 總集 六四〇五 攈古 一・一・二五 綴遺 二四・一八・一 敬吾下 五九・五 周金 五・一三三・三 斷代 五六 綜覽・觶 一〇二
流傳 吳式芬舊藏(攈古録)
來源 考古研究所藏

〇六一七五 伯須觶
字數 二
時代 西周早期
著録 總集 六三八八 三代 一四・三八・一〇 貞補中 二〇・一
來源 考古研究所藏

〇六一七六 □丁觶
字數 二
時代 殷
著録 總集 六三六九 二百 三 兩罍 二・一八 綴遺 二三・二〇・一
流傳 吳雲舊藏
來源 兩罍

〇六一七七 □戊觶
字數 二
時代 殷

著録 總集 六三六八
巖窟上 六一
綜覽・觶 一三
故青 四七
出土 山東近年出土(巖窟)
流傳 梁上椿舊藏
現藏 北京故宮博物院
來源 考古研究所拓

〇六一七八 冄辛觶
字數 二
時代 殷
著録 總集 六三七二
三代 一四・三七・八
貞松 九・一六・二
續殷下 五三・一一
流傳 天津博物院舊藏(貞松)
來源 考古研究所藏

〇六一七九 冄美觶
字數 二(器蓋同銘)
時代 殷
著録 總集 六三七四
筠清 一・二九
攈古 一・一・二六
綴遺 二三・一三
來源 綴遺

〇六一八〇 爰觶
字數 二
時代 殷
著録 巴洛 一四三頁
三代補 七二八
綜覽・觶 一〇
現藏 英國阿倫氏或巴洛女士
來源 巴洛

〇六一八一 冄[illegible]觶
字數 二
時代 殷或西周早期
著録 總集 六三七三
頌續 七五
通考 五八四
流傳 容庚舊藏
來源 頌續

〇六一八二 弔龜觶
字數 二
時代 殷
著録 總集 六三三五
使華 一三
三代補 七五八
彙編 九・一六六四(又一七八八)
流傳 德國陶德曼舊藏
現藏 美國舊金山亞洲美術博物館(布倫戴奇藏品)(彙編)
來源 彙編
備注 使華拓本倒置

〇六一八三 庚家觶
字數 二
時代 殷
著録 殷青 圖八八・六
出土 一九八二年安陽小屯墓葬(M一・二六)
現藏 考古研究所安陽工作站
來源 考古研究所拓

〇六一八四 羊中觶
字數 二
時代 殷
著録 文物 一九八四年一二期三四頁
圖一・六
出土 一九八二年河北正定縣新城舖村墓葬
現藏 正定縣文物保管所
來源 文物

〇六一八五 [illegible]羊觶
字數 二
時代 殷或西周早期
著録 總集 六三九九
美集録 R 二三四
綜覽・觶 一一五
現藏 美國舊金山亞洲美術博物館(布倫戴奇藏品)
來源 考古研究所藏

〇六一八六 弓𩏂觶
字數 二(器蓋同銘)
時代 西周早期
著録 綜覽・觶 七八
現藏 瑞典斯德哥爾摩遠東古物館
來源 綜覽

〇六一八七 [illegible]美觶
字數 二(器蓋同銘)
時代 殷
著録 文物 一九八二年九期四〇頁
圖二三
出土 傳出山東費縣
現藏 北京市文物工作隊
來源 考古研究所拓

〇六一八八 北單觶
字數 二
時代 殷
著録 總集 六二八九
三代 一四・三二・三
善齋 五・五〇
續殷下 四九・六
小校 五・六八・四
雙古上 三六
綜覽・觶 四
流傳 劉體智、于省吾舊藏
來源 三代

〇六一八九 [illegible]舟觶
字數 二
時代 殷
著録 總集 六二八八
三代 一四・三二・二
善齋 五・四九
續殷下 四九・五
小校 五・六八・七
雙古上 三五
彙編 八・一二六六
綜覽・觶 五一
流傳 于省吾舊藏
現藏 瑞典(彙編)
來源 三代

〇六一九〇 車觶
字數 二
時代 殷
著録 未見
現藏 北京故宮博物院
來源 考古研究所拓

〇六一九一 告田觶
字數 二
時代 殷
著録 總集 六三九一
三代 一四・三八・一一
陶齋 三・三一
續殷下 五四・三
小校 五・七四・六
流傳 端方舊藏
來源 三代

〇六一九二　告田觶
字數　二
時代　殷
著録　總集　六三九〇
三代　一四・三八・一二
窓齋　二〇・一〇・二
周金　五・一三二・四
續殷下　五四・四
小校　五・七四・七
流傳　王懿榮舊藏（窓齋）
現藏　中國歷史博物館
來源　考古研究所拓

〇六一九三　灸作觶
字數　二
時代　西周早期
著録　總集　六三八九
三代　一四・三九・一
窓齋　二〇・一九・一
綴遺　二四・一三・一
周金　五・一三四・一
小校　五・七五・三
流傳　許煦堂、潘祖蔭舊藏（羅表）
現藏　上海博物館
來源　考古研究所拓

〇六一九四　作仲觶
字數　二
時代　西周早期
著録　總集　六三九八
陝青　三・四〇
綜覽・觶　一一六
出土　一九七二年陝西扶風縣劉家村豐姬墓（M：六）
現藏　陝西省文物管理委員會
來源　陝青

〇六一九五　叔作觶
字數　二
時代　西周早期
著録　總集　六三一五
三代　一四・三四・五
綴遺　二四・八
殷存下　二六・一二
小校　五・六九・二
流傳　潘祖蔭舊藏（綴遺）
來源　A、三代；
B、綴遺

〇六一九六　作侯觶
字數　二
時代　西周早期
著録　總集　六三九三
三代　一四・三九・三
來源　三代

〇六一九七　作[illegible]觶
字數　二
時代　西周早期
著録　總集　六三九五
三代　一四・三九・四
綴遺　二四・一二・一
周金　五・一三三・二
殷存下　二七・四
小校　五・七四・二
流傳　丁彼農舊藏（綴遺）
來源　考古研究所藏

〇六一九八　作旅觶
字數　二
時代　西周早期
著録　總集　六三九二
三代　一四・三九・二
貞補中　二〇・二
來源　三代

〇六一九九　作隮觶
字數　二
時代　西周早期
著録　總集　六三九六
三代　一四・三九・五
貞續中　三二・四
小校　五・七二・五
來源　三代

〇六二〇〇　史且乙觶
字數　三（器蓋同銘）
時代　殷
著録　總集　六四一〇
三代　一四・三九・八～九
貞圖中　三
續殷下　五四・八～九
流傳　羅振玉舊藏
來源　考古研究所藏

〇六二〇一　且乙[illegible]觶
字數　三
時代　殷或西周早期
著録　總集　六四〇九
三代　一四・三九・七
貞圖中　四
續殷下　五四・七
流傳　羅振玉舊藏
來源　考古研究所藏

〇六二〇二　[illegible]且丙觶
字數　三
時代　殷
著録　總集　六四一二
三代　一四・三九・一〇
從古　一四・二七
攈古　一・二・一三
窓齋　二〇・八・一
綴遺　二三・二五・二
奇觚　六・一七・三
簠齋　二觶一三
殷存下　二七・九
小校　五・七五・六
流傳　陳介祺舊藏
來源　考古研究所藏

〇六二〇三　文且丙觶
字數　三
時代　西周早期
著録　總集　六四一一
三代　一四・三九・一一
殷存下　二七・八
澂秋　四二
流傳　陳承裘舊藏
來源　考古研究所藏

〇六二〇四　[illegible]且丁觶
字數　三
時代　西周早期
著録　總集　六四一三
三代　一四・三九・一二
窓齋　二〇・九・二
綴遺　二三・一九・一
續殷下　五四・一〇
小校　五・七五・七
流傳　費念慈舊藏（羅表）
現藏　上海博物館
來源　上海博物館提供

〇六二〇五　[illegible]且丁觶
字數　三
時代　殷
著録　總集　六四一四
三代　一四・四〇・一

來源 貞補中 二〇・四

〇六二〇六 [illegible]且丁觶
字數 三
時代 殷
著録 總集 六四一五
三代 一四・四〇・二
續殷下 五四・一一
來源 三代

〇六二〇七 監且丁觶
字數 三
時代 殷
著録 未見
現藏 上海博物館
來源 上海博物館提供

〇六二〇八 [illegible]且戊觶
字數 三
時代 殷或西周早期
著録 總集 六四一六
三代 一四・四〇・三
窓齋 二〇・七・二
綴遺 二三・二五・一
奇觚 六・一七・四
簠齋 二觶 一二
續殷下 五四・一二
小校 五・七五・八
流傳 陳介祺舊藏，後歸李蔭軒
現藏 上海博物館
來源 考古研究所藏

〇六二〇九 戈且己觶
字數 三
時代 殷或西周早期
著録 總集 六四一七
三代 一四・四〇・四
貞續中 三三・四
小校 五・七六・二
來源 三代

〇六二一〇 子且己觶
字數 三
時代 殷
著録 善齋 五・六四
小校 五・七六・三
彙編 八・一二三五
流傳 劉體智舊藏
來源 考古研究所藏

〇六二一一 戈且辛觶
字數 三
時代 西周早期
著録 未見
現藏 上海博物館
來源 上海博物館提供

〇六二一二 𠬝且癸觶
字數 三
時代 殷
著録 巖窟上 五九
出土 安陽附近出土
流傳 梁上椿舊藏
來源 巖窟

〇六二一三 𢓊中且觶
字數 三
時代 殷
著録 總集 六五二六
三代 一四・四九・五
來源 三代

〇六二一四 [illegible]父甲觶
字數 三
時代 西周早期
著録 總集 六四一九(六四二〇)
三代 一四・四〇・六
貞松 九・一七・一
續殷下 五五・八
善齋 五・六五
小校 五・七六・四
來源 考古研究所藏

〇六二一五 酋父甲觶
字數 三(器蓋同銘)
時代 西周早期
著録 總集 六四二一
三代 一四・四〇・七〜八
小校 五・七六・六；五・七六・五
陶齋 一・三(器)
續殷下 五五・六(器)
通考 五八二
美集録 R二四二(器)
彙編 九・一六〇六(器)
綜覽・觶 六五(器)
出土 寶鷄
流傳 端方、福開森舊藏(羅表)
現藏 中國歷史博物館(蓋)、美國紐約大都會美術博物館(器)
來源 考古研究所藏
備注 據容庚、陳夢家意見，將三代一四・四〇・七〜八合爲一器

〇六二一六 萬父甲觶
字數 三
時代 殷
著録 總集 六四二四
綜覽・觶 一二六
現藏 美國普林斯頓大學美術博物館卡特氏藏器
來源 綜覽

〇六二一七 大父乙觶
字數 三
時代 西周早期
著録 總集 六四二六
三代 一四・四〇・九
陶齋 一・一〇
貞松 九・一七・二
小校 五・八・一
柉禁 二四・二
通考 五七七
美集録 R九四
彙編 八・一一一〇
綜覽・觶 八二
出土 光緒辛丑年寶鷄鬥鷄臺
流傳 端方舊藏
現藏 美國紐約大都會美術博物館
來源 考古研究所藏

〇六二一八 茣父乙觶
字數 三
時代 殷
著録 貞松 九・一八・二
流傳 盛昱、劉體智舊藏(羅表)
來源 貞松
備注 器大如卣

〇六二一九 茣父乙觶
字數 三
時代 殷
著録 考古圖 四・三五
薛氏 一二八・三
來源 薛氏
備注 舊誤作卣

〇六二二〇 茣父乙觶
字數 三

時代　殷
著録　總集　六四四三
三代　一四・四二・六
積古　二・一三・二
綴遺　二四・三・二
敬吾下　六〇・四
殷存下　二九・六
夢鄣上　四一
續殷下　五六・二
小校　五・七九・四
綜覽・觶　一二〇
流傳　張廷濟、羅振玉舊藏（羅表）
來源　三代

〇六二二一　妕父乙觶
字數　三
時代　殷
著録　總集　六四二五
三代　一四・四〇・一〇
清愛　四
攈古　一・二・一三
綴遺　二三・二・二
小校　五・七七・一
流傳　劉喜海、王錫棨舊藏（羅表）
現藏　北京故宮博物院
來源　三代

〇六二二二　娀父乙觶
字數　三
時代　殷或西周早期
著録　總集　六四二七
三代　一四・四〇・一一
小校　五・七七・三
來源　考古研究所藏

〇六二二三　[illegible]父乙觶
字數　三

時代　殷
著録　總集　六四二八
三代　一四・四〇・一二
來源　考古研究所藏

〇六二二四　戊父乙觶
字數　三
時代　殷
著録　總集　六四三一
三代　一四・四一・一
貞續中　三四・一
來源　考古研究所藏

〇六二二五　㚔父乙觶
字數　三
時代　殷或西周早期
著録　總集　六四三八
三代　一四・四一・一〇
來源　考古研究所藏

〇六二二六　牧父乙觶
字數　三
時代　殷
著録　總集　六四三三
三代　一四・四一・三
貞松　九・一八・四
武英　一三九
續殷下　五六・四
通考　五七九
小校　五・七七・四
故圖下下　四〇六
綜覽・觶　二
酒器　九二頁
流傳　承德避暑山莊舊藏
現藏　臺北故宮博物院
來源　考古研究所藏

〇六二二七　[illegible]父乙觶

字數　三
時代　西周早期
著録　總集　六四三〇
三代　一四・四一・二
貞松　九・一八・三
善齋　五・六八
續殷下　五六・三
小校　五・七八・三
流傳　劉體智舊藏
來源　考古研究所藏

〇六二二八　[illegible]父乙觶
字數　三
時代　殷
著録　總集　六四三四
三代　一四・四一・六
西清　二六・二四
流傳　頤和園舊藏
現藏　北京故宮博物院
來源　考古研究所拓

〇六二二九　受父乙觶
字數　三（器蓋同銘）
時代　殷
著録　總集　六四三三
三代　一四・四一・四～五
來源　考古研究所藏

〇六二三〇　酨父乙觶
字數　三
時代　西周早期
著録　總集　六四三五
三代　一四・四一・七
貞松　九・一七・三
善齋　五・六六
續殷下　五六・六
小校　五・七七・二

流傳　劉體智舊藏
來源　考古研究所藏

〇六二三一　[illegible]父乙觶
字數　三
時代　殷
著録　總集　六四三〇
三代　一四・四一・九
攈古　一・二・一二（又一・二・二七）
筠清　一・二八・一
愙齋　二〇・六・一
綴遺　二三・八
奇觚　一八・六・三
續殷下　五五・一二
小校　五・七六・八（又六・八八）
流傳　李方赤、葉志詵舊藏（筠清、愙齋）
來源　三代

〇六二三二　亞父乙觶
字數　三
時代　西周早期
著録　筠清　一・二・二
攈古　一・二・一一
綴遺　二三・一〇・一
小校　五・七一・六
流傳　葉志詵舊藏（平安館藏器目）
來源　小校

〇六二三三　父乙[illegible]觶
字數　三
時代　西周早期
著録　未見
現藏　上海博物館
來源　上海博物館提供

○六二三四　□父乙觶
字數　三
時代　殷或西周早期
著録　未見
現藏　上海博物館
來源　上海博物館提供

○六二三五　□父乙觶
字數　三
時代　西周早期
著録　寶鷄　三七頁圖三九・四
出土　一九八一年陝西寶鷄市紙坊頭墓葬(M一：一四)
現藏　寶鷄市博物館
來源　寶鷄市博物館提供

○六二三六　父乙□觶
字數　三
時代　西周早期
著録　江漢考古　一九八二年二期四五頁圖六・五
出土　一九七七年湖北黃陂縣魯臺山墓葬(M二八：六)
現藏　湖北省博物館
來源　湖北省博物館提供

○六二三七　□父乙觶
字數　三
時代　殷
著録　積古　二・一二・四
擴古　一・二・一一
小校　五・七六・七
現藏　北京故宮博物院
來源　考古研究所藏

○六二三八　□父乙觶
字數　三（器蓋同銘）
時代　殷
著録　總集　六四二九
上海　二一
三代補　八六九
彙編　九・一六一六
綜覽・觶　五七
青全　二・一三六
上海(二〇〇四)一二六
辭典二〇六
現藏　上海博物館
來源　上海博物館提供

○六二三九　辰父乙觶
字數　三
時代　西周早期
著録　總集　六四四六
美集録　R　二六七
綜覽・觶　八七
現藏　美國韓姆林寄陳柏弗羅科學博物館
來源　A、B考古研究所藏

○六二四〇　寡父乙觶
字數　三
時代　西周早期
著録　總集　六四三六
三代　一四・四一・八
貞松　九・四・二
來源　三代
備注　貞松稱觚，因未見圖像，暫作觶處理

○六二四一　父乙遽觶
字數　三
時代　西周早期
著録　總集　六四三九
三代　一四・四二・三
貞松　九・一八・一
貞圖中　五
續殷下　五六・七
綜覽・觶　一〇一
流傳　羅振玉舊藏
來源　考古研究所藏

○六二四二　父乙束觶
字數　三
時代　西周早期
著録　未見
來源　北京某氏藏

○六二四三　魚父乙觶
字數　三
時代　殷或西周早期
著録　録遺　三六六
流傳　山東省立圖書館舊藏
現藏　山東省博物館
來源　考古研究所藏

○六二四四　黿父乙觶
字數　三
時代　殷或西周早期
著録　總集　六五五二
三代　一四・五〇・一二
綴遺　二四・一・二
續殷下　六一・一一
故圖下上　二〇四
現藏　臺北故宮博物院
來源　考古研究所藏

○六二四五　黿父乙觶
字數　三
時代　殷
著録　總集　六五五三
三代　一四・五〇・一一
擴古　一・二・五九
綴遺　二四・二・一
殷存下　二八・九
續殷下　六一・一二
小校　五・七八・六
流傳　吳式芬、潘祖蔭舊藏(羅表)
現藏　北京故宮博物院
來源　考古研究所藏

○六二四六　父乙寶觶
字數　三
時代　西周早期
著録　總集　六四四二
三代　一四・四二・五
冠斝中　三九
流傳　榮厚舊藏
現藏　北京故宮博物院
來源　考古研究所拓

○六二四七　父乙飤觶
字數　三（器蓋同銘）
時代　西周早期
著録　總集　六四四〇
三代　一四・四二・一～二
貞續中　三四・二～三
小校　五・七八・一～二
來源　考古研究所藏

○六二四八　子父丙觶
字數　三
時代　西周早期
著録　總集　六四四八
三代　一四・四二・七
來源　三代

○六二四九　重父丙觶
字數　三
時代　殷
著録　總集　六四四九
三代　一四・四二・八

綴遺 二三・一四・二
殷存下 二九・五
小校 五・八〇・二
流傳 潘祖蔭舊藏(羅表)
來源 考古研究所藏

〇六二五〇 [illegible]父丙觶
字數 三
時代 西周早期
著録 總集 六四五五
三代 一四・四二・一二
貞松 九・一九・一
善齋 五・六九
續殷下 五六・八
小校 五・八〇・一
巴洛 一四五頁
流傳 劉體智舊藏
現藏 英國阿倫或巴洛女士
來源 考古研究所藏

〇六二五一 戈父丙觶
字數 三
時代 殷或西周早期
著録 總集 六四五一
三代 一四・四二・九
殷存下 二七・一一
來源 三代

〇六二五二 戈父丙觶
字數 三
時代 西周早期
著録 總集 六四五〇
三代 一四・四二・一〇
恒軒下 八四
流傳 潘祖蔭舊藏
現藏 上海博物館
來源 上海博物館提供

〇六二五三 作父丙觶
字數 三
時代 西周早期
著録 總集 六四五三
三代 一四・四三・一
續殷下 五六・九
來源 考古研究所藏

〇六二五四 子父丁觶
字數 三
時代 殷或西周早期
著録 總集 六四五四
三代 一四・四三・二
貞續中 三四・四
來源 三代

〇六二五五 [illegible]父丁觶
字數 三
時代 殷
著録 總集 四五八六
三代 一一・八・八
筠清 一・二二・二
攈古 一・三・一三
愙齋 一三・二二・一
綴遺 二四・四・二
貞補中 二一・二
續殷上 五三・八
小校 五・九・二(又八〇・六)
美集録 R 七一
流傳 葉志詵舊藏(筠清)
現藏 美國舊金山亞洲美術博物館(布倫戴奇藏品)
來源 考古研究所藏
備注 器大且方，舊或稱尊

〇六二五六 [illegible]父丁觶
字數 三
時代 殷
著録 總集 六五三九
賸稿 三九
出土 洛陽
流傳 吳宜常舊藏
來源 賸稿

〇六二五七 萬父丁觶
字數 三
時代 殷
著録 未見
流傳 德人楊寧史舊藏
現藏 北京故宮博物院
來源 考古研究所拓

〇六二五八 雔父丁觶
字數 三
時代 殷或西周早期
著録 總集 六四五六
三代 一四・四三・四
貞松 九・二〇・二
續殷下 五七・四
小校 五・八〇・三
流傳 徐乃昌舊藏
來源 三代

〇六二五九 亯父丁觶
字數 三
時代 西周早期
著録 總集 六四五七
三代 一四・四三・五
來源 三代

〇六二六〇 舌父丁觶
字數 三(器蓋同銘)
時代 殷
著録 總集 六四六〇
三代 一四・四三・七～八
現藏 北京故宮博物院
來源 考古研究所拓

〇六二六一 山父丁觶
字數 三
時代 殷
著録 總集 六四六一
三代 一四・四三・九
續殷下 五七・一
來源 三代

〇六二六二 㚔父丁觶
字數 三
時代 殷或西周早期
著録 總集 六四五八
三代 一四・四三・六
貞松 九・一九・三
貞圖中 六
續殷下 五七・二
流傳 羅振玉舊藏
來源 考古研究所藏

〇六二六三 爻父丁觶
字數 三
時代 殷
著録 總集 六四三五
山東選 七七
出土 一九五八年山東滕縣井亭村
拓片 山東選
備注 文物一九五九年一二期六七頁曾有報導

〇六二六四 皀父丁觶
字數 三
時代 西周早期
著録 總集 六四五九
彙編 九・一七二九
現藏 美國波士頓美術博物館

來源 北京圖書館提供

○六二六五 □父丁觶
字數 三
時代 西周早期
著録 考古 一九八六年三期一九九頁圖五・一
出土 一九七九年陝西長安縣張家坡墓葬(M二:六)
現藏 考古研究所西安研究室
來源 考古編輯部檔案

○六二六六 □父丁觶
字數 三(器蓋同銘)
時代 殷
著録 綜覽・觶 一二八
歐遺 三三一
現藏 德國科隆東洋博物館
來源 德國科隆東洋博物館提供

○六二六七 □父丁觶
字數 三
時代 殷
著録 未見
現藏 北京故宮博物院
來源 考古研究所拓

○六二六八 □父丁觶
字數 三
時代 西周早期
著録 索思比(一九八五・一二 倫敦)三
現藏 英國倫敦索思比公司
來源 索思比

○六二六九 叔父戊觶
字數 三
時代 西周早期
著録 總集 六五一八
三代 一四・四八・七
貞松 九・二三・五
善齋 五・七〇
續殷下 六一・三
小校 五・八〇・七
來源 考古研究所藏

○六二七〇 字父己觶
字數 三
時代 殷
著録 總集 六四六七
三代 一四・四四・一
貞松 九・二一・一
善齋 五・七三
續殷下 五七・八
小校 五・八一・七
頌續 七七
出土 安陽
流傳 劉體智、容庚舊藏
現藏 廣州市博物館
來源 考古研究所藏

○六二七一 □父己觶
字數 三
時代 殷
著録 録遺 三六七
來源 録遺

○六二七二 史父己觶蓋
字數 三
時代 殷
著録 未見
現藏 北京故宮博物院
來源 考古研究所拓

○六二七三 兄父己觶
字數 三
時代 西周早期
著録 綜覽・觶 六七
來源 綜覽

○六二七四 主父己觶
字數 三
時代 殷
著録 積古 二・一二・三
攈古 一・二・一〇
來源 攈古

○六二七五 □父己觶
字數 三
時代 殷
著録 總集 六四六五
三代 一四・四四・三
攈古 一・二・一〇
窓齋 二〇・九・一
綴遺 二三・一九・二
奇觚 六・一八・四
殷存下 二七・一二
簠齋 二觶八
小校 五・八一・一
流傳 陳介祺舊藏，後歸李蔭軒
現藏 上海博物館
來源 考古研究所藏

○六二七六 □父己觶
字數 三
時代 西周早期
著録 總集 六四六四
文叢 三・三六圖四
出土 一九六一年河南鶴壁龐村墓葬
來源 文叢

○六二七七 □父己觶
字數 三
時代 西周早期
著録 未見
來源 考古研究所藏

○六二七八 □父己觶
字數 三
時代 西周早期
著録 總集 六五三八
寶鷄 一五一頁圖一一七・四
出土 一九八〇～一九八一年陝西寶鷄市竹園溝墓葬(M四:五)
現藏 寶鷄市博物館
來源 寶鷄市博物館提供

○六二七九 □父己觶
字數 三
時代 殷
著録 考古圖 四・三七
薛氏 二八・五
流傳 廬江李氏舊藏
來源 薛氏

○六二八〇 木父己觶
字數 三(器蓋同銘)
時代 殷
著録 考古圖 四・三六
薛氏 二六・三
流傳 東平榮氏舊藏
來源 薛氏
備注 考古圖銘文不全

○六二八一 □父己觶
字數 三
時代 殷
著録 總集 六四七五
三代 一四・四四・一〇
陶齋 六・二八
續殷下 五八・二
小校 五・八〇・八
現藏 日本兵庫縣黑川古文化研究所

來源 三代

○六二八二 帆父己觶
字數 三（器蓋同銘）
時代 殷
著録 總集 六四七〇
三代 一四・四四・七～八
貞松 九・二一・三～四
善齋 五・七二
續殷下 五七・一一～一二
小校 五・八一・五～六
善彝 一三九
頌續 七一
通考 五七三
綜覽・觶 七六
出土 安陽（頌續）
流傳 劉體智舊藏
現藏 英國某處
來源 考古研究所藏

○六二八三 己父[illegible]觶
字數 三
時代 殷
著録 文物 一九八四年一二期三四頁
圖一・八
出土 一九八二年河北正定縣新城舖村
墓葬
現藏 正定縣文物保管所
來源 文物

○六二八四 [illegible]父己觶
字數 三
時代 西周中期
著録 總集 六四六八
三代 一四・四四・四
貞松 九・二二・二
善齋 五・七一
續殷下 五八・三
小校 五・八二・二
流傳 劉體智舊藏
現藏 中國歷史博物館
來源 考古研究所藏

○六二八五 [illegible]父己觶
字數 三
時代 殷
著録 總集 六四七一
三代 一四・四四・六
貞松 九・二一・二
小校 五・八一・四
流傳 劉體智舊藏
來源 考古研究所藏

○六二八六 父己[illegible]觶
字數 三
時代 殷
著録 總集 六四七六
三代 一四・四四・一二
西甲 一二・一
貞續中 三五・一
續殷下 五八・五
故圖下上 一九七
綜覽・觶 三二
流傳 清宮舊藏
現藏 臺北故宮博物院
來源 三代

○六二八七 [illegible]父己觶
字數 三
時代 殷
著録 文物 一九八六年八期七九頁
圖一九
出土 一九五八年安陽大司空村
現藏 安陽市博物館
來源 文物

○六二八八 [illegible]父己觶
字數 三
時代 殷
著録 總集 六四七二
三代 一四・四四・九
殷存下 二八・一
現藏 中國歷史博物館
來源 考古研究所拓

○六二八九 奄父己觶
字數 三
時代 殷
著録 積古 二・一四・四
攈古 一・二・五九
來源 攈古

○六二九〇 黽父己觶
字數 三
時代 殷或西周早期
著録 總集 六四六九
三代 一四・四四・五
兩罍 二・一〇
二百 一
愙齋 二〇・二・二
綴遺 二三・一六・二
續殷下 五七・七
小校 五・八一・八
流傳 吴雲舊藏
來源 三代

○六二九一 萬父己觶
字數 三（器蓋同銘）
時代 殷
著録 未見
現藏 上海博物館
來源 上海博物館提供

○六二九二 子父庚觶
字數 三
時代 殷
著録 總集 六四七八
三代 一四・四五・四
愙齋 二〇・五・一
綴遺 二三・三一・二
奇觚 六・一九・二
簠齋 二觶九
善齋 五・七四
小校 五・八二・四
流傳 陳介祺舊藏
來源 考古研究所藏

○六二九三 妖父庚觶
字數 三
時代 殷或西周早期
著録 總集 六四七七
三代 一四・四五・三
移林 一九
小校 五・八二・五
流傳 丁麟年舊藏
來源 三代

○六二九四 [illegible]父庚觶
字數 三
時代 殷
著録 總集 六五二四
三代 一四・四八・八
貞續中 三六・四
小校 五・八七・四
美集録 R 七八
現藏 美國 Britton 氏
來源 考古研究所藏

○六二九五 作父庚觶
字數 三

時代 西周早期
著録 總集 六四七九
上海 四三
三代補 八八〇
彙編 七・九一五
綜覽・觶 一一三
青全 五・一二二
辭典 五四三
上海(二〇〇四)二五二
現藏 上海博物館
來源 上海博物館提供

〇六二九六 子父辛觶
字數 三
時代 殷或西周早期
著録 總集 六四八〇(六四八六)
三代 一四・四五・五 (又一四・四六・一)
小校 五・八三・二
續殷下 五九・一
現藏 南京大學考古與藝術博物館
來源 考古研究所拓

〇六二九七 立父辛觶
字數 三
時代 殷
著録 總集 六四八一
三代 一四・四五・六
小校 五・八三・六
來源 三代

〇六二九八 吴父辛觶
字數 三
時代 殷
著録 總集 六四九七
三代 一四・四六・九
來源 三代

〇六二九九 竟父辛觶
字數 三
時代 西周早期
著録 總集 六四八二
三代 一四・四五・七
小校 五・八三・一
故圖下下 四〇〇
綜覽・觶 一〇〇
現藏 臺北故宮博物院
來源 三代

〇六三〇〇 □父辛觶
字數 三
時代 殷
著録 總集 六四八七
三代 一四・四六・二
愙齋 二〇・三・一
綴遺 二四・四・一
殷存下 二九・一〇
小校 五・八五・一
流傳 許煦堂、潘祖蔭舊藏(羅表)
現藏 上海博物館
來源 上海博物館提供

〇六三〇一 □父辛觶
字數 三
時代 殷
著録 總集 六四九〇
善齋 五・七七
小校 五・八四・五
續殷下 五八・一〇
頌續 七二
出土 洛陽(頌續)
流傳 劉體智舊藏
來源 考古研究所藏

〇六三〇二 □父辛觶
字數 三
時代 殷或西周早期
著録 貞補中 二一・四
流傳 萍鄉文氏舊藏
來源 貞補

〇六三〇三 父辛戈觶
字數 三
時代 殷
著録 博古 一六・一一
薛氏 四三・一
嘯堂 五〇・四
來源 嘯堂

〇六三〇四 戈父辛觶
字數 三
時代 西周早期
著録 薛氏 四三・二
來源 薛氏

〇六三〇五 行父辛觶
字數 三
時代 西周早期
著録 積古 二・一四・三
攈古 一・二・一一
來源 攈古

〇六三〇六 父辛□觶
字數 三
時代 殷
著録 總集 六四九五
三代 一四・四六・七
續殷下 五八・九
來源 三代

〇六三〇七 □父辛觶
字數 三
時代 西周早期
著録 總集 六四八三
三代 一四・四五・八
貞松 九・二二・三
善齋 五・七五
續殷下 五九・八
小校 五・八二・六
善彝 一四〇
通考 五七五
故圖下下 四〇・一
綜覽・觶 一一二
酒器 一二〇頁
禮器 三〇三頁
流傳 劉體智舊藏
現藏 臺北故宮博物院
來源 考古研究所藏

〇六三〇八 □父辛觶
字數 三
時代 殷或西周早期
著録 總集 六四九二
三代 一四・四六・四
殷存下 二八・二
流傳 王懿榮舊藏(羅表)
現藏 上海博物館
來源 三代

〇六三〇九 □父辛觶
字數 三
時代 西周早期
著録 西清 二六・一八
綴遺 二三・二六・一
流傳 清宮舊藏
來源 綴遺

〇六三一〇 □父辛觶
字數 三
時代 西周早期
著録 彙編 九・一五〇八

綜覽・觶 一〇六

來源 彙編

〇六三一一 [glyph]父辛觶

字數 三
時代 殷
著録 未見
出土 傳出寶鷄鬥鷄臺
來源 考古研究所藏

〇六三一二 [glyph]父辛觶

字數 三
時代 西周早期
著録 總集 六四九三
三代 一四・四六・五
雙吉上 四八
綜覽・觶 一二三
流傳 于省吾舊藏
來源 三代

〇六三一三 [glyph]父辛觶

字數 三
時代 殷或西周早期
著録 總集 六四八四
三代 一四・四五・九
貞圖中 七
綜覽・觶 一三四
流傳 羅振玉舊藏
來源 考古研究所藏

〇六三一四 雔父辛觶

字數 三
時代 殷或西周早期
著録 總集 六四九一
三代 一四・四六・三
積古 二・七・五
兩罍 二・一一
攈古 一・二・六五
愙齋 二〇・二・一
綴遺 二三・一七・一
續殷下 五八・七
小校 五・八四・一
流傳 吳雲舊藏
來源 考古研究所藏

〇六三一五 羊父辛觶

字數 三
時代 殷
著録 總集 六四九六
三代 一四・四六・八
攈古 一・二・一一
愙齋 二〇・四・二
綴遺 二三・一七・二
敬吾下 五九・二
續殷下 五九・四
小校 五・八二・七
流傳 葉志詵舊藏(愙齋)
來源 考古研究所藏

〇六三一六 樹父辛觶

字數 三
時代 西周早期
著録 總集 六四七四
陝青 三・一五九
綜覽・觶 三八
出土 一九七七年陝西隴縣韋家莊墓葬
現藏 寶鷄市博物館
來源 寶鷄市博物館提供

〇六三一七 束父辛觶

字數 三
時代 西周早期
著録 未見
出土 一九二九年前出土
現藏 加拿大多倫多安大略博物館
來源 考古研究所藏

〇六三一八 遽父辛觶

字數 三
時代 西周早期
著録 總集 六四八八
三代 一四・四五・一〇
西清 二六・五
貞松 九・二二・四
續殷下 五九・三
故宮 三〇期
故圖下上 一九八
禮器 三二三頁
流傳 清宮舊藏
現藏 臺北故宮博物院
來源 考古研究所藏

〇六三一九 [glyph]父辛觶

字數 三
時代 西周早期
著録 總集 六四九八
三代 一四・四六・一〇
攈古 一・三・一三
綴遺 二三・一五・二
續殷下 五八・一一
流傳 吳式芬舊藏(攈古録)
現藏 山東省博物館
來源 考古研究所藏

〇六三二〇 賁父辛觶

字數 三
時代 西周早期
著録 總集 六四八九
三代 一四・四五・一一
從古 一四・二九
攈古 一・二・五八
愙齋 二〇・九・三
綴遺 二三・二〇・二
奇觚 六・一九・四
殷存下 二八・四
簠齋 二觶七
善齋 五・七六
小校 五・八四・二
流傳 陳介祺、劉體智舊藏
來源 考古研究所藏

〇六三二一 [glyph]父辛觶

字數 三
時代 西周早期
著録 總集 六四八五
三代 一四・四五・一二
來源 三代

〇六三二二 [glyph]父壬觶

字數 三
時代 西周早期
著録 總集 六四九九
三代 一四・四六・一二
殷存下 二八・五
流傳 陳承裘舊藏(羅表)
來源 三代

〇六三二三 子父癸觶

字數 三
時代 殷或西周早期
著録 文物 一九八二年一二期五三頁
圖三・四
出土 一九八〇年湖北隨縣安居鄉羊子山墓葬
現藏 隨州市博物館
來源 文物

〇六三二四 重父癸觶

字數 三
時代 殷

著録 總集 六五〇四
三代 一四・四七・一
貞圖中 八
續殷下 六〇・二
通考 五八一
流傳 羅振玉舊藏
來源 考古研究所藏

〇六三二五 重父癸觶
字數 三
時代 殷
著録 西清 二六・二二
流傳 清宮舊藏
來源 西清

〇六三二六 䒼父癸觶
字數 三
時代 殷
著録 總集 六五一三
三代 一四・四八・五
懷米上 二七
攈古 一・三・一三
窓齋 二〇・三・二
綴遺 二四・五・二
殷存下 二九・九
小校 五・八七・二
流傳 曹秋舫、潘季玉舊藏(綴遺)
來源 三代

〇六三二七 䒼父癸觶
字數 三
時代 殷
著録 總集 六五一四
三代 一四・四八・六
來源 考古研究所藏

〇六三二八 □父癸觶
字數 三
時代 殷
著録 考古圖 四・三四
薛氏 二六・二
流傳 廬江李氏舊藏
來源 薛氏

〇六三二九 □父癸觶
字數 三
時代 西周早期
著録 總集 六五〇〇
三代 一四・四七・三
續殷下 六〇・五
來源 三代

〇六三三〇 □父癸觶
字數 三
時代 西周早期
著録 總集 六五〇一
三代 一四・四七・二
窓齋 二〇・三・三
綴遺 二三・三・一
奇觚 六・一九・三
簠齋 二觶 一六
善齋 五・八〇
續殷下 六〇・九
小校 五・八五・五
流傳 陳介祺、劉體智舊藏
來源 考古研究所藏

〇六三三一 □父癸觶
字數 三
時代 殷或西周早期
著録 總集 六五四・
文物 一九七二年十二期八頁圖八
學報 一九七七年二期一〇八頁
圖八・九
出土 一九六七年甘肅靈臺縣白草坡墓葬(M一：二一)
現藏 甘肅省博物館
來源 考古編輯室檔案

〇六三三二 弓父癸觶
字數 三
時代 西周早期
著録 總集 六五〇六
三代 一四・四七・一一
貞松 九・二三・四
善齋 五・八一
續殷下 六〇・六
小校 五・八五・六
流傳 劉體智舊藏
來源 考古研究所藏

〇六三三三 矢父癸觶
字數 三
時代 殷或西周早期
著録 總集 六五一〇
三代 一四・四七・一二
窓齋 二〇・五・三
殷存下 二八・六
小校 五・五八・三
山東存附 一五・一
流傳 許煦堂舊藏
來源 考古研究所藏

〇六三三四 叙父癸觶
字數 三(器蓋同銘)
時代 西周早期
著録 總集 六五〇二
三代 一四・四七・四〜五
貞松 九・二三・二〜三
善齋 五・八二
續殷下 六〇・一二〜六一・一
小校 五・八五・七〜八
流傳 劉體智舊藏
來源 三代

〇六三三五 叙父癸觶
字數 三
時代 西周早期
著録 總集 六五〇三
三代 一四・四七・六
續殷下 六一・二
來源 考古研究所藏

〇六三三六 戈父癸觶
字數 三
時代 殷或西周早期
著録 總集 六五〇七
三代 一四・四八・一
從古 一・二
小校 五・八六・一
積古 二・一
攈古 一・二・三九
來源 三代

〇六三三七 史父癸觶
字數 三
時代 西周早期
著録 總集 六五〇八
三代 一四・四七・七
貞松 九・二三・一
小校 五・八五・四
流傳 劉體智舊藏
來源 三代

〇六三三八 臤父癸觶
字數 三
時代 殷
著録 總集 六五一七
學報 一九七九年一期八三頁
圖六〇・一八

河南 一・二三五
殷青 圖七七・二
出土 一九七七年河南安陽殷墟西區墓
葬(M七九三：九)
現藏 考古研究所安陽工作站
來源 考古研究所拓

〇六三三九 爰父癸觶
字數 三(器蓋同銘)
時代 殷
著録 總集 六五〇五
三代 一四・四七・八～九
西甲 一二・三
故圖下上 二〇〇
綜覽・觶 四四
清傳 清宮舊藏
現藏 臺北故宮博物院
來源 考古研究所藏

〇六三四〇 □父癸觶
字數 三
時代 西周早期
著録 總集 六五一一
三代 一四・四八・二
貞續中 三五・三
來源 考古研究所藏

〇六三四一 □父癸觶
字數 三
時代 西周早期
著録 未見
現藏 北京故宮博物院
來源 考古研究所拓

〇六三四二 □父癸觶
字數 三
時代 殷或西周早期

著録 總集 六五三四
文物 一九六一年一一期五頁
圖五
出土 一九五九年四川彭縣竹瓦街
現藏 四川省博物館
來源 四川省博物館提供

〇六三四三 魚父癸觶
字數 三
時代 殷或西周早期
著録 總集 六五一六
陝圖 四
陝青 一・一八
綜覽・觶 八四
出土 一九五三年陝西岐山縣禮村
現藏 中國歷史博物館
來源 陝青

〇六三四四 敎父癸觶
字數 三
時代 殷
著録 總集 六五〇九
三代 一四・四七・一〇
十二貯 一七
續殷下 五九・一一
綜覽・觶 三二
流傳 王辰舊藏
來源 考古研究所藏

〇六三四五 棊母辛觶
字數 三(器蓋同銘)
時代 殷
著録 總集 六五一九
三代 一四・四八・九～一〇
貞續中 三六・一
小校 五・八七・五～六
現藏 北京故宮博物院

來源 考古研究所拓

〇六三四六 婦亞弜觶
字數 三
時代 殷
著録 總集 六五四三
美集録 R 一二七
彙編 八・一〇四九
現藏 美國哈佛大學福格美術博物館
來源 考古研究所藏

〇六三四七 亞□婦觶
字數 三
時代 西周早期
著録 未見
現藏 甘肅省博物館
來源 考古研究所拓

〇六三四八 女朱戈觶
字數 三
時代 殷或西周早期
著録 總集 六五二七
三代 一四・四九・六
續殷下 六一・七
癡盦 二八
流傳 李泰棻舊藏
來源 考古研究所藏

〇六三四九 冀女子觶
字數 三(蓋 三、器 二)
時代 殷
著録 總集 六五四二
美集録 R 四七一
綜覽・觶 六〇
流傳 曾在美國盧芹齋
來源 考古研究所藏
備注 陳夢家以爲器銘可疑

〇六三五〇 作姑彝觶
字數 三(器蓋同銘)
時代 西周早期
著録 總集 六五二八
三代 一四・四九・七～八
貞松 九・二四・四～五
貞圖中 九
綜覽・觶 一三三
流傳 羅振玉舊藏
來源 考古研究所藏

〇六三五一 子癸𡋯觶
字數 三(器蓋同銘)
時代 殷
著録 總集 六五二三
三代 一四・四九・一～二
貞松 九・二四・一～二
善齋 五・八三
續殷下 六一・四～五
小校 五・八八・二～三
彙編 八・一二四〇(器)
綜覽・觶 四六(器)
流傳 劉體智舊藏
現藏 Vander Mandele (彙編)
來源 考古研究所藏
備注 彙編、綜覽器銘字印反

〇六三五二 彭女□觶
字數 三(蓋 三、器 一)
時代 西周早期
著録 金索 一・二五
積古 五・一八・二
攈古 一・二・五八
小校 五・九二・一
流傳 蔣伯生舊藏(金索)
來源 小校

〇六三五三　齒兄丁觶
字數　三
時代　殷
著録　總集　六五二〇
三代　一四・四八・一一
貞松　九・二四・三
貞圖中　一〇
續殷下　六一・六
小校五・八七・七
流傳　羅振玉舊藏
來源　考古研究所藏

〇六三五四　兄丁奞觶
字數　三（器蓋同銘）
時代　殷
著録　博古　六・二二
薛氏　一四・六
嘯堂　二三・四
來源　嘯堂
備注　舊稱尊

〇六三五五　[illegible]兄辛觶
字數　三（器蓋同銘）
時代　殷
著録　未見
現藏　北京故宮博物院
來源　考古研究所拓

〇六三五六　亞[illegible]觶
字數　三（器一、蓋二）
時代　殷
著録　故青　四六
現藏　北京故宮博物院
來源　考古研究所拓

〇六三五七　秉毌戊觶
字數　三
時代　殷
著録　總集　六五二一
三代　一四・四八・一二
寧壽　一・一
貞續中　三六・二
續殷下　六一・八
故圖下上　二〇一
流傳　清宮舊藏
現藏　臺北故宮博物院
來源　考古研究所藏

〇六三五八　[illegible]册啚觶
字數　三
時代　殷
著録　克里斯蒂（八一・六倫敦）九頁
現藏　英國倫敦克里斯蒂公司
來源　克里斯蒂

〇六三五九　[illegible]省觶
字數　三
時代　殷
著録　未見
現藏　北京故宮博物院
來源　考古研究所拓

〇六三六〇　臼作衛觶
字數　三
時代　殷
著録　總集　六五二三
三代　一四・四九・一二
來源　三代

〇六三六一　伯作彝觶
字數　三
時代　西周早期
著録　西清　二六・九
流傳　清宮舊藏
來源　西清

〇六三六二　伯作彝觶蓋
字數　三
時代　西周早期
著録　總集　六五三二
三代　一四・四九・一〇
貞松　九・二四・六
善齋　五・八四
小校　五・八七・八
流傳　劉體智舊藏
現藏　中國歷史博物館
來源　考古研究所藏

〇六三六三　伯作彝觶
字數　三
時代　西周早期
著録　總集　六五四〇
學報　一九七七年二期一〇八頁
圖八・四
綜覽・觶　七〇
出土　一九七七年甘肅靈臺縣白草坡墓葬（M二：六）
現藏　甘肅省博物館
來源　考古編輯室檔案

〇六三六四　西單[illegible]觶
字數　三
時代　殷
著録　總集　六三二九
美集録　R四七三
綜覽・觶　二五
現藏　美國紐約杜克氏
來源　考古研究所藏

〇六三六五　戚作彝觶
字數　三
時代　西周早期
著録　總集　六五二九（六五三〇）
三代　一四・四九・九
筠清　一・二五・一
攈古　一・二・一四・一
愙齋　二〇・一五・二
綴遺　二四・一七・二
奇觚　一八・七・一
敬吾下　五九・四
周金　五・一二・三
小校　五・八八・五
流傳　葉志詵舊藏（平安館藏器目）
來源　考古研究所藏

〇六三六六　戚作彝觶
字數　三
時代　西周早期
著録　筠清　一・二四・二
攈古　一・二・一四・二
從古　八・二七
奇觚　一八・七・二
敬吾下　四三・二
小校　五・八八・四
周金　五・一二・二（又三・一一七・九）
綴遺　一八・一六・一
流傳　瞿世瑛方濬益舊藏（羅表）
來源　考古研究所藏
備注　此器或稱尊。周金三・一一七・九稱彝

〇六三六七　唐子且乙觶
字數　四
時代　殷
著録　總集　六五四四

三代 一四・五〇・一
積古 二・九・五
從古 六・二一
攗古 一・二・六四・二
綴遺 二四・九・二
周金 五・一三三・一
小校 五・八九・一
流傳 嘉興蔡氏、瞿世瑛、張廷濟舊藏（綴遺、羅表）
來源 考古研究所藏

〇六三六八 徙作且丁觶
字數 四
時代 殷
著録 彙編 九・一八〇三
綜覽・觶 六四
現藏 丹麥哥本哈根國家博物館民族學部
來源 彙編

〇六三六九 且戊觶
字數 四（器四、底三）
時代 西周早期
著録 總集 六五四五
三代 一四・五〇・二～三
貞松 九・二五・一～二
善齋 五・八九
續殷下 六一・九
小校 五・九三・八～九
頌續 七九
綜覽・觶 七四
流傳 劉體智、容庚舊藏
來源 考古研究所藏

〇六三七〇 且己觶
字數 四
時代 殷
著録 總集 六五四六
三代 一四・五〇・四
從古 一四・二六
攗古 一・二・六〇
窓齋 二〇・八・二
綴遺 二三・二二・一
奇觚 六・二〇・一
殷存下 二八・八
小校 五・八九・二
簠齋 二觶二
出土 傳出山東（分域）
流傳 陳介祺舊藏
來源 考古研究所藏

〇六三七一 亞丩辛觶蓋
字數 四
時代 西周早期
著録 總集 六四一八
三代 一四・四〇・五
貞松 九・二六・四
貞圖中 一二
流傳 羅振玉舊藏
來源 考古研究所藏
備注 此蓋所屬器類不明，今仍依羅氏說，歸入觶内

〇六三七二 鴌分父甲觶
字數 四
時代 西周早期
著録 總集 六五八七
三代 一四・五二・八
貞補中 二二・二
續殷下 六二・八
小校 五・九二・三
流傳 鄒安舊藏
來源 續殷

〇六三七三 子庥父乙觶
字數 四
時代 殷或西周早期
著録 總集 六五五〇
三代 一四・五〇・七
貞補中 二二・一
頌齋 一五
通考 五八三
小校 五・九〇・二
故圖下下 三九七
綜覽・觶 九四
周録 四〇
流傳 容庚舊藏
現藏 臺北故宮博物院
來源 考古研究所藏

〇六三七四 大父乙觶
字數 四
時代 西周早期
著録 總集 六五五四
三代 一四・五〇・九
恒軒下 八三
窓齋 二〇・六・二
殷存下 二八・一一
小校 五・九〇・一
流傳 潘祖蔭舊藏
來源 考古研究所藏

〇六三七五 亞大父乙觶
字數 四
時代 殷或西周早期
著録 總集 六五五八
三代 一四・四一・一一
攗古 一・二・五九
窓齋 二〇・一八・二
綴遺 二三・一〇・一
奇觚 六・一八・一
殷存下 二七・一〇
簠齋 二觶一〇
小校 五・七八・四
流傳 陳介祺舊藏
現藏 北京故宮博物院
來源 考古研究所拓

〇六三七六 亞大父乙觶
字數 四
時代 殷或西周早期
著録 總集 六五五九
十二雪 一五
流傳 孫壯舊藏
來源 考古研究所藏

〇六三七七 亞矣父乙觶
字數 四（器蓋同銘）
時代 西周早期
著録 總集 六三七七
美集録 R 一四三（器）
彙編 八・一〇四四
綜覽・觶 一〇四（器）
流傳 曾在美國盧芹齋
現藏 美國舊金山亞洲美術博物館（布倫戴奇藏器）
來源 彙編

〇六三七八 亞[illegible]父乙觶
字數 四
時代 殷
著録 總集 六五六〇
三代 一四・四一・二
窓齋 二〇・一八・一
續殷下 五六・五
小校 五・七八・五
流傳 許延暄舊藏（羅表）

來源　三代

○六三七九　亞艅父乙觶
字數　四
時代　殷
著錄　綜覽・觶一〇七
來源　綜覽

○六三八〇　⿸广齊冊父乙觶
字數　四
時代　殷
著錄　總集　六五八九
　　　錄遺　三六九
現藏　北京故宮博物院
來源　考古研究所拓
備注　器殘

○六三八一　庚豕父乙觶
字數　四
時代　殷
著錄　未見
出土　一九八二年安陽小屯一號墓
現藏　考古所安陽工作站
來源　考古研究所拓

○六三八二　鄉宁父乙觶
字數　四
時代　殷
著錄　未見
現藏　北京故宮博物院
來源　考古研究所拓

○六三八三　㠱父乙觶
字數　四
時代　殷
著錄　總集　六五五五
　　　三代　一四・五〇・一〇
　　　綴遺　二三・一八・一
　　　續殷下　六二・一
　　　小校　五・八九・三
流傳　徐同柏舊藏(小校拓本題跋)
來源　三代

○六三八四　西單父乙觶
字數　四(器蓋同銘)
時代　殷
著錄　巖窟上　五八
出土　一九四〇年河南安陽
流傳　梁上椿舊藏
現藏　北京故宮博物院
來源　考古研究所拓

○六三八五　聑日父乙觶
字數　四
時代　殷
著錄　未見
現藏　北京故宮博物院
來源　考古研究所拓

○六三八六　葡父乙觶
字數　四
時代　殷
著錄　總集　五二二五
　　　三代　一三・一・四(卣)
　　　殷存上　二二・一二(尊)
　　　小校　五・一三・六(尊)
來源　考古研究所藏
備注　舊稱卣或尊，現據本所藏全形拓，確定爲觶

○六三八七　川又父乙觶
字數　四
時代　西周早期
著錄　總集　六五六二
　　　考古與文物　一九八〇年四期
　　　二二頁圖二一・二
　　　陝青　三・一二七
現藏　扶風縣博物館
來源　考古與文物編輯部提供

○六三八八　尹舟父丙觶
字數　四
時代　殷
著錄　總集　六四五二
　　　三代　一四・四二・一一
　　　貞松　九・一九・二
　　　美集錄　R二八七
　　　綜覽・觶　八九
流傳　往歲見之津沽(貞松)
現藏　美國費城賓省大學博物館
來源　考古研究所藏

○六三八九　㠱父丙觶
字數　四
時代　殷
著錄　總集　六五六五
　　　筠清　一・二二・一
　　　攈古　一・二・五九
　　　綴遺　二三・一八・二
　　　奇觚　一八・六・四
　　　小校　五・九〇・四
來源　小校

○六三九〇　⿱冊豕冊父丁觶
字數　四
時代　殷
著錄　總集　六六一三
　　　錄遺　三七一
現藏　北京故宮博物院
來源　考古研究所拓

○六三九一　父丁告田觶
字數　四
時代　西周早期
著錄　總集　六五六一
　　　三代　一四・五一・二
　　　從古　一四・二八
　　　攈古　一・二・六一
　　　愙齋　二〇・一〇・一
　　　綴遺　二四・一一・二
　　　奇觚　六・二〇・二
　　　敬吾下　四四・五
　　　殷存下　二九・二
　　　小校　五・九〇・六
　　　簠齋　二觶三
出土　關中(攈古錄)
流傳　陳介祺舊藏
現藏　上海博物館
來源　考古研究所藏

○六三九二　母父丁觶
字數　四
時代　殷或西周早期
著錄　沃森　七〇頁圖五・二
　　　綜覽・觶　八三
流傳　Sedgwick 舊藏
現藏　英國倫敦不列顛博物館
來源　考古研究所藏

○六三九三　典弜父丁觶
字數　四
時代　殷
著錄　總集　六五六七
　　　三代　一四・五一・五
來源　考古研究所藏

○六三九四　㠱父丁觶
字數　四
時代　殷
著錄　總集　六五六六
　　　三代　一四・五一・四
　　　續殷下　六二・二

小校 五・九〇・五
蔭軒 一・七
流傳 李蔭軒舊藏
現藏 上海博物館
來源 三代

〇六三九五 亞丏父丁觶

字數 四
時代 殷
著録 總集 六五六八
三代 一四・五一・六
來源 考古研究所藏

〇六三九六 西單父丁觶

字數 四
時代 殷
著録 總集 五六二六
三代 一四・四三・一〇(又一二・二・六壺)
貞補中 二一・一
貞續中 一一・二(壺)
來源 考古研究所藏

〇六三九七 ?父戊觶

字數 四
時代 殷或西周早期
著録 總集 六四六二
三代 一四・四三・一二
積古 二・一二・二
攈古 一・二・一〇
續殷下 四四・二
流傳 阮元舊藏
來源 考古研究所藏
備注 銘文或可釋爲三字，今暫作四字處理

〇六三九八 告宁父戊觶

字數 四
時代 殷
著録 總集 六五九〇
録遺 三七〇
來源 考古研究所藏

〇六三九九 子?父己觶

字數 四
時代 殷
著録 總集 六五七〇
三代 一四・五一・八
從古 一四・三〇
攈古 一・二・六〇
愙齋 二〇・四・一
綴遺 二三・二八・二
奇觚 六・一九・一
殷存下 二九・三
簠齋 二觶六
小校 五・九一・一
流傳 陳介祺舊藏
來源 考古研究所藏

〇六四〇〇 辰?父己觶

字數 四
時代 殷
著録 總集 六五三六
考古 一九六四年一一期五九二頁圖一・二
河南 一・三二七
綜覽・觶 四〇
青全 二・一三八
辭典 二〇四
出土 一九五〇年河南安陽郊區
現藏 新鄉市博物館
來源 新鄉市博物館提供

〇六四〇一 父己矢?觶

字數 四
時代 殷
著録 綴遺 二三・五・一
小校 五・八二・三
續殷下 五八・一
流傳 潘祖蔭舊藏
現藏 上海博物館
來源 考古研究所藏
備注 銘文或爲三字，今按四字處理

〇六四〇二 亞㠱父己觶

字數 四
時代 西周早期
著録 文物 一九八三年一一期六五頁圖一三
出土 一九八二年北京順義縣牛欄山公社金牛大隊墓葬
現藏 北京市文物研究所
來源 考古研究所拓

〇六四〇三 亞?父己觶

時代 西周早期
著録 總集 六五七一
三代 一四・四五・一
貞續中 三五・二
續殷下 五七・一〇
來源 考古研究所藏

〇六四〇四 亞?父己觶

字數 四(器蓋同銘)
時代 殷
著録 未見
現藏 北京故宮博物院
來源 考古研究所拓

〇六四〇五 田?父己觶

字數 四
時代 西周早期
著録 總集 六五三七
文物 一九六四年九期三六頁圖五下左上
綜覽・觶 八一
現藏 天津市歷史博物館
來源 考古研究所拓

〇六四〇六 牧正父己觶

字數 四
時代 西周早期
著録 總集 六五九一
文物 一九六一年一一期五頁圖六
綜覽・觶 九〇
出土 一九五九年四川彭縣竹瓦街
現藏 四川省博物館
來源 四川省博物館提供

〇六四〇七 ?作父己觶

字數 四(器蓋同銘)
時代 西周早期
著録 總集 六五七二
三代 一四・五一・七
西清 二六・一七
貞松 九・二六・一
流傳 清宮、簫山陸氏舊藏(貞松)
現藏 旅順博物館(器)
來源 西清(蓋)、考古研究所藏(器)
備注 蓋佚

〇六四〇八 父己豖馬觶

字數 四
時代 西周早期
著録 總集 六四七三
三代 一四・四四・一一
貞松 九・二二・一
小校 五・八二・一
流傳 劉體智舊藏(羅表)

來源 三代

○六四○九 亞若父己觶

字數 四
時代 殷或西周早期
著録 總集 六五七三
三代 一四・四五・二
貞補中 二一・三
續殷下 五七・九
雙吉上 四七
綜覽・觶 一二四
出土 洛陽
流傳 于省吾舊藏
現藏 北京故宮博物院
來源 考古研究所拓

○六四一○ 子□父辛觶

字數 四（器蓋同銘）
時代 殷
著録 上海（二○○四）一二五
現藏 上海博物館
來源 上海博物館提供

○六四一一 父辛亞艅觶

字數 四
時代 西周早期
著録 總集 六五七七
三代 一四・四六・一一
懷米上 二八
攈古 一・二・五八
愙齋 二○・一二・二
綴遺 二三・一一・一
殷存下 二八・三
小校 五・八四・四
流傳 曹秋舫、潘季玉舊藏（綴遺）
來源 考古研究所藏

○六四一二 亞□父辛觶

字數 四
時代 殷或西周早期
著録 未見
來源 北京某氏藏

○六四一三 亞□父辛觶

字數 四
時代 殷
著録 未見
現藏 上海博物館
來源 上海博物館提供

○六四一四 亞孳父辛觶

字數 四
時代 西周早期
著録 總集 六五八八
録遺 三六八
現藏 北京故宮博物院
來源 考古研究所拓

○六四一五 弓□父辛觶

字數 四
時代 西周早期
著録 未見
來源 考古研究所藏

○六四一六 逆□父辛觶

字數 四
時代 西周早期
著録 總集 六五七四
三代 一四・五一・九
貞松 九・二六・二
來源 三代

○六四一七 宀作父辛觶

字數 四
時代 西周早期
著録 總集 六五七六
三代 一四・五一・一一
愙齋 二○・七・一
綴遺 二三・二七・一
續殷下 三五・一
小校 五・九一・四
流傳 葉志詵舊藏（愙齋）
來源 三代

○六四一八 □□父辛觶

字數 四
時代 西周早期
著録 總集 六五七五
三代 一四・五一・一○
愙齋 二○・六・三
綴遺 二三・二一・一
殷存下 二九・四
小校 五・九一・五
流傳 潘祖蔭舊藏（綴遺）
現藏 上海博物館
來源 考古研究所藏

○六四一九 寧作父辛觶

字數 四
時代 西周早期
著録 小校 五・九一・三
流傳 李蔭軒舊藏
現藏 上海博物館
來源 考古研究所藏

○六四二○ 子□父癸觶

字數 四
時代 殷
著録 未見
現藏 北京故宮博物院
來源 考古研究所拓

○六四二一 亞食父癸觶

字數 四
時代 西周早期
著録 總集 六五一五
三代 一四・四八・四
貞續中 三五・四
小校 五・八七・一
來源 小校

○六四二二 尹舟父癸觶

字數 四
時代 殷
著録 未見
來源 考古研究所藏

○六四二三 □豕父癸觶

字數 四
時代 殷
著録 西清 二六・二五
流傳 清宮舊藏
來源 西清

○六四二四 父癸何觶

字數 四
時代 殷
著録 總集 六五七八
三代 一四・五二・一
貞松 九・二六・三
巖窟上 六○
文物 一九五九年一一期七一頁
圖四
綜覽・觶 五
出土 傳出安陽
流傳 梁上椿舊藏
現藏 北京故宮博物院
來源 考古研究所拓

○六四二五 □父癸觶

字數 四
時代 西周早期
著録 總集 六五一二

三代 一四・四八・三
善齋 五・七八
續殷下 五九・一二
小校 五・八五・二
故圖下下 四〇二
流傳 劉體智舊藏
現藏 臺北故宮博物院
來源 考古研究所藏

○六四二六 ※作父癸觶
字數 四
時代 殷
著錄 綴遺 二三・二七・二
來源 綴遺

○六四二七 光作母辛觶
字數 四
時代 殷
著錄 總集 六五七九
三代 一四・五二・二
續殷下 六二・四
現藏 北京故宮博物院
來源 考古研究所拓

○六四二八 婦𡩜冊觶
字數 四
時代 殷
著錄 總集 六六一一
三代 一四・五四・五
長安 一・四〇
攈古 一・三・四七
綴遺 二四・九・一
流傳 劉喜海舊藏
來源 考古研究所藏

○六四二九 冏兄日壬觶
字數 四
時代 殷或西周早期
著錄 總集 六五八〇
三代 一四・五二・三
攈古 一・二・六〇
愙齋 二〇・一九・三
綴遺 二二・一九・二
周金 五・一三二・二
續殷下 六二・五
小校 五・一九・七
流傳 葉志詵舊藏(羅表)
來源 考古研究所藏

○六四三〇 亞若癸觶
字數 四(蓋三、器一)
時代 殷
著錄 筠清 二・五四
攈古 一・二・六八
綴遺 二三・一二・一
流傳 葉志詵舊藏(平安館藏器目)
來源 考古研究所藏

○六四三一 員觶
字數 四(器蓋同銘)
時代 西周早期或中期
著錄 總集 六五八四
美集錄 R 三二六
彙編 七・八五〇
流傳 曾在美國盧芹齋
現藏 美國舊金山亞洲美術博物館(布倫戴奇藏器)
來源 考古研究所藏

○六四三二 員觶
字數 四(器蓋同銘)
時代 西周早期或中期
著錄 總集 六五八三
美集錄 R 三二七
彙編 七・八五一
綜覽・觶 一四四
流傳 美國盧芹齋、戴維斯舊藏
現藏 美國聖路易市美術博物館
來源 考古研究所藏

○六四三三 戈咎觶
字數 四
時代 西周早期
著錄 總集 六五八二
三代 一四・五二・四
愙齋 二〇・七・三
綴遺 二三・四・一
陶續 二・一五
小校 五・一九・六
流傳 潘祖蔭、端方舊藏
來源 考古研究所藏

○六四三四 季作旅彝觶
字數 四
時代 西周早期或中期
著錄 西清 二六・二〇
流傳 清宮舊藏
來源 西清

○六四三五 作扟從彝觶
字數 四(器蓋同銘)
時代 殷
著錄 中國考古學報 二(一七五頁圖版二・三;二・六
出土 一九三一年山東益都縣蘇埠屯
流傳 山東圖書館舊藏
現藏 山東省博物館
來源 考古研究所拓
備注 器銘拓本與過去發表有異

○六四三六 逨觶
字數 四
時代 西周早期
著錄 總集 六五八一
三代 一四・五二・六
從古 八・二六
攈古 一・二・六〇
綴遺 二四・一七・一
周金 五・一三一・二
小校 五・九三・六
流傳 陳朗亭、瞿世瑛舊藏(綴遺、羅表)
來源 三代

○六四三七 耒作寶彝觶
字數 四
時代 西周早期
著錄 總集 六五八六
三代 一四・五二・七
貞松 九・二六・四
來源 三代

○六四三八 作寶障彝觶
字數 四(器蓋同銘)
時代 西周早期
著錄 日精華 二・一一二(蓋)
三代補 六四三(蓋)
彙編 七・八四八~八四九
綜覽・觶 四二
流傳 日本橫田正治郎舊藏
現藏 英國倫敦不列顛博物館
來源 不列顛博物館提供

○六四三九 厚且戊觶
字數 五
時代 西周早期
著錄 未見
現藏 上海博物館
來源 上海博物館提供

○六四四〇 亞吴父乙觶

字數 五
時代 西周早期
著録 總集 六五九三
三代 一四・五一・一
貞續中 三六・五
小校 五・九〇・三
流傳 徐乃昌舊藏
來源 三代

〇六四四一 高作父乙觶
字數 五
時代 西周早期
著録 總集 六五九四
三代 一四・五二・九
貞松 九・二七・二
善齋 五・八六
小校 五・九二・四
善彝 一三八
故圖下下 四〇五
周録 三九
流傳 劉體智舊藏
現藏 臺北故宮博物院
來源 考古研究所藏

〇六四四二 逋作父乙觶
字數 五
時代 西周早期
著録 總集 六五五一
三代 一四・五〇・八
貞松 九・二五・四
來源 考古研究所藏

〇六四四三 登串父丁觶
字數 五
時代 殷
著録 總集 六五九五
三代 一四・五二・一〇

綴遺 二三・一六・一
殷存下 三〇・一
小校 五・九三・一
流傳 潘祖蔭舊藏(羅表)
來源 考古研究所藏

〇六四四四 劦册父丁觶
字數 五
時代 西周早期
著録 總集 六五六三(六五六四)
三代 一四・五一・三
綴遺 二三・二四・一
殷存下 二九・一
小校 五・八四・三
流傳 潘祖蔭舊藏(綴遺)
來源 考古研究所藏

〇六四四五 宁册父丁觶
字數 五
時代 西周早期
著録 善齋 五・八七
小校 五・九二・八
故圖下下 三九八
綜覽・觶 九二
流傳 劉體智舊藏
現藏 臺北故宮博物院
來源 考古研究所藏

〇六四四六 聮作父丁觶
字數 五
時代 西周早期
著録 總集 六五九六
三代 一四・五二・一一
從古 一四・三二
攈古 一・三・一三
愙齋 二〇・八・四
綴遺 二三・二一・二

奇觚 六・二一・一
殷存下 二九・八
簠齋 二觶四
小校 五・九二・六
流傳 陳介祺舊藏
來源 考古研究所藏

〇六四四七 虡作父丁觶
字數 五
時代 西周早期
著録 總集 六五九七
三代 一四・五二・一二
從古 一四・三一
攈古 一・三・四七
愙齋 二〇・八・三
綴遺 二四・一〇・一
奇觚 六・二〇・三
殷存下 二九・七
簠齋 二觶五
小校 五・九二・七
流傳 陳介祺舊藏，後歸李蔭軒
現藏 上海博物館
來源 考古研究所藏

〇六四四八 作父辛觶
字數 五
時代 西周早期
著録 總集 四七〇五
三代 一一・一九・一(尊)
愙齋 一三・四・四
殷存上 二三・六
小校 五・一七・八(又 五・九三・三)
流傳 潘祖蔭舊藏
現藏 上海博物館
來源 上海博物館提供

備注 小校五・九三・三稱觶

〇六四四九 攴作父癸觶
字數 五
時代 西周早期
著録 未見
現藏 上海博物館
來源 上海博物館提供

〇六四五〇 小集母乙觶
字數 五(器四、蓋五)
時代 殷
著録 總集 六五九二
考古 一九六四年八期三八四
頁圖五
殷青 圖八四・五～六
綜覽・觶 五二
出土 一九六二年安陽大司空村墓葬
(M五三：二七)
現藏 考古所安陽工作站
來源 考古研究所拓

〇六四五一 姞亘母觶
字數 五
時代 西周早期
著録 總集 六五九八
三代 一四・五三・一
貞松 九・二七・四
雙吉上 四九
流傳 溥倫、于省吾舊藏(羅表)
現藏 旅順博物館
來源 考古研究所藏

〇六四五二 矢王觶
字數 五(器蓋同銘)
時代 西周早期
著録 總集 四七〇八
三代 一一・一九・三～四(尊)

周金 五・一八
小校 五・一八・二
銘文選 一四八
蔭軒 二・一四
青全 六・一四八
上海(二〇〇四)二五一
出土 丁巳陝西鳳翔府出土(周金)
流傳 南海甘翰臣舊藏(周金)，後歸李蔭軒
現藏 上海博物館
來源 上海博物館提供

〇六四五三 麦伯觶

字數 五
時代 西周早期
著録 總集 六六〇三
寶鷄 一五〇頁圖一一六・四～五
出土 一九八〇年陝西寶鷄市竹園溝墓葬(M四：三)
現藏 寶鷄市博物館
來源 寶鷄市博物館提供

〇六四五四 伯㦰觶(伯㦰飲壺)

字數 五
時代 西周中期
著録 總集 五六七二
文物 一九七六年六期五八頁圖二一
陝青 二・一〇五
綜覽・觶 一四五
美全 四・二一二
青全 五・一二四
辭典 五四七
吉鑄 四三
出土 一九七五年陝西扶風縣莊白村墓葬
現藏 扶風縣博物館
來源 陝青

〇六四五五 伯㦰觶

字數 五
時代 西周中期
著録 總集 五六七三
文物 一九七六年六期五八頁圖二二
陝青 二・一〇六
綜覽・觶形尊 四五
青全 五・一二五
出土 一九七五年陝西扶風縣莊白村墓葬
現藏 扶風縣博物館
來源 扶風縣博物館提供

〇六四五六 伯作姬觶

字數 五(器蓋同銘)
時代 西周中期
著録 總集 五六六六
三代 一二・六・八(壺蓋)
積古 五・一〇・一～二
攈古 一・三・三四・一～二
愙齋 一四・一七・二(蓋)
周金 五・五八・二(蓋)
小校 四・七四・七(蓋)
流傳 嘉興張氏舊藏(周金)
現藏 上海博物館(蓋)
來源 上海博物館提供(蓋)、攈古(器)

〇六四五七 井叔觶

字數 五
時代 西周早期
著録 張家坡墓地 一五五頁圖一一五・五
出土 一九八五年陝西長安縣張家坡墓葬(M一六五：一四)
現藏 考古研究所
來源 考古研究所拓

〇六四五八 叔偈父觶

字數 五
時代 西周早期
著録 未見
現藏 上海博物館
來源 上海博物館提供

〇六四五九 邑觶

字數 五
時代 殷或西周早期
著録 總集 六六〇〇
北窑 九四頁圖五一・六
綜覽・觶 一二五
出土 一九六三～一九六四年洛陽市北窑墓葬(M一：五)
現藏 洛陽市文物工作隊
來源 文物

〇六四六〇 事作小旅彝觶

字數 五
時代 西周早期
著録 西清 九・八
古文審 三・一八
流傳 清宮舊藏
來源 西清
備注 舊稱尊。〇五八一七爲另一同銘之尊

〇六四六一 亘觶

字數 五
時代 西周中期
著録 總集 六五九九
三代 一四・五三・二
從古 一一・一九
敬吾下 六〇・五
小校 五・九三・五
來源 三代

〇六四六二 義楚觶

字數 五
時代 春秋晚期
著録 總集 六六〇二
三代 一四・五三・三
銘文選 五七〇
奇觚 一七・三六
周金 五・一三七～一三八
雙王 一九
善齋 五・九三
大系 一七〇
小校 五・九八・二
善彝 一四三
通考 五九〇
故圖下下 四一〇
彙編 七・七九七
酒器 一七六頁
出土 一八八八年江西高安城西四十里清泉市旁漢建成侯墓山下田中出土
流傳 鄒凌瀚、張鳴珂、龐澤鑾、鄒安、劉體智舊藏
現藏 臺北故宮博物院
來源 考古研究所藏

〇六四六三 邑且辛父辛觶

字數 六
時代 殷
著録 殷青 圖七七・一一
出土 一九八二年安陽小屯西地墓葬(GM八七四：八)
現藏 考古所安陽工作站
來源 考古研究所拓

〇六四六四　亞吴匕辛觶
字數　六
時代　殷
著録　總集　六六一二
　美集録 R 一四二
　綜覽・觶 四三
流傳　美國 Kleijkamp 舊藏
現藏　美國紐約魏格氏
來源　考古研究所藏

〇六四六五　亞聿豕父乙觶
字數　六
時代　西周早期
著録　總集　六六〇五
　三代 一四・五三・六
　貞松 九・二七・三
來源　三代

〇六四六六　尚作父乙觶
字數　六
時代　西周中期
著録　總集　六六〇四
　三代 一四・五三・五
來源　北京某氏藏拓

〇六四六七　十作父乙觶
字數　六
時代　西周早期
著録　總集　六六〇七
　三代 一四・五三・四
　從古 一四・三三
　攈古 一・三・四六
　愙齋 二〇・一三・二
　綴遺 二四・一〇・二
　奇觚 六・二二・二
　殷存下 二九・一二
　簠齋 二觶一一
　小校 五・九四・一
流傳　陳介祺舊藏
來源　考古研究所藏

〇六四六八　小臣作父乙觶
字數　六（又合文一，器蓋同銘）
時代　西周早期
著録　未見
出土　一九六一年湖北江陵萬城墓葬
現藏　湖北省博物館
來源　考古編輯部檔案
備注　此拓爲蓋銘。同出器群考古一九六三年四期、文物一九六三年二期曾作報導

〇六四六九　雁事作父乙觶
字數　六
時代　西周早期
著録　文物一九八四年一二期三〇頁圖三・五
出土　一九八二年河南平頂山市滍陽鎮西門外墓葬
出藏　平頂山市文物管理委員會
來源　文物

〇六四七〇　作父丙觶
字數　六
時代　西周早期
著録　總集　六六一〇
　三代 一四・五三・七
　貞松 九・二八・一
　善齋 五・九〇
　續殷下 六二・一二
　小校 五・九四・二
　頌續 七三
　綜覽・觶 七五
出土　西安（頌續）
流傳　溥倫、容庚舊藏（羅表）
來源　考古研究所藏

〇六四七一　□作父丁觶
字數　六
時代　西周早期
著録　總集　六六一四
　録遺 三七二
來源　録遺
備注　依巖窟上五六，此器爲觚，見本書〇七二〇八

〇六四七二　作禦父辛觶
字數　六
時代　西周早期
著録　總集　六六〇六
　三代 一四・五三・九
　夢郼上 三九
　續殷下 六三・二
　小校 五・九三・四
流傳　劉鶚、羅振玉舊藏（夢郼）
來源　考古研究所藏

〇六四七三　作父辛觶
字數　存六
時代　西周早期
著録　總集　四七三七（尊）
　三代 一一・二二・二（尊）
　殷存上 二五・一
　小校 五・二一・六
現藏　上海博物館
來源　三代

〇六四七四　孜作父癸觶
字數　六
時代　殷
著録　總集　六六〇八
　三代 一四・五四・一
　夢郼上 四〇
　續殷上 四五・二
流傳　羅振玉舊藏
現藏　旅順博物館
來源　考古研究所藏

〇六四七五　朕作父癸觶
字數　六
時代　西周早期
著録　總集　四七三六（尊）
　三代 一一・二二・一（尊）
　筠清 一・二三
　從古 三・一〇
　攈古 一・三・五一
　愙齋 二〇・一四・一
　綴遺 二四・一四・二
　奇觚 一七・二・一
　敬吾下 六〇・二
　殷存上 二四・三（又下 三〇・二）
　清儀 一・三二・一
　小校 五・二一・七
　上海（二〇〇四）二五〇
流傳　張廷濟、潘季玉舊藏（愙齋、綴遺）
現藏　上海博物館
來源　考古研究所藏
備注　舊稱尊，實爲形體較大之觶

〇六四七六　北子𡚬觶
字數　六
時代　西周早期
著録　綴遺 二四・一九・二
　小校 二・四三・二
來源　考古研究所藏
備注　小校以爲鼎

○六四七七　伯旃觶
字數　六（器蓋同銘）
時代　西周早期
著録　總集　四七四四（尊）
三代　一一・二二・七～八（尊）
筠清　四・四〇・五～六
攈古　一・三・四九
綴遺　一八・一七・一～二
窓齋　一九・一五・一；一九・一五・三
小校　四・四〇・五～六
敬吾下　七〇・三～四
十二居　二七
流傳　程洪溥、吳式芬、周進舊藏
現藏　上海博物館（蓋）、旅順博物館（器）
來源　上海博物館提供（蓋）、考古研究所藏（器）

○六四七八　伯旃觶
字數　六（器蓋同銘）
時代　西周早期
著録　總集　四七四五（四七四六）
三代　一三・一八・二（蓋）、一三・一八・一；一三・一八・三（器）
窓齋　一九・一五・二（蓋）、一九・一五・四（器）
綴遺　一二・一七・一～二
小校　四・四一・一～二
周金　五・一〇三・二（蓋）五・一〇三・一（器）
美集録　R三〇三（器）
彙編　七・六八五（器）
綜覽・觶　一一〇（器）
薩克勒（西周）一〇〇（器）
流傳　程洪溥、潘祖蔭、盧芹齋、布倫戴奇舊藏
現藏　上海博物館（蓋）、美國華盛頓薩克勒美術館（器）
來源　考古研究所藏猗文閣拓本
備注　這兩件器，或稱卣，或稱尊，實應爲觶有的學者誤以爲有三件器。二器形制花紋相同。舊有著録極混亂，今釐訂之

○六四七九　者兒觶
字數　六
時代　西周早期
著録　總集　六六一六
善齋　五・九一
小校　五・九四・四
善彝　一四一
頌續　八一
通考　五八九
綜覽・觶　一三五
出土　洛陽
流傳　劉體智、容庚舊藏
現藏　廣州市博物館
來源　考古研究所藏

○六四八〇　遾觶
字數　六（器蓋同銘）
時代　西周早期
著録　總集　六六〇九
三代　一四・五四・三～四
故青　一二八
現藏　北京故宮博物院
來源　考古研究所藏
備注　三代拓本器、蓋銘顛倒

○六四八一　冀作且辛觶
字數　七
時代　殷
著録　總集　六六一八
三代　一四・五四・六
懷米上　二九
攈古　二・一・四九
窓齋　二〇・一三・一
綴遺　二四・六・一
殷存下　三〇・五
小校　五・九四・六
流傳　曹秋舫舊藏
來源　考古研究所藏

○六四八二　中作匕己觶
字數　七
時代　西周早期
著録　總集　六六一七
三代　一四・五四・二
陶齋　三・二九
續殷下　六三・三
小校　五・九四・三
美集録　R二四六
柉禁　二三・四
彙編　七・七一七
出土　光緒辛丑年（一九〇一）寶鷄鬥鷄臺出土
流傳　端方、福開森舊藏（羅表）
現藏　美國紐約大都會美術博物館
來源　考古研究所藏

○六四八三　作父戊觶
字數　七
時代　西周早期
著録　上海（二〇〇四）　一二八
現藏　上海博物館
來源　上海博物館提供

○六四八四　亞丨作父己觶
字數　七
時代　殷
著録　總集　六六二〇
三代　一四・五三・八
貞續中　三七・一
續殷下　六三・一
現藏　北京故宮博物院
來源　考古研究所藏

○六四八五　子达觶
字數　七
時代　殷
著録　總集　六六一九
三代　一四・五四・九
陶續補　九
流傳　端方舊藏
來源　三代

○六四八六　叔僤觶
字數　七
時代　西周早期
著録　總集　六六二五
録遺　三七三
現藏　上海博物館
來源　考古研究所藏

○六四八七　征作笭觶
字數　七
時代　西周早期
著録　三代　六・三九・六（彝）
攈古　二・一・五
小校　五・九五・三
流傳　文後山舊藏（攈古録）
現藏　上海博物館
來源　考古研究所藏
備注　此器舊稱彝、敦

○六四八八　冶徣觶

字數 七
時代 西周早期
著録 總集 六六二二
三代 一四・五五・一
攈古 二・一・六
綴遺 二四・一六
敬吾下 四三・三
小校 五・九五・二
來源 三代

〇六四八九 其史作且己觶

字數 八
時代 西周早期
著録 琉璃河 一七三頁圖一〇三・六
出土 一九七五年北京房山縣琉璃河西周墓葬(M二五三:三)
現藏 首都博物館
來源 考古研究所拓

〇六四九〇 旅史避且辛觶

字數 八
時代 西周早期
著録 貞續中 三七・二
小校 五・九六・二
故青 一二九
出土 洛陽(頌續)
流傳 合肥李氏舊藏(頌續)
現藏 北京故宮博物院
來源 考古研究所拓

〇六四九一 旅史避且辛觶

字數 八
時代 西周早期
著録 總集 六六二九
善齋 五・九二
小校 五・九六・一
續殷下 六三・四
頌續 八〇
通考 五八八
綜覽・觶 一三二
出土 洛陽(頌續)
流傳 劉體智、容庚舊藏
現藏 廣州市博物館
來源 考古研究所藏

〇六四九二 凡作父乙觶

字數 八(蓋一、器七)
時代 殷或西周早期
著録 博古 六・八
薛氏 一六・三
嘯堂 二二・四
來源 嘯堂

〇六四九三 諫作父丁觶

字數 八
時代 西周早期
著録 未見
現藏 旅順博物館
來源 考古研究所拓

〇六四九四 舌仲作父丁觶

字數 八
時代 西周早期
著録 西清 九・九
猷氏 二三頁圖二五
三代補 六九一
現藏 英國倫敦不列顛博物館
來源 猷氏

〇六四九五 遽仲作父丁觶

字數 八
時代 西周早期
著録 總集 六六二四
三代 一四・五四・七
十六 一・一五
積古 五・一八・三
攈古 二・一・四九
愙齋 二〇・一四・二
奇觚 一八・七・四
周金 五・一三〇・二
小校 五・九四・八
流傳 錢坫、阮元、潘祖蔭舊藏(羅表)
現藏 上海博物館
來源 考古研究所藏

〇六四九六 子作父戊觶

字數 八
時代 殷
著録 總集 六六二六
三代 一四・五五・二
筠清 一・二三・一
從古 三・二三
攈古 二・一・二四
愙齋 二〇・一二・一
綴遺 二三・五・二
敬吾下 四三・一
清儀 一・一〇・一
續殷下 六三・五
小校 五・九六・三
流傳 葉志詵、張廷濟舊藏(羅表)
來源 考古研究所藏

〇六四九七 甚父戊觶

字數 八(蓋四、器八)
時代 西周早期
著録 薛氏 一七・二
嘯堂 九六・二
來源 薛氏(蓋)、嘯堂(器)
備注 器八字，蓋省作四字，容庚曾疑僞。舊稱尊，今定爲觶。薛氏器銘、蓋銘全，嘯堂僅録器銘

〇六四九八 父己年鬳觶

字數 八
時代 西周早期
著録 總集 六六一五
録遺 三七三
美集録 R 二二九
綜覽・觶 九八
彙編 九・一七五〇
流傳 美國 Thomas D・stimson 舊藏
現藏 美國西雅圖美術博物館
來源 録遺

〇六四九九 諫作父己觶

字數 八
時代 西周早期
著録 博古 六・二五
薛氏 一六・四
嘯堂 二四・二
來源 嘯堂

〇六五〇〇 鼓𦎫作父辛觶

字數 八
時代 西周早期
著録 總集 六六二七
三代 一四・五五・三
貞松 九・二八・三
流傳 周鴻孫舊藏(貞松)
來源 三代

〇六五〇一 作父癸觶

字數 八
時代 西周早期
著録 美集録 R 三五九
弗里爾(六七)四〇一頁
綜覽・觶 一四一
現藏 美國華盛頓弗里爾美術陳列館

來源 弗里爾

〇六五〇二 木工册作母甲觶

字數 八
時代 西周早期
著録 總集 六六二二
三代 一四・五四・八
從古 一四・三四
攈古 二・一・六
愙齋 二〇・一五・一
綴遺 二四・一一・一
奇觚 六・二一・三
敬吾下 四四・三
周金 五・一三一・一
殷存下 三〇・四
簠齋 二觶一
小校 五・九五・一
流傳 陳介祺舊藏，後歸上海博物館
現藏 上海博物館
來源 考古研究所藏

〇六五〇三 呂伯觶

字數 八
時代 西周早期
著録 總集 六六二三
美集録 R 四七二
布倫戴奇（一九七七）一四一頁圖五一
彙編 六・五二六（又六三四）
綜覽・觶 一四〇
現藏 美國舊金山亞洲美術博物館（布倫戴奇藏品）
來源 考古研究所藏
備注 彙編五二六以爲伯上有呂字，故全銘定爲八字

〇六五〇四 甾作父己觶

字數 九
時代 西周早期
著録 未見
現藏 上海博物館
來源 上海博物館提供

〇六五〇五 何作丁辛觶

字數 九
時代 殷
著録 博古 一六・一四
薛氏 一〇九・四
嘯堂 五〇・六
來源 嘯堂

〇六五〇六 𨛜王屰又觶

字數 一〇
時代 春秋晚期
著録 總集 六六三〇
三代 一四・五五・四
周金 五・一三六・二
奇觚 一七・三四・二
貞圖中 一二
大系 一七〇・三
小校 五・九八・一
故圖下下 四〇九
出土 光緒戊子江西高安西四十里附近出土（羅表）
流傳 鄒凌瀚、羅振玉舊藏（羅表）
現藏 臺北故宮博物院
來源 考古研究所藏

〇六五〇七 北子觶

字數 一二（又重文二、合文一，器蓋同銘）
時代 西周早期
著録 總集 五四五四
三代 一三・三五・一（蓋）
西清 九・七
移林 一七（蓋）
小校 四・五五・四（蓋）
流傳 李宗岱、丁麟年、清宮舊藏
現藏 北京故宮博物院（蓋）
來源 考古研究所拓（蓋）、西清（器）
備注 舊稱尊、卣，今僅存蓋

〇六五〇八 𡳿觶

字數 一二
時代 西周早期
著録 總集 六六二八
美集録 R 三一三
綜覽・觶 一三七
現藏 美國魯本斯氏
來源 考古研究所藏

〇六五〇九 厝觶

字數 一三（器蓋同銘）
時代 西周早期
著録 琉璃河 一七三頁圖一〇三・四～五
出土 一九七五年北京房山縣琉璃河墓葬（M二五一：九）
現藏 首都博物館
來源 考古研究所拓

〇六五一〇 庶觶

字數 一四（又合文一，器蓋同銘）
時代 西周早期
著録 琉璃河 一七三頁圖一〇三・二～三
出土 一九七五年北京房山縣琉璃河墓葬（M二五一：八）
現藏 首都博物館
來源 考古研究所拓

〇六五一一 㠱仲觶

字數 一四（器蓋同銘）
時代 西周中期
著録 總集 五七三三（壺）
三代 一二・一三・六（壺）
貞補上 三七・四
大系 六七・二
小校 四・八二・一
雙吉上 二七
文物 一九八四年六期二一頁圖一～二
銘文選 二一一
青全 六・八八
辭典 五四八
上海（二〇〇四）三四二
流傳 蓋舊藏北京大學，器爲一九五六年上海博物館徵集所得
現藏 上海博物館
來源 考古研究所藏（蓋）、上海博物館提供（器）
備注 形似卣而小，自稱飲壺，可知用途與觶同，今收入觶内

〇六五一二 小臣單觶

字數 二二（又合文二）
時代 西周早期
著録 總集 六六三一
三代 一四・五五・五
綴遺 二四・一五
貞松 九・二九・一
希古 五・一七・三
大系 一・二
小校 五・九七
斷代 三
銘文選 二五
綜覽・觶 八五
蔭軒 一・一〇

辭典 五四六
青全 五・一一八
上海(二〇〇四) 二四九
流傳 李笙漁、潘祖蔭舊藏(綴遺、貞松),後歸李蔭軒
現藏 上海博物館
來源 上海博物館提供

〇六五一三 郐王義楚觶
字數 三五
時代 春秋晚期
著録 總集 六六三四
三代 一四・五五・六
奇觚 一七・三五
周金 五・一三六・一
貞圖中 一三
大系 一七〇・二
通考 五九一
小校 五・九八・三
故圖下下 四一一
銘文選 五六九
出土 光緒戊子江西高安西四十里出土
流傳 鄒陵瀚、羅振玉舊藏
現藏 臺北故宮博物院
來源 考古研究所藏

〇六五一四 中觶
字數 三六(器蓋同銘)
時代 西周早期
著録 總集 六六三五
博古 六・三〇
薛氏 一〇二・二~三
嘯堂 二五・二
大系 七
銘文選 一〇九
出土 湖北安州
來源 嘯堂

〇六五一五 萬諆觶
字數 三六
時代 西周中期
著録 總集 四八七四(尊)
三代 一一・三五・四(尊)
西清 八・四二
古文審 三・一四
貞續中 九・二
斷代 八六
故圖上上 二頁
酒器 一二四頁
周録 八〇
流傳 清宮舊藏
現藏 臺北故宮博物院
來源 考古研究所藏
備注 圖録稱「器身似經修改,紋飾亦似後刻」

〇六五一六 趩觶
字數 六七(又合文一)
時代 西周中期
著録 總集 四八八六(尊)
三代 一一・三八・一(尊)
恒軒上 五〇
綴遺 一八・二三
攈古 三・一・六〇
窸齋 一三・一一・二
奇觚 五・一四
周金 五・一
大系 八五
小校 五・四一
安徽金石 一・三〇・二
冠斝 補二
斷代 一三二
綜覽・觶 一三八
銘文選 二四八
蔭軒 一・二三
辭典 四五三
上海(二〇〇四) 三四〇
流傳 葉志詵、費念慈、吳大澂、榮厚舊藏,後歸李蔭軒
現藏 上海博物館
來源 考古研究所藏

觚類

〇六五二〇~〇七三一二

〇六五二〇 且觚
字數 一
時代 殷
著録 未見
現藏 首都博物館
來源 考古研究所拓

〇六五二一 母觚
字數 一
時代 殷
著録 未見
現藏 北京故宮博物院
來源 考古研究所拓

〇六五二二 婦觚
字數 一
時代 殷
著録 總集 五九四七
美集録 R 二九
彙編 八・一一八七
綜覽・觚 二六
薩克勒(商) 三〇
青全 二・一二六
現藏 美國華盛頓薩克勒美術館
來源 考古研究所藏

〇六五二三 媓觚
字數 一
時代 殷
著録 總集 五九四九
美集録 R 一七七
綜覽・觚 一五九
流傳 Kleijkamp 舊藏
現藏 美國紐約魏格氏
來源 考古研究所藏

〇六五二四 子觚
字數 一
時代 殷
著録 總集 五九三三
考古 一九七二年四期二九頁圖二・一
出土 一九六九年山西石樓縣義牒
現藏 石樓縣文化館
來源 考古編輯部檔案

〇六五二五 子觚
字數 一
時代 殷
著録 總集 五九三四
考古 一九六五年五期二五五頁圖一・二
出土 一九五二年河南輝縣褚邱村墓葬
現藏 新鄉市博物館
來源 新鄉市博物館提供

〇六五二六 子觚
字數 一
時代 殷

著録　未見
出土　一九五二年河南輝縣褚邱村墓葬
現藏　新鄉市博物館
來源　新鄉市博物館提供

○六五二七　子觚
字數　一
時代　殷
著録　寧壽　一〇・一七
流傳　清宮舊藏
來源　寧壽

○六五二八　子觚
字數　一
時代　殷
著録　攈古　一・一・一六・四
出土　見于長安
來源　攈古

○六五二九　子觚
字數　一
時代　殷
著録　總集　五九三二
　　貞續中　二七・三
來源　貞續

○六五三〇　字觚
字數　一
時代　殷
著録　未見
流傳　卡爾貝克舊藏
現藏　英國倫敦不列顛博物館
來源　不列顛博物館提供

○六五三一　囝觚
字數　一
時代　殷
著録　未見
現藏　北京故宮博物院

來源　考古研究所拓

○六五三二　旅觚
字數　一
時代　殷
著録　總集　五八四一
　　三代　一四・一三・三
　　愙齋　二一・二・一
　　奇觚　六・二三・二
　　殷存下　二六・一一(觶)
　　小校　五・四七・五
流傳　吳大澂舊藏
來源　考古研究所藏

○六五三三　旅觚
字數　一
時代　殷
著録　總集　五八四〇
　　三代　一四・一三・四
　　從古　八・二五
　　攈古　一・一・一五
　　綴遺　一六・一
　　敬吾下　六二・二
　　續殷下　三九・九
　　小校　五・六八・二(又七・三・三)
出土　陝西寶鷄縣(小校)
流傳　夏松如、瞿穎山、葉志詵舊藏(綴遺、小校、羅表)
來源　三代

○六五三四　旅觚
字數　一
時代　殷
著録　總集　五八四二
　　文叢　二・一四圖二・一
現藏　北京市文物研究所

來源　文叢

○六五三五　旅觚
字數　一
時代　殷
著録　總集　五八四四
　　三代　一四・一三・六
　　冠斝中　九
流傳　榮厚舊藏
現藏　北京市文物研究所
來源　考古研究所拓

○六五三六　旅觚
字數　一
時代　殷
著録　文物　一九八五年八期八三頁
　　圖一〇
現藏　首都博物館
來源　首都博物館提供

○六五三七　[illegible]觚
字數　一
時代　殷
著録　總集　五八四五
　　三代　一四・一三・七
來源　三代
備注　器名暫依舊稱，文爲從旅從皿之字

○六五三八　[illegible]觚
字數　一
時代　殷
著録　未見
流傳　章乃器舊藏
現藏　首都博物館
來源　考古研究所拓

○六五三九　[illegible]觚
字數　一
時代　殷
著録　總集　五八三〇
　　文物　一九六四年四期四二頁
　　圖二・六
出土　一九五七年山東長清縣興復河北岸
現藏　山東省博物館
來源　考古研究所拓

○六五四〇　[illegible]觚
字數　一
時代　殷
著録　未見
來源　北京圖書館提供

○六五四一　[illegible]觚
字數　一
時代　殷
著録　總集　五八二九
　　三代　一四・一二・五
來源　考古研究所藏

○六五四二　[illegible]觚
字數　一
時代　殷
著録　總集　五八二八
　　三代　一四・一二・四
來源　三代

○六五四三　天觚
字數　一
時代　殷
著録　故圖下上　一九三
現藏　臺北故宮博物院
來源　考古研究所藏
備注　下面似有一點，不知是否筆畫，今暫釋天字

○六五四四　天觚

字數 一
時代 殷
著録 未見
現藏 北京故宮博物院
來源 考古研究所拓

○六五四五 天觚
字數 一
時代 殷
著録 未見
現藏 濟南市博物館
來源 考古研究所拓

○六五四六 屰觚
字數 一
時代 殷
著録 上海(二〇〇四) 一一〇
現藏 上海博物館
來源 上海博物館提供

○六五四七 夫觚
字數 一
時代 西周早期
著録 未見
現藏 北京故宮博物院
來源 考古研究所拓

○六五四八 夫觚
字數 一
時代 西周早期
著録 未見
現藏 北京故宮博物院
來源 考古研究所拓

○六五四九 □觚
字數 一
時代 殷
著録 總集 五八四六
三代 一四・一三・八
來源 三代

○六五五〇 □觚
字數 一
時代 殷
著録 未見
現藏 北京故宮博物院
來源 考古研究所拓

○六五五一 □觚
字數 一
時代 殷
著録 未見
現藏 北京故宮博物院
來源 考古研究所拓

○六五五二 □觚
字數 一
時代 殷
著録 未見
現藏 北京故宮博物院
來源 考古研究所拓

○六五五三 □觚
字數 一
時代 殷
著録 總集 五八三二
三代 一四・一二・六
續殷下 三九・五
彙編 八・一一〇六
綜覽・觚 七〇
現藏 日本東京某氏
來源 三代

○六五五四 □觚
字數 一
時代 殷
著録 總集 五九五三
録遺 三〇二
來源 録遺

○六五五五 □觚
字數 一
時代 殷
著録 未見
現藏 上海博物館
來源 上海博物館提供

○六五五六 □觚
字數 一
時代 殷
著録 未見
現藏 北京故宮博物院
來源 考古研究所拓

○六五五七 參觚
字數 一
時代 殷
著録 總集 五八三三
三代 一四・一二・七
現藏 旅順博物館
來源 考古研究所拓

○六五五八 參觚
字數 一
時代 殷
著録 未見
現藏 中國歷史博物館
來源 考古研究所拓

○六五五九 矢觚
字數 一
時代 殷
著録 未見
現藏 北京故宮博物院
來源 考古研究所拓

○六五六〇 □觚
字數 一
時代 殷
著録 總集 五九四二
録遺 二九七
現藏 北京故宮博物院
來源 考古研究所拓

○六五六一 奚觚
字數 一
時代 殷
著録 博古 一五・三六
薛氏 三九・二
嘯堂 五〇・二
來源 嘯堂

○六五六二 □觚
字數 一
時代 殷
著録 癡盦續 二八
流傳 李泰棻舊藏
來源 癡盦

○六五六三 □觚
字數 一
時代 殷
著録 總集 五九五〇
美集録 R 五〇三
流傳 曾在美國舊金山甘浦斯公司
來源 考古研究所藏
備注 器甚矮，銘鑄于長方形銅片上，接于觚底，暫作觚處理

○六五六四 □觚
字數 一
時代 殷
著録 未見
現藏 北京故宮博物院
來源 考古研究所拓

○六五六五 □觚

字數 一
時代 殷
著録 總集 五八三四
三代 一四・一二・八
來源 三代

〇六五六六 [illegible]觚
字數 一
時代 殷
著録 總集 五九四四
録遺 二九九
現藏 中國歷史博物館
來源 考古研究所拓

〇六五六七 [illegible]觚
字數 一
時代 殷
著録 未見
現藏 北京故宮博物院
來源 考古研究所拓

〇六五六八 重觚
字數 一
時代 殷
著録 總集 五八五〇
三代 一四・一三・一一
陶續 補八
小校 五・四七・一
支美 一八
流傳 端方舊藏
來源 考古研究所藏

〇六五六九 重觚
字數 一
時代 殷
著録 未見
現藏 北京故宮博物院
來源 考古研究所拓

〇六五七〇 弔觚
字數 一
時代 殷
著録 總集 五九〇八
三代 一四・一七・三
尊古 二・四〇
來源 尊古

〇六五七一 弔觚
字數 一
時代 殷
著録 總集 五九〇六
三代 一四・一七・四
西清 二四・七
攈古 一・一・一六
窓齋 二一・五・三
綴遺 一六・二六
奇觚 六・二四・二
周金 五・一一七・三
殷存下 二四・六
簠齋 二觚五
續殷下 四一・三
貞圖上 四七
小校 五・四八・六
流傳 清宮舊藏，後歸朱鈞、陳介祺、羅振玉
來源 考古研究所藏

〇六五七二 [illegible]觚
字數 一
時代 殷
著録 總集 五九四三
録遺 二九八
來源 録遺

〇六五七三 [illegible]觚
字數 一
時代 殷
著録 未見
來源 考古研究所藏

〇六五七四 [illegible]觚
字數 一
時代 殷
著録 總集 五八四八
美集録 R 一七九
綜覽・觚 一七五
流傳 Kleijkamp 舊藏
現藏 美國紐約魏格氏
來源 綜覽

〇六五七五 [illegible]觚
字數 一
時代 殷
著録 總集 五九三六
美集録 R 一六九
現藏 美國派克氏
來源 考古研究所藏

〇六五七六 役觚
字數 一
時代 殷
著録 綜覽・觚 一七九
薩克勒(西周) 七五
現藏 美國華盛頓薩克勒美術館
來源 綜覽

〇六五七七 何觚
字數 一
時代 殷
著録 懷履光(五六) 八三頁六
出土 河南安陽郭家灣北地
現藏 加拿大多倫多安大略博物館
來源 考古研究所藏

〇六五七八 牽牲形銘觚
字數 一
時代 殷
著録 未見
現藏 上海博物館
來源 上海博物館提供

〇六五七九 竝觚
字數 一
時代 殷
著録 中原文物 一九八五年一期三〇
頁圖二・三六
現藏 新鄉市博物館
來源 新鄉市博物館提供

〇六五八〇 舌觚
字數 一
時代 殷
著録 總集 五九〇三
三代 一四・一七・九
來源 三代

〇六五八一 舌觚
字數 一
時代 殷
著録 總集 五九〇四
三代 一四・一七・一〇
尊古 二・四一
冠斝中 七
流傳 榮厚舊藏
來源 考古研究所藏

〇六五八二 [illegible]觚
字數 一
時代 殷
著録 未見
現藏 北京故宮博物院
來源 考古研究所拓

〇六五八三　叟觚
字數　一
時代　殷
著録　未見
現藏　北京故宮博物院
來源　考古研究所拓

〇六五八四　叟觚
字數　一
時代　殷
著録　總集　五九〇九
　　三代　一四・一七・五
來源　三代

〇六五八五　□觚
字數　一
時代　西周早期
著録　總集　五九一〇
　　三代　一四・一七・六
　　十二貯　一四
　　續殷下　三九・一一
　　綜覽・觚　一六七
流傳　王辰舊藏
來源　考古研究所藏

〇六五八六　耴觚
字數　一
時代　殷
著録　未見
現藏　北京故宮博物院
來源　考古研究所拓

〇六五八七　帆觚
字數　一
時代　殷
著録　總集　五八五二
　　三代　一四・一三・九
　　貞補中　一五・三
　　小校　五・四七・六
來源　三代

〇六五八八　左觚
字數　一
時代　殷
著録　未見
現藏　北京故宮博物院
來源　考古研究所拓

〇六五八九　□觚
字數　一
時代　殷
著録　總集　補二三
　　古器物研究專刊　第一本圖版二三
出土　一九三五年安陽侯家莊西北岡一〇〇一號墓(R一一〇〇三)
現藏　歷史語言研究所
來源　古器物研究專刊

〇六五九〇　□觚
字數　一
時代　殷
著録　總集　補二四
　　古器物研究專刊　第一本圖版二三
出土　一九三五年安陽侯家莊西北岡一〇〇一號墓(R一一〇〇四)
現藏　歷史語言研究所
來源　古器物研究專刊
備注　器殘

〇六五九一　□觚
字數　一
時代　殷
著録　總集　五九一五
　　三代　一四・一八・一
　　從古　一・一〇
　　攈古　一・一・一六
　　綴遺　一六・二七・一
　　小校　五・四九・五
來源　三代

〇六五九二　□觚
字數　一
時代　殷
著録　塞利格曼　四八頁圖八
　　三代補　七二一
　　彙編　九・一六九三
　　綜覽・觚　五二
流傳　英國塞利格曼舊藏
現藏　英國倫敦不列顛博物館
來源　考古研究所藏

〇六五九三　攸觚
字數　一
時代　殷
著録　河北　七五
出土　一九六七年河北磁縣下七垣
現藏　河北省博物館
來源　河北

〇六五九四　攸觚
字數　一
時代　殷
著録　總集　五九八三
　　文物　一九七四年一一期九四頁圖二五
　　河北　七六
　　綜覽・觚　一〇八
出土　一九六七年河北磁縣下七垣
現藏　河北省博物館
來源　河北

〇六五九五　臤觚
字數　一
時代　殷
著録　總集　五九八〇
　　考古　一九七七年五期三五六頁圖三・二
出土　一九六三年山西永和縣下辛角村墓葬
現藏　石樓縣文化館
來源　考古編輯部檔案

〇六五九六　臤觚
字數　一
時代　殷
著録　總集　五九八一
　　文物　一九六四年四期四二頁圖二・七
出土　一九五七年山東長清縣興復河北岸
現藏　山東省博物館
來源　考古研究所拓

〇六五九七　并觚
字數　一
時代　殷
著録　總集　五九四八
　　美集録　R二一八
　　綜覽・觚　一五八
　　中藝　圖五一　拓四一a
出土　安陽
流傳　曾在美國盧芹齋
來源　考古研究所藏

〇六五九八　寅觚(黄觚)
字數　一
時代　殷
著録　總集　五九七九
　　上海　二〇
　　三代補　八六八
　　彙編　九・一五七四

綜覽・觚 八〇
青全 二・一二五
辭典 一九七
上海(二〇〇四) 一一三
現藏 上海博物館
來源 上海博物館提供
備注 舊稱黃觚

〇六五九九 叙觚
字數 一
時代 殷
著録 總集 五八六七
三代 一四・一四・一〇
攈古 一・一・一四
綴遺 一六・二・二
殷存下 二四・七
流傳 吳式芬舊藏
來源 考古研究所藏

〇六六〇〇 共觚
字數 一
時代 殷
著録 未見
現藏 中國歷史博物館
來源 考古研究所拓

〇六六〇一 受觚
字數 一
時代 殷
著録 總集 五九八二
文物 一九七四年一一期九三頁
圖一八
綜覽・觚 五七
出土 一九六七年河北磁縣下七垣
現藏 河北省博物館
來源 河北省博物館提供

〇六六〇二 受觚
字數 一
時代 殷
著録 鄴三上 三九
出土 傳出安陽
來源 鄴三

〇六六〇三 受觚
字數 一
時代 殷
著録 故青 四四
現藏 北京故宮博物院
來源 考古研究所拓

〇六六〇四 𠂤觚
字數 一
時代 殷
著録 總集 五八七〇
三代 一四・一五・四
貞松 九・二・一
善齋 五・一〇
續殷下 四〇・九
小校 五・五〇・一
流傳 劉體智舊藏
來源 考古研究所藏

〇六六〇五 □觚
字數 一
時代 殷
著録 未見
現藏 中國歷史博物館
來源 考古研究所拓

〇六六〇六 秉觚
字數 一
時代 殷
著録 總集 五八五六
三代 一四・一四・二
來源 三代

〇六六〇七 史觚
字數 一
時代 殷
著録 總集 五八五七
三代 一四・一四・三(又 一一・一・三)
甲骨學 一二 號二一五頁圖
一・二
流傳 羅振玉舊藏
現藏 日本湯島斯文會
來源 三代

〇六六〇八 史觚
字數 一
時代 殷
著録 總集 五八五八
三代 一四・一四・四
貞補中 一五・四
小校 五・二一・四
來源 考古研究所藏

〇六六〇九 史觚
字數 一
時代 殷
著録 總集 五八五九
三代 一四・一四・五
殷存下 二四・四
小校 五・二一・三
來源 考古研究所藏

〇六六一〇 史觚
字數 一
時代 殷
著録 總集 五八六〇
三代 一四・一四・六
貞圖上 五一
流傳 羅振玉舊藏
來源 考古研究所藏

〇六六一一 史觚
字數 一
時代 殷
著録 總集 五八六一
三代 一四・一四・八
殷存下 二四・二
小校 五・四八・三
來源 考古研究所藏

〇六六一二 史觚
字數 一
時代 殷
著録 總集 五八六三
三代 一四・一四・九
殷存下 二四・五
善齋 五・六
小校 五・四八・一～二
流傳 劉鶚、劉體智舊藏(羅表)
來源 考古研究所藏

〇六六一三 史觚
字數 一
時代 殷
著録 中國古代青銅器展觀 圖版四・八
現藏 日本兵庫縣黑川古文化究研所
來源 中國古代青銅器展觀

〇六六一四 史觚
字數 一
時代 殷
著録 總集 四四五九
三代 一一・一・七
移林 一四
小校 五・二一・五
美集録 R 八八
彙編 八・一三二三

綜覽・觚 一九六
流傳 丁麟年舊藏
現藏 美國華盛頓弗里爾美術陳列館
來源 考古研究所藏
備注 形似尊，故三代等書均誤入尊類

〇六六一五 史觚
字數 一
時代 殷
著録 韋森 七六頁圖二
彙編 八・一三三二
現藏 瑞典韋森氏
來源 韋森

〇六六一六 史觚
字數 一
時代 殷
著録 未見
現藏 上海博物館
來源 上海博物館提供

〇六六一七 史觚
字數 一
時代 殷
著録 未見
現藏 中國歷史博物館
來源 考古研究所拓

〇六六一八 史觚
字數 一
時代 殷
著録 未見
現藏 浙江省博物館
來源 浙江省博物館提供

〇六六一九 史觚
字數 一
時代 殷
著録 積古 一・二四・四(彝)
綴遺 一六・二・一
來源 綴遺

〇六六二〇 史觚
字數 一
時代 殷
著録 總集 五八六四
兩罍 二・六
二百 三・六
流傳 吳雲舊藏
來源 二百

〇六六二一 史觚
字數 一
時代 殷
著録 未見
現藏 旅順博物館
來源 考古研究所拓

〇六六二二 史觚
字數 一
時代 殷
著録 小校 五・四七・八
來源 考古研究所藏

〇六六二三 史觚
字數 一
時代 殷
著録 西清 二三・四四
流傳 清宮舊藏
來源 西清

〇六六二四 册觚
字數 一
時代 殷
著録 未見
現藏 北京故宮博物院
來源 考古研究所拓

〇六六二五 宁觚
字數 一
時代 殷
著録 考古 一九八六年八期七一四頁圖三
出土 一九八三年安陽郭家莊墓葬(M一：二一)
現藏 安陽市博物館
來源 考古編輯部檔案

〇六六二六 㚔觚
字數 一
時代 殷
著録 文物 一九八二年二期八九頁圖二・三
出土 一九六七年河北正定縣新城舖村
現藏 正定縣文物保管所
來源 正定縣文物保管所提供

〇六六二七 㚔觚
字數 一
時代 殷
著録 青全 二・一二三
上海(二〇〇四) 一〇三
現藏 上海博物館
來源 上海博物館提供

〇六六二八 ⿱大攸觚
字數 一
時代 殷
著録 未見
現藏 北京故宮博物院
來源 考古研究所拓

〇六六二九 ⿱大攸觚
字數 一
時代 殷
著録 西清 二三・三三
流傳 清宮舊藏
來源 西清

〇六六三〇 ⿱大攸觚
字數 一
時代 殷
著録 未見
現藏 上海博物館
來源 上海博物館提供

〇六六三一 圉觚
字數 一
時代 殷
著録 總集 五九五二
文叢 一・一六一圖一八
出土 一九七六年河北趙縣雙廟村洨河東岸墓葬
現藏 趙縣文物保管所
來源 趙縣文物保管所提供

〇六六三二 步觚
字數 一
時代 殷
著録 未見
現藏 北京故宮博物院
來源 考古研究所拓

〇六六三三 徒觚
字數 一
時代 殷
著録 總集 五八七三
三代 一四・一五・六
窓齋 二一・六・二
殷存下 二四・一二
續殷下 四〇・一
小校 五・七〇・一
弗里爾(六七) 七三頁
綜覽・觚 一一八

現藏 美國華盛頓弗里爾美術陳列館
來源 弗里爾

○六六三四 得觚
字數 一
時代 殷
著録 總集 五九五八
録遺 三〇六
現藏 北京故宮博物院
來源 考古研究所拓

○六六三五 得觚
字數 一
時代 殷
著録 總集 五九五九
日精華 二・一六七
三代補 六五五
彙編 八・一三七一
流傳 日本京都山中次郎氏舊藏
來源 彙編

○六六三六 正觚
字數 一
時代 殷
著録 總集 五八七四(五八七五)
三代 一四・一五・五
善齋 五・三
小校 五・四六・二
美集録 R 四
彙編 九・一四〇四(尊)
出土 傳出安陽
流傳 劉體智、A・B・Hartman 舊藏
現藏 美國火奴魯魯美術學院
來源 三代

○六六三七 [illegible]觚
字數 一
時代 殷
著録 未見
現藏 北京故宮博物院
來源 考古研究所拓

○六六三八 [illegible]觚
字數 一
時代 殷
著録 學報 一九八一年四期五一二頁
圖一五・三
殷青 圖五八・一〇
出土 一九七六年安陽小屯殷墟墓葬
(M一七：五)
現藏 考古研究所安陽工作站
來源 考古研究所拓

○六六三九 [illegible]觚
字數 一
時代 殷
著録 未見
現藏 北京故宮博物院
來源 考古研究所拓

○六六四〇 遽觚
字數 一
時代 西周早期
著録 總集 五九七六
善齋 五・八
小校 五・四八・八
頌續 六八
出土 洛陽(頌續)
流傳 劉體智舊藏
來源 考古研究所藏

○六六四一 遽觚
字數 一
時代 西周早期
著録 總集 五九七七
善齋 五・九
小校 五・四九・一
頌續 六九
綜覽・觚 二〇七
出土 洛陽(頌續)
流傳 劉體智舊藏
來源 考古研究所藏

○六六四二 告觚
字數 一
時代 殷
著録 總集 五九一二
三代 一四・一七・八
頌續 六一
綜覽・觚 六八
出土 安陽(頌續)
來源 頌續

○六六四三 告觚
字數 一
時代 殷
著録 中原文物 一九八五年一期三〇
頁圖二・三九
現藏 新鄉市博物館
來源 新鄉市博物館提供

○六六四四 [illegible]觚
字數 一
時代 殷
著録 總集 五九〇五
三代 一四・一七・一一
冠斝中 八
流傳 榮厚舊藏
來源 冠斝

○六六四五 [illegible]觚
字數 一
時代 殷
著録 未見
出土 一九八三年安陽大司空村墓葬
(M六六三：五〇)
現藏 考古研究所安陽工作站
來源 考古研究所拓

○六六四六 [illegible]觚
字數 一
時代 殷
著録 未見
現藏 上海博物館
來源 上海博物館提供

○六六四七 犬觚
字數 一
時代 殷
著録 日精華 二・一六〇
三代補 六五一
彙編 九・一六三一
流傳 日本京都川合定治郎舊藏
來源 彙編

○六六四八 豖觚
字數 一
時代 殷
著録 未見
現藏 北京故宮博物院
來源 考古研究所拓

○六六四九 豖觚
字數 一
時代 殷
著録 未見
現藏 北京故宮博物院
來源 考古研究所拓

○六六五〇 豛觚
字數 一
時代 殷
著録 總集 五九八四

出光(十五周年) 三九四頁二四
中銅 一二〇頁
三代補 七九〇
彙編 九・一六二六
中藝 圖五五拓四五
現藏 日本東京出光美術館
來源 出光美術館提供

〇六六五一 豸觚
字數 一
時代 殷
著録 總集 五八七六
三代 一四・一五・七
窓齋 二二・五・一
續殷下 三九・一
尊古 二・四二
小校 五・四八・七
流傳 許延暄舊藏(羅表)
現藏 北京故宮博物院
來源 考古研究所藏

〇六六五二 圂觚
字數 一
時代 殷
著録 總集 五八七七
三代 一四・一五・八
現藏 旅順博物館
來源 考古研究所拓

〇六六五三 圂觚
字數 一
時代 殷
著録 總集 五八七八
三代 一四・一五・九
彙編 八・九八八
來源 考古研究所藏

〇六六五四 [illegible]觚
字數 一
時代 殷
著録 總集 五八六八
三代 一四・一五・一
貞圖上 四八
續殷下 三九・二
流傳 羅振玉舊藏
來源 考古研究所藏

〇六六五五 [illegible]觚
字數 一
時代 殷
著録 總集 六〇七二
録遺 三二六
來源 録遺

〇六六五六 羊觚
字數 一
時代 殷
著録 未見
現藏 上海博物館
來源 上海博物館提供

〇六六五七 羊觚
字數 一
時代 殷
著録 中原文物 一九八五年一期三〇
頁圖二・四〇
現藏 新鄉市博物館
來源 新鄉市博物館提供

〇六六五八 羍觚
字數 一
時代 殷
著録 出光(十五周年) 三九四頁一六
中藝 圖五二拓四二
現藏 日本東京出光美術館
來源 出光美術館提供

〇六六五九 [illegible]觚
字數 一
時代 殷
著録 未見
現藏 北京故宮博物院
來源 考古研究所拓

〇六六六〇 [illegible]觚
字數 一
時代 殷
著録 未見
現藏 北京故宮博物院
來源 考古研究所拓

〇六六六一 [illegible]觚
字數 一
時代 殷
著録 未見
現藏 北京故宮博物院
來源 考古研究所拓

〇六六六二 [illegible]觚
字數 一
時代 殷
著録 總集 五九五六
録遺 三〇五
來源 録遺

〇六六六三 [illegible]觚
字數 一
時代 殷
著録 未見
現藏 北京故宮博物院
來源 考古研究所拓

〇六六六四 [illegible]觚
字數 一
時代 殷
著録 總集 五八八〇
三代 一四・一五・一一
西乙 一一・一七
寶蘊 一〇八
貞松 九・三・一
故圖下下 三八二
流傳 瀋陽故宮舊藏
現藏 臺北故宮博物院
來源 考古研究所藏

〇六六六五 [illegible]觚
字數 一
時代 殷
著録 總集 五九六四
録遺 三一三
來源 録遺

〇六六六六 鹿觚
字數 一
時代 殷
著録 未見
現藏 上海博物館
來源 上海博物館提供

〇六六六七 象觚
字數 一
時代 殷
著録 考古 一九八六年一二期一〇七〇
頁圖八右下
出土 一九八三年安陽薛家莊墓葬
(M三:二六)
現藏 考古研究所安陽工作站
來源 考古研究所拓

〇六六六八 獸形銘觚
字數 一
時代 殷
著録 未見

現藏　北京故宮博物院
來源　考古研究所拓

○六六六九　獸面形銘觚
字數　一
時代　殷
著録　未見
現藏　上海博物館
來源　上海博物館提供

○六六七〇　獸觚
字數　一
時代　殷
著録　總集　五九〇一
三代　一四・一七・二
甲骨學　一二期二〇一頁一・六 D
現藏　日本湯島斯文會
來源　三代

○六六七一　獸觚
字數　一
時代　殷
著録　總集　五九四〇
録遺　二九五
來源　録遺

○六六七二　鳥觚
字數　一
時代　殷
著録　總集　五八八一
三代　一四・一五・一二
來源　考古研究所藏

○六六七三　鳥觚
字數　一
時代　殷
著録　總集　五九六〇
録遺　三〇九
來源　考古研究所藏

○六六七四　鳥觚
字數　一
時代　殷
著録　總集　五九六一
三代補　五三七
彙編　九・一六六五
現藏　美國聖路易市美術博物館
來源　彙編

○六六七五　鳥觚
字數　一
時代　殷
著録　未見
現藏　北京故宮博物院
來源　考古研究所拓

○六六七六　鳶觚
字數　一
時代　殷
著録　總集　五九六二
録遺　三一〇
現藏　上海博物館
來源　録遺

○六六七七　鳶觚
字數　一
時代　殷
著録　總集　五九六三
録遺　三一一
日精華　二・一六八
三代補　六八五
彙編　九・一六八二
綜覽・觚　一〇五
流傳　日本京都川合定治郎舊藏
來源　録遺

○六六七八　鳶觚
字數　一
時代　殷
著録　未見
現藏　北京故宮博物院
來源　考古研究所拓

○六六七九　隹觚
字數　一
時代　殷
著録　懷履光(五六)　九九頁　九
三代補　五八五
出土　安陽
現藏　加拿大多倫多安大略博物館
來源　考古研究所藏

○六六八〇　萬觚
字數　一
時代　殷
著録　金索　一・二四
流傳　張啟周得之德州市上
來源　金索

○六六八一　黿觚
字數　一
時代　殷
著録　總集　六〇八六
三代　一四・二一・六
殷存下　二五・三
小校　五・五〇・八
流傳　葉赤達舊藏(小校)
來源　考古研究所藏

○六六八二　丯觚
字數　一
時代　殷
著録　未見
現藏　北京故宮博物院
來源　考古研究所拓

○六六八三　魚觚
字數　一
時代　殷
著録　未見
現藏　遼寧省博物館
來源　考古研究所拓

○六六八四　魚觚
字數　一
時代　殷
著録　總集　五八八二
三代　一四・一六・一
來源　三代

○六六八五　鼻觚
字數　一
時代　殷
著録　總集　五八七一
三代　一四・一五・二
貞圖上　五〇
續殷下　三九・三
流傳　羅振玉舊藏
來源　考古研究所藏

○六六八六　鼻觚
字數　一
時代　殷
著録　未見
現藏　北京故宮博物院
來源　考古研究所拓

○六六八七　戈觚
字數　一
時代　殷
著録　總集　五八九〇
三代　一四・一六・八
來源　考古研究所藏

〇六六八八　戈觚
字數　一
時代　殷
著録　美集録 R 四五
　　綜覽・觚 一五六
現藏　美國梅葉爾氏
來源　考古研究所藏

〇六六八九　戈觚
字數　一
時代　殷
著録　總集 五八九一
　　美集録 R 四七
流傳　美國 Leventritt 舊藏
現藏　美國斯坦福大學美術陳列館
來源　考古研究所藏

〇六六九〇　戈觚
字數　一
時代　殷
著録　日精華 二・一七四
　　三代補 六五六
　　彙編 九・一五三八
流傳　日本京都川合定治郎舊藏
來源　彙編

〇六六九一　戈觚
字數　一
時代　殷
著録　總集 五八九二
　　彙編 九・一五二二
出土　傳一九二五年前汝南出土
現藏　加拿大多倫多安大略博物館
來源　考古研究所藏

〇六六九二　戈觚
字數　一
時代　殷
著録　總集 五八九三
　　彙編 九・一五二四
出土　傳一九二五年前汝南出土
現藏　加拿大多倫多安大略博物館
來源　考古研究所藏

〇六六九三　戈觚
字數　一
時代　殷
著録　未見
現藏　中國歷史博物館
來源　考古研究所拓

〇六六九四　戈觚
字數　一
時代　殷
著録　未見
現藏　北京故宮博物院
來源　考古研究所拓

〇六六九五　戈觚
字數　一
時代　殷
著録　未見
現藏　上海博物館
來源　上海博物館提供

〇六六九六　戈觚
字數　一
時代　殷
著録　未見
現藏　上海博物館
來源　上海博物館提供

〇六六九七　戈觚
字數　一
時代　殷
著録　未見
現藏　上海博物館
來源　上海博物館提供

〇六六九八　㚸觚
字數　一
時代　殷
著録　總集 五九二五
　　積古 二・一一・二
　　攈古 一・一・一五・三
　　敬吾下 六四・一
　　小校 五・四六・五
出土　傳出寶鷄
流傳　吴侃叔、阮元舊藏(羅表)
來源　小校

〇六六九九　㚸觚
字數　一
時代　殷
著録　攈古 一・一・一五・二
流傳　蔣生沐舊藏(羅表)
現藏　上海博物館
來源　上海博物館提供

〇六七〇〇　戎觚
字數　一
時代　殷
著録　學報 一九七九年一期八一頁
　　圖五八・七
　　河南 一・二二二
　　綜覽・觚 一二八
出土　一九七九年安陽殷墟西區墓葬
　　(M二七一：八)
現藏　考古研究所安陽工作站
來源　考古研究所拓

〇六七〇一　烖觚
字數　一
時代　殷
著録　總集 五九二六
　　學報 一九八一年四期四九六頁
　　圖四・二
出土　一九七七年安陽殷墟墓葬
　　(M一八：七)
現藏　考古研究所安陽工作站
來源　考古研究所拓

〇六七〇二　婌觚
字數　一
時代　殷
著録　總集 五九二九
　　學報 一九八一年四期四九六頁
　　圖四・五
　　殷青 圖五八・四
出土　一九七七年安陽殷墟墓葬
　　(M一八：八)
現藏　考古研究所安陽工作站
來源　考古研究所拓

〇六七〇三　㚸觚
字數　一
時代　殷
著録　總集 五九二八
　　學報 一九八一年四期四九六頁
　　圖四・四
　　殷青 圖五八・三
出土　一九七七年安陽殷墟墓葬
　　(M一八：一八)
現藏　考古研究所安陽工作站
來源　考古研究所拓

〇六七〇四　㚸觚
字數　一
時代　殷
著録　總集 五九二七
　　學報 一九八一年四期四九六頁
　　圖四・三

出土 一九七七年安陽殷墟墓葬
(M一八：一九)
現藏 考古研究所安陽工作站
來源 考古研究所拓

〇六七〇五 [illegible]觚
字數 一
時代 殷
著録 巖窟上 五〇
出土 一九四二年安陽出土
流傳 梁上椿舊藏
來源 考古研究所藏

〇六七〇六 妣觚
字數 一
時代 殷
著録 總集 五八三五
三代 一四・一二・九
貞圖上 四九
流傳 羅振玉舊藏
來源 考古研究所藏

〇六七〇七 妣觚
字數 一
時代 殷
著録 總集 五八三六
文物 一九六五年七期二七頁
圖一・二
綜覽・觚 九五
出土 一九六三年山東蒼山縣東高堯村
現藏 山東臨沂地區文物管理委員會
來源 文物

〇六七〇八 妣觚
字數 一
時代 殷
著録 總集 五八三七
文物 一九六五年七期二七頁
圖一・三
綜覽・觚 九五
出土 一九六三年山東蒼山縣東高堯村
現藏 山東臨沂地區文物管理委員會
來源 文物

〇六七〇九 [illegible]觚
字數 一
時代 殷
著録 總集 五八三八(五八三九)
三代 一四・一三・一～二
愙齋 二一・二・二
綴遺 一六・一一・二
殷存下 二四・一〇～一一
小校 五・四六・四
流傳 潘祖蔭舊藏(羅表)
來源 考古研究所藏
備注 三代、殷存將去銹斑前後之兩種拓本誤作二器

〇六七一〇 [illegible]觚
字數 一
時代 殷
著録 總集 五八九四
三代 一四・一六・九
尊古 二・四三
來源 考古研究所藏

〇六七一一 或觚
字數 一
時代 殷
著録 總集 五九七〇
録遺 三一九
現藏 北京故宮博物院
來源 考古研究所拓

〇六七一二 或觚
字數 一
時代 殷
著録 總集 五九七一
録遺 三二〇
來源 録遺

〇六七一三 或觚
字數 一
時代 殷
著録 總集 五九七二
美集録 R 四二
盧氏(四〇) 圖六圖版五中
綜覽・觚 一三二
流傳 曾在美國盧芹齋
來源 考古研究所藏

〇六七一四 或觚
字數 一
時代 殷
著録 總集 五九七三
美集録 R 四三
中國圖符 一四
盧氏(四〇) 圖版五・六
流傳 曾在美國盧芹齋
現藏 美國紐約康恩氏
來源 考古研究所藏

〇六七一五 或觚
字數 一
時代 殷
著録 總集 五九七四
上海 一九
三代補 八六七
彙編 九・一五四三
綜覽・觚 一三三
辭典 一九八
上海(二〇〇四) 一一五
現藏 上海博物館
來源 上海博物館提供

〇六七一六 [illegible]觚
字數 一
時代 殷
著録 總集 五九五五
録遺 三〇四
巴洛 一四四頁
三代補 七三一
現藏 英國阿倫或巴洛女士
來源 考古研究所藏

〇六七一七 [illegible]觚
字數 一
時代 殷
著録 未見
現藏 中國歷史博物館
來源 考古研究所拓

〇六七一八 伐觚
字數 一
時代 殷
著録 總集 五八九五
三代 一四・一六・一〇
録遺 三一二
來源 録遺

〇六七一九 [illegible]觚
字數 一
時代 殷
著録 綜覽・觚 一四九
來源 綜覽

〇六七二〇 [illegible]觚
字數 一
時代 殷
著録 總集 五八七九
三代 一四・一五・一〇
貞松 九・一一・二

希古 五・一五・二
續殷下 四〇・四
小校 五・四五・四
流傳 徐乃昌舊藏(貞松)
來源 考古研究所拓

〇六七二一 [illegible]觚
字數 一
時代 殷
著錄 未見
現藏 新鄉市博物館
來源 新鄉市博物館提供

〇六七二二 庚觚
字數 一
時代 殷
著錄 總集 五九二〇
三代 一四・一八・六
窓齋 二一・六・一
綴遺 一六・九・二
續殷下 四〇・三
小校 五・四八・四
流傳 葉志詵舊藏(窓齋)
現藏 北京故宮博物院
來源 考古研究所拓

〇六七二三 辛觚
字數 一
時代 西周早期
著錄 總集 五八九六
三代 一四・一六・一一
來源 三代
備注 辛舊釋射

〇六七二四 鼎觚
字數 一
時代 西周早期
著錄 未見
現藏 北京故宮博物院
來源 考古研究所拓

〇六七二五 [illegible]觚
字數 一
時代 殷
著錄 未見
現藏 上海博物館
來源 上海博物館提供

〇六七二六 [illegible]觚
字數 一
時代 殷
著錄 未見
現藏 上海博物館
來源 上海博物館提供

〇六七二七 [illegible]觚
字數 一
時代 殷
著錄 總集 五九一四
三代 一四・一七・一二
鄴初上 二二
出土 傳出安陽
來源 三代

〇六七二八 [illegible]觚
字數 一
時代 殷
著錄 總集 五八八三
三代 一四・一六・二
綴遺 一六・三
貞續中 二七・一
流傳 方濬益舊藏
來源 三代

〇六七二九 [illegible]觚
字數 一
時代 殷
著錄 總集 五八八四
三代 一四・一六・三
來源 考古研究所藏

〇六七三〇 [illegible]觚
字數 一
時代 殷
著錄 總集 五八八五
三代 一四・一六・四
來源 三代

〇六七三一 [illegible]觚
字數 一
時代 殷
著錄 總集 五八八六
三代 一四・一六・五
冠斝中 六
來源 三代
流傳 榮厚舊藏

〇六七三二 [illegible]觚
字數 一
時代 殷
著錄 未見
現藏 北京故宮博物院
來源 考古研究所拓

〇六七三三 [illegible]觚
字數 一
時代 殷
著錄 故青 四一
現藏 北京故宮博物院
來源 考古研究所拓
備注 以上兩器銘文在器表

〇六七三四 [illegible]觚
字數 存一
時代 殷
著錄 中原文物 一九八五年一期三〇頁圖二・三八
現藏 新鄉市博物館
來源 新鄉市博物館提供
備注 銘文不止一字，因字泐不清，暫作一字計

〇六七三五 [illegible]觚
字數 一
時代 殷
著錄 總集・補 一八
古器物研究專刊 第一本圖版二五
綜覽・觚 六三
出土 一九三五年安陽侯家莊西北崗大墓(M一四〇〇：二)
現藏 歷史語言研究所
來源 古器物研究專刊

〇六七三六 [illegible]觚
字數 一
時代 殷
著錄 總集・補 二〇
古器物研究專刊 第一本圖版三七
出土 一九三五年安陽侯家莊西北崗大墓(M一四〇〇)
現藏 歷史語言研究所
來源 古器物研究專刊

〇六七三七 [illegible]觚
字數 一
時代 殷
著錄 總集 五八八七(補一九)
錄遺 二九四
古器物研究專刊 第一本圖版二六
出土 一九三五年安陽侯家莊西北崗大墓(M一四〇〇：三)
現藏 歷史語言研究所
來源 古器物研究專刊

○六七三八 [illegible]觚
字數 一
時代 殷
著録 未見
來源 考古研究所藏

○六七三九 [illegible]觚
字數 一
時代 殷
著録 總集 五八八八
三代 一四・一六・六
來源 考古研究所藏

○六七四〇 𦎫觚
字數 一
時代 殷
著録 總集 六〇四一
三代 一四・二一・一〇
現藏 北京故宮博物院
來源 考古研究所拓

○六七四一 竹觚
字數 一
時代 殷
著録 未見
來源 考古研究所藏

○六七四二 木觚
字數 一
時代 殷
著録 博古 一五・二九
薛氏 三九・三
嘯堂 四九
來源 嘯堂

○六七四三 木觚
字數 一
時代 殷
著録 寧壽 一〇・二二
流傳 清宮舊藏
現藏 北京故宮博物院
來源 考古研究所拓

○六七四四 束觚
字數 一
時代 殷
著録 學報 一九七九年一期二七頁
圖五八・九
河南 一・二五五
出土 一九七六年安陽殷墟西區墓葬
（M一一一六：一）
出藏 考古研究所安陽工作站
來源 考古研究所拓

○六七四五 [illegible]觚
字數 一
時代 殷
著録 總集 五八八九
三代 一四・一六・七
現藏 旅順博物館
來源 考古研究所藏

○六七四六 臣觚
字數 一
時代 殷
著録 未見
出土 山東鄒縣南關窖場出土
現藏 鄒縣文物保管所
來源 考古研究所拓

○六七四七 串觚
字數 一
時代 殷
著録 西甲 一一・二三
流傳 清宮舊藏
來源 西甲

○六七四八 串觚
字數 一
時代 殷
著録 西清 二三・三四
流傳 清宮舊藏
來源 西清

○六七四九 車觚
字數 一
時代 殷
著録 總集 五八五四
鄴三上 三八
録遺 三〇七
綜覽・觚 一六五
出土 傳出安陽
來源 考古研究所藏
備注 銘文在器表

○六七五〇 車觚
字數 一
時代 殷
著録 總集 五八五三
三代 一四・一四・一
來源 三代

○六七五一 車觚
字數 一
時代 殷
著録 總集 五八五五
美集録 R 一五六
現藏 美國馬薩氏
來源 考古研究所藏

○六七五二 車觚
字數 一
時代 殷
著録 未見
現藏 北京故宮博物院
來源 考古研究所拓

○六七五三 [illegible]觚
字數 一
時代 殷
著録 總集 五九四一
録遺 二九六
現藏 北京故宮博物院
來源 考古研究所拓

○六七五四 [illegible]觚
字數 一
時代 殷
著録 未見
現藏 上海博物館
來源 上海博物館提供

○六七五五 [illegible]觚
字數 一
時代 殷
著録 未見
現藏 上海博物館
來源 上海博物館提供

○六七五六 [illegible]觚
字數 一
時代 殷
著録 未見
現藏 上海博物館
來源 上海博物館提供

○六七五七 [illegible]觚
字數 一
時代 殷
著録 總集 五九三五
美集録 R 七七
現藏 美國聖路易市美術博物館
來源 考古研究所藏

○六七五八 [illegible]觚

字數 一
時代 殷
著録 未見
現藏 中國歷史博物館
來源 考古研究所拓

〇六七五九 [illegible]觚
字數 一
時代 殷
著録 彙編 九・一六〇八
總集 五九一三
現藏 加拿大多倫多安大略博物館
來源 考古研究所藏

〇六七六〇 [illegible]觚
字數 一
時代 殷
著録 未見
現藏 北京故宮博物院
來源 考古研究所拓

〇六七六一 [illegible]觚
字數 一
時代 殷
著録 總集 五九二二
三代 一四・一九・一
來源 三代
備注 三代拓本倒置

〇六七六二 [illegible]觚
字數 一
時代 殷
著録 西甲 一一・一八
流傳 頤和園舊藏
現藏 北京故宮博物院
來源 考古研究所拓

〇六七六三 [illegible]觚
字數 一
時代 殷
著録 未見
現藏 北京故宮博物院
來源 考古研究所拓

〇六七六四 [illegible]觚
字數 一
時代 殷
著録 未見
現藏 北京故宮博物院
來源 考古研究所拓

〇六七六五 [illegible]觚
字數 一
時代 殷或西周早期
著録 總集 五九二三
三代 一四・一八・八
愙齋 二二・五・二
綴遺 一六・一〇・一
奇觚 六・二四・一
周金 五・一一七・四
簠齋 二觚六
續殷下 四〇・一〇
小校 五・四五・二
流傳 陳介祺舊藏
來源 考古研究所藏

〇六七六六 [illegible]觚
字數 一
時代 殷或西周早期
著録 未見
流傳 瑞典卡爾貝克氏舊藏
來源 考古研究所藏

〇六七六七 [illegible]觚
字數 一
時代 殷或西周早期
著録 總集 五九二四
三代 一四・一八・九
貞松 九・一・三
善齋 五・四
續殷下 四〇・一一
小校 五・四五・一
頌續 六四
流傳 溥倫舊藏
來源 考古研究所藏

〇六七六八 [illegible]觚
字數 一
時代 殷
著録 未見
現藏 北京故宮博物院
來源 考古研究所拓

〇六七六九 [illegible]觚
字數 一
時代 西周早期
著録 未見
現藏 北京故宮博物院
來源 考古研究所拓

〇六七七〇 [illegible]觚
字數 一
時代 西周早期
著録 歐精華 一・五六
三代補 六二一
彙編 九・一四六二
綜覽・觚 一八一
流傳 巴黎王涅克氏舊藏
現藏 法國巴黎賽爾諾什博物館(綜覽)
來源 彙編

〇六七七一 [illegible]觚
字數 一
時代 西周早期
著録 總集 五八六六
賽爾諾什 一〇四頁
三代補 七三九
彙編 九・一四五七
現藏 法國巴黎賽爾諾什博物館
來源 彙編

〇六七七二 [illegible]觚
字數 一
時代 西周早期
著録 蘇黎世(七五) 七七頁
彙編 九・一四六三
現藏 瑞士蘇黎世瑞列堡博物館
來源 彙編

〇六七七三 [illegible]觚
字數 一
時代 殷
著録 總集 六一一三
婦好墓 六〇頁圖三九・一
出土 一九七六年安陽殷墟婦好墓
(M五：六一三)
現藏 考古研究所安陽工作站
來源 考古研究所拓

〇六七七四 [illegible]觚
字數 一
時代 殷
著録 總集 六一一五
婦好墓 六〇頁圖三九・三
綜覽・觚 七五
出土 一九七六 年安陽殷墟婦好墓
(M五：六〇七)
現藏 考古研究所
來源 考古研究所拓
備注 同人所作觚共十器，稱某者六器，稱子某者四器，形制紋飾基本相同

○六七七五　[illegible]觚
字數　一
時代　殷
著録　總集　六一一四
婦好墓　六〇頁圖三九・二
出土　一九七六年安陽殷墟婦好墓
(M五：六一六)
現藏　考古研究所安陽工作站
來源　考古研究所拓

○六七七六　[illegible]觚
字數　一
時代　殷
著録　未見
出土　一九七六年安陽殷墟婦好墓
(M五：六三五)
現藏　考古研究所安陽工作站
來源　考古研究所拓

○六七七七　[illegible]觚
字數　一
時代　殷
著録　殷青　圖五一・五
出土　一九七六年安陽殷墟婦好墓
(M五：六二四)
現藏　考古研究所安陽工作站
來源　考古研究所拓

○六七七八　[illegible]觚
字數　一
時代　殷
著録　總集　五九六七
録遺　三一五
來源　録遺

○六七七九　祓觚
字數　一
時代　殷
著録　總集　六〇四九
三代　一四・二二・八
現藏　北京故宮博物院
來源　考古研究所拓

○六七八〇　毃觚
字數　一
時代　殷
著録　綜覽・觚　七九
出土　傳出安陽
流傳　瑞典卡爾貝克氏舊藏
來源　考古研究所藏
備注　銘文在器表

○六七八一　毃觚
字數　一
時代　殷
著録　鄴三上　四〇
出土　傳出安陽
來源　鄴三

○六七八二　毃觚
字數　一
時代　殷
著録　總集　五九六六
録遺　三〇八
出光(十五周年)　三九四頁一七
綜覽・觚　七八
中藝　圖五〇拓四〇
現藏　日本東京出光美術館
來源　出光美術館提供

○六七八三　雫觚
字數　一
時代　殷
著録　總集　五九六九
録遺　三一八
來源　録遺

○六七八四　[illegible]觚
字數　一
時代　殷
著録　總集　五八九七
三代　一四・一六・一二
澂秋　三八
貞松　九・一一・二(觶)
續殷下　四〇・八
流傳　陳承裘舊藏
來源　考古研究所藏

○六七八五　亢觚
字數　一
時代　殷
著録　未見
現藏　英國 Ingrom 氏
來源　考古研究所藏

○六七八六　秉觚
字數　一
時代　殷
著録　青全　二・一〇八
出土　一九八三年安陽大司空村墓葬
(M六六三：五三)
現藏　考古研究所安陽工作站
來源　考古研究所拓

○六七八七　[illegible]觚
字數　一
時代　殷
著録　善齋　五・一
小校　五・四七・三
續殷下　五〇・六(觶)
流傳　劉體智舊藏
來源　續殷

○六七八八　[illegible]觚
字數　一
時代　殷
著録　總集　五九一一
三代　一四・一七・七
貞松　九・一・一
續殷下　四〇・一二
小校　五・四五・五
流傳　徐乃昌舊藏(羅表)
來源　三代

○六七八九　[illegible]觚
字數　一
時代　殷
著録　總集　五九一六
三代　一四・一八・二
窓齋　二一・五・四
續殷下　三九・一二
小校　五・四九・二
來源　三代

○六七九〇　◇觚
字數　一
時代　殷
著録　未見
現藏　北京故宮博物院
來源　考古研究所拓

○六七九一　[illegible]觚
字數　一
時代　殷
著録　未見
現藏　北京故宮博物院
來源　考古研究所拓

○六七九二　[illegible]觚
字數　一
時代　殷
著録　未見

現藏 遼寧省博物館
來源 考古研究所拓

○六七九三 [glyph]觚
字數 一
時代 殷
著録 綴遺 一六・五
來源 綴遺

○六七九四 [glyph]觚
字數 一
時代 西周早期
著録 總集 五九七八
陝圖 一一五
現藏 陝西省博物館
來源 陝圖

○六七九五 [glyph]觚
字數 一
時代 殷
著録 總集 五九二一
三代 一四・一八・七
現藏 旅順博物館
來源 考古研究所拓

○六七九六 [glyph]觚
字數 一
時代 殷
著録 未見
現藏 中國歷史博物館
來源 考古研究所拓

○六七九七 爻觚
字數 一
時代 殷
著録 總集 五九三九(一二九)
美集録 R 一七一
彙編 九・一七二一(鼎)
薩克勒(商) 二九
現藏 美國華盛頓薩克勒美術館
來源 彙編

○六七九八 爻觚
字數 一
時代 殷
著録 山東選 七六
出土 山東滕縣井亭
現藏 山東省博物館
來源 山東選

○六七九九 [glyph]觚
字數 一
時代 殷或西周早期
著録 總集 五九一九
三代 一四・一八・四
西乙 一一・一一
寶蘊 一〇九
貞松 九・二・二
續殷下 四〇・七
故圖下下 三八一
綜覽・觚 一一四
流傳 瀋陽故宮舊藏
現藏 臺北故宮博物院
來源 考古研究所藏

○六八〇〇 丁觚
字數 一
時代 殷
著録 總集・補 一六
古器物研究專刊 第一本圖版三四
綜覽・觚 三四
出土 一九三五年安陽侯家莊西北崗
大墓(M一五五〇：四〇：三)
現藏 歷史語言研究所
來源 古器物研究專刊

○六八〇一 [glyph]觚
字數 一
時代 殷
著録 美集録 R 五〇九
流傳 曾在美國羅比爾處
來源 考古研究所藏

○六八〇二 丨觚
字數 一
時代 殷
著録 總集・補 一七
古器物研究專刊 第一本圖版三三
綜覽・觚 一〇六
出土 一九三五年安陽侯家莊西北崗
墓葬(M二〇四六：九)
現藏 歷史語言研究所
來源 古器物研究專刊

○六八〇三 [glyph]觚
字數 一
時代 殷
著録 善齋 五・五
小校 五・四五・八
流傳 劉體智舊藏
來源 考古研究所藏

○六八〇四 [glyph]觚
字數 一
時代 殷
著録 未見
現藏 北京故宮博物院
來源 考古研究所拓

○六八〇五 □己觚
字數 一
時代 殷或西周早期
著録 未見
出土 北京順義牛欄山
現藏 北京市文物研究所
來源 考古研究所拓

○六八〇六 且辛觚
字數 二
時代 殷
著録 兩罍 二・二
二百 一
小校 五・五一・二
流傳 吳雲舊藏
現藏 蘇州市博物館
來源 蘇州市博物館提供

○六八〇七 且辛觚
字數 二
時代 西周早期
著録 總集 六〇〇九
懷履光(五六) 一一一頁三
三代補 五八八
彙編 七・九六一
出土 傳一九三〇年前後洛陽近郊出土
現藏 加拿大多倫多安大略博物館
來源 考古研究所藏

○六八〇八 且辛觚
字數 二
時代 西周早期
著録 總集 六〇〇八
懷履光(五六) 一一一頁四
三代補 五八九
彙編 七・九六〇
出土 傳一九三〇年前後洛陽近郊出土
現藏 加拿大多倫多安大略博物館
來源 考古研究所藏

○六八〇九 且壬觚
字數 二
時代 殷
著録 總集 六〇一〇

三代 一四・一九・七
貞補中 一六・二
海外吉 七八
泉屋 二・八九
彙編 七・九五八
泉屋博古 圖六二拓一九
現藏 日本京都泉屋博古館
來源 三代

〇六八一〇 父乙觚
字數 二
時代 殷
著録 出光（十五周年） 三九四頁二三
中藝 圖五六拓四六
現藏 日本東京出光美術館
來源 出光美術館提供

〇六八一一 父乙觚
字數 二
時代 殷
著録 總集 六〇一一
三代 一四・一九・八
從古 五・八
流傳 嘉興葛氏珠豁草堂舊藏（從古）
來源 三代

〇六八一二 父丙觚
字數 二
時代 殷
著録 未見
流傳 羅伯昭舊藏
現藏 中國歷史博物館
來源 考古研究所拓

〇六八一三 父己觚
字數 二
時代 殷
著録 總集 六〇一六
三代 一四・一九・九
殷存下 二五・一
小校 五・四・八（尊）
來源 三代

〇六八一四 己父觚
字數 二
時代 殷
著録 總集 六〇一五
三代 一四・一九・一〇
恒軒下 八六
綴遺 一六・二一・二
善齋 五・一六
續殷下 五二・五（觶）
小校 五・五一・四
頌續 六二
燕園 五二
出土 西安（頌續）
流傳 吳大澂舊藏
現藏 北京大學賽克勒考古與藝術博物館
來源 三代

〇六八一五 父己觚
字數 二
時代 殷
著録 未見
現藏 北京故宮博物院
來源 考古研究所拓

〇六八一六 父庚觚
字數 二
時代 殷
著録 博古 一五・三三
薛氏 四〇・二
嘯堂 四九
來源 嘯堂

〇六八一七 父癸觚
字數 二
時代 西周早期
著録 小校 五・五一・四
來源 小校

〇六八一八 甲戈觚
字數 二
時代 殷
著録 博古 一五・三〇
薛氏 三九・五
嘯堂 四九
來源 嘯堂

〇六八一九 [illegible]乙觚
字數 二
時代 殷
著録 總集 六〇一四
三代 一四・一九・一一
西清 二四・一一
貞松 九・三・四
流傳 清宮舊藏
來源 三代
備注 三代拓片倒置

〇六八二〇 丯乙觚
字數 二
時代 殷
著録 總集 六〇一三
三代 一四・二〇・一
攈古 一・一・四五
續殷下 四一・七
流傳 吳式芬舊藏
來源 三代

〇六八二一 乙正觚
字數 二
時代 殷
著録 總集 六〇一七
三代 一四・二〇・二
來源 三代

〇六八二二 乙正觚
字數 二
時代 殷
著録 總集 六〇一八
三代 一四・二〇・三
現藏 上海博物館
來源 三代

〇六八二三 乙参觚
字數 二
時代 殷
著録 未見
現藏 上海博物館
來源 上海博物館提供

〇六八二四 乙息觚
字數 二
時代 殷
著録 學報 一九八六年二期一七三頁
圖二二・一二
出土 一九八〇年河南羅山縣蟒張後李（天湖村）墓葬（M八：四）
現藏 信陽地區文物管理委員會
來源 中原文物

〇六八二五 戈乙觚
字數 二
時代 殷
著録 未見
現藏 北京故宮博物院
來源 考古研究所拓

〇六八二六 乙戈觚
字數 二
時代 殷
著録 總集 六〇九〇

彙編 九・一五四九
出土 一九三二年前安陽出土
現藏 加拿大多倫多安大略博物館
來源 考古研究所藏

〇六八二七 乙□觚
字數 二
時代 殷
著録 博古 七・三
薛氏 一〇一・二
嘯堂 二四・四
來源 嘯堂
備注 舊稱尊

〇六八二八 □乙觚
字數 二
時代 殷
著録 總集 六〇一二
三代 一四・一九・一二
貞松 九・三・三
小校 五・五一・九
流傳 徐乃昌舊藏
來源 三代

〇六八二九 乙□觚
字數 二
時代 殷
著録 綜覽・觚 一〇九
現藏 日本熱海MOA美術館(綜覽)
來源 綜覽

〇六八三〇 丁□觚
字數 二
時代 殷
著録 日精華 二・一六五
三代補 六五三
彙編 九・一四七八
出土 傳出安陽墓葬
現藏 日本東京長尾美術館
來源 彙編

〇六八三一 丁□觚
字數 二
時代 殷
著録 綜覽・觚 一二二
現藏 丹麥哥本哈根國家博物館民族學部
來源 考古研究所藏

〇六八三二 丁□觚
字數 二
時代 殷
著録 殷青 圖七三・一四
出土 一九七五年安陽殷墟西區墓葬(M三五五：三)
現藏 考古研究所安陽工作站
來源 考古研究所拓

〇六八三三 弔丁觚
字數 二
時代 殷
著録 總集 六〇一九
三代 一四・二〇・四
來源 考古研究所藏

〇六八三四 戊木觚
字數 二
時代 殷
著録 總集 六〇二〇
三代 一四・二〇・五
來源 三代

〇六八三五 羊己觚
字數 二
時代 殷
著録 總集 六〇二三
三代 一四・二〇・七
窓齋 二一・四・三
殷存下 二五・四
小校 五・五二・三
來源 三代
備注 第一字暫從舊説釋羊，實爲大角羊之象形，雖爲羊之一種，然並非羊字

〇六八三六 □己觚
字數 二
時代 殷
著録 總集 六〇二一
三代 一四・二〇・六
來源 三代

〇六八三七 己□觚
字數 二
時代 殷
著録 未見
現藏 上海博物館
來源 上海博物館提供

〇六八三八 庚户觚
字數 二
時代 殷
著録 總集 六三二五
三代 一四・三五・二(觶)
貞續中 三一・三(觶)
希古 五・一六・一
流傳 吴大澂舊藏(希古)
來源 北京圖書館提供
備注 三代、貞續誤作觶，希古稱觚，今據北京圖書館全形拓，確定爲觚

〇六八三九 辛戈觚
字數 二
時代 殷
著録 未見
現藏 上海博物館
來源 上海博物館提供

〇六八四〇 癸重觚
字數 二
時代 殷
著録 總集 六〇二五
三代 一四・二〇・一一
西清 二三・二五
貞補中 一六・三
續殷下 四一・一〇
故宮 一一期
通考 五六五
故圖下上 一八七
綜覽・觚 二〇六
流傳 清宮舊藏
現藏 臺北故宮博物院
來源 考古研究所藏

〇六八四一 癸□觚
字數 二
時代 殷
著録 總集 六〇六三
美集録 R七九
柏景寒 一四九頁
綜覽・觚 一五〇
現藏 美國芝加哥美術館
來源 考古研究所藏

〇六八四二 □癸觚
字數 二
時代 殷
著録 總集 六〇八二
録遺 三三六
故青 四三
流傳 德人楊寧史舊藏

現藏 北京故宮博物院
來源 考古研究所拓

〇六八四三 癸⿱口廾觚
字數 二
時代 殷
著録 考古圖 五・一四
薛氏 四二・一
流傳 新平張氏舊藏(考古圖)
來源 考古圖
備注 舊稱癸舉，薛氏奪第二字

〇六八四四 弓□觚
字數 二
時代 殷
著録 總集 六〇二三
三代 一四・二〇・一〇
綴遺 一六・一五・二
殷存下 二五・二
小校 五・五二・二
流傳 潘陽蔭舊藏(羅表)
現藏 上海博物館
來源 考古研究所藏

〇六八四五 ⿰目又己觚
字數 二
時代 殷
著録 中國歷史博物館館刊 一九八二年四期九五頁左
辭典 二〇三
現藏 中國歷史博物館
來源 考古研究所拓

〇六八四六 ⿰目又己觚
字數 二
時代 殷
著録 中國歷史博物館館刊 一九八二年四期九五頁左

現藏 中國歷史博物館
來源 考古研究所拓

〇六八四七 婦好觚
字數 二
時代 殷
著録 總集 六〇九三
婦好墓 七九頁圖五二・二
河南 一・一六八
出土 一九七六年安陽殷墟婦好墓
(M五：六〇一)
現藏 考古研究所
來源 考古研究所拓

〇六八四八 婦好觚
字數 二
時代 殷
著録 總集 六一〇七
婦好墓 七九頁圖五二・三
出土 一九七六年安陽殷墟婦好墓
(M五：六〇二)
現藏 考古研究所
來源 考古研究所拓

〇六八四九 婦好觚
字數 二
時代 殷
著録 總集 六〇九五
婦好墓 七九頁圖五二・一
河南 一・一六九
辭典 二〇一
出土 一九七六年安陽殷墟婦好墓
(M五：六〇三)
現藏 中國歷史博物館(考古研究所寄陳)
來源 考古研究所拓

〇六八五〇 婦好觚
字數 二
時代 殷
著録 總集 六一〇一
婦好墓 七九頁圖五二・五
出土 一九七六年安陽殷墟婦好墓
(M五：六〇四)
現藏 考古研究所安陽工作站
來源 考古研究所拓

〇六八五一 婦好觚
字數 二
時代 殷
著録 總集 六一〇四
婦好墓 七六頁圖五〇・一
殷青 圖四八・七
綜覽・觚 七七
青全 二・一〇五
出土 一九七六年安陽殷墟婦好墓
(M五：六〇五)
現藏 考古研究所安陽工作站
來源 考古研究所拓

〇六八五二 婦好觚
字數 二
時代 殷
著録 總集 六一〇〇
婦好墓 七九頁圖五二・四
出土 一九七六年安陽殷墟婦好墓
(M五：六一一)
現藏 考古研究所安陽工作站
來源 考古研究所拓

〇六八五三 婦好觚
字數 二
時代 殷
著録 總集 六〇九二
婦好墓 七九頁圖五二・六
河南 一・一六七

綜覽・觚 八七
出土 一九七六年安陽殷墟婦好墓
(M五：六二一)
現藏 中國歷史博物館(考古研究所寄陳)
來源 考古研究所拓

〇六八五四 婦好觚
字數 二
時代 殷
著録 總集 六一〇三
婦好墓 七九頁圖五二・八
殷青 圖四八・四
出土 一九七六 年安陽殷墟婦好墓
(M五：六三九)
現藏 考古研究所安陽工作站
來源 考古研究所拓

〇六八五五 婦好觚
字數 二
時代 殷
著録 殷青 圖四八・五
出土 一九七六年安陽殷墟婦好墓
(M五：六四〇)
現藏 考古研究所安陽工作站
來源 考古研究所拓

〇六八五六 婦好觚
字數 二
時代 殷
著録 總集 六一〇二
婦好墓 七九頁圖五二・七
出土 一九七六年安陽殷墟婦好墓
(M五：六四二)
現藏 考古研究所安陽工作站
來源 考古研究所拓

〇六八五七 婦觚

字數 一
時代 殷
著録 總集 六〇九六
婦好墓 七九頁圖五二・九
出土 一九七六年安陽殷墟婦好墓
(M五：六一八)
現藏 考古研究所安陽工作站
來源 考古研究所拓

〇六八五八 婦觚
字數 一
時代 殷
著録 總集 六〇九七
婦好墓 七九頁圖五二・一〇
出土 一九七六年安陽殷墟婦好墓
(M五：六三三)
現藏 考古研究所安陽工作站
來源 考古研究所拓

〇六八五九 婦好觚
字數 二
時代 殷
著録 總集 六〇九八
婦好墓 七九頁圖五二・一一
綜覽・觚 七三
出土 一九七六年安陽殷墟婦好墓
(M五：六二九)
現藏 考古研究所
來源 考古研究所拓

〇六八六〇 婦好觚
字數 二
時代 殷
著録 總集 六一〇六
婦好墓 七八頁圖五一・一
殷青 圖四八・六
出土 一九七六年安陽殷墟婦好墓
(M五：八二七)
現藏 考古研究所安陽工作站
來源 考古研究所拓

〇六八六一 婦好觚
字數 二
時代 殷
著録 總集 六〇九九
婦好墓 七九頁圖五二・一二
出土 一九七六年安陽殷墟婦好墓
(M五：六四八)
現藏 考古研究所安陽工作站
來源 考古研究所拓

〇六八六二 婦好觚
字數 二
時代 殷
著録 總集 六一〇五
婦好墓 七八頁圖五一・二
殷青 圖四八・八
出土 一九七六年安陽殷墟婦好墓
(M五：六五〇)
現藏 考古研究所安陽工作站
來源 考古研究所拓

〇六八六三 婦好觚
字數 二
時代 殷
著録 總集 六〇九四
婦好墓 七九頁圖五二・一三
出土 一九七六年安陽殷墟婦好墓
(M五：六四四)
現藏 考古研究所安陽工作站
來源 考古研究所拓

〇六八六四 婦好觚
字數 二
時代 殷
著録 未見
出土 一九七六年安陽殷墟婦好墓
(M五：六三四)
現藏 考古研究所安陽工作站
來源 考古研究所拓

〇六八六五 婦好觚
字數 二
時代 殷
著録 未見
出土 一九七六年安陽殷墟婦好墓
(M五：六四一)
現藏 考古研究所安陽工作站
來源 考古研究所拓

〇六八六六 婦觚
字數 一
時代 殷
著録 未見
出土 一九七六年安陽殷墟婦好墓
(M五：六四七)
現藏 考古研究所安陽工作站
來源 考古研究所拓
備注 婦好組觚從拓本看，有的僅銘一婦字，因係同人同出之器，故編排在一起

〇六八六七 婦好觚
字數 二
時代 殷
著録 未見
流傳 曾在盧芹齋處
現藏 美國巴拉德氏
來源 考古研究所藏

〇六八六八 婦□觚
字數 二
時代 殷或西周早期
著録 總集 六一八七
三代 一四・二七・一一
來源 考古研究所藏

〇六八六九 婦□觚
字數 二
時代 殷或西周早期
著録 總集 六一八八
攈古 一・二・四〇・二
來源 考古研究所藏

〇六八七〇 婦鳥觚
字數 二
時代 殷
著録 總集 六〇七三
録遺 三二七
來源 録遺

〇六八七一 婦田觚
字數 二
時代 殷
著録 總集 六〇三九
三代 一四・二一・八
現藏 遼寧省博物館
來源 考古研究所藏

〇六八七二 窐女觚
字數 二
時代 殷
著録 總集 六〇六九
録遺 三二三
來源 考古研究所藏

〇六八七三 窐女觚
字數 二
時代 殷
著録 未見
現藏 北京故宮博物院
來源 考古研究所拓

〇六八七四　女盉觚
字數　二
時代　殷
著録　未見
現藏　中國歷史博物館
來源　考古研究所拓

〇六八七五　母工觚
字數　二
時代　殷
著録　未見
現藏　上海博物館
來源　上海博物館提供
備注　第二字疑爲戊字

〇六八七六　魚母觚
字數　二
時代　殷
著録　彙編　九・一六四五
　　　綜覽・觚　九二
現藏　東京某氏
來源　綜覽

〇六八七七　魚母觚
字數　二
時代　殷
著録　西清　二三・四二
　　　善齋　五・二一
　　　小校　五・五一・七
流傳　清宮舊藏，後歸劉體智
來源　考古研究所藏

〇六八七八　射女觚
字數　二
時代　殷
著録　未見
現藏　濟南市博物館
來源　考古研究所拓

〇六八七九　朕女觚
字數　二
時代　殷
著録　總集　六〇八〇
　　　録遺　三三四
來源　録遺

〇六八八〇　司㛸觚
字數　二
時代　殷
著録　總集　六一八〇
　　　婦好墓　八〇頁圖五三・一
　　　殷青　圖五〇・五
　　　綜覽・觚　八三
出土　一九七六年安陽殷墟婦好墓
　　　（M五：六二五）
現藏　考古研究所安陽工作站
來源　考古研究所拓

〇六八八一　司㛸觚
字數　二
時代　殷
著録　總集　六一八一
　　　婦好墓　八一頁圖五四・一
出土　一九七六年安陽殷墟婦好墓
　　　（M五：六一二）
現藏　考古研究所安陽工作站
來源　考古研究所拓

〇六八八二　司㛸觚
字數　二
時代　殷
著録　未見
出土　一九七六年安陽殷墟婦好墓
　　　（M五：六〇六）
現藏　考古研究所安陽工作站
來源　考古研究所拓

〇六八八三　司㛸觚
字數　二
時代　殷
著録　總集　六一八六
　　　婦好墓　八一頁圖五四・六
出土　一九七六年安陽殷墟婦好墓
　　　（M五：六二八）
現藏　考古研究所安陽工作站
來源　考古研究所拓

〇六八八四　司㛸觚
字數　二
時代　殷
著録　總集　六一八四
　　　婦好墓　八一頁圖五四・四
出土　一九七六年安陽殷墟婦好墓
　　　（M五：六三一）
現藏　考古研究所安陽工作站
來源　考古研究所拓

〇六八八五　司㛸觚
字數　二
時代　殷
著録　總集　六一八五
　　　婦好墓　八一頁圖五四・五
出土　一九七六年安陽殷墟婦好墓
　　　（M五：六一四）
現藏　考古研究所安陽工作站
來源　考古研究所拓

〇六八八六　司㛸觚
字數　二
時代　殷
著録　總集　六一八二
　　　婦好墓　八一頁圖五四・二
出土　一九七六年安陽殷墟婦好墓
　　　（M五：六一七）
現藏　考古研究所安陽工作站
來源　考古研究所拓

〇六八八七　司㛸觚
字數　二
時代　殷
著録　總集　六一八三
　　　婦好墓　八一頁圖五四・三
出土　一九七六年安陽殷墟婦好墓
　　　（M五：六一五）
現藏　考古研究所安陽工作站
來源　考古研究所拓

〇六八八八　司㛸觚
字數　二
時代　殷
著録　未見
出土　一九七六年安陽殷墟婦好墓
　　　（M五：六三二）
現藏　考古研究所安陽工作站
來源　考古研究所拓

〇六八八九　司㛸觚
字數　二
時代　殷
著録　未見
出土　一九七六年安陽殷墟婦好墓
　　　（M五：六四九）
現藏　考古研究所安陽工作站
來源　考古研究所拓

〇六八九〇　司□觚
字數　二
時代　殷
著録　未見
現藏　北京故宮博物院

來源　考古研究所拓

〇六八九一　子槖觚
字數　二
時代　殷
著録　總集　六一七四
　婦好墓　六〇頁圖三九・四
出土　一九七六年安陽殷墟婦好墓
　(M五：六一〇)
現藏　考古研究所安陽工作站
來源　考古研究所拓

〇六八九二　子槖觚
字數　二
時代　殷
著録　總集　六一七五
　婦好墓　六〇頁圖三九・五
出土　一九七六年安陽殷墟婦好墓
　(M五：六二二)
現藏　考古研究所安陽工作站
來源　考古研究所拓

〇六八九三　子槖觚
字數　二
時代　殷
著録　未見
出土　一九七六年安陽殷墟婦好墓
　(M五：六二〇)
現藏　考古研究所安陽工作站
來源　考古研究所拓

〇六八九四　子槖觚
字數　二
時代　殷
著録　總集　六〇三〇
　三代　一四・二一・二
　西清　二四・一九
　貞補中　一六・四
　續殷下　四二・一
　故宮　九期
　故圖下上　一八九
　禮器　二七三頁
　商圖　三
流傳　清宮舊藏
現藏　臺北故宮博物院
來源　考古研究所藏

〇六八九五　子槖觚
字數　二
時代　殷
著録　未見
現藏　上海博物館
來源　上海博物館提供

〇六八九六　子妥觚
字數　二
時代　殷
著録　未見
流傳　羅伯昭舊藏
現藏　中國歷史博物館
來源　考古研究所拓

〇六八九七　子[illegible]觚
字數　二
時代　殷
著録　未見
流傳　德人楊寧史舊藏
現藏　北京故宮博物院
來源　考古研究所拓

〇六八九八　子娶觚
字數　二
時代　殷
著録　未見
現藏　北京故宮博物院
來源　考古研究所拓

〇六八九九　子娶觚
字數　二
時代　殷
著録　總集　六〇二七
　三代　一四・二一・三
現藏　遼寧省博物館
來源　考古研究所拓

〇六九〇〇　子[illegible]觚
字數　二
時代　殷
著録　總集　六〇三三
　美集録　R一一九
　彙編　八・一二二九
流傳　Higginson 舊藏
現藏　美國哈佛大學福格美術博物館
來源　考古研究所藏

〇六九〇一　子[illegible]觚
字數　二
時代　殷
著録　總集　六〇三四
　美集録　R一一〇
流傳　Higginson 舊藏
現藏　美國哈佛大學福格美術博物館
來源　考古研究所藏

〇六九〇二　子[illegible]觚
字數　二
時代　殷
著録　總集　六〇三二
　三代　一四・二一・五
來源　三代

〇六九〇三　子[illegible]觚
字數　二
時代　殷
著録　殷虛　圖七三・二
出土　一九七九年安陽殷墟西區墓葬
　(M二五〇八：三)
現藏　考古研究所安陽工作站
來源　考古研究所拓

〇六九〇四　子[illegible]觚
字數　二
時代　殷
著録　總集　六〇三一
　美集録　R一一七d
　彙編　八・一二二一
　薩克勒(商)　三六
現藏　美國華盛頓薩克勒美術館
來源　考古研究所藏

〇六九〇五　子[illegible]觚
字數　二
時代　殷
著録　未見
現藏　上海博物館
來源　上海博物館提供

〇六九〇六　子[illegible]觚
字數　二
時代　殷
著録　總集　六〇八七
　録遺　三四一
來源　録遺

〇六九〇七　子[illegible]觚
字數　二
時代　殷
著録　未見
現藏　北京故宮博物院
來源　考古研究所拓

〇六九〇八　子蝠觚
字數　二
時代　殷

著録 青山莊 二二
彙編 八・一二〇八
現藏 日本東京根津美術館
來源 青山莊

〇六九〇九 子保觚
字數 二
時代 殷
著録 總集 六〇九一
文物 一九七二年五期三頁
圖二
綜覽・觚 一三八
出土 一九七一年山東鄒縣化肥廠
現藏 鄒縣文物保管所
來源 考古研究所拓

〇六九一〇 子□觚
字數 二
時代 殷
著録 未見
現藏 北京故宮博物院
來源 考古研究所拓
備注 銘文在器表

〇六九一一 子□觚
字數 二
時代 殷
著録 總集 六〇二八
三代 一四・二一・四
十二居 二九~三〇
續殷下 四二・二
蘇黎世(七五) 八〇頁
彙編 八・一二四一
流傳 周進舊藏
現藏 瑞士蘇黎世瑞列堡博物館
來源 三代

〇六九一二 子光觚
字數 二
時代 殷
著録 未見
現藏 上海博物館
來源 上海博物館提供

〇六九一三 子雨觚
字數 二
時代 殷
著録 總集 六〇三六
美集録 R 一一五
現藏 美國郝克斯氏
來源 考古研究所藏

〇六九一四 □子觚
字數 二
時代 殷
著録 青全 二・一二四
上海(二〇〇四) 一一四
現藏 上海博物館
來源 上海博物館提供

〇六九一五 □未觚
字數 二
時代 殷
著録 未見
現藏 北京故宮博物院
來源 考古研究所拓

〇六九一六 □觚
字數 二
時代 殷
著録 未見
現藏 北京故宮博物院
來源 考古研究所拓

〇六九一七 □觚
字數 二
時代 殷
著録 未見
現藏 北京故宮博物院
來源 考古研究所拓

〇六九一八 □□觚
字數 二
時代 殷
著録 文物 一九八二年九期四〇頁
圖二一(又圖一九)
出土 傳出山東費縣
流傳 一九八一年北京市文物工作隊從
廢銅中選揀而得
現藏 北京市文物研究所
來源 文物

〇六九一九 □□觚
字數 二
時代 殷
著録 未見
出土 傳出山東費縣
流傳 一九八一年北京市文物工作隊從
廢銅中選揀而得
現藏 北京市文物研究所
來源 考古研究所拓

〇六九二〇 樂文觚
字數 二
時代 殷
著録 總集 六〇五八
三代 一四・二三・六
來源 三代

〇六九二一 □觚
字數 二
時代 殷
著録 總集 六〇三八
三代 一四・二一・七
貞松 九・二・四
武英 一三五
續殷下 四二・九
通考 五六一
小校 五・五〇・二
故圖下下 三八三
綜覽・觚 八八
流傳 承德避暑山莊舊藏
現藏 臺北故宮博物院
來源 考古研究所藏

〇六九二二 見文觚
字數 二
時代 殷
著録 綴遺 一六・一六・一
來源 綴遺

〇六九二三 丰卂觚
字數 二
時代 殷
著録 總集 五九〇七
彙編 八・一三〇八
現藏 美國聖路易市美術博物館
來源 彙編

〇六九二四 交觚
字數 二
時代 殷
著録 首師大 二七
現藏 首都師範大學歷史博物館
來源 考古研究所拓

〇六九二五 □觚
字數 二
時代 殷
著録 總集 六〇八九
懷履光(五六) 九九頁六
三代補 五八二
彙編 八・一二七一

出土 安陽郭家灣北地
現藏 加拿大多倫多安大略博物館
來源 考古研究所藏

〇六九二六 [glyph]觚
字數 二
時代 殷
著録 彙編 八・一二八〇
現藏 日本東京某氏
來源 彙編

〇六九二七 [glyph]觚
字數 二
時代 殷
著録 三代 一四・三一・一〇
鄴二上 二三
通考 五五八
綜覽・觚 五一
出土 傳出安陽
來源 考古研究所藏

〇六九二八 聑[glyph]觚
字數 二
時代 殷
著録 總集 六〇七一
録遺 三二五
現藏 臺北歷史博物館
來源 録遺

〇六九二九 [glyph]聑觚
字數 二
時代 殷
著録 未見
現藏 北京故宮博物院
來源 考古研究所藏

〇六九三〇 聑髭觚
字數 二
時代 殷
著録 總集 六〇七〇
録遺 三二四
來源 考古研究所藏

〇六九三一 弜耳觚
字數 二
時代 殷
著録 未見
現藏 遼寧省博物館
來源 考古研究所拓

〇六九三二 聑竹觚
字數 二
時代 殷
著録 總集 六〇五〇
三代 一四・二二・一〇
鄴初上 二四
綜覽・觚 一〇七
出土 傳出安陽
來源 三代

〇六九三三 [glyph]觚
字數 二
時代 殷
著録 總集 六〇四五
三代 一四・二二・二
貞松 九・三・二
善齋 五・二〇
續殷下 三九・一〇
小校 五・五二・五
流傳 劉體智舊藏
現藏 中國歷史博物館
來源 考古研究所藏

〇六九三四 [glyph]觚
字數 二
時代 殷
著録 未見
現藏 北京故宮博物院
來源 考古研究所拓

〇六九三五 [glyph]觚
字數 二
時代 殷
著録 未見
現藏 北京故宮博物院
來源 考古研究所拓

〇六九三六 [glyph]觚
字數 二
時代 殷
著録 未見
現藏 北京故宮博物院
來源 考古研究所拓

〇六九三七 永[glyph]觚
字數 二
時代 殷
著録 未見
現藏 上海博物館
來源 上海博物館提供
備注 銘文可能是一字，暫作二字處理

〇六九三八 [glyph]觚
字數 二
時代 殷
著録 總集 六〇五五
三代 一四・二三・二
來源 三代

〇六九三九 [glyph]觚
字數 二
時代 殷
著録 總集 六〇五六
三代 一四・二三・三
來源 三代

〇六九四〇 [glyph]觚
字數 二
時代 殷
著録 總集 六〇八五(補二二)
録遺 三三九
古器物研究專刊 第一本圖版二七
出土 一九三五年安陽侯家莊西北崗墓葬(M一七九〇五:一〇)
現藏 歷史語言研究所
來源 古器物研究專刊

〇六九四一 [glyph]觚
字數 二
時代 殷
著録 未見
現藏 上海博物館
來源 上海博物館提供
備注 銘文似一字，又似二字合書，暫作二字計

〇六九四二 正[glyph]觚
字數 二
時代 殷
著録 未見
現藏 上海博物館
來源 上海博物館提供

〇六九四三 [glyph]教觚
字數 三
時代 殷
著録 未見
現藏 北京故宮博物院
來源 考古研究所拓

〇六九四四 [glyph]衛觚
字數 二
時代 殷
著録 總集 五九〇二
三代 一四・一七・一

殷存下 二四・一
小校 五・四五・六
流傳 潘祖蔭舊藏(羅表)
現藏 北京故宮博物院
來源 考古研究所拓

〇六九四五 亞獸形銘觚
字數 二
時代 殷
著録 未見
現藏 中國歷史博物館
來源 考古研究所拓

〇六九四六 亞其觚
字數 二
時代 殷
著録 總集 六一〇八
學報 一九七七年二期六六頁
圖六・八
婦好墓 八四頁圖五六・二
河南 一・一六六
綜覽・觚 七四
出土 一九七六年安陽殷墟婦好墓
(M五:六三〇)
現藏 中國歷史博物館考古研究所寄陳
來源 考古研究所拓

〇六九四七 亞其觚
字數 二
時代 殷
著録 考古與文物 一九八五年四期
五五頁圖三・四
出土 一九七六年安陽殷墟婦好墓
(M五:八二〇)
現藏 考古研究所
來源 考古研究所拓

〇六九四八 亞其觚
字數 二
時代 殷
著録 總集 六一〇九
婦好墓 八三頁圖五五・一
出土 一九七六年安陽殷墟婦好墓
(M五:六四三)
現藏 考古研究所安陽工作站
來源 考古研究所拓

〇六九四九 亞其觚
字數 二
時代 殷
著録 總集 六一一一
婦好墓 八四頁圖五六・三
出土 一九七六年安陽殷墟婦好墓
(M五:六二七)
現藏 考古研究所安陽工作站
來源 考古研究所拓

〇六九五〇 亞其觚
字數 二
時代 殷
著録 總集 六一一二
婦好墓 八四頁圖五六・一
出土 一九七六年安陽殷墟婦好墓
(M五:六二六)
現藏 考古研究所安陽工作站
來源 考古研究所拓

〇六九五一 亞其觚
字數 二
時代 殷
著録 總集 六一一〇
婦好墓 八三頁圖五五・二
殷青 圖五一・二
出土 一九七六年安陽殷墟婦好墓
(M五:六三七)
現藏 考古研究所安陽工作站
來源 考古研究所拓

〇六九五二 亞其觚
字數 二
時代 殷
著録 未見
出土 一九七六年安陽殷墟婦好墓
(M五:六四六)
現藏 考古研究所安陽工作站
來源 考古研究所拓

〇六九五三 亞其觚
字數 二
時代 殷
著録 文物 一九八六年八期七五頁
圖一六
流傳 一九五二年群衆損獻
現藏 安陽市博物館
來源 安陽市博物館提供

〇六九五四 亞其觚
字數 二
時代 殷
著録 總集 五九九四
録遺 三二六
考古 一九七九年二期一六七頁
圖一・二
現藏 北京大學賽克勒考古與藝術博物館
來源 録遺

〇六九五五 亞其觚
字數 二
時代 殷
著録 未見
現藏 北京故宮博物院
來源 考古研究所藏

〇六九五六 亞弜觚
字數 二
時代 殷
著録 總集 五九九三
美集録 R 五〇二
現藏 美國郝克斯氏
來源 考古研究所藏

〇六九五七 亞弜觚
字數 二
時代 殷
著録 總集 四五三三
三代 一一・五・六(尊)
彙編 八・一〇四五
積古 五・一
攈古 一・一・三八・一
愙齋 一三・七・二
金索 首二
殷存上 二一・三
小校 五・六・五
流傳 清高宗欽頒曲阜孔廟十器之一
現藏 曲阜縣文物管理委員會
來源 考古研究所拓
備注 舊稱尊，器形介于尊觚之間

〇六九五八 亞弜觚
字數 二
時代 殷
著録 未見
現藏 北京故宮博物院
來源 考古研究所拓

〇六九五九 亞矣觚
字數 二
時代 殷
著録 總集 六〇〇〇
三代 一四・一九・二
攈古 一・一・四四

窓齋 二一・六・三
綴遺 一六・九・一
殷存下 二四・九
貞補中 一六・一
小校 五・五〇・七
流傳 潘祖蔭舊藏(綴遺)
現藏 上海博物館
來源 考古研究所藏

〇六九六〇 亞矣觚
字數 二
時代 殷
著録 總集 六九六〇
三代 一四・一九・三
筠清 二・五〇・一
泉屋 二・九〇
海外吉 七七
通考 五五九
彙編 八・一〇三三
綜覽・觚 一五二
泉屋博古 圖六五拓七
現藏 日本京都泉屋博古館
來源 三代

〇六九六一 亞矣觚
字數 二
時代 殷
著録 總集 六〇〇二
三代 一四・一九・四
來源 考古研究所藏

〇六九六二 亞矣觚
字數 二
時代 殷
著録 總集 六〇〇三
三代 一四・一九・五
來源 三代

〇六九六三 亞矣觚
字數 二
時代 殷
著録 故圖下上 一九〇
禮器 二八九頁
現藏 臺北故宮博物院
來源 考古研究所藏

〇六九六四 亞矣觚
字數 二
時代 殷
著録 未見
現藏 上海博物館
來源 上海博物館提供

〇六九六五 亞矣觚
字數 二
時代 殷
著録 懷履光(一九五六) 四一頁二
三代補 五六三
綜覽・觚 八二
出土 一九三〇年前安陽大司空村南地
現藏 加拿大多倫多安大略博物館
來源 懷履光

〇六九六六 亞矣觚
字數 二
時代 殷
著録 懷履光(一九五六) 四一頁一
三代補 五六二
出土 傳一九三〇年安陽大司空村南地出土
現藏 加拿大多倫多安大略博物館
來源 懷履光

〇六九六七 亞醜觚
字數 二
時代 殷
著録 總集 六〇〇六
三代 一四・一九・六
貞續中 二七・四
來源 考古研究所藏

〇六九六八 亞醜觚
字數 二
時代 殷
著録 總集 六〇〇五
寧壽 一〇・一九
流傳 清宮舊藏
現藏 北京故宮博物院
來源 考古研究所拓

〇六九六九 亞醜觚
字數 二
時代 殷
著録 上海(二〇〇四) 一一二
現藏 上海博物館
來源 上海博物館提供

〇六九七〇 亞醜方觚
字數 二
時代 殷
著録 總集 六〇〇七
三代 一一・四・四(尊)
貞松 七・二・二
武英 一三四
續殷上 五一・三
通考 五六八
小校 五・三・八
故圖下下 三七九
綜覽・觚 一九七
禮器 四九七頁
流傳 承德避暑山莊舊藏
現藏 臺北故宮博物院
來源 考古研究所藏
備注 舊稱尊

〇六九七一 亞竟觚
字數 二
時代 殷
著録 賽爾諾什 一〇八頁
三代補 七四〇
現藏 法國巴黎賽爾諾什博物館
來源 賽爾諾什

〇六九七二 亞告觚
字數 二
時代 殷
著録 總集 五九八六
三代 一四・一八・一一
善齋 五・一四
小校 五・五〇・六
流傳 劉體智舊藏
來源 三代

〇六九七三 亞敎觚
字數 二
時代 殷
著録 總集 六〇五七
三代 一四・二三・五
來源 三代

〇六九七四 亞木觚
字數 二
時代 殷
著録 未見
現藏 北京故宮博物院
來源 考古研究所拓

〇六九七五 亞氺觚
字數 二
時代 殷
著録 未見
現藏 北京故宮博物院

來源 考古研究所拓

〇六九七六 [illegible]亞觚
字數 二
時代 殷
著録 彙編 八・一〇九三(彝)
綜覽・觚 一三九
薩克勒(商) 四〇
現藏 美國華盛頓薩克勒美術館
來源 綜覽

〇六九七七 [illegible]亞觚
字數 二
時代 殷
著録 未見
現藏 北京故宮博物院
來源 考古研究所拓

〇六九七八 [illegible]亞觚
字數 二
時代 殷
著録 未見
現藏 中國歷史博物館
來源 考古研究所拓

〇六九七九 [illegible]亞觚
字數 二
時代 殷
著録 未見
現藏 上海博物館
來源 上海博物館提供

〇六九八〇 雔亞觚
字數 二
時代 殷
著録 巖窟上 五三
綜覽・觚 四三
出土 一九二九年出土(巖窟)
流傳 梁上椿舊藏

現藏 北京故宮博物院
來源 考古研究所拓
備注 銘文在器表

〇六九八一 亞隻觚
字數 二
時代 殷
著録 未見
現藏 北京故宮博物院
來源 考古研究所拓

〇六九八二 亞隻觚
字數 二
時代 殷
著録 總集 五九九二
美集録 R 一二六
出土 傳出安陽大司空村
流傳 曾在美國 Bliss 與盧芹齋處
來源 考古研究所藏

〇六九八三 亞豕觚
字數 二
時代 殷
著録 總集 六〇四〇(六二〇四)
三代 一四・二一・九
録遺 三五二
來源 録遺
備注 三代拓片倒置

〇六九八四 亞奚觚
字數 二
時代 殷
著録 未見
現藏 北京故宮博物院
來源 考古研究所拓

〇六九八五 夅亞觚
字數 二
時代 殷
著録 未見
現藏 中國歷史博物館
來源 考古研究所拓

〇六九八六 亞[illegible]觚
字數 二
時代 殷
著録 總集 五九九〇
美集録 R 一三四
綜覽・觚 一七〇
現藏 紐約杜克氏
來源 考古研究所藏

〇六九八七 耳亞觚
字數 二
時代 殷
著録 未見
現藏 北京故宮博物院
來源 考古研究所拓

〇六九八八 亞弔觚
字數 二
時代 殷
著録 總集 五九八九
彙編 八・一〇五三
薩克勒(商) 二七
現藏 美國華盛頓薩克勒美術館
來源 彙編

〇六九八九 亞酉觚
字數 二
時代 殷
著録 總集 五九八八
三代 一四・一八・一〇
十二貯 一五
續殷下 四一・一
綜覽・觚 一五四
流傳 王辰舊藏
現藏 旅順博物館
來源 考古研究所拓

〇六九九〇 亞酉觚
字數 二
時代 殷
著録 未見
現藏 吉林省博物館
來源 吉林省博物館提供

〇六九九一 亞[illegible]觚
字數 二
時代 殷
著録 殷虚 圖六二・一〇
青全 二・一二二
出土 一九六三年安陽苗圃北地墓葬(M一七二:四)
現藏 考古研究所安陽工作站
來源 考古研究所拓

〇六九九二 亞觚
字數 二
時代 殷
著録 總集 五九九一
陶齋 六・二七
小校 五・七〇・四
流傳 端方舊藏
來源 三代

〇六九九三 工册觚
字數 二
時代 殷
著録 上海(二〇〇四)一一八
現藏 上海博物館
來源 上海博物館提供

〇六九九四 庽册觚
字數 二
時代 殷

著録 總集 六二一七
文叢 一・一五八圖五
出土 河北正定縣新城舖
現藏 正定縣文物保管所
來源 正定縣文物保管所提供

〇六九九五 丮冊觚
字數 二
時代 殷
著録 未見
現藏 北京故宮博物院
來源 考古研究所拓

〇六九九六 系保觚
字數 二
時代 殷
著録 未見
現藏 北京故宮博物院
來源 考古研究所拓

〇六九九七 何馬觚
字數 二
時代 殷
著録 未見
現藏 北京故宮博物院
來源 考古研究所拓

〇六九九八 何馬觚
字數 二
時代 殷
著録 總集 五九八五
學報 一九五五年九期四九頁
圖一九
河南 一・三〇六
綜覽・觚 一一〇
青全 二・一一四
出土 一九五三年安陽大司空村墓葬
（M二六七：二）

現藏 中國歷史博物館
來源 考古研究所拓

〇六九九九 尹舟觚
字數 二
時代 殷
著録 博古 一五・三三
薛氏 四〇・三
嘯堂 四九
來源 嘯堂

〇七〇〇〇 㚔旅觚
字數 二
時代 殷
著録 總集 五九四五
録遺 三〇〇
來源 録遺

〇七〇〇一 㚔旅觚
字數 二
時代 殷
著録 未見
現藏 北京故宮博物院
來源 考古研究所拓

〇七〇〇二 㚔旅觚
字數 二
時代 殷
著録 總集 五九四六
録遺 三〇一
現藏 北京故宮博物院
來源 考古研究所拓

〇七〇〇三 鄕宁觚
字數 二
時代 殷
著録 總集 五九九七
三代 一四・一三・一〇
鄴初上 二三

美集録 R 三四
中國圖符 四三
彙編 八・一二八九
出土 傳出安陽
現藏 美國納爾遜美術陳列館
來源 考古研究所藏

〇七〇〇四 宁鄕觚
字數 二
時代 殷
著録 總集 五九九八
日精華 二・一六六
三代補 六五四
彙編 八・一二九三
現藏 日本白鶴美術館（日精華）、美國布倫戴奇（彙編）
來源 彙編

〇七〇〇五 告宁觚
字數 二
時代 殷
著録 總集 六〇四六
三代 一四・一二・三
貞圖上 五四
綜覽・觚 一六九
流傳 羅振玉舊藏
來源 考古研究所藏

〇七〇〇六 告宁觚
字數 二
時代 殷
著録 學報 一九七九年一期八一頁
圖五八・一三
河南 一・二四二
殷青 圖七三・六
青全 二・一一一
出土 一九六九年安陽殷墟西區墓葬
（M九〇七：一）
現藏 考古研究所安陽工作站
來源 考古研究所拓

〇七〇〇七 矢宁觚
字數 二
時代 殷
著録 總集 五九九六
懷履光（五六）四一頁三
三代補 五六四
彙編 九・一五四八
出土 一九三三年前安陽出土
現藏 加拿大多倫多安大略博物館
來源 考古研究所藏

〇七〇〇八 矢宁觚
字數 二
時代 殷
著録 總集 五九九五
懷履光（五六）四一頁四
三代補 五六五
彙編 九・一五八三
出土 一九三三年前安陽出土
現藏 加拿大多倫多安大略博物館
來源 考古研究所藏

〇七〇〇九 宁戈觚
字數 二
時代 殷
著録 總集 六〇四八
美集録 R 五〇
流傳 曾在美國盧芹齋
來源 考古研究所藏

〇七〇一〇 美宁觚
字數 二
時代 殷
著録 未見

現藏 北京故宮博物院
來源 考古研究所拓

〇七〇一一 宁朋觚
字數 二
時代 殷
著録 總集 六〇四七
三代 一四・二二・四
來源 三代

〇七〇一二 田免觚
字數 二
時代 殷
著録 未見
現藏 北京故宮博物院
來源 考古研究所拓

〇七〇一三 田告觚
字數 二
時代 西周早期
著録 未見
現藏 北京故宮博物院
來源 考古研究所拓

〇七〇一四 南單觚
字數 二
時代 殷
著録 綴遺 一六・一一・一
小校 五・五二・四
流傳 潘祖蔭舊藏
現藏 上海博物館
來源 小校

〇七〇一五 西單觚
字數 二
時代 殷
著録 總集 五八九八
美集録 R 四六八
薩克勒(商)三二

現藏 美國華盛頓薩克勒美術館
來源 考古研究所藏

〇七〇一六 西單觚
字數 二
時代 殷
著録 總集 五八九九
荷比 四八頁
美集録 R 七三
彙編 九・一七〇八
綜覽・觚 一一六
流傳 曾在美國盧芹齋
現藏 美國紐約明肯郝夫氏
來源 考古研究所藏

〇七〇一七 北單觚
字數 二
時代 殷
著録 鄴三上 四三
出土 傳出安陽
來源 鄴三

〇七〇一八 單光觚
字數 二
時代 西周早期
著録 總集 五九五四
録遺 三〇三
現藏 北京故宮博物院
來源 考古研究所拓

〇七〇一九 甗征觚
字數 二
時代 殷
著録 總集 六〇四三
三代 一四・二二・一
貞圖上 五三
續殷下 四一・六
流傳 羅振玉舊藏

來源 考古研究所藏

〇七〇二〇 甗奞觚
字數 二
時代 殷
著録 未見
現藏 北京故宮博物院
來源 考古研究所拓

〇七〇二一 ■甗觚
字數 二
時代 殷
著録 未見
現藏 北京故宮博物院
來源 考古研究所拓

〇七〇二二 㫃■觚
字數 二
時代 殷
著録 總集 五八四三
三代 一四・一三・五
現藏 旅順博物館
來源 考古研究所拓

〇七〇二三 冬刃觚
字數 二
時代 殷
著録 未見
現藏 上海博物館
來源 上海博物館提供

〇七〇二四 冬刃觚
字數 二
時代 殷
著録 故青 四〇
現藏 北京故宮博物院
來源 考古研究所拓

〇七〇二五 毌得觚
字數 二
時代 殷
著録 總集 六〇六四
美集録 R 九
布倫戴奇(七七) 圖二三
彙編 八・一三七三
現藏 美國舊金山亞洲美術博物館(布倫戴奇藏品)
來源 考古研究所藏
備注 彙編以爲藏福格美術博物館

〇七〇二六 毌得觚
字數 二
時代 殷
著録 總集 六〇六五
雙古 一・三四
美集録 R 一〇
中國圖符 四二
弗里爾(六七) 六二頁
彙編 八・一三七五
綜覽・觚 八四
流傳 于省吾舊藏
現藏 美國華盛頓弗里爾美術博物館
來源 考古研究所藏

〇七〇二七 乘冊觚
字數 二
時代 殷
著録 未見
現藏 上海博物館
來源 上海博物館提供

〇七〇二八 乘冊觚
字數 二
時代 殷
著録 小校 五・四七・七
來源 考古研究所藏

〇七〇二九　秉田觚
字數　二
時代　殷
著録　未見
現藏　北京故宮博物院
來源　考古研究所拓

〇七〇三〇　[illegible]觚
字數　二
時代　殷
著録　總集　五九一七
三代　一四・一八・三
續殷下　四〇・六
來源　三代

〇七〇三一　壺觚
字數　二
時代　殷
著録　未見
現藏　北京故宮博物院
來源　考古研究所拓

〇七〇三二　串刀觚
字數　二
時代　殷
著録　總集　六〇五一
三代　一四・二三・四
來源　三代

〇七〇三三　䀠戈觚
字數　二
時代　殷
著録　總集　六〇八四
録遺　三三八
現藏　北京故宮博物院
來源　考古研究所拓

〇七〇三四　戈㠯觚
字數　二
時代　殷
著録　未見
現藏　中國歷史博物館
來源　考古研究所拓

〇七〇三五　戕虎觚
字數　二
時代　殷
著録　綜覽・觚　一二
現藏　美國普林斯頓大學美術博物館卡特藏器
來源　綜覽

〇七〇三六　卜酉觚
字數　二
時代　殷
著録　上海(二〇〇四)　一〇八
現藏　上海博物館
來源　上海博物館提供

〇七〇三七　倗舟觚
字數　二
時代　殷
著録　總集　五九六五
録遺　三一四
現藏　中國歷史博物館
來源　考古研究所拓

〇七〇三八　倗舟觚
字數　二
時代　殷
著録　未見
現藏　中國歷史博物館
來源　考古研究所拓

〇七〇三九　倗舟觚
字數　二
時代　殷
著録　未見
現藏　上海博物館
來源　上海博物館提供

〇七〇四〇　車涉觚
字數　二
時代　殷
著録　總集　六〇六二
美集録　R　一六〇
弗里爾(六七)　六七頁
彙編　九・一五九七
流傳　曾在盧芹齋
現藏　美國華盛頓弗里爾美術陳列館
來源　考古研究所藏

〇七〇四一　車觚
字數　二
時代　殷
著録　未見
現藏　北京故宮博物院
來源　考古研究所拓

〇七〇四二　亦車觚
字數　二
時代　殷
著録　總集　五九三八
博古　一五・三二
薛氏　四〇・一
嘯堂　四九
來源　嘯堂

〇七〇四三　亦車觚
字數　二
時代　殷
著録　綴遺　一六・一七・一
來源　綴遺

〇七〇四四　亦車觚
字數　二
時代　殷
著録　三代補　八二二
書道(平凡)　一四
現藏　英國倫敦 Sedgwick 氏
來源　考古研究所藏

〇七〇四五　亦車觚
字數　二
時代　殷
著録　總集　五九三七
巖窟上　四九
綜覽・觚　一二〇
出土　一九四二年安陽出土
來源　綜覽

〇七〇四六　𦎫車觚
字數　二
時代　殷
著録　總集　六〇六六
録遺　三二一
來源　録遺

〇七〇四七　𦎫車觚
字數　二
時代　殷
著録　未見
現藏　旅順博物館
來源　考古研究所拓

〇七〇四八　買車觚
字數　二
時代　殷
著録　總集　六〇七七
録遺　三三一
現藏　北京故宮博物院
來源　考古研究所拓

〇七〇四九　弔車觚
字數　二

時代 殷
著録 總集 六〇六一（六〇七六）
録遺 三三〇
美集録 R 一六一
中國圖符 二八
三代補 一六一（又 八二三）
彙編 九・一五九四
現藏 美國火奴魯魯美術學院
來源 録遺

〇七〇五〇 □觚
字數 二
時代 殷
著録 總集 六〇七九
録遺 三三三
來源 録遺

〇七〇五一 弔□觚
字數 二
時代 殷
著録 彙編 九・一三九七
現藏 新加坡國立博物館
來源 彙編

〇七〇五二 東禾觚
字數 二
時代 殷
著録 總集 五九六八
録遺 三一七
來源 録遺

〇七〇五三 齒木觚
字數 二
時代 殷
著録 總集 五九一八
三代 一四・一八・五
續殷下 四〇・五
小校 五・四五・三
流傳 盛昱舊藏
來源 考古研究所藏

〇七〇五四 目□觚
字數 二
時代 殷
著録 總集 六〇八一
録遺 三三五
來源 録遺

〇七〇五五 □豕觚
字數 二
時代 殷
著録 未見
現藏 北京故宮博物院
來源 考古研究所拓

〇七〇五六 鳥□觚
字數 二
時代 殷
著録 總集 六〇八八
學報 一九八一年四期四九六頁
圖四・一
出土 一九七六年安陽殷墟墓葬
（M一八：一六）
現藏 考古研究所安陽工作站
來源 考古研究所拓

〇七〇五七 魚從觚
字數 二
時代 西周早期
著録 總集 六〇四四
三代 一四・二一・一一
貞續中 二八・二
善齋 五・二二
小校 五・五二・六
頌續 七〇
通考 五六七
出土 洛陽（頌續）
綜覽・觚 一九九
流傳 劉體智舊藏
來源 考古研究所藏

〇七〇五八 弔龜觚
字數 二
時代 殷
著録 總集 六〇四二
三代 一四・二一・一二
貞圖上 五二
續殷下 四二・四
流傳 羅振玉舊藏
現藏 遼寧省博物館
來源 考古研究所拓

〇七〇五九 弔龜觚
字數 二
時代 殷
著録 未見
現藏 中國歷史博物館
來源 考古研究所拓

〇七〇六〇 弔龜觚
字數 二
時代 殷
著録 未見
現藏 北京故宮博物院
來源 考古研究所拓

〇七〇六一 □觚
字數 二
時代 殷
著録 總集 六〇七八
録遺 三三二
現藏 北京故宮博物院
來源 考古研究所拓

〇七〇六二 □觚
字數 二
時代 殷
著録 總集 六〇七四
録遺 三二八
來源 録遺

〇七〇六三 □觚
字數 二
時代 殷
著録 總集 六〇七五
録遺 三二九
現藏 北京故宮博物院
來源 考古研究所拓

〇七〇六四 □觚
字數 二
時代 殷
著録 未見
現藏 北京故宮博物院
來源 考古研究所拓

〇七〇六五 □觚
字數 二
時代 西周早期
著録 總集 六一九四
澂秋 三九
續殷下 四五・八
流傳 陳承裘舊藏
來源 考古研究所藏

〇七〇六六 □觚
字數 二
時代 殷
著録 總集 五八四九
三代 一四・一三・一二
西乙 一一・一三
寶蘊 一〇七
貞松 九・二・三

續殷下 三九・七
故圖下下 三八四
酒器 八四頁
禮器 二八一頁
商圖 八
流傳 瀋陽故宮舊藏
現藏 臺北故宮博物院
來源 考古研究所藏

〇七〇六七 [illegible]免觚
字數 二
時代 殷
著録 學報 一九七九年一期八三頁
圖六〇・二
河南 一・二〇七
綜覽・觚 一一一
殷青 圖七三・八
青全 二・一一〇
出土 一九七四年安陽殷墟西區墓葬
(M一九八：三)
現藏 考古研究所安陽工作站
來源 考古研究所拓

〇七〇六八 弓[illegible]觚
字數 二
時代 殷
著録 考古 一九八六年二期一二〇頁
圖一七・二
出土 一九八二年安陽苗圃北地墓葬
(M五四：三)
現藏 考古研究所安陽工作站
來源 考古研究所拓

〇七〇六九 刀[illegible]觚
字數 二
時代 殷
著録 未見

現藏 上海博物館
來源 上海博物館提供

〇七〇七〇 [illegible]宁觚
字數 二
時代 殷或西周早期
著録 中原文物 一九八五年一期三〇頁圖二・四一
現藏 新鄉市博物館
來源 新鄉市博物館提供

〇七〇七一 [illegible]息觚
字數 二(又合文一)
時代 殷
著録 總集 六一一六
考古 一九八一年二期一一七頁
圖八・三
出土 一九七九年河南羅山縣蟒張後李
(天湖村)六號墓(M六：七)
現藏 信陽地區文物管理委員會
來源 考古編輯部檔案

〇七〇七二 [illegible]且甲觚
字數 二
時代 殷
著録 未見
現藏 北京故宮博物院
來源 考古研究所拓

〇七〇七三 黽且乙觚
字數 三
時代 殷或西周早期
著録 總集 六一一三
三代 一四・二四・一
從古 三・一八
攈古 一・二・四一・一
窓齋 二一・四・二
綴遺 一七・六・二
敬吾下 五七・二
清儀 一・一一
續殷下 四三・二
小校 五・五三・三
流傳 張廷濟舊藏
現藏 上海博物館
來源 考古研究所藏

〇七〇七四 家且乙觚
字數 二
時代 殷
著録 未見
現藏 北京故宮博物院
來源 考古研究所拓

〇七〇七五 乙且匠觚
字數 三
時代 殷
著録 未見
現藏 北京故宮博物院
來源 考古研究所拓

〇七〇七六 [illegible]且丙觚
字數 三
時代 殷
著録 總集 六一九五
録遺 三四二
現藏 北京故宮博物院
來源 考古研究所拓

〇七〇七七 [illegible]且丁觚
字數 三
時代 殷
著録 博古 一五・二二
薛氏 四一・一
嘯堂 四八
來源 嘯堂

〇七〇七八 戈且丁觚
字數 三
時代 殷或西周早期
著録 總集 六一二四
美集録 R 四七〇
綜覽・觚 七二
現藏 美國芝加哥美術館
來源 考古研究所藏

〇七〇七九 [illegible]己且觚
字數 三
時代 殷
著録 貞續中 二八・三
善齋 五・三四
小校 五・六〇・四
流傳 劉體智舊藏
來源 考古研究所藏

〇七〇八〇 [illegible]且己觚
字數 三
時代 殷
著録 總集 六一二五
三代 一四・二四・二
來源 三代

〇七〇八一 山且庚觚
字數 三
時代 殷
著録 總集 六一二六
三代 一四・二四・三
綴遺 一六・一七・二
敬吾下 六二・五
續殷下 四三・四
來源 三代

〇七〇八二 子且辛觚
字數 三
時代 殷或西周早期
著録 未見

現藏 上海博物館
來源 考古研究所藏

〇七〇八三 戈且辛觚
字數 三
時代 殷或西周早期
著録 總集 六一九六
小校 五・五四・二
録遺 三四三
來源 録遺

〇七〇八四 且癸□觚
字數 三
時代 殷
著録 韋森(六九)八〇頁圖二
彙編 九・一四八三
現藏 瑞典韋森氏
來源 韋森

〇七〇八五 子且癸觚
字數 三
時代 殷或西周早期
著録 彙編 八・一二三九
綜覽・觚 一八〇
現藏 日本奈良寧樂美術館
來源 考古研究所藏

〇七〇八六 得父乙觚
字數 三
時代 殷
著録 總集 六一二七
三代 一四・二四・四
現藏 北京故宮博物院
來源 考古研究所拓

〇七〇八七 敉父乙觚
字數 三
時代 殷
著録 總集 六一二九
三代 一四・二四・五
貞圖上 五六
續殷下 四二・八
流傳 羅振玉舊藏
來源 三代

〇七〇八八 鳥父乙觚
字數 三
時代 殷
著録 總集 六一二八
三代 一四・二四・六
西清 二四・二〇
續殷下 四三・五
流傳 清宮舊藏
現藏 北京故宮博物院
來源 考古研究所拓

〇七〇八九 □父乙觚
字數 三
時代 殷
著録 總集 六一三〇
三代 一四・二四・七
貞續中 二八・四
續殷下 四三・一〇
禮器 二六九頁
流傳 清宮舊藏(羅表)
現藏 臺北故宮博物院
來源 考古研究所藏

〇七〇九〇 □父乙觚
字數 三
時代 殷
著録 總集 六一三一
三代 一四・二四・八
來源 三代

〇七〇九一 父乙豙觚
字數 三
時代 殷
著録 總集 六一二四
三代 一四・二四・九
愙齋 二一・四・一
綴遺 一六・一三・二
奇觚 六・二四・四
簠齋 二觚四
續殷下 四三・六
小校 五・五四・六
流傳 陳介祺舊藏
來源 考古研究所藏

〇七〇九二 □父乙觚
字數 三
時代 殷
著録 總集 六一三三
三代 一四・二四・一〇
夢郼續 二七
續殷下 四三・九
通考 五六〇
流傳 羅振玉舊藏
現藏 遼寧省博物館
來源 考古研究所拓

〇七〇九三 □父乙觚
字數 三
時代 殷
著録 總集 六一三二
三代 一四・二四・一一
敬吾下 五七・六
殷存下 二六・二
來源 考古研究所藏

〇七〇九四 □父乙觚
字數 三
時代 殷
著録 西清 二三・二二
流傳 清宮舊藏
來源 西清

〇七〇九五 奄父乙觚
字數 三
時代 殷
著録 總集 六二一九
三代 一四・二八・一二
從古 五・九
攈古 一・二・八三
綴遺 一六・二三・二
小校 五・五五・一
流傳 張廷濟、葉志詵舊藏(羅表、小校)
來源 考古研究所藏

〇七〇九六 奄父乙觚
字數 三
時代 殷
著録 總集 六二二〇
三代 一四・二九・一
來源 三代

〇七〇九七 亞父乙觚
字數 三
時代 殷
著録 博古 一五・二八
薛氏 四〇・五
嘯堂 四八・六
來源 嘯堂
備注 亞字可能是誤摹，暫釋亞

〇七〇九八 □父乙觚
字數 三
時代 殷或西周早期
著録 西清 二三・三七
流傳 清宮舊藏
來源 西清

〇七〇九九　父乙盉觚
字數　三
時代　殷
著録　貞松　九・四・一
善齋　五・五
小校　五・五四・五
續殷下　四三・七
流傳　劉鶚、劉體智舊藏（羅表）
來源　考古研究所藏

〇七一〇〇　□父乙觚
字數　三
時代　殷
著録　總集　六一三四
陝圖　三
陝青　一・一六
出土　一九五三年陝西岐山縣禮村
現藏　陝西省博物館
來源　陝圖

〇七一〇一　作父乙觚
字數　三
時代　西周早期
著録　總集　六二一〇
考古　一九五九年四期一八八頁
圖三・五
綜覽・觚　一九〇
出土　洛陽東郊
來源　考古編輯部檔案

〇七一〇二　史父丙觚
字數　三
時代　西周早期
著録　總集　六二〇九
陝圖　一九
文物　一九五六年一一期封三
綜覽・觚　一八五
出土　一九五六年陝西耀縣丁家溝墓葬
現藏　陝西省博物館
來源　陝圖

〇七一〇三　子父丙觚
字數　三
時代　西周早期
著録　總集　六一三五
三代　一四・二四・一二
小校　五・五五・二
來源　考古研究所藏

〇七一〇四　敎父丙觚
字數　三
時代　殷
著録　未見
現藏　北京故宮博物院
來源　考古研究所拓

〇七一〇五　亞父丁觚
字數　三
時代　西周早期
著録　未見
現藏　北京故宮博物院
來源　考古研究所拓

〇七一〇六　父丁史觚
字數　三
時代　殷
著録　總集　六〇二六
三代　一四・二二・一
寧壽　一〇・二四
續殷下　四一・四
禮器　二五三頁
流傳　清宮舊藏
現藏　臺北故宮博物院
來源　考古研究所藏

〇七一〇七　文父丁觚
字數　三
時代　殷
著録　總集　六一四四
三代　一四・二五・五
貞松　九・四・四
來源　三代

〇七一〇八　□父丁觚
字數　三
時代　殷或西周早期
著録　總集　六一四五
彙編　八・一二七四
薩克勒（商）四一
現藏　美國華盛頓薩克勒美術館
來源　彙編

〇七一〇九　□父丁觚
字數　三
時代　殷
著録　總集　六一四〇
三代　一四・二五・一〇
愙齋　二一・七・三
綴遺　一六・二四・一
殷存下　二六・三
小校　五・五七・一
流傳　潘祖蔭舊藏（羅表）
現藏　上海博物館
來源　考古研究所藏

〇七一一〇　□父丁觚
字數　三
時代　西周早期
著録　上海（二〇〇四）一一一
現藏　上海博物館
來源　上海博物館提供

〇七一一一　□父丁觚
字數　三
時代　西周早期
著録　總集　六二〇八
文物　一九六五年五期三頁圖四
現藏　陝西省博物館
來源　文物

〇七一一二　□父丁觚
字數　三
時代　殷
著録　未見
現藏　北京故宮博物院
來源　考古研究所拓

〇七一一三　□父丁觚
字數　三
時代　西周早期
著録　未見
現藏　扶風縣博物館
來源　扶風縣博物館提供

〇七一一四　□父丁觚
字數　三
時代　西周早期
著録　總集　六一四三
三代　一四・二五・二
積古　一・二二・一（彝）
攈古　一・二・七（彝）
綴遺　一六・四・一
來源　考古研究所藏

〇七一一五　山父丁觚
字數　三
時代　殷
著録　總集　六一三七
三代　一四・二五・三
貞補中　一七・三
貞圖上　五八

流傳 羅振玉舊藏
來源 三代

〇七一一六 山父丁觚
字數 三
時代 殷
著錄 總集 六一三八
三代 一四・二五・四
懷米上 一三
擴古 一・二・四一
綴遺 一六・一八・一
殷存下 二五・五
續殷下 四四・一
流傳 曹秋舫、費念慈舊藏(羅表)
來源 三代

〇七一一七 山父丁觚
字數 三
時代 殷
著錄 總集 四五七二
日精華 二・一四〇
三代補 六四六
彙編 九・一七一二
流傳 日本京都川合定治郎舊藏
來源 彙編
備注 舊稱尊

〇七一一八 鳶父丁觚
字數 三
時代 殷
著錄 總集 六一三六
三代 一四・二五・一
貞補中 一七・二
貞圖上 五七
續殷下 四三・一一
流傳 羅振玉舊藏
來源 考古研究所藏

〇七一一九 [illegible]父丁觚
字數 三
時代 殷
著錄 未見
現藏 美國某氏
來源 考古研究所藏

〇七一二〇 木父丁觚
字數 三
時代 西周早期
著錄 總集 六一三九
三代 一四・二五・六
貞松 九・四・三
善齋 五・二七
續殷下 四三・一二
小校 五・五六・三
流傳 劉體智舊藏
來源 考古研究所藏

〇七一二一 冀父戊觚
字數 三
時代 殷
著錄 總集 六一四七
三代 一四・二五・一二
從古 三・一九
窓齋 二一・七・二
綴遺 一六・二四・二
敬吾下 五七・一
清儀 一・一〇・二
續殷下 四四・三
小校 五・五七・三
流傳 張廷濟舊藏
來源 考古研究所藏

〇七一二二 [illegible]父戊觚
字數 三
時代 殷
著錄 總集 六一四六
三代 一四・二五・一一
敬吾下 五五・二
殷存下 二五・六
現藏 北京故宮博物院
來源 考古研究所拓

〇七一二三 叙父戊觚
字數 三
時代 殷
著錄 總集 六一九八
錄遺 三四五
來源 錄遺

〇七一二四 子父己觚
字數 三
時代 殷
著錄 未見
現藏 北京故宮博物院
來源 考古研究所拓

〇七一二五 亞父己觚
字數 三
時代 西周早期
著錄 文物 一九八三年一一期六七頁
圖二一
出土 一九八二年北京順義縣牛欄山公
社金牛大隊墓葬
現藏 北京市文物研究所
來源 考古研究所拓

〇七一二六 亞父己觚
字數 三
時代 殷
著錄 未見
現藏 北京故宮博物院
來源 考古研究所拓

〇七一二七 [illegible]父己觚
字數 三
時代 殷
著錄 總集 六一五〇
三代 一四・二六・三
窓齋 二一・八・二
綴遺 一六・一九・二
續殷下 四四・六
小校 五・五八・二
流傳 葉志詵舊藏
來源 三代

〇七一二八 [illegible]父己觚
字數 三
時代 西周早期
著錄 考古 一九八四年九期七八六頁
圖三・六
出土 一九六一年陝西長安縣張家坡墓
葬(M一〇六：四)
現藏 考古研究所西安研究室
來源 考古研究所拓

〇七一二九 [illegible]父己觚
字數 三
時代 殷或西周早期
著錄 總集 六一五三
三代 一四・二六・六
貞補中 一七・四
武英 一三七
續殷下 四四・四
小校 五・五八・三
故圖下下 三八八
流傳 承德避暑山莊舊藏
現藏 臺北故宮博物院
來源 考古研究所藏

〇七一三〇 [illegible]父己觚
字數 三

時代 西周早期
著録 總集 六一四八
三代 一四・二六・一
悉齋 二一・八・一
殷存下 二五・七
小校 五・五八・一
流傳 潘祖蔭舊藏(羅表)
現藏 北京故宮博物院
來源 考古研究所藏

〇七一三一 叙父己觚
字數 三
時代 殷
著録 總集 六〇六七(六一四二)
三代 一四・二三・一〇
貞補中 一七・一
善齋 五・一七
小校 五・五一・六
美集録 R 五二四
流傳 劉體智舊藏，後曾在美國盧芹齋
來源 考古研究所藏
備注 B爲照片，己字比拓本清晰，可補拓本之不足

〇七一三二 舌父己觚
字數 三
時代 殷
著録 總集 六一五一
三代 一四・二六・四
冠斝中 一二
流傳 榮厚舊藏
來源 三代

〇七一三三 叟父己觚
字數 三
時代 殷
著録 總集 六一四九
三代 一四・二六・二
續殷下 四四・七
來源 考古研究所藏

〇七一三四 雔父己觚
字數 三
時代 殷或西周早期
著録 總集 六一五五
三代 一四・二六・八
移林 一八
小校 七・一二・一(彝)
流傳 丁麟年舊藏
來源 三代

〇七一三五 戈父己觚
字數 三
時代 西周早期
著録 總集 六一五二
三代 一四・二六・五
貞松 九・五・一
來源 三代

〇七一三六 丯父己觚
字數 三
時代 殷
著録 總集 六一五四
美集録 R 二〇二
現藏 美國派克氏
來源 考古研究所藏

〇七一三七 㠱父庚觚
字數 三
時代 殷
著録 總集 六一五六
三代 一四・二六・九
小校 五・五八・五
現藏 北京故宮博物院
來源 考古研究所拓

〇七一三八 子庚父觚
字數 三
時代 殷
著録 總集 六一七一
三代 一四・二七・八
悉齋 二一・三・一
綴遺 一六・二二・一
綴遺下 四四・九
小校 五・五九・六
出光(十五周年) 三九四頁一八
綜覽・觚 一三五
中藝 圖五四拓四四
流傳 吴大澂舊藏
現藏 日本東京出光美術館
來源 考古研究所藏

〇七一三九 □父庚觚
字數 三
時代 西周早期
著録 總集 六一五七
彙編 八・一一二九
綜覽・觚 二〇一
來源 彙編

〇七一四〇 㠱父辛觚
字數 三
時代 殷
著録 總集 六二三六
三代 一四・二九・六
貞松 九・八・四
續殷下 四五・一
流傳 溥倫舊藏
來源 考古研究所藏

〇七一四一 父辛㠱觚
字數 三
時代 殷
著録 總集 六二〇一
鄴三上 四四
録遺 三四九
出土 傳出安陽
現藏 北京故宮博物院
來源 鄴三

〇七一四二 父辛竝觚
字數 三
時代 殷
著録 總集 六二〇〇
録遺 三四八
現藏 上海博物館
來源 録遺

〇七一四三 □父辛觚
字數 三
時代 西周早期
著録 總集 六一五八
三代 一四・二六・一〇
貞松 九・五・三
小校 五・五九・一
流傳 劉體智舊藏
來源 三代

〇七一四四 吴父辛觚
字數 三
時代 殷
著録 總集 六一六〇
三代 一四・二六・一二
貞補中 一八・一
善齋 五・三二
小校 五・五九・二
續殷下 五九・五(觶)
流傳 劉體智舊藏
來源 考古研究所藏

〇七一四五 口父辛觚

字數 三
時代 西周早期
著録 總集 六一六二
貞松 九・六・一
善齋 五・三〇
續殷下 四四・一一
小校 五・五八・八
善彝 一四七
故圖下下 三八九
流傳 劉體智舊藏
現藏 臺北故宮博物院
來源 考古研究所藏

〇七一四六 椃父辛觶
字數 三
時代 殷
著録 總集 六一六四
三代 一四・二七・三
尊古 二・四四
綜覽・觶 二〇〇
現藏 北京故宮博物院
來源 考古研究所拓

〇七一四七 弔父辛觶
字數 三
時代 殷
著録 總集 六一六一
三代 一四・二七・二
西清 二四・六
貞松 九・五・四
綜覽・觶 五九
流傳 清宮舊藏，後歸徐乃昌(貞松)
來源 三代

〇七一四八 [illegible]父辛觶
字數 三
時代 西周早期
著録 小校 五・五八・六
現藏 上海博物館
來源 考古研究所藏

〇七一四九 [illegible]父辛觶
字數 三
時代 西周早期
著録 小校 五・五八・七
現藏 上海博物館
來源 考古研究所藏

〇七一五〇 椃父辛觶
字數 三
時代 殷
著録 總集 六一六五
美集録 R 四六九
綜覽・觶 一九四
現藏 美國杜克氏
來源 考古研究所藏

〇七一五一 [illegible]父辛觶
字數 三
時代 殷
著録 兩罍 二・四
二百 一
綴遺 一六・二〇・一
流傳 吳雲舊藏
來源 綴遺

〇七一五二 辛父攺觶
字數 三
時代 殷
著録 總集 六一六三
彙編 八・一三六七
綜覽・觶 一四四
來源 考古研究所藏

〇七一五三 [illegible]父癸觶
字數 三
時代 殷
著録 總集 六二三九
三代 一四・二九・九
西乙 一一・九
寶蘊 一一〇
貞松 九・七・四
通考 五六三
續殷下 四六・二
綜覽・觶 一九三
流傳 瀋陽故宮舊藏
來源 考古研究所藏

〇七一五四 隻父癸觶
字數 三
時代 殷
著録 總集 六二〇二
録遺 三五〇
來源 録遺

〇七一五五 戈父癸觶
字數 三
時代 殷
著録 總集 六一六七
三代 一四・二七・四
善齋 五・三二
小校 五・五九・三
流傳 劉體智舊藏
來源 考古研究所藏
備注 容庚曾疑僞

〇七一五六 [illegible]父癸觶
字數 三
時代 殷
著録 未見
現藏 北京故宮博物院
來源 考古研究所拓

〇七一五七 行父癸觶
字數 三
時代 西周早期
著録 未見
現藏 旅順博物館
來源 考古研究所拓

〇七一五八 子父癸觶
字數 三
時代 殷
著録 總集 六一六九
三代 一四・二七・七
續殷下 四五・五
酒器 八〇頁
禮器 二六三頁
現藏 臺北故宮博物院
來源 考古研究所藏

〇七一五九 [illegible]父癸觶
字數 三
時代 殷
著録 總集 六一六六
三代 一四・二七・五
積古 二・一五・二(角)
攈古 一・二・四〇(又一・二・一四角)
從古 三・二一
愙齋 二〇・五・二(觶)
綴遺 一六・一九・一
清儀 一・一一
續殷下 六〇・一(觶)
小校 五・五九・五(又 六・八一・四角)
流傳 張廷濟舊藏
來源 考古研究所藏

〇七一六〇 [illegible][illegible]乙觶
字數 三

時代 殷
著録 未見
現藏 中國歷史博物館
來源 考古研究所拓

〇七一六一 舌戊觚
字數 三
時代 殷
著録 總集 五九八七
三代 一四・二二・七
鄴二上 二二
冠斝中 一〇
出土 傳出安陽
流傳 榮厚舊藏
來源 考古研究所藏

〇七一六二 己鄉宁觚
字數 三
時代 殷
著録 總集 六一一八
三代 一四・二〇・九
貞圖上 五五
續殷下 四一・八
流傳 羅振玉舊藏
來源 考古研究所藏

〇七一六三 辛鄉宁觚
字數 三
時代 殷
著録 總集 六二〇五
鄴三上 四一
録遺 三五三
綜覽・觚 一四七
出土 傳出安陽
來源 録遺

〇七一六四 甲母觚
字數 三
時代 殷
著録 懷履光(五六) 四〇頁八
三代補 五五九
彙編 八・一一九一
出土 傳一九三三年前安陽出土
現藏 加拿大多倫多安大略博物館
來源 彙編

〇七一六五 甲母觚
字數 三
時代 殷
著録 總集 六二二四
陝青 三・一八六
考古與文物 一九八四年一期五
五頁圖二・八
綜覽・觚 二
出土 一九七八年陝西鳳翔縣董家莊宮
帽頭
現藏 鳳翔縣文化館
來源 鳳翔雍城文物管理所提供

〇七一六六 魚母乙觚
字數 三
時代 殷
著録 寧樂譜 九
現藏 日本奈良寧樂美術館
來源 寧樂譜

〇七一六七 □宮册觚
字數 三
時代 殷
著録 總集 六一七七
美集録 R 一〇三
彙編 九・一四四八
現藏 美國波士頓美術博物館霍布金斯
藏器
來源 考古研究所藏

〇七一六八 □宮册觚
字數 三
時代 殷
著録 總集 六一七八
美集録 R 一〇四
彙編 九・一四四七
綜覽・觚 一七二
現藏 美國波士頓美術博物館霍布金斯
藏器
來源 考古研究所藏

〇七一六九 □宮册觚
字數 三
時代 殷
著録 未見
現藏 上海博物館
來源 上海博物館提供

〇七一七〇 □宮觚
字數 三
時代 殷
著録 未見
現藏 上海博物館
來源 上海博物館提供

〇七一七一 婦嫊觚
字數 三
時代 殷
著録 博古 一五・二五・一
薛氏 四一・三
嘯堂 四八・四
來源 嘯堂

〇七一七二 婦嫊觚
字數 三
時代 殷
著録 博古 一五・二五・二
薛氏 四一・四
嘯堂 四八・五
來源 嘯堂

〇七一七三 子蝠冟觚
字數 三
時代 殷
著録 總集 六一七二
三代 一四・二七・九
西清 二四・一五
故宮 三一期
故圖下上 一八八
流傳 清宮舊藏
現藏 臺北故宮博物院
來源 考古研究所藏

〇七一七四 子蝠冟觚
字數 三
時代 殷
著録 總集 六一七三
西清 二四・一六
流傳 頤和園舊藏
現藏 北京故宮博物院
來源 考古研究所拓

〇七一七五 子□觚
字數 三
時代 殷
著録 未見
現藏 北京故宮博物院
來源 考古研究所拓

〇七一七六 允册丁觚
字數 三
時代 殷
著録 未見
現藏 首都博物館
來源 考古研究所拓

〇七一七七 幾虜册觚

字數 三
時代 殷
著録 總集 六二四七
錄遺 三五五
來源 録遺

〇七一七八 亞爾觚
字數 三
時代 殷
著録 未見
現藏 北京故宮博物院
來源 考古研究所拓

〇七一七九 亞卩觚
字數 三
時代 殷
著録 博古 一五・三五
薛氏 四〇・四
嘯堂 五〇
來源 嘯堂

〇七一八〇 𦍒亞次觚
字數 三
時代 殷
著録 總集 六一二二
三代 一四・二三・九
愙齋 二一・七・一
尊古 二・四五
續殷下 四二・五
小校 五・五三・二
綜覽・觚 一一五
蔭軒 一・二
流傳 李蔭軒舊藏
現藏 上海博物館
來源 考古研究所藏

〇七一八一 亞木守觚
字數 三
時代 殷
著録 總集 七一八一
美集録 R 一四九
綜覽・觚 一二七
流傳 曾在盧芹齋
現藏 美國戴維斯氏
來源 考古研究所藏

〇七一八二 亞丁丮觚
字數 三
時代 殷
著録 總集 六〇六八
録遺 三二二
現藏 北京故宮博物院
來源 考古研究所拓

〇七一八三 亞貯乙觚
字數 三
時代 殷
著録 未見
現藏 中國歷史博物館
來源 考古研究所拓

〇七一八四 亞㐭亢觚
字數 三
時代 殷
著録 未見
現藏 北京故宮博物院
來源 考古研究所拓

〇七一八五 亞宣衒觚
字數 三
時代 殷
著録 總集 六一一九
三代 一四・二三・五
十二契 一四
續殷下 四三・一
流傳 商承祚舊藏
來源 考古研究所藏

〇七一八六 亞宣衒觚
字數 三
時代 殷
著録 總集 六一二〇
三代 一四・二二・六
十二契 一五
續殷下 四三・一二
綜覽・觚 一八二
流傳 商承祚舊藏
來源 考古研究所藏

〇七一八七 ◆衛自觚
字數 三
時代 殷
著録 綴遺 一六・四・二
流傳 潘祖蔭舊藏
來源 綴遺

〇七一八八 ◇葡睪方觚
字數 三
時代 殷
著録 綜覽・觚 一五三
歐遺 三〇
青全 二・一二八
出土 傳出安陽
現藏 德國科隆東亞博物館
來源 科隆東亞博物館提供

〇七一八九 弓日囧觚
字數 三
時代 殷
著録 文物 一九八六年二期三八頁
圖四右
出土 一九七六年浙江安吉縣三官鄉周家灣
現藏 安吉縣博物館
來源 安吉縣博物館提供

〇七一九〇 弓日囧觚
字數 三
時代 殷
著録 文物 一九八六年二期三八頁
圖四左
出土 一九七六年浙江安吉縣三官鄉周家灣
現藏 安吉縣博物館
來源 安吉縣博物館提供

〇七一九一 南單冓觚
字數 三
時代 殷
著録 綜覽・觚 五三
歐遺 二七
現藏 丹麥哥本哈根美術博物館
來源 綜覽

〇七一九二 西單光觚
字數 三
時代 殷
著録 總集 六〇八三
録遺 三三七
來源 録遺

〇七一九三 西單己觚
字數 三
時代 殷
著録 總集 六〇二四
三代 一四・二〇・八
貞續中 二八・一
善齋 五・一九
續殷下 四一・九
小校 五・五二・一
頌續 六三
流傳 劉體智舊藏

來源 三代

〇七一九四 西單□觚
字數 三
時代 殷
著録 未見
現藏 北京故宮博物院
來源 考古研究所拓
備注 西單二字在圈足內，另一字在圈足外部

〇七一九五 北單戈觚
字數 三
時代 殷
著録 總集 五九〇〇(六二二五)
學報 一九五一年五期圖版四五・四
河南 一・二七三
綜覽・觚 三二
出土 一九五〇年安陽武官村大墓(E九)
現藏 中國歷史博物館
來源 考古研究所拓

〇七一九六 □車妹觚
字數 三
時代 殷
著録 總集 六〇五九
三代 一四・二三・七
來源 三代

〇七一九七 □車妹觚
字數 三
時代 殷
著録 總集 六〇六〇
三代 一四・二三・八
來源 三代

〇七一九八 丁□觚
字數 三
時代 西周早期
著録 總集 六〇五三
三代 一四・二二・一一
十二居 二九
續殷下 四二・一一
綜覽・觚 一六二
流傳 周進舊藏
現藏 上海博物館
來源 三代

〇七一九九 丁□觚
字數 三
時代 西周早期
著録 總集 六〇五二
三代 一四・二二・一二
來源 三代

〇七二〇〇 丁□觚
字數 三
時代 西周早期
著録 總集 六〇五四
三代 一四・二三・一
善齋 五・三三
續殷下 四二・一〇
小校 五・六〇・一
流傳 劉體智舊藏
來源 考古研究所拓

〇七二〇一 羊貝車觚
字數 三
時代 殷
著録 總集 六二〇三
録遺 三五一
沃森 七〇頁圖五・一四
來源 録遺

〇七二〇二 未觚
字數 三
時代 殷
著録 綜覽・觚 六九
來源 綜覽

〇七二〇三 冬臣單觚
字數 三
時代 殷
著録 巖窟上 五四
出土 一九四二年安陽出土
現藏 北京故宮博物院
來源 考古研究所拓

〇七二〇四 米宮彝觚
字數 三
時代 西周早期
著録 未見
出土 洛陽
現藏 上海博物館
來源 上海博物館提供

〇七二〇五 □作彝觚
字數 三
時代 西周早期
著録 總集 六一九〇
三代 一四・二八・一
來源 考古研究所藏

〇七二〇六 □作彝觚
字數 三
時代 西周早期
著録 總集 六一九一
三代 一四・二八・二
來源 考古研究所藏

〇七二〇七 作從彝觚
字數 三
時代 西周早期
著録 總集 六一九二
三代 一四・二八・三
貞松 九・六・三
流傳 劉體智舊藏(羅表)
來源 三代

〇七二〇八 作從彝觚
字數 三
時代 西周早期
著録 總集 六一九三
三代 一四・二八・四
貞松 九・六・四
流傳 劉體智舊藏
來源 三代

〇七二〇九 作從彝觚
字數 三
時代 西周早期
著録 彙編 七・九一四
綜覽・觚 一八三
現藏 美國普林斯頓大學美術博物館卡特藏器
來源 彙編

〇七二一〇 羊□父觚
字數 存三
時代 殷
著録 綜覽・觚 一〇二
來源 綜覽

〇七二一一 且丁父乙觚
字數 四
時代 殷
著録 西清 二四・一三
流傳 清宮舊藏
現藏 北京故宮博物院
來源 考古研究所拓

〇七二一二 且丁父乙觚
字數 四
時代 殷

著録 總集 六二一一
三代 一四・二八・五
貞松 九・七・二
續殷下 四五・一〇
小校 五・六〇・三
流傳 劉體智舊藏
來源 考古研究所藏

〇七二一三 奄獻且丁觚
字數 四
時代 殷
著録 總集 六二五〇
擄古 二・一・一六
綴遺 一六・二五・一
敬吾下 六四・三
續殷下 四六・八
小校 七・三六・三
來源 續殷

〇七二一四 且戊觚
字數 四
時代 殷
著録 總集 六二一二
三代 一四・二八・六
擄古 一・二・四〇
愙齋 二一・三・二
奇觚 六・二四・三
敬吾下 四四・二
簠齋 二觚三
殷存下 二五・九
善齋 五・四一
小校 五・六四・一
流傳 陳介祺、劉體智舊藏
來源 考古研究所藏
備注 容庚曾定僞，此器左側有僞刻二字，右側四字不僞

〇七二一五 大中且己觚
字數 四
時代 殷
著録 總集 六二二二
學報 一九七九年一期八一頁圖五八・二
河南 一・二五三
綜覽・觚 九〇
青全 二・一一八
出土 一九七〇年安陽殷墟西區墓葬（M一〇八〇：三）
現藏 考古研究所安陽工作站
來源 考古研究所拓

〇七二一六 且辛戊觚
字數 四
時代 殷
著録 總集 六二一三
三代 一四・二八・七
西清 二三・二三
貞補中 一八・二
故宮 三四期
故圖下上 一八五
流傳 清宮舊藏
現藏 臺北故宮博物院
來源 考古研究所藏

〇七二一七 且壬刀觚
字數 四
時代 殷
著録 西清 二四・三
流傳 清宮舊藏
來源 西清

〇七二一八 弔龜且癸觚
字數 四
時代 殷

著録 總集 六二一六
三代 一四・五〇・五
美集録 R 八六
西清 二三・四六
續殷下 六一・一〇
流傳 清宮舊藏
現藏 美國魏格氏
來源 考古研究所藏

〇七二一九 亞冀匕己觚
字數 四
時代 西周早期
著録 總集 六二四〇
三代 一四・二七・一〇
陶齋 一・八
續殷下 四五・六
梭禁 一八・二
通考 五五七
小校 五・六二・三
美集録 R 二四七
彙編 八・一〇九八
綜覽・觚 一二九
出土 一九〇一年陝西寶鷄鬥鷄臺
流傳 端方、福開森舊藏（羅表）
現藏 美國紐約大都會美術博物館
來源 考古研究所藏

〇七二二〇 女子匕丁觚
字數 四
時代 殷
著録 總集 四六九五
録遺 一九九（尊）
巖窟上 一九
流傳 梁上椿舊藏
現藏 北京故宮博物院
來源 考古研究所拓

〇七二二一 父甲丁觚
字數 四
時代 殷
著録 殷虛 圖七七・九
青全 二・一一五
出土 一九七八年安陽殷墟西區墓葬（M一五七二：一）
現藏 考古研究所安陽工作站
來源 考古研究所拓

〇七二二二 册𠂤父甲觚
字數 四
時代 殷
著録 總集 六二一七
三代 一四・二八・九
擄古 一・三・三五
綴遺 一六・二八・一
續殷下 四五・一一
流傳 吴江凌氏舊藏（羅表）
來源 考古研究所藏

〇七二二三 父乙㚸虎觚
字數 四
時代 殷
著録 銅玉 圖八〇（一）d
來源 考古研究所藏

〇七二二四 册㔾父乙觚
字數 四
時代 殷
著録 總集 六二一八
三代 一四・二八・一〇
綴遺 一六・二一・一
殷存下 二五・一〇
現藏 上海博物館
來源 考古研究所藏

〇七二二五 㚔旅父乙觚

字數 四
時代 西周早期
著録 總集 六二〇七
文物 一九七八年三期一七頁
圖三四
陝青 二・六
三代補 九六二
綜覽・觚 二〇三
青全 五・九六
辭典 五四一
吉鑄 七
出土 一九七六年陝西扶風縣白家莊一號窖藏
現藏 周原扶風文物保管所
來源 周原扶風文物保管所提供

〇七二二六 [illegible]父乙觚
字數 四
時代 殷
著録 總集 六一九七
録遺 三四四
現藏 北京故宮博物院
來源 考古研究所拓

〇七二二七 庽册父乙觚
字數 四
時代 殷
著録 總集 六二五三
録遺 三四五
來源 録遺

〇七二二八 亞鳶父丁觚
字數 四
時代 殷
著録 總集 六二二八
三代 一四・二五・七
貞松 九・二〇・一(觶)

現藏 北京故宮博物院
來源 考古研究所拓

〇七二二九 子父丁觚
字數 四
時代 殷
著録 博古 一五・二三
薛氏 四一・二
嘯堂 四八
來源 嘯堂

〇七二三〇 亞醜父丁觚
字數 四
時代 殷
著録 總集 六二三一
三代 一四・二五・九
懷米上 一五
攈古 一・三・四六
愙齋 二〇・一七・二(觶)
綴遺 一六・七・二
殷存下 二五・一一
小校 五・五六・五(又 五・八〇・五)
流傳 曹秋舫舊藏
現藏 上海博物館
來源 考古研究所藏

〇七二三一 亞獏父丁觚
字數 四
時代 殷
著録 巖窟上 五一
出土 一九四〇年安陽出土
流傳 梁上椿舊藏
來源 巖窟

〇七二三二 亞[illegible]父丁觚
字數 四
時代 西周早期

著録 總集 六二二九
三代 一四・二五・八
從古 一四・三五
攈古 一・三・三五
愙齋 二〇・一七・三(觶)
綴遺 一六・八・一
奇觚 六・二五・二
簠齋 二觚二
續殷下 五七・六
小校 五・八〇・四
流傳 陳介祺舊藏
來源 考古研究所藏

〇七二三三 力册父丁觚
字數 四
時代 殷
著録 總集 六二三〇
美集録 R 一〇六
中國圖符 二七
皮斯柏 二五
彙編 九・一四五〇
綜覽・觚 一四〇
流傳 曾在盧芹齋
現藏 美國米里阿波里斯美術館(皮斯柏藏器)
來源 彙編

〇七二三四 省作父丁觚
字數 四
時代 西周早期
著録 總集 六二二五
三代 一四・二九・二
從古 三・二〇
攈古 一・二・八三
愙齋 二一・一〇・一
綴遺 一六・一八・二

著録 清儀 一・一二
續殷下 四六・一
小校 五・六一・一
流傳 張廷濟舊藏
來源 考古研究所藏

〇七二三五 作父丁[illegible]觚
字數 四
時代 西周早期
著録 總集 六二二六
三代 一四・二九・三
寧壽 一〇・一二
貞續中 二九・三
故圖下上 一八六
綜覽・觚 一八六
流傳 清宮舊藏
現藏 臺北故宮博物院
來源 考古研究所藏

〇七二三六 尹舟父丁觚
字數 四
時代 殷
著録 綜覽・觚 六四
來源 綜覽

〇七二三七 入戔父丁觚
字數 四
時代 殷或西周早期
著録 總集 六二三三
美集録 R 二五三
現藏 美國克來肥斯氏
來源 考古研究所藏

〇七二三八 丨丨幸父戊觚
字數 四
時代 殷
著録 總集 六一九九
録遺 三四六

來源 録遺

○七二三九 亞古父己觚

字數 四

時代 殷

著録 鄴三上 四二
綜覽・觚 一七一

出土 傳出安陽

來源 鄴三

○七二四○ 大册父己觚

字數 四

時代 殷

著録 總集 六二二三
學報 一九七九年一期八三頁
圖六○・一五
河南 一・二三八
綜覽・觚 一三六
殷青 圖七七・四
美全 四・五九
青全 二・一一六～一一七
辭典 二○○

出土 一九七七年安陽殷墟西區墓葬
（M八五六：一）

現藏 考古研究所安陽工作站

來源 考古研究所拓

○七二四一 亞吴父己觚

字數 四

時代 西周早期

著録 河北 六八
綜覽・觚 一八七

出土 一九六五年河北邢臺市

來源 河北

○七二四二 辰蚩父己觚

字數 四

時代 殷

著録 未見

現藏 新鄉市博物館

來源 新鄉市博物館提供

○七二四三 亞㫃父己觚

字數 四

時代 殷或西周早期

著録 總集 六二二四
三代 一四・二六・七
續殷下 四四・五
録遺 三四七
綜覽・觚 一九八
歐遺 二六

現藏 德國科隆東亞博物館

來源 考古研究所藏

備注 銘文在圈足內壁，録遺置于足外花紋間，係拓工美化加工所致

○七二四四 戉未父己觚

字數 四

時代 殷

著録 總集 六二二二
三代 一四・二九・四
寧壽 一○・一三
殷存下 二六・一

流傳 清宮舊藏

來源 三代

○七二四五 夲旅父辛觚

字數 四

時代 西周早期

著録 總集 六二五九
三代 一四・二六・一一
殷存下 二五・八

現藏 北京故宮博物院

來源 考古研究所拓

○七二四六 夲旅父辛觚

字數 四

時代 西周早期

著録 未見

現藏 北京故宮博物院

來源 考古研究所拓

○七二四七 父辛册觚

字數 四

時代 殷

著録 寧壽 一○・二五

流傳 清宮舊藏

來源 寧壽

○七二四八 亞宁父癸觚

字數 四

時代 殷

著録 寧壽 一○・二二

流傳 清宮舊藏

來源 寧壽

○七二四九 父癸夲筩觚

字數 四

時代 殷

著録 總集 六一七○
日精華 二・一五九
三代補 六五○
彙編 九・一七三九
綜覽・觚 一四三

流傳 日本大阪江口治郎氏

來源 彙編

○七二五○ 何父癸觚

字數 四

時代 殷

著録 總集 六二三七
三代 一四・二九・七
貞松 九・八・二
善齋 五・三六
小校 五・六二・一
出光（十五周年）三九五頁四○右
綜覽・觚 五八
中藝 圖五七左拓四七

流傳 劉體智舊藏

現藏 日本東京出光美術館

來源 考古研究所藏

○七二五一 何父癸觚

字數 四

時代 殷

著録 總集 六二三八
三代 一四・二九・八
貞松 九・八・一
善齋 五・三七
小校 五・六二・二
出光（十五周年）三九五頁四○左
綜覽・觚 五八

流傳 劉體智舊藏

現藏 日本東京出光美術館

來源 考古研究所藏

○七二五二 母辛亞觚

字數 四

時代 西周早期

著録 總集 六一七九
學報 一九五七年一期七九頁
圖二・三
五省 圖版三二・一
陝圖 四○
綜覽・觚 一八八

出土 一九五四年陝西長安縣斗門鎮普渡村墓葬

現藏 陝西省博物館

來源 考古編輯室檔案

備注 綜覽拓本倒置

〇七二五三 乙亳戈册觚
字數 四
時代 殷
著録 小校 五・六二・四
來源 考古研究所藏

〇七二五四 耳髭婦𢀛觚
字數 四
時代 殷
著録 總集 六二四八
録遺 三五六
文物 一九八〇年一二期九一頁
圖四
綜覽・觚 一三七
現藏 中國歷史博物館
來源 考古研究所拓

〇七二五五 糸子□刀觚
字數 四
時代 殷
著録 未見
來源 考古研究所藏

〇七二五六 子□册木觚
字數 四
時代 殷
著録 總集 六二四六
美集録 R 五二五
流傳 曾在美國盧芹齋
來源 考古研究所藏

〇七二五七 戈㗊作氒觚
字數 四
時代 西周早期
著録 總集 六二四二
三代 一四・二九・一〇
懷米上 一四
擃古 一・二・八三
綴遺 一六・一六・二
敬吾下 六四・二
續殷下 六二・七(又五四・二二觶)
流傳 曹秋舫舊藏
來源 三代

〇七二五八 登作隮彝觚
字數 四
時代 西周早期
著録 總集 六二四九
考古 一九七二年二期三六頁
圖二・二
出土 一九七一年洛陽北窑村墓葬
現藏 洛陽市文物工作隊
來源 考古編輯部檔案

〇七二五九 ◆作從彝觚
字數 四
時代 西周早期
著録 總集 六二四四
三代 一四・二九・一二
窓齋 二一・一〇・二
綴遺 一六・二九・二
周金 五・一一七・一
續殷下 四六・三
小校 五・六二・六
流傳 潘祖蔭舊藏
來源 考古研究所藏

〇七二六〇 作𠬝從彝觚
字數 四
時代 殷
著録 未見
現藏 山東省博物館
來源 考古研究所拓

〇七二六一 丵作且乙觚
字數 五
時代 西周早期
著録 總集 六二五五
録遺 三五七
現藏 北京故宮博物院
來源 考古研究所拓

〇七二六二 亳戈册父乙觚
字數 五
時代 殷
著録 總集 六二五六
録遺 三五八
現藏 北京故宮博物院
來源 考古研究所拓

〇七二六三 庚豖父乙觚
字數 五
時代 殷
著録 殷虚 圖八八・四
出土 一九八二年安陽小屯墓葬
(八二M一：一九)
現藏 考古研究所安陽工作站
來源 考古研究所拓

〇七二六四 父乙莫觚
字數 五
時代 殷
著録 總集 六二五七
三代 一四・二八・一一
貞松 九・九・一
善齋 五・三五
續殷下 四五・一二
小校 五・六〇・五
善彝 一四五
故圖下下 三八五
商圖 二二
流傳 劉體智舊藏
現藏 臺北故宮博物院
來源 考古研究所藏

〇七二六五 丵作父乙觚
字數 五
時代 殷
著録 未見
現藏 上海博物館
來源 上海博物館提供

〇七二六六 鬳册父庚𠤳觚
字數 五
時代 殷
著録 總集 六二五四
三代 一四・三〇・二
冠斝中 一三
流傳 榮厚舊藏
現藏 北京故宮博物院
來源 考古研究所拓

〇七二六七 臣辰父辛觚
字數 五
時代 西周早期
著録 未見
現藏 上海博物館
來源 上海博物館提供

〇七二六八 臣辰父辛觚
字數 五
時代 西周早期
著録 未見
現藏 上海博物館
來源 上海博物館提供

〇七二六九 耒册父辛觚
字數 五
時代 殷
著録 西清 二三・四〇

流傳 清宮舊藏
來源 考古研究所藏
備注 容庚曾以爲僞

〇七二七〇 子木觚
字數 五
時代 殷
著録 總集 六二四五
三代 一四・三〇・一
續殷下 四二・三
澂秋 四一
首師大 二六
流傳 陳承裘舊藏
現藏 首都師範大學歷史博物館
來源 考古研究所拓

〇七二七一 亞登兄日庚觚
字數 五
時代 殷
著録 西清 二四・四
流傳 清宮舊藏
現藏 北京故宮博物院
來源 考古研究所拓

〇七二七二 叔作母觚
字數 五
時代 西周早期
著録 未見
現藏 北京故宮博物院
來源 考古研究所拓

〇七二七三 單光觚
字數 五
時代 西周早期
著録 考古圖 四・一〇
薛氏 一一一・六
出土 河南河清
來源 薛氏

〇七二七四 扶册作從彝觚
字數 五
時代 殷或西周早期
著録 攈古 一・三・六四
綴遺 一六・一五・一
來源 綴遺

〇七二七五 買王罘觚
字數 五
時代 西周早期
著録 總集 六二五一
三代 一四・三〇・七
貞續中 二九・四
善齋 五・三八(又 五・三九)
小校 五・六二・七
流傳 劉體智舊藏
來源 三代

〇七二七六 買王罘觚
字數 五
時代 西周早期
著録 總集 六二五二
貞續中 三〇・一
小校 五・六三・二(又 五・六
三・三)
流傳 劉體智舊藏
來源 小校

〇七二七七 亞[illegible]辛觚
字數 五
時代 殷
著録 歐精華 一・五三
美集録 R 一三九
續殷下 四五・九
彙編 八・一〇八〇
現藏 美國紐約何母斯氏
來源 考古研究所藏

〇七二七八 [illegible]引觚
字數 五
時代 西周早期
著録 總集 六二五八
頌續 六七
通考 五六六
綜覽・觚 一八四
出土 陝西(頌續)
流傳 容庚舊藏
現藏 廣州市博物館
來源 頌續

〇七二七九 史見觚
字數 六
時代 西周早期
著録 總集 六二六六
歐精華 一・五二
續殷下 六二・一一
美集録 R 三三五
綜覽・觚 一八九
現藏 美國畢德威爾氏
來源 考古研究所藏

〇七二八〇 [illegible]作父丁觚
字數 六
時代 殷或西周早期
著録 巖窟上 五六
録遺 三七二(觶)
綜覽・觚 一九二
出土 傳一九四三年安陽出土
流傳 梁上椿舊藏
來源 巖窟
備注 〇六四七一依録遺誤收，重出

〇七二八一 秉父庚觚
字數 六
時代 殷
著録 未見
出土 一九八三年安陽大司空村墓葬
(M六四六：一二)
現藏 考古研究所安陽工作站
來源 考古研究所拓

〇七二八二 秉父庚觚
字數 六
時代 殷
著録 未見
出土 一九八三年安陽大司空村墓葬
(M六四六：一三)
現藏 考古研究所安陽工作站
來源 考古研究所拓

〇七二八三 作父辛亞吴觚
字數 六
時代 西周早期
著録 總集 六二六五
文物 一九五七年一一期六七頁
圖二
出土 一九五六年河南上蔡田莊村墓葬
(上田 M三)
現藏 河南省博物館
來源 文物

〇七二八四 作父辛觚
字數 六
時代 西周早期
著録 小校 五・五六・五
周金 五・一一五・一
巖窟上 五二
出土 陝西長安(巖窟)
流傳 梁上椿舊藏
現藏 北京故宮博物院
來源 考古研究所拓
備注 銘文四行十二字，前兩行六字僞

刻

〇七二八五　亞夫觚
字數　六
時代　殷或西周早期
著録　總集　六二六〇
三代　一四・三〇・四
貞補中　一八・四
續殷下　四六・四
流傳　孫壯舊藏(貞補)
來源　考古研究所藏
備注　亞夫二字不清晰

〇七二八六　亞夫觚
字數　六
時代　殷或西周早期
著録　總集　六二五九
三代　一四・三〇・三
貞補中　一八・三
續殷下　四六・五
流傳　孫壯舊藏(貞補)
來源　考古研究所藏

〇七二八七　婦𢓊觚
字數　六
時代　殷
著録　總集　六二六一
三代　一四・三〇・六
從古　三・二二
攈古　一・三・六五
愙齋　二一・九・一
綴遺　一六・三〇・一
周金　五・一一六・二
清儀　一・三三
小校　五・六三・四
流傳　張廷濟舊藏
來源　考古研究所藏

〇七二八八　亞旃觚
字數　六
時代　殷
著録　總集　六二六二
三代　一四・三〇・五
西清　二四・二三
貞補中　一九・一
續殷下　四七・二
故圖下上　一八四
流傳　清宮舊藏
現藏　臺北故宮博物院
來源　考古研究所藏

〇七二八九　作且己觚
字數　七
時代　西周早期
著録　總集　六二七三
三代　一四・三一・七
貞補中　一九・二
續殷下　四六・一一
雙吉上　四六
小校　五・六五・二
綜覽・觚　一〇〇
出土　洛陽(雙吉)
流傳　劉體智、于省吾舊藏
現藏　上海博物館
來源　考古研究所藏

〇七二九〇　亞作父乙觚
字數　七
時代　西周早期
著録　總集　六二六九
三代　一四・三一・一
陶齋　六・二六
殷存下　二六・四
續殷下　四六・九
小校　五・九四・七(觶)
流傳　端方舊藏
來源　考古研究所藏

〇七二九一　亞作父乙觚
字數　七
時代　西周早期
著録　總集　六二六八
三代　一四・三一・二
奇觚　六・二五・一
殷存下　二九・一一(觶)
小校　五・六四・二
流傳　潘祖蔭舊藏(羅表)
來源　考古研究所藏

〇七二九二　卿作父乙觚
字數　七
時代　西周早期
著録　總集　六二六四
三代　一四・三〇・九
攈古　二・一・一六
綴遺　一六・三一・二
澂秋　四〇
小校　五・六五・三
流傳　陳承裘舊藏
來源　考古研究所藏

〇七二九三　亞寞父丁觚
字數　七
時代　殷
著録　未見
來源　考古研究所藏

〇七二九四　𢦚作父戊觚
字數　七
時代　西周早期
著録　總集　六二七〇
三代　一四・三一・四
貞松　九・九・二
善齋　五・四二
小校　五・六四・四
善彝　一四九
故圖下下　三八七
綜覽・觚　一九一
流傳　劉體智舊藏
現藏　臺北故宮博物院
來源　考古研究所藏
備注　參〇五八九九，應有八字

〇七二九五　𢦚作父戊觚
字數　七
時代　西周早期
著録　總集　六二七一
三代　一四・三一・五
貞松　九・九・三
善齋　五・四三
小校　五・六四・三
酒器　九〇頁
流傳　劉體智舊藏
現藏　臺北故宮博物院
來源　考古研究所藏
備注　應有八字

〇七二九六　天子咡觚
字數　七
時代　西周早期
著録　總集　六二六七
三代　一四・三一・三
攈古　二・一・一七
綴遺　一六・二七・二
愙齋　二一・九・二
奇觚　六・二五・三
周金　五・一一六・一
殷存下　二六・五

簠齋 二觚一
小校 五・六五・四
流傳 陳介祺舊藏
來源 考古研究所藏

〇七二九七 ⿱亯丂作母癸觚

字數 七
時代 殷
著録 未見
現藏 上海博物館
來源 上海博物館提供

〇七二九八 ⿱亯丂作母癸觚

字數 七
時代 殷
著録 未見
現藏 上海博物館
來源 上海博物館提供

〇七二九九 ⿱口矢丏觚

字數 七
時代 殷或西周早期
著録 總集 六二七四
小校 五・六六・三
癡盦 二一
録遺 三五九
綜覽・觚 二〇八
流傳 李泰棻舊藏
來源 録遺

〇七三〇〇 皿合觚

字數 七
時代 西周早期
著録 總集 六二六三
三代 一四・三〇・八
奇觚 五・五・二(尊)
善齋 五・四四
續殷上 五八・五(尊)

小校 五・六五・一
流傳 劉體智舊藏
來源 考古研究所藏

〇七三〇一 ⿰巾丮作且癸觚

字數 八
時代 殷
著録 總集 六二七五
三代 一四・三一・八
奇觚 六・二五・四
夢郼上 四二
續殷下 四六・一〇
流傳 羅振玉舊藏
現藏 旅順博物館
來源 考古研究所拓

〇七三〇二 或父己觚

字數 八
時代 殷
著録 未見
現藏 北京故宮博物院
來源 考古研究所拓

〇七三〇三 友𢾊父癸觚

字數 八
時代 殷
著録 綜覽・觚 四八
來源 綜覽

〇七三〇四 妏作乙公觚

字數 八
時代 西周早期
著録 總集 六二七二
三代 一四・三一・六
周金 五・一一五・二
貞松 九・九・四
續殷下 四七・一
小校 五・六五・六

流傳 劉鶚舊藏(貞松)
來源 三代

〇七三〇五 趞作日癸觚

字數 八
時代 西周早期
著録 總集 六二七六
善齋 五・四五
續殷下 六三・三
小校 五・六六・四
善彝 一四六
頌續 六五
綜覽・觚 一三一
出土 洛陽(頌續)
流傳 劉體智、容庚舊藏
現藏 廣州市博物館
來源 考古研究所藏

〇七三〇六 ⿺羌幺向觚

字數 八
時代 殷
著録 學報 一九七九年一期八一頁
圖五八・八
河南 一・二〇八
綜覽・觚 七一
出土 一九七四年安陽殷墟西區墓葬
(M二一六：一)
現藏 考古研究所安陽工作站
來源 考古研究所拓

〇七三〇七 [illegible]作父丁觚

字數 九
時代 殷或西周早期
著録 綴遺 一六・二九・一
來源 綴遺

〇七三〇八 亞若癸觚

字數 九
時代 殷
著録 總集 六二八〇
綴遺 一六・八・二
來源 綴遺

〇七三〇九 亞若癸方觚

字數 九
時代 殷
著録 總集 六二七九
西清 二三・二六
流傳 清宮舊藏
來源 西清

〇七三一〇 貝父乙觚

字數 一〇
時代 西周早期
著録 總集 六二七七
西清 二三・四五
攈古 二・一・六四
綴遺 一六・二八・一
敬吾下 五七
來源 A、敬吾；
B、綴遺
備注 西清摹本與綴遺等略有出
入，暫作一器處理

〇七三一一 韓姛觚

字數 一二
時代 殷
著録 懷履光(五六)一五〇頁B
三代補 六〇四
彙編 六・四四八
綜覽・觚 一二六
出土 河南輝縣
現藏 加拿大多倫多安大略博物館
來源 懷履光

〇七三一二 彙婦觚

字數 一三
時代 殷
著録 總集 六二七八
三代 一四・三一・九
長安 一・三二
攈古 二・一・八五
綴遺 一六・三二・一
殷存下 二六・六
流傳 劉喜海、王錫棨舊藏（羅表）
現藏 旅順博物館
來源 考古研究所藏

爵角類

〇七三一三～〇八三一〇

〇七三一三 子爵
字數 一
時代 殷
著録 總集 三一三〇
三代 一五・一・二
綴遺 一九・一四・二
愙齋 二一・一三・四
殷存下 二・七
小校 六・七・三
善齋 六・一
韋森 PL 二五
流傳 潘季玉、劉體智舊藏
現藏 瑞典斯德哥爾摩韋森氏
來源 考古研究所藏

〇七三一四 子爵
字數 一
時代 殷
著録 總集 三一二九
三代 一五・一・一
綴遺 一九・一四・一
愙齋 二一・一三・三
攈古 一・一・一一・一
殷存下 二・八
小校 六・七・二
奇觚 七・一・一
故圖下下 三五七
出土 傳光緒二十七年（一九〇一）陝西寶鷄縣
流傳 原北平歷史博物館藏國學文廟器
現藏 臺北故宮博物院
來源 考古研究所藏

〇七三一五 子爵
字數 一
時代 殷
著録 總集 三一三三
學報 一九七九年一期八三頁圖六〇：一六
河南 一・二三七
殷青 圖一七・一三
出土 一九七七年河南安陽市殷墟西區墓葬（M八五六：二）
現藏 考古研究所安陽工作站
來源 考古研究所藏

〇七三一六 子爵
字數 一
時代 殷
著録 總集 三一三二
三代 一五・一・三
來源 考古研究所藏

〇七三一七 子爵
字數 一
時代 殷
著録 未見
現藏 上海博物館
來源 上海博物館提供

〇七三一八 子爵
字數 一
時代 殷
著録 彙編 八・一二〇二
現藏 美國舊金山亞洲藝術博物館（布倫戴奇藏品）
來源 彙編

〇七三一九 子爵
字數 一
時代 殷
著録 未見
現藏 遼寧省博物館
來源 考古研究所拓

〇七三二〇 子爵
字數 一
時代 殷
著録 中銅 一〇六頁
彙編 八・一一九九
中藝 圖二八拓二
現藏 日本東京出光美術館
來源 出光美術館提供

〇七三二一 囝爵
字數 一
時代 西周早期
著録 總集 三一三五
三代 一五・一・四
綴遺 一九・一五・二
愙齋 二二・一二・二
攈古 一・一・一一・二
奇觚 七・五・二
周金 五・一二八・四
殷存下 二・六
簠齋 二爵四四
雙古上 四三
小校 六・七・四
流傳 葉東卿、陳介祺、于省吾舊藏
現藏 北京故宮博物院
來源 考古研究所拓

〇七三二二 [illegible]爵
字數 一
時代 殷或西周早期
著録 總集 三三五〇
録遺 四一三
來源 録遺

〇七三二三 天爵
字數 一
時代 殷
著録 學報 一九七九年一期八三頁圖六〇：四
河南 一・二二七
出土 一九七六年河南安陽市殷墟西區墓葬（M六九二：一〇）
現藏 考古研究所安陽工作站
來源 考古研究所拓

〇七三二四 天爵
字數 一
時代 殷
著録 總集 三一三七
文叢三 圖版八：三
出土 一九七六年山西靈石縣旌介村墓葬
現藏 山西省考古研究所
來源 文叢

〇七三二五 天爵
字數 一
時代 殷

字數 一
時代 殷或西周早期
著録 總集 三一三九
三代 一五・二・一
現藏 中國歷史博物館
來源 考古研究所拓

〇七三二六 天爵
字數 一
時代 殷或西周早期
著録 未見
現藏 上海博物館
來源 上海博物館提供

〇七三二七 天爵
字數 一
時代 西周早期
著録 總集 三三四六
學報 一九八〇年四期四六八頁
圖一六：一
出土 一九六七年陝西長安縣張家坡墓葬(M一六：二)
現藏 考古研究所西安研究室
來源 考古研究所拓

〇七三二八 大爵
字數 一
時代 西周早期
著録 文物 一九八六年四期圖版三
流傳 襄陽地區文史館舊藏
現藏 襄陽地區博物館
來源 考古研究所拓

〇七三二九 □爵
字數 一
時代 殷或西周早期
著録 總集 三一四六
三代 一五・二・五

來源 三代

〇七三三〇 □爵
字數 一
時代 殷
著録 未見
現藏 上海博物館
來源 上海博物館提供

〇七三三一 □爵
字數 一
時代 殷
著録 總集 三三七四
文物 一九六四年四期四二頁
圖二：一
出土 一九五七年山東長清縣興復河
現藏 山東省博物館
來源 文物

〇七三三二 □爵
字數 一
時代 殷或西周早期
著録 未見
現藏 中國歷史博物館
來源 考古研究所拓

〇七三三三 □爵
字數 一
時代 殷或西周早期
著録 未見
現藏 北京故宮博物院
來源 考古研究所拓

〇七三三四 □爵
字數 一
時代 殷
著録 未見
現藏 上海博物館
來源 上海博物館提供

〇七三三五 □爵
字數 一
時代 殷
著録 總集 三一四一
三代 一五・二・三
現藏 北京故宮博物院
來源 考古研究所拓

〇七三三六 □爵
字數 一
時代 殷
著録 總集 三三四五
録遺 四〇八
美集録 R 九六
來源 録遺

〇七三三七 屰爵
字數 一
時代 殷
著録 未見
現藏 北京故宮博物院
來源 考古研究所拓

〇七三三八 屰爵
字數 一
時代 殷
著録 未見
現藏 北京故宮博物院
來源 考古研究所拓

〇七三三九 逆爵
字數 一
時代 殷
著録 弗里爾(一九六七)一四一頁
綜覽・爵 一〇二
現藏 美國華盛頓弗里爾美術博物館
來源 弗里爾

〇七三四〇 夫爵
字數 一
時代 西周早期
著録 未見
現藏 北京故宮博物院
來源 考古研究所拓

〇七三四一 夫爵
字數 一
時代 西周早期
著録 未見
現藏 北京故宮博物院
來源 考古研究所拓

〇七三四二 □爵
字數 一
時代 殷
著録 未見
現藏 遼寧省博物館
來源 考古研究所拓

〇七三四三 □爵
字數 一
時代 殷
著録 未見
現藏 上海博物館
來源 上海博物館提供

〇七三四四 □爵
字數 一
時代 殷
著録 未見
現藏 北京故宮博物院
來源 考古研究所拓

〇七三四五 □爵
字數 一
時代 殷
著録 總集 三二二六
三代 一五・九・九

恒軒下 七九
窓齋 二二・四
陶齋 三・二三
續殷下 一・三
小校 六・四・三
綜覽・爵 六六
流傳 端方舊藏
現藏 日本兵庫縣黑川古文化研究所
來源 考古研究所藏

○七三四六 爵
字數 一
時代 殷
著録 考古圖 五・六
博古 一四・三三
嘯堂 四六
薛氏 三三・五
流傳 開封劉伯玉舊藏
來源 嘯堂

○七三四七 爵
字數 一
時代 殷或西周早期
著録 總集 三一四二
三代 一五・二・四
從古 六・一七
綴遺 一九・一五・一
續殷下 一・一二
流傳 陳承修舊藏
現藏 上海博物館
來源 考古研究所藏猗文閣拓本

○七三四八 爵
字數 一
時代 殷
著録 彙編 八・一二五一
薩克勒(商)一六
現藏 美國紐約薩克勒氏
來源 薩克勒

○七三四九 爵
字數 一
時代 殷
著録 總集 三一四三
彙編 八・一二四九
薩克勒(商)二一
現藏 美國紐約薩克勒氏
來源 薩克勒

○七三五〇 爵
字數 一
時代 殷
著録 未見
現藏 北京故宮博物院
來源 考古研究所拓

○七三五一 爵
字數 一
時代 殷
著録 未見
現藏 北京故宮博物院
來源 考古研究所拓

○七三五二 爵
字數 一
時代 殷
著録 總集 三三一八
録遺 三八三
來源 考古研究所藏

○七三五三 爵
字數 一
時代 西周早期
著録 總集 三三二二
三代 一五・九・八
貞補中 二三・一
小校 六・一〇・五
頌齋 一二・二
通考 四四〇
故圖下下 三五八
綜覽・爵 二二九
出土 一九三八年河南洛陽市郊墓葬
流傳 容庚舊藏
現藏 臺北故宮博物院
來源 考古研究所藏

○七三五四 光爵
字數 一
時代 殷
著録 總集 三三二九
巖窟上 二六
録遺 三九四
出土 一九四〇年河南安陽
流傳 梁上椿舊藏
來源 録遺

○七三五五 觥爵
字數 一
時代 西周早期
著録 總集 三三二七
三代 一五・九・一〇
貞松 九・三二・二
善齋 六・一三(又六・一四重出)
小校 六・一〇・四
續殷下 一・一一
出土 河南洛陽市
流傳 劉體智舊藏
來源 考古研究所藏

○七三五六 觥爵
字數 一
時代 西周早期
著録 總集 三三二八
三代 一五・一〇・一
貞松 九・三二・一
小校 六・一〇・三
出土 河南洛陽市
流傳 劉體智舊藏
來源 考古研究所藏

○七三五七 見爵
字數 一
時代 殷
著録 未見
現藏 安陽市博物館
來源 安陽市博物館提供

○七三五八 見爵
字數 一
時代 殷
著録 綜覽・爵 五二
薩克勒(商)一八九頁
現藏 美國紐約薩克勒氏
來源 薩克勒

○七三五九 爵
字數 一
時代 殷
著録 冠斝中 一九
流傳 榮厚舊藏
來源 冠斝

○七三六〇 爵
字數 一
時代 西周早期
著録 未見
現藏 上海博物館
來源 上海博物館提供

○七三六一 爵
字數 一
時代 殷

著録 總集 三三六八
陝青 一・九四
綜覽・爵 一〇四
出土 一九七四年陝西綏德縣後任家溝
墓葬
現藏 綏德縣文化館
來源 陝青

〇七三六二 [illegible]爵
字數 一
時代 殷
著録 未見
現藏 北京故宮博物院
來源 考古研究所拓

〇七三六三 [illegible]爵
字數 一
時代 殷
著録 未見
現藏 上海博物館
來源 上海博物館提供

〇七三六四 [illegible]爵
字數 一
時代 殷
著録 學報一九七九年一期八三頁
圖六〇：八
河南 一・二二二
殷青 圖六二・四
出土 一九七六年河南安陽市殷墟西區
墓葬（M六一三：一五）
現藏 考古研究所安陽工作站
來源 考古研究所拓

〇七三六五 重爵
字數 一
時代 殷
著録 總集 三一五三
三代 一五・二・一二
續殷下 二・四
來源 三代

〇七三六六 重爵
字數 一
時代 殷
著録 總集 三一五四
三代 一五・三・一
從古 七・一四
攈古 一・一・三四・三
綴遺 一九・二三・一
殷存下 三・八
小校 六・七・七
來源 三代

〇七三六七 重爵
字數 一
時代 殷
著録 總集 三一五三
三代 一五・三・二
綴遺 一九・二三・二
愙齋 二二・五・四
殷存下 三・九
小校 六・七・六
流傳 潘祖蔭舊藏
現藏 上海博物館
來源 考古研究所藏

〇七三六八 [illegible]爵
字數 一
時代 殷
著録 未見
現藏 北京故宮博物院
來源 考古研究所拓

〇七三六九 [illegible]爵
字數 一
時代 殷
著録 總集 三一五六
三代 一五・三・三
綴遺 一九・二四・一
貞補中 二三・二
續殷下 二・二
流傳 周鴻孫舊藏
現藏 上海博物館
來源 考古研究所藏

〇七三七〇 何爵
字數 一
時代 殷
著録 懷履光（一九五六）八三頁圖五
出土 傳河南安陽市郊郭家灣北地
流傳 懷履光氏舊藏
現藏 加拿大多倫多安大略博物館
來源 考古研究所藏陳夢家拓本

〇七三七一 何爵
字數 一
時代 殷
著録 未見
現藏 上海博物館
來源 上海博物館提供

〇七三七二 [illegible]爵
字數 一
時代 殷
著録 未見
現藏 上海博物館
來源 上海博物館提供

〇七三七三 匿爵
字數 一
時代 殷
著録 總集 三三三四
録遺 三九八
現藏 北京故宮博物院
來源 考古研究所拓

〇七三七四 匿爵
字數 一
時代 殷
著録 未見
現藏 中國歷史博物館
來源 考古研究所拓

〇七三七五 匿爵
字數 一
時代 殷
著録 未見
現藏 北京故宮博物院
來源 考古研究所拓

〇七三七六 匿爵
字數 一
時代 殷
著録 未見
現藏 北京故宮博物院
來源 考古研究所拓

〇七三七七 匿爵
字數 一
時代 殷
著録 未見
現藏 北京故宮博物院
來源 考古研究所拓

〇七三七八 克爵
字數 一
時代 殷
著録 未見
現藏 北京故宮博物院
來源 考古研究所拓

〇七三七九 克爵
字數 一

時代 殷
著録 總集 三二七七
三代 一五・一三・六
貞圖中 一六
續殷下 四・九
綜覽・爵 一五〇
流傳 羅振玉舊藏
現藏 北京故宮博物院
來源 考古研究所拓

〇七三八〇 克爵
字數 一
時代 殷
著録 中原文物一九八五年一期三〇頁圖二：二九
現藏 河南新鄉市博物館
來源 新鄉市博物館提供

〇七三八一 □爵
字數 一
時代 殷
著録 未見
現藏 北京故宮博物院
來源 考古研究所拓

〇七三八二 □爵
字數 一
時代 殷
著録 總集 三二二三
三代 一五・一〇・四
來源 考古研究所藏

〇七三八三 □爵
字數 一
時代 殷
著録 未見
現藏 北京故宮博物院
來源 考古研究所拓

〇七三八四 □爵
字數 一
時代 殷
著録 未見
現藏 北京故宮博物院
來源 考古研究所拓

〇七三八五 □爵
字數 一
時代 殷
著録 總集 三三四七
録遺 四〇九
來源 録遺

〇七三八六 休爵
字數 一
時代 殷或西周早期
著録 薛氏 三四・四
嘯堂 九六・四
來源 嘯堂

〇七三八七 □爵
字數 一
時代 殷
著録 總集 三二三八
考古 一九八一年二期一一八頁圖一〇：二
出土 一九七九年河南羅山縣蟒張公社天湖大隊
現藏 羅山縣文化館
來源 考古編輯部檔案

〇七三八八 □爵
字數 一
時代 殷
著録 總集 三三七五
文物一九六五年七期二七頁圖一：一
出土 一九六三年山東蒼山縣東堯村
現藏 臨沂縣博物館
來源 文物

〇七三八九 □爵
字數 一
時代 殷
著録 未見
現藏 上海博物館
來源 上海博物館提供

〇七三九〇 □爵
字數 一
時代 殷
著録 總集 三三四〇
録遺 四〇四
來源 録遺

〇七三九一 □爵
字數 一
時代 殷
著録 未見
現藏 北京故宮博物院
來源 考古研究所拓

〇七三九二 □爵
字數 一
時代 殷
著録 未見
現藏 上海博物館
來源 上海博物館提供

〇七三九三 □爵
字數 一
時代 殷
著録 未見
現藏 河南安陽市博物館
來源 安陽市博物館提供

〇七三九四 □爵
字數 一
時代 殷
著録 未見
現藏 北京故宮博物院
來源 考古研究所拓

〇七三九五 □爵
字數 一
時代 殷
著録 總集 三二四二
三代 一五・一一・二
攗古 一・一・三七・一
續殷下 三・九
流傳 吳式芬舊藏
現藏 遼寧省博物館
來源 考古研究所藏

〇七三九六 □爵
字數 一
時代 殷
著録 總集 三二四三
愙齋 二三・七・二
續殷下 三・八
小校 六・八・一
流傳 李山農舊藏
來源 愙齋

〇七三九七 □爵
字數 一
時代 殷
著録 總集 三二四四
美集録 R 二三九
皮斯柏 一三
彙編 八・一一七八
綜覽・爵 一六五
現藏 美國米里阿波里斯美術館（皮斯柏

藏品)
來源　考古研究所藏陳夢家拓本

○七三九八　[illegible]爵
字數　一
時代　殷
著録　總集　三一四七
三代　一五・二・六
續殷下　三・六
來源　三代

○七三九九　[illegible]爵
字數　一
時代　殷
著録　未見
現藏　北京故宮博物院
來源　考古研究所拓

○七四○○　[illegible]爵
字數　一
時代　殷
著録　總集　三三五三
録遺　四一六
鄴二上　二七
出土　傳河南安陽市
現藏　北京故宮博物院
來源　考古研究所拓

○七四○一　並爵
字數　一
時代　殷
著録　總集　三一三六
三代　一五・一・五
窓齋　二三・七・一
殷存下　二・九
小校　六・七・五
流傳　李山農、溥倫舊藏
來源　考古研究所藏溥倫拓本

○七四○二　[illegible]爵
字數　一
時代　殷
著録　總集　三三二四(三三二五)
録遺　三八九
彙編　八・一三○四
薩克勒(商)　一二
現藏　美國紐約薩克勒氏
來源　録遺

○七四○三　[illegible]爵
字數　一
時代　殷或西周早期
著録　未見
來源　考古研究所藏

○七四○四　[illegible]爵
字數　一
時代　殷
著録　總集　三六五九
文物　一九七二年五期四頁
圖四
綜覽・爵　一八六
出土　一九七一年山東鄒縣化肥廠墓葬
現藏　鄒縣文物保管所
來源　考古研究所拓

○七四○五　[illegible]爵
字數　一
時代　殷
著録　總集　三一四○
三代　一五・二・二
綴遺　一九・一六・一
貞松　九・三二・三
來源　考古研究所藏

○七四○六　保爵
字數　一
時代　殷
著録　總集　三一五二
三代　一五・二・一
來源　考古研究所藏

○七四○七　[illegible]爵
字數　一
時代　殷
著録　未見
現藏　北京故宮博物院
來源　考古研究所拓

○七四○八　卿爵
字數　一
時代　殷
著録　總集　三一六三
三代　一五・三・一○
綴遺　一九・一一・二
攈古　一・一・一一・四
續殷下　三・一二
流傳　吳式芬舊藏
來源　考古研究所藏

○七四○九　女爵
字數　一
時代　殷
著録　總集　三三四一
古器物研究專刊　第二本圖版四四
録遺　四○五
綜覽・爵　九三
出土　一九三四～一九三五年安陽
侯家莊西北崗 M一七九五
現藏　歷史語言研究所
來源　録遺

○七四一○　女爵
字數　一
時代　殷
著録　總集　三三四二
古器物研究專刊　第二本圖版四三
録遺　四○六
綜覽・爵　九○
出土　同○七四○九
現藏　歷史語言研究所

○七四一一　女爵
字數　一
時代　殷
著録　總集　三三七九
婦好墓　圖五八：一○
綜覽・爵　八○
殷青　圖四八・三
出土　一九七六年河南安陽市殷墟婦好墓
現藏　考古研究所
來源　考古研究所拓

○七四一二　女爵
字數　一
時代　殷
著録　窓齋　二二・八・二
小校　六・九・五
流傳　潘祖蔭舊藏
來源　窓齋

○七四一三　[illegible]爵
字數　一
時代　殷
著録　總集　三三四三
中國古代青銅器展觀(一九七九)
一四
彙編　八・一一八六
綜覽・爵　四二
現藏　日本兵庫縣黑川古文化研究所
來源　中國古代青銅器展觀

○七四一四　[illegible]爵
字數　一
時代　殷或西周早期
著録　總集　三三二四
三代　一五・一〇・二
愙齋　二二・二三・二
奇觚　七・三
續殷下　七・一二
小校　六・一〇・一
流傳　陳介祺舊藏
來源　考古研究所藏陳介祺拓本

○七四一五　[illegible]爵
字數　一
時代　殷或西周早期
著録　總集　三三二五
三代　一五・一〇・三
陶齋　三・二四
小校　六・一〇・二
續殷下　二一・一
流傳　端方舊藏
來源　考古研究所藏

○七四一六　[illegible]爵
字數　一
時代　殷
著録　未見
現藏　上海博物館
來源　上海博物館提供

○七四一七　[illegible]爵
字數　一
時代　殷
著録　未見
現藏　上海博物館
來源　上海博物館提供

○七四一八　[illegible]爵
字數　一
時代　殷
著録　總集　三一四九
三代　一五・一一・八
現藏　北京故宮博物院
來源　考古研究所拓

○七四一九　[illegible]爵
字數　一
時代　殷
著録　總集　三一五〇
三代　一五・一一・九
貞補中　二三・四
續殷下　三・四
流傳　溥倫舊藏
現藏　北京故宮博物院
來源　考古研究所拓

○七四二〇　[illegible]角
字數　一
時代　殷
著録　總集　三一五一
三代　一五・一一・一〇
綴遺　二六・一七・二
愙齋　二三・五・三
續殷下　三・三
小校　六・一三・三（又六・七八・七重出）
流傳　李山農、金蘭坡舊藏
現藏　中國歷史博物館
來源　考古研究所拓

○七四二一　斿爵
字數　一
時代　殷
著録　總集　三一五九
三代　一五・三・五
貞松　九・三・二
善齋　六・三
續殷下　二・五
小校　六・六・六
流傳　劉體智舊藏
現藏　北京故宮博物院
來源　考古研究所拓

○七四二二　斿爵
字數　一
時代　殷
著録　總集　三一五七
三代　一五・三・四
殷存下　三・一
現藏　遼寧省博物館
來源　考古研究所拓

○七四二三　斿爵
字數　一
時代　殷
著録　巖窟上　三八
出土　一九四一年河南安陽市郊
流傳　梁上椿舊藏
來源　巖窟

○七四二四　[illegible]爵
字數　一
時代　殷
著録　總集　三一五八
三代　一五・三・七
殷存下　三・二
來源　三代

○七四二五　旅爵
字數　一
時代　殷
著録　總集　三一六〇
三代　一五・三・六
貞松　九・三一・一
善齋　六・四
續殷下　二・六
小校　六・五・五
流傳　劉體智舊藏
來源　三代

○七四二六　旅爵
字數　一
時代　殷
著録　青全　三・一二
現藏　上海博物館
來源　上海博物館提供

○七四二七　旅爵
字數　一
時代　殷
著録　未見
現藏　北京故宮博物院
來源　考古研究所拓

○七四二八　[illegible]爵
字數　一
時代　殷
著録　總集　三五八一
三代　一五・三三・四
綴遺　一九・一六・二
愙齋　二二・一五・二
奇觚　七・八・二
殷存下　八・八
小校　六・一三・一
流傳　陳介祺、潘祖蔭舊藏
來源　考古研究所藏

○七四二九　豙爵
字數　一
時代　殷
著録　總集　三二五六

三代 一五・一二・三
現藏 北京故宮博物院
來源 考古研究所拓

〇七四三〇 豙爵
字數 一
時代 殷
著録 未見
現藏 北京故宮博物院
來源 考古研究所拓

〇七四三一 豙爵
字數 一
時代 殷
著録 總集 三五八二
彙編 八・一一一七
現藏 加拿大多倫多安大略博物館
來源 彙編

〇七四三二 夸爵
字數 一
時代 殷
著録 總集 三六二六
三代 一五・三七・一一
十二貯 二〇
綜覽・爵 一六三
流傳 王辰舊藏
來源 考古研究所藏

〇七四三三 夸爵
字數 一
時代 殷
著録 總集 三六二七
三代 一五・三八・一
十二貯 一八
文物 一九八二年九期二五頁
圖一
流傳 王辰舊藏

現藏 首都博物館
來源 考古研究所拓

〇七四三四 [illegible]爵
字數 一
時代 殷或西周早期
著録 總集 三一四八
三代 一五・二・七
來源 考古研究所藏

〇七四三五 又爵
字數 一
時代 殷
著録 總集 三一九三
三代 一五・七・一
來源 考古研究所藏

〇七四三六 [illegible]爵
字數 一
時代 殷
著録 未見
現藏 上海博物館
來源 上海博物館提供

〇七四三七 守爵
字數 一
時代 殷
著録 總集 三三六四
文叢 一・一五八頁圖二
出土 一九七六年河北藁城縣前西關遺址
現藏 石家莊地區文物保管所
來源 文叢

〇七四三八 守爵
字數 一
時代 殷
著録 文物一九八五年八期八三頁
圖八

現藏 首都博物館
來源 考古研究所拓

〇七四三九 [illegible]爵
字數 一
時代 殷
著録 總集 三三三三
彙編 八・一三七六
現藏 澳大利亞墨爾本國立維多利亞美術館
來源 彙編

〇七四四〇 聿爵
字數 一
時代 殷
著録 未見
現藏 上海博物館
來源 上海博物館提供

〇七四四一 聿爵
字數 一
時代 殷
著録 未見
現藏 北京故宮博物院
來源 考古研究所拓

〇七四四二 聿爵
字數 一
時代 殷
著録 總集 三一九四
三代 一五・七・二
來源 三代

〇七四四三 聿爵
字數 一
時代 殷
著録 總集 三一九六
三代 一五・七・四
來源 三代

〇七四四四 聿爵
字數 一
時代 殷
著録 總集 三一九五
三代 一五・七・三
寶鼎 八六頁
流傳 荷蘭萬孝臣氏舊藏
來源 考古研究所藏

〇七四四五 史爵
字數 一
時代 殷
著録 總集 三一九七
三代 一五・七・五
從古 七・一五
擴古 一・二・八・一
綴遺 一九・九・一
續殷下 四・八
來源 三代

〇七四四六 史爵
字數 一
時代 殷
著録 總集 三一九八
三代 一五・七・六
小校 六・八・七
貞續下 一・三
流傳 劉體智舊藏
來源 三代

〇七四四七 史爵
字數 一
時代 殷
著録 未見
現藏 濟南市博物館
來源 考古研究所拓

〇七四四八 史爵

字數 一
時代 殷
著録 未見
現藏 蘇州市博物館
來源 蘇州市博物館提供

〇七四四九 史爵
字數 一
時代 殷
著録 未見
來源 考古研究所藏

〇七四五〇 史爵
字數 一
時代 殷
著録 未見
現藏 北京故宮博物院
來源 考古研究所拓

〇七四五一 叙爵
字數 一
時代 殷
著録 總集 三一九九(三二〇〇)
三代 一五・七・七(又一五・七・八重出)
來源 考古研究所藏

〇七四五二 叙爵
字數 一
時代 殷
著録 未見
來源 考古研究所藏

〇七四五三 [illegible]爵
字數 一
時代 殷
著録 總集 三二〇一
三代 一五・七・九
綜覽・爵 七二
現藏 日本兵庫縣黑川古文化研究所
來源 三代

〇七四五四 [illegible]爵
字數 一
時代 殷
著録 未見
現藏 北京故宮博物院
來源 考古研究所拓

〇七四五五 啟爵
字數 一
時代 殷
著録 總集 三三七〇
文物 一九七四年一一期九三頁
圖一二
河北 七三
綜覽・爵 一四九
出土 一九六六年河北磁縣下七垣村墓葬
現藏 河北省博物館
來源 河北

〇七四五六 [illegible]爵
字數 一
時代 殷
著録 西甲 一一・四
流傳 清宮舊藏
來源 西甲

〇七四五七 [illegible]爵
字數 一
時代 殷
著録 總集 三二〇三
三代 一五・八・二
愙齋 二三・八・一
敬吾下 五三
續殷下 四・六
小校 六・一一・三
流傳 李山農舊藏
來源 三代

〇七四五八 [illegible]爵
字數 一
時代 殷
著録 未見
現藏 上海博物館
來源 上海博物館提供

〇七四五九 [illegible]爵
字數 一
時代 殷
著録 總集 三二〇四
三代 一五・八・三
貞松 九・三〇・四
現藏 遼寧省博物館
來源 考古研究所拓

〇七四六〇 受爵
字數 一
時代 殷
著録 總集 三二〇五
三代 一五・八・四
來源 三代

〇七四六一 興爵
字數 一
時代 殷
著録 未見
出土 河南安陽
現藏 北京故宮博物院
來源 考古研究所拓

〇七四六二 興爵
字數 一
時代 殷
著録 總集 三二〇七
三代 一五・八・五
善齋 六・一五
續殷下 四・一一
小校 六・九・七
流傳 劉體智舊藏
現藏 北京故宮博物院
來源 考古研究所拓

〇七四六三 興爵
字數 一
時代 殷
著録 未見
現藏 北京故宮博物院
來源 考古研究所拓

〇七四六四 興爵
字數 一
時代 殷
著録 總集 三二〇六
美集録 R八
流傳 美國紐約魏格氏舊藏
來源 考古研究所藏陳夢家拓本

〇七四六五 [illegible]爵
字數 一
時代 殷
著録 美集録 R二六h
彙編 八・一三八三
流傳 美國紐約盧芹齋舊藏
來源 考古研究所藏陳夢家拓本

〇七四六六 [illegible]爵
字數 一
時代 殷
著録 總集 三三二一
録遺 三七六
古器物研究專刊 第二本圖版四六
出土 一九三四～一九三五年安陽侯家

莊西北崗 M二〇〇六
現藏 歷史語言研究所
來源 録遺

〇七四六七 [illegible]爵
字數 一
時代 殷
著録 總集 三三二一
録遺 三八六
彙編 八・一三八九
現藏 新加坡國立博物館
來源 録遺

〇七四六八 [illegible]爵
字數 一
時代 殷
著録 未見
來源 考古研究所藏

〇七四六九 [illegible]爵
字數 一
時代 殷或西周早期
著録 彙編 九・一七七六
來源 彙編

〇七四七〇 [illegible]爵
字數 一
時代 殷或西周早期
著録 總集 三三二三
三代 一五・八・一二
來源 考古研究所藏

〇七四七一 [illegible]爵
字數 一
時代 殷
著録 總集 三三二二
三代 一五・八・八
鄴初上 二六
綜覽・爵 八三
出土 傳河南安陽市
現藏 北京故宮博物院
來源 考古研究所拓

〇七四七二 [illegible]爵
字數 一
時代 殷
著録 巖窟上 三二
美集録 R 五一〇
綜覽・爵 六二
出土 一九四〇年河南濬縣
流傳 美國羅比爾氏舊藏
來源 考古研究所藏陳夢家拓本

〇七四七三 步爵
字數 一
時代 殷
著録 未見
現藏 北京故宮博物院
來源 考古研究所拓

〇七四七四 步爵
字數 一
時代 殷
著録 總集 三三一六
三代 一五・九・三
貞松 九・三〇・三
善齋 六・五
續殷下 四・一二
小校 六・八・二
流傳 劉體智舊藏
來源 考古研究所藏

〇七四七五 徙爵
字數 一
時代 殷
著録 總集 三三七一
文物 一九七五年二期八九頁
圖四
河南 一・三四一
出土 一九六八年河南溫縣小南張村墓葬
現藏 河南省博物館
來源 文物

〇七四七六 [illegible]爵
字數 一
時代 殷
著録 總集 三三七三
學報(一九五五年)九册四八頁
圖一八
河南 一・三二〇
青全 三・一五
出土 一九五三年河南安陽市大司空村墓葬
現藏 中國歷史博物館
來源 考古研究所拓

〇七四七七 遡角
字數 一
時代 殷
著録 總集 四二一三
三代 一六・四二・三
愙齋 二二・一四・二
續殷下 八・六
小校 六・八二・二
現藏 北京故宮博物院
來源 考古研究所拓

〇七四七八 [illegible]爵
字數 一
時代 殷
著録 未見
現藏 上海博物館
來源 上海博物館提供

〇七四七九 [illegible]爵
字數 一
時代 殷
著録 未見
現藏 上海博物館
來源 上海博物館提供

〇七四八〇 正爵
字數 一
時代 殷
著録 未見
現藏 北京故宮博物院
來源 考古研究所拓

〇七四八一 正爵
字數 一
時代 殷或西周早期
著録 未見
現藏 北京故宮博物院
來源 考古研究所拓

〇七四八二 呰爵
字數 一
時代 殷
著録 未見
現藏 北京故宮博物院
來源 考古研究所拓

〇七四八三 呰爵
字數 一
時代 西周早期
著録 中銅 一一二頁
中藝 圖三一 拓二四
現藏 日本東京出光美術館
來源 出光美術館提供

〇七四八四 呰爵
字數 一
時代 殷

著録 總集 三三五八
彙編 九・一四〇二
綜覽・爵 九七
流傳 薩克勒(商)一九七頁
美國卡特氏藏品，曾寄陳普林斯
頓大學美術博物館
現藏 美國紐約藏克勒氏
來源 薩克氏

〇七四八五 亞爵
字數 一
時代 殷
著録 總集・補 一一
古器物研究專刊 第二本圖版四一
綜覽・爵 一一二
出土 一九三四～一九三五年安
陽侯家莊西北崗 M一七六八
現藏 歷史語言研究所
來源 古器物研究專刊第二本

〇七四八六 亞爵
字數 一
時代 殷
著録 總集・補 一三
古器物研究專刊 第二本圖版四二
出土 一九三四～一九三五年安
陽侯家莊西北崗 M一七六九
現藏 歷史語言研究所
來源 古器物研究專刊第二本

〇七四八七 亞爵
字數 一
時代 殷
著録 未見
現藏 北京故宮博物院
來源 考古研究所拓

〇七四八八 亞爵
字數 一
時代 殷
著録 總集 三三五六
彙編 九・一四〇六
薩克勒(商)一八七頁
現藏 美國紐約薩克勒氏
來源 薩克勒

〇七四八九 亞爵
字數 一
時代 殷
著録 總集 三三五五
録遺 四一七
現藏 北京故宮博物院
來源 考古研究所拓

〇七四九〇 㞢爵
字數 一
時代 殷
著録 未見
現藏 上海博物館
來源 上海博物館提供

〇七四九一 㞢爵
字數 一
時代 殷
著録 總集 三三一四
三代 一五・九・二
來源 三代

〇七四九二 㞢爵
字數 一
時代 殷
著録 總集 三三一五
三代 一五・九・一
貞補中 二二・三
十二弍 一四
續殷下 八・二
綜覽・爵 五八
流傳 孫秋帆舊藏
現藏 北京故宮博物院
來源 考古研究所拓

〇七四九三 目爵
字數 一
時代 殷或西周早期
著録 未見
現藏 中國歷史博物館
來源 考古研究所拓

〇七四九四 目爵
字數 一
時代 殷或西周早期
著録 總集 三三〇〇
文物 一九八〇年四期四三頁圖
八：五
陝青 三・六七
出土 一九七六年陝西扶風縣雲塘村
M二〇
現藏 周原扶風縣文物管理所
來源 周原扶風縣文物管理所提供

〇七四九五 匿爵
字數 一
時代 殷或西周早期
著録 總集 三二九九
三代 一五・一五・三
綴遺 一九・一二・一
殷存下 四・六
流傳 丁小農舊藏
來源 考古研究所藏

〇七四九六 叟爵
字數 一
時代 殷
著録 未見
現藏 旅順博物館
來源 考古研究所拓

〇七四九七 叟爵
字數 一
時代 殷
著録 未見
現藏 首都博物館
來源 考古研究所拓

〇七四九八 叟爵
字數 一
時代 殷
著録 總集 三三六〇
河南 一・三一八
出土 一九七四年河南安陽市軋鋼廠墓
葬
現藏 考古研究所安陽工作站
來源 考古研究所拓

〇七四九九 叟爵
字數 一
時代 殷
著録 善齋 六・四七
小校 六・三一・二
流傳 劉體智舊藏
來源 善齋

〇七五〇〇 瞾爵
字數 一
時代 殷
著録 未見
現藏 上海博物館
來源 上海博物館提供

〇七五〇一 舌爵
字數 一
時代 殷
著録 總集 三三八一

鄴二上 二八
臏稿 四一
出土 河南安陽市
流傳 安陽古物保存會舊藏
現藏 北京故宮博物院
來源 考古研究所拓

〇七五〇二 舌爵
字數 一
時代 殷
著録 綜覽・爵 一〇五
來源 綜覽

〇七五〇三 舌爵
字數 一
時代 殷
著録 總集 三二七九
三代 一五・一三・八
來源 三代

〇七五〇四 舌爵
字數 一
時代 殷
著録 總集 三二八〇
三代 一五・一三・九
來源 考古研究所藏

〇七五〇五 耳爵
字數 一
時代 殷
著録 未見
現藏 北京故宮博物院
來源 考古研究所拓

〇七五〇六 □爵
字數 一
時代 殷或西周早期
著録 總集 三三三六
録遺 四〇〇(銘倒)
來源 録遺

〇七五〇七 □爵
字數 一
時代 殷
著録 巖窟上 二九
出土 一九三八年河南洛陽市
流傳 梁上椿舊藏
現藏 北京故宮博物院
來源 考古研究所拓

〇七五〇八 虎爵
字數 一
時代 殷
著録 冠斝中 一四
綜覽・爵 六七
流傳 榮厚舊藏
現藏 遼寧省博物館
來源 考古研究所拓

〇七五〇九 象爵
字數 一
時代 殷
著録 未見
現藏 安陽市博物館
來源 安陽市博物館提供

〇七五一〇 羊爵
字數 一
時代 殷
著録 未見
現藏 安陽市博物館
來源 安陽市博物館提供

〇七五一一 羊爵
字數 一
時代 殷
著録 未見
現藏 中國歷史博物館
來源 考古研究所拓

〇七五一二 羊爵
字數 一
時代 殷
著録 總集 三二六六
三代 一五・三・一二
攈古 一・一・一〇・四
綴遺 一九・五
敬吾下 五二・二
殷存下 一・二
來源 三代

〇七五一三 羊爵
字數 一
時代 殷
著録 總集 三二六五
三代 一五・四・一
攈古 一・一・一〇・三
綴遺 一九・四・二
殷存下 一・一
小校 六・四・五
流傳 朱善旂舊藏
來源 考古研究所藏移林館拓本

〇七五一四 葦爵
字數 一
時代 殷
著録 總集 三三三五
録遺 三九九
現藏 北京故宮博物院
來源 考古研究所拓

〇七五一五 葦爵
字數 一
時代 殷
著録 殷虛 圖六二：三
青全 三・六
出土 河南安陽市郊墓葬
現藏 考古研究所安陽工作站
來源 考古研究所拓

〇七五一六 宰爵
字數 一
時代 殷
著録 總集 三二五五
三代 一五・一二・二
鄴二上 二五
出土 傳河南安陽市
來源 考古研究所藏

〇七五一七 豕爵
字數 一
時代 殷或西周早期
著録 總集 三二六七
三代 一五・四・二
續殷下 一・四
來源 三代

〇七五一八 豕爵
字數 一
時代 殷或西周早期
著録 未見
現藏 北京故宮博物院
來源 考古研究所拓

〇七五一九 豕爵
字數 一
時代 殷或西周早期
著録 未見
現藏 北京故宮博物院
來源 考古研究所拓

〇七五二〇 豕爵
字數 一
時代 殷或西周早期
著録 未見

現藏　北京故宮博物院
來源　考古研究所拓

〇七五二一　[illegible]爵
字數　一
時代　殷
著録　總集　三三三九
冠斝中　二四
録遺　四〇三
流傳　榮厚舊藏
來源　録遺

〇七五二二　[illegible]爵
字數　一
時代　殷或西周早期
著録　總集　三一六八
三代　一五・四・三
從古　七・一六
敬吾下　六三・五
殷存下　二・三
小校　六・五・三
流傳　葉東卿舊藏
來源　三代

〇七五二三　[illegible]爵
字數　一
時代　殷或西周早期
著録　未見
現藏　北京市文物研究所
來源　考古研究所拓

〇七五二四　犬爵
字數　一
時代　殷或西周早期
著録　總集　三一六九
三代　一五・四・四
窓齋　二二・四・二
殷存下　一・七
小校　六・五・二
流傳　潘祖蔭舊藏
來源　考古研究所藏

〇七五二五　犬爵
字數　一
時代　殷
著録　未見
現藏　上海博物館
來源　上海博物館提供

〇七五二六　犬爵
字數　一
時代　殷
著録　巴洛　一四四頁　B四　圖版一四七b
出土　傳河南安陽市
現藏　英國巴洛女士
來源　考古研究所藏陳夢家拓本

〇七五二七　刹爵
字數　一
時代　殷
著録　總集　三一七一
三代　一五・四・五
殷存下　二・一
貞圖中　一五
續殷下　一・九
流傳　羅振玉舊藏
來源　考古研究所藏

〇七五二八　刹爵
字數　一
時代　殷
著録　總集　三一七〇
三代　一五・四・六
善齋　六・一〇
小校　六・五・四
故圖下下　三五四
商圖　二七
流傳　劉體智舊藏
現藏　臺北故宮博物院
來源　考古研究所藏

〇七五二九　家爵
字數　一
時代　殷
著録　上海(二〇〇四)九三
現藏　上海博物館
來源　上海博物館提供

〇七五三〇　[illegible]爵
字數　一
時代　殷
著録　未見
現藏　北京故宮博物院
來源　考古研究所拓

〇七五三一　[illegible]爵
字數　一
時代　殷
著録　總集　三一七二
三代　一五・四・七
積古　二・三
攈古　一・一・二七・三
殷存下　三・二
現藏　中國歷史博物館
來源　考古研究所拓

〇七五三二　龍爵
字數　一
時代　殷或西周早期
著録　總集　三一七八
三代　一五・五・三
殷存下　五・三
來源　三代

〇七五三三　龍爵
字數　一
時代　殷或西周早期
著録　總集　三一七五
三代　一五・五・一
從古　一四・二〇
攈古　一・一・八・三
窓齋　二二・一二・四
綴遺　一九・二・一
奇觚　七・二
殷存下　四・九
簠齋　二爵三八
善齋　六・一一
小校　六・三・四
善彝　一五一
銅器選　三六
綜覽・爵　二七二
美全　四・二〇二
青全　五・八七
辭典　五三三
上海(二〇〇四)二四六
流傳　陳介祺、劉體智舊藏
現藏　上海博物館
來源　考古研究所藏

〇七五三四　龍爵
字數　一
時代　殷或西周早期
著録　總集　三一七七
三代　一五・五・二
筠清　二・四八・三
從古　一四・一九
攈古　一・一・八・二
窓齋　二二・一二・三
綴遺　一九・一・二
奇觚　七・三

殷存下 四・一〇
簠齋 二爵三九
小校 六・三・三
流傳 陳介祺舊藏
來源 考古研究所藏杉林館拓本

〇七五三五 龜爵
字數 一
時代 殷
著録 巖窟上 四八
出土 一九四三年河南安陽市
流傳 梁上椿舊藏
來源 巖窟

〇七五三六 黽爵
字數 一
時代 殷或西周早期
著録 總集 三一九〇
三代 一五・六・九
小校 六・三・七
來源 三代

〇七五三七 魚爵
字數 一
時代 殷或西周早期
著録 總集 三一八二
三代 一五・六・一
窓齋 二三・六・一
殷存下 一・六
小校 六・五・七
流傳 潘祖蔭舊藏
現藏 北京故宮博物院
來源 考古研究所拓

〇七五三八 魚爵
字數 一
時代 殷或西周早期
著録 考古與文物 一九八四年一期
五五頁圖 二：七
陝青 三・一八七
出土 一九七八年陝西鳳翔縣董家莊
現藏 鳳翔縣雍城文物管理所
來源 考古研究所拓

〇七五三九 魚爵
字數 一
時代 殷或西周早期
著録 總集 三一八四
三代 一五・六・三
來源 考古研究所藏

〇七五四〇 魚爵
字數 一
時代 殷或西周早期
著録 總集 三一八三
三代 一五・六・二
來源 考古研究所藏

〇七五四一 魚爵
字數 一
時代 殷或西周早期
著録 總集 三一八〇
三代 一五・五・五
貞松 九・三〇・一
續殷下 一・八
流傳 蕭山陸氏慎齋舊藏
來源 考古研究所藏陸氏拓本

〇七五四二 魚爵
字數 一
時代 殷或西周早期
著録 總集 三一八一
三代 一五・五・六
窓齋 二三・二一・二
殷存下 一・四
小校 六・五・六
流傳 吳大澂舊藏
現藏 上海博物館
來源 三代

〇七五四三 魚爵
字數 一
時代 殷或西周早期
著録 總集 三一七九
三代 一五・五・四
從古 一四・二
窓齋 二二・一三・二
攈古 一・一・九・一
綴遺 一九・三
殷存下 一・二
簠齋 二爵四一
奇觚 七・七
小校 六・五・五
泉屋 二・八二
綜覽・爵 二一一
泉屋博古 圖四八拓四
出土 與伯魚鼎敦同出易州（攈古録）
流傳 陳介祺舊藏
現藏 日本京都泉屋博古館
來源 考古研究所藏

〇七五四四 魚爵
字數 一
時代 殷或西周早期
著録 未見
來源 考古研究所藏

〇七五四五 魚爵
字數 一
時代 殷或西周早期
著録 未見
現藏 遼寧省博物館
來源 考古研究所拓

〇七五四六 鼻爵
字數 一
時代 殷
著録 總集 三一八五
三代 一五・六・四
來源 三代

〇七五四七 鼻爵
字數 一
時代 殷
著録 總集 三一八六
三代 一五・六・五
來源 三代

〇七五四八 鼻爵
字數 一
時代 殷
著録 總集 三一八七
三代 一五・六・六
甲骨學 一二期二二五頁圖
一七D
現藏 日本湯島斯文會
來源 三代

〇七五四九 鼻爵
字數 一
時代 殷
著録 未見
現藏 北京故宮博物院
來源 考古研究所拓

〇七五五〇 萬爵
字數 一
時代 殷
著録 綜覽・爵 一五七
來源 綜覽

〇七五五一 萬爵
字數 一

時代 殷
著録 冠斝中 一八
流傳 榮厚舊藏
來源 冠斝

〇七五五二 萬爵
字數 一
時代 殷
著録 總集 三一八八
三代 一五・六・七
窓齋 二三・六・二
敬吾下 五五・一
殷存下 一・八
小校 六・三・八
流傳 潘祖蔭舊藏
來源 考古研究所藏

〇七五五三 萬爵
字數 一
時代 殷
著録 總集 三一八九
三代 一五・六・八
現藏 吉林省博物館
來源 三代

〇七五五四 □爵
字數 一
時代 殷
著録 總集 三一九一
三代 一五・六・一〇
綴遺 一九・二・二
陶續 二・九
殷存下 四・八
小校 六・三四・二
流傳 潘祖蔭、端方舊藏
來源 考古研究所藏

〇七五五五 □爵
字數 一
時代 殷或西周早期
著録 總集 三一九二
三代 一五・六・一一
殷存下 四・七
小校 六・四・一
流傳 潘祖蔭舊藏
來源 考古研究所藏潘祖蔭拓本

〇七五五六 □爵
字數 一
時代 殷
著録 總集 三二六二
三代 一五・一二・五
來源 三代

〇七五五七 □爵
字數 一
時代 殷
著録 未見
現藏 中國歷史博物館
來源 考古研究所拓

〇七五五八 □爵
字數 一
時代 殷
著録 未見
現藏 北京故宮博物院
來源 考古研究所拓

〇七五五九 赤爵
字數 一
時代 殷
著録 總集 三二五九
三代 一五・一二・六
移林 二四
綴遺 一九・一三・二
殷存下 二・四
小校 六・九・六
流傳 丁麟年、劉鶚、孫春山舊藏
來源 考古研究所藏

〇七五六〇 赤爵
字數 一
時代 殷
著録 總集 三二六〇
三代 一五・一二・七
冠斝中 一七
流傳 榮厚舊藏
現藏 北京故宮博物院
來源 考古研究所拓

〇七五六一 赤爵
字數 一
時代 殷
著録 總集 三二六一
三代 一五・一二・八
冠斝中 一六
流傳 榮厚舊藏
現藏 上海博物館
來源 上海博物館提供

〇七五六二 赤爵
字數 一
時代 殷
著録 未見
現藏 北京故宮博物院
來源 考古研究所拓

〇七五六三 □爵
字數 一
時代 殷
著録 總集 三三六二
學報(一九五一年)五册圖版
四五：六
河南 一・二六八
綜覽・爵 四三
出土 一九五〇年河南安陽市武官村大墓
現藏 中國歷史博物館
來源 考古研究所拓

〇七五六四 □爵
字數 一
時代 殷
著録 總集 三三六三
學報(一九五一年)五册圖版
四五：七
河南 一・二六九
出土 同〇七五六三
現藏 中國歷史博物館
來源 考古研究所拓

〇七五六五 □爵
字數 一
時代 殷
著録 未見
現藏 日本東京國立博物館
拓本 東京國立博物館提供

〇七五六六 □爵
字數 一
時代 殷或西周早期
著録 總集 三二八六
三代 一五・一四・四
來源 三代

〇七五六七 □爵
字數 一
時代 殷
著録 總集 三二八七
美集録 R 五一二(新附)
流傳 美國 Komor 舊藏
來源 考古研究所藏陳夢家拓本

〇七五六八 □爵
字數 一
時代 殷
著録 未見
現藏 上海博物館
來源 上海博物館提供

〇七五六九 鳥爵
字數 一
時代 殷
著録 未見
現藏 上海博物館
來源 上海博物館提供

〇七五七〇 鳥爵
字數 一
時代 殷
著録 總集 三一七三
三代 一五・四・八
貞圖中 一四
續殷下 一・一
貞松 九・二九・二
流傳 羅振玉舊藏
來源 考古研究所藏

〇七五七一 鳥爵
字數 一
時代 殷
著録 總集 三一七四
三代 一五・四・九
貞松 九・二九・三
流傳 潘祖蔭舊藏
來源 三代

〇七五七二 鳥爵
字數 一
時代 殷
著録 總集 三一七六
三代 一五・四・一〇
攈古 一・一・九・四
愙齋 二三・一三・一
綴遺 一九・四
奇觚 七・六・二
殷存下 二・二
簠齋 二爵四〇
小校 六・四・二
流傳 許印林、陳介祺舊藏
來源 考古研究所藏陳介祺拓本

〇七五七三 鳶爵
字數 一
時代 殷
著録 總集 三三一九
巖窟上 三三
鄴三上 四六
録遺 三八四
出土 傳一九三八年河南安陽市
流傳 梁上椿舊藏
現藏 上海博物館
來源 上海博物館提供

〇七五七四 鳶爵
字數 一
時代 殷
著録 總集 三三二〇
巖窟上 三四
鄴三上 四七
録遺 三八五
出土 傳一九三八年河南安陽市
流傳 梁上椿舊藏
現藏 上海博物館
來源 上海博物館提供

〇七五七五 册爵
字數 一
時代 殷
著録 總集 三二〇九
三代 一五・八・七
貞補中 二三・四
泉屋 二・七八
通考 四一五
日精華 三・二二一
綜覽・爵 一二四
泉屋博古 圖四五拓三
現藏 日本京都泉屋博古館
來源 三代

〇七五七六 册爵
字數 一
時代 殷
著録 總集 三二一〇
美集録 R 九九
彙編 九・一四四〇
流傳 美國紐約盧芹齋舊藏
來源 考古研究所藏陳夢家拓本
備注 美集録銘倒

〇七五七七 册爵
字數 一
時代 殷
著録 總集 三二一一
美集録 R 一〇〇
流傳 美國紐約盧芹齋舊藏
來源 考古研究所藏陳夢家拓本

〇七五七八 册爵
字數 一
時代 殷
著録 尊古 二・五〇
綜覽・爵 一二三六
來源 考古研究所藏

〇七五七九 告爵
字數 一
時代 殷
著録 未見
現藏 北京故宮博物院
來源 考古研究所拓

〇七五八〇 □爵
字數 一
時代 殷
著録 未見
現藏 上海博物館
來源 上海博物館提供

〇七五八一 □爵
字數 一
時代 殷
著録 總集 三二一八
三代 一五・九・四
攈古 一・一・八・四
綴遺 一九・一一・一
續殷下 七・七
流傳 吴式芬舊藏
來源 考古研究所藏

〇七五八二 □爵
字數 一
時代 殷
著録 未見
現藏 上海博物館
來源 上海博物館提供

〇七五八三 □爵
字數 一
時代 殷
著録 未見
現藏 上海博物館
來源 上海博物館提供

〇七五八四 □爵

字數 一
時代 殷
著録 總集 三二一七
三代 一五・九・五
冠斝中 一五
流傳 榮厚舊藏
現藏 上海博物館
來源 三代

〇七五八五 □爵
時代 殷
著録 未見
現藏 中國歷史博物館
來源 考古研究所拓

〇七五八六 □爵
字數 一
時代 殷
著録 未見
現藏 北京故宮博物院
來源 考古研究所拓

〇七五八七 □爵
字數 一
時代 殷
著録 總集 三二一九（補七）
古器物研究專刊第二本圖版四〇
録遺 三七五
綜覽・爵 四六
出土 一九三四～一九三五年安陽侯家莊西北崗M一四〇〇
現藏 歷史語言研究所
來源 録遺

〇七五八八 邑爵
字數 一
時代 殷或西周早期
著録 總集 三二二一
三代 一五・九・七
蹇齋 二三・七・三
敬吾下 五五・三
殷存下 四・一
小校 六・三一・五
流傳 李山農舊藏
來源 三代

〇七五八九 邑爵
字數 一
時代 殷或西周早期
著録 總集 三二二〇
三代 一五・九・六
殷存下 四・二
來源 三代

〇七五九〇 酉爵
字數 一
時代 殷
著録 總集 三三七八
陝圖 一八
綜覽・爵 二一〇
出土 一九五六年陝西耀縣西門外丁家溝
現藏 陝西省博物館
來源 陝圖

〇七五九一 酉爵
字數 一
時代 殷
著録 文物 一九八五年一〇期三八頁
圖一三
出土 一九七二年安徽潁上縣趙集王拐村
現藏 阜陽地區博物館
來源 文物

〇七五九二 □爵
字數 一
時代 西周早期
著録 考古 一九六二年一期七頁
圖一〇
出土 一九五七年湖北蘄春縣毛家嘴村遺址
現藏 湖北省博物館
來源 考古研究所拓

〇七五九三 □爵
字數 一
時代 西周早期
著録 未見
現藏 武漢市文物商店
來源 考古研究所拓

〇七五九四 □爵
字數 一
時代 殷
著録 總集 三二三二
三代 一五・一〇・七
現藏 北京故宮博物院
來源 考古研究所拓

〇七五九五 □角
字數 一
時代 殷
著録 未見
現藏 北京故宮博物院
來源 考古研究所拓

〇七五九六 □爵
字數 一
時代 殷
著録 未見
現藏 北京故宮博物院
來源 考古研究所拓

〇七五九七 □爵
字數 一
時代 殷
著録 未見
現藏 北京故宮博物院
來源 考古研究所拓

〇七五九八 □爵
字數 一
時代 殷或西周早期
著録 總集 三二三〇
三代 一五・一〇・五
現藏 北京故宮博物院
來源 考古研究所拓

〇七五九九 □爵
字數 一
時代 殷或西周早期
著録 總集 三二二九
三代 一五・一〇・六
殷存下 一・九
貞續下 二・二
善齋 六・六
小校 六・一・一
山東存附 一七・三
流傳 劉體智舊藏
來源 考古研究所藏

〇七六〇〇 □爵
字數 一
時代 殷
著録 文物 一九八六年八期七五頁
圖一五
現藏 安陽市博物館
來源 考古研究所藏

〇七六〇一 □爵
字數 一
時代 殷或西周早期

著録 未見
現藏 北京故宮博物院
來源 考古研究所拓

〇七六〇二 □爵
字數 一
時代 殷或西周早期
著録 未見
現藏 北京故宮博物院
來源 考古研究所拓

〇七六〇三 □爵
字數 一
時代 殷
著録 總集 三三二四
三代 一五・一〇・八
陶齋 三・二五
續殷下 八・八
小校 六・一・五
流傳 端方舊藏
來源 考古研究所藏

〇七六〇四 皿爵
字數 一
時代 殷或西周早期
著録 總集 三三三一
三代 一五・一〇・九
來源 考古研究所藏

〇七六〇五 皿爵
字數 一
時代 殷或西周早期
著録 未見
現藏 遼寧省博物館
來源 考古研究所拓

〇七六〇六 盉爵
字數 一
時代 殷

著録 總集 三三三七(補 六)
錄遺 四〇一
出土 古器物研究專刊 第二本圖版二七
一九三四～一九三五年河南安陽
市侯家莊 M 一五五〇
現藏 歷史語言研究所
來源 錄遺

〇七六〇七 □爵
字數 一
時代 殷
著録 總集 三三三八
錄遺 四〇二
現藏 遼寧省博物館
來源 考古研究所拓

〇七六〇八 □爵
字數 一
時代 殷
著録 總集 三一六四
三代 一五・三・一一
殷存下 一・三
小校 六・三・一
來源 三代

〇七六〇九 刀爵
字數 一
時代 殷
著録 總集 三三三三
三代 一五・一〇・一〇
貞松 九・三〇・二
皇儲 五頁Fig 一七
現藏 瑞典斯德哥爾摩遠東古物館
來源 三代

〇七六一〇 刀爵
字數 一
時代 殷

著録 美集録 R 一三三二
流傳 美國沃森氏舊藏
來源 考古研究所藏陳夢家拓本

〇七六一一 □爵
字數 一
時代 殷
著録 文物 一九八六年八期七九頁
圖一六
現藏 安陽市博物館
來源 安陽市博物館提供

〇七六一二 □爵
字數 一
時代 殷
著録 總集 三三五一
錄遺 四一四
現藏 北京故宮博物院
來源 考古研究所拓

〇七六一三 幻爵
字數 一
時代 殷
著録 未見
現藏 上海博物館
來源 上海博物館提供

〇七六一四 幻爵
字數 一
時代 殷
著録 未見
現藏 上海博物館
來源 上海博物館提供

〇七六一五 戈爵
字數 一
時代 殷
著録 總集 三三三五
三代 一五・一〇・一一

貞續下 一・一
續殷下 四・二
現藏 北京故宮博物院
來源 考古研究所拓

〇七六一六 戈爵
字數 一
時代 殷
著録 敬吾下 六二・七
續殷下 四・一
現藏 北京故宮博物院
來源 考古研究所藏

〇七六一七 戈爵
字數 一
時代 殷
著録 未見
現藏 北京故宮博物院
來源 考古研究所拓

〇七六一八 戈爵
字數 一
時代 殷
著録 未見
現藏 北京故宮博物院
來源 考古研究所拓

〇七六一九 戈爵
字數 一
時代 殷
著録 未見
來源 考古研究所藏

〇七六二〇 戈爵
字數 一
時代 殷
著録 總集 三三三六
三代 一五・一〇・一二
積古 二・一〇

擴古 一・一・七・四
流傳 陳介祺舊藏
來源 考古研究所藏

〇七六二一 戈爵
字數 一
時代 殷
著録 總集 三二三七
三代 一五・一一・一
從古 一四・一八
綴遺 一九・一〇・一
小校 六・六・一
來源 考古研究所藏

〇七六二二 戈爵
字數 一
時代 殷
著録 未見
現藏 北京故宮博物院
來源 考古研究所拓

〇七六二三 戈爵
字數 一
時代 殷
著録 蔭軒 一・六
流傳 李蔭軒舊藏
現藏 上海博物館
來源 上海博物館提供

〇七六二四 戈爵
字數 一
時代 殷
著録 總集 三二三八
彙編 九・一五二三
現藏 臺北市某私人處
來源 彙編

〇七六二五 戈爵
字數 一
時代 殷
著録 未見
現藏 上海博物館
來源 上海博物館提供

〇七六二六 戈爵
字數 一
時代 殷或西周早期
著録 總集 三二四八
三代 一五・一一・七
窓齋 二二・八・一
殷存下 二・一一
小校 六・六・二
流傳 潘祖蔭舊藏
來源 三代

〇七六二七 戈爵
字數 一
時代 殷或西周早期
著録 總集 三二四九
三代 一五・一一・八
殷存下 二・一二
來源 考古研究所藏

〇七六二八 戈爵
字數 一
時代 西周早期
著録 未見
現藏 北京故宮博物院
來源 考古研究所拓

〇七六二九 戈爵
字數 一
時代 西周早期
著録 未見
現藏 北京故宮博物院
來源 考古研究所拓

〇七六三〇 戈爵
字數 一
時代 西周早期
著録 未見
現藏 北京故宮博物院
來源 考古研究所拓

〇七六三一 戈爵
字數 一
時代 西周早期
著録 未見
現藏 北京故宮博物院
來源 考古研究所拓

〇七六三二 矢爵
字數 一
時代 殷或西周早期
著録 未見
現藏 北京故宮博物院
來源 考古研究所拓

〇七六三三 矢爵
字數 一
時代 殷
著録 總集 補一二
古器物研究專刊 第二本圖版二六
出土 一九三四～一九三五年河南安陽市侯家莊M一〇〇一
現藏 臺灣省「中央研究院歷史語言研究所」
來源 古器物研究專刊第二本

〇七六三四 射爵
字數 一
時代 殷或西周早期
著録 總集 三二四七
三代 一五・一一・六
殷存下 二・一二
現藏 蘇州市博物館
來源 蘇州市博物館提供

〇七六三五 俞爵
字數 一
時代 殷
著録 未見
現藏 北京故宮博物院
來源 考古研究所拓

〇七六三六 俞爵
字數 一
時代 殷
著録 未見
現藏 北京故宮博物院
來源 考古研究所拓

〇七六三七 眣爵
字數 一
時代 殷
著録 未見
現藏 北京故宮博物院
來源 考古研究所拓

〇七六三八 戓爵
字數 一
時代 殷
著録 未見
現藏 北京故宮博物院
來源 考古研究所拓

〇七六三九 戓爵
字數 一
時代 殷
著録 總集 三二四〇
美集録 R 四一
現藏 美國紐約康恩氏
來源 考古研究所藏陳夢家拓本

〇七六四〇 戓爵
字數 一
時代 殷

著録 彙編 九・一五四一
現藏 美國紐約大都會美術博物館
來源 彙編

〇七六四一 咸爵
字數 一
時代 殷
著録 總集 三二四一
　三代 一五・一一・三
來源 三代

〇七六四二 戉爵
字數 一
時代 殷
著録 博古 一四・二二
　薛氏 三四・一
　嘯堂 四五・一
來源 嘯堂

〇七六四三 [illegible]爵
字數 一
時代 殷或西周早期
著録 總集 三二四五
　三代 一五・一一・四
來源 三代

〇七六四四 中爵
字數 一
時代 殷或西周早期
著録 總集 三二四六
　三代 一五・一一・五
　綴遺 一九・一三・一
　周金 五・一二九・一
　貞補中 二三・三
　續殷下 七・五
　小校 六・九・三
來源 考古研究所藏

〇七六四五 旅爵
字數 一
時代 殷或西周早期
著録 總集 三二五七
　三代 一五・一二・四
來源 考古研究所藏

〇七六四六 旜爵
字數 一
時代 殷
著録 總集 三二五〇
　美集録 R 七六
現藏 美國火奴魯魯美術學院
來源 考古研究所藏陳夢家拓本

〇七六四七 旜爵
字數 一
時代 殷
著録 總集 三二五一
　美集録 R 七五
現藏 美國韓姆林氏藏器寄陳柏弗羅科學博物館
來源 考古研究所藏陳夢家拓本

〇七六四八 單爵
字數 一
時代 西周早期
著録 考古圖 五・八
　薛氏 三四・五
出土 「得于洛陽」(考古圖)
流傳 開封劉伯玉舊藏
來源 薛氏

〇七六四九 [illegible]爵
字數 一
時代 殷或西周早期
著録 總集 三二五二
　三代 一五・一一・九
　窓齋 二二・三・二
　殷存下 一・一二
　小校 六・六・三
流傳 許延暄舊藏
現藏 北京故宮博物院
來源 考古研究所拓

〇七六五〇 貯爵
字數 一
時代 殷
著録 總集 三三五二
　録遺 四一五
來源 考古研究所藏

〇七六五一 貯爵
字數 一
時代 殷
著録 未見
來源 考古研究所藏

〇七六五二 [illegible]爵
字數 一
時代 殷或西周早期
著録 總集 三三三二
　録遺 三九七
來源 録遺

〇七六五三 山爵
字數 一
時代 西周早期
著録 未録
出土 一九七六年陝西長安縣張家坡墓葬(M八七:七)
現藏 考古研究所西安研究室
來源 考古研究所拓

〇七六五四 山爵
字數 一
時代 西周早期
著録 總集 三三七三
　學報 一九八〇年四期四六八頁
　圖一六:六
出土 同〇七六五三(M八七:八)
現藏 考古研究所西安研究室
來源 考古研究所拓

〇七六五五 [illegible]爵
字數 一
時代 殷
著録 總集 三二六六
　三代 一五・一二・一一
來源 三代

〇七六五六 [illegible]爵
字數 一
時代 殷
著録 總集 三二七〇
　美集録 R 五八
現藏 美國客蘭布羅克美術學院博物館
來源 考古研究所藏陳夢家拓本

〇七六五七 [illegible]爵
字數 一
時代 殷
著録 總集 三二六九
　三代 一五・一三・二
　澂秋 四五
　續殷下 七・三
流傳 陳承裘舊藏
現藏 北京故宮博物院
來源 考古研究所拓

〇七六五八 [illegible]爵
字數 一
時代 殷
著録 總集 三二七二
　學報 一九七九年一期八三頁
　圖六〇:一三

出土 河南一・二二九

一九七六年河南安陽市殷墟西區墓葬(M六九七：八)

現藏 考古研究所安陽工作站

來源 考古研究所拓

〇七六五九 □爵

字數 一

時代 殷

著録 文物一九八六年一一期七頁

圖一一：六

出土 一九八五年山西靈石縣旌介村M一

現藏 山西省考古研究所

來源 文物

〇七六六〇 □爵

字數 一

時代 殷

著録 文物一九八六年一一期七頁

圖一一：六

出土 同〇七六五九

現藏 山西省考古研究所

來源 文物

〇七六六一 □爵

字數 一

時代 殷或西周早期

著録 總集三二六七

三代一五・一二・九

攈古一・一・一〇・二

綴遺一九・七・一

愙齋二二・一一・四

簠齋二爵四二

奇觚七・五・一

小校五・二・六

周金三・一二八・三

流傳 陳介祺舊藏

來源 考古研究所藏移林館拓本

〇七六六二 □爵

字數 一

時代 殷

著録 總集三二六八

三代一五・一三・一

陶齋三・一〇

續殷下七・一

小校六・二・五

流傳 端方舊藏

來源 考古研究所藏

〇七六六三 □爵

字數 一

時代 殷

著録 鄴三上四五

出土 傳河南安陽市

來源 鄴三

〇七六六四 □爵

字數 一

時代 殷

著録 總集三二七一

美集録R四六二

現藏 美國紐約杜克氏

來源 考古研究所藏陳夢家拓本

〇七六六五 □爵

字數 一

時代 殷

著録 文物一九八三年七期九三

頁圖六

現藏 陝西盩厔縣文化館

來源 文物

〇七六六六 □爵

字數 一

時代 殷或西周早期

著録 總集三二六五

三代一五・一二・一〇

攈古一・一・一〇・一

綴遺一九・七・二

流傳 張廷濟舊藏

來源 三代

〇七六六七 □爵

字數 一

時代 西周早期

著録 學報一九八〇年四期四六八頁

圖一六：二

出土 一九七六年陝西長安縣張家坡

墓葬(M八〇：一)

現藏 考古研究所西安研究室

來源 考古研究所拓

〇七六六八 甲爵

字數 一

時代 殷或西周早期

著録 小校六・八・三

來源 考古研究所藏

〇七六六九 庚爵

字數 一

時代 殷或西周早期

著録 總集三二七四

三代一五・一三・三

續殷下五・四

來源 三代

〇七六七〇 廣爵

字數 一

時代 殷

著録 未見

現藏 山東濟南市博物館

來源 考古研究所拓

〇七六七一 辛爵

字數 一

時代 殷

著録 總集三二七六

三代一五・一三・四

貞續下二・一

善齋六・一二

續殷下五・五

小校六・八・五

薩克勒(商)一九九頁

流傳 劉體智舊藏

現藏 美國紐約薩克勒氏

來源 考古研究所藏

〇七六七二 辛爵

字數 一

時代 殷

著録 薛氏三四・三

流傳 盧公裔家舊藏

來源 薛氏

〇七六七三 癸爵

字數 一

時代 殷

著録 總集三二七五

三代一五・一三・五

續殷下五・六

小校六・八・六

來源 三代

〇七六七四 □爵

字數 一

時代 殷

著録 學報一九八一年四期五一二頁

圖一五：二

殷青圖五八・九

出土 一九七六年河南安陽市殷墟西區墓

葬(M一七∶六)
現藏 考古研究所安陽工作站
來源 考古研究所拓

○七六七五 □爵
字數 一
時代 殷
著録 總集 補九
古器物研究專刊 第二本圖版二八
出土 一九三四～一九三五年河南安陽市侯家莊 M一五五○
現藏 歷史語言研究所
來源 古器物研究專刊第二本

○七六七六 □爵
字數 一
時代 殷
著録 總集 三二九七
日精華 三・一二五
彙編 九・一七七七
綜覽・爵 四九
流傳 日本大阪江口治郎氏舊藏
來源 綜覽

○七六七七 □爵
字數 一
時代 殷
著録 總集 三二九八
懷履光（一九五六）PL. 四一
彙編 九・一七七八
流傳 懷履光舊藏
現藏 加拿大多倫多安大略博物館
來源 彙編

○七六七八 □爵
字數 一
時代 殷
著録 西清 二三・三
流傳 清宮舊藏
來源 西清

○七六七九 □爵
字數 一
時代 殷
著録 文叢 五・一一八頁圖三
出土 一九七八年河北靈壽縣西木佛村墓葬
現藏 正定縣文物保管所
來源 正定縣文物保管所提供

○七六八○ □爵
字數 一
時代 殷
著録 未見
現藏 北京故宮博物院
來源 考古研究所拓

○七六八一 □爵
字數 一
時代 殷
著録 總集 三二九三
三代 一五・一四・一○
移林 二二
殷存下 三・四
善齋 六・七
小校 六・一・四
流傳 劉鶚、丁麟年、劉體智舊藏
來源 考古研究所藏

○七六八二 □爵
字數 一
時代 殷
著録 考古圖 五・一○
流傳 睢陽王仲至舊藏
來源 考古圖

○七六八三 □爵
字數 一
時代 殷
著録 總集 三二九六
三代 一五・一五・一
來源 考古研究所藏

○七六八四 □爵
字數 一
時代 殷或西周早期
著録 總集 三二九四
三代 一五・一四・一一
殷存下 三・五
小校 六・一・三
來源 考古研究所藏

○七六八五 □爵
字數 一
時代 殷
著録 未見
現藏 北京故宮博物院
來源 考古研究所拓

○七六八六 □爵
字數 一
時代 西周早期
著録 未見
現藏 北京故宮博物院
來源 考古研究所拓

○七六八七 □爵
字數 一
時代 西周早期
著録 總集 三二九五
三代 一五・一五・二
綴遺 一九・八
殷存下 三・六
流傳 潘祖蔭舊藏
來源 考古研究所藏潘祖蔭拓本

○七六八八 □爵
字數 一
時代 殷或西周早期
著録 未見
現藏 濟南市博物館
來源 考古研究所拓

○七六八九 □爵
字數 一
時代 殷或西周早期
著録 總集 三三○三
三代 一五・一五・六
愙齋 二三・八
續殷下 六・六
小校 六・一・六
流傳 李山農舊藏
現藏 上海博物館
來源 三代

○七六九○ □爵
字數 一
時代 殷或西周早期
著録 未見
現藏 北京故宮博物院
來源 考古研究所拓

○七六九一 □爵
字數 一
時代 殷或西周早期
著録 總集 三三○四
三代 一五・一五・七
小校 六・一・七
來源 三代

○七六九二 □爵
字數 一
時代 殷或西周早期
著録 總集 三三○一

三代 一五・一五・五
愙齋 二二・二・一
奇觚 七・四・二
殷存下 四・五
小校 六・二・一
流傳 陳介祺舊藏
來源 考古研究所藏

〇七六九三 □爵
字數 一
時代 西周早期
著録 總集 三三〇二
三代 一五・一五・四
愙齋 二二・一一・三
綴遺 一九・八・二
奇觚 七・四・一
周金 五・一二八・二
殷存下 四・四
簠齋 二爵四三
善齋 六・九
小校 六・一・八
流傳 陳介祺、劉體智舊藏
來源 考古研究所藏陳介祺拓本

〇七六九四 □爵
字數 一
時代 西周早期
著録 續殷下 六・五
現藏 遼寧省博物館
來源 考古研究所拓

〇七六九五 □爵
字數 一
時代 西周早期
著録 總集 三三〇六
美集録 R 二五〇
現藏 美國克里夫蘭美術博物館

來源 考古研究所藏陳夢家拓本

〇七六九六 □爵
字數 一
時代 殷
著録 總集 三三二三
録遺 三八八
來源 録遺

〇七六九七 □爵
字數 一
時代 殷或西周早期
著録 總集 三三〇七
三代 一五・一五・八
求古上 三六頁
綴遺 一九・六(銘倒)
敬吾下 六二・六
續殷下 七・四
小校 六・一一・一
流傳 陳經舊藏
來源 三代

〇七六九八 □爵
字數 一
時代 殷或西周早期
著録 未見
現藏 北京故宮博物院
來源 考古研究所拓

〇七六九九 □爵
字數 一
時代 殷
著録 中原文物 一九八五年一期三〇頁
圖二：三〇
現藏 河南新鄉市博物館
來源 考古研究所拓

〇七七〇〇 田爵
字數 一
時代 殷
著録 總集 三三七八
三代 一五・一三・七
貞續下 一・二
小校 六・八・九
來源 考古研究所藏

〇七七〇一 □爵
字數 一
時代 殷或西周早期
著録 總集 三三四四
録遺 四〇七
現藏 北京故宮博物院
來源 考古研究所拓

〇七七〇二 □爵
字數 一
時代 殷或西周早期
著録 總集 三二八四
三代 一五・一四・二
續殷下 八・五
來源 三代

〇七七〇三 □爵
字數 一
時代 殷或西周早期
著録 總集 三三三二
録遺 三九六
來源 録遺

〇七七〇四 □爵
字數 一
時代 殷
著録 總集 三二八二
三代 一五・一三・一〇
愙齋 二三・一五・四
綴遺 一九・六・一
殷存下 五・四
小校 六・三・五
流傳 潘祖蔭舊藏
現藏 北京故宮博物院
來源 考古研究所拓

〇七七〇五 □爵
字數 一
時代 殷
著録 總集 三二八三
三代 一五・一四・一
愙齋 二三・一五・三
殷存下 五・五
小校 六・三・六
流傳 潘祖蔭舊藏
來源 考古研究所藏

〇七七〇六 □爵
字數 一
時代 殷或西周早期
著録 總集 三二八五
三代 一五・一四・三
貞松 九・三二・四
小校 六・二・三
來源 三代

〇七七〇七 □爵
字數 一
時代 殷
著録 博古 一四・二八
薛氏 三四・二
嘯堂 四六・一
來源 嘯堂

〇七七〇八 □爵
字數 一
時代 殷或西周早期
著録 總集 三二八九
三代 一五・一四・六

擴古 一・一・九・二
綴遺 一九・五・二
續殷下 七・九
流傳 吳式芬舊藏
來源 考古研究所藏

○七○九 □爵
字數 一
時代 殷或西周早期
著録 總集 三二八八
三代 一五・一四・五
殷存下 四・三
現藏 北京故宮博物院
來源 考古研究所拓

○七一○ □爵
字數 一
時代 殷或西周早期
著録 總集 三二九○
三代 一五・一四・七
殷存下 三・一○
流傳 李佐賢舊藏
來源 三代

○七一一 □爵
字數 一
時代 殷或西周早期
著録 總集 三二九一
三代 一五・一四・八
殷存下 三・一一
流傳 李佐賢、溥倫舊藏
來源 三代

○七一二 □爵
字數 一
時代 殷或西周早期
著録 總集 三二九二
三代 一五・一四・九
小校 六・一○・七
續殷下 六・八
現藏 北京故宮博物院
來源 考古研究所拓

○七一三 □爵
字數 一
時代 殷或西周早期
著録 總集 三三二八
録遺 三九三(銘倒)
來源 録遺

○七一四 串爵
字數 一
時代 殷
著録 未見
現藏 北京故宮博物院
來源 考古研究所拓

○七一五 串爵
字數 一
時代 殷
著録 總集 三三一三
録遺 三七七
古器物研究專刊 第二本圖版三六
綜覽・爵 六一
出土 一九三四～一九三五年河南安陽市侯家莊M一○四九
現藏 歷史語言研究所
來源 録遺

○七一六 中爵
字數 一
時代 殷
著録 總集 三三一四
録遺 三七八
古器物研究專刊 第二本圖版三五
出土 一九三四～一九三五年河南安陽市侯家莊M一○三二
現藏 歷史語言研究所
來源 録遺

○七一七 □爵
字數 一
時代 殷
著録 總集 三三一五
録遺 三七九
來源 録遺

○七一八 □爵
字數 一
時代 殷
著録 巖窟上 三○
出土 傳一九三九年河南安陽市
流傳 梁上椿舊藏
來源 巖窟

○七一九 □爵
字數 一
時代 殷
著録 未見
流傳 英國倫敦寨奇威克氏舊藏
來源 考古研究所藏陳夢家拓本

○七二○ □爵
字數 一
時代 殷或西周早期
著録 總集 三三一六
録遺 三八○
來源 録遺

○七二一 □爵
字數 一
時代 殷或西周早期
著録 總集 三三一七
録遺 三八一
來源 録遺

○七二二 □爵
字數 一
時代 殷或西周早期
著録 總集 三三六五
録遺 三八七
來源 録遺

○七二三 □爵
字數 一
時代 殷或西周早期
著録 總集 三三○八
三代 一五・一五・九
來源 三代

○七二四 □爵
字數 一
時代 殷
著録 總集 三三○九
三代 一五・一五・一○
窓齋 二二・七
周金 五・一二九・二
殷存下 四・一一
小校 六・九・八
流傳 李佐賢、吳大澂舊藏
來源 三代

○七二五 禾爵
字數 一
時代 殷
著録 中原文物 一九八五年一期三○頁圖二：四八
現藏 新鄉市博物館
來源 新鄉市博物館提供

○七二六 □爵
字數 一
時代 殷或西周早期
著録 總集 三三四八

來源 錄遺 四一〇

〇七七二七 □爵
字數 一
時代 殷或西周早期
著録 未見
現藏 遼寧省博物館
來源 考古研究所拓

〇七七二八 □爵
字數 一
時代 西周早期
著録 琉璃河 一七〇頁圖一〇一・四
出土 北京琉璃河西周墓(M二五一：四)
現藏 首都博物館
來源 考古研究所拓

〇七七二九 □爵
字數 一
時代 西周早期
著録 總集 三三一〇
　三代 一五・一五・一一
　冠斝中 二〇
流傳 榮厚舊藏
來源 三代

〇七七三〇 □爵
字數 一
時代 殷
著録 未見
現藏 北京故宮博物院
來源 考古研究所拓

〇七七三一 □爵
字數 一
時代 殷
著録 未見
現藏 北京故宮博物院
來源 考古研究所拓

〇七七三二 □爵
字數 一
時代 殷
著録 中原文物 一九八五年一期三〇
　頁圖二：五三
現藏 新鄉市博物館
來源 新鄉市博物館提供

〇七七三三 □爵
字數 一
時代 殷或西周早期
著録 總集 三三一二
　三代 一五・一五・一二
來源 考古研究所藏

〇七七三四 □爵
字數 一
時代 殷或西周早期
著録 貞松 九・三二・四
　善齋 六・一七
　續殷下 五・三
　小校 六・六・四
流傳 劉體智舊藏
現藏 北京故宮博物院
來源 考古研究所拓

〇七七三五 弜爵
字數 一
時代 殷或西周早期
著録 總集 三三三〇
　錄遺 三九五
現藏 北京故宮博物院
來源 考古研究所拓

〇七七三六 木爵
字數 一
時代 殷
著録 總集・補 八
　古器物研究專刊 第二本圖版四七
　綜覽・爵 六四
出土 一九三四～一九三五年河南
　安陽市侯家莊(M二〇二〇)
現藏 歷史語言研究所
來源 古器物研究專刊第二本

〇七七三七 困爵
字數 一
時代 西周早期
著録 琉璃河 一六九頁圖一〇〇・二
出土 北京琉璃河西周墓(M二五三：六)
現藏 首都博物館
來源 考古研究所拓

〇七七三八 困爵
字數 一
時代 西周早期
著録 琉璃河 一六八頁圖九九・六
　青全 六・一九
出土 同〇七七三七(M二五三：七)
現藏 首都博物館
來源 考古研究所拓

〇七七三九 □爵
字數 一
時代 殷
著録 未見
出土 一九八三年河南安陽市郊大司空
　村墓葬
現藏 考古研究所安陽工作站
來源 考古研究所拓

〇七七四〇 □爵
字數 一
時代 殷
著録 青全 三・八
出土 同〇七七三九
現藏 考古研究所安陽工作站
來源 考古研究所拓

〇七七四一 □爵
字數 一
時代 殷
著録 未見
現藏 新鄉市博物館
來源 新鄉市博物館提供

〇七七四二 析爵
字數 一
時代 殷或西周早期
著録 未見
現藏 北京故宮博物院
來源 考古研究所拓

〇七七四三 □爵
字數 一
時代 殷
著録 總集 三二六四
　綜覽・爵 一四七
　彙編 九・一七二三
現藏 日本某私人處
來源 彙編

〇七七四四 □爵
字數 一
時代 殷
著録 未見
現藏 北京故宮博物院
來源 考古研究所拓

〇七七四五 □爵
字數 一
時代 殷
著録 博古 一四・三五
　薛氏 三三・三

嘯堂 四七・二
來源 嘯堂

〇七七四六 □爵
字數 一
時代 殷
著録 總集 三三六一
學報（一九五一年）五册圖版
四五：一三
出土 一九五〇年河南安陽市殷墟洹南
小墓（SPM八）
現藏 中國歷史博物館
來源 學報

〇七七四七 □爵
字數 一
時代 殷
著録 中原文物 一九八六年三期一一九
頁圖二：二
現藏 安陽市博物館
來源 中原文物

〇七七四八 □爵
字數 一
時代 殷
著録 未見
現藏 上海博物館
來源 上海博物館提供

〇七七四九 □爵
字數 一
時代 西周早期
著録 善齋 六・一六
小校 六・九・九
流傳 劉體智舊藏
現藏 北京故宮博物院
來源 考古研究所拓

〇七七五〇 □爵
字數 一
時代 西周早期
著録 總集 三三六七
陝青 二・七九
出土 一九七六年陝西扶風縣莊白一號
窖藏
現藏 周原扶風縣文物管理所
來源 周原扶風縣文物管理所提供

〇七七五一 □爵
字數 一
時代 殷
著録 總集 三三三四
考古 一九八一年二期一一七頁
圖八：四
出土 一九七九年河南羅山縣蟒張村 M六
現藏 羅山縣文化館
來源 考古編輯部檔案

〇七七五二 □爵
字數 一
時代 殷
著録 未見
現藏 北京故宮博物院
來源 考古研究所拓

〇七七五三 □爵
字數 一
時代 殷
著録 未見
現藏 北京故宮博物院
來源 考古研究所拓

〇七七五四 □爵
字數 一
時代 殷
著録 未見
現藏 北京故宮博物院
來源 考古研究所拓

〇七七五五 □爵
字數 一
時代 殷
著録 上海（二〇〇四）三一
現藏 上海博物館
來源 上海博物館提供

〇七七五六 □角
字數 一
時代 殷
著録 故青 八九
現藏 北京故宮博物院
來源 考古研究所拓

〇七七五七 □爵
字數 一
時代 殷
著録 未見
現藏 北京故宮博物院
來源 考古研究所拓

〇七七五八 □爵
字數 一
時代 殷
著録 上海（二〇〇四）九七
現藏 上海博物館
來源 上海博物館提供

〇七七五九 □爵
字數 一
時代 殷
著録 未見
現藏 北京故宮博物院
來源 考古研究所拓

〇七七六〇 □爵
字數 一
時代 殷
著録 上海（二〇〇四）九一
現藏 上海博物館
來源 上海博物館提供

〇七七六一 □爵
字數 一
時代 殷
著録 青全 三・二四
上海（二〇〇四）九一
現藏 上海博物館
來源 上海博物館提供

〇七七六二 □爵
字數 一
時代 殷
著録 上海（二〇〇四）九一
現藏 上海博物館
來源 上海博物館提供

〇七七六三 □爵
字數 一
時代 殷
著録 首師大 三〇
現藏 首都師範大學歷史博物館
來源 考古研究所拓

〇七七六四 □爵
字數 一
時代 殷
著録 總集 三三六九
學報 一九七九年一期八三頁圖
六〇：一四
出土 一九七五年河南安陽市殷墟西區
墓葬（M三五四：二）
現藏 考古研究所安陽工作站
來源 考古研究所拓

〇七七六五 □爵

字數 一
時代 殷或西周早期
著録 未見
現藏 北京故宮博物院
來源 考古研究所拓

〇七七六六 [illegible]爵
字數 一
時代 殷或西周早期
著録 未見
現藏 北京故宮博物院
來源 考古研究所拓

〇七七六七 [illegible]爵
字數 一
時代 殷
著録 未見
現藏 北京故宮博物院
來源 考古研究所拓

〇七七六八 [illegible]爵
字數 一
時代 殷
著録 未見
現藏 北京故宮博物院
來源 考古研究所拓

〇七七六九 [illegible]爵
字數 一
時代 殷或西周早期
著録 未見
現藏 北京故宮博物院
來源 考古研究所拓

〇七七七〇 [illegible]爵
字數 一
時代 殷
著録 未見
現藏 上海博物館
來源 上海博物館提供

〇七七七一 [illegible]爵
字數 一
時代 殷
著録 續殷下 七・六
來源 考古研究所藏

〇七七七二 亞吴爵
字數 二
時代 殷
著録 總集 三三八五
三代 一五・一六・二
貞圖中 二六
綜覽・爵 八四
流傳 羅振玉舊藏
來源 考古研究所藏

〇七七七三 亞吴爵
字數 二
時代 殷
著録 冠斝中 二九
流傳 榮厚舊藏
現藏 上海博物館
來源 上海博物館提供

〇七七七四 亞吴爵
字數 二
時代 殷
著録 總集 三三八六
三代 一五・一六・三
美集録 R 五〇七
流傳 美國紐約羅比爾舊藏
來源 考古研究所藏

〇七七七五 亞吴爵
字數 二
時代 殷
著録 總集 三三八九
三代 一五・一六・六
來源 三代

〇七七七六 亞吴爵
字數 二
時代 殷
著録 鄴二上 二六
現藏 北京故宮博物院
來源 考古研究所拓

〇七七七七 亞吴角
字數 二
時代 殷
著録 總集 三三八三
録遺 三八二
現藏 北京故宮博物院
來源 考古研究所拓

〇七七七八 亞吴爵
字數 二
時代 殷或西周早期
著録 總集 三三九〇
三代 一五・一六・七
現藏 上海博物館
來源 上海博物館提供

〇七七七九 亞吴爵
字數 二
時代 殷或西周早期
著録 總集 三三九一
三代 一五・一六・八
來源 三代

〇七七八〇 亞吴爵
字數 二
時代 殷
著録 總集 三三八七
三代 一五・一六・四
貞圖中 二七
綜覽・爵 八一
流傳 羅振玉舊藏
來源 考古研究所藏

〇七七八一 亞吴爵
字數 二
時代 殷
著録 總集 三三八八
三代 一五・一六・五
貞圖中 二八
流傳 羅振玉舊藏
來源 考古研究所藏

〇七七八二 亞吴爵
字數 二
時代 殷或西周早期
著録 總集 三三八四
三代 一五・一六・一
攈古 一一・九・三
殷存下 三・七
小校 六・一一・二
流傳 潘祖蔭舊藏
來源 考古研究所藏

〇七七八三 亞醜爵
字數 二
時代 殷
著録 總集 三三九七
文物 一九七二年八期二二頁
圖七：三
出土 一九六六年山東益都縣蘇埠屯 M一
現藏 山東省博物館
來源 文物

〇七七八四 亞醜爵
字數 二（鋬內底內各二字）
時代 殷

著録 總集 三三九五
三代 一五・四〇・二
續殷下 二・一一(鋬內)
流傳 吳曉亭舊藏
來源 考古研究所藏

〇七七八五 亞醜爵
字數 二(鋬內底內各二字)
時代 殷
著録 總集 三三九四
三代 一五・四〇・一
來源 三代

〇七七八六 亞醜爵
字數 二
時代 殷
著録 總集 三三九二(三三九六)
三代 一五・一七・一
愙齋 二二・四・一
綴遺 二四・二九・一(作觴)
陶續 二・一一
續殷下 二・七(二・八，二・九重出)
流傳 端方舊藏
來源 考古研究所藏

〇七七八七 亞醜爵
字數 二
時代 殷
著録 續殷下 二・一二
來源 考古研究所藏

〇七七八八 亞子爵
字數 二
時代 殷或西周早期
著録 總集 三四〇四
録遺 四一二
來源 録遺

〇七七八九 亞[illegible]爵
字數 二
時代 殷
著録 未見
現藏 北京故宮博物院
來源 考古研究所拓

〇七七九〇 亞[illegible]爵
字數 二
時代 殷
著録 未見
現藏 北京故宮博物院
來源 考古研究所拓

〇七七九一 亞[illegible]爵
字數 二
時代 殷
著録 文物 一九八六年一一期七頁圖一一：四
出土 一九八五年山西靈石縣旌介村 M一
現藏 山西省考古研究所
來源 文物

〇七七九二 亞[illegible]爵
字數 二
時代 殷
著録 文物 一九八六年一一期七頁圖一一：五
出土 同〇七七九一
現藏 山西省考古研究所
來源 文物

〇七七九三 亞[illegible]角
字數 二
時代 殷
著録 總集 四二〇六
三代 一六・四一・四
積古 二・一五・三
攈古 一・二・一五・一
綜覽・角 二三
現藏 日本東京某氏
來源 三代

〇七七九四 亞[illegible]角
字數 二
時代 殷
著録 總集 四二〇五
三代 一六・四二・一
愙齋 二三・八・四
殷存下 二二・四
善齋 七・五六
續殷下 三・一一
小校 六・七八・四
善彝 一六四
故圖下下 三七五
流傳 李山農、溥倫、劉體智舊藏
現藏 臺北故宮博物院
現藏 考古研究所藏溥倫拓本

〇七七九五 亞屰爵
字數 二
時代 殷
著録 總集 三五八六
三代 一五・三三・一
現藏 北京故宮博物院
來源 考古研究所拓

〇七七九六 亞屰爵
字數 二
時代 殷
著録 銅玉 Fig 七〇J
綜覽・爵 七八
來源 綜覽

〇七七九七 亞[illegible]角
字數 二
時代 西周早期
著録 總集 四二〇九
三代 一六・四二・四
西清 二六・四六
陶續 二・一二
續殷下 三八・一
賸稿 四三
通考 四五〇
小校 六・七八・三
美集録 R 一三三
歐精華 一・六五
出土 傳河南
流傳 清宮舊藏，後歸劉鶚、端方
現藏 美國紐約大都會美術博物館
來源 三代

〇七七九八 亞軗爵
字數 二
時代 殷
著録 未見
現藏 上海博物館
來源 上海博物館提供

〇七七九九 亞軗爵
字數 二
時代 殷
著録 未見
現藏 上海博物館
來源 上海博物館提供

〇七八〇〇 亞盥爵
字數 二
時代 殷
著録 殷青 圖六二：一一
出土 一九六三年河南安陽市殷墟苗圃北地(M一七二)
現藏 考古研究所安陽工作站

來源 考古研究所拓

〇七八〇一 亞羢爵
字數 二
時代 殷
著録 中原文物 一九八五年一期三〇頁
圖二：二八
出土 河南安陽市
現藏 新鄉市博物館
來源 新鄉市博物館提供

〇七八〇二 亞獸爵
字數 二
時代 殷
著録 未見
出土 傳河南安陽市
現藏 北京故宮博物院
來源 考古研究所拓

〇七八〇三 亞獸爵
字數 二
時代 殷
著録 未見
現藏 北京故宮博物院
來源 考古研究所拓

〇七八〇四 亞獸爵
字數 二
時代 殷
著録 總集 三六九七
録遺 四三二
來源 録遺

〇七八〇五 亞獸爵
字數 二
時代 殷
著録 總集 四〇一六
録遺 四六六
來源 録遺

〇七八〇六 亞獸爵
字數 二
時代 殷
著録 綜覽・爵 一〇七
現藏 日本奈良天理參考館
來源 綜覽

〇七八〇七 亞獸爵
字數 二
時代 殷
著録 未見
現藏 北京故宮博物院
來源 考古研究所拓

〇七八〇八 亞[illegible]爵
字數 二
時代 殷
著録 總集 三五八九
三代 一五・三三・四
陶續 一・一一
續殷下 一・五
通考 四二四
美集録 R 一三五
流傳 端方舊藏
現藏 美國紐約大都會美術博物館
來源 考古研究所藏

〇七八〇九 亞鳥爵
字數 二
時代 殷
著録 未見
現藏 北京故宮博物院
來源 考古研究所拓

〇七八一〇 亞雔爵
字數 二
時代 殷
著録 未見
現藏 中國歷史博物館
來源 考古研究所拓

〇七八一一 亞隻爵
字數 二
時代 殷
著録 彙編 八・一〇〇一
現藏 英國倫敦不列顛博物館
來源 不列顛博物館提供

〇七八一二 亞隻爵
字數 二
時代 殷
著録 總集 三三九八
日精華 三・二一六
彙編 八・一〇〇〇
出土 傳河南安陽市郊
流傳 日本京都川合定治郎舊藏
來源 彙編

〇七八一三 亞隻爵
字數 二
時代 殷
著録 綜覽・爵 一二七
現藏 日本東京根津美術館
來源 綜覽

〇七八一四 亞[illegible]爵
字數 二
時代 殷或西周早期
著録 綴遺 一九・三〇・二
續殷下 二〇・二
山東存附 八・二
出土 乾隆末年出土于壽張縣梁山
流傳 黄小松舊藏
來源 續殷

〇七八一五 亞[illegible]爵
字數 二
時代 殷
著録 總集 三七一八
三代 一五・三三・五
貞松 九・三九・三
綴遺 一九・一二・二
來源 三代

〇七八一六 亞[illegible]爵
字數 二
時代 殷或西周早期
著録 總集 三三二六
録遺 三九一
來源 考古研究所藏

〇七八一七 亞[illegible]爵
字數 二
時代 殷或西周早期
著録 總集 三四〇二
三代 一五・八・九
續殷下 七・一〇
小校 六・一一・四
來源 考古研究所藏

〇七八一八 亞[illegible]爵
字數 二
時代 殷或西周早期
著録 三代 一五・八・一〇
來源 三代

〇七八一九 亞弜爵
字數 二
時代 殷
著録 彙編 八・一〇四六
現藏 美國華盛頓西雅圖美術博物館
來源 彙編

〇七八二〇 亞弜爵
字數 二
時代 殷

著録 總集 三五八八
荷、比 九三頁圖版九
彙編 八・一〇四七
現藏 荷蘭某私人處
來源 彙編

〇七八二一 亞弜爵
字數 二
時代 殷
著録 總集 三五八七
三代 一五・三三・二
貞圖中 二五
貞續下 七
續殷下 二二・二
流傳 羅振玉舊藏
現藏 中國歷史博物館
來源 考古研究所藏

〇七八二二 亞□爵
字數 二
時代 殷
著録 未見
現藏 北京故宮博物院
來源 考古研究所拓

〇七八二三 亞□爵
字數 二
時代 殷
著録 總集 三五九一
三代 一五・三三・三
柯爾 三二頁
流傳 英國倫敦柯爾氏舊藏
來源 考古研究所藏

〇七八二四 亞聘爵
字數 二
時代 西周早期
著録 總集 三四〇一
三代 一五・一七・四
攈古 一・二・二六・一
綴遺 一九・二九・二
周金 五・一二七・三
小校 六・一二・二
流傳 朱善旂舊藏
來源 三代

〇七八二五 亞□爵
字數 二
時代 殷
著録 總集 三五〇一
三代 一五・二六・七
貞松 九・三五・二
海外吉 八四
泉屋 二・七六
泉屋博古 圖四四拓一〇
現藏 日本京都泉屋博古館
來源 三代

〇七八二六 亞□爵
字數 二
時代 殷
著録 續殷下 一八・二
來源 考古研究所藏

〇七八二七 亞戈爵
字數 二
時代 殷
著録 總集 三三九九
三代 一五・一七・二
貞圖中 一七
續殷下 四・五
通考 四一六
流傳 羅振玉舊藏
現藏 旅順博物館
來源 考古研究所拓

〇七八二八 亞□爵
字數 二
時代 殷
著録 未見
流傳 中國科學院圖書館舊藏
現藏 中國歷史博物館
來源 考古研究所拓

〇七八二九 亞□爵
字數 二
時代 殷或西周早期
著録 未見
現藏 北京故宮博物院
來源 考古研究所拓

〇七八三〇 亞□爵
字數 二
時代 西周早期
著録 總集 四〇一二
録遺 四六二
現藏 北京故宮博物院
來源 考古研究所拓

〇七八三一 亞其爵
字數 二
時代 殷
著録 總集 四〇一一
録遺 四六一
來源 考古研究所藏

〇七八三二 亞其爵
字數 二
時代 殷
著録 未見
來源 考古研究所藏

〇七八三三 亞其爵
字數 二
時代 殷
著録 未見
現藏 北京故宮博物院
來源 考古研究所拓

〇七八三四 亞其爵
字數 二
時代 殷
著録 總集 三六七四
上海 一七
辭典 一七四
青全 三・二〇
上海(二〇〇四) 九二
現藏 上海博物館
來源 上海博物館提供

〇七八三五 亞其爵
字數 二
時代 殷
著録 總集 三六六七
婦好墓 八四頁圖五六：四
出土 一九七六年河南安陽市殷墟婦好墓(M五：六五五)
現藏 考古研究所
來源 考古研究所拓

〇七八三六 亞其爵
字數 二
時代 殷
著録 總集 三六六八
婦好墓 八四頁圖五六：五
出土 同〇七八三五(M五：六五一)
現藏 考古研究所
來源 考古研究所拓

〇七八三七 亞其爵
字數 二
時代 殷

著録 總集 三六六九
婦好墓 八四頁圖五六：六
出土 同 〇七八三五（M五：六七九）
現藏 考古研究所
來源 考古研究所拓

〇七八三八 亞其爵
字數 二
時代 殷
著録 總集 三六七〇
婦好墓 八四頁圖五六：七
出土 同 〇七八三五（M五：六八四）
現藏 考古研究所
來源 考古研究所拓

〇七八三九 亞其爵
字數 二
時代 殷
著録 總集 三六七二
婦好墓 八四頁圖五六：九
綜覽・爵 七五
出土 同 〇七八三五（M五：六八七）
現藏 考古研究所
來源 考古研究所拓

〇七八四〇 亞其爵
字數 二
時代 殷
著録 總集 三六七一
婦好墓 八四頁圖五六：八
出土 同 〇七八三五（M五：六八二）
現藏 考古研究所
來源 考古研究所拓

〇七八四一 亞其爵
字數 二
時代 殷
著録 總集 三六七三
婦好墓 八七頁圖五七：二
殷虛 圖五一・四
出土 同 〇七八三五（M五：六七四）
現藏 考古研究所
來源 考古研究所拓

〇七八四二 亞其爵
字數 二
時代 殷
著録 未見
出土 同 〇七八三五
現藏 考古研究所
來源 考古研究所拓

〇七八四三 亞其爵
字數 二
時代 殷
著録 未見
出土 同 〇七八三五
現藏 考古研究所
來源 考古研究所拓

〇七八四四 亞辛爵
字數 二
時代 殷
著録 總集 三五二一
彙編 八・一〇五八
現藏 美國聖路易市美術博物館
來源 彙編

〇七八四五 且甲爵
字數 二
時代 殷
著録 總集 三四〇六
三代 一五・一七・六
冠斝中 三〇
流傳 榮厚舊藏
現藏 上海博物館
來源 上海博物館提供

〇七八四六 且甲爵
字數 二
時代 殷
著録 總集 三四〇五
三代 一五・一七・五
來源 考古研究所藏

〇七八四七 且乙爵
字數 二
時代 殷
著録 總集 三四〇七
三代 一五・一七・七
從古 一四・三
攈古 一・一・三二・二
愙齋 二三・二〇・三
綴遺 二〇・七・一
奇觚 七・一一・一
殷存下 五・八
簠齋 二爵 一二
雙吉上 三三
小校 六・一三・六
綜覽・爵 一七二
流傳 陳介祺、于省吾舊藏
來源 考古研究所藏

〇七八四八 且乙爵
字數 二
時代 殷
著録 總集 三四〇八
三代 一五・一七・八
愙齋 二三・一九・四
殷存下 五・六
小校 六・一三・四
流傳 吳大澂舊藏
來源 考古研究所藏

〇七八四九 且乙爵
字數 二
時代 殷或西周早期
著録 總集 三四一〇
三代 一五・一八・二
殷存下 五・七
來源 三代

〇七八五〇 且乙爵
字數 二
時代 殷或西周早期
著録 總集 三四〇九
三代 一五・一八・一
貞松 九・三三・一
善齋 六・二〇
續殷下 八・九
小校 六・一三・五
流傳 劉體智舊藏
來源 考古研究所藏

〇七八五一 且乙爵
字數 二
時代 殷或西周早期
著録 博古 一四・一五
薛氏 三五・四
嘯堂 四四・一
來源 嘯堂

〇七八五二 且丁爵
字數 二
時代 殷
著録 續殷下 八・一一
來源 考古研究所藏

〇七八五三 且丁爵
字數 二
時代 殷
著録 總集 三四一一

小校 六・一三・七
貞續下 二・三
彙編 七・九四六
薩克勒(商) 二三
現藏 美國紐約薩克勒
來源 考古研究所藏

〇七八五四 且戊爵
字數 二
時代 殷或西周早期
著錄 總集 三四一三
三代 一五・一八・四
窓齋 二三・六・二
殷存下 五・九
小校 六・一四・二
流傳 王懿榮舊藏
來源 考古研究所藏

〇七八五五 且戊爵
字數 二
時代 殷或西周早期
著錄 總集 三四一五
三代 一五・一八・六
貞補中 二四・一
流傳 原河南博物館舊藏
現藏 臺北歷史博物館
來源 三代

〇七八五六 且戊爵
字數 二
時代 殷或西周早期
著錄 總集 三四一四
三代 一五・一八・五
貞續下 二・四
小校 六・一四・一
來源 考古研究所藏

〇七八五七 且己爵
字數 二
時代 殷
著錄 未見
現藏 上海博物館
來源 上海博物館提供

〇七八五八 且己爵
字數 二
時代 殷
著錄 博古 一四・一八
薛氏 三五・五
嘯堂 四四・四
來源 嘯堂

〇七八五九 且庚爵
字數 二
時代 殷
著錄 總集 三四一八
三代 一五・一八・七
貞松 九・三三・二
小校 六・一四・三
流傳 徐乃昌舊藏
來源 三代

〇七八六〇 且庚爵
字數 二
時代 殷
著錄 考古 一九八五年七期六六五頁
圖二：六
出土 河南臨汝縣李樓村
現藏 臨汝縣博物館
來源 考古

〇七八六一 且庚爵
字數 二
時代 殷或西周早期
著錄 未見
現藏 遼寧省博物館
來源 考古研究所拓

〇七八六二 且辛爵
字數 二
時代 殷
著錄 總集 三七一一
學報 一九七九年一期八三頁
圖六〇：一七
河南 一・二三四
殷青 圖七七・三
出土 一九七七年河南安陽市殷墟西區
墓葬(M七九三：一〇)
現藏 考古研究所安陽工作站
來源 考古研究所拓

〇七八六三 且辛爵
字數 二
時代 殷
著錄 未見
現藏 扶風縣博物館
來源 扶風縣博物館提供

〇七八六四 且辛爵
字數 二
時代 西周早期
著錄 未見
現藏 北京故宮博物院
來源 考古研究所拓

〇七八六五 且辛爵
字數 二
時代 西周早期
著錄 懷履光(一九五六) 一一二頁圖五
出土 傳一九三〇年以前河南洛陽市郊
流傳 懷履光舊藏
現藏 加拿大多倫多安大略博物館
來源 考古研究所藏陳夢家拓本

〇七八六六 且辛爵
字數 二
時代 西周早期
著錄 總集 三四一九
三代 一五・一八・八
攈古 一一・三三・一
窓齋 二三・二〇・四
綴遺 二〇・一三・一
奇觚 七・一二
簠齋 二爵 一三
殷存下 五
雙吉上 三四
續殷下 九・六
尊古 二・四九
小校 六・一四・四
流傳 陳介祺、于省吾舊藏
現藏 北京故宮博物院
來源 考古研究所拓

〇七八六七 且辛爵
字數 二
時代 西周早期
著錄 總集 三四二〇
文叢三 四五頁圖一六
現藏 洛陽市文物工作隊
來源 考古研究所拓

〇七八六八 且壬爵
字數 二
時代 殷
著錄 總集 三四二二
善齋 六・二一
續殷下 九・七
小校 六・一四・五
流傳 劉體智舊藏
來源 考古研究所藏

〇七八六九 且癸爵

字數 二
時代 殷
著録 總集 三四二五
彙編 七・九四五
現藏 加拿大多倫多安大略博物館
來源 彙編

〇七八七〇 且癸爵
字數 二
時代 殷
著録 總集 三四二四
三代 一五・一九・三
貞續下 三・一
續殷下 九・九
貞圖中 一八
流傳 羅振玉舊藏
來源 考古研究所藏

〇七八七一 且癸爵
字數 二
時代 殷或西周早期
著録 總集 三四二三
三代 一五・一九・一
殷存下 五・一一
流傳 潘祖蔭舊藏
來源 三代

〇七八七二 且癸爵
字數 二
時代 西周早期
著録 總集 三四二二
三代 一五・一九・二
貞松 九・三三・三
澂秋 四六
續殷下 九・八
流傳 陳承裘舊藏
現藏 北京故宮博物院

來源 考古研究所拓

〇七八七三 父甲角
字數 二
時代 殷
著録 總集 四二〇七
三代 一六・四二・二
貞松 一〇・二三
小校 六・七八・七
美集録 R 二二二
流傳 劉體智舊藏
現藏 美國魯本斯氏
來源 考古研究所藏
備注 或以爲銘乃後刻

〇七八七四 父甲爵
字數 二
時代 殷
著録 總集 三四三〇
文物 一九七七年四期六九頁圖
一三：二
出土 一九七五年山東膠縣西庵村墓葬
現藏 山東濰坊市博物館
來源 文物

〇七八七五 父甲爵
字數 二
時代 殷
著録 總集 三四二六
三代 一五・一九・四
貞續下 三・二
來源 三代

〇七八七六 父甲爵
字數 二
時代 殷或西周早期
著録 總集 三四二七
三代 一五・一九・五

綴遺 二〇・六・一
奇觚 七・一三・一
殷存下 五・一二（下六・一重出）
小校 六・一四・七
流傳 潘祖蔭舊藏
來源 考古研究所藏

〇七八七七 父甲爵
字數 二
時代 殷或西周早期
著録 總集 三四二八
三代 一五・一九・六
愙齋 二二・一七・二
綴遺 二〇・六・二
奇觚 七・一三・二
簠齋 二爵一八
殷存下 六・二
小校 六・一四・八
流傳 陳介祺舊藏
來源 考古研究所藏

〇七八七八 父甲爵
字數 二
時代 殷
著録 西周早期
現藏 北京故宮博物院
來源 考古研究所拓

〇七八七九 父甲爵
字數 二
時代 西周早期
著録 未見
現藏 北京故宮博物院
來源 考古研究所拓

〇七八八〇 父乙爵
字數 二
時代 殷

著録 三代 一六・三九・二
綴遺 二二・二〇・一
陶續 二・一〇
夢郼上 四九
流傳 唐白甫、端方、羅振玉舊藏
來源 考古研究所藏
備注 柱及身有僞銘五字

〇七八八一 父乙爵
字數 二
時代 殷或西周早期
著録 未見
出土 一九二六年河南洛陽市邙山廟溝
流傳 懷履光舊藏
現藏 加拿大多倫多安大略博物館
來源 考古研究所藏陳夢家拓本

〇七八八二 父乙爵
字數 二
時代 殷或西周早期
著録 總集 三四三八
彙編 七・九三八
現藏 美國舊金山亞洲藝術博物館（布倫戴奇藏品）
來源 彙編

〇七八八三 父乙爵
字數 二
時代 殷或西周早期
著録 總集 三四三五
三代 一五・一九・一〇
殷存下 六・七
來源 三代

〇七八八四 父乙爵
字數 二
時代 殷或西周早期
著録 總集 三四三二

三代 一五・一九・九
續殷下 一〇・二
來源 三代

〇七八八五 父乙爵
字數 二
時代 殷
著録 總集 三四三四
三代 一五・一九・八
攈古 一・一・三〇・一
窓齋 二三・一一・一
移林 二四
殷存下 六・五
小校 六・一五・四
流傳 瞿穎山、李山農、丁麟年舊藏
現藏 北京故宮博物院
來源 考古研究所拓

〇七八八六 父乙爵
字數 二
時代 殷
著録 未見
流傳 北京故宮博物院舊藏
現藏 黑龍江省博物館
來源 考古研究所拓

〇七八八七 父乙爵
字數 二
時代 殷或西周早期
著録 續殷下 六・四
來源 考古研究所藏

〇七八八八 父乙爵
字數 二
時代 殷或西周早期
著録 未見
現藏 北京故宮博物院
來源 考古研究所拓

〇七八八九 父乙爵
字數 二
時代 殷或西周早期
著録 未見
來源 考古研究所拓

〇七八九〇 父乙爵
字數 二
時代 殷
著録 博古 一四・七
薛氏 三四・六
嘯堂 四二・四
來源 嘯堂

〇七八九一 父乙爵
字數 二
時代 殷
著録 博古 一四・九
薛氏 三四・七
嘯堂 四三・二
來源 嘯堂

〇七八九二 父乙爵
字數 二
時代 殷
著録 博古 一四・一〇
薛氏 三四・八
嘯堂 四三・三
來源 嘯堂

〇七八九三 父乙爵
字數 二
時代 殷
著録 博古 一四・一一
薛氏 三五・一
嘯堂 四三・四
來源 嘯堂

〇七八九四 父乙爵

字數 二
時代 殷
著録 博古 一四・一二
薛氏 三五・二
嘯堂 四三・五
來源 嘯堂

〇七八九五 父乙爵
字數 二
時代 殷
著録 博古 一四・一三
薛氏 三五・三
嘯堂 四三・六
來源 嘯堂

〇七八九六 父乙爵
字數 二
時代 西周早期
著録 總集 三四三三
三代 一五・一九・一一
從古 八・一八
窓齋 二三・一〇・二
殷存下 六・六
十二補 三
小校 六・一五・三
冠斝中 二八
通考 四二五
流傳 張致和、李山農、榮厚舊藏
來源 考古研究所藏

〇七八九七 父乙爵
字數 二
時代 西周早期
著録 總集 三四三二
三代 一五・一九・七
殷存下 六・三
續殷下 九・一二

小校 六・一五・一
來源 考古研究所藏

〇七八九八 父乙爵
字數 二
時代 西周早期
著録 琉璃河 一六八頁圖九九・四
出土 一九七三年北京琉璃河西周墓
(M五二：九)
現藏 首都博物館
來源 考古研究所拓

〇七八九九 父乙爵
字數 二
時代 西周早期
著録 總集 三四三七
考古與文物 一九八二年二期八頁
圖二：四
出土 一九七四年陝西岐山縣張家場村
現藏 岐山縣博物館
來源 考古與文物

〇七九〇〇 父乙爵
字數 二
時代 西周早期
著録 總集 三四三六
美集録 R二二四
綜覽・爵 一八三
流傳 美國紐約魏格氏舊藏
來源 考古研究所陳夢家拓本

〇七九〇一 父丙爵
字數 二
時代 西周早期
著録 總集 三四四〇
三代 一五・二〇・一
窓齋 二二・九・三
綴遺 二〇・八・一

續殷下 一〇・九
小校 六・一五・六
流傳 潘祖蔭舊藏
來源 三代

〇七九〇二 父丁爵

字數 二
時代 殷
著録 總集 三四五二
三代 一五・二一・二
從古 一四・七
攈古 一・一・二九・三
愙齋 二三・一七
綴遺 二〇・一一・二
奇觚 七・一七・一
簠齋 二爵二七
殷存下 七・二
雙吉上 三七
尊古 三・二
小校 六・一七・五
流傳 陳介祺、于省吾舊藏
來源 考古研究所藏

〇七九〇三 父丁爵

字數 二
時代 殷或西周早期
著録 未見
現藏 北京故宮博物院
來源 考古研究所拓

〇七九〇四 父丁爵

字數 二
時代 殷或西周早期
著録 總集 三四四一
三代 一五・二〇・二
從古 一四・六
愙齋 二二・一六・三

攈古 一・一・二九・二
綴遺 二〇・一一・一
奇觚 七・一六・二
簠齋 二爵二六
殷存下 六・九
小校 六・一六・五
流傳 陳介祺舊藏
來源 考古研究所藏

〇七九〇五 父丁爵

字數 二
時代 殷或西周早期
著録 總集 三四四三(三四四七)
三代 一五・二〇・三(又一五・
二〇・七重出)
從古 六・二六
愙齋 二三・一〇・二
續殷下 一一・三
小校 六・一五・七
流傳 張廷濟、潘祖蔭舊藏
來源 三代

〇七九〇六 父丁爵

字數 二
時代 殷
著録 總集 三四四二
三代 一五・二〇・六
從古 七・一〇
攈古 一・一・二九・一
愙齋 二三・一一・四
綴遺 二〇・一〇・二
殷存下 七・三
小校 六・一七・二
冠斝中 二六
續殷下 一〇・一一
綜覽・爵 一九三

流傳 李山農、瞿穎山、夏睫巢、榮
厚舊藏
來源 考古研究所藏

〇七九〇七 父丁爵

字數 二
時代 殷或西周早期
著録 總集 三四四九
三代 一五・二〇・五
愙齋 二二・一六・四
奇觚 七・一六・一
殷存下 七・一
簠齋 二爵二五
小校 六・一六・二
流傳 陳介祺舊藏
來源 考古研究所藏

〇七九〇八 父丁爵

字數 二
時代 殷或西周早期
著録 總集 三四五一
三代 一五・二一・一
愙齋 二三・二三・三
殷存下 六・一〇
小校 六・一六・八
流傳 吳大澂舊藏
來源 考古研究所藏

〇七九〇九 父丁爵

字數 二
時代 殷或西周早期
著録 總集 三四四五
三代 一五・二〇・九
綴遺 二〇・八・二
貞續下 三・三
流傳 梁山舟舊藏
來源 三代

〇七九一〇 父丁爵

字數 二
時代 殷或西周早期
著録 總集 三四五三
三代 一五・二一・三
愙齋 二三・一九・二
殷存下 六・一一
小校 六・一七・一
流傳 吳大澂舊藏
來源 三代

〇七九一一 父丁爵

字數 二
時代 殷或西周早期
著録 中原文物 一九八五年一期三〇頁
圖二：四三
現藏 新鄉市博物館
來源 新鄉市博物館提供

〇七九一二 父丁爵

字數 二
時代 殷或西周早期
著録 未見
來源 考古研究所藏

〇七九一三 父丁爵

字數 二
時代 殷或西周早期
著録 未見
來源 考古研究所藏

〇七九一四 父丁爵

字數 二
時代 殷或西周早期
著録 未見
現藏 北京故宮博物院
來源 考古研究所拓

〇七九一五 父丁爵

字數 二
時代 殷或西周早期
著録 總集 三四五四
復齋 七・一
積古 二・六
攈古 一・一・二八・三
來源 復齋

〇七九一六 父丁爵

字數 二
時代 殷或西周早期
著録 總集 三四四四
三代 一五・二〇・八
貞松 九・三三・四
來源 三代

〇七九一七 父丁爵

字數 二
時代 西周早期
著録 善齋 六・二三
小校 六・一七・三
續殷下 一一・四
故圖下下 三六七
流傳 劉體智舊藏
現藏 臺北故宮博物院
來源 考古研究所藏

〇七九一八 父丁爵

字數 二
時代 西周早期
著録 善齋 六・二四
小校 六・一六・三
續殷下 一一・一
流傳 劉體智舊藏
來源 考古研究所藏

〇七九一九 父丁爵

字數 二
時代 西周早期
著録 考古 一九八四年一二期一一三二頁圖一：一
出土 一九八二年安徽潁上縣鄭家灣村
現藏 潁上縣文化局文物工作組
來源 考古

〇七九二〇 父丁爵

字數 二
時代 西周早期
著録 總集 三四四六
學報 一九八〇年四期四六八頁圖一六：七
出土 一九七六年陝西長安縣張家坡墓葬（M五八：六）
現藏 考古研究所西安研究室
來源 考古研究所拓

〇七九二一 父丁爵

字數 二
時代 西周早期
著録 總集 三四五〇
陝青 三・一一三
出土 一九六〇年陝西扶風縣齊家村墓葬
現藏 陝西省博物館
來源 陝西省博物館提供

〇七九二二 父丁爵

字數 二
時代 西周早期
著録 考古 一九六三年一二期六五七頁圖九：二
出土 一九六〇年陝西扶風縣白家村墓葬
現藏 陝西省博物館
來源 考古編輯部檔案

〇七九二三 父丁爵

字數 二
時代 西周早期
著録 江漢考古 一九八二年二期四五頁圖六：四
出土 一九七八年湖北黃陂縣魯臺山
現藏 孝感地區博物館
來源 孝感地區博物館提供

〇七九二四 父丁爵

字數 二
時代 西周早期
著録 總集 三四四八
三代 一五・二〇・四
貞續下 三・四
小校 六・一六・一
現藏 北京故宮博物院
來源 考古研究所拓

〇七九二五 父丁爵

字數 二
時代 西周早期
著録 未見
現藏 南京大學考古與藝術博物館
來源 考古研究所拓

〇七九二六 父丁爵

字數 二
時代 西周早期
著録 未見
現藏 南京大學考古與藝術博物館
來源 考古研究所拓

〇七九二七 父戊爵

字數 二
時代 殷
著録 巖窟上 三六
出土 一九三一年河南安陽市
流傳 梁上椿舊藏
來源 巖窟

〇七九二八 父戊爵

字數 二
時代 殷
著録 未見
現藏 北京故宮博物院
來源 考古研究所拓

〇七九二九 父戊爵

字數 二
時代 殷
著録 總集 三四五七
三代 一五・二一・五
貞松 九・三四・一
續殷下 一一・一〇
來源 三代

〇七九三〇 父戊爵

字數 二
時代 殷或西周早期
著録 總集 三四五六
三代 一五・二一・四
貞續下 四・一
綴遺 二〇・一二・一
續殷下 一一・九
小校 六・一七・六
來源 考古研究所藏

〇七九三一 父戊爵

字數 二
時代 西周早期
著録 總集 三四五八
歐精華 一・六〇
彙編 七・九四〇
綜覽・爵 二三五
現藏 法國巴黎某私人處

來源 彙編

〇七九三二 父己爵
字數 二
時代 殷
著録 總集 三四六八
録遺 四一八
現藏 北京故宮博物院
來源 考古研究所拓

〇七九三三 父己爵
字數 二
時代 殷
著録 總集 三四六四
三代 一五・二二・二
殷存下 七・四
來源 三代

〇七九三四 父己爵
字數 二
時代 殷
著録 總集 三四五九
三代 一五・二一・六
愙齋 二三・一九・一
續殷下 一二・二
小校 六・一八・一
流傳 潘祖蔭、吴大澂舊藏
來源 考古研究所藏

〇七九三五 父己爵
字數 二
時代 殷
著録 美集録 R 五一七
流傳 美國 Komor 舊藏
來源 考古研究所藏陳夢家拓本

〇七九三六 父己角
字數 二
時代 殷
著録 故青 三六
現藏 北京故宮博物院
來源 考古研究所拓

〇七九三七 父己爵
字數 二
時代 殷
著録 總集 三四六五
貞松 九・三四・三
小校 六・一八・四
善齋 六・二八
續殷下 一二・一
流傳 劉體智舊藏
來源 考古研究所藏

〇七九三八 父己爵
字數 二
時代 殷
著録 總集 三四六一
三代 一五・二二・三
貞補中 二四
流傳 原河南博物館舊藏
現藏 臺北歷史博物館
來源 三代

〇七九三九 父己爵
字數 二
時代 殷或西周早期
著録 總集 三四六六
三代 一五・二二・四
小校 六・一八・三
貞續下 四・二
流傳 劉體智舊藏
現藏 上海博物館
來源 上海博物館提供

〇七九四〇 父己爵
字數 二
時代 殷或西周早期
著録 總集 三四六〇
三代 一五・二二・七
來源 三代

〇七九四一 父己爵
字數 二
時代 殷或西周早期
著録 總集 三四六七
彙編 七・九三五
現藏 加拿大多倫多安大略博物館
來源 考古研究所藏陳夢家拓本

〇七九四二 父己爵
字數 二
時代 殷
著録 總集 三四六九
陝圖 一一一
現藏 陝西省博物館
來源 陝圖

〇七九四三 父己爵
字數 二
時代 西周早期
著録 未見
現藏 北京故宮博物院
來源 考古研究所拓

〇七九四四 父己爵
字數 二
時代 西周早期
著録 總集 三四六三
三代 一五・二二・一
貞松 九・三四・二
善齋 六・二七
續殷下 一二・三
小校六・一七・七
流傳 溥倫、劉體智舊藏
來源 考古研究所藏

〇七九四五 父己爵
字數 二
時代 西周早期
著録 總集 三四六二
三代 一五・二二・八
善齋 六・二六
小校 六・一七・八
續殷下 一二・四
流傳 劉體智舊藏
來源 考古研究所藏

〇七九四六 父己爵
字數 二
時代 西周早期
著録 未見
現藏 北京故宮博物院
來源 考古研究所拓

〇七九四七 父己爵
字數 二
時代 西周早期
著録 未見
現藏 遼寧省博物館
來源 考古研究所拓

〇七九四八 父庚爵
字數 二
時代 殷
著録 未見
現藏 北京故宮博物院
來源 考古研究所拓

〇七九四九 父庚爵
字數 二
時代 殷或西周早期
著録 總集 三八九〇
三代 一六・一六・七

貞續下 一三・四
小校 六・五〇・四
來源 考古研究所藏

〇七九五〇 父庚爵
字數 二
時代 殷或西周早期
著録 未見
現藏 北京故宮博物院
來源 考古研究所拓

〇七九五一 父庚爵
字數 二
時代 西周早期
著録 博古 一四・三一
薛氏 三五・一
嘯堂 四六・一
來源 嘯堂

〇七九五二 父辛爵
字數 二
時代 殷
著録 總集 三四七三
三代 一五・二二・八
攈古 一・一・三〇・四
夢續 二九
續殷下 一三・一一
流傳 羅振玉舊藏
來源 考古研究所藏

〇七九五三 父辛爵
字數 二
時代 殷
著録 中原文物 一九八四年四期二三頁圖二
出土 一九八二年河南武陟縣龍睡村
現藏 武陟縣博物館
來源 武陟縣博物館提供

〇七九五四 父辛爵
字數 二
時代 殷
著録 總集 三四七七
三代 一五・二三・四
夢郼 二八
續殷下 一三・三
綜覽・爵 二三一
流傳 羅振玉舊藏
來源 考古研究所藏

〇七九五五 父辛爵
字數 二
時代 殷
著録 總集 三四七五
三代 一五・二三・三
二百 一一
兩罍 一・一七
愙齋 二二・九・四（二三・一七・一重出）
綴遺 二〇・一四・一
續殷下 一二・一二
小校 六・一八・七（六・一八・八重出）
流傳 吳雲、潘祖蔭舊藏
來源 考古研究所藏

〇七九五六 父辛爵
字數 二
時代 殷
著録 總集 三四七一
三代 一五・二二・六
綴遺 二〇・一三・二
殷存下 七・六
流傳 潘祖蔭舊藏
來源 考古研究所藏

〇七九五七 父辛爵
字數 二
時代 殷
著録 總集 三四七〇
三代 一五・二二・五
續殷下 一三・一
流傳 溥倫舊藏
現藏 北京故宮博物院
來源 考古研究所拓

〇七九五八 父辛爵
字數 二
時代 殷或西周早期
著録 續殷下 一三・一二
現藏 上海博物館
來源 上海博物館提供

〇七九五九 父辛爵
字數 二
時代 殷
著録 總集 三四八〇
陝圖 一一〇
現藏 陝西省博物館
來源 陝圖

〇七九六〇 父辛爵
字數 二
時代 殷或西周早期
著録 總集 三四七二
三代 一五・二二・七
從古 三・一四
愙齋 二二・一〇・一
綴遺 二〇・一四・二
續殷下 一三・二
小校 六・一九・一
流傳 張廷濟舊藏
來源 考古研究所藏

〇七九六一 父辛爵
字數 二
時代 殷或西周早期
著録 總集 三四七四
三代 一五・二三・一
貞松 九・三四・四
來源 三代

〇七九六二 父辛爵
字數 二
時代 殷
著録 總集 三四七九
三代 一五・二三・六
愙齋 二三・一八・一
續殷下 一四・三
小校 六・二〇・一
流傳 吳大澂舊藏
現藏 北京故宮博物院
來源 考古研究所拓

〇七九六三 父辛爵
字數 二
時代 殷
著録 未見
現藏 北京故宮博物院
來源 考古研究所拓

〇七九六四 父辛爵
字數 二
時代 殷或西周早期
著録 未見
現藏 上海博物館
來源 上海博物館提供

〇七九六五 父辛爵
字數 二
時代 殷或西周早期
著録 復齋 八・四

積古 二・七・一
攈古 一・一・三〇・二
來源 復齋

〇七九六六 父辛爵
字數 二
時代 西周早期
著録 琉璃河 一七〇頁圖一〇一・二
出土 北京市琉璃河西周墓(M二五一：五)
現藏 首都博物館
來源 考古研究所拓

〇七九六七 父辛爵
字數 二
時代 西周早期
著録 攈古 一・一・三一・一
續殷下 一三・八
現藏 吴式芬舊藏
來源 考古研究所藏

〇七九六八 父辛爵
字數 二
時代 西周早期
著録 總集 三四七八
文叢 三・四五頁圖一五
現藏 洛陽市博物館
來源 文叢

〇七九六九 父辛爵
字數 二
時代 西周早期
著録 考古 一九八六年三期一九九頁圖五：二
出土 一九七九～一九八一年陝西長安縣張家坡 M二
現藏 考古研究所西安研究室
來源 考古研究所拓

〇七九七〇 父辛爵
字數 二
時代 西周早期
著録 未見
現藏 北京故宮博物院
來源 考古研究所拓

〇七九七一 父壬爵
字數 二
時代 殷或西周早期
著録 總集 三四八一
三代 一五・二三・七
愙齋 二三・一四・一
殷存下 七・八
小校 六・二〇・五
流傳 劉鶚、李山農舊藏
來源 考古研究所藏

〇七九七二 父壬爵
字數 二
時代 殷或西周早期
著録 總集 三四八四
三代 一五・二四・一
殷存下 七・七
續殷下 一四・五
小校 六・二〇・四
流傳 潘祖蔭舊藏
現藏 上海博物館
來源 考古研究所藏

〇七九七三 父壬爵
字數 二
時代 殷
著録 博古 一四・三〇
薛氏 三五・八
嘯堂 四六・三
來源 嘯堂

〇七九七四 父壬爵
字數 二
時代 西周早期
著録 總集 三四八三
三代 一五・二三・九
殷存下 七・九
貞圖中 二〇
來源 考古研究所藏

〇七九七五 父壬爵
字數 二
時代 西周早期
著録 總集 三四八二
三代 一五・二三・八
海外吉 八七
貞補中 二四・三
泉屋 二・八三
綜覽・爵 一八八
泉屋博古 圖四九拓一八
現藏 日本京都泉屋博古館
來源 三代

〇七九七六 父癸爵
字數 二
時代 殷
著録 總集 三四九四
三代 一五・二四・一〇
金索金 一・一五
來源 三代

〇七九七七 父癸爵
字數 二
時代 殷
著録 總集 三四八七
三代 一五・二四・五
從古 八・二〇
愙齋 二三・一五・一
殷存下 七・一〇
小校 六・二一・一
流傳 李山農、瞿穎山舊藏
來源 考古研究所藏

〇七九七八 父癸爵
字數 二
時代 殷
著録 總集 三四九二
三代 一五・二四・八
清愛 二〇
恒軒下 七七
攈古 一・一・二八・一
愙齋 二三・一八・二
綴遺 二〇・一五・二
敬吾下 六三・四
殷存下 七・一一
小校 六・二一・二(又六・二一・四重出)
流傳 劉喜海、吴大澂舊藏
來源 考古研究所藏

〇七九七九 父癸爵
字數 二
時代 殷
著録 善齋 六・三一
小校 六・二一・三
貞松 九・三五・一
流傳 劉體智舊藏
來源 考古研究所藏

〇七九八〇 父癸爵
字數 二
時代 殷或西周早期
著録 總集 三四八八
三代 一五・二四・四
來源 三代

○七九八一　父癸爵
字數　二
時代　殷
著録　總集　三四八六
三代　一五・二四・二
貞續下　四・三
貞圖中　二一
續殷下　一四・九
綜覽・爵　八五
流傳　羅振玉舊藏
來源　考古研究所藏

○七九八二　父癸爵
字數　二
時代　殷或西周早期
著録　總集　三四八九
三代　一五・二四・三
貞補中　二四・四
來源　考古研究所藏

○七九八三　父癸爵
字數　二
時代　殷或西周早期
著録　總集　三四九三
三代　一五・二四・九
綴遺　二〇・一五・一
續殷下　一四・七
流傳　陳朗亭舊藏
來源　三代

○七九八四　父癸爵
字數　二
時代　殷或西周早期
著録　總集　三四九一
三代　一五・二四・七
來源　三代

○七九八五　父癸爵
字數　二
時代　殷或西周早期
著録　未見
現藏　中國歷史博物館
來源　考古研究所拓

○七九八六　父癸爵
字數　二
時代　西周早期
著録　巖窟上　六六
出土　河南洛陽
流傳　梁上椿舊藏
現藏　北京故宮博物院
來源　考古研究所拓

○七九八七　父癸爵
字數　二
時代　西周早期
著録　總集　三四九五
濬縣　一八
辛村　圖版五六：二
綜覽・爵　一九七
出土　一九三三年河南濬縣辛村墓葬
現藏　歷史語言研究所
來源　濬縣

○七九八八　父癸爵
字數　二
時代　西周早期
著録　西甲　一一・二
流傳　清宮舊藏
來源　西甲

○七九八九　父癸爵
字數　二
時代　西周早期
著録　博古　一四・三二
薛氏　三六・二
嘯堂　四六・五
來源　嘯堂

○七九九〇　父癸爵
字數　二
時代　西周早期
著録　未見
現藏　北京故宮博物院
來源　考古研究所拓

○七九九一　父口爵
字數　二
時代　西周早期
著録　總集　三三八二
美集録　R二五七
現藏　美國堪薩斯市納爾遜美術陳列館
來源　考古研究所藏陳夢家拓本
備注　此器爲一鉛爵

○七九九二　母己爵
字數　二
時代　殷
著録　殷青　圖九一：二
出土　一九五九年河南安陽市殷墟後崗
祭祀坑
現藏　考古研究所安陽工作站
來源　考古研究所拓

○七九九三　母己爵
字數　二
時代　殷或西周早期
著録　録遺　四四五
來源　録遺

○七九九四　母己爵
字數　二
時代　殷或西周早期
著録　未見
流傳　瀋陽故宮舊藏
現藏　遼寧省博物館
來源　考古研究所拓

○七九九五　母癸爵
字數　二
時代　西周早期
著録　未見
現藏　北京故宮博物院
來源　考古研究所拓

○七九九六　母癸爵
字數　二
時代　西周早期
著録　總集　三四九六
三代　一五・二五・一
續殷下　一五・一〇
小校　六・二二・一
現藏　中國歷史博物館
來源　考古研究所拓

○七九九七　母癸爵
字數　二
時代　西周早期
著録　總集　三四九七
三代　一五・二五・二
續殷下　一五・九
小校　六・二二・二
現藏　北京故宮博物院
來源　考古研究所拓

○七九九八　匕癸爵
字數　二
時代　殷
著録　未見
現藏　上海博物館
來源　上海博物館提供

○七九九九　▼甲爵
字數　二

時代 殷或西周早期
著録 總集 三四九八
三代 一五・二五・三
貞圖中 二二
續殷下 一七・二
流傳 羅振玉舊藏
現藏 北京故宮博物院
來源 考古研究所拓

〇八〇〇〇 甲虫爵
字數 二
時代 殷或西周早期
著録 總集 三四九九
三代 一五・二五・四
貞補中 二五
海外吉 八五
泉屋 二・七七
泉屋博古 圖四三拓九
現藏 日本京都泉屋博古館
來源 三代

〇八〇〇一 □甲爵
字數 二
時代 殷
著録 鄴三上 四八
出土 傳河南安陽市
來源 鄴三

〇八〇〇二 甲□爵
字數 二
時代 殷或西周早期
著録 總集 三五〇一
三代 一五・二五・五
窓齋 二二・二三・四
殷存下 八・一二
小校 六・二一・三
流傳 許延暄舊藏
來源 三代

〇八〇〇三 癸乙爵
字數 二
時代 殷
著録 總集 三五〇〇
三代 一五・二五・六
貞松 九・三五・四(銘倒)
來源 考古研究所藏

〇八〇〇四 何乙爵
字數 二
時代 殷或西周早期
著録 總集 三五〇八
三代 一五・二六・四
窓齋 二二・六・一
綴遺 一九・二二・二
續殷下 一八・六
小校 六・二二・七
來源 三代

〇八〇〇五 □乙爵
字數 二
時代 殷或西周早期
著録 總集 三五〇七
三代 一五・二六・三
續殷下 一七・六
來源 三代

〇八〇〇六 □乙爵
字數 二
時代 殷或西周早期
著録 總集 三五〇六
三代 一五・二六・二
續殷下 一七・七
來源 考古研究所藏

〇八〇〇七 乙□爵
字數 二
時代 殷
著録 總集 三五〇二
三代 一五・二五・七
來源 三代

〇八〇〇八 乙□爵
字數 二
時代 殷
著録 未見
現藏 北京故宮博物院
來源 考古研究所拓

〇八〇〇九 □乙爵
字數 二
時代 殷或西周早期
著録 總集 三五〇三
三代 一五・二五・八
綴遺 二〇・三・一
小校 六・二二・四
來源 三代

〇八〇一〇 □乙爵
字數 二
時代 殷
著録 總集 三五〇四
三代 一五・二五・九
窓齋 二三・二一・四
奇觚 七・一〇・二
殷存下 九・二
小校 六・二一・五(六・二三・
六重出)
上海(一〇〇四) 二四二
流傳 吳大澂、潘祖蔭舊藏
現藏 上海博物館
來源 三代

〇八〇一一 □乙爵
字數 二
時代 殷或西周早期
著録 總集 三五〇五
三代 一五・二六・一
攈古 一・一・三三・二
綴遺 二〇・二・一
續殷下 一六・一二
流傳 吳式芬舊藏
來源 考古研究所藏

〇八〇一二 守乙爵
字數 二
時代 殷
著録 學報 一九五一年五期圖版
四五：九
河南 一・二七七
綜覽・爵 五〇
出土 一九五〇年河南安陽市武官村大
墓陪葬墓
現藏 中國歷史博物館
來源 考古研究所拓

〇八〇一三 □乙爵
字數 二
時代 殷
著録 學報 一九七九年一期八一頁圖
五八：六
河南 一・二二一
出土 一九七五年河南安陽市殷墟西區
墓葬(M二七一：九)
現藏 考古研究所安陽工作站
來源 考古研究所拓

〇八〇一四 戈乙爵
字數 二
時代 殷
著録 懷履光(一九五六) 八三頁圖七
彙編 九・一五二八

出土 傳河南安陽市郊郭家灣北地
流傳 懷履光舊藏
現藏 加拿大多倫多安大略博物館
來源 考古研究所藏陳夢家拓本

〇八〇一五 □丙爵

字數 二
時代 殷或西周早期
著録 總集 三五〇九
三代 一五・二六・六
窓齋 二三・五・一
綴遺 二〇・三・二
殷存下 九・三
小校 六・二四・一
流傳 潘祖蔭舊藏
來源 考古研究所藏潘祖蔭拓本

〇八〇一六 牧丙爵

字數 二
時代 殷
著録 未見
出土 一九六九年河南安陽市豫北紡織廠
現藏 安陽市博物館
來源 安陽市博物館提供

〇八〇一七 山丁爵

字數 二
時代 殷
著録 總集 三五一二
三代 一五・二六・八
從古 一四・一〇
攈古 一・一・三三・一
窓齋 二二・三・三
綴遺 二〇・一・二
奇觚 七・九・一
簠齋二爵 一四
小校 六・二四・二
流傳 陳介祺舊藏
來源 考古研究所藏

〇八〇一八 丁羞爵

字數 二
時代 殷
著録 總集 三五一三
三代 一五・二六・九
貞續下 四・四
來源 三代

〇八〇一九 丁□爵

字數 二
時代 殷
著録 薛氏 三六・三
來源 薛氏

〇八〇二〇 丁□爵

字數 二
時代 殷
著録 總集 三五一四
三代 一五・二六・一〇
窓齋 二二・七・四
綴遺 二〇・四・一
奇觚 七・九・二
殷存下 九・四
簠齋 二爵 一六
小校 六・二四・三
流傳 陳介祺舊藏
來源 考古研究所藏陳介祺拓本

〇八〇二一 □丁爵

字數 二
時代 殷
著録 未見
現藏 中國歷史博物館
來源 考古研究所拓

〇八〇二二 □丁爵

字數 二
時代 殷
著録 未見
現藏 上海博物館
來源 上海博物館提供

〇八〇二三 □丁爵

字數 二
時代 殷
著録 未見
現藏 北京故宮博物院
來源 考古研究所拓

〇八〇二四 □丁爵

字數 二
時代 殷
著録 未見
現藏 北京故宮博物院
來源 考古研究所拓

〇八〇二五 丁□爵

字數 二
時代 殷或西周早期
著録 總集 三六九二
録遺 四二七
來源 録遺

〇八〇二六 丁戈爵

字數 二
時代 殷或西周早期
著録 未見
來源 考古研究所藏

〇八〇二七 屰丁爵

字數 二
時代 殷或西周早期
著録 未見
來源 考古研究所藏

〇八〇二八 丁口爵

字數 二
時代 殷
著録 總集 三六五三
美集録 R 一九八
流傳 美國紐約魏格氏舊藏
來源 考古研究所陳夢家拓本

〇八〇二九 □戊爵

字數 二
時代 殷
著録 總集 三五二〇
三代 一五・二七・一
來源 考古研究所藏

〇八〇三〇 己並爵

字數 二
時代 殷
著録 總集 三五一七
三代 一五・二七・四
貞續下 六・一
善齋 六・四〇
續殷下 一九・六
小校 六・二四・五
流傳 劉體智舊藏
來源 考古研究所藏陳夢家拓本

〇八〇三一 ☽己爵

字數 二
時代 殷
著録 文物 一九八五年一〇期三八頁
圖一四
出土 一九七二年安徽潁上縣趙集王拐村
現藏 阜陽地區博物館
來源 文物

〇八〇三二 ☽己爵

字數 二
時代 殷
著録 文物 一九八五年一〇期三八頁
　圖一二
出土 一九七二年安徽潁上縣王崗鄭小
　莊墓葬
現藏 阜陽地區博物館
來源 文物

〇八〇三三 戈己爵
字數 二
時代 殷或西周早期
著録 未見
現藏 北京故宮博物院
來源 考古研究所拓

〇八〇三四 己戈爵
字數 二
時代 殷或西周早期
著録 總集 三七〇六
　録遺 四四三
來源 録遺

〇八〇三五 □己爵
字數 二
時代 殷
著録 巖窟上 三七
出土 一九三一年河南安陽市
流傳 梁上椿舊藏
來源 巖窟

〇八〇三六 己□爵
字數 二
時代 殷
著録 總集 三五二四
　三代 一五・二七・五
　鄴初上 二七
　續殷下 九・一

　綜覽・爵 一五五
現藏 中國歷史博物館
來源 考古研究所藏

〇八〇三七 己□爵
字數 二
時代 殷或西周早期
著録 貞續下 七・四
來源 考古研究所藏

〇八〇三八 己□爵
字數 二
時代 西周早期
著録 考古圖 五・二
　博古 一四・二六・一
　薛氏 三五・六
　嘯堂 四五・四
出土 得于壽陽紫金山
流傳 廬江李伯時舊藏
來源 嘯堂

〇八〇三九 己未爵
字數 二
時代 西周早期
著録 博古 一四・二六・二
　薛氏 三五・七
　嘯堂 三五・七
來源 嘯堂

〇八〇四〇 □己爵
字數 二
時代 殷
著録 總集 三五一八
　三代 一五・二七・六
　貞松 九・三五・三
　善齋 六・四一
　續殷下 一七・一〇
　小校 六・二五・三

流傳 劉體智舊藏
來源 考古研究所藏

〇八〇四一 己□爵
字數 二
時代 殷或西周早期
著録 總集 三五一六
　三代 一五・二七・二
　愙齋 二三・一六・一
　綴遺 二〇・一五・一
　殷存下 九・五
　小校 六・二四・四
流傳 潘祖蔭舊藏
來源 考古研究所藏

〇八〇四二 □己爵
字數 二
時代 殷
著録 博古 一四・二三
　薛氏 三八・六
　嘯堂 四五・六
來源 嘯堂

〇八〇四三 己重爵
字數 二
時代 殷或西周早期
著録 總集 三五二二
　三代 一五・二七・三
　愙齋 二三・一三・一
　續殷下 一八・七
　小校 六・二四・六
流傳 李山農舊藏
來源 三代

〇八〇四四 □己爵
字數 二
時代 殷
著録 未見

現藏 上海博物館
來源 上海博物館提供

〇八〇四五 □己爵
字數 二
時代 殷
著録 總集 三五一九
　三代 一五・二七・七
　陶齋 三・二一
　小校 六・二五・二
　續殷下 二〇・一二
流傳 端方舊藏
現藏 北京故宮博物院
來源 考古研究所拓

〇八〇四六 作己爵
字數 二
時代 西周早期
著録 未見
現藏 北京故宮博物院
來源 考古研究所拓

〇八〇四七 □庚爵
字數 二
時代 殷或西周早期
著録 總集 三五二三
　三代 一五・二七・八
　積古 二・八・二
　攈古 一・一・三二・三
　殷存下 九・九
來源 三代

〇八〇四八 庚□爵
字數 二
時代 殷或西周早期
著録 總集 三六二九
　三代 一五・三八・四
　貞松 九・三七・三

小校 六・三四・一
流傳 徐乃昌舊藏
來源 三代

〇八〇四九 庚子爵
字數 二
時代 殷或西周早期
著録 總集 三五七二
三代 一五・三一・六
來源 考古研究所藏

〇八〇五〇 萬庚爵
字數 二
時代 殷
著録 總集 三七〇五
録遺 四四二
鄴三上 四九
現藏 北京故宮博物院
來源 考古研究所拓

〇八〇五一 羊庚爵
字數 二
時代 殷
著録 未見
現藏 上海博物館
來源 上海博物館提供

〇八〇五二 辛戈爵
字數 二
時代 殷
著録 總集 三七一三
彙編 九・一五五一
現藏 加拿大多倫多安大略博物館
來源 考古研究所藏陳夢家拓本

〇八〇五三 辛戈爵
字數 二
時代 殷
著録 總集 三七一四
彙編 九・一五五二
現藏 加拿大多倫多安大略博物館
來源 彙編

〇八〇五四 戈辛爵
字數 二
時代 殷
著録 未見
現藏 北京故宮博物院
來源 考古研究所拓

〇八〇五五 尤辛爵
字數 二
時代 殷
著録 總集 三四七六
三代 一五・二三・二
貞圖中 一九
流傳 羅振玉舊藏
來源 考古研究所藏

〇八〇五六 辛〓爵
字數 二
時代 殷
著録 未見
現藏 北京故宮博物院
來源 考古研究所拓

〇八〇五七 〓辛爵
字數 二
時代 殷
著録 總集 三五二五
三代 一五・二七・九
窓齋 二三・四・四
殷存下 九・六
小校 六・二五・五
流傳 潘祖蔭舊藏
來源 考古研究所藏

〇八〇五八 □辛爵
字數 二
時代 西周早期
著録 未見
現藏 北京故宮博物院
來源 考古研究所拓

〇八〇五九 癸屰爵
字數 二
時代 殷
著録 總集 三五二六
三代 一五・二七・一〇
十二貯 二四
續殷下 一七・五(銘倒)
綜覽・爵 八八
流傳 王辰舊藏
來源 三代

〇八〇六〇 癸〓爵
字數 二
時代 殷
著録 總集 三五二八
三代 一五・二八・一
貞松 九・三六・一
來源 考古研究所藏

〇八〇六一 癸〓爵
字數 二
時代 殷
著録 總集 三五二七
三代 一五・二八・二
來源 考古研究所藏

〇八〇六二 〓癸爵
字數 二
時代 殷
著録 總集 三五三〇
三代 一五・二八・四
從古 三・一七
攈古 一・一・三三・四
窓齋 二三・四・三
綴遺 二〇・四・二
清儀 一・三
續殷下 一七・八
小校 六・二六・一
流傳 張廷濟、吴式芬舊藏
來源 考古研究所藏

〇八〇六三 〓癸爵
字數 二
時代 殷
著録 總集 三五二九
三代 一五・二八・三
來源 三代

〇八〇六四 〓癸爵
字數 二
時代 殷
著録 博古 一四・三四
薛氏 三六・四
嘯堂 四七・一
來源 嘯堂

〇八〇六五 史癸爵
字數 二
時代 殷
著録 中銅 一一六頁
彙編 八・一三三六
中藝 圖三一
現藏 日本東京出光美術館
來源 日本出光美術館提供

〇八〇六六 〓癸爵
字數 二
時代 西周早期
著録 總集 三五三一
三代 一五・二八・五

貞續下 九・一
善齋 六・四二
續殷下 一七・四
小校 六・二六・二
頌續 八七
流傳 劉體智、容庚舊藏
現藏 廣州市博物館
來源 考古研究所藏

〇八〇六七 □癸爵
字數 二
時代 殷
著録 總集 三五三一
三代 一五・二八・六
冠斝中 二七
綜覽・爵 二二九
流傳 榮厚舊藏
來源 三代

〇八〇六八 癸□爵
字數 二
時代 殷
著録 未見
來源 考古研究所藏

〇八〇六九 □癸爵
字數 二
時代 殷
著録 未見
現藏 中國歷史博物館
來源 考古研究所拓

〇八〇七〇 □癸爵
字數 二
時代 殷
著録 總集 三五三三
美集録 R 二二一
現藏 美國斯坦福大學美術陳列館

來源 考古研究所藏陳夢家拓本

〇八〇七一 子癸爵
字數 二
時代 殷
著録 未見
現藏 上海博物館
來源 上海博物館提供

〇八〇七二 子□爵
字數 二
時代 殷或西周早期
著録 總集 三五四六
三代 一五・二九・六
綴遺 一九・二二・二
殷存下 八・四
流傳 潘祖蔭舊藏
現藏 北京故宮博物院
來源 考古研究所拓

〇八〇七三 子□爵
字數 二
時代 殷或西周早期
著録 總集 三五五九
三代 一五・三〇・八
奇觚 七・八・一
殷存下 八・二
小校 六・二九・一
來源 三代

〇八〇七四 子□爵
字數 二
時代 殷
著録 總集 三五六〇
三代 一五・三一・一
窓齋 二二・一四・四
綴遺 一九・二二・一
奇觚 七・一〇・三

殷存下 八・三
簠齋 二爵 八
小校 六・二八・三
雙古上 四二
綜覽・爵 一四六
燕園 五三
流傳 陳介祺、于省吾舊藏
現藏 北京大學賽克勒考古與藝術博物館
來源 考古研究所藏陳介祺拓本

〇八〇七五 子□爵
字數 二
時代 殷或西周早期
著録 總集 三五六三
三代 一五・三一・四
從古 一・九
攈古 一・一・三五・三
綴遺 一九・一九・二
敬吾下 六二・三
續殷下 一六・七(又下一六・八重出)
小校 六・二六・三
流傳 姚六榆、金蘭坡、文後山舊藏
現藏 北京故宮博物院
來源 考古研究所拓

〇八〇七六 子□爵
字數 二
時代 殷
著録 總集 三五四七
三代 一五・二九・七
頌續 九二
綜覽・爵 一六〇
出土 河南安陽市
流傳 容庚舊藏
來源 三代

〇八〇七七 子□爵
字數 二
時代 殷
著録 總集 三五四八
三代 一五・二九・八
出土 同〇八〇七六
來源 三代

〇八〇七八 子□爵
字數 二
時代 殷
著録 總集 三五四九
三代 一五・二九・九
尊古 二・四八
出土 同〇八〇七六
來源 三代

〇八〇七九 子□爵
字數 二
時代 殷
著録 總集 三五五〇
三代 一五・二九・一〇
冠斝中 二一
出土 同〇八〇七六
流傳 榮厚舊藏
現藏 上海博物館
來源 三代

〇八〇八〇 子□爵
字數 二
時代 殷
著録 總集 三五五一
三代 一五・二九・一一
冠斝中 二三
出土 同〇八〇七六
流傳 榮厚舊藏
來源 三代

〇八〇八一　子[illegible]爵

字數　二
時代　殷
著錄　總集　三五五二
　　三代　一五・三〇・一
　　冠斝中　二二
出土　同〇八〇七六
流傳　榮厚舊藏
現藏　上海博物館
來源　三代

〇八〇八二　子[illegible]爵

字數　二
時代　殷
著錄　總集　三五五三
　　三代　一五・三〇・二
　　貞圖中　二三
出土　同〇八〇七六
流傳　羅振玉舊藏
來源　考古研究所藏

〇八〇八三　子[illegible]爵

字數　二
時代　殷
著錄　總集　三五五四
　　三代　一五・三〇・三
出土　同〇八〇七六
現藏　中國歷史博物館
來源　考古研究所藏

〇八〇八四　子每爵

字數　二
時代　殷或西周早期
著錄　總集　三五六四
　　三代　一五・三一・五
來源　三代

〇八〇八五　子守爵

字數　二
時代　殷或周早期
著錄　總集　三五三五
　　三代　一五・二八・八
　　續殷下　一六・一
來源　三代

〇八〇八六　子[illegible]爵

字數　二
時代　殷或西周早期
著錄　總集　三五五八
　　三代　一五・三〇・七
　　殷存下　八・一
　　小校　六・二九・二
流傳　徐乃昌舊藏
來源　三代

〇八〇八七　子[illegible]爵

字數　二
時代　殷
著錄　殷青・圖　七三：一
　　青全　二・四三
出土　一九七九年河南安陽市殷墟西區
　　（M二五〇八）
現藏　考古研究所安陽工作站
來源　考古研究所拓

〇八〇八八　子[illegible]爵

字數　二
時代　殷
著錄　總集　三六九六
　　美集錄　R　一一八
　　彙編　八・一二一二
　　青全　三・二七
現藏　美國波士頓美術博物館
來源　考古研究所藏陳夢家拓本

〇八〇八九　子[illegible]爵

字數　二
時代　殷
著錄　總集　三六九四
　　錄遺　四三〇
來源　錄遺

〇八〇九〇　子[illegible]爵

字數　二
時代　殷
著錄　總集　三六九五
　　巖窟上　三一
　　美集錄　R　一一七
　　錄遺　四三一
出土　一九四一年河南安陽市
流傳　梁上椿舊藏
現藏　美國芝加哥泰生氏
來源　考古研究所藏

〇八〇九一　子蝠爵

字數　二
時代　殷
著錄　總集　三五三九
　　三代　一五・二九・二
　　愙齋　二三・六・四
　　小校　六・二九・四
　　貞圖中　二四
　　續殷　下一六・二（又一六・四重出）
　　綜覽・爵　一三〇
流傳　李山農、羅振玉舊藏
現藏　上海博物館
來源　考古研究所藏

〇八〇九二　子蝠爵

字數　二
時代　殷
著錄　總集　三五四〇
　　三代　一五・二九・三
　　綴遺　一九・一九
　　殷存下　七・一二
流傳　潘祖蔭舊藏
現藏　北京故宮博物院
來源　考古研究所藏潘祖蔭拓本

〇八〇九三　子蝠爵

字數　二
時代　殷
著錄　總集　三五四一
　　三代　一五・二九・四
　　攈古　一・一・三四・一
　　續殷下　一六・六
來源　三代

〇八〇九四　子蝠爵

字數　二
時代　殷
著錄　總集　三五四二
　　三代　一五・二九・五
　　續殷下　一六・三
來源　考古研究所藏

〇八〇九五　子蝠爵

字數　二
時代　殷
著錄　總集　三五四四
　　錄遺　四二五
來源　錄遺

〇八〇九六　子蝠爵

字數　二
時代　殷
著錄　總集　三五四五
　　美集錄　R　一二一
流傳　美國紐約魏格氏舊藏
來源　考古研究所藏陳夢家拓本

〇八〇九七　子蝠爵
字數　二
時代　殷
著録　續殷下　一六・五
來源　考古研究所藏

〇八〇九八　子□爵
字數　二
時代　殷
著録　總集　三五六九
美集録　R　一一二
現藏　美國匹茲堡大學美術系
來源　考古研究所藏陳夢家拓本

〇八〇九九　子□爵
字數　二
時代　殷
著録　總集　三五七〇
懷履光(一九五六)　四〇頁圖一一
彙編　八・一二〇六
現藏　加拿大多倫多安大略博物館
來源　彙編

〇八一〇〇　子龍爵
字數　二
時代　殷
著録　青全　三・一二五
上海(二〇〇四)　九四
現藏　上海博物館
來源　上海博物館提供

〇八一〇一　子□爵
字數　二
時代　殷
著録　總集　三五七一
懷履光(一九五六)　四〇頁
彙編　八・一二〇五
出土　河南安陽市大司空村南地
流傳　懷履光舊藏
現藏　加拿大多倫多安大略博物館
來源　彙編

〇八一〇二　子□爵
字數　二
時代　殷或西周早期
著録　總集　三七〇一
録遺　四三六
來源　録遺

〇八一〇三　子□爵
字數　二
著録　中國歷史博物館館刊　一九八二年四期九五頁(上)
現藏　中國歷史博物館
來源　考古研究所拓

〇八一〇四　子□爵
字數　二
時代　殷
著録　中國歷史博物館館刊　一九八二年四期九五頁(下)
現藏　中國歷史博物館
來源　考古研究所拓

〇八一〇五　子系爵
字數　二
時代　殷
著録　總集　三五五六
三代　一五・三〇・四
小校　六・二七・一
頌續　八三
流傳　容庚舊藏
現藏　廣州市博物館
來源　三代

〇八一〇六　子系爵
字數　二
時代　殷
著録　總集　三五五五
三代　一五・三〇・五
續殷下　一五・一一
出土　河南安陽市
來源　三代

〇八一〇七　子系爵
字數　二
時代　殷
著録　未見
現藏　北京故宮博物院
來源　考古研究所拓

〇八一〇八　子禾爵
字數　二
時代　殷或西周早期
著録　總集　三五五七
三代　一五・三〇・六
來源　考古研究所藏

〇八一〇九　子禾爵
字數　二
時代　殷或西周早期
著録　未見
現藏　北京故宮博物院
來源　考古研究所拓

〇八一一〇　子□爵
字數　二
時代　殷
著録　總集　三五六二
三代　一五・三一・二
懷米上　一六
攈古　一・一・三四・二
愙齋　二一・一三・一
綴遺　一九・二一
續殷下　一五・一二
小校　六・二九・五
流傳　曹秋舫、潘李玉舊藏
來源　考古研究所藏

〇八一一一　子□爵
字數　二
時代　殷
著録　考古　一九八六年八期七一五頁　圖六
出土　一九八三年河南安陽市供电局小工廠墓葬
現藏　安陽市博物館
來源　考古編輯部檔案

〇八一一二　子□爵
字數　二
時代　殷
著録　總集　三五六一
三代　一五・三一・三
從古　一四・九
攈古　一・一・三五・一
愙齋　二二・一四・三
綴遺　一九・二〇・一
奇觚　七・一・二
殷存下　八・五
簠齋　二爵一五
小校　六・二八・二
流傳　陳介祺舊藏
來源　考古研究所藏

〇八一一三　子雨爵
字數　二
時代　殷
著録　總集　三五三六
三代　一五・二八・九
來源　三代

〇八一一四　子雨爵

字數　二
時代　殷
著録　總集　三五三七
　　三代　一五・二八・一〇
來源　「三代

〇八一一五　子裹爵
字數　二
時代　殷
著録　總集　三五三八
　　三代　一五・二九・一
　　貞續下　六・二
　　小校　六・二八・四
來源　三代

〇八一一六　子刀爵
字數　二
時代　殷
著録　文物　一九八四年一二期三四頁
　　圖一：二
出土　傳一九四〇年前河北正定縣新城鎮
現藏　正定縣文物保管所
來源　文物

〇八一一七　子□爵
字數　二
時代　殷
著録　未見
現藏　北京故宮博物院
來源　考古研究所拓

〇八一一八　子□爵
字數　二
時代　殷
著録　未見
現藏　上海博物館
來源　上海博物館提供

〇八一一九　[illegible]子爵
字數　二
時代　殷或西周早期
著録　總集　三五七四
　　三代　一五・三二・七
來源　三代

〇八一二〇　□子爵
字數　二
時代　殷
著録　考古　一九八四年五期四二六頁
　　圖二
出土　一九八三年河南舞陽縣吴城北高村遺址
現藏　舞陽縣文物館
來源　考古編輯部檔案

〇八一二一　□子爵
字數　二
時代　殷
著録　中原文物　一九八五年一期三〇頁
　　圖二：四九
現藏　新鄉市博物館
來源　新鄉市博物館提供

〇八一二二　婦好爵
字數　二
時代　殷
著録　總集　三六六一
　　婦好墓　八八頁圖五八：一
出土　一九七六年河南安陽市殷墟婦好墓(M五：六七五)
現藏　考古研究所安陽工作站
來源　考古研究所拓

〇八一二三　婦好爵
字數　二
時代　殷
著録　總集　三六六二
　　婦好墓　八八頁圖五八：二
　　綜覽・爵　三九
出土　同〇八一二二(M五：六六二)
現藏　考古研究所
來源　考古研究所拓

〇八一二四　婦好爵
字數　二
時代　殷
著録　總集　三六六〇
　　婦好墓　八八頁圖五八：三
　　辭典　一六九
出土　同〇八一二二(M五：六五三)
現藏　考古研究所
來源　考古研究所拓

〇八一二五　婦好爵
字數　二
時代　殷
著録　總集　三三八〇
　　婦好墓　八八頁圖五八：四
　　殷青　圖四八・二
　　青全　三・三
出土　同〇八一二二(M五：六五七)
現藏　考古研究所
來源　考古研究所拓

〇八一二六　婦好爵
字數　二
時代　殷
著録　總集　三三八一
　　婦好墓　八八頁圖五八：五
出土　同〇八一二二(M五：六五六)
現藏　考古研究所
來源　考古研究所拓

〇八一二七　婦好爵
字數　二
時代　殷
著録　總集　三六六三
　　婦好墓　八八頁圖五八：六
出土　同〇八一二二(M五：六八〇)
現藏　考古研究所
來源　考古研究所拓

〇八一二八　婦好爵
字數　二
時代　殷
著録　總集　三六六四
　　婦好墓　八八頁圖五八：七
　　殷青　圖四八・一
　　青全　三・四
出土　同〇八一二二(M五：六六四)
現藏　考古研究所
來源　考古研究所拓

〇八一二九　婦好爵
字數　二
時代　殷
著録　總集　三六六五
　　婦好墓　八八頁圖五八：八
出土　同〇八一二二(M五：六五二)
現藏　考古研究所
來源　考古研究所拓

〇八一三〇　婦好爵
字數　二
時代　殷
著録　總集　三六六六
　　婦好墓　八八頁圖五八：七
出土　同〇八一二二(M五：六八五)
現藏　考古研究所
來源　考古研究所拓

〇八一三一　婦好爵

字數 二
時代 殷
著録 未見
出土 同〇八一二二
現藏 考古研究所
來源 考古研究所拓

〇八一三二 婦𦣞爵
字數 二
時代 殷
著録 未見
現藏 北京故宮博物院
來源 考古研究所拓

〇八一三三 女□爵
字數 二
時代 殷
著録 未見
現藏 北京故宮博物院
來源 考古研究所拓

〇八一三四 □每爵
字數 二
時代 殷
著録 總集 三九八五
三代 一六・二五・九
攈古 一・一・三五・四
愙齋 二三・五・四
綴遺 一九・一七・一
敬吾下 六二・四
殷存下 一七・九
小校 六・三五؛ 三(六・三五・四重出)
流傳 程木庵、潘祖蔭舊藏
現藏 北京故宮博物院
來源 考古研究所拓

〇八一三五 □婦爵
字數 二
時代 殷
著録 總集 三六三五
三代 一五・三八・一〇
綴遺 二二・四・一
貞松 九・三八
來源 三代

〇八一三六 甲婦爵
字數 二
時代 殷
著録 青全 三・二一
現藏 上海博物館
來源 上海博物館提供

〇八一三七 遣妊爵
字數 二
時代 殷或西周早期
著録 總集 三九七九
三代 一六・二五・二
從古 八・二二
綴遺 二二・二七・二
周金 五・一二七・二
殷存下 一七・六
小校 六・三四・五
録遺 四五九
流傳 瞿穎山舊藏
現藏 北京故宮博物院
來源 考古研究所拓

〇八一三八 □每爵
字數 二
時代 殷
著録 總集 三六四〇
三代 一五・三九・四
冠斝中 三二
流傳 榮厚舊藏
來源 三代

〇八一三九 □女爵
字數 二
時代 殷
著録 未見
現藏 上海博物館
來源 上海博物館提供

〇八一四〇 葡□爵
字數 二
時代 殷
著録 總集 三五七五
三代 一五・三二・八
攈古下 二八
恒軒 八一
綴遺 一九・二五・一
殷存下 八・九
小校 六・三〇・二
流傳 潘祖蔭舊藏
現藏 上海博物館
來源 考古研究所藏

〇八一四一 □天爵
字數 二
時代 殷
著録 總集 三六五八
美集録 R 五〇六
流傳 美國羅比爾氏舊藏
來源 考古研究所藏陳夢家拓本

〇八一四二 戈天爵
字數 二
時代 殷
著録 總集 三五七三
三代 一五・三二・一
殷存下 八・一〇
來源 三代

〇八一四三 □天爵
字數 二
時代 殷或西周早期
著録 未見
現藏 北京故宮博物院
來源 考古研究所拓

〇八一四四 □天爵
字數 二
時代 殷
著録 總集 三五七六
三代 一五・三二・二
善齋 六・三七
續殷下 一八・四
小校 六・二九・八
流傳 劉體智舊藏
來源 考古研究所藏

〇八一四五 □天爵
字數 二
時代 西周早期
著録 總集 三五七七
三代 一五・三二・三
貞松 九・三七・一
善齋 六・三九
續殷上 一八・八
小校 六・三〇・一
流傳 劉體智舊藏
來源 考古研究所藏

〇八一四六 天□爵
字數 二
時代 殷
著録 總集 三五八五
三代 一五・三二・一〇
殷存下 八・七（銘倒）
來源 考古研究所藏

〇八一四七　[illegible]屰爵

字數　二
時代　殷
著録　總集　三五八三
三代　一五・三一・八
從古　七・三一・一(銘倒)
攈古　一・一・三四・四
綴遺　一九・二〇・二(銘倒)
窓齋　二三・六・三
殷存下　八・六
小校　六・二七・二(銘倒)
流傳　李山農舊藏
現藏　北京故宮博物院
來源　考古研究所拓

〇八一四八　[illegible]屰爵

字數　二
時代　殷
著録　總集　三五八四
三代　一五・三二・九
貞松　九・三七・二
善齋　六・三六
小校　六・二八・一
流傳　劉體智舊藏
來源　考古研究所藏

〇八一四九　[illegible]爵

字數　二
時代　西周早期
著録　總集　三五七八
三代　一五・三二・五
貞續下　五・四
善齋　六・三八
小校　六・二九・七
流傳　劉體智舊藏
來源　三代

〇八一五〇　[illegible]行爵

字數　二
時代　西周早期
著録　總集　三五七九
三代　一五・三二・六
移林　二五
小校　六・二九・六
流傳　丁麟年舊藏
來源　三代

〇八一五一　何[illegible]爵

字數　二
時代　殷
著録　總集　三五八〇
三代　一五・三二・七
貞續下　五・三
善齋　六・四三
續殷下　一八・一
小校　六・三〇・三
流傳　劉體智舊藏
現藏　上海博物館
來源　三代

〇八一五二　[illegible]何爵

字數　二
時代　殷
著録　未見
現藏　上海博物館
來源　上海博物館提供

〇八一五三　天[illegible]爵

字數　二
時代　殷
著録　未見
現藏　上海博物館
來源　上海博物館提供

〇八一五四　[illegible]爵

字數　二
時代　殷
著録　學報　一九七九年一期八三頁圖六〇：三
河南　一・二〇六
殷青　圖七三・九
出土　一九七四年河南安陽市殷墟西區墓葬(M一九八：四)
現藏　考古研究所安陽工作站
來源　考古研究所拓

〇八一五五　[illegible]爵

字數　二
時代　殷
著録　未見
現藏　北京故宮博物院
來源　考古研究所拓

〇八一五六　[illegible]爵

字數　二
時代　殷
著録　未見
現藏　北京故宮博物院
來源　考古研究所拓

〇八一五七　耳[illegible]爵

字數　二
時代　殷
著録　彙編　九・一四二三
綜覽・爵　七四
現藏　美國克里夫蘭美術博物館
來源　綜覽

〇八一五八　屰征爵

字數　二
時代　殷
著録　中原文物　一九八五年一期三〇頁圖二：二七
現藏　河南新鄉市博物館
來源　新鄉市博物館提供

〇八一五九　[illegible]丁爵

字數　二
時代　殷
著録　總集　三六〇二
三代　一五・三五・五
小校　六・二五・六
頌續　九一
出土　河南洛陽
流傳　容庚舊藏
來源　考古研究所藏

〇八一六〇　[illegible]册爵

字數　二
時代　西周早期
著録　總集　三九八八
三代　一六・二五・一〇
貞續下　一六・一
小校　六・五九・五
綜覽・爵　二三四
流傳　劉體智舊藏
現藏　日本兵庫縣黑川古文化研究所
來源　三代

〇八一六一　光父爵

字數　二
時代　殷
著録　總集　三六二五
三代　一五・三七・七
貞松　九・三六・三
小校　六・二一・五
善齋　六・三三
續殷下　一五・四
流傳　劉體智舊藏
來源　考古研究所藏

〇八一六二 光父爵
字數 二
時代 殷
著録 總集 三六二四
三代 一五・三七・八
貞松 九・三六・二
小校 六・二一・六
善齋 六・三三
善圖 一五九
續殷下 一五・五
故圖下下 三七一
綜覽・爵 二三〇
流傳 劉體智舊藏
現藏 臺北故宮博物院
來源 考古研究所藏

〇八一六三 單光爵
字數 二
時代 西周早期
著録 總集 三七一五
録遺 四四六
來源 考古研究所藏

〇八一六四 [illegible]何爵
字數 二
時代 殷
著録 未見
來源 考古研究所藏

〇八一六五 [illegible]◇爵
字數 二
時代 殷
著録 總集 三七〇四
録遺 四四〇
來源 録遺

〇八一六六 ◇[illegible]爵
字數 二
時代 殷
著録 總集 三七一六
學報 一九七九年一期八一頁
圖五八：三
河南 一・二五二
青全 三・一七
出土 一九七〇年河南安陽市殷墟西區墓葬(M一〇八〇：六)
現藏 考古研究所安陽工作站
來源 考古研究所拓

〇八一六七 㠱戲爵
字數 二
時代 殷
著録 文物 一九八二年九期三九頁
圖一五(右)
出土 傳山東費縣
流傳 一九八一年北京文物工作隊從廢銅中撿選
現藏 北京市文物研究所
來源 考古研究所拓

〇八一六八 㠱戲爵
字數 二
時代 殷
著録 文物 一九八二年九期三九頁
圖一五(左)
出土 同 〇八一六七
流傳 同 〇八一六七
現藏 北京市文物研究所
來源 文物

〇八一六九 㠱戲爵
字數 二
時代 殷
著録 未見
出土 同 〇八一六七
流傳 同 〇八一六七
現藏 北京市文物研究所
來源 考古研究所拓

〇八一七〇 保[illegible]爵
字數 二
時代 殷
著録 總集 三五三四
三代 一五・二八・七
旅順 二〇
現藏 旅順博物館
來源 考古研究所拓

〇八一七一 保[illegible]爵
字數 二
時代 殷
著録 未見
現藏 北京故宮博物院
來源 考古研究所拓

〇八一七二 耶[illegible]爵
字數 二
時代 殷
著録 未見
現藏 北京故宮博物院
來源 考古研究所拓

〇八一七三 [illegible]爵
字數 二
時代 殷或西周早期
著録 總集 三六九八
録遺 四三三
來源 考古研究所藏

〇八一七四 [illegible]爵
字數 二
時代 殷
著録 殷青 圖七三：一一
出土 一九八二年河南安陽市殷墟西區M八七五
現藏 考古研究所安陽工作站
來源 考古研究所拓

〇八一七五 鄉宁爵
字數 二
時代 殷
著録 總集 三七〇九
録遺 四四四
綜覽・爵 一一三
現藏 日本東京松岡美術館
來源 録遺

〇八一七六 鄉宁爵
字數 二
時代 殷
著録 總集 三七〇七
三代 一五・三・九
續殷下 三・一
來源 考古研究所藏

〇八一七七 鄉宁爵
字數 二
時代 殷
著録 總集 三七〇八
日精華 三・二二二
彙編 八・一二九五
出土 傳河南安陽市
現藏 日本大阪細見良氏
來源 彙編

〇八一七八 北單爵
字數 二
時代 殷
著録 總集 三一六一
三代 一五・三・八
現藏 北京故宮博物院
來源 考古研究所拓

〇八一七九 [illegible]旅爵
字數 二
時代 殷
著録 總集 三三四九
録遺 四一一
現藏 北京故宮博物院
來源 考古研究所拓

〇八一八〇 單並爵
字數 二
時代 殷
著録 未見
現藏 北京故宮博物院
來源 考古研究所拓

〇八一八一 ◇並爵
字數 二
時代 殷
著録 未見
現藏 中國歷史博物館
來源 考古研究所拓

〇八一八二 木並爵
字數 二
時代 殷
著録 文物 一九八六年八期七五頁
圖一七
出土 傳河南安陽市
現藏 安陽市博物館
來源 安陽市博物館提供

〇八一八三 ◆[illegible]爵
字數 二
時代 殷或西周早期
著録 未見
來源 考古研究所藏

〇八一八四 [illegible]爵
字數 二
時代 西周早期
著録 薩克勒（商）一三
現藏 美國紐約薩克勒氏
來源 薩克勒

〇八一八五 [illegible]□爵
字數 二
時代 殷
著録 學報（一九五一年）第五册圖版四五：八
出土 一九五〇年河南安陽市殷墟武官村大墓E一〇
現藏 中國歷史博物館
來源 考古研究所拓

〇八一八六 [illegible]得爵
字數 二
時代 殷
著録 總集 三六四八
美集録 R 一一
綜覽・爵 七七
現藏 美國舊金山亞洲美術博物館（布倫戴奇藏品）
來源 考古研究所藏陳夢家拓本

〇八一八七 [illegible]得爵
字數 二
時代 殷
著録 總集 三六四九
美集録 R 一二
現藏 美國舊金山亞洲美術博物館（布倫戴奇藏品）
來源 考古研究所藏陳夢家拓本

〇八一八八 尹獸爵
字數 二
時代 殷
著録 巖窟上 四七
出土 一九四二年河南安陽市
流傳 梁上椿舊藏
來源 巖窟

〇八一八九 鼓[illegible]爵
字數 二
時代 殷
著録 總集 三六〇七
三代 一五・三六・二
窓齋 二二・一三・三
綴遺 二二・一〇・一
奇觚 七・二七・二
殷存下 一〇・四
小校 六・三〇・五
山東存附 一四・三
出土 山東益都縣
流傳 陳介祺舊藏
來源 考古研究所藏陳介祺拓本

〇八一九〇 [illegible]戟爵
字數 二
時代 殷或西周早期
著録 總集 三六〇八
三代 一五・三六・三
貞松 九・三九・二
續殷下 一九・一一
來源 三代

〇八一九一 [illegible]爵
字數 二
時代 殷
著録 總集 三六〇五
三代 一五・三五・八
懷米上 一七
攈古 一・二・二六・三
窓齋 二二・一三・二
綴遺 二二・九・二
敬吾下 六一・一
殷存下 九・八
小校 六・三二・三
布倫戴奇 Fig 二四
流傳 曹秋舫、潘祖蔭舊藏
現藏 美國舊金山亞洲美術博物館（布倫戴奇藏品）
來源 考古研究所藏

〇八一九二 [illegible]爵
字數 二
時代 殷
著録 總集 三六〇六
三代 一五・三六・一
殷存下 九・九
來源 考古研究所藏

〇八一九三 史史爵
字數 二
時代 殷
著録 中國古代青銅器展觀 一五
現藏 日本兵庫縣黑川古文化研究所
來源 中國古代青銅器展觀

〇八一九四 禾又爵
字數 二
時代 殷或西周早期
著録 總集 三一〇二
三代 一五・八・一
來源 考古研究所藏

〇八一九五 戟又爵
字數 二
時代 殷
著録 未見
現藏 上海博物館
來源 上海博物館提供

〇八一九六 𢦏又爵
字數 二
時代 殷
著録 總集 三六三六
三代 一五・三八・一一
來源 三代

〇八一九七 □𢦏爵
字數 二
時代 殷
著録 文叢 五・一二〇 圖一
出土 一九七八年陝西西安市東郊袁家
崖村墓葬
現藏 西安半坡博物館
來源 文叢

〇八一九八 □爵
字數 二
時代 殷或西周早期
著録 總集 三六〇四
三代 一五・三五・七
來源 考古研究所藏

〇八一九九 共耒爵
字數 二
時代 殷
著録 學報 一九七九年一期圖
五八：一九
河南 一・二〇四
綜覽・爵 一四三
殷青 圖七七・七
青全 三・一三
出土 一九七三年河南安陽市殷墟西區
墓葬(M一五二：一)
現藏 考古研究所安陽工作站
來源 考古研究所拓

〇八二〇〇 攼正爵
字數 二
時代 殷
著録 總集 三六一〇
三代 一五・三六・五
鄴二上 三二
出土 河南安陽市
來源 考古研究所藏

〇八二〇一 正□爵
字數 二
時代 西周早期
著録 總集 三六五二
小校 六・三〇・四
美集録 R 一八二
薩克勒(西周) 一〇五
現藏 美國華盛頓薩克勒美術館
來源 小校

〇八二〇二 □爵
字數 二
時代 殷或西周早期
著録 總集 三六九三
録遺 四二九
來源 録遺

〇八二〇三 工□爵
字數 二
時代 殷或西周早期
著録 未見
現藏 北京故宮博物院
來源 考古研究所拓

〇八二〇四 □爵
字數 二
時代 殷
著録 總集 三六〇九
三代 一五・三六・四
續殷下 七・一一
來源 三代

〇八二〇五 聑□爵
字數 二
時代 殷
著録 總集 三六三二
三代 一五・三八・八
尊古 二・四七
來源 考古研究所藏

〇八二〇六 聑□爵
字數 二
時代 殷
著録 總集 三六三三
三代 一五・三八・九
來源 考古研究所藏

〇八二〇七 □耳爵
字數 二
時代 殷
著録 總集 三七〇〇
録遺 四三五
來源 録遺

〇八二〇八 □戊爵
字數 二
時代 殷
著録 總集 三五九四
三代 一五・三四・三
冠斝中 二五
流傳 榮厚舊藏
現藏 上海博物館
來源 三代

〇八二〇九 戊木爵
字數 二
時代 殷
著録 總集 三五九五
三代 一五・三四・四
金索金 一・一四～一五
綴遺 一九・二六・二
貞續下 六・四
流傳 馮雲鵬舊藏
來源 考古研究所藏

〇八二一〇 獸宁爵
字數 二
時代 殷
著録 未見
現藏 北京故宮博物院
來源 考古研究所拓

〇八二一一 獸册爵
字數 二
時代 殷
著録 未見
現藏 中國歷史博物館
來源 考古研究所拓

〇八二一二 獸册爵
字數 二
時代 殷
著録 未見
現藏 中國歷史博物館
來源 考古研究所拓

〇八二一三 □獸爵
字數 二
時代 殷
著録 總集 三五九六
三代 一五・三四・五
從古 五・七
綴遺 一九・二八・二
敬吾下 六三・七
小校 六・三二・一
海外吉 八六
泉屋 二・八一

泉屋博古 圖四七拓八
流傳 金蘭坡、張讓木舊藏
現藏 日本京都泉屋博古館
來源 三代

〇八二一四 獸爵
字數 二
時代 殷
著録 總集 三五九七
三代 一五・三四・六
貞續下 七・三
來源 考古研究所藏

〇八二一五 獸射爵
字數 二
時代 殷
著録 未見
現藏 上海博物館
來源 上海博物館提供

〇八二一六 羊爵
字數 二
時代 殷
著録 未見
現藏 遼寧博物館
來源 考古研究所拓

〇八二一七 羊爵
字數 二
時代 殷
著録 總集 三五九八
三代 一五・三五・一
擴古 一・一・三六・一
愙齋 二三・五・一
綴遺 一九・二八・一
續殷下 七・八
小校 六・三二・六
流傳 葉東卿舊藏

〇八二一八 羊爵
字數 二
時代 殷
著録 未見
現藏 上海博物館
來源 上海博物館提供

(上接) 來源 三代

〇八二一九 羊日爵
字數 二
時代 殷
著録 文物 一九八四年一二期三四頁
圖一：九
出土 一九八二年河北正定縣新城舖村
現藏 正定縣文物保管所
來源 文物

〇八二二〇 羊日爵
字數 二
時代 殷
著録 文物 一九八四年一二期三四頁
圖一：一〇
出土 同〇八二一九
現藏 正定縣文物保管所
來源 文物

〇八二二一 鳥爵
字數 二
時代 殷
著録 總集 三六一一
三代 一五・三六・六
貞圖中 二九
通考 四一八
綜覽・爵 一〇三
流傳 羅振玉舊藏
來源 考古研究所藏

〇八二二二 鳥豕爵
字數 二
時代 殷
著録 總集 三六一二
三代 一五・三六・七
十二貯 二三
續殷下 二〇・三
綜覽・爵 一〇八
流傳 王辰舊藏
來源 三代

〇八二二三 龍爵
字數 二
時代 殷或西周早期
著録 總集 三六九一
録遺 四二六
來源 録遺

〇八二二四 龜爵
字數 二
時代 殷
著録 總集 三六一五
三代 一五・三七・一
貞續下 五・一
小校 六・三二・三
頌齋 一八
續殷下 二〇・一
故圖下下 三五六
綜覽・爵 一〇九
商圖 二八
流傳 商承祚、容庚舊藏
現藏 臺北故宮博物院
來源 考古研究所藏

〇八二二五 龜爵
字數 二
時代 殷
著録 總集 三六一四
三代 一五・三六・九
商圖 二九
現藏 臺北故宮博物院
來源 三代

〇八二二六 龜爵
字數 二
時代 殷
著録 總集 三六一七
三代 一五・三七・三
來源 三代

〇八二二七 龜爵
字數 二
時代 殷
著録 總集 三六一三
三代 一五・三六・八
綴遺 二三・一三・二
殷存下 九・一
小校 六・三二・二
流傳 潘祖蔭舊藏
來源 考古研究所藏

〇八二二八 龜爵
字數 二
時代 殷
著録 總集 三六一六
三代 一五・三七・二
貞續下 五・二
小校 六・三三・一
頌齋下 一七
續殷下 一九・一二
故圖下下 三五五
綜覽・爵 八九
流傳 容庚舊藏
現藏 臺北故宮博物院
來源 考古研究所藏

〇八二二九 洛爵

字數 二
時代 西周早期
著録 總集 三六一八
三代 一五・三七・四
來源 三代

〇八二三〇 洛爵

字數 二
時代 西周早期
著録 總集 三六一九
三代 一五・三七・五
來源 三代

〇八二三一 洛爵

字數 二
時代 西周早期
著録 總集 三六二〇
三代 一五・三七・六
現藏 北京故宮博物院
來源 考古研究所拓

〇八二三二 戈爵

字數 二
時代 殷
著録 總集 三六八三
録遺 四二三
現藏 北京故宮博物院
來源 考古研究所拓

〇八二三三 I戈爵

字數 二
時代 殷
著録 彙編 九・一五四七
出土 傳河南安陽市
現藏 加拿大多倫多安大略博物館
來源 考古研究所藏陳夢家拓本

〇八二三四 I戈爵

字數 二
時代 殷
著録 總集 三五九三
三代 一五・三四・二
貞續下 六・三
續殷下 一九・一〇
現藏 北京故宮博物院
來源 考古研究所拓

〇八二三五 家戈爵

字數 二
時代 殷
著録 總集 三五九二
三代 一五・三四・一
攈古 一・一・三六・三
綴遺 一九・二九・一
續殷下 二〇・五
流傳 吳式芬舊藏
現藏 北京故宮博物院
來源 考古研究所藏

〇八二三六 守戈爵

字數 二
時代 殷
著録 總集 三六八八(補一〇)
録遺 四二〇
古器物研究專刊 第二本圖版二五
出土 一九三四～一九三五年河南安陽市侯家莊(M一〇〇一)
現藏 歷史語言研究所
來源 録遺

〇八二三七 戈父爵

字數 二
時代 西周早期
著録 未見
現藏 新鄉市博物館
來源 考古研究所拓

〇八二三八 刀爵

字數 二
時代 殷
著録 未見
現藏 北京故宮博物院
來源 考古研究所拓

〇八二三九 戎刀爵

字數 二
時代 殷
著録 總集 三九九三
三代 一六・二七・一
從古 一四・一七
攈古 一・二・一七・三
窓齋 二二・一三・四
綴遺 二〇・一七・一
奇觚 七・二七・一
殷存下 九・一二
簠齋 二爵九
小校 六・三六・六
流傳 陳介祺舊藏
來源 考古研究所藏

〇八二四〇 ×葡爵

字數 二
時代 殷
著録 總集 三六四三
美集録 R 五二
現藏 美國舊金山亞洲美術博物館(布倫戴奇藏品)
來源 考古研究所藏陳夢家拓本

〇八二四一 葡爵

字數 二
時代 殷
著録 綜覽・爵 一二二
彙編 九・一五八一
現藏 日本神户白鶴美術館
來源 白鶴美術館藏品目録

〇八二四二 葡爵

字數 二
時代 殷或西周早期
著録 總集 三六四二
三代 一五・三九・六
貞松 九・三八・三
來源 三代

〇八二四三 矢宁爵

字數 二
時代 殷
著録 總集 三三二七
録遺 三九二
來源 録遺

〇八二四四 矢宁爵

字數 二
時代 殷
著録 善齋 六・四四
小校 六・三一・四
雙吉 三二
綜覽・爵 一四〇
流傳 劉體智、于省吾舊藏
來源 考古研究所藏

〇八二四五 爵

字數 二
時代 殷
著録 總集 三六三七
三代 一五・三九・一
攈古 一・一・三三・三
綴遺 一九・二五・二
續殷下 一八・三

小校 六・二三・二
流傳 徐乃昌、程木庵舊藏
來源 考古研究所藏

〇八二四六 [illegible]射爵
字數 二
時代 西周早期
著錄 總集 三三七七
考古 一九五九年四期一八八頁
圖三：四
出土 河南洛陽市東郊墓葬
現藏 洛陽市文物工作隊
來源 考古研究所拓

〇八二四七 刀口爵
字數 二
時代 殷
著錄 總集 三六三二
三代 一五・三八・六
綴遺 二〇・二二・二
殷存下 八・一
來源 考古研究所藏

〇八二四八 [illegible]爵
字數 二
時代 殷或西周早期
著錄 總集 三六三〇
三代 一五・三八・五
綴遺 二二・一一・一
殷存下 一七・七
小校 六・三三・二
流傳 潘祖蔭舊藏
來源 考古研究所藏

〇八二四九 秉[illegible]爵
字數 二
時代 殷
著錄 未見

現藏 北京故宮博物院
來源 考古研究所拓

〇八二五〇 車買爵
字數 二
時代 殷
著錄 總集 三六八九
錄遺 四二一
來源 錄遺

〇八二五一 車買爵
字數 二
時代 殷
著錄 總集 三六九〇
錄遺 四二二
來源 錄遺

〇八二五二 貝車爵
字數 二
時代 殷
著錄 蘇黎世（一九七五）九七頁圖
五一
彙編 九・一五二一
現藏 瑞士蘇黎世瑞列堡博物館
來源 蘇黎世（一九七五）

〇八二五三 叔車爵
字數 二
時代 殷
著錄 總集 三六五一
美集錄 R 四六一
彙編 九・一五九五
現藏 美國夏威夷火奴魯魯美術學院
來源 考古研究所藏陳夢家拓本

〇八二五四 工[illegible]爵
字數 二
時代 殷或西周早期
著錄 未見

現藏 上海博物館
來源 上海博物館提供

〇八二五五 ⿸广鬲冊爵
字數 二
時代 殷
著錄 殷存下 九・一〇
來源 殷存下

〇八二五六 ⿸广鬲冊爵
字數 二
時代 殷
著錄 總集 三六五五
文叢 一・一五八圖三
出土 一九七六年河北正定縣新城舖村
現藏 正定縣文物保管所
來源 文叢

〇八二五七 西單爵
字數 二
時代 殷
著錄 未見
現藏 日本東京國立博物館
來源 日本東京國立博物館提供

〇八二五八 西單爵
字數 二
時代 殷
著錄 未見
來源 考古研究所藏

〇八二五九 西單爵
字數 二
時代 殷
著錄 總集 三三五三
美集錄 R 七四
彙編 九・一七〇六
綜覽・爵 九四
青全 三・二八

出土 傳一九四〇年河南安陽市
現藏 美國博特蘭美術博物館
來源 美集錄

〇八二六〇 [illegible]爵
字數 二
時代 殷
著錄 總集 三五九九
三代 一五・三五・二
來源 考古研究所藏

〇八二六一 [illegible]爵
字數 二
時代 西周早期
著錄 總集 三五一五
考古與文物 一九八四年一期
五五頁圖二：五
陝青 三・一八五
綜覽・爵 八六
出土 一九七八年陝西鳳翔縣化原村
現藏 鳳翔縣雍城文物管理所
來源 考古研究所拓

〇八二六二 [illegible]爵
字數 二
時代 殷
著錄 未見
現藏 遼寧省博物館
來源 考古研究所拓

〇八二六三 [illegible]爵
字數 二
時代 殷
著錄 總集 三六四一
三代 一五・三九・五
奇觚 七・七・三
續殷下 一八・九
小校 六・三三・三

流傳 潘祖蔭舊藏
來源 考古研究所藏

○八二六四 告宁爵
字數 二
時代 殷
著録 總集 三七〇二
錄遺 四三七
來源 録遺

○八二六五 告宁爵
字數 二
時代 殷
著録 總集 三七〇三
學報 一九七七年一期八一頁
圖五八：一一
河南 一・二五七
綜覽・爵 一五九
殷青 圖七七・五
出土 一九七〇年河南安陽市殷墟西區
墓葬(M一一一八：三)
現藏 考古研究所安陽工作站
來源 考古研究所拓

○八二六六 告[illegible]爵
字數 二
時代 殷
著録 未見
現藏 北京故宮博物院
來源 考古研究所拓

○八二六七 耳[illegible]爵
字數 二
時代 殷
著録 未見
現藏 北京故宮博物院
來源 考古研究所拓

○八二六八 耳[illegible]爵

字數 二
時代 殷
著録 未見
來源 考古研究所藏

○八二六九 耳[illegible]爵
字數 二
時代 殷
著録 善齋 六・四八
小校 六・三三・四
巴洛 一四三頁B三圖版一四七a
出土 傳河南安陽市
流傳 劉體智舊藏
現藏 英國巴洛女士
來源 考古研究所藏陳夢家先生拓本

○八二七〇 [illegible]爵
字數 二
時代 殷
著録 續殷下 一九・九
現藏 北京故宮博物院
來源 考古研究所拓

○八二七一 [illegible]爵
字數 二
時代 殷
著録 未見
來源 考古研究所藏

○八二七二 [illegible]□爵
字數 二
時代 殷
著録 婦好墓 五七頁圖三七：八
殷青 圖五一・七
出土 一九七六年河南安陽市殷墟婦好
墓(M五：六七〇)
現藏 考古研究所
來源 考古研究所拓

○八二七三 木[illegible]爵
字數 二
時代 殷
著録 懷履光(一九五六) 九九頁圖八
彙編 九・一七五一
出土 傳河南安陽市郭家灣北地
流傳 懷履光舊藏
現藏 加拿大多倫多安大略博物館
來源 考古研究所藏陳夢家拓本

○八二七四 [illegible]啟爵
字數 二
時代 殷
著録 未見
現藏 北京故宮博物院
來源 考古研究所拓

○八二七五 [illegible]爵
字數 二
時代 殷
著録 未見
現藏 北京故宮博物院
來源 考古研究所拓

○八二七六 [illegible]爵
字數 二
時代 殷
著録 未見
現藏 北京故宮博物院
來源 考古研究所拓

○八二七七 [illegible]爵
字數 二
時代 殷
著録 總集 三六五六
彙編 九・一六九〇
現藏 加拿大多倫多安大略博物館
來源 考古研究所藏陳夢家拓本

○八二七八 [illegible]爵
字數 二
時代 殷
著録 彙編 九・一七一七
薩克勒(商) 一八
現藏 美國紐約薩克勒氏
來源 薩克勒 (一九八七)

○八二七九 [illegible]爵
字數 二
時代 殷
著録 鄴二上 三〇
出土 河南安陽市
來源 鄴二

○八二八〇 [illegible]册爵
字數 二
時代 殷
著録 未見
現藏 北京故宮博物院
來源 考古研究所拓

○八二八一 [illegible]隼爵
字數 二
時代 殷
著録 總集 三三五八
三代 一五・二二・一
愙齋 二三・七・四(銘倒)
移林 二三
殷存下 一・一二
小校 六・七八・二 (誤作角)
流傳 李山農、劉鶚、丁麟年舊藏
來源 考古研究所拓

○八二八二 册劦爵
字數 二
時代 西周早期
著録 總集 三三〇八

三代 一五・八・六
殷存下 四・一二
小校 六・二・四（又六・七八・一重出作角）
流傳 劉鶚舊藏
來源 考古研究所藏

〇八二八三 鬲奞爵
字數 二
時代 殷
著録 總集 三六五〇（三七二五）
錄遺 四四一
美集録 R 二二五
現藏 美國匹茲堡大學美術系
來源 考古研究所藏陳夢家拓本

〇八二八四 束泉爵
字數 二
時代 殷
著録 總集 三六八〇
婦好墓 六〇頁圖三九：一二
殷青 圖五一・五
出土 一九七六年河南安陽市殷墟婦好墓（M五：六二四）
現藏 考古研究所
來源 考古研究所拓

〇八二八五 束泉爵
字數 二
時代 殷
著録 總集 三六八一
婦好墓 六〇頁圖三九：一三
出土 同〇八二八四（M五：六六八）
現藏 考古研究所
來源 考古研究所拓

〇八二八六 束泉爵
字數 二
時代 殷
著録 總集 三六八二
婦好墓 六〇頁圖三九：一五
出土 同〇八二八四（M五：六六五）
現藏 考古研究所
來源 考古研究所拓

〇八二八七 束泉爵
字數 二
時代 殷
著録 總集 三六七六
婦好墓 六〇頁圖三九：八
出土 同〇八二八四（M五：六五九）
現藏 考古研究所
來源 考古研究所拓

〇八二八八 束泉爵
字數 二
時代 殷
著録 總集 三六七七
婦好墓 六〇頁圖三九：九
出土 同〇八二八四（M五：六六〇）
現藏 考古研究所
來源 考古研究所拓

〇八二八九 束泉爵
字數 二
時代 殷
著録 總集 三六七八
婦好墓 六〇頁圖三九：一〇
出土 同〇八二八四（M五：六六三）
現藏 考古研究所
來源 考古研究所拓

〇八二九〇 束泉爵
字數 二
時代 殷
著録 總集 三六七九
婦好墓 六〇頁圖三九：一一
出土 同〇八二八四（M五：六六六）
現藏 考古研究所
來源 考古研究所拓

〇八二九一 束泉爵
字數 二
時代 殷
著録 總集 三六七五
婦好墓 六〇頁圖三九：一四
出土 同〇八二八四（M五：六六九）
現藏 考古研究所
來源 考古研究所拓

〇八二九二 束泉爵
字數 二
時代 殷
著録 未著録
出土 同〇八二八四
現藏 考古研究所
來源 考古研究所拓

〇八二九三 木且爵
字數 二
時代 殷
著録 河北 七〇
出土 一九六五年河北滿城縣要莊
來源 河北

〇八二九四 且亣爵
字數 二
時代 西周早期
著録 總集 三六三四
三代 一五・三八・七
清愛 一六
攈古 一・一・三六・二
愙齋 二三・二三
綴遺 一九・三二・二
續殷下 九・一〇
小校 六・一四・六
流傳 劉喜海、吳大澂舊藏
現藏 上海博物館
來源 考古研究所藏

〇八二九五 宴出爵
字數 二
時代 殷
著録 殷青 圖六二・六
青全 三・七
出土 一九八〇年河南安陽市大司空村（M五三九：三三）
現藏 考古研究所安陽工作站
來源 考古研究所拓

〇八二九六 宴8爵
字數 二
時代 殷
著録 總集 三六〇一
三代 一五・三五・四
貞松 九・三六・四
來源 三代

〇八二九七 辰口爵
字數 二
時代 殷或西周早期
著録 總集 三六三九
三代 一五・三九・三
殷存下 一〇・三
來源 三代

〇八二九八 彐父爵
字數 二
時代 西周早期
著録 善齋 六・三四
小校 六・二一・八
流傳 劉體智舊藏

現藏 北京故宮博物院
來源 考古研究所拓

〇八二九九 伯冏爵
字數 二
時代 西周早期
著録 總集 三六五四
陝圖 三八
五省 圖版三二
綜覽·爵 二四五
出土 一九五四年陝西長安縣普渡村墓葬
現藏 陝西省博物館
來源 五省

〇八三〇〇 伯作爵
字數 二
時代 西周早期
著録 總集 三六八六
學報 一九七七年二期一〇八頁
圖八：八
出土 一九六七年甘肅靈臺縣白草坡村墓葬
現藏 甘肅省博物館
來源 考古學報編輯部檔案

〇八三〇一 □作爵
字數 二
時代 西周早期
著録 未見
現藏 北京故宮博物院
來源 考古研究所拓

〇八三〇二 □作爵
字數 二
時代 西周早期
著録 未見
現藏 北京故宮博物院

來源 考古研究所拓

〇八三〇三 作彝爵
字數 二
時代 西周早期
著録 總集 三六四七
陝青 三·四
出土 一九七四年陝西岐山縣賀家村
現藏 陝西省文物管理委員會
來源 陝西出土商周青銅器編輯組提供

〇八三〇四 作從爵
字數 二
時代 西周早期
著録 未見
現藏 北京故宮博物院
來源 考古研究所拓

〇八三〇五 作寶爵
字數 二
時代 西周早期
著録 總集 三六四四
三代 一五·三九·七
窓齋 二三·九·二
周金 五·一二八·一
小校 六·三四·六
流傳 李山農舊藏
來源 三代

〇八三〇六 作[阝尊]爵
字數 二
時代 西周早期
著録 總集 三六四六
三代 一五·三九·八
貞續下 八
現藏 日本神户白鶴美術館
來源 三代

〇八三〇七 遽從角
字數 二（蓋器同銘）
時代 西周早期
著録 總集 四二二〇
三代 一六·四二·五~六
貞松 一〇·二三·四~五
善齋 七·五八
小校 六·七九·五~六
善彝 一六六
尊古 三·一〇
通考 四四九
美集録 R 一八六
綜覽·角 二四
流傳 溥倫、劉體智舊藏
現藏 美國紐約大都會美術博物館
來源 考古研究所藏

〇八三〇八 遽從角
字數 二
時代 西周早期
著録 總集 四二二一
三代 一六·四二·七~八
貞松 一〇·二三·二~三
善齋 七·五七
小校 六·七九·三~四
善彝 一六五
尊古 三·一一
通考 四四八
流傳 劉體智舊藏
來源 考古研究所藏

〇八三〇九 妝王爵
字數 二
時代 殷
著録 未見
現藏 中國歷史博物館

來源 考古研究所拓

〇八三一〇 康侯爵
字數 二
時代 西周早期
著録 總集 三六二八
三代 一五·三八·三
貞松 九·三八·二
歷博 四九
美全 四·一九六
辭典 五三五
現藏 中國歷史博物館
來源 考古研究所藏